壮语言文献研究丛书

本书获重庆市社会科学规划博士项目（项目批准号：2021BS019）、中国博士后科学基金面上资助项目（项目批准号：2021M702708）、广西高校人文社科重点研究基地桂学研究院资助。

壮语状貌后缀比较研究

李金阳 著

西南大学出版社
国家一级出版社 全国百佳图书出版单位

图书在版编目(CIP)数据
壮语状貌后缀比较研究 / 李金阳著 . -- 重庆 : 西南大学出版社, 2024. 8. -- (壮语言文献研究丛书 / 高魏主编). -- ISBN 978-7-5697-2478-3
Ⅰ. H218.3
中国国家版本馆CIP数据核字第20248BS359号

壮语言文献研究丛书
高 魏 **主编**

壮语状貌后缀比较研究
ZHUANGYU ZHUANGMAO HOUZHUI BIJIAO YANJIU
李金阳 **著**

策划编辑:段小佳
责任编辑:段小佳 何思琴
责任校对:李晓瑞 朱司琪
装帧设计:观止堂
排　　版:吴秀琴
出版发行:西南大学出版社(原西南师范大学出版社)
重庆·北碚 邮编:400715
印　　刷:重庆市圣立印刷有限公司
成品尺寸:185 mm×260 mm
印　　张:26
字　　数:589千字
版　　次:2024年8月第1版
印　　次:2024年8月第1次印刷
书　　号:ISBN 978-7-5697-2478-3
定　　价:88.00元

序 一

金阳大作将面世，嘱我作序，为师生之谊欣然应之。

读《壮语状貌后缀比较研究》，并与金阳讨论后，对此作所着力处及所获新知达成以下共识：

一、重新审视壮语词缀系统，认为状貌后缀属于语用词缀，最主要作用为描声绘形，表达生动色彩、情感色彩、语体色彩，以此区别于其他构词词缀。

二、状貌后缀数量众多，类型复杂，其地域分布与分类及生成途径具有规律性。壮语标准语及南北方言的状貌后缀计23种结构类型，以ABB式最典型，诸类型的地域分布与分类有显著的共通性，其地域性也不容忽视；诸类型的生存途径多样，具有规律性。

三、状貌后缀及其与词根之组配具有较强的语音和谐性。表现为状貌后缀与词根在声韵调组合中都倾向与自身相同或相近的对象搭配，此种和谐性体现在壮语标准语与各方言之间。

四、状貌后缀语义精细，句法功能多样。状貌词由词根附加状貌后缀构成，其词根以形容词居多，状貌词的语义丰富精细，句法功能多样，主要充当谓语，且具有强烈的地域色彩与口语色彩。

五、相较于口语，文献中的状貌后缀演变与传承并存。方块壮字文献一定程度保留了古代壮语的面貌，其状貌后缀的主要特征与功能于现代口语(标准语、方言)而言，既有延续，也有演变。

六、侗台语状貌后缀的演变具有历史层次性。通过壮语与同语族语言的历史比较，发现侗台语状貌后缀有一个从不发达型到准发达型再到发达型的过渡历程，各阶段状貌后缀有不同的表现与特征。

七、某些广西汉语方言里丰富发达的状貌后缀是壮、汉语接触的结果。某些广西汉语方言与壮语长期深度接触，共享状貌后缀丰富发达这一特征，其语法演变机制为“构式复制”。

而在这几个方面新知中，我尤为关注第五点。其原因为其中满含着金阳的治学选择及我们师生互动的进程。

金阳就读广西大学之时，我正和学生们一同在壮族文献整理、方块壮字体系梳理等文献学、语言文字学本体研究，以及在国家通用语言文字与广西汉语方言、少数民族语言文字之间共生共荣关系的社会语言学研究等方面努力攻关。

金阳为人勤恳，学风扎实。硕士期间，他参与了我主持的“《壮族麽经布洛陀影印译注》词汇文字研究”“广西壮族自治区国家通用语言文字使用情况调查研究”等课题，曾为方块壮字数据库前期建设做过许多基础工作。硕士学位论文他选择的是社会语言学方向，曾赴广西六地市调查客家方言使用情况，获取大量第一手材料，运用数据库等手段对所获数据进行分析，对广西客家方言的使用情况做了扎实的实证研究。所获成果已被收入我主编的专著《广西壮族自治区国家通用语言文字使用情况调查研究》之中。

赴京读博之前，金阳曾就学位论文的选题与我交流。他设想以壮语后附音节为选题，并充分利用麽经等方块壮字文献的材料。我不专门做语法研究，但我觉得金阳应该是在广西山山水水跋涉的田野调查有所感知，在此基础上对研究现状作了深入思考后确立的想法，所以我一如既往支持他的选择。而在同时利用方块壮字文献资源进行研究这一方面，我尤为欣喜。因为此前的壮语研究大多是在口语基础上进行的共时研究，方块壮字手抄文献书面材料利用尚少，而我认为这会导致研究缺乏历时进程，也难以窥见语言现象发展源流因而缺乏研究深度。金阳通过参与方块壮字建库，对文献有了认知，打下了基础，新材料的运用将会使他的博士论文增加广度、深度及创新度。现在看到他在博士学位论文基础上充实而成的著作，我在书中感受到不仅仅是学术，更是读到了学人坚持不懈之下成长乃至逐步成熟，真的倍感欣慰。

天道酬勤，衷心希望金阳一如既往踏实勤恳，在状貌后缀，也要在更广阔的领域有更多更好的成果。

是为祝为序。

黄南津
甲辰端午于南宁

序二

李金阳于2017年考入中央民族大学中国少数民族语言文学学院攻读博士学位，是年12月在社科院民族所召开的一个学术会议上，他曾将以壮语后附音节作为博士论文选题的想法咨询过我的意见。而后我才得知，他虽来自广西，但并无壮语背景，对于一个汉族同学而言，这个“连本族人都未必能说清”的选题，无疑是富有挑战性的。于是，我婉言建议他另寻他题。此后，他接受了这个挑战，并默默地努力着。从2019年3月的开题，到2020年3月的预答辩，到2020年6月的答辩，再到如今，他请我为即将付梓的专著作序，这几年下来他为这个题目交来了一份厚厚的答卷。

形容词、动词、名词可以带描声摹状的后附音节，是壮语语法一个主要特色。后附音节数量丰富，结构多样，功能独特，方言各异。20世纪80年代，在梁敏、覃国生等前辈学者的带动下，后附音节作为一个独立的研究对象进入学界视野，然而，因其丰富性、能产性、复杂性、地域性相互交织，一直不算是壮语学界的“热点”。几十年来“细水长流”地取得了一批有价值的研究成果，其中以方言点的个案描写为主，虽然也有零星的比较研究，但系统、全面的研究仍是缺乏，这不得不算一个遗憾。

关于后附音节的性质与语法属性，学界一直有不同的看法。比如，有的学者主张“动词后面表示声音的后附音节为象声词（或称拟声词、声貌词），属于独立词类，形容词的后附音节可视为词尾”；有的学者认为“后附音节普遍能产性较低，不应归为后缀”；有的学者则提出“拟声绘形副词性词根”或“状貌词”的看法；等等。从前，我在研究都安壮语形态变化时，认为后缀是添加在词根或词干之后的词缀，壮语的后缀分为构词后缀与构形后缀，构形后缀是加在词干之后表示某种性质状态的后缀，后附音节属于构形后缀。

一般而言，研究壮语后缀，大多从词汇或语法的视角入手。李金阳的新著《壮语状貌后缀比较研究》选择“后附音节”这样一个长期悬而未决的问题展开研究，从语用角度观察壮语词缀，将壮语词缀系统划为构词词缀和语用词缀，状貌后缀属于语用词缀，是附加在形容词、动词及少数名词后面，用于表达生动状貌的词缀。

《壮语状貌后缀比较研究》系首部系统研究壮语状貌后缀的专著，在作者博士学位论文的基础上修改加工而成。该书以状貌后缀为研究对象，根据不同层次、不同对象、不同目的进行了系统、全面、多角度的比较研究。内容方面，首先是壮语状貌后缀的结构类型、语音规律、语义系统、语法功能、语言风格以及标准语与方言异同的描写与比较，然后是两类方块壮字文献状貌后缀的特点以及与口语异同的描写与比较，在此基础上，延伸至侗台语状貌后缀的类型、演变与发展，壮、汉语接触与广西汉语方言状貌后缀的演变等问题的探讨。该书中心突出，层次分明，材料丰富扎实，行文规范，观点自洽。这种研究视角和方法，具有一定的前沿性与创新性。当然，后续研究还可进一步拓展，以寻求更多的理论支撑与实证分析。

习近平总书记强调，“要推广普及国家通用语言文字，科学保护各民族语言文字，尊重和保障少数民族语言文字学习和使用”。促进汉语方言和少数民族语言资源的开发利用，是传承发展中华优秀语言文化的重要内容。我希望李金阳继续努力，百尺竿头更进一步，在民族语言研究方面有更大作为。

是为序。

李旭练

2024年4月18日于百色学院

前 言

壮语状貌后缀是指附加在形容词、动词及少数名词后面，用于表达生动状貌的词缀。壮语状貌后缀数量丰富，功能独特，结构类型多样，方言各异。据已掌握资料，目前对壮语状貌后缀的系统研究仍比较缺乏，历时视角的研究基本没有，也未看到从方块壮字文献入手较为全面、深入观察状貌后缀特点的研究成果。本书依托自建数据库，以壮语状貌后缀为研究对象，综合运用描写语言学、比较语言学、历史语言学、语言接触等理论方法，围绕壮语标准语与方言、壮语口语与方块壮字文献、壮语与侗台语、壮语与广西汉语方言开展比较研究，分析与归纳壮语状貌后缀的共时特征与历时演变轨迹。

本书主要有以下几个创新点。

一、重视语料汇集建库工作，建立了包括壮语标准语、壮语方言、方块壮字文献在内的状貌后缀数据库。

二、重新审视壮语词缀系统，指出状貌后缀属于语用词缀，其最主要的作用是描声绘形，具有生动色彩、情感色彩、语体色彩，区别于其他构词词缀。

三、对壮语标准语与方言状貌后缀的结构类型、语音规律、语义系统、构词规律、句法功能、语言风格作了比较系统的分析与归纳。

四、对宗教、民歌两类方块壮字文献状貌后缀的特征与功能作了比较系统、全面的分析与归纳，并与口语进行比较，探索状貌后缀的传承与演变。

五、从宏观视角较为系统地考察了侗台语及广西汉语方言状貌后缀的分布、演变与发展。

本书共分九个部分。

绪论首先介绍研究对象、研究意义，然后梳理与述评状貌后缀的研究现状，并对研究内容与研究方法、语料来源与语料处理进行介绍。

第一章探讨壮语状貌后缀的结构类型。考察状貌后缀结构类型的分布与分类、生成途径与规律、音节类型及构词率，以及标准语与方言的共性和差异。

第二章探讨壮语状貌后缀的语音规律。对状貌后缀的语音系统及其与词根组配的语音规律，以及标准语与方言的共性和差异进行梳理与比较。

第三章探讨壮语状貌后缀的语义系统、语法功能与语言风格。考察状貌后缀在语义系统、构词规律、句法功能、语言风格等方面的主要特征与功能。

第四章探讨方块壮字文献状貌后缀的特征与功能。基于宗教、民歌两类方块壮字文献，分析其中状貌后缀的结构类型、语音规律、语义特征、语法功能、语言风格，并与壮语口语（标准语与方言）比较，从历时角度探索壮语状貌后缀的传承与演变。

第五章探讨侗台语状貌后缀的类型、演变与发展。运用历史比较法，并结合历史文献，通过侗台语状貌后缀的共时差异勾勒其历时演变踪迹，在此基础上探讨状貌后缀的产生途径与发展趋势。

第六章探讨壮、汉语接触与广西汉语方言状貌后缀的演变。以大量方言事实为依据，考察壮、汉语接触引发的广西汉语方言状貌后缀的演变情况及演变机制。

结语总述本书的研究内容与主要观点，剖析创新点与不足之处，指出后续研究的方向与主要任务。

附录为壮语标准语状貌后缀的统计结果，分状貌后缀一览表、状貌后缀频次表、词根频次表。

目 录

绪　论

第一节　研究对象和研究意义

一、状貌后缀的界定

自20世纪50年代少数民族语言大调查以来，许多研究成果表明形容词、动词及少数名词的后面可以加上一些描绘性的成分[①]，这类成分在语音上有一定的规律性，大多缺乏确切的词汇意义，能够表达特定的语法意义。这类成分不仅见于汉藏语系侗台语、苗瑶语、藏缅语（马学良2003），以及阿尔泰语系维吾尔语、蒙古语、满语等（庄书萍1992；阿茹汗2021；晓春2022），从更大的范围来看，也见于日语、韩语、南亚语、南岛语等亚洲语言，乃至美洲印第安语、非洲语言（Leanne Hinton, etc. 1994；F.K. Erhard Voeltz & Christa Killian-Hatz 2001；Akita K & Pardeshi P. 2019）。汉语普通话与方言也有相关报道（李恒2019；张新华，张和友2020；李如龙1984；杨运庚2007；马彪2010；郭必之2012；黎奕葆2015；余墐等2016）。

（一）前人的界定

由于语言类型各异，学界对这类成分的认识并不统一，术语也不一致。侗台语通称“后附音节”（也称“后附成分”“后附形式”“声貌词”），苗瑶语通称“状词”，汉语、藏缅语通称“生动形式”“后缀”，阿尔泰语通称“摹拟词”，日语、韩语通称“拟声拟态词”，对应的英文术语为ideophone[②]、expressive或mimetic，近年一般译为“状貌词”并为学界广泛使用（孙天心，石丹罗2004；郭必之2012；蓝利国2016；杨将领2019；江荻2021；李春艳2021；黄子颖2021）。学界对壮语“后附音节”的主要意见经整理见表0-1。

---

① 某些壮语方言的量词也可以附加这类描绘性的音节。（参见韦星朗1984：115、124）

② 根据《现代语言学词典（第四版）》（2000：176）：“ideophone象声语，语言学和语音学有时用来指任何用声音生动表示概念的词语，如拟声词。在班图语语言学中，这个名称指一个由语音象征词组成的词类。”

表0-1　学界关于壮语“后附音节”的主要意见

术语	定义、功能概述	来源
后辅助成分	定义：放在实词素后面，叫作后辅助成分，又叫作词尾。 功能：名词、动词、形容词带绘形的音节（后辅助成分），描绘形态的广泛应用是壮语特色之一。但有的辅助成分是象声或是绘形，很难判断，如“pja:i^{3}te^{1}te^{1}”的“te^{1}te^{1}”，既可以指小孩脚步声，也可以形容小孩学步的失衡摇摆貌。绘形的应用，各地常常不一致。	《壮语构词法概要》（1959）[①]
后附音节	定义：形容词、动词和某些名词的后面一般都可以加上一些描绘性的音节来加强原词的意思或增添某些修辞色彩。 功能：几乎所有的单音形容词都可以加上两个重叠的后附音节（带非重叠音节的较少）表示其性状程度的加深或给形容词增添某些附加意义和感情色彩。除能愿动词外，其他动词后面一般都能带上一个至四个后附音节来描绘动作的声音或状态，其中最常见的是带两个重叠的音节。名词带上这种后附音节后就具有形容词的性质和用法，不再保留名词的一般特征了。主要有AB、ABB、ABAB、ABAC等格式。 语音与意义：词根本身和后附音节之间没有语音结构上的必然联系，这些后附音节有些象声，有些绘形，表示的意思各不相同。 辞书收录：形容词、名词带后附音节以及动词带绘形音节构成的AB、ABB式复合词，文字应该连写，作为词条收录。动词带的象声音节，处理为象声词。ABAB、ABAC等重叠式作为一个复合词择要收录。	《壮语形容词、名词、动词后附音节的研究》（1982）[②]
后附音节	功能：形容词通过后加叠音音节构成ABB式，使原来的单音形容词的形容性得以进一步加强。一些描写动作行为状态的词，比如拟声词往往后附于动词或动词短语之后。如果是动词短语之后，说明彼此关系不够紧密。 语音：原则上，后附加音节的韵母与词根在调类上的单双数保持一致。 意义：ABB式是壮语极为普遍的一种形容词构词形式，而ABB式是AB式的扩展。两类格式的程度不同，随着叠音音节的增加，其形容性也会增加，得以进一步加强。可改变后附音节韵母的元音形式来表示量差。 句法：ABB式、AB式形容词不能再受程度副词的修饰。形容词后附音节之后往往带pai^{1}，表示强调语气。	《壮语基础教程（2018年修订）》（2018）[③]

① 广西壮族自治区民族语言文字工作委员会研究室，中国科学院少数民族语言研究所第一个工作队：《壮语构词法概要》，广西民族出版社，1959年，第22–23页。

② 梁敏：《壮语形容词、名词、动词后附音节的研究》，民族语文编辑组：《民族语文研究文集》，青海人民出版社，1982年，第285–292页。

③ 韦景云，覃祥周：《壮语基础教程（2018年修订）》，中央民族大学出版社，2018年，第109、114、143、153、175页。

续表

术语	定义、功能概述	来源
后附成分	定义：就广义而言，凡是附着在词根上使其具有某种新的意义（词汇意义、修辞色彩、语法意义）的非独立性音节，都是词的附加成分。动词、形容词词尾带附加成分（后附成分），是壮语的词汇特点之一。 功能：后附音节可使动词、形容词表示的动作、状态更具有形象性，还具有不同程度的差别，且带有褒贬的意味。主要有AB、ABB、ACAB、ABCD、ABDBC式。 语音：后附音节的声母与形容词的声母大多相同，与动词的声母则大多不同且缺乏规律性。 意义：重叠音节比单音节后附成分表示的程度更为强烈。在表褒贬意义的后附成分中，韵母主要元音是闭元音则带褒义，是开元音则带贬义。在表程度差别的后附成分中，韵母的主要元音是闭元音e时，表示的程度轻微，主要元音是开元音a时，程度强烈。	《壮语柳江话动词、形容词的后附成分》（1981）①
后缀	定义：加在词根后边的词缀叫后缀（也叫后附加成分，或词尾），没有实在的意义，具有语法意义或者附加意义。 功能：动词、形容词和名词都可以加描声绘形的后缀，表示强调性质、状态及其他附加意义。名词加上后缀，都是形容词的标志。 意义：后缀是一个音节的，有"突然变化"的意味；三个以上音节的，有"奇怪、难看、可笑"等意思。 语音：后缀的声韵母并不要求跟形容词声韵母绝对一致。	《武鸣壮语语法》（1989）②
后缀	定义：构形后缀是加在词干之后表示某种性质状态的后缀。 功能：后缀不能自由运用，只能依附于词干才能体现其语义上的状貌特点。除了能愿动词和判断词外，动词一般都能带构形后缀；名词能带后缀的不多，后缀具有使名词形容词化的功能。动词词干与后缀之间一般能插入宾语或补充说明词干的补语，形容词、名词词干与后缀之间一般不能插入其他语法成分。主要有AB、ABB、ABBCC、ABAC式。 意义：词干带后缀可以改变词干的词义，使词义更加生动细致，有的表示性质状态的差别，有的使词干更加形象，有的表示感情褒贬。 语音：后缀与词干的声韵调存在语音和谐。后缀可通过韵母、声调的屈折来表达不同的性质状态。	《都安壮语形态变化研究》（2011）③

① 覃国生：《壮语柳江话动词、形容词的后附成分》，《民族语文》1981年第4期，第51-55页。

② 广西壮族自治区少数民族语言文字工作委员会研究室：《武鸣壮语语法》，广西民族出版社，1989年，第2、37、41、80页。

③ 李旭练：《都安壮语形态变化研究》，民族出版社，2011年，第128、242-246页。

续表

术语	定义、功能概述	来源
拟声词/后附音节（词尾）	功能：动词、动词词组和动宾结构的后头附加一个模仿声音状貌的音节或重叠音节，可作为拟声词处理，主要是解决文字连写的问题。许多单音形容词、名词后面可以附加一个音节，这个附加音节（词尾）往往重叠，可加强原来词根的程度。 语音与意义：词根和词尾往往保持一定的声、韵、调的和谐。后附音节不同的主要元音有区别细致意义的作用。偏低偏后的元音（a、u）表示性状的加强，偏高偏前的元音（i、e）表示性状的轻微。这类音和义的转变关系对于研究古代汉语骈词具有一定启示作用。 辞书收录：常用词形在词典中可独立条目，不常用的附在“根词”后面。	《武鸣壮语词法初步研究》（1958）①
拟声绘形副词性词根	定义：补充在动词词根、形容词词根后面的那些拟声绘形成分，可以分析为不能独立运用的副词性词根。 功能：用这种副词性词根构成的是补充式复合词，这种复合词可称加描绘的形容词或加摹拟的动词，这种副词性词根不标调号。单音形容词一般能后加描绘副词性词根构成补充式复合形容词。除判断动词、能愿动词外，各类动词有一部分能受一、两个（少数有多个）摹拟副词性词根补充，构成拟声兼具摹形的复合动词。主要有AB、ABB、ACAB式。 语音：这种副词性词根一般与前面形容词词根同声母，与前面动词词根没有语音关系。 意义：这种副词性词根一般有单音和叠音，也有一些只有单音。形容词带的副词词根，叠音比单音在程度上要大些。动词带的副词词根，单音表示一次动作，叠音表示连续多次。此外，这种词根韵母的主要元音在表义上带主观评价，主元音为e的比a或其他元音的表义程度要小些。 句法：带描绘副词词根补充的复合形容词，只能做句干和谓语、补语，都不能做定语，后面还可以加强调语气词ne¹。	《壮语语法研究》（1985）②
状貌词/程度后缀	定义：意义比较空灵的语素通常叫词缀，前置的为前缀，后置的为后缀。大部分形容词、一部分动词及名词可附加后缀。 功能：大部分性质形容词及一部分动词可以加上BB或者B构成ABB式或AB式，后缀表示程度和状貌。绝大多数单音节形容词及一部分名词可以带附缀成分构成复杂形式形容词。 句法：复杂形式形容词本身大多带程度意义或状态意义，一般不再受程度副词修饰，可以充当定语、谓语、状语和补语。	《壮语语法标注文本》（2016）③

依据表0-1，我们有两点认识。

首先，各家对这类后附音节大多放在“构词法”与“词类”等章节进行论述，尽管术语各异及内容详略不一，但都指向同一个基本事实：形容词、动词及部分名词可以带后附

① 袁家骅，张元生：《武鸣壮语词法初步研究》，广西民族出版社，1958年，第28、32、36-41页。

② 韦庆稳：《壮语语法研究》，广西民族出版社，1985年，第13-14、54-56、61-66页。

③ 蓝利国：《壮语语法标注文本》，社会科学文献出版社，2016年，第9-10、14页。

音节，后附音节根据用途分为拟声、摹状两类。拟声类与词根的关系松散，可独立使用，且有一定的词汇意义，故处理为拟声词(象声词)；而摹状类既缺乏独立性，也缺乏词汇意义，与词根常常存在语音关联，跟前面的词根结合构成附加式合成词。

其次，《武鸣壮语词法初步研究》(1958)、《壮语语法研究》(1985)、《壮语语法标注文本》(2016)都论及这类音节的词类地位，但也存在一些问题。

《武鸣壮语词法初步研究》(1958)将形容词的附加音节处理为后附音节，将动词、动词词组和动宾结构附加的拟声音节处理为拟声词，如ɣi:u^{1}ha^{1}ha^{1}哈哈笑、ji:ŋ^{3}tuŋ^{4}tuŋ^{4}咚咚响、o:k^{7}pai^{1}kam^{4}kam^{4}大踏步走出去、a^{3}pa:k^{7}ŋwa:p^{8}ŋwa:p^{8}张嘴。这种处理有其科学性，其主要目的除了"解决文字连写的问题"，还因为这类音节与前面词根的关系较为松散，可被宾语或补语隔开，可后置也可前置如"ha^{1}ha^{1}ɣi:u^{1}/ɣi:u^{1}ha^{1}ha^{1}哈哈笑"。然而，据我们掌握的语料，这种意义明确、可独立运用的拟声音节通常数量不多，如"ɣum^{1}ɣum^{1}"表示轰轰声，但"man^{3}威吓＋ɣum^{1}ɣum^{1}=野兽吼声；雷声隆隆"，与"ɣau^{3}暖＋ɣum^{1}ɣum^{1}=暖烘烘"的意义完全不同，即便同是拟声，"ji:ŋ^{3}响＋ɣum^{1}ɣum^{1}=隐隐约约的声音"①，可见一些拟声的后附音节若脱离了具体语境，意义变得模糊，独立性也无从谈起。由于这种拟声音节(或拟声词)对前面的谓词有修饰或补充的作用，构成的词的意义是一体的，同时考虑到词缀的系统性，本书将其与形容词、名词的后附音节都归入后缀，必要时说明即可。

《壮语语法研究》(1985)②认为，词根属实语素，复合词由几个词根(实语素)构成，后附音节可分析为副词性词根，与词根结合构成补充式复合词，理由在于"词头、词尾在构词上都有能多产的特点，而词根可以是多产或少产"。可又说"这类成分不可能是词，因为它不是自由运用的单位，也不可能是词尾，因为它不能多产，只能用在某一、两个词根后面"，"这种副词词根都不能自由运用"。此外，该书"副词"一节对其定义是"修饰或补充谓词的半实词"，但该节并未再提及这类描声绘形的副词性词根。

《壮语语法标注文本》(2016)③对后附音节的处理方法："标注文本"部分将其标注为状貌词(IDPH)或程度后缀(DEGRS)，例如"lap^{7}θaŋ^{4}θaŋ^{4}黑麻麻"的"θaŋ^{4}θaŋ^{4}"为状貌词，"ɗam^{1}jum^{3}jum^{3}黑乎乎"的"jum^{3}jum^{3}"为程度后缀。而关于二者的界定与区别，该书"语法导论"并未介绍"状貌词"，相应内容仍用"后缀"，认为"大部分性质形容词及一部分动词可以加上BB或者B构成ABB式或AB式，后缀表示程度和状貌"。"ɗam^{1}jum^{3}jum^{3}黑乎乎"的"jum^{3}jum^{3}"为后缀，属于虚语素，表示程度意义，与词根以后附加法构成合成词，并指出"如果把这些也算词内成分，那么后缀的数量就很多"。

---

① 韦庆稳：《壮语语法研究》，广西民族出版社，1985年，第56页。

② 韦庆稳：《壮语语法研究》，广西民族出版社，1985年，第3、7、8、88页。

③ 蓝利国：《壮语语法标注文本》，社会科学文献出版社，2016年，第10页。

显然，根据“词”的普遍定义“最小的能够独立运用的语言单位”，将这类后附音节处理为词或词根的方法有待商榷。多数观点还是将其视为词的“后附音节”，属于构词成分（韦庆稳，覃国生 1980；覃国生 1981、1998；梁敏 1982；张元生，覃晓航 1993；张增业 1998；韦景云，覃晓航 2006；韦景云，覃祥周 2018）。也有观点认为这类后附音节应为“后缀”（广西壮族自治区少数民族语言文字工作委员会研究室 1989；班弨 2010；李旭练 2011）。目前关于词缀的界定标准，学界看法不一。一般而言，词缀的性质特点：一是位置固定，是定位的不成词的黏着成分；二是在构词中有类化作用，一个词缀就是一类词的标志；三是词义完全虚化，没有词汇意义，只有附加意义或语法意义。我们认为，将这类后附音节的语法性质定义为“后缀”应该更符合壮语的语言事实。

（二）本书的界定

本书的研究对象是这类带描绘性质的“后缀”，本书称之为状貌后缀，下面对其进行界定。

根据《武鸣壮语语法》（1989），武鸣壮语常见的词缀如表 0–2 所示。前缀较多，有八类，可以跟名词、动词、形容词、数词搭配，以名词居多。

表 0–2　武鸣壮语的词缀系统①

词根	词缀	位置	例词	语义
一般名词	ta^{4}	前缀	ta^{4}po^{6}父亲　ta^{4}me^{6}母亲	表称谓（尊敬意味）
一般名词	po^{6}/me^{6}	前缀	po^{6}ta^{1}岳父　me^{6}ta:i^{5}岳母	表性别
一般名词	lɯk^{8}	前缀	lɯk^{8}ȵe^{2}小孩　lɯk^{8}tin^{1}脚趾	表幼小
时间名词	toŋ^{4}	前缀	toŋ^{4}hat^{7}早上　toŋ^{4}ham^{6}晚上	表时间
人称代词	kjoŋ^{5}	前缀	kjoŋ^{5}wun^{2}人家　kjoŋ^{5}te^{1}他们	表复数
动词	ta^{3}	前缀	ta^{3}ɕam^{4}洗澡　ta^{3}to^{5}制造	表动作泛指
动词、形容词	to^{4}	前缀	to^{4}ɣan^{1}相见　to^{4ʔ}dei^{1}相好	表相互
数词	ta:i^{6}/ɕo^{1}	前缀	ta:i^{6}it^{7}第一　ɕo^{1}θa:m^{1}初三	表序数
名词	lɯk^{8}	后缀	ɣok^{8}lɯk^{8}小鸟　pjak^{7}lɯk^{8}菜秧	表幼小
名词	ke^{5}	后缀	to^{3}ke^{5}赌棍　ɕak^{8}ke^{5}盗贼	指人，带贬义
时间名词及动量词	ŋaŋ^{2}	后缀	pi^{1}ŋaŋ^{2}每年；往年　ŋon^{2}ŋaŋ^{2}往日；每日	表“每”或“往”
动词	-ak^{7}/-aɯ^{5}	后缀	ɣam^{3}ɣak^{7}砍掉　kɯn^{1}kaɯ^{5}吃掉	表随便、干脆、催促

① 广西壮族自治区少数民族语言文字工作委员会研究室：《武鸣壮语语法》，广西民族出版社，1989年，第37–43页。

续表

词根	词缀	位置	例词	语义
形容词	lot^{8}lot^{8}	后缀	pi^{2}lot^{8}lot^{8}胖乎乎	描声绘形
动词	jum^{1}jum^{1}		ɣi:u^{1}jum^{1}jum^{1}笑眯眯	
名词	jam^{1}jam^{1}		pɯn^{1}jam^{1}jam^{1}毛茸茸	

武鸣壮语常见的后缀有五类。lɯk^{8}与名词搭配，表示“幼小”。ke^{5}只跟个别名词搭配，指人且含有贬义。ŋaŋ^{2}表示“每”或“往”，只跟少数时间名词及动量词搭配。-ak^{7}、-aɯ^{5}与动词搭配，其声母取决于词根声母，表示动作的“随便、干脆或催促”。lot^{8}lot^{8}、jum^{1}jum^{1}、jam^{1}jam^{1}这类后缀与形容词、动词及少数名词搭配，主要作用是描声绘形。尽管-ak^{7}、-aɯ^{5}和lot^{8}lot^{8}这两类成分惯常统称为“后附音节”“后缀”，但两者性质不一致。梁敏(1982)认为，-ak^{7}、-aɯ^{5}必须附着于动词之后，有“随便、索性”等固定的附加意义，可处理为动词词尾，而动词、形容词后附音节主要用于描声绘形，其意义与词根结合才能明确显现出来，不应处理为词尾。韦景云(1999)认为，-ak^{7}属于后缀，应将其与动词的后附音节区别开来。梁敢(2014)认为，这两类成分属于壮语貌范畴下的“决意催促貌”“胡乱随意貌”和“描摹貌”。薄文泽等(2014)认为，-ak^{7}、-aɯ^{5}不是一般的后附音节，而是表达句法意义的构形词缀，应看作处置范畴标记。我们赞同将两类后缀区别开来，-ak^{7}、-aɯ^{5}不在本书的考察范围。

相较壮语其他后缀，lot^{8}lot^{8}这类带描绘性质的后缀有其独特之处，主要表现在：

1.数量方面

其他几类后缀是封闭性的，数量有限，而lot^{8}lot^{8}这类后缀是开放性的，数量非常多，难以穷尽。换言之，像lɯk^{8}这类后缀通常以“个”为单位，那么lot^{8}lot^{8}这类后缀则以“类”为单位。

2.词根性质

lot^{8}lot^{8}这类后缀的词根以形容词居多，其次是动词，少数是名词，乃至一些动宾结构、动补结构也能附加这类后缀，如武鸣壮语①ɣam^{3}fai^{3}te:k^{8}te:k^{8}(轻快地砍着树)、kɯn^{1}ȵɯ^{3}ɣop^{8}ɣop^{8}(纷纷吃草)，又如都安壮语②pa:i^{3}do^{6}ta:u^{5}ŋoŋ^{1}ŋoŋ^{1}(垂头丧气地往回走)、tai^{3}ke^{5}ʔou^{3}ʔou^{3}(老人大声痛哭)。而其他几类后缀搭配的词根相对固定。

3.语音规律

lɯk^{8}、ke^{5}、ŋaŋ^{2}这三个后缀与词根之间没有语音关联。-ak^{7}、-aɯ^{5}的声母取决于声

① 韦景云，覃祥周：《壮语基础教程(2018年修订)》，中央民族大学出版社，2018年，第143、178页。

② 李旭练：《都安壮语形态变化研究》，民族出版社，2011年，第155页。

母。声调方面，单数调的词根用-ak^{7}，双数调的用-ak^{8}；-aɯ^{5}的声调通常为第5调。lot^{8}lot^{8}这类后缀与词根的语音关联是或然的，有的存在关联如pjo:m^{1}pja:ŋ^{1}pja:ŋ^{1}（瘦骨嶙峋）、ˀbai^{5}ˀba:t^{7}ˀba:t^{7}（湿淋淋）、ɣam^{4}ɣu^{1}ɣu^{1}（水汪汪）；有的没有关联，如pi^{2}lot^{8}lot^{8}（胖乎乎）。①此外，后缀lɯk^{8}在语流中常常读轻声lɯk^{0}，lot^{8}lot^{8}这类后缀无此现象。

4.形态方面

lot^{8}lot^{8}这类后缀富于形态变化，通常由重叠的方式构成，就重叠成分而言，有的是语素重叠，如a:ŋ^{5}wa:u^{1}wa:u^{1}喜洋洋、pa^{1}nok^{7}nok^{7}缠手缠脚，有的是音素重叠，如naŋ^{6}ta^{3}te:k^{7}整天孤坐、naŋ^{6}pa^{4}pu:p^{8}呆坐；就重叠结构而言，可与词根组成AB、ABB、ABAB、ABAC等多种重叠式。-ak^{7}、-aɯ^{5}这类后缀的声母、声调取决于词根，除此之外的其他词缀均缺乏以上形态变化。

5.语义方面

lot^{8}lot^{8}这类后缀主要是描声绘形，语义通常比较模糊，视词根和交际场景而定。这类后缀可以移去，词根义不改变，而色彩意义减淡，如pi^{2}lot^{8}lot^{8}（胖乎乎）若移去lot^{8}lot^{8}，词义仍是pi^{2}（胖），但生动性受损。而其他几类后缀有特定的语义，主要作用是构词，比如ɣok^{8}lɯk^{8}（小鸟），若将lɯk^{8}移去，词义就改变了。

6.语源方面

小称后缀lɯk^{8}由实词lɯk^{8}"儿、孩子"虚化而来，各地壮语读音相近，如武鸣lɯk^{8}、横县lək^{8}、柳江lak^{8}、都安lɯk^{8}、大新luk^{10}，②显然有同源关系。各地壮语大都有-ak^{7}、-aɯ^{5}这类后缀，邕宁为-e^{3}、-ət^{7}或-ok^{7}，如tham^{5}the^{3}（随便砍，砍掉）、tham^{5}thət^{7}（随便砍，索性砍）、tham^{5}thok^{7}（索性砍掉）③；柳江为-ɯ^{5}，如kɯn^{1}kɯ^{5}（快吃）、hjam^{3}hjɯ^{5}（快砍）、sak^{8}sɯ^{5}（快洗）④。而lot^{8}lot^{8}这类后缀，各地壮语并不一致，比如"胖乎乎"，武鸣为pi^{2}lot^{8}lot^{8}，蒙山为pei^{2}ˀbuŋ^{6}ˀbuŋ^{6}；又如"水汪汪"，武鸣为ɣam^{4}ɣu^{1}ɣu^{1}，蒙山为lam^{4}θum^{5}θum^{5}，后缀之间并无语音对应关系，也不像-ak^{7}、-aɯ^{5}可以按照固定的格式类推，彼此很可能不存在同源关系。

综上所述，lot^{8}lot^{8}这类后缀具有开放性，数量庞大，形容词、动词、名词及一些动宾结构、动补结构都能附加这类后缀，后缀与词根的语音联系是或然的，后缀之间基本没有同源关系，最主要的作用是描声绘形。以上特点让它区别于壮语其他后缀。

孙天心、石丹罗（2004）将状貌词定义为："状貌词（ideophone, expressive）是一种以

① 广西壮族自治区少数民族语言文字工作委员会研究室：《武鸣壮语语法》，广西民族出版社，1989年，第41-42页。

② 张均如，梁敏，欧阳觉亚等：《壮语方言研究》，民族出版社，1999年，第652页。

③ 梁敏：《壮语形容词、名词、动词后附音节的研究》，民族语文编辑组：《民族语文研究文集》，青海人民出版社，1982年，第291页。

④ 覃国生：《壮语柳江话动词、形容词的后附成分》，《民族语文》1981年第4期，第54页。

'音'直接表'义',模拟或描写声音、形状、颜色、性质、动作的特殊成分,说话者藉以表达感官经验或乐观态度……与一般词汇以抽象语言符号间接传达语义有所不同。"[1]韩陈其(2002)基于游离性和半游离性的基本标准,指出现代汉语词缀包括语音化词缀、语法化词缀、语用化词缀三类,语用化词缀指"充当词缀的词素在词用方面对其所构成的派生式复音词产生作用。有的不音变,有的有音变,即使有音变也有极大的任意性。既有单音节,还有双音节,甚至三音节。语用化词缀所形成的语用色彩是极其丰富、耐人寻味的。"[2]语用化词缀构词后可形成如"鬼冷""胖乎乎""酸溜溜""瘦巴巴"等,它用来传达口语丰富的情感色彩。马彪(2010)在此基础上,提出了"状态词缀"的概念,即"状态词缀是一种介于构词词缀与构形词缀之间的词缀,而其构词、构形意义都不十分明显(也可以说既有构词作用又有构形作用,但是又不同于一般的构词词缀和构形词缀),一般没有实在的词汇义也不具备确定的语法意义(在语法方面缺少系统性)。……是突出某种形象、情态、色彩的语用词缀"[3]。李旭练(2011)将壮语后缀分为构词后缀和构形后缀,构形后缀即后附音节或后附成分,指附加在词根之后用于表示某种性质状态的后缀。[4]我们认为,这类后缀相较于构形,其语用功能更显著。本书采用"状貌后缀"这个术语,指通常附加在壮语形容词、动词及少数名词后面的虚语素,主要起描声绘形的作用,可视为一种语用词缀,以区别于其他构词词缀,状貌后缀与词根结合可构成状貌词。表0-3为壮语两类词缀的对比。

表0-3 壮语两类词缀的对比

用途	位置	数量	音节	形态	语义	语源	搭配词根	与词根的语音关联
构词词缀	词前	有定,封闭性	一个	单一	比较明确	多虚化自实词,语言及方言间有同源关系	名词、动词、数词	通常没有
	词后						名词、动词及少数量词	
语用词缀	居后	无定,开放性	一至多个	丰富	比较模糊,与词根搭配才能显现	尚不明确,难以发现同源关系	形容词、动词及少数名词	通常有

① 孙天心,石丹罗:《草登嘉戎语的状貌词》,《民族语文》2004年第5期,第1页。
② 韩陈其:《汉语词缀新论》,《扬州大学学报》2002年第4期,第45页。
③ 马彪:《汉语语用词缀系统研究——兼与其他语言比较》,中国社会科学出版社,2010年,第20-21页。
④ 李旭练:《都安壮语形态变化研究》,民族出版社,2011年,第127-128页。

二、研究意义

本书在尽量充分占有语料并构建数据库的基础上，对壮语状貌后缀开展一系列研究工作，其研究意义如下。

1. 理论意义

（1）学术思想上，有助于修正以往认识误区与开辟语言的新观察点。状貌词（ideophone）普遍见于人类语言，长期被视为与语言基本经纬无关的“装饰花边”①，20世纪30年代，状貌词在非洲语言的调查研究中被发现并进入学界视野，此后诸多语言的状貌词被逐渐报道，引起学界的广泛关注，不再是“装饰花边”，而是关乎语音、词汇、语法、语用等各个层面。本书对壮语状貌后缀的研究正是基于这一背景开展的，有助于修正以往的认识误区，填补以往比较研究不足的缺憾，开辟观察语言异同的一个新窗口。

（2）学术观点上，有助于扩展深化相关的学科理论。形态学方面，壮语属于分析性较强的语言，缺乏形态变化，形式多样的状貌后缀恰好可以提供新的例证与启示。类型学方面，壮族是中国人口最多的少数民族，壮语是中国境内侗台语族使用人数最多的语言，研究壮语状貌后缀对汉藏语乃至世界语言共性的认识具有一定的参考价值。历史比较方面，壮语状貌后缀的演变及发展规律也能为汉藏语历史比较研究增添新的内容。语言接触方面，民族语与汉语状貌后缀的接触表现、变异机制及动因值得关注。

（3）研究方法上，有助于开阔语言研究的视野。本书专门汇集、分类整理壮语状貌后缀语料并且构建数据库，同时注重共时与历时、描写与比较、定性与定量的结合，围绕壮语标准语、壮语方言、方块壮字文献、侗台语以及相关汉语方言，对壮语状貌后缀的基本特征、演变轨迹等问题于多维比较中进行系统检思。

2. 实际应用意义

（1）有助于增添状貌后缀（或状貌词）的研究语料。该领域两部重要的专题论文集“*Ideophones*”（2001）、“*Ideophones, mimetics and expressives*”（2019）缺乏对我国境内语言状貌词的关注。语料是科学研究的基础，本书搜集整理的壮语状貌后缀以及建设的数据库，具有重要的语料价值，不仅能避免研究的随意取证，还能为壮语及其他语言状貌后缀（或状貌词）的研究提供更加准确、科学的语料。

（2）有助于推动基础研究成果转化。本书不仅能为语言学、文献学、文学、民族学、人类学等学科的研究者提供学术参考，还能服务于民族语文的翻译与教学、辞书编纂、语言调查、文学创作等。

（3）有助于民族语言文字资源的保护与利用。党和国家高度重视民族语文事业，我

① ［美］爱德华·萨丕尔：《语言论：言语研究导论》，陆卓元译，商务印书馆，1985年，第6页。

们建设的数据库及以此为基础开展的专题研究,正是对壮族语言文字资源的合理开发与利用。

第二节　研究现状

就我国境内语言来说,状貌词缀的研究成果涉及多种语言(方言)。研究篇幅不一,有专文论述,有部分涉及;所用术语不一,有状态形容词、形容词生动形式、后附音节、后缀、状态词缀、声貌词、状词、状态词、状貌词等,本节统称"状貌词缀(后缀)"以便论述,并按汉语和其他少数民族语言、壮语两类分别论述。

一、汉语和其他少数民族语状貌词缀的研究概述

(一)汉语状貌词缀的研究

汉语状貌词缀的研究,按照研究对象分为古代汉语、现代汉语(普通话和方言)。现有研究常常与状态形容词、重叠式、词缀联系在一起,下面分类叙述。

1.古代汉语

按照研究内容,一类为整体论述,主要有:石锓(2010)详细论述了汉语形容词重叠的AA、AABB、ABB、A里AB、ABAB等式的历时演变,并指出ABB式早在春秋战国就已经出现,宋代的ABB式语义淡化,BB也逐渐音缀化。元明清时期,BB的语音形式越来越弱化,ABB式的语法意义也就越来越主观化。孙景涛(2008)系统研究了古汉语的重叠构词法,其中印象式的完全重叠,表达的是一种生动意味,并对这类形式的来源作了全面探讨。王继红(2001)对重言式状态词的历时发展以及语法化过程进行了考察。另一类针对某方面开展研究,主要有:杨建国(1979、1982)研究了先秦汉语和元曲的状态形容词。杨永龙(1994)分析了元曲赘音ABC式形容词的结构形式。石锓(2013)论述了BA式双音状态形容词的形成与演变。褚福侠(2014)以元曲的词缀为对象,研究了ABB式形容词叠音词缀和ABC式形容词双音词缀。叶萌(1988)提出,古代汉语词类研究应专设一类"貌词",即注疏语言常用的"某某貌",如"杨柳依依"的"依依","参差荇菜"的"参差"。何毓玲(1989)论述了《毛诗正义》疏经语言中的状貌词词尾"然"。江蓝生(2008)运用古今文献资料,对元杂剧四字格状态词的变形重叠现象进行了探讨。

2.现代汉语

普通话方面的研究不仅开始的时间早，关注度高，而且研究成果非常丰富，现撮要介绍。

朱德熙《现代汉语形容词研究》(1956)将形容词分为简单形容词和复杂形容词，界定了二者的概念和范围，并指出二者构词方式、句法功能的区别。在此后的《语法讲义》(1982)中，朱德熙进一步将其明确为性质形容词和状态形容词。性质形容词包括单音节形容词和一般的双音节形容词，如“大、红、干净、伟大”。状态形容词包括：(1)单音节形容词重叠式，如“小小儿的”；(2)双音节形容词重叠式，如“干干净净(的)”；(3)“煞白、冰凉、通红、喷香”等重叠式为ABAB的词；(4)带后缀的形容词，包括ABB式、A里AB式、A不BC式，如“黑乎乎、可怜巴巴、脏里呱唧、灰不溜秋”；(5)“f+形容词+的”形式的合成词，如“挺好的、很小的”。这种划分得到了学界的广泛支持，许多学者都沿着这条路子展开研究。

吕叔湘《现代汉语八百词》(1980)中“形容词生动形式表”收词560余个，分为四个表。表一是单音节形容词AA式，如“红红$_{儿}$的、高高$_{儿}$的”；表二是单音节形容词带双音节或三音节后缀，构成ABB、ABC、AXYZ等式，如“喜洋洋、酸不叽的、黑不溜秋的”；表三是由双音节形容词AB重叠来的AABB或A里AB式，如“随随便便的、古里古怪的”；表四是由双音节形容词BA重叠来的BABA式，如“通红通红的”。

邵敬敏(1990)采用动态视角，对形容词ABB式的历史、地域、语体、语义等方面进行了研究。

上述研究基于传统的结构主义视角，不少学者用认知语言学、历史语言学的方法开展研究，主要有：李宇明(2000)系统研究了现代汉语状态形容词和形容词重叠式的量范畴。李劲荣(2014)从认知语言学的角度考察了现代汉语形容词生动式的语用价值。张国宪(2007)根据范畴的典型理论，对状态形容词的标准进行了界定，并考察其语法特征。邢公畹(1982)运用历史比较法，将现代汉语的后附字如“茫茫”“赳赳”“悠悠”“夭夭”等与泰语进行比较，为汉台语同源说提供了一个证据。

此外，也有学者将“状态形容词”界定为“状态词”“状貌词”“拟态词”。郭锐(2018)将归不进动词、形容词的谓词，视为状态词，并分析了状态词的标准、功能和类别，其中与本书研究对象密切相关的是A类，如“甜丝丝、绿油油、马里马虎、黑咕隆咚”。李恒(2019)认为汉语状貌词并不专指某一词性范畴，而是具有特定表达功能的词语集合，并常常与伴言手势(co-speech gesture)相伴相生。张新华，张和友(2020)建议把朱德熙(1982)所说“状态形容词”改称“状貌词”，并从状貌词的实质与演进考察了汉语的分析性。李春艳(2020;2021a;2021b)以认知语言学的理论方法论述了上古汉语、汉藏语系状貌词的构词特点、功能比较、语音象征性等问题。叶婧婷(2017)考察了拟态词的形式、功能,以及跨语言分布状况,并且在此基础上讨论了拟态词与语言类型的对应关系。

学界对现代汉语词缀的论述颇多,对本次研究比较有启发价值的主要有:韩陈其(2002)指出,现代汉语词缀除了语音化词缀与语法化词缀,还应该包括语用化词缀。语用化词缀用于传达口语丰富的情感色彩,构词后形成如“鬼冷”“胖乎乎”“酸溜溜”“瘦巴巴”等。马彪(2010)赞同这一观点,进一步指出“语用化词缀”可称为“状态词缀”,并将其作为独立的研究对象,细致考察了现代汉语普通话和方言状态词缀的分类、分布,兼顾其历时演变,还从汉藏语系的宏观视角归纳其类型学特征。

汉语方言状貌词缀的研究成果也非常丰富。早在20世纪40年代,陈三苏(1940)讨论了闽、粤方言形容词的衬字,如广州话“高niu niu、尖put lut”。20世纪80年代以来,汉语方言状貌词缀的研究取得了长足发展,涌现出许多有价值的成果,现简要介绍。按照研究内容,一类为整体论述,涉及语音、语义、语法、语用等方面,如《重庆话的附缀形容词》(1982)、《获嘉方言形容词的后置成分》(1984)、《黑龙江方言附加式形容词多音后缀》(1988)、《闽南话单音节形容词叠音后缀探析》(1989)、《广西贺州(莲塘)客家话几种表示性状的重叠式》(1997)、《宁波方言形容词摹状形式——兼议汉语的形态变化问题》(2001)、《牛蹄赣语方言中ABB式状貌词的特点初探》(2007)等;另一类针对某方面展开论述,某类重叠式如《横县方言单音形容词的AXA重叠式》(1979)、《成都话的BA式形容词》,地方文艺作品如《东北方言ABB式形容词在二人转中的语用效果初探》(2009),语言接触如《从南宁粤语的状貌词看汉语方言与民族语言的接触》(2012),音韵特征如《香港粤语双音节状貌后缀的音韵特色》(2015)等。

按照研究方法,上述成果最常用的方法是描写法,此外还有社会语言学的方法,如《湖南涟源杨家滩话重叠式研究》(2007)、《晋语柳林话形容词重叠式使用状况调查》(2010)等,认知语言学的方法如《形象性状态形容词论析——以江西客家方言为例》(2009)、《温州话动词和形容词重叠研究》(2011)等。

(二)其他少数民族语言状貌词缀的研究

此处的少数民族语言不含壮语在内,壮语的研究成果下文详述。其他少数民族语言状貌词缀的早期研究多集中在《中国少数民族语言简志丛书》,词汇篇的构词法、语法篇的形容词和动词的相关章节通常都会提及。比如,侗语形容词和少数名词能够带后附音节,后附音节没有词汇意义,起拟声摹状的作用,后附音节和主体词之间结合紧密,不能插入其他成分；动词也能带后附音节，但后附音节的位置灵活，可前置可后置，它和主体词之间能够插入宾语、补语，因而称为声貌词更恰当。[①]又如，勉语的状词可以修饰动词和形容词，它出现在主体词之后，表示状貌、速度、声音、颜色、气味、性能等。[②]再如，藏语形容词词根可以附加叠音成分，起到加强词义的作用。[③]总而言之，状貌词缀的早期研究大多出现于论著的某部分章节，内容以简要介绍为主。20世纪80年代中期至今，状貌词缀的关注度有所提高，论著的相关内容渐增，下面按语族分类介绍。

侗台语方面，单篇论文主要有《傣语德宏方言中动词和形容词的后附形式》(1979)、《傣语德宏方言中动词和形容词的双音节后附形式》(1984)、《傣语双声型摹状词元音交替规律探索——基于浑沌学和生成音系学角度的阐释》(2009)、《罗甸里王村布依语后附成分的结构特点》(1988)、《锦话谓词的重言形式》(1989)、《侗语形容词后缀的语法分析》(1993)、《水语附加成分浅谈》(1984)、《水语形容词后缀研究》(1999)、《壮侗语带后附音节的复音动词》(2005)、《水语AB式形容词》(2007)、《仫佬语形容词、动词和名词后置成分探析》(2011)、《对仫佬语主要实词后附音节语法归类的思考》(2012)、《仡佬语状词的生成与韵律分析》(2019)，这些论文对傣语、布依语、侗语、锦话、水语、仡佬语状貌后缀的结构形式、语音特点、语义特点、语法特点及语法归属进行了讨论。此外，一些论著和学位论文也涉及状貌后缀，主要有石林(1985)、张济民(1993)、陆天桥(2008)、韦学纯(2011)、徐李(2015)、杨榴(2021)等。

苗瑶语方面，以苗语的研究成果最为丰富。曹翠云(1961)较早对黔东苗语的状词作了专门探讨，80年代以来，她将苗语和古汉语的状词进行比较，发表了一系列论文(1984；1995；2001；2002)，最后结集成专著《苗语与古汉语特殊语句比较研究》(2006)。王辅世、王德光(1983)探讨了贵州威宁苗语状词的语音特点、附加意义、形态变化和分类。李云兵(1995)对苗语川黔滇次方言状词的元音和谐、分类、组合关系进行了分析。相关论文还有严素铭(1987、1993)、杨勤盛(1989)、刘锋(1991)、石德富(1997)、王丹(2011)、王仁芝(2019)等。

藏缅语方面，单篇论文主要有《试论汉语和藏语的形容词生动形式——AXX式》(1990)、《藏语ABA'B式状貌词与表现形态理论》(2021)、《藏语ABB式状貌词及其产生的理论根源》(2022)、《凉山彝语描摹词问题初探》(1991)、《凉山彝语形容词词缀分析》(1995)、《草登嘉戎语的状貌词》(2004)、《独龙语孔当话的状貌词》(2019)，这些论文对藏语、彝语、嘉绒语、独龙语状貌词(词缀)的语音、语义、形态变化、与主体词的搭配关系

① 梁敏：《侗语简志》，民族出版社，1980年，第28-29、55-56页。

② 毛宗武，蒙朝吉，郑宗泽：《瑶族语言简志》，民族出版社，1982年，第95-96页。

③ 金鹏：《藏语简志》，民族出版社，1983年，第30页。

等方面进行了探讨。专著方面,向柏霖(2008)、胡素华(2020)对嘉绒语、彝文文献的状貌词有专节论述。

南亚语、南岛语和阿尔泰语的成果,单篇论文主要有《试论维吾尔语摹拟词的形象色彩及其功能》(1992)、《关于哈萨克语摹拟词的研究》(1997)、《试论西部裕固语中的摹拟词》(2021)、《蒙古语的状态词》(1980)、《锡伯语的状词》(1985)、《论满语的摹拟词》(1987),学位论文和专著主要有《哈萨克语摹拟词研究》(2019)、《〈择翻聊斋志异〉满语拟声词拟态词计量研究》(2022)、《类型学视野下的蒙古语——汉语摹拟词对比研究》(2021),这些论文对维吾尔语、哈萨克语、西部裕固语、蒙古语、锡伯语、满语摹拟词的形式、语音、语义、语用、词类地位、与汉语的比较等方面进行了描写与分析。此外,某些专著中“构词法”部分对京语、卑南语状貌词缀的形式、语义、形态变化等作了简要论述(欧阳觉亚1984;石德富2008)。

值得一提的是,中国民族语言学描写语言学专业委员会2018年年会设立“摹状词”专场,会议提交了多篇相关论文,内容涉及壮语、侗语、水语、黎语、苗语、彝语等。

综上所述,汉语方面将状貌词缀作为独立研究对象的论著还很有限,少数民族语言的研究成果以侗台语、苗瑶语、阿尔泰语居多,但系统、全面的研究仍比较缺乏。中国境内语言种类丰富,语言分布格局复杂,因而,状貌词缀这片土地仍有待继续开垦。

二、壮语状貌后缀的研究概述

壮语状貌后缀的研究历程,可以分为滥觞期、萌芽期、发展期、深化期。

(一)滥觞期(明清时期):开始用文字记录状貌后缀

明清时期,壮族知识分子用方块壮字或汉字抄录的宗教经书或歌谣抄本保存了一批状貌后缀。明万历四十四年(1616年)的《咘洛陀造麽叭科》是一部宗教经书抄本,开篇便有这样的句子,其中“路梁”拟声,“立临”摹状。

方块壮字	功	肚	啞	路	梁	功	肚	相	立	臨①
音标	ko:ŋ²	tuŋ⁴	ˀjɯək⁷	lo⁶	liaŋ²	ko:ŋ²	tuŋ⁴	in¹	lap⁸	li⁶
汉译	叫	肚	饿	咕	咕	喊	肚	痛	连	连

清乾隆年间的《粤风》收录广西浔江一带汉族、瑶族、壮族的民歌,其中僮歌、俍歌属

① 黄明标:《壮族麽经布洛陀遗本影印译注》(上卷),广西人民出版社,2017年,第18-19页。

于壮族民歌，不少词句都包含状貌后缀。比如以下两句中“丝丝”和“乙乙”摹状。

记音汉字	淋	了	细	丝	丝	淋	了	离	乙	乙①
音标	ˀdo:m^{5}	liu^{4}	sai^{5}	sei^{1}	sei^{1}	ˀdo:m^{5}	liu^{4}	lei^{1}	ȵa^{1}	ȵa^{1}
汉译	看	了	细	丝	丝	看	了	晃动	密匝匝	

（二）萌芽期（20世纪30至40年代）：用现代语言学方法记录状貌后缀

最早运用现代语言学方法记录壮语状貌后缀的首推李方桂。20世纪三四十年代，李方桂调查了广西和云南的壮语方言，记录整理了一批故事、民歌。他将状貌后缀普遍标注为“某某貌”，显然注意到了这类成分的描摹功能，如《武鸣土语》（2005）第2则故事《人熊》：

“kai^{5}ma^{2}ˀbai^{5}ˀbop^{8}ˀbop^{8}kle^{1}，me^{6}tai^{1}？什么湿渍渍的阿，外婆？”

“ˀbop^{8}ˀbop^{8}”，词汇表标注“湿貌”。②

又如《龙州土语》（2005）第10则故事《小白兔儿》：

“ham^{1}pa^{1}la:ŋ^{1}taŋ^{2}da:ŋ^{1}ne^{5}tɕuŋ^{3}tɕɯ^{6}ne:m^{1}naŋ^{5}naŋ^{5}ti^{1}ˀi^{5}kʰau^{3}nu^{1}tʰu:n^{3}a^{5}. 全身呢都完全是黏乎乎的糯米饭。”

“naŋ^{5}naŋ^{5}”，词汇表标注“黏软貌”，“ne:m^{1}naŋ^{5}naŋ^{5}”标注“黏软”。③

再如《剥隘土语》（2005）第2则故事《蛇珠》：

“hat^{7}laŋ^{1}te^{1}liŋ^{3}hin^{5}tau^{3},han^{1}nai^{6}mɔk^{7}lo:ŋ^{6}sin^{4}sin^{4}. 第二天他醒了起来，见床上亮晶晶的。”

“lo:ŋ^{6}sin^{4}sin^{4}”，词汇表标注“亮的样子”。④

由上可见，滥觞期和萌芽期的几部代表性著作以记录状貌后缀为主，真正的研究并未展开。

（三）发展期（20世纪50至60年代）：初步探讨状貌后缀的性质及规律

1952年，袁家骅、韦庆稳、张均如对广西十余个壮语方言点做了初步调查，《一九五二年壮族语文工作报告》（1953）收录了来宾和龙州的调查报告。当时调查组对状貌后缀的规律已有初步认识，请看来宾壮语调查报告中的两段文字。

“两个声音或两个形容词前往往有一个tak^{7}。”

---

① 梁庭望：《〈粤风·壮歌〉译注》，广西民族出版社，2010年，第102页。

② 李方桂：《武鸣土语》，清华大学出版社，2005年，第37、214页。

③ 李方桂：《龙州土语》，清华大学出版社，2005年，第141、259页。

④ 李方桂：《剥隘土语》，清华大学出版社，2005年，第12-13、682页。

“在这一段里面‘sup^{8}’只形容‘jeu^{1}’青；一个‘红’字‘hog’后面的形容词可以决定红的性质，hog^{2}feg^{5}与hog^{2}hwt^{8}不同，前者是鲜艳的红，好像红油漆的红色，后者是美丽的红色，像太阳光晒在酒杯底的红色；ruk^{7}只用来形容rau^{3}暖。”①

这段话表明：第一，调查队当时认为状貌后缀属形容词。第二，拟声音节与词根之间可以插入一个助词tak^{7}，如“pai^{1}tak^{7}pog^{1}pog^{1}（水）流哗哗”。第三，词根与状貌后缀的搭配，有的固定如“rau^{3}ruk^{7}”“jeu^{1}sup^{8}”，有的不固定如“hog^{2}feg^{5}”“hog^{2}hwt^{8}”。第四，不同的状貌后缀可以描绘出“红”的不同状态。

1956年开展中国少数民族语言大调查，对状貌后缀的认识随着壮语调查的深入而增加。

根据《壮语语法概述》(1957)，单音节动词和形容词的后面可以加一两个描写行为状态的附加音节，组成的词属于附加式合成词。王泽宏(1957)认为，像壮语这样缺乏形态变化的语言，可以依据固定的附加成分作为划分词类的标准，依据前加成分-tu、-ko划分出动植物名词，以后加成分-ɯ作为划分动词的主要标准，形容词虽然没有像名词、动词的固定附加成分，但事物性质及状态的形容词后面通常可加一个或两个音节，表示事物性质及状态程度加深。《壮语方言语法的几个问题》(1958)谈及形容词表示强调的各种方式，包括添加后辅助成分（词尾）绘形音节，以及动词后面加-ak、-aɯ韵表示“随便、催促”的意味。《壮汉词汇（初稿）》(1958)共收一万五千多条词目，收录了一批带状貌后缀的词。

袁家骅、张元生(1958)对武鸣壮语动词、形容词、名词的词尾情况以及规律做了较为细致的探讨。该文将词尾分为两类：动词词尾-a:k、-e:k、-aɯ与形容词词尾-a:t，起构形作用；动词形容词后头模仿声音状貌的音节或重叠音节处理为拟声词，理由是解决文字连写问题。词根与词尾之间的语音和谐律，对研究古代汉语的骈词有一定启示作用。拟声词能够细致辨义，一般而言，偏低偏后的元音表示性状的加强，偏高偏前的元音表示性状的轻微。此外，《壮语概况》(1961)指出，动词和后加的重叠音节之间可以插入宾语或补语，少数形容词还可以在词根与重叠音节之间插入一个比况修饰的名词。

这一时期的研究在普查的基础上进行，构词法的研究已经涉及状貌后缀，为下一阶段研究的深入奠定了重要的理论基础，保存了珍贵的资料，但真正的专题研究直至20世纪80年代才产生。

---

① 袁家骅，韦庆稳，张均如：《一九五二年壮族语文工作报告》，中国科学院，1953年，第43页。

(四)深化期(20世纪80年代至今):多角度研究状貌后缀

这一时期的研究,研究目的、视角及方法不统一,下面按照几类分别阐述。

1.整体论述、收录

(1)专著方面,大多会在“构词法”和“词类特点”两处提及状貌后缀,内容较前一时期有所深化。状貌后缀韵母主元音开口度的大小以及舌位的高低前后可以表示量级差异,前/高元音一般表“大”量,后/低元音一般表“小”量,同时还能表达一定的情感色彩;词根与状貌后缀结合之后,不能受程度副词和否定词修饰(韦庆稳,覃国生1980;韦庆稳1985;张元生,覃晓航1993;韦景云,覃晓航2006;韦景云2018)。行为动词附加-aɯ、-ak音节,表“催促”“随意”的意味,这一类在汉语中没有对应形式;单音节形容词、动词以及少数名词后加描绘性的音节,这一类在汉语中有对应形式(张元生,覃晓航1993;张增业1998)。如果句末是形容词或不及物动词的谓语,那么,这个谓语通常会带重叠式的状貌后缀,表示性状的程度或行为的状貌(覃晓航1995)。状貌后缀的意义虚灵,各地方言差异很大(张均如,梁敏1999)。

(2)工具书方面,收录状貌后缀的主要有《壮汉词汇》(1984)、《汉壮词汇(初稿)》(1983)、《现代汉壮词汇》(2013),三者在收录通用词的基础上,兼收方言词。

《壮汉词汇》收词二万三千多条,该书对状貌后缀的收录原则:描声绘形的状貌后缀随词根收录,比如“pat^{8}na:ŋ^{1}na:ŋ^{1}[方]悬挂物来回摆动”。《汉壮词汇(初稿)》收词18340条,包含一批带状貌后缀的词,释义较简单,比如“白茫茫 ha:u^{1}θa:k^{7}θa:k^{7}”。《现代汉壮词汇》收词27332条,对词类进行了标注,但不标识状貌后缀的声调。同一个词条下,状貌后缀的数量比《汉壮词汇(初稿)》有所增加,比如“白花花[báihuāhuā]<形>ha:u^{1}θa:k^{7}θa:k^{7};ha:u^{1}ɕa:k^{7}ɕa:k^{7};ha:u^{1}θup^{7}θup^{7}”。

2.个案描写

个案描写是状貌后缀研究目前最常用的方法,这方面成果也最多,内容涉及方言描写、语音象征性、壮族文献等,形式有单篇论文、学位论文、专著的某些章节。

20世纪80年代初产生了三篇较具代表性的单篇论文。覃国生的《壮语柳江话动词、形容词的后附成分》(1981)、梁敏的《壮语形容词、名词、动词后附音节的研究》(1982)、韦星朗的《柳江壮话的后附加音节》(1984)分别描述了柳江壮语、邕宁壮语形容词、动词、名词状貌后缀的结构、语义、语音特点、语法属性及处理办法。

此后,状貌后缀作为独立研究对象正式进入学界视野,其他方言点的情况陆续被报道。单篇论文有韦景云(1997)、韩林林(2011)、韦彩珍(2006)、黄彩庆(2011)、付苓和王一君(2015)、韦名应(2020)等。学界近年对状貌后缀的重视度有所提高,专著所占的篇幅也有所增加，涉及武鸣、都安、靖西、柳江、大新等地（韦景云等2011；李旭练2011；郑贻青2013；覃国生2013；吴小奕2013；黄美新2013；梁敢2014；韦茂繁2014）。此外，一些描写壮语方言语法的学位论文也论及状貌后缀，如覃海恋（2009）、黄阳（2010）、谢海洋（2012）、杨威（2012）、吕嵩崧（2014）等。诸多论著中较具代表性的有：李旭练（2011）按照结构类型和语音规律等方面对都安壮语的构形后缀（即状貌后缀）作了详细描写与分析。韦玉珧（2016）系统描写了忻城壮语状貌后缀的结构、语音、语义、句法功能和语用。

状貌后缀韵母主元音开口度的大小和舌位的高低前后，能够形象地描摹不同的状态，体现量级和情感色彩的差别。谢志民（1983）、陆天桥（1988）分别报道了龙州壮语和武鸣壮语状貌后缀韵母主元音交替体现的语音象征性。

方块壮字文献整理译注的成果颇丰，其中包含状貌后缀的注释，如“$kjai^{1}$ me^{6} $la:u^{4}$ $nak^{7}wa\eta^{1}$爱戴老母情意重”中的“$nak^{7}wa\eta^{1}$，沉甸甸，$wa\eta^{1}$是后缀”①。还有一类是某部文献的词汇研究，《〈壮族麽经布洛陀影印译注〉文字词汇研究》（2021）是近年整理研究壮族宗教文献语言文字的力作，其附录的一批状貌词具有重要的语料价值。至于其他文献，蒋雯（2015）研究了《古壮字词典》含状貌后缀在内的虚词的分类与语法功能。

3.跨语言比较

比较对象涉及侗台语、汉语、汉藏语乃至外语，研究目的主要为两个方面。

（1）语言共性和差异。吴小奕（2013）比较了中越跨境壮语形容词、动词加状貌后缀的不同表现。冯英（2005）指出，侗台语带状貌后缀的复音动词的功能是描写动作的状态或摹拟动作发出的声音。倪大白（2010）叙述了侗台语状貌后缀的共同表现。韦景云（2009）对壮、汉语形容词结构的多样性作了比较。张晓勤、闫松（2010）发现壮、汉语动词附加成分的形态特征、表义特征、语用功能具有相似性，部分存在规则的对应关系。韦秀芬（2011）对比了壮、汉语形容词后缀的类型和语用功能。高欢（2014；2105）比较了诶话、壮语和平话在构词法及语法方面的共性和差异。马彪（2010）认为，状态词缀是汉藏语特有的词缀，并讨论了状态词缀的性质、地位和类型学特征等问题。左自鸣（1997）对比了壮语和英语形容词的量级差异。覃国生、谢英（2009）比较了壮语和老挝语单音节形容词带状貌后缀的情况。刘丹青（1991）提出，状态词是一种“东方式”词类，其分布范围从日本、中国东北到西藏、尼泊尔，从蒙古人民共和国到印尼及太平洋岛屿，从印度阿萨姆、缅甸到菲律宾以东岛屿。N. J. Enfield（2005）认为，状貌词（expressive）是东南亚语言区域的共性特征之一。

（2）语言系属关系。罗美珍（1983）认为侗台语属于汉藏语系，两者构词法高度一

① 蒙元耀：《生生不息的传承：孝与壮族行孝歌之研究》，民族出版社，2010年，第132页。

致，比如形容词后面可以附加含修辞色彩的音节。梁振仕（1984）从语音、词汇和语法论述壮、汉语的亲属关系，认为重叠法是两种语言共有的形态变化之一。韦达（2009）比较了现代壮语和古代汉语的若干语法现象，认为壮、汉语有密切的关系，比如动词和形容词都能带状貌后缀。

4.形态变化

重叠、附加是壮语主要的形态变化，这方面研究涉及构词法、重叠式、体貌范畴等。

（1）造词法与构词法。韦树关（1991；1997）论述了壮语造词法和构形法，用重叠音节手段造出的新词如“wa:i^{6}wa:t^{8}wa:t^8（破烂不堪）”“θoŋ^{1}θɯt^{7}θɯt^7（十分轻松）”属于重叠式造词法，同时应当区分壮语构形法和构词法，壮语构形法主要包括加缀构形法、叠词构形法、加缀—叠词构形法，形容词、动词、名词添加后缀属于加缀构形法和加缀—叠词构形法。韦达（1997）分析了壮语动词附加词头与词尾的构词法。黄良庭（1997）从区分后缀和词尾的角度，认为壮语动词形容词的后附加成分属于词缀，而非词尾。韦景云（1999）认为，后缀-a:k^{55}/-a:k^{33}表示“随便性、索性或干脆”，它与其他动词的状貌后缀有明显的本质区别。班弨（2010）在论述壮语造词法时指出，模拟造词法更多表现在表示声音等状态的附加词素的运用上，如“tai^{3}tɕa^{6}tɕa^{6}哭成一片”“tau^{3}tɕaŋ^{6}tɕaŋ^{6}纷纷到来”。Somsonge Burusphat（2012）指出，动词后附音节的重叠表示动作的重复、持续，形容词后附音节的重叠则是强化词根表示的程度，后附音节与词根的音素重叠关系是或然的。薄文泽等（2014）认为，壮语除了语序和虚词外，还存在黏着型动词范畴标记-aɯ、-a:k。以上研究主要为理论探讨，也有方言个案的成果，如黄丽登（2010）分析了凌云壮语动词的构词法，其中包括动词带后附音节。

（2）重叠式。李锦芳、莫轻业（1993）研究了横县壮语AbA形容词重叠式的语义构成及语法功能。李如龙（1984）比较了闽方言和苗、壮、傣、藏诸语言的动词特式重叠，认为该重叠式为汉藏语的特点之一。覃静（2012）描写了壮语和泰语重叠式的类型和语法意义，并分析两者之间的差异和成因。魏仕娟（2014）详细描写与对比了汉语和壮语形容词重叠式的类型、组合能力、句法特征以及语用功能。

（3）体貌范畴。李锦芳（2001）分析了壮语动词的10种体貌，其中“随意”和“意外”可通过动词后附固定音节来表示，动词和固定音节之间的黏附性很强，“进行持续”也可通过后附叠音词尾来表示。梁敢（2014）在李文的基础上，探讨了武鸣壮语的体貌范畴，指出壮语属于貌和语气均突出的语言。

5.语言接触

（1）双语视角。闭克朝（1979；1981；1991）揭示了横县平话和壮语接触的一系列表现。欧阳觉亚(1995)指出,南宁粤语和壮语的形容词和动词都可以带叠音后缀,说明形容词或动词的某种性质、状态、方式或程度,广州粤语只有形容词有这一特点。张均如、梁敏(1996)认为,桂南平话单音节动词后附的带修辞色彩的叠音后缀,这一现象跟壮语的影响有一定关系。郭必之(2012)比较了南宁粤语和武鸣壮语的状貌词,指明语言接触的表现与机制。

(2)区域视角。谢建猷(1994)指出,壮语陆西话和汉语平话、白话都有丰富的动词、形容词后缀。韦达(2003)指出,单音节形容词后面可以附加一个或到两个以上的表义细腻的后缀,是广西粤语、客家话、闽语与壮语的共同特征。

6.语言应用

(1)语用修辞。壮语形容词、动词带上不同的后附音节,富于音乐性,若注意音韵和谐,不仅能生动传神地描摹情态,还能传达作者的内在情感。摹绘是壮语最常见的修辞格之一,丰富的后附音节发挥着重要作用(潘源洞 1997;覃国生 1998;韦达 2006;韦景云,覃晓航 2006;关仕京 2012;张丽 2012)。

(2)语言学习与翻译。这方面的内容主要为汉族如何学习壮语与壮语和汉语、英语的双向翻译,涉及带后附音节的动词和形容词、重叠式、状态形容词等方面(王均等 1979;覃晓航 1996;陈光伟 1998;周国平 2007;尹福建 2011)。

(3)语言规范。《壮文方案(修订案)》第九条规定,壮文以词为书写单位,词素连写,词组分写,而带附加成分的复音词需要连写,如"soemjsat(酸酸的)"。韦达(1991)指出,动词词尾-ak、-aɯ覆盖的方言比较广,社会使用比较普遍,可以推广使用,而形容词重叠式的类型比较多,必须规范。覃德民(2001)指出壮语有相当数量的动词、形容词的ABB式,为篇幅经济,应当简化,可用符号f代表重叠的后附音节,如daengjbyoengbyoeng→daengjbyoengf。覃德民(2013)指出《壮汉词汇》若干失当之处,当中后附音节的失当主要为隔音符号使用失当、不符合壮语的音韵结构。

三、小结

综上所述,状貌词缀取得了许多有价值的研究成果,对本研究的开展颇有裨益。然而,囿于时代、语料与理论的局限,仍有一些不足之处。

1.状貌词缀的地位仍有歧见

比如,壮语的"后附音节"一般认为属于词内成分,可视为词缀,但苗瑶语却视为具有独立词类地位的"状词"。上述论著也大多将状貌词缀归在构词法、状态形容词、重叠式等方面的讨论之下,作为独立研究对象的较少。可见,学界目前对于状貌词(或状貌词缀）的定义并未统一，其词类地位的独立性及语法属性也有争议，术语的分歧便可见一斑。当中原因除了研究旨趣各异，主要是语言类型差异与学术理念分歧，这些情况一定程度上制约了状貌词缀的深入研究。

2. 研究语料短缺与混乱

状貌词两部专题论文集“*Ideophones*”与“*Ideophones, mimetics and expressives*”缺乏对我国境内语言的关注。壮语方言土语诸多，状貌后缀的现有语料短缺，已刊语料又缺乏合理的整合规范，难以利用，此外，方块壮字文献语料也未得到重视，这些情况严重制约了研究的深入，不利于语言事实的充分揭示。

3. 研究内容缺乏系统性

就壮语而言，状貌后缀大致有两种研究倾向：一种是停留在对象的描写与举例，既缺乏系统考察，也缺乏对其语法性质的重新审视；一种倾向是满足于辞书收录，基本没有反映其族群特点。整体而言，研究成果以单篇论文、单点描写最常见，内容显得零散，系统性严重不足。

4. 研究方法及相关理论单一化

现有研究以描述性研究为主，解释性研究较少。比如，语言或方言的比较仅为简单对举，进一步的比较研究仍待展开。又如，状貌后缀的演变、接触等历时问题，现有研究基本阙如。再如，现有研究未能充分利用民族文献如方块壮字文献，其中的状貌后缀有待进一步整理研究。可见，新的研究视角以及相关的语言学理论与方法有待引入。

总之，壮语状貌后缀因其丰富性、能产性、复杂性、地域性相互交织，仍有许多值得探索的空间。

第三节　研究内容与研究方法

一、研究内容

本书根据不同层次、不同对象、不同目的针对壮语状貌后缀展开比较研究，共分六章，前三章为共时研究，后三章为历时研究，具体内容如下。

（1）壮语状貌后缀的结构类型。结合壮语标准语与方言，梳理状貌后缀的结构类型，在此基础上采用区间分类法，按照结构类型的数量和分布度对其分类，并将标准语与方言进行比较，探讨状貌后缀结构类型的共性和差异。

(2)壮语状貌后缀的语音规律。结合壮语标准语与方言,梳理状貌后缀及其与词根组配的语音规律,并将标准语与方言进行比较,探讨状貌后缀语音规律的共性与个性。

(3)壮语状貌后缀的语义系统、语法功能与语言风格。结合壮语标准语与方言,对状貌后缀的语义系统、构词情况、语法功能、语言风格进行分析与归纳,探讨上述方面壮语状貌后缀的主要特征与功能。

(4)方块壮字文献状貌后缀的特征与功能。方块壮字文献一定程度上保存了壮语的早期形式,是研究壮语史的重要语料。对宗教、民歌两类文献的状貌后缀的结构类型、语音规律、语义类别及特征、频率与构词情况、句法功能、语言风格进行分析与归纳,并与壮语口语(标准语与方言)进行比较,从历时角度探索壮语状貌后缀的传承与演变。

(5)侗台语状貌后缀的类型、演变与发展。从宏观角度将壮语状貌后缀置于侗台语中考察,运用历史比较法并结合相关文献语料,从状貌后缀的共时差异探考其历时演变踪迹,以此为基础分析状貌后缀的产生途径与发展趋势。

(六)壮、汉语接触与广西汉语方言状貌后缀的演变。先以个案视角切入,继而提供大量的方言事实,探讨壮语影响广西汉语方言状貌后缀的表现及机制。

二、研究方法

综合运用描写语言学、比较语言学、历史语言学、语言接触等多种理论,具体方法分为以下几种。

1.描写与比较相结合的方法

在掌握丰富语料的基础上进行全面的、系统的描写,在此基础上,对语言间的各种语言形式及语言结构进行类比和对比。这种描写与比较相结合的方法贯穿于本书所有研究之中。

2.共时与历时相结合的方法

语言的共时状态和历时演变相互关联,共时差异反映了语言要素不同历史阶段的特点,历时演变规律的探索又为共时特点的归纳提供印证。

3.定量分析与定性分析相结合的方法

"传统所使用的例证法是有效而不可缺少的,但它又确实存在'随意取证'的严重缺陷,要对语言现象的随机性加上'管束',只有坚持在定量分析的基础上作定性分析。"[①]本书结合定量与定性的方法,对壮语状貌后缀进行多层次、多角度的统计,为整体研究

① 唐钰明:《四十年来的古汉语语法研究》,刘坚、侯精一主编:《中国语文研究四十年纪念文集》,北京语言学院出版社,1993年,第273页。

和最后结论提供比较可靠的论证数据，并运用现代语言学理论对某些现象和特点尽可能地做出解释。

第四节 语料来源与语料处理

一、语料来源

本书语料有以下三类，主要取自已刊论著，部分语料由田野调查、征询母语人获得。

(一)壮语标准语与方言

本书引用的壮语语料及其来源见表0-4。

表0-4 壮语语料及其来源

语料			来源
标准语			词典:《壮汉词汇》(1984)、《现代汉壮词汇》(2013) 标注文本:《壮语语法标注文本》(2016)
北部方言	邕北土语	武鸣壮语	韩林林:《壮语状态形容词的研究》(2011) 梁敢:《梁彭壮语体貌范畴研究》(2014) 覃国生:《壮语概论》(1998) 覃海恋:《武鸣罗波壮语语法研究》(2009) 韦景云,何霜,罗永现:《燕齐壮语参考语法》(2011) 韦景云,覃晓航:《壮语通论》(2006) 韦庆稳,覃国生:《壮语简志》(1980) 韦庆稳:《壮语语法研究》(1985) 张增业:《壮-汉语比较简论》(1998)
		横县壮语	李锦芳,莫轻业:《横县壮语AbA形容词重叠式的语义构成及语法功能》(1993)
	红水河土语	都安壮语	李旭练:《都安壮语形态变化研究》(2011)
		大化壮语	唐龙:《从汉达壮语词汇看汉壮语的接触》(2007)
		马山壮语	谢海洋:《马山壮语语法调查与研究》(2012)
	柳江土语	柳江壮语	覃国生:《壮语柳江话动词、形容词的后附成分》(1981) 覃国生:《柳江壮语调查研究》(2013) 韦星朗:《柳江壮话的后附加音节》(1984)
		忻城壮语	韦玉珧:《拉光壮语形容词、动词后附音节研究》(2016)

续表

语料			来源
北部方言	桂边土语	凤山壮语	韦彩珍:《广西凤山壮语的后附加音节》(2006)
		富宁壮语	付苓,王一君:《壮语谓倮话动词、形容词的后附形式》(2015)
	右江土语	田阳壮语	黄彩庆:《百色田阳壮话形容词后附成分研究》(2011)
	桂北土语	下坳壮语	韦茂繁:《下坳壮语参考语法》(2014)
南部方言	邕南土语	邕宁壮语	梁敏:《壮语形容词、名词、动词后附音节的研究》(1982) 杨威:《双定壮语语法研究》(2012)
	左江土语	大新壮语	黄美新:《大新壮语形容词研究》(2013)
		龙州壮语	谢志民:《龙州壮语的元音交替》(1983)
	德靖土语	靖西壮语	黄阳:《靖西壮语语法研究》(2010) 吕嵩崧:《靖西壮语语法》(2014) 郑贻青:《靖西壮语研究》(2013)

《壮汉词汇》和《现代汉壮词汇》(下文简称《壮汉》和《汉壮》)这两部壮汉双语词典收词丰富、体例规范、通行广泛。《壮语语法标注文本》(下文简称《文本》)以基本语法结构框架标注语言的词法形态和句法现象,以“三行一体”即原文行、标注行、翻译行的方式呈现,语料题材包括民间故事、农事与民俗讲述、创作小说与散文翻译作品,能够充分反映武鸣壮语口语实际情况,所有语料以武鸣(双桥合美)即标准音点的语音系统标注。

壮语方言语料除大部分来自已刊论著,一部分由田野调查与征询母语者获得。根据研究需要,我们先后两次对蒙山壮语进行田野调查。蒙山县位于广西东部,隶属梧州市,新圩镇位于县境西北部,是全县语言最复杂之处,有壮语、瑶语、西南官话、粤语、客家话,当地人普遍使用两种及以上的语言(方言),是一个典型的多语社区(刘村汉1985)。新圩镇谢村为壮语集中处,我们的记音以谢村为准,本书蒙山壮语的语料均来自这两次调查。第一次是2018年寒假,目的是记录状貌后缀,主要发音合作人是:GW,男,壮族,46岁,蒙山县新圩镇谢村人,大学本科文化程度,19岁上大学前从未离开过本地,母语为壮语,十分熟练,还能说蒙山话(属粤语勾漏片)和普通话。第二次是2018年暑假,目的是搜集更多状貌后缀的语料,同时兼顾状貌后缀的代际差异,主要发音合作人是:GRW,男,74岁,小学文化程度,蒙山县新圩镇谢村人,一直住在当地,母语为壮语,十分熟练,还能说蒙山话;GYL,女,15岁,初中生,蒙山县新圩镇谢村人,一直住在当地,母语为壮语,还能说蒙山话和普通话。此外,我们还向壮语母语人征询了部分语料(见表0-5),并与他们核实了取自论著的相关语料,尽可能保证语料的真实可靠。

表0-5 母语合作人信息表

母语合作人	来源地	性别	年龄	职业	母语能力
SJC	北部方言邕北土语:武鸣	女	39	秘书	熟练
YLB	北部方言右江土语:田阳	女	38	图书馆馆员	熟练
NBH	南部方言左江土语:大新	女	34	教师	熟练
LL	南部方言德靖土语:靖西	男	42	编辑	熟练

(二)方块壮字文献

1.方块壮字文献的分类与主要特点

方块壮字文献是壮族重要的历史文献之一,是壮族乃至中华民族宝贵的文化遗产和精神财富,具有哲学、历史学、民族学、经济学、政治学、法学、宗教学、语言文学、医学、农学等方面的价值。根据朱崇先(2017:226-229),方块壮字文献主要包括:①碑刻,包括住宅碑、山寨碑、界碑、路碑、乡约碑、墓碑等;②乡规民约及讼谍;③扁担歌、信歌等信函;④谱牒;⑤民歌;⑥长诗;⑦壮族剧本;⑧说唱本;⑨经书;⑩医药。广西素有"歌海"之称,现存方块壮字文献主要为韵文。

已出版的方块壮字文献语料主要分为两类。第一类为方块壮字汇释性语料,即指对文字进行汇集、释义、考证的语料,《古壮字字典(初稿)》是目前唯一一部方块壮字字典,也是这方面的集大成之作。该字典共收录古壮字10700个,并初步确立了4918个正体字,采用拼音壮文、国际音标、汉语释义。第二类为已经整理出版的方块壮字文献语料,主要是宗教文献和民歌文献。早在20世纪30年代,李方桂就已注意到武鸣地区的方块壮字[①],《武鸣土语》收集了若干民间故事的方块壮字抄本,并用方块壮字、国际音标、汉语三对照的形式对其进行整理翻译。90年代至今,一大批方块壮字文献得以整理出版,一些硕士学位论文也搜集整理了民间方块壮字文献。

2.方块壮字文献语料的选择

本书选择的方块壮字文献语料遵循四个原则。第一,"真实性",即所选语料的流传地区、抄写年代、抄写人等信息基本完整,是真实使用过的方块壮字文献。第二,"完整性",即所选语料为独立、自然的语篇,而非缀合、拼凑而成。第三,"代表性",即所选语料应较具代表性,在此基础上兼顾内容多样性。第四,"规范性",即所选语料经过科学的整理翻译,注释部分至少具备方块壮字原文、国际音标(或拼音壮文)、汉语对译(直译或意译)三对照。

---

① 李方桂(2005:20)并未使用"方块壮字"的术语,认为这是"汉字或者用汉字构成的土字"。

上文第一类文献并非独立、自然的语篇，本书只考察第二类文献，所选语料见表0-6。已出版的方块壮字文献语料除表0-6提及的，还有《布洛陀经诗译注》《壮族经诗译注》《中国壮剧传统剧作集成（田林卷）》《中国壮剧传统剧作集成（上林卷）》等。《布洛陀经诗译注》由多个麽经抄本节选缀合而成，并非独立的自然语篇，不符合“完整性”原则，同时，该书整理者用《古壮字字典（初稿）》中的正体字代替原本的方块壮字，《中国壮剧传统剧作集成（田林卷）》与《中国壮剧传统剧作集成（上林卷）》亦是如此，不符合“真实性”原则。《壮族经诗译注》收录云南壮族侬、沙、土僚三个支系的经书，但注释部分只有国际音标和汉语翻译，省略了方块壮字原文，不符合“真实性”“规范性”原则。因此，以上文献本书暂不考察。

本书引用的方块壮字文献语料及其来源见表0-6。

表0-6 方块壮字文献语料及其来源

方块壮字文献			来源
宗教文献	经书	麽经	《壮族麽经布洛陀影印译注》(2004)
			《壮族麽经布洛陀遗本影印译注》(2017)
		鸡卜经	《壮族鸡卜经影印译注》(2013)
民歌文献	民歌	嘹歌/情歌	《壮族民歌古籍集成·情歌(一)嘹歌》(1993)
			《壮族民歌古籍集成·情歌(二)欢𣡚》(1997)
			《〈粤风·壮歌〉译注》(2010)
		道德歌	《壮族伦理道德长诗传扬歌译注》(2005)
			《生生不息的传承:孝与壮族行孝歌之研究》(2010)
		故事歌	《壮族传统古歌集》(2011)
			《远古的追忆:壮族创世神话古歌研究》(2012)
			《壮族四大悲歌(译注)》(2015)
			《三界公经文文本研究》(2012)
	民间长诗	叙事诗	《汉族题材少数民族叙事诗译注(壮族卷)》(2009)
			《汉族题材少数民族叙事诗译注(壮族 仫佬族 毛南族卷)》(2011)
	谱牒	覃氏族源古歌	《覃氏族源古歌研究》(2012)
	说唱本	昭君和番	《壮族“末伦”〈昭君和番〉文本研究》(2018)
	碑刻	廖士宽墓门碑	《勒脚歌的标本 无了嗣的哀歌——宜州古育廖士宽墓门碑〈自叹白文〉古壮字壮歌评析》(2005)

宗教文献中，《壮族麽经布洛陀影印译注》是用方块壮字记载的壮族麽教典籍，是收集和整理方块壮字及文献最具代表性的著作，是迄今为止壮族麽经古籍中最全面、最完整的版本。麽经与鸡卜经的文献来源真实可靠，整理翻译科学规范。

民歌文献除各式民歌外，还包括民间长诗、谱牒、说唱本、碑刻，其中廖士宽墓门碑是目前所见到内容最多的方块壮字碑刻。

以上文献基本涵盖了现有方块壮字文献的类别与题材。多数抄本有比较确切的抄写时间，最早是明万历四十四年（1616年），最迟至1984年，其余以清代为主，某些抄本虽未注明抄写时间，可按收藏者的辈分推算，也基本在清代。不过，抄写时间只表示该抄本形成的下限时间，其形成的上限时间通常难以确定。学界普遍认为，方块壮字始于唐，兴于宋而盛于明清。由于目前仍未发现明代以前的方块壮字抄本，明代的抄本也非常罕有。严谨起见，我们认为本书考察的方块壮字文献一定程度可以代表明清时期（至少是清代）的壮语。

（三）侗台语、汉语方言

本书引用和考察的侗台语、汉语方言语料均取自公开发表和出版的工具书、语言简志、研究论著，出处随文注明。依照《中国的语言》（2007：1076），侗台语族分为：台语支、侗水语支、黎语支、仡央语支，本书考察的语言（方言）样本有：

台语支：布依语、傣语、临高语、吉兆话、泰语、老挝语、石家语、岱语、侬语、黑傣语、布泰语；

侗水语支：侗语、水语、毛南语、仫佬语、拉珈语、茶洞语、佯僙语、莫话、锦话、标话、那溪话；

黎语支：黎语、村话、那斗话（来语）；

仡央语支：仡佬语、布央语、普标语、拉基语、木佬语。

汉语粤方言、西南官话、平话方言、客家方言、闽方言、湘方言。

二、语料处理

（一）数据库建设

依据以上语料构建壮语状貌后缀数据库，包含下面4个分库。

1. 壮语标准语库

“标准语库”经去除重复项，共922条记录，其中《壮汉》676条，《汉壮》246条。根据需求设置不同字段：壮语词及整体释义、书目、页码；状貌后缀的声韵调与出现频次；词根的声韵调、词性、释义、出现频次、来源；词根与状貌后缀的结构类型，见图0-1。

ID	壮语词	整体释义	词根	次数	声母	韵母	韵腹	韵尾	声调	词根词性	词根释义	后缀	次数	声母	韵母	次数	韵腹	韵尾	声调	来源	类型	书目	页码
1	ajngubngub	[方]张着嘴，瞪着眼的样子 [指被人驳得无话	aj	2	0	a	a	0	3	动词	张开	ngubngub	4	ng	ub	23	u	b	8	方言词	ABB	《壮汉》84	1
2	ajvauvau	[方]嘴张得大大的样子	aj	2	0	a	a	0	3	动词	张开	vauvau	4	v	au	32	a	u	1	方言词	ABB	《壮汉》84	1
3	aqngabngab	[方]裂缝多而大	aq	2	0	a	a	0	5	动词	裂；裂开；爆开	ngabngab	1	ng	ab	10	a	b	8	方言词	ABB	《壮汉》84	1
4	aqngvabngvab	[方]裂缝很宽	aq	2	0	a	a	0	5	动词	裂；裂开；爆开	ngvabngvab	2	ngv	ab	10	a	b	8	方言词	ABB	《壮汉》84	1
5	aeeb'eb	[方]轻而慢地咳	ae	2	0	ae	ae	i	1	动词	咳嗽	eb'eb	1	0	eb	10	e	b	8	方言词	ABB	《壮汉》84	2
6	ae'gyo'gyo	[方]咳得很厉害，喉头里有痰塞住的咳声	ae	2	0	ae	ae	i	1	动词	咳嗽	gyo'gyo	1	gy	o	10	o	0	1	方言词	ABB	《壮汉》84	2
7	angqbuepbuep	[方]欢天喜地[指小孩]	angq	5	0	ang	a	ng	5	动词	快乐，高兴；欢	buepbuep	1	b	uep	2	ue	p	7	方言词	ABB	《壮汉》84	8
8	angqfwngfwng	[方]兴高采烈	angq	5	0	ang	a	ng	5	动词	快乐，高兴；欢	fwngfwng	4	f	wng	6	w	ng	1	方言词	ABB	《壮汉》84	8
9	angqvauvau	[方]喜洋洋	angq	5	0	ang	a	ng	5	动词	快乐，高兴；欢	vauvau	4	v	au	32	a	u	1	方言词	ABB	《壮汉》84	8
10	banoeknoek	[方] 缠手缠脚	ba	1	b	a	a	0	1	动词	（见niu）黏	noeknoek	2	n	oek	11	oe	k	7	方言词	ABB	《壮汉》84	10
11	bae'ngwtngwt	[方] 扬长而去	bae	1	b	ae	a	i	1	动词	去；赴	ngwtngwt	3	ng	wt	35	w	t	7	方言词	ABB	《壮汉》84	12
12	baednangnang	[方] 悬挂物来回摆动	baed	1	b	aed	ae	d	8	动词	（见bi）摆；摆	nangnang	10	n	ang	47	a	ng	1	方言词	ABB	《壮汉》84	14
13	baegfofo	[方] 气喘吁吁	baeg	1	b	aeg	ae	g	8	动词	喘气	fofo	2	f	o	10	o	0	1	方言词	ABB	《壮汉》84	14
14	baenzboengj	形容动、植物或其它东西很多	baenz	3	b	aen	ae	n	2	形容词	茂盛；丰富	boengj	1	b	oeng	13	oe	ng	3	通用词	AB	《壮汉》84	15
15	baenzmbongh	形容动、植物或其它东西很多	baenz	3	b	aen	ae	n	2	形容词	茂盛；丰富	mbongh	1	mb	ong	3	o	ng	6	通用词	AB	《壮汉》84	17
16	baenzmoengj	形容动、植物或其它东西很多	baenz	3	b	aen	ae	n	2	形容词	茂盛；丰富	moengj	1	m	oeng	13	oe	ng	3	通用词	AB	《壮汉》84	17
17	baenqbeq	（见cuenhvangvang）盘旋貌	baenq	7	b	aen	ae	n	5	动词	转；转动	beq	1	b	e	17	e	0	5	方言词	AB	《壮汉》84	18
18	baenqlaulau	[方] （大物体）旋转得很快	baenq	7	b	aen	ae	n	5	动词	转；转动	laulau	4	l	au	32	a	u	1	方言词	ABB	《壮汉》84	18
19	baenqletlet	[方] （较小的物体）旋转得很快	baenq	7	b	aen	ae	n	5	动词	转；转动	letlet	1	l	et	44	e	t	7	方言词	ABB	《壮汉》84	18
20	baenqloekloek	[方] 转辘辘	baenq	7	b	aen	ae	n	5	动词	转；转动	loekloek	4	l	oek	11	oe	k	7	方言词	ABB	《壮汉》84	18
21	baenqlulu	[方] 团团转	baenq	7	b	aen	ae	n	5	动词	转；转动	lulu	8	l	u	25	u	0	1	方言词	ABB	《壮汉》84	18
22	baenqlwklwk	[方] 摇头的样子	baenq	7	b	aen	ae	n	5	动词	转；转动	lwklwk	1	l	wk	9	w	k	7	方言词	ABB	《壮汉》84	18
23	baenqnyeunyeu	[方] 物体连续快速转动	baenq	7	b	aen	ae	n	5	动词	转；转动	nyeunyeu	4	ny	eu	14	e	u	1	方言词	ABB	《壮汉》84	18
24	baizcece	[方]指人或东西一个接一个地排着	baiz	2	b	ai	a	i	2	动词	排列	cece	2	c	e	17	e	0	1	方言词	ABB	《壮汉》84	21
25	baizlele	[方]指小孩或东西一个接一个地排着	baiz	2	b	ai	a	i	2	动词	排列	lele	1	c	e	17	e	0	1	方言词	ABB	《壮汉》84	21
26	baijrairai	[方] 指很多东西乱七八糟摆放着Ndaw ranz	baij	1	b	ai	a	i	3	动词	摆；摆设	rairai	2	r	ai	5	a	i	1	方言词	ABB	《壮汉》84	22
27	baiqduegdueg	[方] 打瞌睡的样子 [时间较长]	baiq	2	b	ai	a	i	5	动词	拜 ；叩头	duegdueg	1	d	ueg	1	ue	g	8	方言词	ABB	《壮汉》84	23
28	baiqngoekngoek	[方] 打瞌睡的样子 [时间较短]	baiq	2	b	ai	a	i	5	动词	拜 ；叩头	ngoekngoek	1	ng	oek	11	oe	k	7	方言词	ABB	《壮汉》84	23
29	baihsadsad	[方] 溃败	baih	1	b	ai	a	i	6	动词	败；失败	sadsad	9	s	ad	30	a	d	8	方言词	ABB	《壮汉》84	24
30	banhnywdnywd	[方] （虫类）满地爬	banh	1	b	an	a	n	6	动词	爬［许多虫到处	nywdnywd	2	ny	wd	74	w	d	8	方言词	ABB	《壮汉》84	29
31	bauzbadbad	瘪瘪的 [指谷类颗粒]	bauz	1	b	au	a	u	2	动词	（五谷）不饱满	badbad	3	b	ad	30	a	d	8	方言词	ABB	《壮汉》84	32
32	bemqngwngw	[方] 鬼鬼祟祟	bemq	1	b	em	e	m	5	形容词	?	ngwngw	1	ng	w	8	w	0	1	方言词	ABB	《壮汉》84	38
33	benjbangq	扁扁的	benj	2	b	en	e	n	3	形容词	扁（形）	bangq	1	b	ang	47	a	ng	5	通用词	AB	《壮汉》84	38
34	benjbatbat	[方] 扁扁的 [比benjbangq还扁]	benj	2	b	en	e	n	3	形容词	扁（形）	batbat	2	b	at	65	a	t	7	方言词	ABB	《壮汉》84	38

图 0-1 壮语标准语状貌后缀数据库截图

2. 壮语方言库

“方言库”涉及南北方言9个土语，即北部方言红水河、柳江、邕北、桂北、桂边、右江6个土语，南部方言邕南、左江、德靖3个土语，共6007条记录。根据需求设置不同字段：壮语词及整体释义、调查点、所属土语；状貌后缀的声韵调、出现频次；词根的出现频次、词性、释义、声韵调；词根与状貌后缀的结构类型，见图0-2。

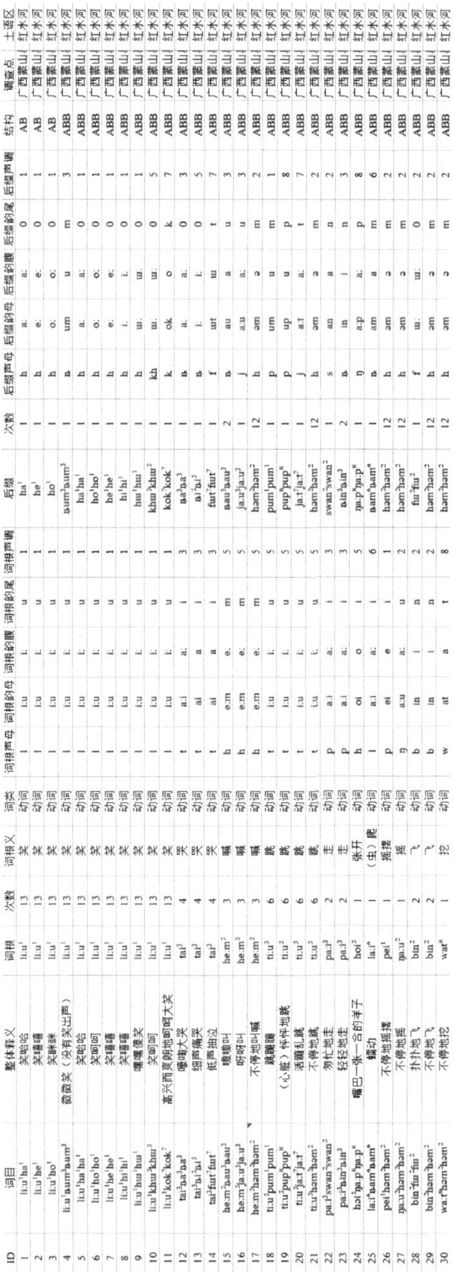

ID	词目	整体释义	词根	次数	词根义	词类	词根声母	词根韵母	词根韵腹	词根韵尾	词根声调	后缀	次数	后缀声母	后缀韵母	后缀韵腹	后缀韵尾	后缀声调	结构	调查点	土语区
1	li:u^{1}ha^{1}	笑哈哈	li:u^{1}	13	笑	动词	l	i:u	i:	u	1	ha^{1}	1	h	a:	a:	0	1	AB	广西蒙山	红水河
2	li:u^{1}he^{1}	笑嘻嘻	li:u^{1}	13	笑	动词	l	i:u	i:	u	1	he^{1}	1	h	e:	e:	0	1	AB	广西蒙山	红水河
3	li:u^{1}ho^{1}	笑眯眯	li:u^{1}	13	笑	动词	l	i:u	i:	u	1	ho^{1}	1	h	o:	o:	0	1	AB	广西蒙山	红水河
4	li:u^{1}ȵum^{3}ȵum^{3}	微微笑（没有笑出声）	li:u^{1}	13	笑	动词	l	i:u	i:	u	1	ȵum^{3}ȵum^{3}	1	ȵ	um	u	m	3	ABB	广西蒙山	红水河
5	li:u^{1}ha^{1}ha^{1}	笑哈哈	li:u^{1}	13	笑	动词	l	i:u	i:	u	1	ha^{1}ha^{1}	1	h	a:	a:	0	1	ABB	广西蒙山	红水河
6	li:u^{1}ho^{1}ho^{1}	笑呵呵	li:u^{1}	13	笑	动词	l	i:u	i:	u	1	ho^{1}ho^{1}	1	h	o:	o:	0	1	ABB	广西蒙山	红水河
7	li:u^{1}he^{1}he^{1}	笑嘻嘻	li:u^{1}	13	笑	动词	l	i:u	i:	u	1	he^{1}he^{1}	1	h	e:	e:	0	1	ABB	广西蒙山	红水河
8	li:u^{1}hi^{1}hi^{1}	笑嘻嘻	li:u^{1}	13	笑	动词	l	i:u	i:	u	1	hi^{1}hi^{1}	1	h	i:	i:	0	1	ABB	广西蒙山	红水河
9	li:u^{1}hɯ^{1}hɯ^{1}	嘿嘿傻笑	li:u^{1}	13	笑	动词	l	i:u	i:	u	1	hɯ^{1}hɯ^{1}	1	h	ɯ:	ɯ:	0	1	ABB	广西蒙山	红水河
10	li:u^{1}khɯ^{5}khɯ^{5}	笑呵呵	li:u^{1}	13	笑	动词	l	i:u	i:	u	1	khɯ^{5}khɯ^{5}	1	kh	ɯ:	ɯ:	0	5	ABB	广西蒙山	红水河
11	li:u^{1}kok^{7}kok^{7}	高兴而爽朗地呵呵大笑	li:u^{1}	13	笑	动词	l	i:u	i:	u	1	kok^{7}kok^{7}	1	k	ok	o	k	7	ABB	广西蒙山	红水河
12	tai^{3}ȵa^{3}ȵa^{3}	嚎啕大哭	tai^{3}	4	哭	动词	t	a:i	a:	i	3	ȵa^{3}ȵa^{3}	1	ȵ	a:	a:	0	3	ABB	广西蒙山	红水河
13	tai^{3}ȵi^{5}ȵi^{5}	细声痛哭	tai^{3}	4	哭	动词	t	ai	a	i	3	ȵi^{5}ȵi^{5}	1	ȵ	i:	i:	0	5	ABB	广西蒙山	红水河
14	tai^{3}fɯt^{7}fɯt^{7}	低声抽泣	tai^{3}	4	哭	动词	t	ai	a	i	3	fɯt^{7}fɯt^{7}	1	f	ɯt	ɯ	t	7	ABB	广西蒙山	红水河
15	he:m^{5}ȵau^{3}ȵau^{3}	嚷嚷叫	he:m^{5}	3	喊	动词	h	e:m	e:	m	5	ȵau^{3}ȵau^{3}	2	ȵ	au	a	u	3	ABB	广西蒙山	红水河
16	he:m^{5}ja:u^{3}ja:u^{3}	呀呀叫	he:m^{5}	3	喊	动词	h	e:m	e:	m	5	ja:u^{3}ja:u^{3}	1	j	a:u	a:	u	3	ABB	广西蒙山	红水河
17	he:m^{5}həm^{2}həm^{2}	不停地叫喊	he:m^{5}	3	喊	动词	h	e:m	e:	m	5	həm^{2}həm^{2}	12	h	əm	ə	m	2	ABB	广西蒙山	红水河
18	ti:u^{5}pum^{1}pum^{1}	跳蹦蹦	ti:u^{5}	6	跳	动词	t	i:u	i:	u	5	pum^{1}pum^{1}	1	p	um	u	m	1	ABB	广西蒙山	红水河
19	ti:u^{5}pup^{8}pup^{8}	（心脏）怦怦地跳	ti:u^{5}	6	跳	动词	t	i:u	i:	u	5	pup^{8}pup^{8}	1	p	up	u	p	8	ABB	广西蒙山	红水河
20	ti:u^{5}ja:t^{7}ja:t^{7}	活蹦乱跳	ti:u^{5}	6	跳	动词	t	i:u	i:	u	5	ja:t^{7}ja:t^{7}	1	j	a:t	a:	t	7	ABB	广西蒙山	红水河
21	ti:u^{5}həm^{2}həm^{2}	不停地跳	ti:u^{5}	6	跳	动词	t	i:u	i:	u	5	həm^{2}həm^{2}	12	h	əm	ə	m	2	ABB	广西蒙山	红水河
22	pa:i^{3}swan^{2}swan^{2}	匆忙地走	pa:i^{3}	2	走	动词	p	a:i	a:	i	3	swan^{2}swan^{2}	1	s	an	a	n	2	ABB	广西蒙山	红水河
23	pa:i^{3}ȵin^{3}ȵin^{3}	轻轻地走	pa:i^{3}	2	走	动词	p	a:i	a:	i	3	ȵin^{3}ȵin^{3}	2	ȵ	in	i	n	3	ABB	广西蒙山	红水河
24	hoi^{5}ŋa:p^{8}ŋa:p^{8}	嘴巴一张一合的样子	hoi^{5}	1	张开	动词	h	oi	o	i	5	ŋa:p^{8}ŋa:p^{8}	1	ŋ	a:p	a:	p	8	ABB	广西蒙山	红水河
25	la:i^{6}ȵam^{6}ȵam^{6}	蠕动	la:i^{6}	1	（虫）爬	动词	l	a:i	a:	i	6	ȵam^{6}ȵam^{6}	1	ȵ	am	a	m	6	ABB	广西蒙山	红水河
26	pei^{1}həm^{2}həm^{2}	不停地摇摆	pei^{1}	1	摇摆	动词	p	ei	e	i	1	həm^{2}həm^{2}	12	h	əm	ə	m	2	ABB	广西蒙山	红水河
27	ŋa:u^{2}həm^{2}həm^{2}	不停地摇	ŋa:u^{2}	1	摇	动词	ŋ	a:u	a:	u	2	həm^{2}həm^{2}	12	h	əm	ə	m	2	ABB	广西蒙山	红水河
28	bin^{2}fɯ^{2}fɯ^{2}	扑扑地飞	bin^{2}	2	飞	动词	b	in	i	n	2	fɯ^{2}fɯ^{2}	1	f	ɯ:	ɯ:	0	2	ABB	广西蒙山	红水河
29	bin^{2}həm^{2}həm^{2}	不停地飞	bin^{2}	2	飞	动词	b	in	i	n	2	həm^{2}həm^{2}	12	h	əm	ə	m	2	ABB	广西蒙山	红水河
30	wa:t^{8}həm^{2}həm^{2}	不停地挖	wa:t^{8}	1	挖	动词	w	at	a	t	8	həm^{2}həm^{2}	12	h	əm	ə	m	2	ABB	广西蒙山	红水河

图0-2　壮语方言状貌后缀数据库截图

3. 句子库

《文本》全书共147个状貌后缀(含重复项),涉及116个句子,建成"句子"库。根据需求设置不同字段:壮语句、汉语句、来源、页码、词根、词根释义、状貌后缀、原书标注、结构类型、句法功能,见图0-3。

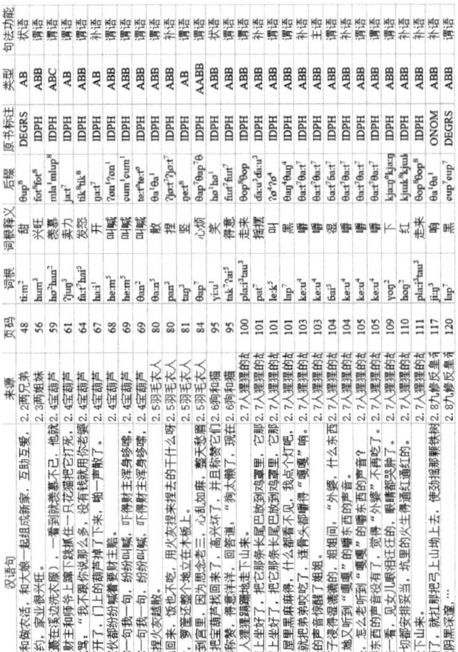

图0-3 壮语语标注文本数据库截图

4. 方块壮字文献库

“文献库”中，宗教文献计75个抄本，民歌文献计93个抄本，共计168个抄本，来自壮语右江、红水河、柳江、桂北、桂边、邕北、丘北、德靖、砚广、文马10个土语，以右江、红水河土语居多，全库共2050条记录。根据需求设置如下字段，见图0-4-1、0-4-2。

A	B	C	D	E	F	G	H	I	J	K	L	M	N	O	P	Q	R	S	T	U	V	W
ID	词根	次数	词根声母	词根韵母	词根韵腹	词根韵尾	词根声调	词性	词根义	方块壮字	词缀	次数	词缀声母	词缀韵母	词缀韵腹	词缀韵尾	词缀声调	词缀义	方块壮字	类型	句法功能	壮字句
1	ȵai6	1	ȵ	ai	a	i	6	形容词	细	勒	ȵap8 ȵo:i5	1	ȵ+ȵ	ap+o:i	a+o:	p+i	8+5	小小	涁埃	ABC	谓语	詩司勒涁埃布斗
2	tɯk7	20	t	ɯk	ɯ	k	7	动词	咬	得	ɕi4 ɬa:k8	2	ɕ+l	i:+a:k	i:+a:	0+k	4+8	叽喳叽喳	至左至素	ABCBD	补语	得至左至素
3	tok7	13	t	ok	o	k	7	动词	落下	毒	fan2 fa:t7	1	f+f	an+a:t	a+a:	n+t	2+7	纷纷	坟扷	A补BC	谓语	屎毒迁坟扷
4	a4	2	0	a:	a:	0	4	动词	裂开	邪	ka2 lap8	1	k+l	a:+ap	a:+a	0+p	2+8	开开	个啦	ABC	补语	磌造邪个啦
5	tɯk7	20	t	ɯk	ɯ	k	7	动词	咬	得	tɕi6 tɕai6	1	tɕ+tɕ	i:+ai	i:+a	0+i	6+6	叽叽	之癬	A补BC	补语	得七脾之癬
6	tɯk7	20	t	ɯk	ɯ	k	7	动词	咬	得	tɕi6 tɕat8	2	tɕ+tɕ	i:+ai	i:+a	0+t	6+8	叽喳	之結	A补BC	补语	得三脾之結
7	lam4	15	l	am	a	m	4	名词	水	稔	ɕak8 ɕɯəŋ6	2	ɕ+ɕ	ak+ɯəŋ	a+ə	k+ŋ	8+6	汪汪	即降	ABC	补语	造貧稔即降
8	hoŋ5	1	h	oŋ	o	ŋ	5	形容词	空	空	pa2 tɕop7	1	p+tɕ	a:+op	a:+o	0+p	2+7	荡荡	偹急	ABC	谓语	武靑空偹急
9	ɕop8	1	ɕ	op	o	p	8	形容词	陷	執	pi1 puəŋ2	1	p+p	i:+uəŋ	i:+ə	0+ŋ	1+2	塌塌	批榜	ABC	谓语	邏吞執批榜
10	ha:u5	103	h	a:u	a:	u	5	动词	问	眊	ti6 ta:n2	51	t+t	i:+a:n	i:+a:	0+n	6+2	喋喋	地壇	ABC	补语	王造眊地壇
11	ɕa:m1	22	ɕ	a:m	a:	m	1	动词	问	嗲	ti6 ta:t8	42	t+t	i:+a:t	i:+a:	0+t	6+8	滔滔	地達	ABC	补语	王造嗲地達
12	ha:m2	2	h	a:m	a:	m	2	形容词	苦	舍	ka2 li6	5	k+l	a:+i:	a:+i:	0+0	2+6	连连	个离	ABC	谓语	谷王舍个离
13	ha:m2	2	h	a:m	a:	m	2	形容词	苦	舍	ka2 lin6	5	k+l	a:+in	a:+i	0+n	2+6	凄凄	个憐	ABC	谓语	偹王舍个憐
14	tɯk7	20	t	ɯk	ɯ	k	7	动词	说	得	ɕi4 ɕa:ŋ6	1	ɕ+ɕ	i:+a:ŋ	i:+a:	0+ŋ	4+6	叽叽	之尚	ABC	补语	蜉造得之尚
15	ka:ŋ3	37	k	a:ŋ	a:	ŋ	3	动词	讲	講	ɕi4 ɕiŋ6	1	ɕ+ɕ	i:+iŋ	i:+i	0+ŋ	4+6	喳喳	之貞	ABC	补语	蜉造講之貞
16	li:u1	52	l	i:u	i:	u	1	动词	笑	寮	pa2 la:ŋ4	3	p+l	a:+a:ŋ	a:+a:	0+ŋ	2+4	哈哈	八狼	ABC	补语	布造寮八狼
17	li:u1	52	l	i:u	i:	u	1	动词	笑	寮	pa2 la:ŋ4	3	p+l	a:+a:ŋ	a:+a:	0+ŋ	2+4	哈哈	八狼	ABC	补语	布造寮八狼
18	a:ŋ5	18	0	a:ŋ	a:	ŋ	5	形容词	高兴	罡	pa2 lum4	1	p+l	a:+um	a:+u	0+m	2+4	滋滋	八瀶	ABC	补语	布造罡八瀶
19	to:p8	2	t	o:p	o:	p	8	形容词	软	毒	pa2 lo:i2	1	p+l	a:+o:i	a:+o:	0+i	2+2	瘫瘫	把孆	ABC	补语	王造毒把孆
20	na:i5	3	n	a:i	a:	i	5	形容词	累	奈	ta2 ju4	1	t+j	a:+u:	a:+u:	0+0	2+4	沉沉	大欲	ABC	补语	王造奈大欲
21	tam5	7	t	am	a	m	5	形容词	低	亠	pa2 liəm4	2	p+l	a:+iəm	a:+ə	0+m	2+4	沉沉	把廉	ABC	谓语	靑毒亠把廉
22	dit7	5	d	it	i	t	7	名词	太阳	烈	li6 lin6	13	l+l	i:+in	i:+i	0+n	6+6	炎炎	利憐	ABC	谓语	四脾烈利憐
23	le:ŋ4	7	l	e:ŋ	e:	ŋ	4	动词	干旱	零	li6 lit8	2	l+l	i:+it	i:+i	0+t	6+8	连连	利津	ABC	谓语	三脾零利津
24	tɯk7	20	t	ɯk	ɯ	k	7	动词	挖	得	ɕi4 ɬa:k8	2	ɕ+ɬ	i:+a:k	i:+a:	0+k	4+8	噼啪	只索	ABC	补语	錐批得只索
25	tɯk7	20	t	ɯk	ɯ	k	7	动词	挖	得	ɕi4 ɕa:k8	3	ɕ+ɕ	i:+a:k	i:+a:	0+k	4+8	噼啪	只鑿	ABC	补语	莓批得只鑿
26	li:u1	52	l	i:u	i:	u	1	动词	笑	寮	pa2 la:ŋ6	22	p+l	a:+a:ŋ	a:+a:	0+ŋ	2+6	哈哈	把狼	ABC	补语	王造寮把狼
27	lam4	15	l	am	a	m	4	名词	水	淋	ɕak8 ɕɯəŋ6	2	ɕ+ɕ	ak+ɯəŋ	a+ə	k+ŋ	8+6	清悠	則降	ABC	补语	造忻淋則降
28	ke:t7	3	k	e:t	e:	t	7	动词	痛	痞	li6 lai2	5	l+l	i:+ai	i:+a	0+i	6+2	连连	利嚟	ABC	谓语	妑王痞利嚟
29	tɕai3	3	tɕ	ai	a	i	3	动词	病	癣	li6 lin6	13	l+l	i:+in	i:+i	0+n	6+6	连连	利凌	ABC	谓语	妣王癣利凌
30	ha:u5	103	h	a:u	a:	u	5	动词	讲	眊	ti6 ta:n2	51	t+t	i:+a:n	i:+a:	0+n	6+2	喋喋	地談	ABC	补语	王造眊地談

图0-4-1 方块壮字文献状貌后缀数据库截图

W 壮字句	X 汉译句	Y 汉意译	Z 新壮文	AA 国际音标	AB 卷次	AC 抄本	AD 流传地	AE 土语	AF 抄本年代	AG 页码	AH 块号
功肚路梁	叫_肚_饿_咕_咕	肚子饿得叫咕咕	Gongz dungx iek lo lieng	ko: ŋ^{2}tu ŋ^{4} $^{?}$juək^{7}lo^{0}lia ŋ^{2}	上卷	1喃洛陀造	田阳	右江	明丙辰1616	18	10
功肚相立臨	喊_肚_痛_连_连	肚子疼得喊哟哟	Gongz dungx in laeb li	ko: ŋ^{2}tu ŋ^{4} in^{1}lap^{8}li^{0}	上卷	1喃洛陀造	田阳	右江	明丙辰1616	19	1
功盖麻肚路梁	呻吟_什_么_肚_饿_可_怜	抚慰家公莫喊多	Gongz gaeq maz dungx iek l	ko: ŋ^{2}kai^{5}ma^{2}tu ŋ^{4} $^{?}$juək^{7}lo^{0}li	上卷	1喃洛陀造	田阳	右江	明丙辰1616	19	3
功盖麻肚相利臨	呻吟_什_么_肚_痛_可_怜	安抚家公莫呻吟	Gongz gaeq maz dungx in li l	ko: ŋ^{2}kai^{5}ma^{2}tu ŋ^{4} in^{1}li^{0}lop^{8}	上卷	1喃洛陀造	田阳	右江	明丙辰1616	19	4
功肚路梁	叫_肚_饿_咕_咕	肚子饿得叫咕咕	Gongz dungx iek lo lieng	ko: ŋ^{2}tu ŋ^{4} $^{?}$juək^{7}lo^{0}lia ŋ^{2}	上卷	1喃洛陀造	田阳	右江	明丙辰1616	25	6
功肚相[利]臨	喊_肚_痛_连_连	肚子疼得叫哟哟	Gongz dungx in li loeb	ko: ŋ^{2}tu ŋ^{4} in^{1}li^{0}lop^{8}	上卷	1喃洛陀造	田阳	右江	明丙辰1616	25	7
晚王有[茶][勞]	村_王_空_荡_荡	村里无人空荡荡	Mbanj vuengz byouq couh la	ba:n^{4} wua ŋ^{2}tɕu^{5}tɕau^{0}la:u^{1}	上卷	3麽兵咟宿	田阳	右江	民国元年19	190	8
王到未扱朔	王_又_乐_呵_呵	回到村里笑连连	Vuengz dauq mij bad yad	wua ŋ^{2}ta:u^{5}mi^{3}pa:t^{8}ja:t^{8}	上卷	3麽兵咟宿	田阳	右江	民国元年19	249	5
哽酒秀利流	吃_酒_热_好_好	喝上热酒好畅快	Gwn laeuj gyoz ndei liux	kən^{1}lau^{3}ɬiau^{1}di^{1}le:u^{4}	上卷	3麽兵咟宿	田阳	右江	民国元年19	286	4
哽酒秀利令	吃_酒_酿_好_好	喝杯热酒好舒爽	Gwn laeuj siu ndei lingh	kən^{1}lau^{3}tɕo^{2}di^{1}li ŋ^{0}	上卷	3麽兵咟宿	田阳	右江	民国元年19	286	5
忻跟苣里羅	见_吃_草_嗦_嗦	见牛吃草响嗦嗦	Raen gwn nywj ci co	han^{1}kən^{1}juɯ^{3}ɕi^{2}ɕo^{2}	中卷	5麽猺麽性	田阳	右江	清咸丰七年	99	1
忻跟荷非紛	见_吃_茅草_沙_沙	见牛吃茅草沙沙	Raen gwn haz fi fwd	han^{1}kən^{1}ha^{2}fi^{0}fuɯt^{8}	中卷	5麽猺麽性	田阳	右江	清咸丰七年	99	2
卦墵批利列配叭	过_山_去_匆_匆_去_穰解	过岗匆匆做穰解	Gvaq ndoi bae li lwd bae by	kwa^{5}do:i^{1}pai^{1}li^{0}lət^{8}pai^{1}tɕa:t^{7}	中卷	5麽猺麽性	田阳	右江	清咸丰七年	105	12
肚使甫姆氣臨臨	肚_肠_人_母_忧_忡_忡	进入四月心慌慌	Dungx saej boux meh heiq lo	tu ŋ^{4} ɬai^{3}pu^{4} me^{0}hi^{5}lop^{8}lop^{8}	中卷	6目連經	田阳	右江	不详	215	8
甫以甫老論沉沉	人_小_人_大_论_纷_纷	成天让人来议论	Boux iq boux laux lwnh yaen	pu^{4} i^{5}pu^{4} la:u^{4} lən$^{0?}$ja ŋ^{17}ja ŋ	中卷	6目連經	田阳	右江	不详	239	10
腖布路林	肚_公_饿_辘_辘	家公肚子饿咕咕	Dungx baeuq iek lo lin	tu ŋ^{4} pau$^{5?}$juək^{7}lo^{0}lin^{2}	中卷	7麽叭啓姑	田阳	右江	清光绪十年	249	10
腖布相路臨	肚_公_响_咕_咕	家公肚子响噜噜	Dungx baeuq yiengj lo lwd	tu ŋ^{4} pau^{5}huɯə ŋ^{3} lo^{0}lət^{8}	中卷	7麽叭啓姑	田阳	右江	清光绪十年	250	1
腖布相路臨	肚_公_响_咕_噜	肚子空空响咕咕	Dungx baeuq yiengj lo lwd	tu ŋ^{4} pau^{5}huɯə ŋ^{3} lo^{0}lət^{8}	中卷	7麽叭啓姑	田阳	右江	清光绪十年	255	1
鮪光迷茶懵	身_儿_粉红_嘟_嘟	儿身洗得红彤彤	Ndang gvang maeq ga lup	da: ŋ^{1}kwa: ŋ^{1}mai^{5}ka^{0}lup^{7}	下卷	9皇曹麽謡	田阳	右江	清光绪十年	45	9
逢淋扒臨	果子狸_血_流_淋_淋	果子狸血流淋淋	Fongz lwed lae ga lwd	fo: ŋ^{2}luət^{8}lai^{1}ka^{0}lət^{8}	下卷	9皇曹麽謡	田阳	右江	清光绪十年	57	5
立霧隆把炉	黑_雾_下_朦_胧	大雾弥漫好朦胧	Laep mok roengz ga loed	lap^{7}mo:k^{7}lo ŋ^{2}ka^{0}lot^{8}	下卷	9皇曹麽謡	田阳	右江	清光绪十年	67	10
立霧隆把懵	黑_雾_下_朦_朦	大雾笼罩黑朦胧	Laep mok roengz ga lwd	lap^{7}mo:k^{7}lo ŋ^{2}ka^{0}luɯt^{8}	下卷	9皇曹麽謡	田阳	右江	清光绪十年	67	12
鮪光迷茶闫	身_儿_粉红_扑_扑	儿身洗净红扑扑	Ndang gvang maeq ga yen	da: ŋ^{1}kwa: ŋ^{1}mai^{5}ka^{0}je:n^{2}	下卷	9皇曹麽謡	田阳	右江	清光绪十年	105	4
妑光啼利礼	妻_夫_哭_涟_涟	夫妻忧伤哭涟涟	Baz gvan daej li lae	pa^{2}kwa:n^{1}tai^{3}li^{0}lai^{0}	下卷	9皇曹麽謡	田阳	右江	清光绪十年	125	3
妑光啼利灵	妻_夫_哭_凄_凄	夫妻孤单哭凄凄	Baz gvan daej li ling	pa^{2}kwa:n^{1}tai^{3}li^{0}li ŋ^{0}	下卷	9皇曹麽謡	田阳	右江	清光绪十年	125	4
妑光耗帝壇	妻_夫_说_喋_喋	夫妻悲伤说喋喋	Baz gvan hauq diz danz	pa^{2}kwa:n^{1}ha:u^{5}ti^{2}ta:n^{2}	下卷	9皇曹麽謡	田阳	右江	清光绪十年	125	5
妑光还帝達	妻_夫_还_叨_叨	夫妻难过讲滔滔	Baz gvan vanz diz dat	pa^{2}kwa:n^{1}wa:n^{2}ti^{2}ta:t^{7}	下卷	9皇曹麽謡	田阳	右江	清光绪十年	125	6
吃捞槑扱涯	早_后_亮_曚_曚	次日早上曚曚亮	Haet laeng rongh gah yaiq	hat^{7}la ŋ^{1}lo: ŋ^{0}ka$^{0?}$ja:i^{5}	下卷	10麽塘降	田阳	右江	不详	157	4
力皇俐个勒	儿_王_好_端_端	儿子的病好真的	Lwg vuengz ndei gaq laix	lək^{8}wua ŋ^{2}di^{1}ka^{0}la:i^{4}	下卷	10麽塘降	田阳	右江	不详	185	3
妑皇痞立累	妻_王_病_快_快	房没建好妻生病	Baz vuengz get li lo	pa^{2}wua ŋ^{2}ke:t^{7}li^{2}lo^{2}	下卷	12麽尽除	田阳	右江	不详	299	2

图 0-4-2　方块壮字文献状貌后缀数据库截图(续)

(1)词根的声韵调、词性与释义、出现频次、所用方块壮字。

(2)状貌后缀的声韵调、出现频次、所用方块壮字;词根与状貌后缀的结构类型、句法功能。

(3)原文方块壮字句、汉直译句、汉意译句、拼音壮文句、国际音标句。

(4)文献来源,包括卷次、抄本、流传地区、所属土语、抄本年代、页码、块号。

(二)本书材料处理的若干说明

1.壮语标准语与方言

(1)《壮汉》《汉壮》中通用词和方言词的标识,通用词以壮族地区各地普遍的说法为准,方言词以当地的说法为准。《壮汉》收录了大量方言词,方言词的标识方法主要有两种:一是采用“[方]”标识,与之对应的即通用词,如“pe:n^{3}pa:t^{7}pa:t^{7}[方]扁扁的”是方言词,“pe:n^{3}pa:ŋ^{5}pa:ŋ^{5}扁扁的”是其通用词;一是在“见”字前标识,如“pan^{5}pe^{5}(见 ɕu:n^{6}wa:ŋ^{1}wa:ŋ^{1})盘旋貌”,“pan^{5}pe^{5}”是通用词“ɕu:n^{6}wa:ŋ^{1}wa:ŋ^{1}”对应的方言词。①《汉壮》主要收录通用词,其中一部分《壮汉》标识为“方言词”,出于严谨,今保留原标识,不强作统一。

(2)标准语一律按照以武鸣壮语语音为标准音的拼音壮文转写成国际音标。以ˀb、ˀd为首的声母,以及以元音起首的音节带有喉塞音ˀ,标准语材料在转写时,前者予以标示,如ˀbai^{5}湿、ˀdam^{1}黑,后者必要时说明即可,方言材料则依照原文,不强作统一。声调方面,标准语与方言的材料统一转为调类,衍生调以“’”表示,如邕宁壮语 phən^{1}’毛、han^{1}’(鸡)啼。

2.方块壮字文献

(1)有的文献如《壮族麽经布洛陀影印译注》的译注部分只有直译,没有意译,本书统一增加意译。

(2)方块壮字抄本原文有脱字、衍文、模糊不清之处,用方括号[ ]表示。

(3)《壮族民歌古籍集成·情歌(一)嘹歌》与《壮族民歌古籍集成·情歌(二)欢榫》收集于广西田东县、田阳县,原书没有国际音标,《嘹歌》根据《壮文方案(修正案)》规范的壮语标准音对原行字句予以标音,《欢榫》则根据田东、田阳、百色壮语音系对原行字句的习惯读音予以拼音壮文标音。②本书根据《壮语方言土语音系》中的“田东、田阳、百色壮语音系”③,将二者统一转成对应的国际音标。《壮族传统古歌集》的标音情况与《嘹歌》相同,由于材料出自各地,本书统一按照标准音转成对应的国际音标。

(4)所有文献材料的声调统一转为调类。

3.汉语方言

(1)汉语方言材料中,有的词没有注释,以及状貌后缀往往“有音无字”,通常以同音字或空白方框“□”表示,本书依照原文。

(2)词义、调查点的注释,本书统一下标,如马山$_{\text{周鹿}}$客家话“韧 kia^{33}kia^{33}$_{\text{韧□□}}$”。

① 广西壮族自治区少数民族语言文字工作委员会研究室:《壮汉词汇》,广西民族出版社,1984年,“凡例”第1页。

② 张声震:《壮族民歌古籍集成·情歌(一)嘹歌》,广西民族出版社,1993年,“凡例”第19页;张声震:《壮族民歌古籍集成·情歌(二)欢榫》,广西民族出版社,1997年,“凡例”第1页。

③ 广西区语委研究室:《壮语方言土语音系》,广西民族出版社,1994年,第256–258页。

(3)声调统一转为调值。

4. 为排版方便,本书国际音标一律不加方括号[ ],表格中的腭化音 pj、mj、kj,唇化音 kw、ŋw 不单列,按相应的发音部位、发音方法归并。

5. 本书以 A 代表词根,B、C、D、E、F 代表词缀。

6. 本书的百分比取小数点后一位数,由于四舍五入,总计结果相加约等于 100%。另外,本书对 ABC 型的 B 和 C 分别统计,总计结果会多于具体数量。

7. 本书归纳的“构词数量”“句法功能”的数据为参考值,仅就目前收集到的材料而言。

其余未尽细节随文注明。

第一章　壮语状貌后缀的结构类型

壮语状貌后缀的结构类型与语音规律，标准语与方言的外在表现各异，故以下两章分开论述。本章基于壮语标准语与方言的语言事实，着重探讨状貌后缀结构类型的分布与分类、生成途径与规律、音节类型与构词率、方言与标准语的共性和差异等问题。

本章以《壮汉》《汉壮》两部词典代表壮语标准语，两者收词广泛，非取自一时一地，而且出于语言规范的考虑，所收语料或有局限性，壮语方言土语的实际差异远比词典复杂。壮语有南北两大方言13个土语。考虑到方言点代表性和语料数量，本章选择武鸣、都安、蒙山、柳江、忻城、凤山、富宁、下坳、田阳、邕宁、大新、靖西12个点作为其所属土语的代表，必要时补充横县、大化、马山、双定、龙州5个点的语料。

方言语料按照方言、土语、方言点的顺序排列，某些结构类型的划分（如ACB与ABC、ABAC与ACAB），各论著分类标准不一，本书做了相应调整，以便作类型的比较及梳理其生成途径与规律。

第一节　壮语标准语状貌后缀的结构类型

根据状貌后缀与词根的结构关系，壮语标准语有5种类型。如表1-1所示，后缀音节方面，双音节4种类型，单音节1种类型。构词数量方面，ABB型最多，达768个，其次是AB型，有140个，其余类型的数量都很少。

表1-1　壮语标准语状貌后缀的结构类型　（N=922）

结构类型	AB	ABB	ABC	AABB	ABAC
后缀音节	单音节	双音节	双音节	双音节	双音节
构词数量	140	768	10	3	1

1.AB型

ɣi:u^{1}ȵum^{3}微笑　pi:k^{8}ne:u^{1}皓白　pi^{2}po:t^{8}肥胖的

2.ABB 型

ɣi:u^{1}ȵum^{1}ȵum^{1}［方］笑眯眯 pi^{2}po:t^{8}po:t^{8}肥肥胖胖的 pɯn^{1}ȵa:m^{1}ȵa:m^{1}［方］毛烘烘

3.ABC 型

pi^{2}ˀdam^{3}ˀdak^{7}［方］矮而胖 tu:ŋ^{6}ni:ŋ^{1}na:ŋ^{1}［方］坠沉沉的 naŋ^{6}ta^{3}te:k^{7}［方］整天孤坐

4.AABB 型

ŋut^{7}ŋut^{7}ŋe:u^{1}ŋe:u^{1}［方］弯弯曲曲 pi^{2}pi^{2}po:t^{8}po:t^{8}肥肥胖胖的 kum^{2}kum^{2}ka:m^{4}ka:m^{4}坑坑洼洼

5.ABAC 型

pi^{2}lat^{7}pi^{2}lan^{1}形容又肥又大又笨

许多 ABB 型由 AB 型重叠而来，据统计，有 60 例 AB 型可重叠为 ABB 型，概率为 42.9%。当然，这只是一个参考值，实际概率应该更大一些。比如，蒙山壮语有 91 个 AB 型，其中 76 个可重叠为 ABB 型，概率为 83.5%。

另外，ABB、AB 型两部词典有彼此失收的现象。

一是《汉壮》收了 AB 型，《壮汉》收了相应的 ABB 型。

ɕam^{1}ɣɯk^{8}平静 ɕam^{1}ɣɯk^{8}ɣɯk^{8}静悄悄

ˀda:t^{7}fɯt^{8}炙热 ˀda:t^{7}fɯt^{8}fɯt^{8}［方］热腾腾

wa:i^{6}wa:t^{8}破烂 wa:i^{6}wa:t^{8}wa:t^{8}破烂不堪

一是《壮汉》收了 AB 型，《汉壮》收了相应的 ABB 型。

ha:u^{1}θa:k^{7}雪白 ha:u^{1}θa:k^{7}θa:k^{7}白花花

tiŋ^{6}ɣɯt^{8}安静 tiŋ^{6}ɣɯt^{8}ɣɯt^{8}风平浪静

ȵaŋ^{5}fot^{8}［方］忙忙碌碌 ȵaŋ^{5}fot^{8}fot^{8}忙忙碌碌

第二节 壮语北部方言状貌后缀的结构类型

一、邕北土语

主要以武鸣壮语为代表，见表 1-2，并补充横县壮语的语料。

表1–2 武鸣壮语状貌后缀(N=786)

结构类型	AB	ABB	ABC	ACB	ABAB	ACAB	ABCB	ABCD	ABBCC	ACCBB	ACBCB	ACBDB	ACBCD
后缀音节	单音节	双音节	双音节	双音节	双音节	双音节	三音节	三音节	四音节	四音节	四音节	四音节	四音节
构词数量	187	446	9	3	2	33	4	60	17	1	13	1	10

1.AB型

ti:u^{5}juk^{7}跳跃 ȵuŋ^{5}na:n^{3}乱糟糟的 jou^{2}ja:t^{8}油乎乎

2.ABB型

ti:u^{5}juk^{7}juk^{7}蹦蹦跳 ɕit^{7}ɕe:m^{5}ɕe:m^{5}淡淡的 hon^{2}ŋe:u^{4}ŋe:u^{4}炊烟袅袅

3.ABC型

ɣi:u^{1}ȵum^{3}ȵe:m^{3}笑眯眯 ɣi:u^{1}aŋ^{1}ȵaŋ^{1}嬉皮笑脸 θa:ŋ^{1}ka:u^{6}θa:u^{2}牛高马大

4.ACB型

ti:u^{5}i^{1}juk^{7}欢乐地跳 ti:u^{5}tak^{7}juk^{7}猛一跳 ti:u^{5}pai^{2}juk^{7}猛一跳

5.ABAB型

ti:u^{5}juk^{7}ti:u^{5}juk^{7}蹦地一跳 pi^{1ʔ}det^{7}pi^{1ʔ}det^{7}摆动

6.ACAB型

ham^{2}hi^{1}ham^{2}ha:t^{8}苦不堪言 ke:ŋ^{1}ki^{1}ke:ŋ^{1}kja:t^{7}硬硬的 θom^{3}θi^{6}θom^{3}θa:t^{7}酸不溜秋

7.ABCB型

ti:u^{5}juk^{7}ha^{6}juk^{7}蹦蹦跳跳的 pi^{1ʔ}de:t^{7}ha^{6}de:t^{7}不断摆动

8.ABCD型

we:n^{3}tuŋ^{5}te:ŋ^{5}ɣe:ŋ^{6}孤零零地吊着 ɣi:u^{1}ȵa^{3}ȵup^{7}ɣup^{8}缄默地微笑 pjom^{1}ɣuŋ^{4}ɣe:n^{4}ɕe:n^{6}(小孩)瘦得可怜

9.ABBCC型

kɯn^{1}ko:p^{7}ko:p^{7}kak^{7}kak^{7} 大人大口大口地快吃 pja:i^{3}ŋuŋ^{4}ŋuŋ^{4}ŋa:ŋ^{4}ŋa:ŋ^{4}跌跌撞撞地走着 kwi^{6}kjot^{8}kjot^{8}kja^{4}kja^{4}小孩跪着玩耍貌

10.ACCBB型

ti:u^{5}i^{1}i^{1}juk^{7}juk^{7}乱蹦乱跳

11.ACBCB型

ti:u^{5}i^{1}juk^{7}i^{1}juk^{7}有节奏地跳(有欢快色彩) ti:u^{5}tak^{7}juk^{7}tak^{7}juk^{7}有节奏地跳 tai^{3}pai^{2}fi:t^{7}pai^{2}fi:t^{7}小孩小声地哭

12.ACBDB型

pi^{1}tak^{7ʔ}de:t^{7}ha^{6ʔ}de:t^{7}有节奏地摆

13.ACBCD型①

pja:i^{3}kɯ^{3}juk^{7}kɯ^{3}ja:k^{7}在坎坷不平的地上走 ka:ŋ^{3}kɯ^{3}ju:ŋ^{3}kɯ^{3}ja:ŋ^{3}语无伦次地讲 kɯn^{1}θe^{2}θo:p^{8}θe^{2}θe:p^{8}不声不响地吃

此外，横县壮语有一种ABA型，例如：

sa:ŋ^{1}（高）—sa:ŋ^{1}siu^{2}sa:ŋ^{1}很高（褒义，低度）、sa:ŋ^{1}bɯm^{5}sa:ŋ^{1}很高（褒义，高度）、sa:ŋ^{1}siu^{2}sa:ŋ^{1} 很高（中性）、sa:ŋ^{1}klem^{4}sa:ŋ^{1}很高（中性）、sa:ŋ^{1}klem^{4}sa:ŋ^{1}很高（贬义，低度）、sa:ŋ^{1}sa:t^{7}sa:ŋ^{1}很高（贬义，中度）、sa:ŋ^{1}hai^{1}tɕet^{8}sa:ŋ^{1}很高（贬义，高度）

na:m^{5}（泥巴）—na:m^{5}na:ŋ^{5}na:m^{5}泥巴很多、na:m^{5}na:t^{7}na:m^{5}泥巴太多了、na:m^{5}hai^{1}tɕet^{8} na:m^{5}怎么这么多泥巴

邕北土语状貌后缀的主要特点：

1.结构类型方面，共有14种类型。

2.后缀音节方面，双音节和四音节均有5种类型，其次是三音节和单音节，各有2种类型。

3.各类型的构词数量，以ABB型最多，达466个，其次是AB型187个，ACCBB、ACBDB型的构词数量最少。

二、红水河土语

主要以都安壮语和蒙山壮语为代表，见表1-3、1-4，以大化壮语、马山壮语为补充。

（一）都安壮语

表1-3　都安壮语状貌后缀（N=1699）

结构类型	AB	ABB	ABAC	ACAB	ABBCC	ACCBB
后缀音节	单音节	双音节	双音节	双音节	四音节	四音节
构词数量	255	401	44	423	46	530

1.AB型

ði:u^{1}ha^{1}笑哈哈 ˀbau^{1}bi:ŋ^{5}轻飘飘的 pɯn^{1}ȵu:m^{5}毛茸茸的

2.ABB型

pa:i^{3}ja:m^{3}ja:m^{3}较快地神秘兮兮地走 ha:u^{1}θa:k^{9}θa:k^{9}白而耀眼 ha:n^{6}θa:k^{10}θa:k^{10}出汗很多的

---

① 语料由笔者调查所得，发音人SJC，壮族，39岁，武鸣区马头镇苏村人。

3.ABAC型

pei^{1}ˀdɯt^{7}pei^{1}de:t^{9}一直不停地摆动着　ði:u^{1}ho^{1}ði:u^{1}ha^{1}到处笑哈哈　tok^{7}pup^{8}tok^{7}pop^{8}(果实)到处不停地往下落

4.ACAB型

(1)Aja^{2}Aja:p^{10}型，C固定为ja^{2}，B固定为ja:p^{10}。

ˀbo:n^{1}ja^{2}bo:n^{1}ja:p^{10}胡乱地挖　nau^{2}ja^{2}nau^{2}ja:p^{10}胡乱地说

(2)A-i-AB型，C的韵母为i。

tai^{3}ŋi^{3}tai^{3}ŋa^{3}一片嚎啕大哭　ˀba:ŋ^{1}ˀbi^{1}ˀba:ŋ^{1}ˀbe:ŋ^{5}特别特别薄　lu:t^{10}ji^{2}lu:t^{10}jaŋ^{6}到处都是血淋淋的

5.ABBCC型

pei^{1}ˀdɯt^{7}ˀdɯt^{7}ˀde:t^{9}ˀde:t^{9}一直不停摆动着　ði:u^{1}ho^{1}ho^{1}ha^{1}ha^{1}到处笑哈哈　tok^{7}θo^{2}θo^{2}θa^{2}θa^{2}(大雨)不停地倾盆而下

6.ACCBB型

(1)Aja^{2}ja^{2}ja:p^{10}ja:p^{10}型，C固定为ja^{2}，B固定为ja:p^{10}。

ˀbin^{1}ja^{2}ja^{2}ja:p^{10}ja:p^{10}胡乱地飞　fa:n^{1}ja^{2}ja^{2}ja:p^{10}ja:p^{10}胡乱地翻　tan^{3}ja^{2}ja^{2}ja:p^{10}ja:p^{10}胡乱地穿

(2)A-i-i-BB型，C的韵母为i。

pei^{1}ˀdi^{3}ˀdi^{3}ˀda:t^{9}ˀda:t^{9}走路时胳膊不停地摆动　ˀba:ŋ^{1}ˀbi^{1}ˀbi^{1}ˀbe:ŋ^{5}ˀbe:ŋ^{5}特别特别薄　pɯn^{1}ȵi^{3}ȵi^{3}ȵu:m^{5}ȵu:m^{5}到处都是毛茸茸的

(二)蒙山壮语

表1-4　蒙山壮语状貌后缀(N=238)

结构类型	AB	ABB	ABC	ACCBB①
后缀音节	单音节	双音节	双音节	四音节
构词数量	91	136	10	1

1.AB型

li:u^{1}ha^{1}笑哈哈　ha:u^{1}θa:k^{7}较白的　lin^{1}la:n^{1}尽是石头

2.ABB型

li:u^{1}ȵum^{3}ȵum^{3}微微笑　lam^{4}θum^{5}θum^{5}水淋淋　lap^{7}ŋa:u^{5}ŋa:u^{5}黑漆漆

① 蒙山壮语现只收集到1例ACCBB型，发音人不太接受ACAB型(如he:m^{5}ji^{1}he:m^{5}ja:u^{1})的说法。

3.ABC 型

ti:u^{5}pik^{8}pak^{8}欢快地不停地跳　tan^{2}mat^{7}ʦhat^{7}较淡的　ləm^{2}fi^{3}fa:u^{3}风呼啸

4.ACCBB 型

he:m^{5}ji^{1}ji^{1}ja:u^{1}ja:u^{1}咿咿呀呀地叫

此外，大化壮语、马山壮语还有一种 ABAB 型，例如：ŋut^{7}ŋe:u^{3}ŋut^{7}ŋe:u^{3}弯弯曲曲（大化）；hau^{1}ŋaŋ^{5}hau^{1}ŋaŋ^{5}很臭、hau^{1}ŋa^{1}hau^{1}ŋa^{1}非常臭、pi^{2}pɯt^{8}pi^{2}pɯt^{8}很胖（马山）。

红水河土语状貌后缀的主要特点：

1. 该土语不同的结构类型计 8 种，其中都安壮语 6 种，蒙山壮语 4 种，都有 AB、ABB、ACCBB 型。

2. 后缀音节方面，这两个点都以双音节占优势，不同的是四音节后缀，都安壮语有 2 种，蒙山壮语只有 1 种。

3. 构词数量方面，各个类型的构词数量不一，ACCBB 型在都安壮语中最多，达 530 个，其次是 ACAB 型，而 ABB 型在蒙山壮语中最多，其次是 AB 型。不过，两个点 AB、ABB 型的构词数量都很多。

三、柳江土语

主要以柳江壮语和忻城壮语为代表，见表 1-5、1-6。

（一）柳江壮语

表 1-5　柳江壮语状貌后缀（N=404）

结构类型	AB	ABB	ABC	ACB	ACAB	ACBD	ACDCB	ACCBB
后缀音节	单音节	双音节	双音节	双音节	双音节	三音节	四音节	四音节
构词数量	141	183	3	7	32	11	17	10

1.AB 型

ti:u^{5}juk^{7}跳跃　pja:ŋ^{1}ȵe:u^{5}有点儿香味　do:k^{7}da:k^{7}骨头太多

2.ABB 型

ti:u^{5}juk^{7}juk^{7}蹦蹦跳　pja:ŋ^{1}ȵe:u^{5}ȵe:u^{5}香喷喷　do:k^{7}da:k^{7}da:k^{7}骨头太多

3.ABC 型

ka:ŋ^{3}kvi^{5}kve^{5}小孩以清脆的声音不断地说

4.ACB 型

hji:u^{1}pa^{6}ȵi^{5}笑眯眯的 tai^{3}ŋi^{2}ŋe^{2}哭呀呀

5.ACAB 型

ti:u^{5}ja^{1}tiu^{1}ju:k^{7}蹦蹦跳跳 he:n^{3}la^{1}he:n^{3}la:m^{5}黄得难看 tso:ŋ^{6}tsa^{1}tso:ŋ^{6}tsa:ŋ^{6}到处都是洞眼

6.ACBD 型

ti:u^{5}ka^{1}juk^{7}hjuk^{7}突然一跳 nam^{1}tsa^{1}pjɯ^{2}hjɯ^{2}黑得难看 sa:ŋ^{1}ka^{1}kja:i^{4}hja:i^{4}高得难看

7.ACDCB 型

kja:ŋ^{2}ka^{1}ŋi^{2}ka^{1}ŋɯt^{8}痛苦地呻吟 ti:u^{5}ka^{1}ji^{1}ka^{1}ju:k^{7}欢快地活蹦乱跳 pja:t^{8}ka^{1}hji^{2}ka^{1}hjup^{8}滑得难走

8.ACCBB 型

ti:u^{5}ji^{1}ji^{1}juk^{7}juk^{7}哔哔嘣嘣地跳 tai^{3}ŋi^{2}ŋi^{2}ŋa^{2}ŋa^{2}咿咿呀呀地哭 to^{4}ti^{1}ti^{1}tek^{7}tek^{7}嘀嘀哒哒地剁

（二）忻城壮语

表 1-6　忻城壮语状貌后缀（N=317）

结构类型	AB	ABB	ACB	AABB	ABAB	ACAB	ACBD	ABCD	ABBCC	ABCBC	ACBCB	ACCBB	ACDCB
词缀音节	单音节	双音节	双音节	双音节	双音节	双音节	三音节	三音节	四音节	四音节	四音节	四音节	四音节
构词数量	86	129	9	13	6	29	6	3	13	3	1	8	11

1.AB 型

ŋa:u^{2}ŋɯt^{8}摇动 sap^{7}sa:t^{7}很涩

2.ABB 型

pja:i^{3}ȵam^{6}ȵam^{6}慢悠悠地走 tai^{3}fop^{7}fop^{7}抽泣 nuk^{7}na:k^{7}na:k^{7}很聋的

3.ACB 型

je:u^{1}pa^{6}ȵi^{5}笑嘻嘻 fe^{1}pa^{6}jaŋ^{6}得意张扬 tje:u^{5}naŋ^{1}pum^{3}砰地一声跳

4.AABB 型

ɕam^{1}ɕam^{1}ȵe:u^{5}ȵe:u^{5}静悄悄 jɯ:i^{4}jɯ:i^{4}ja:ŋ^{6}ja:ŋ^{6}很差的 ˀbe:u^{1}ˀbe:u^{1}bɯ:ŋ^{5}bɯ:ŋ^{5}歪歪扭扭的

5.ABAB 型

tje:u^{5}juk^{7}tje:u^{5}juk^{7}一蹦一跳 ɕat^{7}pja:n^{2}ɕat^{7}pja:n^{2}一蹦一跳 pja:i^{3}lok^{7}pja:i^{3}lok^{7}干脆去了

6.ACAB 型

ŋa^{1}ja^{1}ŋa^{1}ŋop^{8}张嘴　tai^{3}fum^{1}tai^{3}fek^{7}抽搭地哭泣　ha:u^{1}hi^{5}ha:u^{1}hek^{7}净白净白

7.ACBD 型

wu^{5}li^{5}wa^{6}la:i^{4}脏兮兮　lap^{7}ka^{5}pju:m^{6}ni^{6}黑麻麻　ɕam^{1}ka^{5}ȵɯ^{5}ȵe^{5}静悄悄

8.ABCD 型

nam^{1}na:t^{7}’ni^{5}nɯ^{5}黑麻麻　ˀdi^{1}ˀɯt^{7}hi^{5}hɯ^{5}很好的　wa:n^{1}lɯ^{5}fu^{5}fe^{5}甜津津

9.ABBCC 型

ŋa^{1}ȵup^{8}ȵup^{8}ȵep^{8}ȵep^{8}张开　le^{4}nu^{6}nu^{6}na:ŋ^{6}na:ŋ^{6}拉拉扯扯　pja:i^{3}jin^{3}jin^{3}jem^{3}jem^{3}神秘兮兮地走

10. ABCBC 型

ˀa:k^{7}’tum^{1}te:ŋ^{3}tum^{1}te:ŋ^{3}乱跑　ȵa:i^{3}ȵik^{7}ȵop^{7}ȵik^{7}ȵop^{7}猛嚼　jo^{5}tum^{2}te:ŋ^{2}tum^{2}te:ŋ^{2}猛敲

11.ACBCB 型

tje:u^{5}tak^{7}juk^{7}tak^{7}juk^{7}扑通扑通地跳

12.ACCBB 型

je:u^{1}hi^{1}hi^{1}ho^{1}ho^{1}笑呵呵　θɯ:n^{1}ji^{1}ji^{1}ja:u^{1}ja:u^{1}乱喊乱叫　tai^{3}ŋi^{2}ŋi^{2}ŋa^{2}ŋa^{2}咿呀地哭

13.ACDCB 型

tje:u^{5}ka^{1}ji^{1}ka^{1}juk^{7}蹦蹦跳跳　tai^{3}ka^{6}ŋi^{1}ka^{6}ŋɯk^{7}哭得厉害　ji:ŋ^{1}ka^{1}ti^{1}ka^{1}tok^{7}当当地响

柳江土语状貌后缀的主要特点：

1. 该土语不同的结构类型计 14 种，其中柳江壮语 8 种，忻城壮语 13 种，都有 AB、ABB、ACB、ACAB、ACBD、ACDCB、ACCBB 这 7 种类型。

2. 后缀音节方面，两个点都以双音节占优势，四音节次之，单音节最少。显著差异是四音节后缀，忻城壮语有 5 种，柳江壮语只有 2 种。

3. 构词数量方面，两个点 ABB 型和 AB 型的构词数量最多，构词数量最少的柳江壮语是 ABC 型，忻城壮语是 ACBCB 型。

四、桂边土语

主要以凤山壮语和富宁壮语为代表，见表 1–7、1–8。

(一)凤山壮语

表1-7 凤山壮语状貌后缀(N=66)

结构类型	AB	ABB	ACB	ABAC	ABCB	ACBD	ABCBC	ACBCD
后缀音节	单音节	双音节	双音节	双音节	三音节	三音节	四音节	四音节
构词数量	13	12	13	4	8	5	7	4

1.AB型

θen^{2}te:t^{8}轻微地颤抖 θe:u^{5}θwa:k^{7}干干净净 lom^{1}lwa:t^{7}松垮

2.ABB型

kum^{1}ȵop^{8}ȵop^{8}大口大口地吃 pɯ:t^{7}lum^{2}lum^{2}不停地奔跑 diŋ^{1}lɯ^{1}lɯ^{1}血红

3.ACB型

C是ka^{2}或pa^{2}。

nin^{2}ka^{2}diŋ^{6}睡得很沉的样子 pi^{2}ka^{2}(pa^{2})mjo^{6}胖乎乎 mja^{2}ka^{2}(pa^{2})θa:t^{8}粘糊糊

4.ABAC型

hoŋ^{1}ˀun^{6}hoŋ^{1}ŋwi^{2}香得心醉 ha:u^{1}ne:t^{8}ha:u^{1}nu:m^{2}白皙皙 hau^{1}jaŋ^{6}hau^{1}jaŋ^{2}腥臊怪味

5.ABCB型

pi^{1}fet^{7}ha^{2}fet^{7}不停地摆动（小幅度） pi^{1}nwa:n^{3}ha^{2}nwa:n^{3}不停地摆动（大幅度） te:u^{5}fɯ:ŋ^{2}ha^{2}fɯ:ŋ^{2}不停地蹦跳

6.ACBD型

C是ka^{2}或pa^{2}。

je:u^{1}ka^{2}(pa^{2})ȵaŋ^{4}ɕaŋ^{3}傻笑（咧着嘴又不笑出声来） naŋ^{6}ka^{2}(pa^{2})ŋok^{7}ɕot^{7}一动不动地坐着 tam^{5}ka^{2}(pa^{2})pup^{7}ɕup^{7}矮墩墩

7.ABCBC型

te:u^{5}ˀja:ŋ^{6}ˀjo:ŋ^{6}ˀja:ŋ^{6}ˀjo:ŋ^{6}乱蹦乱跳 te:u^{5}pop^{8}pap^{8}pop^{8}pap^{8}跳上跳下 ka:ŋ^{3}ŋok^{8}ŋak^{8}ŋok^{8}ŋak^{8}语无伦次

8.ACBCD型

C是ka^{2}或pa^{2}。

naŋ^{6}ka^{2}(pa^{2})naŋ^{2}ka^{2}(pa^{2})ŋe:t^{8}一个一个端坐着 he:n^{3}ka^{2}(pa^{2})laŋ^{1}ka^{2}(pa^{2})liŋ^{3}一个一个黄点 pa:n^{5}ka^{2}(pa^{2})lak^{7}ka^{2}(pa^{2})jeŋ^{3}到处是斑痕

(二)富宁壮语

表1-8　富宁壮语状貌后缀(N=90)

结构类型	AB	ABB	ACAB	ABCC
词缀音节	单音节	双音节	双音节	三音节
构词数	22	57	10	1

1.AB型

pan⁵pe⁵旋转　ȵuŋ⁵ȵa:t⁹乱糟糟的　ba:k⁹bɛ:k⁹零零碎碎的

2.ABB型

ði:u¹ha⁶ha⁶哈哈大笑　ȵuŋ⁵ȵa:t⁹ȵa:t⁹乱糟糟的　hau¹θɛ:ŋ⁵θɛ:ŋ⁵臭烘烘

3.ACAB型

tɕem⁶ði²tɕem⁶tɕe⁴窄窄的　ȵuŋ⁵ði²ȵuŋ⁵ȵa:t⁹乱糟糟　va¹ði²va¹jwa:i³花里胡哨

4.ABCC型

pan⁵pe⁵lɔ:n⁶lɔ:n⁶旋转个不停

桂边土语状貌后缀的主要特点:

1.该土语不同的结构类型计10种,其中凤山壮语8种,富宁壮语只有4种,都有AB和ABB型。

2.后缀音节方面,两个点都是双音节居多,单音节最少。凤山壮语二音节和四音节的后缀各有2种类型,富宁壮语三音节后缀只有1种类型。

3.构词数量方面,AB、ABB型在两个点都很能产。富宁壮语ABB型最丰富,其次是AB型、ACAB型,ABCC型最少。凤山壮语AB型和ACB型最丰富,其次是ABB型,ABAC型、ACBCD型最少。

五、右江土语

主要以田阳壮语为代表,见表1-9。

表1-9　田阳壮语状貌后缀(N=68)

结构类型	AB	ABB	ACB	ABAC	ACBDE
后缀音节	单音节	双音节	双音节	双音节	四音节
构词数量	9	45	5	2	7

1.AB 型

he:n^{3}le^{3}淡黄　ha:u^{1}ɬek^{7}亮白　jau^{3}jet^{7}很皱

2.ABB 型

pi^{2}pot^{8}pot^{8}胖乎乎　na^{1}nu^{2}nu^{2}厚极了　^{ʔ}bon^{1}lop^{8}lop^{8}很唠叨

3.ACB 型

ɬom^{3}ka^{2}la:i^{4}确实酸　hau^{1}ka^{2}la:i^{4}真地臭　^{ʔ}in^{1}ka^{2}la:i^{4}确实痛

4.ABAC 型

wa^{1}li^{2}wa^{1}la:i^{6}花花绿绿　^{ʔ}bon^{1}lop^8^{ʔ}bon^{1}lɯ^{4}没完没了地唠叨

5.ACBDE 型

由 ACB 型叠加 ɕa:i^{4}ɕia^{2}而来，ka^{2}la:i^{4}ɕa:i^{4}ɕia^{2}表程度极限。

ɬom^{3}ka^{2}la:i^{4}ɕa:i^{4}ɕia^{2}酸得无以复加　^{ʔ}in^{1}ka^{2}la:i^{4}ɕa:i^{4}ɕia^{2}痛得无以复加　hau^{1}ka^{2}la:i^{4}ɕa:i^{4}ɕia^{2}臭得无以复加

右江土语状貌后缀的主要特点：

1.结构类型比较少，只有5种。

2.后缀音节方面，双音节占多数，有3种类型。单音节和四音节都只有1种类型。

3.构词数量方面，ABB型构词最多，AB型次之，ABAC型最少。

六、桂北土语

主要以下坳（都安）壮语为代表，见表1-10。

表1-10　下坳壮语状貌后缀（N=55）

结构类型	AB	ABB	ABC	AABB	ABAB	ABCBC
后缀音节	单音节	双音节	双音节	双音节	双音节	四音节
构词数量	16	35	1	1	1	1

1.AB 型

tiu^{3}jok^{7}蹦蹦跳跳　ra:ŋ^{1}re:t^{9}高高的　lit^{8}lat^{8}血淋淋

2.ABB 型

tiu^{3}jok^{7}jok^{7}蹦蹦跳跳　ra:ŋ^{1}re:t^{9}re:t^{9}高高的　ȵa:u^{5}ȵa:t^{9}ȵa:t^{9}皱巴巴

3.ABC 型

ha:u^{1}ra^{6}rou^{5}白嫩嫩

4.AABB型

re:u^{5}re:u^{5}ra:k^{9}ra:k^{9}干干净净

5.ABAB型

lit^{8}lat^{8}lit^{8}lat^{8}血淋淋

6.ABCBC型

kwən^{1}pu^{4}rə:t^{10}pu^{4}rə:t^{10}呼呼地翻滚

桂北土语状貌后缀的主要特点：

1.结构类型主要有6种。

2.后缀音节方面，双音节占多数，有4种类型。单音节和四音节都只有有1种类型。

3.构词数量方面，ABB型最多，AB型次之，其余类型都很少。

第三节 壮语南部方言状貌后缀的结构类型

一、邕南土语

主要以邕宁壮语①为代表，见表1-11，并补充双定壮语的语料。

表1-11 邕宁壮语状貌后缀(N=206)

结构类型	AB	ABB	ABC	ACB	ABAB	ABAC	ACAB	ABBB	ABCD	ABBCC	ACBCB
后缀音节	单音节	双音节	双音节	双音节	双音节	双音节	双音节	三音节	三音节	四音节	四音节
构词数量	10	127	12	8	6	16	16	2	1	6	2

1.AB型

je:t^{8}tsho:k^{7}蹦地一跳 na^{1}nəp^{7}厚厚的 lap^{7}tsəp^{7}暗黑色

2.ABB型

ve:n^{3}hləm^{4}hləm^{4}悬挂累累 pei^{2}nəm^{1}nəm^1(指小孩或小猪等)肥胖可爱 nam^{4}səp^{8}səp^{8}水汪汪的

3.ABC型

nən^{2}puŋ^{4}paŋ^{4}像“大”字那样地躺着(形容睡相不好) hloŋ^1'tiŋ^{1}ta:ŋ^{1}响叮当 ve:n^{3}hləm^{4}hla:m^{4}长短不齐地悬挂着

① 语料来自梁敏(1982)，调查点邕宁县坛洛镇今属南宁市西乡塘区坛洛镇，这里依照原文。

4.ACB型

jap^{8}ka^1'mlo:n^2(眼睛)突然眨一下 thi:u^{6}ka^1'pəp^{7}突然啪地一跳 je:t^{8}ka^1'tsho:k^{7}突然蹦地一跳

5.ABAB型

hliu^{1}tshu^{4}hliu^{1}tshu^{4}一阵阵的笑声 phla:i^{5}ju:k^{7}phla:i^{5}ju:k^{7}一步一步地缓慢地行走 mən^1'phlu^{4}mən^1'phlu^{4}扑扑地飞

6.ABAC型

ve:n^{3}tuŋ^{3}ve:n^{3}te:ŋ^{3}东悬西悬 nən^{2}puŋ^{4}nən^{2}paŋ^{4}横七竖八地躺着(睡相不好)

pei^{2}hləm^{2}pei^{2}hlaŋ^{6}肥胖得难看

7.ACAB型

ve:n^{3}hli^{2}ve:n^{3}hləm^{4}悬挂累累 sam^{3}pli^{1}sam^{3}ple:n^{3}非常酸,难以入口 phən^1'si^2 phən^1'səm^{2}毛长长的

8.ABBB型

ˀe:u^1'ku^{2}ku^{1}ku^6(斑鸠)咕咕地叫 han^1'ˀo^2 ˀo^{1}ˀo^6(公鸡)喔喔啼

9.ABCD型

ve:n^{3}tuŋ^{3}te:ŋ^{3}hle:ŋ^{4}孤零零地挂着

10.ABBCC型

hloŋ^1'tiŋ^{1}tiŋ^{1}ta:ŋ^{1}ta:ŋ^{1}叮叮当当地响 phla:i^{5}thu^{4}thu^{4}the^{4}the^4(小孩)摇摇摆摆地学走路的样子 hli:n^{2}kləm^{6}kləm^{6}kla:m^{6}kla:m^6(小孩)到处乱爬

11.ACBCB型

man^1'ka^1'phlu^{4}ka^1'phlu^{4}扑扑地飞 thi:u^{6}ka^1'pəp^{7}ka^1'pəp^{7}啪啪地跳

此外,双定壮语①还有一种AABB型,例如:nam^{1}nam^{1}niu^{1}niu^{1}黑乎乎、poŋ^{2}poŋ^{2}pen^{4}pen^{4}满身泥土的样子。

邕南土语状貌后缀的主要特点:

1.结构类型比较丰富,达12种。

2.后缀音节方面,双音节是优势类型,共7种类型,其次是三音节和四音节,各占2种类型,最少是单音节。

3.构词数量方面,ABB型构词数量最多,有127个,其次是ABAC、ACAB型,ABCD型最少。

① 调查点为南宁市西乡塘区双定镇。

二、左江土语

主要以大新壮语为代表，见表1–12。

表1–12 大新壮语状貌后缀(N=583)

结构类型	AB	ABB	ABC	AABB	ABAB	ABCD	ABCDE
后缀音节	单音节	双音节	双音节	双音节	双音节	三音节	四音节
构词数量	68	402	6	101	3	1	2

1.AB型

ɬiŋ^{3}ɬa:k^{8}清醒 nɛŋ^{1}na:t^{7}红通通 nam^{1}ja:m^{5}黑麻麻

2.ABB型

min^{1}fɛ^{2}fɛ^{2}轻飘飘 lə:t^{6}jaŋ^{6}jaŋ^{6}血淋淋 nam^{1}ja:m^{5}ja:m^{5}黑麻麻

3.ABC型

nɛŋ^{1}kwaŋ^{6}laŋ^{6}红通通 luŋ^{6}fa^{6}la^{6}亮堂堂 ɬuŋ^{1}ka:ŋ^{6}la:ŋ^{6}瘦高

4.AABB型

nam^{1}nam^{1}ja:m^{5}ja:m^{5}黑麻麻 nɛŋ^{1}nɛŋ^{1}khin^{3}khin^{3}红通通 kɛn^{5}kɛn^{5}kaŋ^{1}kaŋ^{1}硬邦邦

5.ABAB型

ɬai^{5}ɬit^{7}ɬai^{5}ɬit^{7}渺小 mat^{7}tsat^{7}mat^{7}tsat^{7}闭塞 nak^{7}jak^{7}nak^{7}jak^{7}沉甸甸

6.ABCD型

A和C、B和D双声，A和B、C和D叠韵。

jam^{1}lam^{1}jək^{7}lək^{7}偷偷摸摸

7.ABCDE型

B和D、C和E双声，B和C、D和E叠韵。

tam^{5}pə:t^{8}lə:t^{8}pɔ:p^{8}lɔ:p^{8}矮得难看 ɬuŋ^{1}kuk^{8}luk^{8}ka:k^{8}la:k^{8}高得难看

左江土语状貌后缀的主要特点：

1.结构类型方面，共有7种类型。

2.后缀音节方面，双音节占优势，有4种类型，单音节、三音节和四音节各占1种类型。

3.构词数量方面，ABB型构词数量最多，达402个，其次是AABB型和AB型，其余各类型构词数量都很有限。

三、德靖土语

主要以靖西壮语为代表，见表1-13。

表1-13 靖西壮语状貌后缀(N=105)

结构类型	AB	ABB	ABC	AABB	ABAB	ACAB	ABCD	ABBCC
后缀音节	单音节	双音节	双音节	双音节	双音节	双音节	三音节	四音节
构词数量	33	54	3	5	2	5	1	2

1.AB型

lən^{2}la:ŋ^{4}到处游荡 pei^{2}pɔ:ŋ^{4}胖得难看 θa^{6}θa:p^{8}泥泞不堪

2.ABB型

nan^{5}ŋau^{6}ŋau^{6}吵哄哄 pəi^{2}məm^{3}məm^{3}胖乎乎 phɔ:n^{1}pja:p^{9}pja:p^{9}雨纷纷

3.ABC型

pan^{5}ɕi^{5}lit^{7}到处转 ka:ŋ^{3}sip^{8}se:p^{8}说悄悄话 wa^{1}li^{1}lok^{9}花花绿绿

4.AABB型

nam^{1}nam^{1}n̥a:m^{5}n̥a:m^{5}黑漆漆 nən^{1}nən^{1}no:ŋ^{5}no:ŋ^{5}红粉粉

5.ABAB型

nam^{1}n̥a:m^{5}nam^{1}n̥a:m^{5}黑漆漆 nən^{1}no:ŋ^{5}nən^{1}no:ŋ^{5}红粉粉

6.ACAB型

khu^{1}n̥i^{2}khu^{1}n̥et^{9}不时抿嘴笑 nam^{1}ni^{2}nam^{1}net^{9}黑不溜秋 ɬam^{3}mi^{2}ɬam^{3}met^9 酸不溜秋

7.ABCD型

poŋ^{2}loŋ^{2}paŋ^{2}laŋ^{2}胡搞貌

8.ABBCC型

lo:n^{6}ki^{5}ki^{5}kɛ:t^{8}kɛ:t^{8}叽叽喳喳叫

德靖土语状貌后缀的主要特点：

1.结构类型方面，一共8种类型。

2.后缀音节方面，双音节占5种类型，单音节、三音节和四音节各占1种类型。

3.构词数量方面，ABB型构词数量最多，AB型次之，其余类型构词数量比较少。

通过上文壮语标准语与方言状貌后缀结构类型的排列，我们还发现多数类型的词根可以为形容词、动词及少数名词。但是，某些类型对词根的词性及构词后的语义有限制。就掌握的语料来说，ABCDE、ACBDE型仅限形容词词根，用于摹状；ABCB、ABCC、ACBDB仅限动词词根，用于摹状；ABBB型仅限动词词根，用于拟声；ABBCC、ABCBC、ACBCB型仅限动词，拟声摹状兼有。

第四节　壮语标准语与方言状貌后缀结构类型的共性和差异

本节围绕壮语方言状貌后缀的结构类型、音节数量和构词率展开分析,并与标准语进行比较。

一、结构类型分布与分类的共性和差异

壮语状貌后缀结构类型的地域分布见表1-14。由于某些方言点语料有限,难以面面俱到,但不妨碍从总体上把握壮语状貌后缀结构类型的分布规律。

表1-14　壮语状貌后缀结构类型的地域分布

类型	语言										总计
	北部方言						南部方言			标准语	
	邕北	红水河	柳江	桂边	桂北	右江	邕南	左江	德靖		
AB	+	+	+	+	+	+	+	+	+	+	10
ABB	+	+	+	+	+	+	+	+	+	+	10
ABA	+										1
ABC	+	+	+		+		+	+	+	+	8
ACB	+		+	+		+	+				5
AABB			+		+		+	+	+	+	6
ABAB	+	+	+		+		+	+	+		7
ABAC		+		+		+	+			+	5
ABBB							+				1
ABCB	+			+							2
ABCC				+							1
ABCD	+		+				+	+	+		5
ACAB	+	+	+	+			+		+		6
ACBD			+	+							2
ABBCC	+	+	+				+		+		5

续表

类型	语言										总计
	北部方言						南部方言			标准语	
	邕北	红水河	柳江	桂边	桂北	右江	邕南	左江	德靖		
ABCBC			+	+	+						3
ABCDE								+			1
ACBCB	+		+				+				3
ACBCD	+			+							2
ACBDB	+										1
ACBDE						+					1
ACCBB	+	+	+								3
ACDCB			+								1
总计	14	8	14	10	6	5	12	7	8	5	89

(一)壮语状貌后缀结构类型地域分布的规律

壮语状貌后缀结构类型的数量与表现形式,现有论著大多只论及AB、ABB、ACAB等常见类型。据已掌握的语料,壮语状貌后缀计23种结构类型,其中标准语有5种,方言另有18种,情况非常复杂且地域分布各异,下面重点分析方言的情况。

1.方言土语的共通性与地域性

南部方言共有的结构类型:AB、ABB、ABC、AABB、ABAB、ABCD型为邕南、左江、德靖3个土语共有;ACAB、ABBCC型为邕南、德靖2个土语共有。

北部方言共有的结构类型:AB、ABB型为邕北、红水河、柳江、桂边、桂北、右江6个土语共有;ABC、ABAB型为邕北、红水河、柳江、桂北4个土语共有,ACB型为邕北、柳江、桂边、右江4个土语共有,ACAB型为邕北、红水河、柳江、桂边4个土语共有;ABAC型为红水河、桂边、右江3个土语共有,ABBCC、ACCBB型为邕北、红水河、柳江3个土语共有,ABCBC型为柳江、桂边、桂北3个土语共有;ABCB、ACBCD型为邕北、桂边2个土语共有,AABB型为柳江、桂北2个土语共有,ABCD、ACBCB型为邕北、柳江2个土语共有,ACBD型为柳江、桂边2个土语共有。

首先,南北方言状貌后缀各有一批跨土语分布的结构类型,其中AB、ABB型分布最广,覆盖南北方言9个土语。其次,南北方言状貌后缀结构类型的分布既有共通性,又有地域性。南部方言的共通性突出表现在不同的土语相同的结构类型较多,比如AB、

ABB、ABC、AABB、ABCD这5个类型都分布于邕南土语、左江土语、德靖土语。北部方言迥异于南部方言，其共通性突出表现在不同的土语相同的结构类型较少，即地域性显著，比如ACB、ABAB、ACAB这3个类型都分布于4个土语又各有不同。

2.方言点的共通性与地域性

壮语土语众多，现选择语料比较丰富的八个点，以四对例子进一步分析方言点的共通性与地域性。

（1）柳江壮语和忻城壮语

这两个方言点同属于柳江土语，地理位置接近，共有类型计7种，分别为AB、ABB、ACB、ACAB、ACBD、ACDCB、ACCBB型。差异是柳江壮语没有忻城壮语的AABB、ABAB、ABCD、ABBCC、ABCBC、ACBCB型，忻城壮语没有柳江壮语的ABC型。

（2）武鸣壮语和邕宁壮语

两者分属北部方言邕北土语和南部方言邕南土语，地理位置接近，共有类型计9种，分别为AB、ABB、ABC、ACB、ABAB、ABCD、ACAB、ABBCC、ACBCB型。差异是邕宁壮语没有武鸣壮语的ABCB、ACCBB、ACBCD、ACBDB型，武鸣壮语没有邕宁壮语的ABAC、ABBB型。

（3）都安壮语和蒙山壮语

这两个方言点同属于红水河土语，都安壮语位于该土语的中心区，蒙山壮语位于该土语的边缘地带，两者地理位置较远，共有类型计3种，分别为AB、ABB、ACCBB型。差异是蒙山壮语没有都安壮语的ABAC、ACAB、ABBCC型，都安壮语没有蒙山壮语的ABC型。

（4）凤山壮语和富宁壮语

这两个方言点同属于桂边土语，两者地理位置较远，共有类型计2种，分别为AB、ABB型。差异是凤山壮语没有富宁壮语的ACAB、ABCC型，富宁壮语没有凤山壮语的ACB、ABAC、ABCB、ACBD、ABCBC、ACBCD型。

综上，壮语状貌后缀的结构类型共通性与地域性并存。关于共通性的成因，我们认为除了语言发生学关系、结构类型生成途径相同等因素，很可能关乎地缘接触。地理位置接近的方言点，哪怕方言系属不同比如（2），状貌后缀的结构类型也可能趋同；反之，哪怕土语系属相同比如（3），状貌后缀的结构类型也可能迥别。

（二）壮语状貌后缀结构类型的分类

从数量与地域分布对状貌后缀的结构类型进行分类，结果见表1-15。

表1-15 壮语状貌后缀的分类

考察点	分类标准	类型	内容
方言点	结构数量	发达型	武鸣、忻城、邕宁
		准发达型	柳江、凤山、靖西、大新、都安、下坳、田阳
		不发达型	蒙山、富宁
结构类型	地域分布	跨方言型	AB、ABB、ABC、ACB、ABAB、AABB、ABAC、ACAB、ABCD、ABBCC、ACBCB(11)
		方言型	ABCB、ACBD、ABCBC、ACBCD、ACCBB(5)
		土语型	ABA、ABBB、ABCC、ABCDE、ACBDB、ACBDE、ACDCB(7)

以方言点为考察点，按照状貌后缀结构类型的数量，排序为：武鸣(13)=忻城(13)>邕宁(11)>柳江(8)=凤山(8)=靖西(8)>大新(7)>都安(6)=下坳(6)>田阳(5)>蒙山(4)=富宁(4)。

结构类型的数量设为X，采用区间分类法可分为三类：发达型(X≥10)有武鸣、忻城、邕宁；准发达型(10>X≥5)有柳江、凤山、靖西、大新、都安、下坳、田阳；不发达型(X<5)有蒙山、富宁。总的来说，壮语状貌后缀结构类型丰富，以准发达型为主，发达型次之，不发达型较少。

以结构类型为考察点，按照结构类型的土语分布数量，排序如下：AB(9)=ABB(9)>ABC(7)=ABAB(7)>ACAB(6)>ACB(5)=AABB(5)=ABCD(5)=ABBCC(5)>ABAC(4)>ABCBC(3)=ACBCB(3)=ACCBB(3)>ABCB(2)=ACBD(2)=ACBCD(2)>ABA(1)=ABBB(1)=ABCC(1)=ABCDE(1)=ACBDB(1)=ACBDE(1)=ACDCB(1)。

据此，可分为三个类型：跨方言型，即分布于不同的方言，有AB、ABB、ABC、ACB、ABAB、AABB、ABAC、ABCD、ACAB、ABBCC、ACBCB这11种类型；跨土语型，即分布于相同方言的不同土语，有ABCB、ACBD、ABCBC、ACBCD、ACCBB这5种类型；土语型，即只分布于单个土语，有ABA、ABBB、ABCC、ABCDE、ACBDB、ACBDE、ACDCB这7种类型。

就状貌后缀结构类型的分布度而言，跨方言型占47.8%，跨土语型占21.7%，土语型占30.4%。跨方言型除ABAC、ACBCB型，其余都分布在5个及以上的土语。跨土语型就ABCBC、ACCBB型分布在3个土语，其余都分布在2个土语。整体而言，跨方言、跨土语分布的结构类型约占70.0%，状貌后缀结构类型具有较高的地域共通性。

与此同时，其地域特性也不容忽视，主要表现在：首先，同一个方言的不同土语存在差异。比如ACDCB型仅见于柳江土语，而ABA、ACBDB型仅见于邕北土语。其次，同一个土语的不同方言点也有差异。比如武鸣壮语和横县壮语同属邕北土语，两者相距不远，但ABA型仅见于横县壮语。

总之，壮语状貌后缀结构类型地域分布与分类的共通性与地域性并存，共通性更突出。

二、结构类型生成途径与规律的共性和差异

壮语状貌后缀形态各异的结构类型是附加与重叠交互作用的产物，根据词根与后缀的组合方式又分为单纯附加、重叠再附加、附加再重叠三种途径。重叠的方式有整体重叠、部分重叠、联合重叠①、变音重叠，部分重叠常常跟变音重叠相互作用，构成如ABC、ACDCB型；重叠的成分绝大多数为词缀重叠，个别词根重叠如ABA、ACAB型；重叠的方向绝大多数为顺向重叠，个别逆向重叠如ACAB型②。

（一）单纯附加

单纯附加是指后缀（有的为固定格式）直接附加于词根，两者常有语音关联，所成类型有的含特定语义，主要有AB、ACBDE型。

1.AB型非常普遍，由词根A搭配后缀B构成，两者常有双声关系。例如：

pjo:m^{1}瘦：pjo:m^{1}pja:ŋ^{5}很瘦（标准语）

li:u^{1}笑：li:u^{1}ha^{1}笑哈哈（蒙山）

2.田阳壮语的ACBDE型，词根A搭配后缀C和B先构成ACB型，再搭配后缀D和E构成ACBDE型，语义依次增强，C和B、D和E为固定成分，不可拆分，例如：

ɬom^{3}酸：ɬom^{3}ka^{2}la:i^{4}确实酸—ɬom^{3}ka^{2}la:i^{4}ɕa:i^{4}ɕia^{2}酸得无以复加

hau^{1}臭：hau^{1}ka^{2}la:i^{4}真地臭—hau^{1}ka^{2}la:i^{4}ɕa:i^{4}ɕia^{2}臭得无以复加

（二）重叠再附加

重叠再附加是后缀先整体重叠或变音重叠再搭配词根，后缀之间常有语音关联，所成类型多含贬义，有ABB、ABC、ABBB、ABCC、ABCD、ACAB、ACCBB、ACDCB、ABCDE型，纯粹由此得来的有ABBB、ABCC、ABCDE型。

1.ABB型并非都由AB型重叠而来，有的由词根A附加两个叠音后缀构成，这类现象非常普遍。蒙山壮语136个ABB型，有60个由此得来，占44.1%，例如：

li:u^{1}笑：li:u^{1}khɯ^{5}khɯ^{5}笑呵呵—li:u^{1}hɯ^{1}hɯ^{1}嘿嘿傻笑—li:u^{1}kok^{7}kok^{7}高兴爽朗地笑

---

① 联合重叠指两个意义相同或相近的基式叠加构成新式，如ABAC型由AB+AB'构成，ABBCC型由ABB+AB'B'构成。

② 朱德熙（1982：180）提出“变声重叠顺向，变韵重叠逆向。”据本次考察，顺向重叠绝大多数改变的都是声母。

ləm^{2}风：ləm^{2}fi^{2}fi^{2}微风吹拂—ləm^{2}fo^{2}fo^{2}风呼呼—ləm^{2}fa:u^{3}fa:u^{3}大风呼啸

由词根A附加三个叠音后缀，即邕宁壮语的ABBB型，一般用于拟声，例如：

ˀe:u^{1}’叫：ˀe:u^{1}’ku^{2}ku^{1}ku^{6}（斑鸠）咕咕地叫

han^{1}’啼：han^{1}’ˀo^{2}ˀo^{1}ˀo^{6}（公鸡）喔喔啼

此外，个别ABC型由词根A附加两个变音重叠的后缀构成，例如蒙山壮语：

tan^{2}淡：tan^{2}mat^{7}tshat^{7}较淡的

laŋ^{6}坐：laŋ^{6}mo^{1}ho^{1}一动不动地坐

2. 富宁壮语的ABCC型数量较少，该型由词根附加后缀构成的AB型再附加两个叠音后缀构成，其语义模式为“AB＋CC”，例如：

pan^{5}转：pan^{5}pe^{5}旋转—pan^{5}pe^{5}lɔ:n^{6}lɔ:n^{6}旋转个不停

3. 武鸣壮语有一种特殊的ABCD型，该型带有贬义。BCD为固定格式，其中B和C双声，C和D叠韵，D声母固定为ɣ，若B的声母为ɣ，则D的声母为ɕ。例如：

we:n^{3}悬挂：we:n^{3}tuŋ^{5}te:ŋ^{5}ɣe:ŋ^{6}孤零零地吊着

ɣi:u^{1}笑：ɣi:u^{1}ȵa^{3}ȵup^{7}ɣup^{8}缄默地微笑

4. 都安壮语有两种特殊的ACAB、ACCBB型，即Aja^{2}Aja:p^{10}、Aja^{2}ja^{2}ja:p^{10}ja:p^{10}为固定格式，表示动作凌乱，例如：

ˀbo:n^{1}挖：ˀbo:n^{1}ja^{2}ˀbo:n^{1}ja:p^{10}、ˀbo:n^{1}ja^{2}ja^{2}ja:p^{10}ja:p^{10}胡乱地挖；挖得很乱

ˀda^{1}摆：ˀda^{1}ja^{2}ˀda^{1}ja:p^{10}、ˀda^{1}ja^{2}ja^{2}ja:p^{10}ja:p^{10}胡乱地摆；摆得很乱

5. 忻城壮语有一种特殊的ACDCB型，CDCB为固定格式，不能被拆开，其中D和B双声，都为第8调，该型带有贬义，表示动作凌乱，例如：

θat^{7}跳：θat^{7}pa^{6}jɯk^{8}pa^{6}ja:k^{8}’乱跳

ka:ŋ^{3}讲：ka:ŋ^{3}pa^{6}jɯk^{8}pa^{6}ja:k^{8}’胡言

6. 大新壮语的ABCDE型，由词根A附加后缀BCDE构成，其中B和D、C和E双声，B和C、D和E叠韵，该型带有贬义，例如：

ɬuŋ^{1}高：ɬuŋ^{1}kuk^{8}luk^{8}ka:k^{8}la:k^{8}高得难看

tam^{5}矮：tam^{5}pə:t^{8}lə:t^{8}pɔ:p^{8}lɔ:p^{8}矮得难看

（三）附加再重叠

附加再重叠是词根先附加后缀并以此为基式进行重叠，有整体重叠、部分重叠、变音重叠，这是它与重叠再附加的主要区别，绝大多数类型由此得来。

1. 根据有无固定插入成分可以分为两类。第一类无固定插入成分，有下面几种情况。

（1）AB型重叠后一个成分得到ABB型，这种重叠方式最常见，少数ABB型变音重叠得到ABC型，例如：

po:ŋ^{2}臌胀：po:ŋ^{2}po:t^{8}又胀又软—po:ŋ^{2}po:t^{8}po:t^{8}鼓胀；膨松；又胀又软（标准语）

$^{?}$dam^{1}黑：$^{?}$dam^{1}je:m^{5}形小而黑的—$^{?}$dam^{1}je:m^{5}je:m^{5}形小而很黑的（龙州）

ɣi:u^{1}笑：ɣi:u^{1}ȵum^{3}微笑—ɣi:u^{1}ȵum^{3}ȵum^{3}微微笑—ɣi:u^{1}ȵum^{3}ȵem^{3}笑眯眯（武鸣）

li:u^{1}笑：li:u^{1}ha^{1}笑哈哈—li:u^{1}ha^{1}ha^{1}笑哈哈—li:u^{1}hi^{1}ha^{1}笑哈哈（蒙山）

（2）AB型经过整体或部分重叠得到AABB、ABAB型，此情况也非常普遍，例如：

kum^{2}坑洼：kum^{2}ka:m^{4}崎岖—kum^{2}kum^{2}ka:m^{4}ka:m^{4}坑坑洼洼（标准语）

ma:ŋ^{1}薄：ma:ŋ^{1}mɛt^{8}薄薄的—ma:ŋ^{1}ma:ŋ^{1}mɛt^{8}mɛt^{8}薄薄的（大新）

tje:u^{5}跳：tje:u^{5}juk^{7}跳蹦—tje:u^{5}juk^{7}tje:u^{5}juk^{7}一蹦一跳（忻城）

（3）AB型重叠词根得到ABA型，该类型只见于横县壮语，活跃度非常高，AB、ABB型的活跃度反而很低，例如：

pei^{2}肥胖：pei^{2}pa:t^{7}肥胖—pei^{2}pa:t^{7}pa:t^{7}胖乎乎—pei^{2}pa:t^{7}pei^{2}胖得难看

lai^{2}长：lai^{2}la:ŋ^{5}长长的—lai^{2}la:ŋ^{5}la:ŋ^{5}很长—lai^{2}la:t^{7}lai^{2}长得难看

（4）两个意义有细微差别的AB型、ABB型可分别结合构成ABAC型、ABBCC型，B和C双声，ABC三者大多同为单数调或双数调，语义较基式有所增强，例如：

ði:u^{1}笑：ði:u^{1}ho^{1}ði:u^{1}ha^{1}到处笑哈哈—ði:u^{1}ho^{1}ho^{1}ha^{1}ha^{1}到处笑哈哈（都安）

θat^{7}跳：θat^{7}jo:t^{9}θat^{7}ja:t^{9}青蛙般不停地往前跳　θat^{7}jo:t^{9}jo:t^{9}ja:t^{9}ja:t^{9}青蛙般不停地往前跳（都安）

phla:i^{5}走：phla:i^{5}thu^{4}phla:i^{5}the^{4}（小孩）摇摇晃晃地行走—phla:i^{5}thu^{4}thu^{4}the^{4}the^{4}（小孩）摇摇摆摆地学走路的样子（邕宁）

hli:n^{2}爬：hli:n^{2}kləm^{6}hli:n^{2}kla:m^{6}（小孩）到处乱爬—hli:n^{2}kləm^{6}kləm^{6}kla:m^{6}kla:m^{6}（小孩）到处乱爬（邕宁）

（5）邕宁壮语还有一种特殊的ABBCC型，由AB或ABB型变音再扩展而来。后缀BB由原后缀复辅音声母的两个组成部分分别加上固定的韵母i，原后缀是单数调就念第1调，是双数调就念第2调，后缀CC由原后缀复辅音声母的两个组成部分加上原本的韵母和声调构成。该类型通常用于拟声，表示动作和声音的持续或杂乱的状态。由于复辅音本就数量不多，因而该类型数量有限。

mən^{1}'飞：mən^{1}'phlu^{4}扑一声飞了—mən^{1}'phi^{2}li^{2}phu^{4}lu^{4}噼噼啪啪地乱飞

phla:i^{5}走：phla:i^{5}klə:p^{8}klə:p^{8}咯咯地走—phla:i^{5}ki^{2}li^{2}kəp^{8}ləp^{8}呱嗒呱嗒地走

（6）ABC型经过部分重叠得到ABCBC型，例如：

te:u^{5}跳：te:u^{5}pop^{8}pap^{8}pop^{8}pap^{8}跳上跳下（凤山）

kum^{1}吃：kum^{1}ȵop^{8}ȵap^{8}ȵop^{8}ȵap^{8}不停地咀嚼（凤山）

ȵa:i^{3}嚼：ȵa:i^{3}ȵik^{7}ȵop^{7}ȵik^{7}ȵop^{7}猛嚼（忻城）

jo^{5}敲：jo^{5}tum^{2}te:ŋ^{2}tum^{2}te:ŋ^{2}猛敲（忻城）

（7）ABC型改变C的声母，得到D，进而构成ABCD型，其中B和C双声，C和D叠韵，例如邕宁壮语：

ve:n^{3}悬挂：ve:n^{3}tuŋ^{3}teŋ^{3}悬挂的东西东摇西晃—ve:n^{3}tuŋ^{3}te:ŋ^{3}hle:ŋ^{4}孤零零地挂着

2.第二类有固定插入成分，插入成分常见的声母有p、k、ʦ等，韵母通常是单元音i或a，声调以第1调或第2调常见，也有个别复韵母如tak^7、pai^2，有下面几种情况。

（1）AB型可以插入固定成分C，构成ACB型，这种情况比较普遍，例如：

nin^{2}睡：nin^{2}ka^{2}diŋ^{6}睡得很沉的样子—nin^{2}ka^{2}dɯŋ^{6}睡得很沉且难看的样子（凤山）

pi^{2}肥胖：pi^{2}ka^2(pa^2)θaŋ^{4}胖墩墩—pi^{2}ka^2(pa^2)mjo^{6}胖乎乎（凤山）

na^{1}厚：na^{1}ka^1'nəp^{7}厚厚的（邕宁）

thi:u^{6}跳：thi:u^{6}ka^1'pəp^{7}突然啪地一跳（邕宁）

ACB型经部分重叠ACBCB型，例如武鸣壮语：

ti:u^{5}跳：ti:u^{5}i^{1}juk^{7}欢乐地跳—ti:u^{5}i^{1}juk^{7}i^{1}juk^{7}有节奏地跳（有欢快色彩）；ti:u^{5}pai^{2}juk^7/ti:u^{5}tak^{7}juk^{7}猛一跳—ti:u^{5}pai^{2}juk^{7}pai^{2}juk^7/ti:u^{5}tak^{7}juk^{7}tak^{7}juk^{7}有节奏地跳

（2）AB型插入固定成分C，B改变声母为D，进而构成ACBD型，该型一般带有贬义。有的方言C是ka^{1}或ʦa^1，D的声母是hj且与B叠韵，例如柳江壮语：

nam^{1}黑：nam^{1}ʦa^{1}pjɯ^{2}hjɯ^{2}黑得难看

ˀbe:u^{3}歪：ˀbe:u^{3}ka^{1}ˀbɯ:ŋ^{5}hjɯ:ŋ^{5}歪得难看

有的方言C是ka^{2}或pa^2，D的声母是ɕ且与B叠韵，例如凤山壮语：

je:u^{1}笑：je:u^{1}ka^2(pa^2)ȵaŋ^{4}ɕaŋ^{3}傻笑（咧着嘴又不笑出声来）

tam^{5}矮：tam^{5}ka^2(pa^2)pup^{7}ɕup^{7}矮墩墩

（3）ACB型可构成两类ACDCB型，C为ka^{1}或pa^6，D和B双声，D的韵母为i，声调以第1调常见。一类由ACB型的C和B之前分别插入固定成分C'构成A C'C C'B即ACDCB型，例如：

ji:ŋ^{1}响：ji:ŋ^{1}ti^{1}tok^{7}响当当地—ji:ŋ^{1}ka^{1}ti^{1}ka^{1}tok^{7}响当当地（忻城）

sɯ:n^{3}喊：sɯ:n^{3}ji^{1}ja:u^{3}咿呀的叫声—sɯ:n^{3}ka^{1}ji^{1}ka^{1}ja:u^{3}咿呀咿呀的叫声（柳江）

一类由ACB型的B改变韵母为D，经部分重叠而来，例如柳江壮语：

ŋaŋ^4(头)昂：ŋaŋ^{4}pa^{6}ŋok^{7}头昂得高高的—ŋaŋ^{4}pa^{6}ŋi^{1}pa^{6}ŋok^{7}头昂得高高的

hji:u^{1}笑：hji:u^{1}pa^{6}ȵi^{5}笑眯眯的—hji:u^{1}pa^{6}ȵi^{1}pa^{6}ȵek^{7}笑眯眯的

(4)两个意思相同或相近的ACB型联合构成ACBCD型，有的方言B和D双声，声调一致，例如武鸣壮语①：

to:k^{7}落：to:k^{7}kɯ^{4}so:p^{8}kɯ^{4}sa:p^{8}大雨不停地下—to:k^{7}kɯ^{4}so:p^{8}kɯ^{4}se:p^{8}小雨不停地下

ti:u^{5}跳：ti:u^{5}pai^{2}ɕum^{4}pai^{2}ɕa:n^{4}跳上跳下

ɣam^{3}砍：ɣam^{3ʔ}de^{2ʔ}du:k^{7ʔ}de^{2ʔ}da:k^{7}此起彼伏的伐木声

有的方言B和D的声韵一般不相同，调类单双一致，例如凤山壮语：

naŋ^{6}坐：naŋ^{6}ka^2(pa^2)naŋ^{2}ka^2(pa^2)ŋe:t^{8}一个一个端坐着

kɯn^{1}吃：kɯn^{1}ka^2(pa^2)peŋ^{4}ka^2(pa^2)ȵo:p^{8}稀里哗啦地吃着

pa:n^{5}斑：pa:n^{5}ka^2(pa^2)lak^{7}ka^2(pa^2)jeŋ^{3}到处是斑痕

此外，两个意思相同或相近的ACB型也可以联合构成ACBDB型，例如武鸣壮语：

pi^{1}摆动：pi^{1}tak^{7ʔ}de:t^{7}ha^{6ʔ}de:t^{7}有节奏地摆

(5)AB型可以插入固定成分C，再逆向重叠词根A构成ACAB②型。C的韵母为i或a的，多数方言C和B双声，A和B有的同为单数调或双数调，例如：

ȵoŋ^{3}乱：ȵoŋ^{3}ȵi^{2}ȵoŋ^{3}ȵet^{9}乱七八糟(靖西)

hoŋ^{2}红：hoŋ^{2}ja^{1}hoŋ^{2}ja:ŋ^{2}非常红(马山)

kvat^{7}冷：kvat^{7}ja^{1}kvat^{7}ja:u^{3}冷冰冰的(柳江)

个别方言C常为ði^{2}或hi^5，A和B有的双声，有的非双声，比如：

ma:ŋ^{6}忙：ma:ŋ^{6}ði^{2}maŋ^{6}me^{6}匆匆忙忙(富宁)

ho^{1}弯曲：ho^{1}ði^{2}ho^{1}ŋa:u^{3}弯弯曲曲(富宁)

me:t^7'湿：me:t^7'hi^{5}me:t^7'ma:t^7'湿哒哒的(忻城)

ma:n^{6}辣：ma:n^{6}hi^{5}ma:n^{6}ja:n^{2}很辣(忻城)

(6)ABB型插入固定成分C成为ABCB型，C通常为ha，声调为第2调或第6调，例如：

ti:u^{5}跳：ti:u^{5}juk^{7}ha^{6}juk^{7}蹦蹦跳跳的(武鸣)

pi^{1}摆动：pi^{1ʔ}det^{7}ha^{6}det^{7}摆动(武鸣)

te:u^{5}跳：te:u^{5}fɯ:ŋ^{2}ha^{2}fɯ:ŋ^{2}不停地蹦跳(凤山)

kum^{1}吃：kɯn^{1}ȵo:p^{8}ha^{2}ȵo:p^{8}大口大口地吃(凤山)

(7)ABB型中间插入固定成分C构成ACCBB型，C的韵母为i，ABC三者大多同为

① 语料由笔者调查所得，发音人SJC，壮族，39岁，武鸣区马头镇苏村人。

② 李旭练(2011:173)认为，该型(A–i–AB)为ABAC型的变体，由AB型(含缩略成AB型的ABB型)中间插入–i–A而来。

单数调或双数调，例如：

ka:ŋ^{3}讲：ka:ŋ^{3}kvi^{5}kvi^{5}kve^{5}kve^{5}咿呀咿呀地说（柳江）

çam^{1}静：çam^{1}ði^{2}ði^{2}ðɯk^{8}ðɯk^{8}到处都静悄悄的（都安）

he:m^{5}喊：he:m^{5}ji^{1}ji^{1}ja:u^{1}ja:u^{1}咿咿呀呀地叫（蒙山）

以上两类重叠归纳为图 1-1、图 1-2。

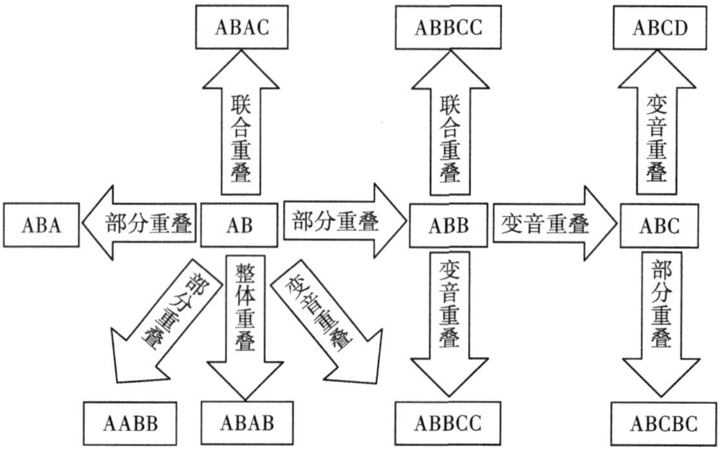

图 1-1　壮语状貌后缀结构类型重叠的示意图（无固定插入成分）

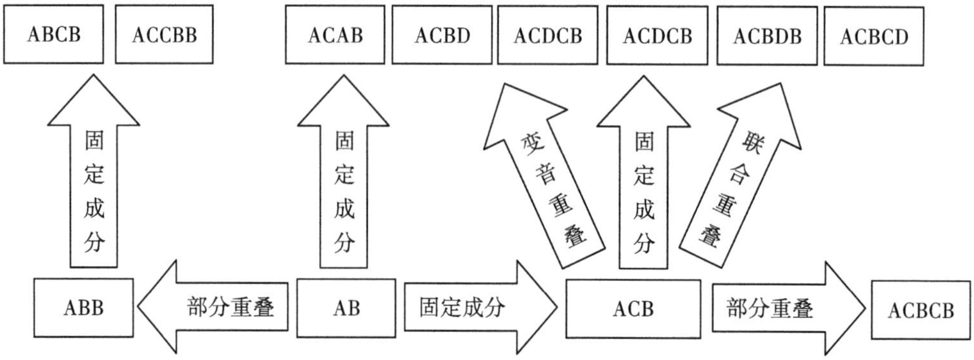

图 1-2　壮语状貌后缀结构类型重叠的示意图（有固定插入成分）

通常来说，词根与状貌后缀可以综合运用以上两种重叠方法，从而构成多种结构类型，如邕宁壮语的"飞"：

man^{1}'飞（A）→man^{1}'phlu^{4}噗的一声飞（AB）→mən^{1}'phlu^{4}mən^{1}'phlu^{4}扑扑地飞（ABAB）/mən^{1}'phli^{2}mən^{1}'phlu^{4}噼噼扑扑地乱飞（ACAB）

man^{1}'飞（A）→man^{1}'phlu^{4}噗的一声飞（AB）→man^{1}'ka^{1}'phlu^{4}（鸟儿）突然噗的一声飞了（ACB）→man^{1}'ka^{1}'phlu^{4}ka^{1}'phlu^{4}扑扑地飞（ACBCB）

又如武鸣壮语的“跳”：

ti:u^{5}跳（A）→ti:u^{5}juk^{7}跳跃（AB）→ti:u^{5}juk^{7}juk^{7}蹦蹦跳（ABB）/ti:u^{5}juk^{7}ti:u^{5}juk^{7}蹦地一跳（ABAB）→ti:u^{5}juk^{7}ha^{6}juk^{7}蹦蹦跳跳的（ABCB）

ti:u^{5}跳（A）→ti:u^{5}juk^{7}跳跃（AB）→ti:u^{5}i^{1}juk^{7}欢乐地跳（ACB）→ti:u^{5}i^{1}juk^{7}i^{1}juk^{7}有节奏地跳（ACBCB）/ti:u^{5}i^{1}i^{1}juk^{7}juk^{7}乱蹦乱跳（ACCBB）

再如柳江壮语的“黑”：

nam^{1} 黑（A）→nam^{1}no: t^{7} 黑黑的（AB）→nam^{1}no: t^{7} no: t^{7} 黑黑的（ABB）→nam^{1}na^{1}nam^{1}no:t^{7}黑里麻遢（ACAB）

nam^{1} 黑（A）→nam^{1}pa^{6} to: t^{7} 黑漆漆的（ACB）→nam^{1}pa^{6} ti^{1}pa^{6} to: t^{7} 黑不拉答的（ACDCB）

nam^{1}黑（A）→nam^{1}pjɯ^{2}pjɯ^{2}黑黑的（ABB）→nam^{1}tsa^{1}pjɯ^{2}hjɯ^{2}黑得难看（ACBD）

需要说明的是，每个词的重叠方法并不完全一致，例如以上“飞”和“跳”。即使同一个词，其重叠方法也存在方言差异，例如蒙山壮语“ti:u^{5}跳”，只有“ti:u^{5}ja:t^{7}ja:t^{7}活蹦乱跳”“ti:u^{5}jit^{8}ja:t^{8}活蹦乱跳”两种重叠式。

综上，壮语状貌后缀结构类型的三种生成途径归纳为表1-16。附加与重叠的相互作用，其实质是形式、语音、语义多种因素的相互作用，使词根与状貌后缀共同造就了形式纷繁多样的壮语状貌词。

表1-16 壮语状貌后缀结构类型的生成途径

生成途径	结构类型	
单纯附加	AB、ACBDE	
重叠再附加	ABB、ABC、ABCD、ACAB、ACCBB、ACDCB、ABBB、ABCC、ABCDE（后三个类型纯粹由此得来）	
附加再重叠	无固定插入成分	ABB、ABC、ABA、AABB、ABAB、ABAC、ABCD、ABBCC、ABCBC
	有固定插入成分	ACB、ACBD、ACAB、ABCB、ACBCB、ACCBB 、ACDCB、ACBCD、ACBDB

三、音节类型与构词率的共性和差异

状貌后缀按音节数量分为四种类型：单音节、双音节、三音节、四音节。表1-17、图1-3反映了状貌后缀的音节类型及其构词率。类型一栏的数字代表该类音节的数量，为便于比较，构词数量均转为百分比，即构词率。

表1-17　壮语状貌后缀的音节类型与构词率①

音节		语言									
		北部方言						南部方言			标准语
		邕北（武鸣）	红水河（蒙山）	柳江（柳江）	桂北（下坳）	桂边（富宁）	右江（田阳）	邕南（邕宁）	左江（大新）	德靖（靖西）	
单音节	类型	1	1	1	1	1	1	1	1	1	1
	构词率	23.8	38.2	34.9	29.1	24.4	13.2	4.9	11.7	31.4	15.2
双音节	类型	5	2	4	4	2	3	6	4	5	4
	构词率	62.7	61.3	55.7	69.1	74.4	76.5	89.8	87.8	65.7	84.8
三音节	类型	2	—	1	—	3	—	2	1	1	—
	构词率	8.1	—	2.7	—	1.1	—	1.5	0.2	1.0	—
四音节	类型	5	1	2	1	—	1	2	1	1	—
	构词率	5.3	0.4	6.7	1.8	—	10.3	3.8	0.2	1.9	—

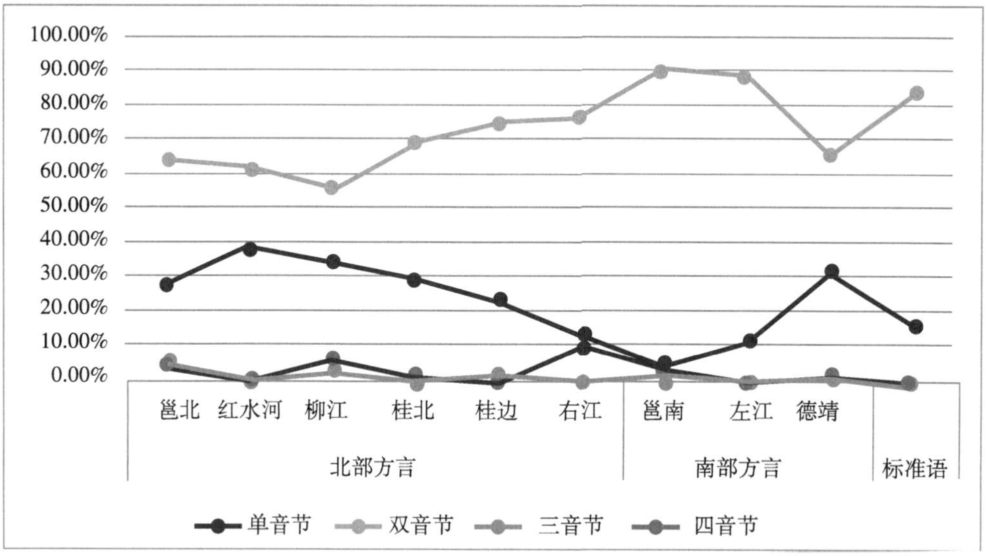

图1-3　壮语标准语与方言状貌后缀的音节类型与构词率

(一)状貌后缀的音节类型

单音节状貌后缀只有1种，即AB型。双音节后缀非常丰富，有ABB、ABC、ACB、AABB、ABAB、ABAC、ACAB共7种类型，多数土语有其中4至5种，邕南土语多达6种，

① 个别方言点如横县壮语有AB和ABA两类单音节状貌后缀。表格空缺处表示未掌握相关语料。

红水河、桂边2个土语只有2种，诸类型以ABB型最发达。三音节后缀有ABBB、ABCB、ABCC、ABCD、ACBD共5种类型，四音节后缀的类型数最多，有ABBCC、ABCBC、ABCDE、ACBCB、ACBCD、ACBDB、ACBDE、ACCBB、ACDCB共9种类型，然而多数土语这两类后缀只有1至2种，三音节后缀桂边土语最多，有3种，四音节后缀邕北土语最多，有5种。

（二）不同音节类型的构词率

单音节状貌后缀平均构词率为22.7%，其中红水河土语最高，为38.2%。北部方言的构词率普遍高于南部方言，除了右江土语，其余土语的构词率都超过了20.0%。南部方言的构词率，德靖土语最高，左江土语接近标准语，邕南土语因语料偏少而数值偏低。

双音节状貌后缀平均构词率为72.6%，在四种音节中最高。南部方言的构词率普遍高于北部方言，这点与标准语一致，其中邕南土语最高，为89.8%，左江土语次之，为87.8%。北部方言，右江土语、桂边土语都超过了70.0%，其余土语平均在65.0%左右。

三音节状貌后缀平均构词率最低，仅为1.5%。邕北土语最高，为8.1%，其余土语都非常低。

四音节状貌后缀平均构词率为3.1%，稍高于三音节状貌后缀。右江土语最高，为10.3%，柳江土语和邕北土语次之，为6.7%和5.3%，其余土语都非常低。

我们认为，状貌后缀的音节数量与构词率密切相关。双音节状貌后缀的类型数量虽然不是最多的，但土语分布的实际情况可观，构词率高。单音节状貌后缀只有1种，构词率相对稳定，仅次于前者。三音节、四音节状貌后缀的类型数量虽然很多，但土语分布的实际情况很有限，构词率自然低。

状貌后缀所有结构类型中，ABB型较为显赫，现对其总体构词率、在所有双音节状貌后缀中的构词率作进一步讨论，数据见表1-18、图1-4。

表1-18 壮语ABB型状貌后缀的构词率

构词率	语言						
	北部方言			南部方言			标准语
	邕北(武鸣)	桂北(下坳)	右江(田阳)	邕南(邕宁)	左江(大新)	德靖(靖西)	
总体构词率	56.7	63.6	66.2	61.7	68.8	51.4	83.3
双音节构词率	90.5	92.1	86.5	68.6	78.3	78.3	98.2

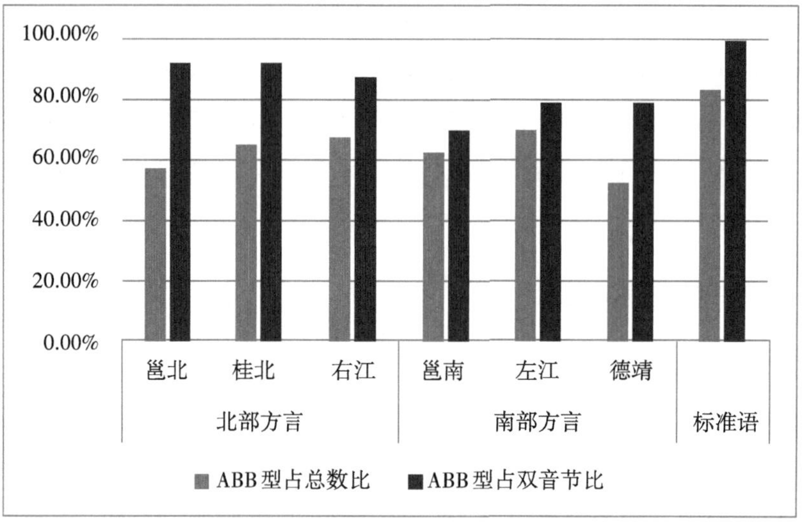

图 1-4　壮语标准语与方言 ABB 型状貌后缀的构词率

ABB 型状貌后缀的总体构词率各土语比较均衡，均值为 61.4%，左江土语最高，接近 70.0%，最低的德靖土语也超过 50.0%。在所有双音节状貌后缀中，ABB 型的构词率各土语均值为 82.4%，桂北土语最高，达 92.1%，最低的邕南土语也接近 70.0%，其余土语都超过了 75.0%。以上两项指标标准语与方言的趋势非常一致，不过前者高出至少三十个百分点，因为标准语绝大多数的状貌后缀为 ABB 型，其他结构类型相对较少。

由此观之，ABB 型是壮语状貌后缀，尤其是双音节状貌后缀非常重要的组成部分，不仅数量丰富，构词率也最高。

第五节　本章小结

本章结合壮语标准语与南北方言 9 个土语，考察了状貌后缀结构类型的分布与分类、生成途径与规律、音节类型及构词率，得出以下结论。

一、壮语状貌后缀的结构类型非常复杂，达 23 种，各类型之间虽有地域性，但共通性显而易见：AB、ABB、ABC、ACB、AABB、ABAB、ABAC、ABCD、ACAB 等型分布的地域较广，其中 AB 型和 ABB 型分布最广。

二、壮语状貌后缀的分类，若以方言点为观察点，按照结构类型的数量，可分为发达型、准发达型、不发达型，以准发达型最多，发达型次之，不发达型最少；若以结构类型为观察点，按照各种类型的分布度，可分为跨方言型、跨土语型、土语型，以跨方言型最多，土语型次之，跨土语型最少。壮语状貌后缀结构类型的共通性较高，但地域性也不容忽视。

三、壮语状貌后缀诸多类型的生成途径主要有附加与重叠两大类，两者常常交互作用，根据词根与后缀的具体组合又分为单纯附加、重叠再附加、附加再重叠。重叠方式有整体重叠、部分重叠、联合重叠、变音重叠，部分重叠时常与变音重叠相互作用。通过单纯附加得到的类型非常有限。绝大多数类型由重叠再附加与附加再重叠得来，尤其是后者。通过重叠再附加得到的类型多含贬义。

四、壮语状貌后缀按照音节数量，可分为单音节、双音节、三音节和四音节四种类型。双音节状貌后缀非常丰富，以ABB型最多，其构词率最高。

第二章　壮语状貌后缀的语音规律

本章对壮语标准语与方言状貌后缀的语音规律作专章讨论，在描写与比较的基础上梳理归纳两者的共性和差异。壮语方言以大新、都安、蒙山3个点为代表，主要基于4点考虑：首先，这3个点的语料比较充足，来源可靠，便于数据分析。其次，都安和蒙山属于北部方言红水河土语，该土语使用人口约330万，是壮语所有土语中使用人口最多的，大新属于南部方言左江土语，该土语使用人口约166万人，在南部方言各土语中位居前列。①再次，都安和大新都位于土语中心区，蒙山则位于土语边缘区，便于观察方言土语的差异。最后，这三个点相距较远，可以尽量避免地缘因素造成的趋同。

许多研究表明，壮语状貌后缀与词根的声韵调常有语音关联，这种语音关联不是必然的，不能运用公式来类推（覃国生1981；梁敏1982；韦星朗1984；李旭练2011；韦景云，覃祥周2018）。例如tin^{3}te:t^{7}te:t^{7}[方]短短的、kwa:ŋ^{5}ma:ŋ^{1}ma:ŋ^{1}广袤、ke:ŋ^{1}kjaŋ^{1}kjaŋ^{1}硬硬的，词根与状貌后缀分别有双声、叠韵、叠调的关系，然而，这是基于音节表面的简单归纳。由于ABB型是壮语状貌后缀系统的典型代表，数量众多，加上不少ABB型由AB型构成，ABB型也可以通过语音手段变成ABC型，这三个类型与其他类型多有衍生关系，故本章研究对象为ABB、AB、ABC型，借助数理统计法，从状貌后缀的语音系统及其与词根的语音组配尝试挖掘其中蕴含的深层规律。

第一节　壮语标准语状貌后缀的语音规律

壮语标准语状貌后缀有AB型140个，ABB型768个，ABC型10个，共918个。

一、状貌后缀的语音系统

首先，考察状貌后缀的语音分布情况。

---

① 广西壮族自治区少数民族语言文字工作委员会《壮汉英词典》编委会：《壮汉英词典》，民族出版社，2005年，第1229-1230页。

(一)声母分布

表2-1显示,标准语状貌后缀含23个声母,按照发音部位和发音方法分两大类。

表2-1　壮语标准语状貌后缀的声母

部位	方法								总计
	塞音			鼻音		边音	擦音		
双唇音	p	ˀb	pj	m	mj			w	136
	35	18	32	18	13			20	
唇齿音							f		63
							63		
齿间音							θ		113
							113		
舌尖音	t	ˀd		n		l			197
	42	27		75		53			
舌面音				ȵ			ɕ	j	163
				54			40	69	
舌根音	k	kw	kj	ŋ	ŋw			ɣ	214
	29	7	30	52	2			94	
喉音	ʔ						h		40
	24						16		
总计	244			214		53	415		926

发音部位排序为:舌根音(214)>舌尖音(197)>舌面音(163)>双唇音(136)>齿间音(113)>唇齿音(63)>喉音(40)。舌根音包含6个声母,以ɣ最多,ŋ次之,其余均不到50个,以ŋw最少。舌尖音包含4个声母,n、l数量较多。舌面音包含3个声母,以j最多。双唇音有6个声母,p和pj最多,均在30个左右,其余4个声母数量在18个左右。齿间音只有θ,有113个。唇齿音只有f,有63个。喉音两个声母数量相当,ʔ略多于h。

发音方法排序为:擦音(415)>塞音(244)>鼻音(214)>边音(53)。擦音含7个声母,其中θ所占的比例是该组以及整个声母系统最多的,达113个,占12.2%。除了w和h的数量较少,该组其余声母至少在40个以上。塞音含9个声母,数量是整个声母系统最多,除了kw和ˀb比较少,其余声母的数量比较均衡,以t最多,p和pj次之。鼻音6个声母中,n达75个,ȵ和ŋ次之,ŋw最少。边音只有一个l声母,有53个。

整体而言，状貌后缀的发音部位以舌根音、舌尖音居多，发音方法以擦音占优势，整体以θ、ɣ数量最多，例如：pa:i^{6}θa:t^{8}θa:t^8［方］溃败、he:u^{1}θa:u^{1}θa:u^1［方］碧绿、ja:k^{7}ɣi^{1}ɣi^1［方］恶狠狠、ɣo:ŋ^{6}ɣik^{7}ɣik^{7}亮晶晶。

（二）韵母分布

状貌后缀含65个韵母，其中促声韵27个，舒声韵38个（开尾韵6个，元音尾8个，鼻音尾24个）。表2-2为状貌后缀韵腹与韵尾的组配情况。

表2-2　壮语标准语状貌后缀韵腹与韵尾的组配①

韵尾		韵腹											总计	
		前元音				央元音	后元音							
		i:	i	e	a:	a	ɯ:	ɯ	u:	u	o:	o		
开尾韵	-0	38		15	19		7		25		11		115	115
元音尾	-i				8	4			1				13	65
	-ɯ					3							3	
	-u	2		14	32							1	49	
鼻音尾	-m		1	11	9	2			10	28		5	66	225
	-n	2	1	1	9	1	2					13	29	
	-ŋ	7	5	20	51	23		6	1	1	3	13	130	
塞音尾	-p		1	11	12	3			2	53	3	5	90	522
	-t		5	60	93		1	110	4	2	10	22	307	
	-k	6	10	20	33	7		24	3	2	2	18	125	
总计		55	23	152	266	43	10	140	46	86	29	77	927	
		496				43	388							

韵腹排序为：前元音（496）>后元音（388）>央元音（43）。前元音的组合数最多，其中a:的组合能力最强，能与除-ɯ之外的所有韵尾组合，以a:t最多；e:的组合能力和数量仅次于前者，以e:t最多。后元音的组合数仅次于前元音，ɯ的组合数最多，ɯt是该组以及整个韵母系统最多的，达110个；u的组合数仅次于ɯ，up达53个。央元音只有a，它倾向与鼻音尾组合，以aŋ最多。

韵尾排序为：塞音尾（522）>鼻音尾（225）>开尾韵（115）>元音尾（65）。塞音尾的组

① 两点说明：开尾韵用"-0"表示；壮语6个元音，存在长短对立，单用表示长元音，元音e只在ei为短元音，由于词典没有发现韵母为ei的状貌后缀，表中e皆为长元音，其余长元音后加":"区别于短元音，以下同。

合数最多，其中-t最显著，以ɯt最多，a:t、e:t次之。三种塞音尾中，-k的组配能力最强，除了后元音ɯ:，其余元音都能相配，以a:k最多，ɯk次之。鼻音尾的组合数仅次于塞音尾，-ŋ最显著，它倾向与前元音、央元音组合，以a:ŋ最多，aŋ次之。元音尾中，-u的组配能力最强，组配对象主要是e:和a:，-ɯ的组合能力最弱且组合数最少，因为韵母系统只有一个aɯ。开尾韵中，i:、u:的组合数量较多。

状貌后缀韵腹与韵尾组配的主要倾向是：韵腹以前元音占优势，尤其是a:和e:，韵尾以塞音尾占优势，尤其是-t，例如：ɕa^{4}ɕa:t^{8}ɕa:t^8[方]稀稀疏疏的、tin^{3}te:t^{7}te:t^7[方]短短的。元音的长短方面，长的前元音组配数量多于短的，短的后元音组配数量多于长的，例如：lum^{3}li^{1}li^{1}栩栩如生、aŋ^{1}fɯt^{8}fɯt^{8}酷热。元音的高低方面，低元音的组配数量多于高元音，例如：ˀdo:ŋ^{3}ˀda:t^{7}ˀda:t^{7}硬邦邦、pon^{5}ɣe:ŋ^{1}ɣe:ŋ^1[方]紧紧地追赶。

(三)声调分布

表2-3 壮语标准语状貌后缀的声调分布①

声调	1	2	3	4	5	6	7	8	总计
频数	263	2	15	6	15	4	218	166	689
百分比	38.2	0.3	2.2	0.8	2.2	0.6	31.6	24.1	100

表2-3显示，状貌后缀含8个声调，但彼此并不均衡，排序为：第1调(263)>第7调(218)>第8调(166)>第3调(15)=第5调(15)>第4调(6)>第6调(4)>第2调(2)。整体而言，以单数调、促声调占优势。

调类的单双方面，单数调占74.2%，以第1调最多，第3调、第5调最少，例如：pa:i^{3}ɣa:i^{1}ɣa:i^1[方]指很多东西乱七八糟摆放着、moŋ^{3}ma:ŋ^{3}ma:ŋ^{3}长很多霉菌的；双数调占25.8%，以第8调最多，第2调最少。例如：lu:n^{6}pjup^{8}pjup^8[方]乱纷纷、ŋei^{4}ne:m^{2}ne:m^{2}热切希望。

调类的舒促方面，第1调至第6调为舒声调，占44.3%，以第1调最多，第2调最少，例如：a^{3}wa:u^{1}wa:u^1[方]嘴张得大大的样子、θa:ŋ^{1}ŋa:u^{2}ŋa:u^2[方]巍巍；其余为促声调，占55.7%，以第7调最多，例如：to^{3}ta:t^{7}ta:t^7[方]土里土气、a^{5}ŋwa:p^{8}ŋwa:p^8[方]裂缝很宽。

① 标准语声调的数据来自《壮汉词汇》，以下同。《现代汉壮词汇》对状貌后缀不标声调，详见《现代汉壮词汇》“凡例”第1页。

二、词根与状貌后缀的语音组配规律

(一)声母组配

词根与状貌后缀的声母组配主要考察两者的双声情况,对象是单音节词根组成的AB、ABB、ABC型,共906个。数据见表2-4。

表2-4　壮语标准语词根与状貌后缀的声母组配

方法 部位	塞音			鼻音		边音	擦音		总计
双唇音	p	ˀb	pj	m	mj			w	64
	22	14	9	11	1			7	
唇齿音							f		16
							16		
齿间音							θ		39
							39		
舌尖音	t	ˀd		n		l			83
	17	17		35		14			
舌面音				ȵ			ɕ	j	46
				25			17	4	
舌根音	k	kw	kj	ŋ				ɣ	56
	7	1	8	13				27	
喉音	ˀ						h		15
	12						3		
总计	107			85		14	113		319

发音方法排序为:舌尖音(83)>双唇音(64)>舌根音(56)>舌面音(46)>齿间音(39)>唇齿音(16)>喉音(15)。除了双唇音,其余声母的排序与状貌后缀自身大体一致。舌尖音最多,以n最多,其余三个声母都为十余个。双唇音以p最多,mj仅有1个,因为该声母组成的状貌后缀本就很少。舌根音以ɣ最多,ŋ次之,kw最少。舌面音以ȵ最多,ɕ次之,j仅有4个,j组成的状貌后缀有69个,它的组配数量反而很少。齿间音θ组成的状貌后缀数量最多,声母组配的数量也最多,有39个。喉音最少,尤其是h,仅3个。

发音方法排序为:擦音(113)>塞音(107)>鼻音(85)>边音(14),排序与状貌后缀自身完全一致。擦音最多,以θ双声最多,ɣ次之,h最少。塞音含9个声母,双声最多的是p,t、ˀd次之,kw最少。鼻音以n最多,ȵ次之,mj最少。边音只有l,有14个。

在声母组配方面,状貌后缀与词根双声的有319个,占总数35.2%。声母的发音部位倾向于舌尖音,以n最多,发音方法倾向于擦音,以θ最多,这点与状貌后缀自身声母的分布相吻合,例如:θap^{7}θa:ŋ^{5}θa:ŋ^{5}[方]涩不能食、θoŋ^{1}θe:t^{7}θe:t^{7}[方]很轻松、num^{5}nɯt^{7}nɯt^{7}[方]慢吞吞、ni:u^{3}non^{1}non^{1}[方]伤痕累累。

(二)韵母组配

相较于双声,状貌后缀与词根叠韵的极少,仅10个:pa:i^{3}ɣa:i^{1}ɣa:i^{1}[方]指很多东西乱七八糟摆放着、ȵaŋ^{5}θaŋ^{1}θaŋ^{1}[方](杂草)蓬乱、θa:ŋ^{1}kwa:ŋ^{1}kwa:ŋ^{1}[方]高高的、kwa:ŋ^{5}mja:ŋ^{1}mja:ŋ^{1}面积很宽广、kwa:ŋ^{5}ma:ŋ^{1}ma:ŋ^{1}广袤、ka:t^{7}θa:t^{8}θa:t^{8}[方]连续地断、he:p^{8}ȵe:p^{7}ȵe:p^{7}[方]很狭窄、ɣe:ŋ^{2}te:ŋ^{1}te:ŋ^{1}[方]雄赳赳、tok^{7}pjok^{8}pjok^{8}[方]纷纷往下落、toŋ^{1}ɣo:ŋ^{1}ɣo:ŋ^{1}[方]畅通无阻。词根与状貌后缀韵腹、韵尾的组配情况见表2-5至2-6。

1.韵腹组配

表2-5　壮语标准语词根与状貌后缀的韵腹组配

词根		后缀											总计	
		前元音				央元音	后元音							
		i:	i	e	a:	a	ɯ:	ɯ	u:	u	o:	o		
前元音	i:	2	2	13	13	5	1	12	5	12	4	6	75	393
	i	9	2	5	20	4		6	1	1		1	49	
	e	4	2	19	30	2	1	10	2	3	2	1	76	
	a:	10	7	24	50	10	2	25	13	22	4	26	193	
央元音	a	15	5	42	38	4	3	31	7	19	11	9	184	184
后元音	ɯ:				5	1	1	5				1	13	320
	ɯ	1	1	2	15	2		4	2	5		3	35	
	u:	1		6	12	5	1	5	5	6	2	4	47	
	u	4		10	18	2		7	1	3	3	2	50	
	o:	3	4	14	38		15		6	8	4	7	99	
	o	1	1	16	23	1	1	16	3	6	4	4	76	
总计		50	24	151	262	36	25	121	45	85	34	64	897	
		487				36	374							

韵腹根据舌位前后分为前、央、后三类元音。

后缀韵腹方面，三类元音的排序为：前元音（487）>后元音（374）>央元音（36），以前元音占优势。前元音以a:的组合能力最强，能跟词根所有韵腹组合，以a:数量最多；e的组配能力仅次于a:，它不与ɯ:组合，组合数最多的是a。后元音中，ɯ的组合能力最强，它倾向与a:、a和o组合，以a:数量最多。央元音a不跟o:组合，组合数最多的是a:。

词根韵腹方面，三类元音的排序为：前元音（393）>后元音（320）>央元音（184）。排序与后缀韵腹一致，仍以前元音占优势。a:能跟后缀所有韵腹组配，以前元音组配数量最多，尤其是a:和e:，后元音主要是o、ɯ和u。e的组合情况与组合数量与a:相似。后元音中，o:的组配数量最多，主要对象是前元音，以a:数量最多，后元音主要是ɯ:。o的组配数量仅次于o:，但组合能力最强，与所有元音都能相配，组配情况类似o:。

元音可以按照前后、高低、长短三个对立特征分类，现以此为据，归纳韵腹组配的特点。元音的前后方面，前元音时常搭配后元音，但相较之下，它更倾向与前元音组合，以a:最突出，这与状貌后缀自身的韵母分布密切相关，例如：pa:n^{6}ȵɯt^{8}ȵɯt^{8}[方]（虫类）满地爬、ɕa:u^{2}hu^{1}hu^{1}[方]闹哄哄、he:u^{6}ɕa^{1}ɕa^{1}叫喳喳。元音的高低、长短方面，讲求高低、长短互配，例如：θi:n^{4}θup^{8}θup^{8}[方]很驯服、ɕam^{1}ɣik^{7}ɣik^{7}冷清清、a:ŋ^{5}fɯ^{1}fɯ^{1}乐滋滋、ȵat^{8}ȵup^{8}ȵup^{8}密麻麻。整体而言，韵腹组合体现出很强的语音和谐性。

2. 韵尾组配

表2-6　壮语标准语词根与状貌后缀的韵尾组配

词根		后缀										总计	
		开尾韵	元音尾			鼻音尾			塞音尾				
		-0	-i	-u	-ɯ	-m	-n	-ŋ	-p	-t	-k		
开尾韵	-0	2	3	4		7	3	19	8	35	13	94	94
元音尾	-i	14	1	1		9	3	5	11	29	9	82	221
	-u	13		7		8	4	16	7	56	14	125	
	-ɯ	1		1		1		3	3	1	4	14	
鼻音尾	-m	9	1	2		10	1	8	6	37	12	86	463
	-n	26		6		15	4	22	15	36	24	148	
	-ŋ	28	6	19	1	12	7	39	18	75	24	229	
塞音尾	-p	1	1	1	1	1	1	2	7	6	1	22	120

续表

词根		后缀										总计	
		开尾韵	元音尾			鼻音尾			塞音尾				
		-0	-i	-u	-ɯ	-m	-n	-ŋ	-p	-t	-k		
塞音尾	-t	6		3	1		3	9	9	18	6	55	120
	-k	10		3		3	1	5	3	7	11	43	
总计		110	12	47	3	66	27	128	87	300	118	898	
		110	62			221			505				

后缀韵尾排序为：塞音尾(505)>鼻音尾(221)>开尾韵(110)>元音尾(62)，以塞音尾占优势，这与后缀韵母的分布完全一致。塞音尾以-t的组配能力最强，它能与词根所有韵尾组配，与鼻音尾-ŋ的组配数量最多，其次是与元音尾-u。-k的组配能力也很强，它与鼻音尾-ŋ、-n组配的数量最多，其次是与元音尾-u。鼻音尾以-ŋ的组配能力最强，它与鼻音尾-ŋ的组配数量最多，其次是与鼻音尾-n。-m与鼻音尾-n、-ŋ的组配数量都比较多。元音尾以-u的组配数量最多，以鼻音尾-ŋ最多，鼻音尾-n、元音尾-u次之，其余都比较少。开尾韵能跟词根所有韵尾组配，以鼻音尾-ŋ、-n最多，元音为-i、-u次之。

词根韵尾排序为：鼻音尾(463)>元音尾(221)>塞音尾(120)>开尾韵(94)。词根韵尾的组配情况与后缀恰恰相反，以鼻音尾占优势。鼻音尾以-ŋ的组配能力最强，它倾向与鼻音尾-ŋ、塞音尾-t、开尾韵组配，数量都比较多。-n的组配能力仅次于前者，组配情况与前者类似。元音尾以-u的组配数量最多，它与塞音尾-t组配数量最多，其次是鼻音尾-ŋ。-i的情况与-u相似。三个塞音尾都倾向与相同韵尾组配，以-t的组配数量最多。开尾韵与塞音尾-t的组配数量最多，鼻音尾-ŋ、塞音尾-k次之。

由此可见，韵尾组配的特点突出表现为音节开闭的相配，其次是倾向与自身发音方法相同或相近的韵尾组配。例如，"hoŋ^{2}u^{1}u^{1}红通通""pi^{5}pum^{1}pum^{1}[方]软软的"是开尾韵、鼻音尾的后缀与鼻音尾、开尾韵的词根相配。又如，"a:ŋ^{5}fɯŋ^{1}fɯŋ^{1}[方]兴高采烈""man^{3}hum^{1}hum^{1}咆哮"是鼻音尾后缀与相同或相近的鼻音尾词根组配。

(三)声调组配

表2-7显示，后缀各声调排序为：第1调(351)>第7调(264)>第8调(241)>第3调(15)=第5调(15)>第4调(7)>第6调(4)>第2调(2)。第1调最多，占39.0%，其次是第7调，第2调最少，这与后缀自身声调的分布完全一致。词根各声调排序为：第1调(205)>

第 5 调（157）>第 2 调（137）>第 3 调（133）>第 6 调（117）>第 7 调（87）>第 4 调（33）>第 8 调（30）。第 1 调最多，占 22.8%，其次是第 5 调，第 8 调最少。除了第 1 调，词根其余声调的排序均与后缀不一致。后缀第 2~6 调的数量本就极其有限，组配不占优势，而词根第 2~6 调的数量可观，主要组配第 1 调、第 7 调和第 8 调的后缀，数量都比较多。后缀第 7 调、第 8 调的数量可观，组配中占有优势，而词根第 7 调、第 8 调的数量不多，后者尤少，组配中不占优势。

表 2–7 壮语标准语词根与状貌后缀的声调组配

词根	后缀								总计
	1	2	3	4	5	6	7	8	
1	83		5		6		78	33	205
2	46		5	2	1	1	18	64	137
3	56		1	2	1		43	30	133
4	11						6	16	33
5	60		1	1	5		68	22	157
6	46	1	3	2	1	3	13	48	117
7	36	1			1		30	19	87
8	13						8	9	30
总计	351	2	15	7	15	4	264	241	899

调类的单双方面，单数调倾向于单数调组配，双数调倾向于双数调组配，例如：pja:i^{3} ju:k^{7}ju:k^{7}［方］慢慢地鬼鬼祟祟地走、kak^{7}ɣi^{1}ɣi^{1}［方］怒气冲冲、pa:i^{6}θa:t^{8}θa:t^{8}［方］溃败、kun^{4}ŋɯt^{8}ŋɯt^{8}猪用嘴撬土的动作。调类的舒促方面，舒声调、促声调优先组配舒声调，其次是促声调，例如：θo^{6}ɣa:ŋ^{1}ɣa:ŋ^{1}［方］（物体）长而直、ti:m^{2}θɯt^{8}θɯt^{8}［方］甜津津、ŋut^{7}ŋe:u^{3}ŋe:u^{3}［方］弯弯曲曲、pu:t^{7}juk^{7}juk^{7}［方］长步慢跑样。

第二节 蒙山壮语（北部方言）状貌后缀的语音规律

蒙山壮语状貌后缀有 AB 型 91 个，ABB 型 136 个，ABC 型 10 个，共 237 个，词根均为单音节。

一、状貌后缀的语音系统

(一)声母分布

表2-8显示,蒙山壮语状貌后缀含20个声母。发音部位排序为:舌尖音(76)>舌面音(41)>舌根音(40)>喉音(33)>双唇音(24)>齿间音(19)>唇齿音(17)。舌尖音最多,其中n、l出现频率最高,都是24个,其次是s,t、tsh尤少。舌面音和舌根音的数量相当,其中ȵ最多,其次是ŋ、j,kh最少。喉音以h最多,双唇音以ˀb和p最多,ph最少。唇齿音和齿间音都只有1个声母,数量都是十余个。

表2-8　蒙山壮语状貌后缀的声母

部位	方法									总计
	塞音			塞擦音		鼻音	边音	擦音		
双唇音	p	ph	ˀb			m				24
	10	1	11			2				
唇齿音								f		17
								17		
齿间音								θ		19
								19		
舌尖音	t	ˀd		ts	tsh	n	l	s		76
	2	4		4	2	24	24	16		
舌面音						ȵ			j	41
						26			15	
舌根音	k	kh	kw			ŋ				40
	13	1	3			23				
喉音								h		33
								33		
总计	45			6		75	24	100		250

发音方法排序为:擦音(100)>鼻音(75)>塞音(45)>边音(24)>塞擦音(6)。擦音最多,仍是h最多,其余声母都是十余个。鼻音数量仅次于前者,除了m,其余声母都是二十余个。塞音以k最多,其次是ˀb和p,ph和kh最少。塞擦音和边音的数量较少,l最多,tsh最少。

整体来说,蒙山壮语状貌后缀声母的发音部位倾向于舌尖音,尤其是n和l,例如:

luk^{7}lak^{7}lak^{7}很腐朽、lai^{2}lam^{6}lam^{6}长长的。发音方法倾向于擦音，以h最多，θ次之，例如：hep^{7}ha:p^{8}ha:p^{8}很窄的、hau^{1}θom^{1}θom^{1}臭烘烘。

(二)韵母分布

蒙山壮语状貌后缀含46个韵母，促声韵19个，舒声韵27个(开尾韵5个，元音尾5个，鼻音尾17个)。下面考察韵腹和韵尾的组配情况，见表2-9。

表2-9　蒙山壮语状貌后缀韵腹与韵尾的组配

韵尾		韵腹													总计	
		前元音					央元音		后元音							
		i:	i	e:	e	a:	a	ə	ɯ:	ɯ	u:	u	o:	o		
开尾韵	-0	8			4	11			3				5		31	31
元音尾	-u	1		4	5	21	8								39	39
鼻音尾	-m					2	12	15				4		2	35	112
	-n		3			2	7								12	
	-ŋ	2	2	3		24	20	4	1			8		1	65	
塞音尾	-p					3	1	1				1			6	66
	-t		1			13	10	5	2	4	2	2		2	41	
	-k		1			10	4		1			2		1	19	
总计		11	7	7	9	86	62	25	7	4	2	17	5	6	248	
		120					87		41							

韵腹排序为：前元音(120)>央元音(87)>后元音(41)。前元音组配数量最多，其中a:最突出，它与鼻音尾-ŋ、元音尾-u相拼数量最多，其次是与塞音尾-t、-k。央元音组配数量以a与鼻音尾-ŋ最多，ə与鼻音尾-m次之，a、ə与塞音尾-p最少。后元音拼合数量最少，只有u与鼻音尾-ŋ稍多。

韵尾排序为：鼻音尾(112)>塞音尾(66)>元音尾(39)>开尾韵(31)。鼻音尾组配数量最多，以-ŋ最多，-m次之，-n最少。该组倾向与前元音a:和央元音相拼，以a:ŋ和aŋ最多，am和əm次之。塞音尾组配数量以-t最多，-k次之，-p最少。该组也倾向于与前元音a:和央元音相拼，主要是a:t，at和a:k；后元音以ɯt稍多。元音尾和开尾韵的拼合数量接近，情况也一致，即与前元音 e:和 a:相拼数量最多。

蒙山壮语状貌后缀的韵腹以前元音，尤其是 a:的组配数量最多；韵尾以鼻音尾的组配数量最多，以 a:ŋ 最多，其次是 aŋ，例如：kuŋ^{5}ka:ŋ^{6}ka:ŋ^{6}弯弯的、liŋ^{2}kwaŋ^{5}kwaŋ^{5}红通通。元音的长短方面，长的前元音组配数量多于短的，短的后元音组配数量多于长的，例如：ni:u^{1}na:ŋ^{5}na:ŋ^{5}黏黏的、na^{1}nuŋ^{3}nuŋ^{3}厚厚的。元音的高低方面，低元音的组配数量多于高元音，例如：θəm^{3}θam^{1}θam^{1}酸溜溜、kin^{3}kan^{3}kan^{3}紧紧的。

（三）声调分布

表 2-10 显示，蒙山壮语 8 个声调，状貌后缀均有分布，排序为：第 5 调（55）>第 3 调（40）>第 7 调（38）>第 1 调（28）>第 2 调（27）>第 8 调（25）>第 6 调（23）>第 4 调（2）。整体而言，以单数调、舒声调居多。

表 2-10　蒙山壮语状貌后缀的声调

声调	1	2	3	4	5	6	7	8	总计
频数	28	27	40	2	55	23	38	25	238
百分比	11.8	11.3	16.8	0.8	23.1	9.7	16.0	10.5	100

调类的单双方面，单数调占 67.6%，以第 5 调最多，第 1 调最少，例如：lam^{1}tshəm^{5}tshəm^{5}杂草丛生、mo^{5}jau^{1}jau^{1}新新的；双数调占 32.4%，以第 2 调最多，第 4 调最少，例如：biŋ^{2}pa:ŋ^{2}pa:ŋ^{2}平坦坦、kwa:ŋ^{5}la:ŋ^{4}la:ŋ^{4}很宽的。调类的舒促方面，舒声调占 73.5%，促声调占 26.5%，以第 5 调、第 7 调最多，例如：lo^{5}laŋ^{5}laŋ^{5}光秃秃、ˀboŋ^{1}ˀbət^{7}ˀbət^{7}很松的。

二、词根与状貌后缀的语音组配规律

（一）声母组配

声母组配主要考察词根与状貌后缀的双声情况，详见表 2-11。发音部位排序为：舌尖音（43）>舌根音（14）>舌面音（12）=喉音（12）>齿间音（11）>双唇音（9）。舌尖音的双声情况最显著，以 n 和 l 数量最多。其余各组的数量接近，具体以 h 最多，θ 和 k 次之，p 最少。

表2-11　蒙山壮语词根与状貌后缀的声母组配

部位	方法							总计
	塞音		塞擦音	鼻音	边音	擦音		
双唇音	p	b						9
	3	6						
齿间音						θ		11
						11		
舌尖音	t	d	ʦ	n	l			43
	2	2	4	13	22			
舌面音				ȵ			j	12
				8			4	
舌根音	k			ŋ				14
	10			4				
喉音						h		12
						12		
总计	23		4	25	22	27		101

发音方法排序：擦音(27)>鼻音(25)>塞音(23)>边音(22)>塞擦音(4)。擦音的双声情况最显著，以θ和h数量最多。除了塞擦音较少，其余各组的数量接近，具体以l最多，n次之，t和d最少。

在声母组配方面，状貌后缀与词根双声的有101个，占总数42.6%。按照发音部位以舌尖音最多，按照发音方法以擦音最多，这点与状貌后缀自身的声母分布十分一致，例如：luŋ^{6}laŋ^{6}laŋ^{6}很老的、nit^{7}na:t^{7}na:t^{7}天气很冷、ho^{3}ha:ŋ^{3}ha:ŋ^{3}很穷的。

（二）韵母组配

叠韵现象非常罕见，仅发现3个：kwa:ŋ^{5}la:ŋ^{4}la:ŋ^{4}很宽的、luaŋ^{3}laŋ^{1}laŋ^{1}硬邦邦、hc:u^{1}ȵe:u^{3}ȵe:u^{3}绿油油。接着考察词根与状貌后缀韵腹、韵尾的组配情况，数据见表2-12至2-13。

1.韵腹组配

表2-12　蒙山壮语词根与状貌后缀的韵腹组配

词根		后缀													总计	
		前元音					央元音		后元音							
		i:	i	e:	e	a:	a	ə	ɯ:	ɯ	u:	u	o:	o		
前元音	i:	3	2	2		7	1	1	2			3	3	1	25	95
	i			4		13	12	1	2						32	
	e:			2		4	3	1							10	
	e					2		1		1		2			6	
	a:		1		2	8	6	1		2		2			22	
央元音	a	5	4		2	19	10	9		1	2	8	2	5	67	78
	ə	2				2	6						1		11	
后元音	ɯ:					2	4								6	75
	ɯ			2		4									6	
	u:			1		3		1				2			7	
	u					6	7	2							15	
	o:					8	6	3	1	2					20	
	o			1		8	7	5							21	
总计		10	7	12	4	86	62	25	5	6	2	17	6	6	248	
		119					87		42							

后缀韵腹方面，三类元音的排序为：前元音(119)>央元音(87)>后元音(42)。前元音数量最多，以a:最显著，央元音a的组配数量仅次于a:，它们最常与前元音i、央元音a组配。后元音中，u的组配数量最多，它最常与央元音a组配。

词根韵腹方面，三类元音的排序为：前元音(95)>央元音(78)>后元音(75)，前元音仍占优势，以i数量最多，它最常与前元音a:、央元音a相配；i:、a:的组配数量仅次于i，两者与前元音a:相配数量都比较多。央元音a的组配数量仅此于前元音，它最常与前元音a:、央元音a相配。后元音中，u、o:、o的组配数量较多，都倾向与前元音a:、央元音a相配。

韵腹组合体现出很强的语音和谐性。在元音的前后方面，不论前后元音，都倾向与前元音组配，以a:最突出，这与状貌后缀自身的韵母分布密切相关，例如：$\text{ʦiŋ}^6\text{ŋe:u}^5\text{ŋe:u}^5$

静悄悄、ti:u^{5}pum^{1}pum^{1}跳蹦蹦、pak^{7}ŋa:u^{5}ŋa:u^{5}很疲惫、ho^{3}ha:ŋ^{3}ha:ŋ^{3}很穷的。元音的高低、长短方面，讲求高低、长短互配，例如：mu^{6}se^{2}se^{2}连续而声音小地磨、li:u^{1}ha^{1}ha^{1}笑哈哈、ha:u^{1}pan^{1}pan^{1}白花花、la:i^{6}ɳam^{6}ɳam^{6}蠕动。以上特征以元音的前后表现更突出。

2. 韵尾组配

表2-13　蒙山壮语词根与状貌后缀的韵尾组配

词根		后缀								总计	
		开尾韵	元音尾	鼻音尾			塞音尾				
		-0	-u	-m	-n	-ŋ	-p	-t	-k		
开尾韵	-0	2	4	1		16		1		24	24
元音尾	-i	4		5	4	5	1	5	1	25	79
	-u	14	8	8	2	11	1	5	5	54	
鼻音尾	-m	6	8	12		2		4		32	100
	-n	1	1	7	6	5	1	5	4	30	
	-ŋ	2	7			24		5		38	
塞音尾	-p		2				3	4	1	10	44
	-t		2	2				12		16	
	-k	2	6			2			8	18	
总计		31	38	35	12	65	6	41	19	247	
		31	38	112			66				

后缀韵尾排序为：鼻音尾（112）>塞音尾（66）>元音尾（38）>开尾韵（31），以鼻音尾占优势。鼻音尾以-ŋ的组配数量最多，其中数量最多的是与同部位-ŋ组配，其次是与开尾韵和元音尾-u组配。塞音尾以-t的组配数量最多，其中数量最多的是与同部位-t组配。开尾韵的组配数最少，其中数量最多的是与元音尾-u组配，其次是与鼻音尾-m组配。元音尾-u最常与同部位-u、鼻音尾-m、-ŋ和塞音尾-k组配。

词根韵尾排序为：鼻音尾（100）>元音尾（79）>塞音尾（44）>开尾韵（24），依旧是鼻音尾占优势。三个鼻音尾的组配数量相当，以-ŋ最多，它最常与同部位的-ŋ组配。元音尾-u更多与开尾韵、鼻音尾-ŋ组配，-i更多与鼻音尾-m和-ŋ、塞音尾-t组配。塞音尾更倾向与塞音尾组配，以-k的组配数量最多，它最常与同部位的-k组配，其次是与元音尾-u。开尾韵与鼻音尾-ŋ的组配数最多，其余都很少。

可见，韵尾组配一是讲求相同或相近的韵尾组配，例如“kət^{7}kat^{7}kat^{7}凉飕飕”“nak^{7}nuŋ^{5}nuŋ^{5}沉甸甸”是塞音尾词根与塞音尾、鼻音尾的后缀相配；一是讲求音节开闭的组配，例如“hɯ⁵ha:ŋ⁵ha:ŋ⁵很干的”“lam³fa²fa²快快地砍”是开尾韵、鼻音尾的词根与鼻音尾、开尾韵的后缀相配。

（三）声调组配

表2-14显示，后缀各声调排序为：第5调（55）>第3调（40）>第7调（38）>第1调（28）=第2调（28）>第8调（25）>第6调（23）>第4调（2），以第5调最多，第3调次之，第4调最少。词根各声调排序为：第1调（66）>第5调（44）>第7调（39）>第2调（30）>第3调（27）>第6调（26）>第8调（5）>第4调（2），以第1调最多，第5调次之，第4调最少。除了第5调、第3调、第1调的排序，两者差异不大。例如，第5调的后缀较多与第1调、第5调、第7调的词根组配，第5调的词根只在组配第5调的后缀时数量较多。

表2-14　蒙山壮语词根与状貌后缀的声调组配

词根	后缀								总计
	1	2	3	4	5	6	7	8	
1	18	2	17		14	2	9	4	66
2	2	10	4		3	6	1	4	30
3	4	6	9		7		1		27
4					2				2
5	3	3	8	2	15	2	5	6	44
6	1	3			4	13	1	4	26
7		3	2		10		21	3	39
8		1						4	5
总计	28	28	40	2	55	23	38	25	239

总的来说，声调组配有两个显著表现。一是倾向与相同的声调组配，例如“tsau²ȵa²ȵa²闹哄哄”“kɯt⁸ka:t⁸ka:t⁸稠稠的”是词根与后缀的声调完全相同，又如“θai⁵ȵin³ȵin³小小的”“ma:n⁶θat⁸θat⁸辣乎乎”是词根与后缀同为单数调、双数调。一是讲求舒促一致以及舒促互配，例如“na¹nuŋ³nuŋ³厚厚的”“ȵap⁷ȵut⁷ȵut⁷很粗的”是调类舒促一致，又如“lu:n¹luk⁷luk⁷圆滚滚”“kut⁷ȵau³ȵau³弯弯的”是调类舒促互配。

第三节　都安壮语（北部方言）状貌后缀的语音规律

都安壮语状貌后缀未见ABC型，选出AB型251个，ABB型327个，共578个，词根均为单音节。

一、状貌后缀的语音系统

（一）声母分布

都安壮语状貌后缀共18个声母，见表2-15。

表2-15　都安壮语状貌后缀的声母

部位	方法							总计
	塞音		塞擦音	鼻音	边音	擦音		
双唇音	p	ʔb						64
	10	54						
唇齿音						f	v	31
						22	9	
齿间音						θ	ð	102
						55	47	
舌尖音	t	ʔd		n	l			142
	13	48		63	18			
舌面音			tɕ	ȵ		ɕ	j	110
			10	40		19	41	
舌根音	k			ŋ				83
	34			49				
喉音	ʔ					h		46
	13					33		
总计	172		10	152	18	226		578

发音部位排序为：舌尖音（142）>舌面音（110）>齿间音（102）>舌根音（83）>双唇音（64）>喉音（46）>唇齿音（31）。舌尖音最多，其中n出现频次最高，其次是ʔd，t最少。舌

面音以j和ȵ最多，其次是ɕ，tɕ最少。齿间音θ和ð在50个左右。舌根音只有k和ŋ，以ŋ最多。双唇音只有^{ʔ}b和p，以^{ʔ}b最多。喉音和唇齿音都比较少，以h、f最多。

发音方法排序为：擦音(226)>塞音(172)>鼻音(152)>边音(18)>塞擦音(10)。擦音最多，尤其是θ和ð，v最少。塞音数量仅次于擦音，其中^{ʔ}b最多，其次是^{ʔ}d，p最少。鼻音以n最多，其次是ŋ和ȵ，出现频次在四十个左右。塞擦音和边音都只有1个声母，出现频次在十几个左右。

整体而言，状貌后缀声母的发音部位倾向于舌尖音，频次最高的声母是n，^{ʔ}d次之，例如：na:i^{5}ni:k^{9}ni:k^{9}软弱无力、ðe:ŋ^{2ʔ}deŋ^{4ʔ}deŋ^{4}雄赳赳的。发音方法倾向于擦音，频次最高的声母是θ，ð次之，例如：tai^{3}θup^{7}θup^{7}抽抽搭搭地哭、ɕam^{1}ðɯk^{7}ðɯk^{7}很静的。

（二）韵母分布

都安壮语状貌后缀共有53个韵母，促声韵26个，舒声韵27个（开尾韵6个，元音尾3个，鼻音尾18个）。接着考察韵腹和韵尾的组配情况，见表2-16。

表2-16　都安壮语状貌后缀韵腹与韵尾的组配

韵尾		韵腹												总计	
		前元音					央元音	后元音							
		i:	i	e:	e	a:	a	ɯ:	ɯ	u:	u	o:	o		
开尾韵	-0	17		6		5		6		4		5		43	43
元音尾	-u			20		13							1	34	34
鼻音尾	-m	5		16		7				7	10	4		49	150
	-n			3		8	3							14	
	-ŋ	4	5	31	6	32	4	3				1	1	87	
塞音尾	-p			8	2	6	1				23	3	2	45	351
	-t	2	5	69	6	73			41			3	11	210	
	-k	5	10	14	7	25	3	4	9		3	2	14	96	
总计		33	20	167	21	169	11	13	50	11	36	18	29	578	
		410					11	157							

韵腹排序为：前元音(410)>后元音(157)>央元音(11)。前元音组配数量最多，其中e:和a:最突出，尤其是a:t和e:t，ep和i:t最少。后元音的组配数量仅次于前元音，其中ɯ和u最突出，ɯt最多，其次是up，ou，oŋ、o:ŋ最少。央元音的组配数量仅11个，以aŋ最多，ap最少。

韵尾排序为：塞音尾(351)>鼻音尾(150)>开尾韵(43)>元音尾(34)。塞音尾以-t最多，-k次之，-p最少。该组倾向于前元音相拼，以a:t和e:t较多，后元音以ɯt最多，其次是up。鼻音尾以-ŋ的组配数量最多，-m次之，-n最少。该组也倾向与前元音相拼，以a:ŋ最多，e:ŋ次之。开尾韵以i:最多，其余韵尾数量相当，以u:最少。元音尾只有-u，以e:u最多，a:u次之，ou最少。

总之，状貌后缀的韵腹以前元音最多，其中e:和a:最突出，韵尾以塞音尾最多，其中a:t、e:t最突出，例如：pei^{1ʔ}da:t^{9ʔ}da:t^{9}走路时胳膊摆动得很厉害、pei^{1ʔ}de:t^{9ʔ}de:t^{9}走路时胳膊摆动得很厉害但可爱。元音的长短方面，长的前元音组配数量多于短的，短的后元音组配数量多于长的，例如：θa:ŋ^{1}θa:t^{9}θa:t^{9}很高、jou^{2}jup^{8}jup^{8}油汪汪。元音的高低方面，低元音组配数量多于高元音，例如：^{ʔ}on^{1ʔ}e:t^{9ʔ}e:t^{9}刺儿较多的、ðai^{2}ða:ŋ^{6}ða:ŋ^{6}很长的。

（三）声调分布

表2-17显示，都安壮语共8个声调，其状貌后缀均有分布，排序为：第7调(236)>第8调(116)>第5调(99)>第1调(46)>第6调(29)>第3调(24)>第2调(18)>第4调(10)。整体以单数调、促声调居多。

表2-17　都安壮语状貌后缀的声调①

声调	1	2	3	4	5	6	7	8	总计
频数	46	18	24	10	99	29	236	116	578
百分比	8.0	3.1	4.2	1.7	17.1	5.0	40.8	20.1	100

调类的单双方面，单数调占70.1%，其中第7调最多，第3调最少，例如：^{ʔ}be^{1ʔ}ba:t^{9ʔ}ba:t^{9}很扁的、lok^{8}ju:m^{3}ju:m^{3}很绿的；双数调占29.9%，其中第8调最多，第4调最少，例如：θo^{6}θɯt^{8}θɯt^{8}直直的、fon^{4}fa:n^{4}fa:n^{4}灰尘滚滚的。

调类的舒促方面，舒声调占39.1%，以第5调最多，第4调最少，例如：tai^{3}ŋa^{5}ŋa^{5}嚎啕大哭、li:ŋ^{2}θe:u^{4}θe:u^{4}凉丝丝的；促声调占60.9%，以第7调最多，例如：ðo^{5}nok^{7}nok^{7}大声敲门、ðo^{5}nek^{7}nek^{7}小声敲门。

① 都安壮语10个声调，其中促声调依据元音长短分为4个，即第7调(短)和第9调(长)，第8调(短)和第10调(长)(李旭练2011:18)。为便于比较，本书按照惯例将其两两归并，相关表格处理为8个声调，例词则照旧。

二、词根与状貌后缀的语音组配规律

（一）声母组配

表2-18中，发音部位排序为：舌尖音（104）>齿间音（58）>双唇音（52）>舌根音（44）>舌面音（32）=喉音（32）>唇齿音（10）。除了舌面音、双唇音，其余声母的排序与状貌后缀自身的声母基本一致。状貌后缀的舌面音比舌根音、双唇音多，而与词根组配的情况却恰好相反。舌尖音以ˀd最多，n次之。双唇音ˀb是整个组配中双声最多的声母，有48个。其余双声最多的声母，唇齿音是v，齿间音是ð，舌面音是ȵ，舌根音是k，喉音是h。双声最少的声母是p、f和tɕ，都是4个。

表2-18　都安壮语词根与状貌后缀的声母组配

部位	方法							总计
	塞音		塞擦音	鼻音	边音	擦音		
双唇音	p	ˀb						52
	4	48						
唇齿音						f	v	10
						4	6	
齿间音						θ	ð	58
						27	31	
舌尖音	t	ˀd		n	l			104
	12	44		39	9			
舌面音			tɕ	ȵ		ɕ	j	32
			4	12		10	6	
舌根音	k			ŋ				44
	29			15				
喉音	ʔ					h		32
	12					20		
总计	149		4	66	9	104		332

发音方法排序为：塞音（149）>擦音（104）>鼻音（66）>边音（9）>塞擦音（4）。除了塞音，其余声母的排序与状貌后缀自身的声母一致。塞音双声最多的是ˀb，ˀd次之。擦音双声最多的是ð，θ次之，f最少。鼻音三个声母，n最多，ŋ次之，ȵ最少。边音和塞擦音都只有1个声母，数量很少。

状貌后缀与词根双声的有332个，占总数57.4%。整体而言，发音部位倾向于舌尖音，发音方法倾向于塞音，例如：ˀdo:ŋ^{3}ˀda:ŋ^{5}ˀda:ŋ^{5}很硬的、ˀbo:t^{9}ˀba:t^{9}ˀba:t^{9}很凸的。

(二)韵母组配

相较于双声，罕有叠韵的情况，仅5个：ma:n^{6}ja:n^{2}很辣、ma:n^{6}ja:n^{2}ja:n^{2}很辣、he:u^{1}je:u^{3}较青的、he:u^{1}je:u^{3}je:u^{3}较青的、tok^{7}pok^{8}pok^{8}（果实）纷纷地往下落。组配数据见表2-19至2-20。

1. 韵腹组配

表2-19　都安壮语词根与状貌后缀的韵腹组配

词根		后缀												总计	
		前元音					央元音	后元音							
		i:	i	e:	e	a:	a	ɯ:	ɯ	u:	u	o:	o		
前元音	i:	2		5		4		2			3	2		18	226
	i	2	2	18	2	16			2					42	
	e:	1	6	15	2	17		2	5					48	
	e			9	2	2	3	1	2			2	2	23	
	ə			2		2							2	6	
	a:	5	2	19	6	22	3	1	9	1	6		15	89	
央元音	a	11	5	30	7	33	3	1	10	2	13	4	3	122	122
后元音	ɯ:			6		6			2					14	230
	ɯ	2		6		6			2	2	2			20	
	u:	2		6	1	2	2	1		2	2	3	2	23	
	u	4		13		10		3	2		3	2		37	
	o:	2	3	19	1	29			12	2	1	2	1	72	
	o	2	2	19		20		2	4	2	6	3	4	64	
总计		33	20	167	21	169	11	13	50	11	36	18	29	578	
		410					11	157							

后缀韵腹方面，三类元音的排序为：前元音（410）>后元音（157）>央元音（11）。前元音占优势，其中a:达169个，它较多与央元音a、前元音a:、后元音o:和o相配。e:的组配数量达167个，组配的元音也与a:一致。后元音以ɯ的数量最多，它倾向与前元音a:、央

元音 a、后元音 o:组配。央元音 a 的组配数量最少，它倾向与 e、a:和 a 的组配。

词根韵腹方面，三类元音的排序为：后元音(230)>前元音(226)>央元音(122)。情况与后缀韵腹相反，后元音比前元音略占优势。后元音以 o:和 o 的组配数量较多，它们主要与前元音 a:和 e:组配。前元音以 a:的组配数量最多，主要与前元音 a:和 e:、后元音 ɯ 和 o 组配。e:和 i 的组配数量也比较多，它们主要与前元音 a:和 e:组配。央元音 a 主要与前元音 a:和 e:、后元音 ɯ 和 u 组配。

词根和状貌后缀的韵腹组配体现出很强的语音和谐性。在元音的前后方面，前、后元音都倾向与前元音组配，突出表现在 a:和 e:两个元音上。例如：ha:u^{1}ŋa:t^{9}ŋa:t^{9}白惨惨的、θe:u^{5}θe:k^{9}θe:k^{9}非常干净、mo^{5}θa:k^{9}θa:k^{9}崭新、ma:n^{6}θɯt^{8}θɯt^{8}很辣。在元音的高低、长短方面，讲求高低、长短互配。例如：ða:i^{6}ȵup^{8}ȵup^{8}蠕动、na:u^{6}ʔbot^{8}ʔbot^{8}嘟嘟囔囔、da:t^{9}fot^{8}fot^{8}热乎乎的、ðou^{2}ðe:t^{10}ðe:t^{10}快快的。其中以元音的前后表现得更为突出。

2. 韵尾组配

表2-20　都安壮语词根与状貌后缀的韵尾组配

词根		后缀								总计	
		开尾韵	元音尾	鼻音尾			塞音尾				
		-0	-u	-m	-n	-ŋ	-p	-t	-k		
开尾韵	-0	5		3		22	6	22	9	67	67
元音尾	-i	5	4	9	3	8	3	30	5	67	141
	-u	11	2	5		16	7	19	6	66	
	-ɯ					4			4	8	
鼻音尾	-m	9	2	4		4	4	28	8	59	257
	-n	4	2	11	7	9	4	31	14	82	
	-ŋ	4	14	7	4	18	4	42	23	116	
塞音尾	-p		2				14	4		20	113
	-t	3	4	4		6	2	28	8	55	
	-k	2	4	6			1	6	19	38	
总计		43	34	49	14	87	45	210	96	578	
		43	34	150			351				

后缀韵尾排序为：塞音尾(351)>鼻音尾(150)>开尾韵(43)>元音尾(34)，以塞音尾占优势。塞音尾-t 的组配数量达 210 个，在所有韵尾中它与鼻音尾、元音尾、开尾韵、塞

音尾-t的组配数量都比较多。鼻音尾以-ŋ的组配数量最多，它最常与开尾韵、鼻音尾-ŋ、元音尾-u组配。元音尾-u只有与鼻音尾-ŋ的组配数量最多。开尾韵只有与元音尾-u的组配数量最多，其次是鼻音尾-m。

词根韵尾排序为：鼻音尾(257)>元音尾(141)>塞音尾(113)>开尾韵(67)。排序恰恰与后缀相反，以鼻音尾占优势。鼻音尾以-ŋ的组配数量最多，尤其是与塞音尾-t和-k的组配，其次是与鼻音尾-ŋ和元音尾-u的组配。元音尾以-i和-u的表现最突出，与塞音尾-t、鼻音尾-ŋ的组配数量都比较多。塞音尾尤其倾向与相同的塞音尾组配，其中以-t的组配数量最多。开尾韵倾向与鼻音尾、塞音尾组配，尤其是-ŋ、-t。

韵尾组配的整体特点，一是音节开闭的组配，例如“ˀba:ŋ^{1}ˀbi^{1}ˀbi^{1}(像薄膜一样)薄薄的”“ke^{5}ka:t^{9}ka:t^{9}很老”是鼻音尾、开尾韵的词根组配开尾韵、塞音尾的后缀；一是倾向与相同或相近的韵尾组配，鼻音尾和塞音尾尤为明显，例如“ɕo:n^{6}ɕa:n^{6}ɕa:n^{6}冒出很多大汗珠”“θat^{7}jk^{7}jik^{7}活泼可爱地跳跃”是鼻音尾、塞音尾的词根与韵尾相同或相近的后缀组配。

(三)声调组配

表2-21显示，后缀各声调排序为：第7调(236)>第8调(115)>第5调(100)>第1调(46)>第6调(29)>第3调(24)>第2调(18)>第4调(10)，第7调最多，第8调次之，第4调最少。词根各声调排序为：第1调(143)>第5调(135)>第7调(92)>第2调(78)>第3调(59)>第6调(38)>第8调(21)>第4调(12)，第1调最多，第5调次之，第4调最少。对比发现，第1调、第2调、第7调、第8调两者排序差异较大。第1调的后缀只与同调词根的组配数量较多，而第1调的词根与第1调、第5调、第7调后缀的组配数量都很多。第2调的后缀与各调类词根的组配数量都很少，而第2调的词根与第6调、第8调的后缀组配数量很多。第7调的后缀与第2调、第6调、第8调的词根组配数量很少，第8调的后缀与第1调、第3调、第4调后缀的组配数量很少，除此之外，两者与其余调类的组配数量都很多，而第7调、第8调的词根除与同调后缀的组配数量很多外，其余调类的组配数量都很少。

表2-21　都安壮语词根与状貌后缀的声调组配

词根	后缀								总计
	1	2	3	4	5	6	7	8	
1	25	1	3		31	3	72	8	143
2	2	6	2	6	2	14	6	40	78
3	3	3	7		17		20	9	59
4	1	2		4	1			4	12
5	8		6		35		75	11	135
6		4				8	6	20	38
7	7	2	4		13		56	10	92
8			2		1	4	1	13	21
总计	46	18	24	10	100	29	236	115	578

调类的单双方面，倾向与相同声调组配，例如“ði:u^{1}ho^{1}ho^{1}笑呵呵”“ðou^{2}ði^{2}ði^{2}快快的”是词根与后缀声调完全相同，又如“ˀboŋ^{1}ˀbup^{7}ˀbup^{7}非常松软”“va:i^{6}va:t^{8}va:t^{8}(东西)坏的”是词根与后缀的调类一致。调类的舒促有两种情况：舒声调和促声调的后缀都倾向与舒声调的词根组配，例如：ço:n^{6}çe:n^{6}çe:n^{6}冒出很多小汗珠、ˀa^{3}ŋa:p^{10}ŋa:p^{10}(嘴巴)张得很大的样子；舒声调和促声调的词根都倾向与促声调的后缀组配，例如：ðin^{1}ða:t^{9}ða:t^{9}石头很多的、θuk^{8}θa:k^{8}θa:k^{8}很熟悉。

第四节　大新壮语（南部方言）状貌后缀的语音规律

大新壮语状貌后缀有AB型68个，ABB型401个，ABC型6个，共475个。词根均为单音节。

一、状貌后缀的语音系统

（一）声母分布

大新壮语状貌后缀共23个声母，见表2-22。

表2-22 大新壮语状貌后缀的声母

部位	方法											总计
	塞音				塞擦音		鼻音		边音	擦音		
双唇音	p	ph	phj	pj			m	mj				81
	34	4	3	3			36	1				
唇齿音										f	v	30
										13	17	
舌尖音	t	th			ʦ	ʦh	n		l	ɬ	s	223
	23	1			11	5	60		63	52	8	
舌面音										j		57
										57		
舌根音	k	kh	kw				ŋ					57
	31	6	11				9					
喉音	ʔ									h		33
	17									16		
总计	133				16		106		63	163		481

发音部位排序为：舌尖音(223)>双唇音(81)>舌面音(57)=舌根音(57)>喉音(33)>唇齿音(30)。舌尖音最多，其中l达63个，其次是n和ɬ，th最少。双唇音以m最多，p次之，mj最少。舌根音组，k最多，kw次之，kh最少。舌面音只有一个j，达57个。唇齿音和喉音的数量相当，唇齿音只有f和v，v略多于f，喉音只有ʔ和h，ʔ略多于h。

发音方法排序为：擦音(163)>塞音(133)>鼻音(106)>边音(63)>塞擦音(16)。擦音出现最多的是j和ɬ，s最少。塞音数量仅次于擦音，其中p最多，其次是k，th最少。鼻音以n最多，其次是m，mj最少。塞擦音只有ʦ和ʦh，ʦ居多。边音只有l，却是所有声母中出现频次最高的。

总之，大新壮语状貌后缀声母的发音部位倾向于舌尖音，出现最多的声母是l，n次之，例如：ɬan^{2}liŋ^{1}liŋ^{1}颤抖、na:i^{5}nuk^{7}nuk^{7}软弱无力。发音方法倾向于擦音，出现最多的声母是j，ɬ次之，例如：hu^{1}jum^{1}jum^{1}笑眯眯、ɬai^{1}ɬi^{1}ɬi^{1}稀稀的。

（二）韵母分布

大新状貌后缀共有54个韵母，促声韵25个，舒声韵29个(开尾韵6个，元音尾4个，鼻音尾19个)。韵腹和韵尾的组配情况见表2-23。

表2-23　大新壮语状貌后缀韵腹与韵尾的组配

韵尾		韵腹												总计	
		前元音					央元音			后元音					
		i:	i	ε:	ε	a:	a	ə:	ə	u:	u	ɔ:	ɔ		
开尾韵	-0	18		7		12		1		5		4		47	47
元音尾	-i								1					1	31
	-u				14	10	6							30	
鼻音尾	-m				7	9	4		1		21		4	46	161
	-n		2		2	5	3						2	14	
	-ŋ		8	2	17	45	17		8		3		1	101	
塞音尾	-p				8	7	4				12	1	3	35	242
	-t		9	2	37	44	4	16	3		5	8	2	130	
	-k		9		8	25	10	6	6		3	4	6	77	
总计		18	28	11	93	157	48	23	19	5	44	17	18	481	
		307					90			84					

韵腹数量排序为：前元音（307）>央元音（90）>后元音（84）。前元音的组配数量最多，其中a:的拼合能力最突出，除了元音尾-i，它能与所有韵尾相拼，以a:ŋ和a:t最多，a:n最少。ε的拼合能力仅次于a:，数量上εt最多，εn最少。央元音的组配以aŋ居多，其次是ə:t，ə:、əi和əm最少。后元音中，u拼合数量最多，以um最多，其次是up，ɔ:p、ɔŋ最少。

韵尾数量排序为：塞音尾（242）>鼻音尾（161）>开尾韵（47）>元音尾（31）。塞音尾的组配数量最多，以-t最多，-k次之，-p最少。该组倾向于前元音相拼，其中a:t和εt较多，后元音以up最多，其次是ɔ:t。鼻音尾的组配数量也比较多，以-ŋ最多，-m次之，-n最少。该组也倾向与前元音相拼，以a:ŋ最多，εŋ次之，im、εn最少。开尾韵包含6个元音，其中i:最多，其次是a:，ə:最少。元音尾只有-i和-u，可以跟ε:、a:、a、ə相拼，其中εu最多，其次是a:u，əi最少。

可见，大新壮语状貌后缀的韵腹以前元音的组配数量最多，以ε和a:最突出，韵尾以塞音尾的组配数量最多，以a:t最多，其次是εt，例如：$nə^3na:t^7na:t^7$累极、$nam^1nεt^7nεt^7$黑沉沉。元音的长短方面，除了长的前元音a:、央元音ə:组配数量多于短的，其余短元音组配数量均多于长的，例如：$hεu^5ŋa:ŋ^3ŋa:ŋ^3$瘦瘦的、$nam^1nə:t^7nə:t^7$黑漆漆、$ɬuk^7ɬum^6ɬum^6$酸臭。元音的高低方面，低元音的拼合数量多于高元音，例如：$thuŋ^1taŋ^6taŋ^6$静悄悄、$ɬan^2fan^1fan^1$体弱无力而颤。

(三)声调分布

表2-24显示,大新壮语共8个声调,状貌后缀均有分布,排序为:第7调(159)>第8调(81)>第5调(68)>第6调(70)>第1调(62)>第2调(21)>第3调(17)>第4调(3)。整体以单数调、舒声调居多。

表2-24 大新壮语状貌后缀的声调

声调	1	2	3	4	5	6	7	8	总计
频数	62	21	17	3	68	70	159	81	481
百分比	12.9	4.4	3.5	0.6	14.1	14.6	33.1	16.8	100

调类的单双方面,单数调占63.6%,以第7调最多,第3调最少,例如:jɛn^{3}ja:k^{7}ja:k^{7}羞答答、mau^{1}mɛŋ^{3}mɛŋ^{3}轻飘飘;双数调占36.4%,以第8调最多,第4调最少,例如:luŋ^{6}jə:k^{8}jə:k^{8}亮光光、nam^{1}łi^{2}łi^{2}纯黑。调类的舒促方面,舒声调占50.1%,以第6调最多,第4调最少,例如:łum^{5}sa:ŋ^{6}sa:ŋ^{6}寒酸、nɛŋ^{1}viŋ^{4}viŋ^{4}鲜红;促声调占49.9%,第7调最多,例如:mup^{7}mɛp^{7}mɛp^{7}凹凸不平、łan^{2}kak^{7}kak^{7}冷颤颤。

二、词根与状貌后缀的语音组配规律

(一)声母组配

表2-25中,发音部位排序为:舌尖音(100)>双唇音(55)>舌面音(21)=舌根音(21)>喉音(18)>唇齿音(7),这种排序与状貌后缀自身声母的分布一致。舌尖音的双声情况最多,尤其是n在整个声母组配中数量最多,有44个,其次是ł和l,s最少。双唇音双声最多的是m,有32个,其次是p,ph最少。舌面音只有j,双声数21个,与舌根音相同。舌根音双声最多的是k,ŋ最少。喉音只有ʔ和h,h略多于ʔ。至于唇齿音只有f和v,该组双声数量最少,仅7个。

发音方法排序为:鼻音(77)>塞音(62)=擦音(62)>边音(18)>塞擦音(3)。除了边音和塞擦音,鼻音、塞音和擦音的排序与状貌后缀自身声母的分布很不一致,即鼻音最多,塞音和擦音数量相等,居于次位。鼻音n和m的双声数量是整个组配中最多的。塞音p最多,k和t次之,t次之,ph和kh最少。擦音ł最多,j和h次之,其余声母都很少。边音和塞擦音都只有1个声母,其中l有18个,ʦ只有3个。

表2-25 大新壮语词根与状貌后缀的声母组配

部位	方法							总计
	塞音		塞擦音	鼻音	边音	擦音		
双唇音	p	ph		m				55
	19	4		32				
唇齿音						f	v	7
						2	5	
舌尖音	t		ʦ	n	l	ɬ	s	100
	11		3	44	18	23	1	
舌面音							j	21
							21	
舌根音	k	kh		ŋ				21
	16	4		1				
喉音	ʔ					h		18
	8					10		
总计	62		3	77	18	62		222

词根与状貌后缀双声的有222个，占总数46.7%。声母组配方面，发音部位倾向于舌尖音，与状貌后缀自身声母的分布一致，例如：nam^{1}nə:t^{7}nə:t^{7}黑漆漆、ɬum^{5}ɬa:t^{7}ɬa:t^{7}酸不溜秋、la:u^{2}la:t^{8}la:t^{8}油腻腻。发音方法倾向于鼻音，与状貌后缀自身声母的分布不一致，例如：nam^{2}nɛt^{7}nɛt^{7}软软的、ma:ŋ^{1}mɛŋ^{5}mɛŋ^{5}薄稀稀、ŋɔŋ^{5}ŋaŋ^{1}ŋaŋ^{1}傻乎乎。

(二)韵母组配

叠韵的情况非常稀少，仅4个：kwa:ŋ^{3}la:ŋ^{6}宽大、nak^{7}jak^{7}沉重、tau^{6}ɬau^{2}ɬau^{2}蓝靛、khɛu^{1}ɬɛu^{5}ɬɛu^{5}绿油油。组配数据见表2-26至2-27。

1.韵腹组配

如表2-26所示，后缀韵腹方面，三类元音的排序为：前元音(306)>央元音(91)>后元音(84)，以前元音占优势。前元音中，a:的组配数量最多，达157个，组配对象以a最多，u和ɛ次之，ɛ:最少。ɛ的组配数量仅次于a:，组配情况也类似a:。央元音以a的组配数量最多，组配对象以ɛ最多，a和u次之，u:和ɔ:最少。后元音以u的组配数量最多，它比较倾向和前元音a:、央元音a和后元音ɔ组配。

表2-26　大新壮语词根与状貌后缀的韵腹组配

词根		后缀												总计	
		前元音					央元音			后元音					
		i:	i	ɛ:	ɛ	a:	a	ə:	ə	u:	u	ɔ:	ɔ		
前元音	i:				1	5		3		1	1	3		14	200
	i	2	2	1	8	12	2	2	2		4			35	
	ɛ:				2	2	2							6	
	ɛ	1	13	2	11	31	17	4	4	1	2	3	6	95	
	a:	4	2		11	7	5	2	3		12	2	2	50	
央元音	a	7	8	3	25	36	6	5	4		13	5	1	113	150
	ə:	1	1		4	11	2					2		21	
	ə			1	3	5	3	2	1	1				16	
后元音	u:					3	1				1			5	131
	u	2	1	1	15	34	6	2	3		4	1	4	73	
	ɔ:	1		1	5	6	1		2	1			1	18	
	ɔ		1	1	8	5	4	3		1	7	1	4	35	
总计		18	28	10	93	157	49	23	19	5	44	17	18	481	
		306					91			84					

词根韵腹方面，三类元音的排序为：前元音（200）>央元音（150）>后元音（131），以前元音占优势。前元音中，ɛ的组配数量最多，组配对象以前元音居多，主要是a:、i、ɛ，央元音主要是a，后元音主要是ɔ。a:的组配数量仅次于ɛ，它与前元音ɛ和a:、央元音a、后元音u的组配数量较多，其余数量都较少。三个央元音都倾向与前元音a:和ɛ组配，其中a的组配数量最多。后元音中，u的组配数量最多，它比较倾向和前元音a:和ɛ组配。

现从元音的前后、高低、长短三个对立特征归纳韵腹组配的特点。不论前后元音，都倾向与前元音组配，以a:和ɛ突出，例如：nɛu^{1}na:t^{7}na:t^{7}黏糊糊、va:u^{5}vɛu^{6}vɛu^{6}歪缺。元音的高低、长短方面，讲求高低、长短互配，例如：ɬiŋ^{3}ɬa:k^{8}ɬa:k^{8}机警、tuk^{8}tɔk^{7}tɔk^{7}狠毒、nip^{7}na:p^{7}na:p^{7}（肉）很生、mja:k^{8}mək^{7}mək^{7}滑溜溜。总之，词根和状貌后缀的韵腹组配有很强的语音和谐性，以上三条特征中，以元音的前后更为突出。

2. 韵尾组配

大新壮语词根与状貌后缀的韵尾组配如表2-27所示。

表2-27　大新壮语词根与状貌后缀的韵尾组配

词根		后缀									总计	
		开尾韵	元音尾		鼻音尾			塞音尾				
		-0	-i	-u	-m	-n	-ŋ	-p	-t	-k		
开尾韵	-0	4		1	2		9		20	7	43	43
元音尾	-i	7	1	1	3		4	6	9	7	38	96
	-u	2		13	5		8	2	22	6	58	
鼻音尾	-m	3		2	9	1	6	2	22	2	47	253
	-n	4			15	5	19	6	15	11	75	
	-ŋ	13		6	7	7	52		23	23	131	
塞音尾	-p	2			2		2	15	1	1	23	89
	-t	3		1		1	3	3	16	3	30	
	-k	8		6	2	1		1	1	17	36	
总计		46	1	30	45	15	103	35	129	77	481	
		46	31		163			241				

后缀韵尾排序为：塞音尾（241）>鼻音尾（163）>开尾韵（46）>元音尾（31）。塞音尾以-t的组配数量最多，它与三个鼻音尾、元音尾-u和塞音尾-t的组配数都比较多。-k的组配情况与-t类似，它与鼻音尾-ŋ的组配数量最多，其次是塞音尾-k。鼻音尾以-ŋ的组配数量最多，它主要与鼻音尾组配，尤其是-ŋ，其次是元音尾、开尾韵。元音尾-i只与元音尾-i组配，仅1个。-u与元音尾-u的组配数量最多，其次是鼻音尾-ŋ和塞音尾-k。开尾韵能与所有韵尾组配，以鼻音尾、塞音尾的组配数量较多。

词根韵尾排序为：鼻音尾（253）>元音尾（96）>塞音尾（89）>开尾韵（43）。塞音尾、元音尾的排序与后缀相差明显。三个鼻音尾主要与塞音尾-t和-k组配，其次是与相同的鼻音尾，其中以-ŋ的组配数量最多。塞音尾主要与相同的塞音尾相配，较少与其他韵尾组配。元音尾、开尾韵主要与塞音尾、鼻音尾组配，其中与-t的组配数量最多。

韵尾组配除了遵守音节开闭相配的规律，还倾向与自身相同或相近的韵尾组配。例如“min^{1}fɛ^{2}fɛ^{2}轻飘飘”“thɛt^{7}hu^{6}hu^{6}纷纷跑”是开尾韵的后缀组配鼻音尾、塞音尾的词根，“tshɔ^{1}ja:ŋ^{5}ja:ŋ^{5}粗粗的”“tshɔ^{1}tshat^{7}tshat^{7}粗大”是鼻音尾、塞音尾的后缀组配开尾韵的词根。又如“ja:p^{7}jup^{8}jup^{8}气恼”“ləŋ^{2}laŋ^{6}laŋ^{6}淡而无味”是塞音尾、鼻音尾的后缀组配相同韵尾的词根，“ɬap^{7}ɬa:t^{7}ɬa:t^{7}涩涩的”“ɬim^{3}ɬɛŋ^{6}ɬɛŋ^{6}尖尖的”是塞音尾、鼻音尾的词根组配相近韵尾的后缀。

（三）声调组配

表2-28显示，后缀各声调排序为：第7调（159）>第8调（81）>第5调（67）>第6调（66）>第1调（63）>第2调（20）>第3调（17）>第4调（4），第7调最多，第8调次之，第4调最少。词根各声调排序为：第1调（155）>第5调（83）>第3调（69）>第7调（64）>第2调（51）>第6调（34）>第8调（16）>第4调（5），第1调最多，第5调次之，第4调最少。

表2-28　大新壮语词根与状貌后缀的声调组配

词根	后缀								总计
	1	2	3	4	5	6	7	8	
1	14	8	7	4	42	20	39	21	155
2	8	4	1		3	9	12	14	51
3	10	6	7		6	8	22	10	69
4						2	1	2	5
5	13		2		12	7	35	14	83
6	5				2	11	7	9	34
7	12	2			2	8	34	6	64
8	1					1	9	5	16
总计	63	20	17	4	67	66	159	81	477

对比发现，第7调、第8调、第1调两者差别显著。后缀第7调、第8调的组配数量能力很强，两者与词根第1调、第5调、第7调的组配数量都很多，而词根第7调、第8调大多组配同声调的后缀。词根第1调的组配能力最强，组配数量较多的是后缀第5调、第7调，接着是后缀第6调、第8调，而后缀第1调除了与单数调词根的组配数量为十余个外，其余调类的组配数量都很少。

总之，在调类的单双上，倾向相同声调互配，例如“mau^{2}ɬɛ^{2}ɬɛ^{2}醉醺醺”“nɛt^{7}na:t^{7}na:t^{7}湿漉漉”是词根与后缀的声调完全一致，又如“kuk^{7}la:u^{5}la:u^{5}弯曲”“tau^{2}tɛt^{8}tɛt^{8}宽大的”是词根与后缀的调类单双一致。在调类的舒促上，后缀方面是舒声调和促声调都倾向与舒声调的词根组配，例如：na^{1}nɔ:t^{7}nɔ:t^{7}厚厚的、khun^{1}jum^{5}jum^{5}毛茸茸；词根方面是舒声调、促声调都倾向与同类互配，例如：hɛn³ha:ŋ²ha:ŋ²鲜黄、hɛn³ɬi¹ɬi¹嫩黄、phə:k⁷mɔ:t⁷mɔ:t⁷白茫茫、nɛt⁷ɬap⁸ɬap⁸湿漉漉。

第五节 壮语标准语与方言状貌后缀语音规律的共性和差异

本节结合壮语标准语与方言，对状貌后缀的语音规律进行比较分析。为便于比较，以下表格数据均为百分比。

一、状貌后缀语音系统的共性和差异

状貌后缀语音系统的各项数据详见表2–29至2–32、图2–1至2–4。

（一）声母分布

表2–29 壮语标准语与方言状貌后缀的声母分布

语言		声母											
		发音部位							发音方法				
		双唇音	唇齿音	齿间音	舌尖音	舌面音	舌根音	喉音	塞音	塞擦音	鼻音	边音	擦音
标准语		14.7	6.8	12.2	21.3	17.6	23.1	4.3	26.3	—	23.1	5.7	44.8
方言	蒙山	9.6	6.8	7.6	30.4	16.4	16.0	13.2	18.0	2.4	30.0	9.6	40.0
	都安	11.1	5.3	17.6	24.6	19.0	14.4	8.0	29.8	1.7	26.3	3.1	39.1
	大新	16.8	6.2	—	46.3	11.9	11.9	6.9	27.7	3.3	22.0	13.1	33.9

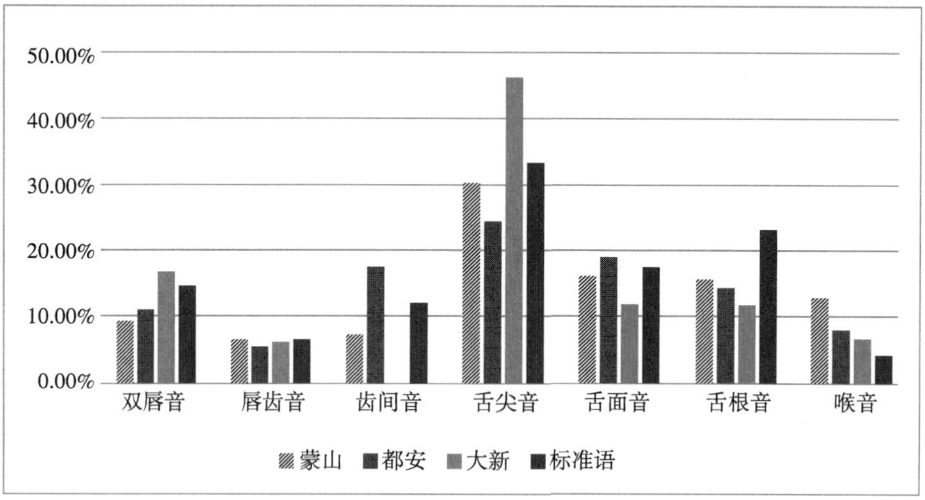

图2-1 壮语标准语与方言状貌后缀声母的分布(按发音部位)

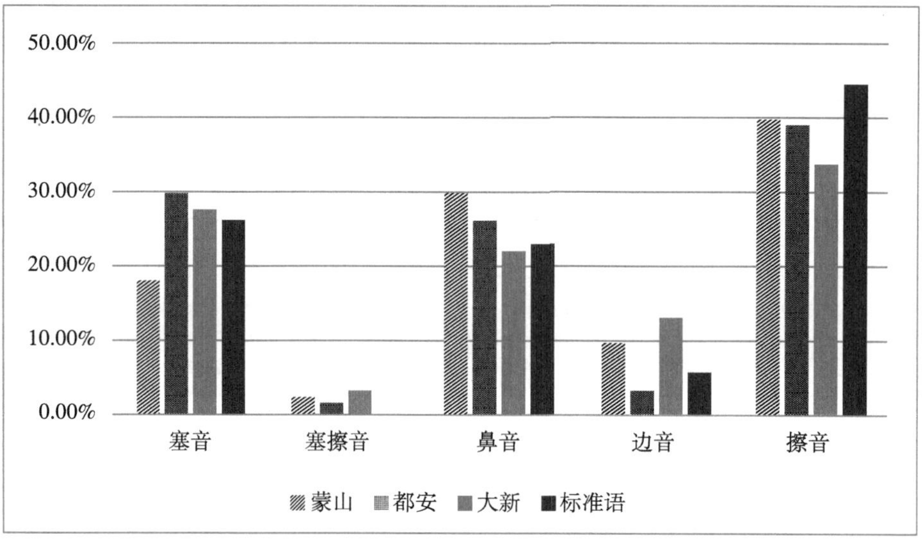

图2-2 壮语标准语与方言状貌后缀的声母分布(按发音方法)

声母的发音部位,整体以舌尖音最多,舌面音、舌根音次之,双唇音又次之,接着是喉音、齿间音,唇齿音最少。舌尖音标准语和方言的分布比较一致,出现最多的声母标准语和都安壮语是n,大新壮语和蒙山壮语都是n和l,例如:$nam^1na{:}t^9na{:}t^9$黑黑的(都安)、$kip^7li^1li^1$急乎乎(大新)、$lam^1nu{:}t^7nu{:}t^7$黑乎乎(蒙山)、$pa^1nok^7nok^7$[方]缠手缠脚(标准语)。差异在于舌根音、喉音、齿间音,标准语的舌根音略多于舌尖音;蒙山壮语的喉音较标准语及其他方言发达,尤其是h;齿间音一般有1~2个,大新壮语没有齿间音,而都安壮语有2个齿间音θ和ð且非常发达,标准语、蒙山壮语都只有θ,处于中间状态。

发音方法方面,整体以擦音最多,塞音、鼻音次之,边音又次之,塞擦音最少。除了边音，其余声母标准语和方言的分布趋势比较一致。具体而言，蒙山壮语最多的擦音是h，大新壮语是j，都安壮语和标准语都是θ，例如：$hoŋ^{5}ha:ŋ^{5}ha:ŋ^{5}$空荡荡（蒙山）、$ha:n^{6}θa:k^{10}θa:k^{10}$出汗很多的（都安）、$ja:p^{7}ɬap^{7}ɬap^{7}$闷闷不乐（大新）、$ka:ŋ^{3}θa:p^{8}θa:p^{8}$［方］耳语声（标准语）。边音的差异较为明显，大新壮语的边音最多，蒙山壮语次之，标准语又次之，都安壮语最少，比大新壮语低10.0%。

（二）韵母分布

表2-30 壮语标准语与方言状貌后缀韵母的频次

语言		排序									
		1	2	3	4	5	6	7	8	9	10
标准语（N=918）	例词	ɯt	a:t	e:t	up	a:ŋ	i	a:u	um	u	aŋ
	频数	110	93	59	53	51	38	32	28	25	23
	百分比	12.0	10.1	6.4	5.8	5.6	4.1	3.5	3.1	2.7	2.5
蒙山壮语（N=237）	例词	a:ŋ	a:u	əm	a:t	am	a:k	uŋ	a	ɯt	e:u
	频数	24	20	15	13	11	10	8	7	6	5
	百分比	10.1	8.4	6.3	5.5	4.6	4.2	3.4	3.0	2.5	2.1
都安壮语（N=576）	例词	a:t	e:t	ɯt	a:ŋ	e:ŋ	a:k	up	e:u	i	e:k
	频数	72	69	41	32	31	24	23	20	17	15
	百分比	12.5	12.0	7.1	5.6	5.4	4.2	4.0	3.5	3.0	2.6
大新壮语（N=475）	例词	a:t	ɛt	a:k	um	i	aŋ	ɛu	ɛŋ	up	ak
	频数	43	36	25	21	18	15	14	13	12	10
	百分比	9.1	7.6	5.3	4.4	3.8	3.2	2.9	2.7	2.5	2.1

如前文所述，壮语标准语与方言状貌后缀的韵母在数量上舒声韵多于促声韵。表2-30显示，排名前十的高频韵母在频次上却呈现促声韵高于舒声韵的整体态势，仅蒙山壮语相反。标准语与方言的状貌后缀有许多相同的高频韵母，其中a:t、a:ŋ最显著。

表2-31　壮语标准语与方言状貌后缀的韵母分布

语言		韵母						
		韵腹			韵尾			
		前元音	央元音	后元音	开尾韵	元音尾	鼻音尾	塞音尾
标准语		53.5	4.6	41.9	12.4	7.0	24.3	56.3
方言	蒙山	48.4	35.1	16.5	12.5	15.7	45.2	26.6
	都安	70.9	1.9	27.2	7.4	5.9	26.0	60.7
	大新	63.8	18.7	17.5	9.8	6.4	33.5	50.3

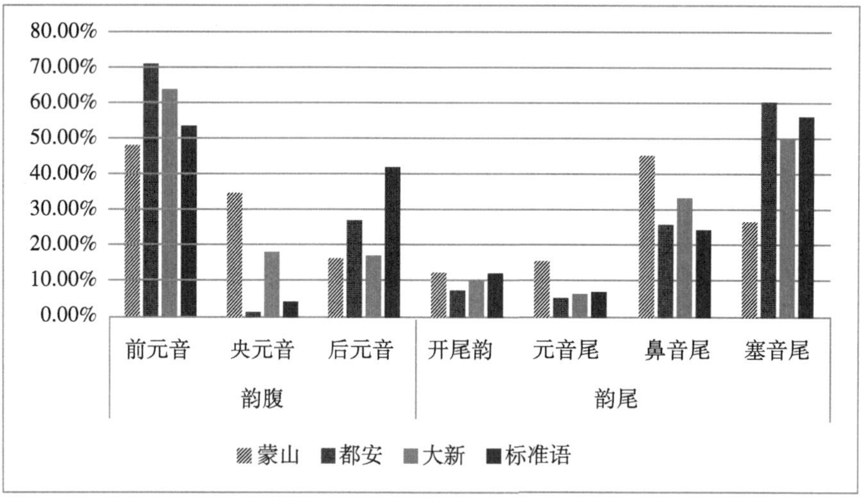

图2-3　壮语标准语与方言状貌后缀的韵母分布

韵腹均以前元音最多，后元音次之，央元音最少。前元音都安壮语和大新壮语都超过了60.0%，标准语与方言都以e(ɛ)和a这两个前元音最发达，例如：pɯn^{1}ȵa:m^{5}ȵa:m^{5}毛烘烘的（都安）、pɯn^{1}ȵe:m^{5}ȵe:m^{5}有茸毛的（都安）、phə:k^{7}ɬa:k^{8}ɬa:k^{8}白净净（大新）、faŋ^{2}fɛ^{6}fɛ^{6}兴冲冲（大新）。后元音标准语和方言都是2~3个，蒙山壮语和大新壮语的比例接近，都安壮语比二者多近一倍，而标准语又比三个方言多近一倍，主要因为ɯ、u、o三个短元音的组配数量可观。央元音标准语和方言都是1~2个，但彼此差异最显著，蒙山壮语、大新壮语都有2个央元音，其组配数量发达，以蒙山壮语最多，都安壮语和标准语只有1个央元音，组配数量稀少。

韵尾整体以塞音尾最多，鼻音尾次之，开尾韵又次之，元音尾最少。开尾韵和元音尾的组配数量标准语和方言都不多。差异显著的是鼻音尾和塞音尾，都安壮语、大新壮语和标准语比较一致，以塞音尾居多，尤其是-t，鼻音尾次之，而蒙山壮语相反，以鼻音尾居多，尤其是-ŋ，塞音尾次之，例如：ðe:ŋ^{2}ðɯt^{8}ðɯt^{8}力气很大的（都安）、pi^{2}pɔ:t^{8}pɔ:t^{8}肥胖的（大新）、po:ŋ^{2}pu:t^{7}pu:t^7［方］胀满（标准语）、hɯ^{1}haŋ^{3}haŋ^{3}清清的（蒙山）。

状貌后缀韵母的分布，标准语和方言仍表现出一致性：韵腹以前元音居多，韵尾以塞音尾居多。据此可知，“前元音＋塞音尾”是状貌后缀韵母的常见组合形式。

（三）声调分布

表2-32 壮语标准语与方言状貌后缀的声调分布

语言		声调							
		1	2	3	4	5	6	7	8
标准语		38.2	0.3	2.2	0.8	2.2	0.6	31.6	24.1
方言	蒙山	11.8	11.3	16.8	0.8	23.1	9.7	16.0	10.5
	都安	8.0	3.1	4.2	1.7	17.1	5.0	40.8	20.1
	大新	12.9	4.4	3.5	0.6	14.1	14.6	33.1	16.8

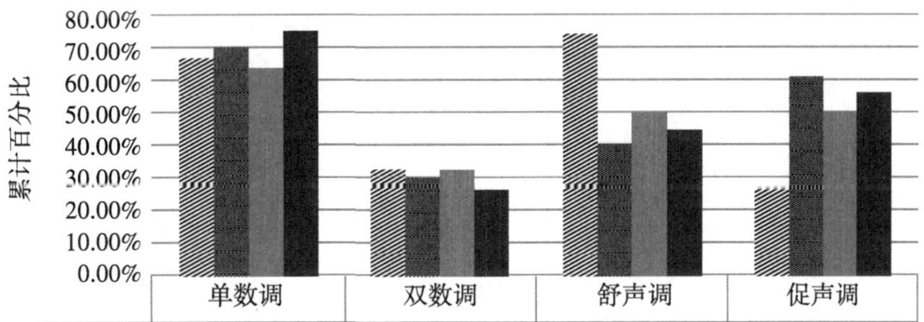

	单数调	双数调	舒声调	促声调
蒙山	66.70%	32.30%	74.20%	25.80%
都安	70.10%	29.90%	39.10%	60.90%
大新	63.60%	32.00%	50.10%	49.90%
标准语	75.20%	26.20%	44.30%	55.70%

图2-4 壮语标准语与方言状貌后缀的声调分布

标准语与方言在调类的单双方面，均以单数调占优势，标准语是第1调，蒙山壮语是第5调，都安壮语、大新壮语都是第7调，例如：he:n^{3}ja:m^{5}ja:m^{5}黄灿灿（蒙山）、hon^{2}kot^{7}kot^{7}浓烟滚滚（都安）、ɬan^{2}ta:t^{7}ta:t^{7}颤巍巍（大新）、he:n^{3}ɣi^{1}ɣi^{1}黄灿灿（标准语）；在调类的舒促方面，普遍是促声调第7调居多，舒声调则是第5调和第1调居多，第2调和第4调最少，例如：ɕa^{4}ɕu:m^{1}ɕu:m^1［方］稀稀疏疏的（标准语）、liŋ^{5}la:ŋ^{5}la:ŋ^{5}很陡的（蒙山）、he:u^{1}bit^{7}bit^7（脸色）发青的（都安）、khɛu^{1}mik^{7}mik^{7}青青的（大新）。

差异性为蒙山壮语以舒声调占优势，第5调最多，例如：jɯk^{7}ŋa:u^{5}ŋa:u^{5}很饿的、pom^{1}pəŋ^{5}pəŋ^{5}瘦瘦的。

（四）壮语与其状貌后缀语音系统的和谐度

该部分以标准语为代表，探讨壮语与其状貌后缀语音系统的和谐度。根据《壮汉词汇》及一些方言语料，整理得表2-33。

表2-33　壮语标准语的声母分布①

部位	方法								总计
	塞音			鼻音		边音	擦音		
双唇音	p	pj	ˀb	m	mj			w	774
	258	79	99	195	36			107	
唇齿音							f		146
							146		
齿间音							θ		242
							242		
舌尖音	t	ˀd		n		l			812
	267	109		171		265			
舌面音				ȵ			ɕ	j	606
				146			271	189	
舌根音	k	kw	kj	ŋ	ŋw			ɣ	846
	280	78	128	137	18			205	
喉音	ʔ						h		346
	143						203		
总计	948	266	227	649	54	265	862	501	3772
	1441			703		265	1363		

发音部位排序为：舌根音（846）>舌尖音（812）>双唇音（774）>舌面音（606）>喉音（346）>齿间音（242）>唇齿音（146）；发音方法排序为：塞音（1441）>擦音（1363）>鼻音（703）>边音（265）。

标准语共23个声母，其状貌后缀均有涉及。发音部位方面，状貌后缀与标准语声母

① 壮语标准语语音特征的材料来自《壮语通论》（韦景云，覃晓航2006：97-99）。

的整体分布比较协调，都以舌根音最多，舌尖音次之，其余声母的分布略有出入，但差异不大。发音方法方面，状貌后缀声母以擦音居多，塞音次之，而标准语声母以塞音居多，擦音次之，其余声母的分布比较一致。不过，标准语声母以舌根清擦音k最多，舌面清擦音ɕ次之。状貌后缀声母以齿间清擦音θ最多，舌面浊擦音ɣ次之。

标准语共78个韵母，状貌后缀含其中65个韵母，不含ei、o:i、ɯ:i、au、i:m、o:m、ɯn、un、u:n、o:n、i:p、i:t、at这13个韵母。状貌后缀与标准语的韵母和谐度可以从以下三方面考察。首先，两者由前元音构成的音节最多，后元音次之，央元音最少。其次，六个单元音（皆不分长短）构成的音节总数，标准语为3772个，排序为：a（1263）>o（743）>i（541）>u（493）>e（486）>ɯ（246）；状貌后缀为927个，排序为：a（309）>e（152）>ɯ（150）>u（132）>o（106）>i（78）。两者都是前元音a最多，其余元音的排序非常不一致，突出的表现为e、ɯ构成的音节数在标准语中最少，而在状貌后缀中的数量仅次于a。再次，就韵腹与韵尾的组合情况而言，标准语六个单韵母以及a:ŋ、e:u、e:t、e:ŋ、i:ŋ、ik、ɯt、ok、on、um、up等复韵母的组合数都比较多，而aɯ、im、un、u:p等复韵母的组合数都比较少，这种情况与状貌后缀较为一致。由此可见，状貌后缀与标准语的韵母分布较为和谐。

标准语共8个声调，其状貌后缀均有涉及，都是第4调的数量最少。

音节结构方面，以C、V、T分别代表辅音、元音、声调。如表2-34所示，状貌后缀的音节结构分为八种类型，以CVCT型最常见，而标准语以闭音节占优势①，状貌后缀与其一致。

表2-34　壮语标准语状貌后缀的音节结构

类型	VT	VCT	CVT	CVVT	CVCT	CCVT	CCVVT	CCVCT	总计
例词	a^{1}	e:ŋ^{1}	fɯ^{1}	wa:u^{1}	θap^{8}	ˀda:t^{7}	pjaɯ^{1}	ŋwa:p^{8}	
频次	4	24	100	62	654	11	3	69	927
百分比	0.4	2.6	10.8	6.7	70.6	1.2	0.3	7.4	100

注：以元音开头的音节实际带有喉塞音ˀ。

状貌后缀的音节拼合规律：（1）ˀ、ˀb、ˀd等声母构成的音节，一般只出现在单数调中，即第1、5、7调，个别反例如“kɯk^{8}ˀbot^{8}ˀbot^{8}稠稠的”。（2）声母ˀb一般不跟韵尾-m相拼，只有1个反例“juŋ^{2}ˀbum^{1}ˀbum^{1}绒绒的”。（3）颚化声母pj、kj、mj一般不跟i、e、ɯ及其构成韵母相拼，个别反例如kjai^{1}kji^{1}kji^{1}辽远。（4）唇化声母kw、ŋw不跟o、u、ɯ及其构成韵母相拼。（5）声母w不跟ɯ、o及其构成韵母相拼。（6）韵母音节数最多的是塞韵母与鼻韵母，

① 韦景云，覃祥周：《壮语基础教程（2018年修订）》，民族出版社，2018年，第7页。

尤其是-t和-ŋ这两个韵尾及其构成的ɯt、a:t、e:t、a:ŋ这四个韵母。前五条规律均与标准语一致，只有最后一条违反，即标准语韵母音节数最多的往往是单韵母及后元音o、u与韵尾-k构成的韵母。

二、词根与状貌后缀语音组配规律的共性和差异

各项数据详见表2-35至2-38、图2-5至2-10。

（一）声母组配的共性和差异

表2-35 壮语标准语、方言状貌后缀的声母组配

语言		发音部位							发音方法				
		双唇音	唇齿音	齿间音	舌尖音	舌面音	舌根音	喉音	塞音	塞擦音	鼻音	边音	擦音
标准语		20.1	5.0	12.2	26.0	14.4	17.6	4.7	33.5	—	26.6	4.4	35.4
方言	蒙山	8.9	—	10.8	42.6	11.9	13.9	11.9	22.8	4.0	24.7	21.8	26.7
	都安	15.7	3.0	17.5	31.3	9.6	13.3	9.6	44.9	1.2	19.9	2.7	31.3
	大新	24.7	3.2	—	45.0	9.5	9.5	8.1	27.9	1.4	34.7	8.1	27.9

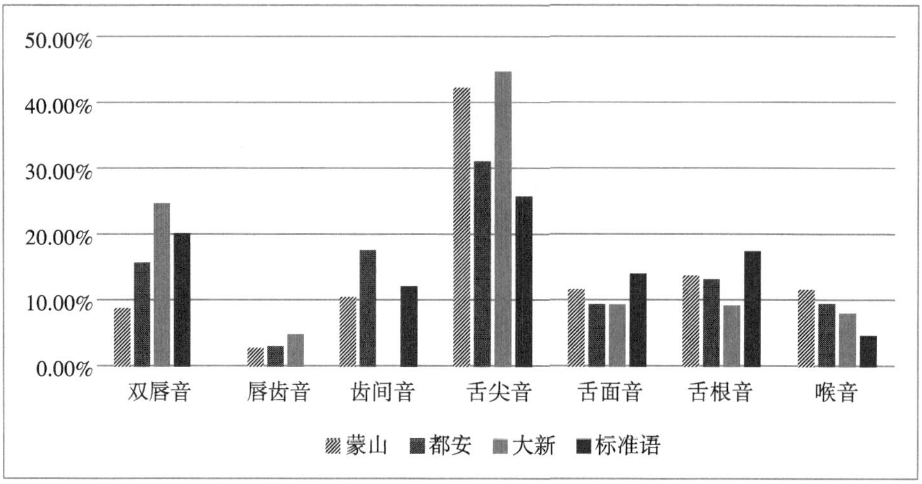

图2-5 壮语标准语、方言状貌后缀的声母组配（按发音部位）

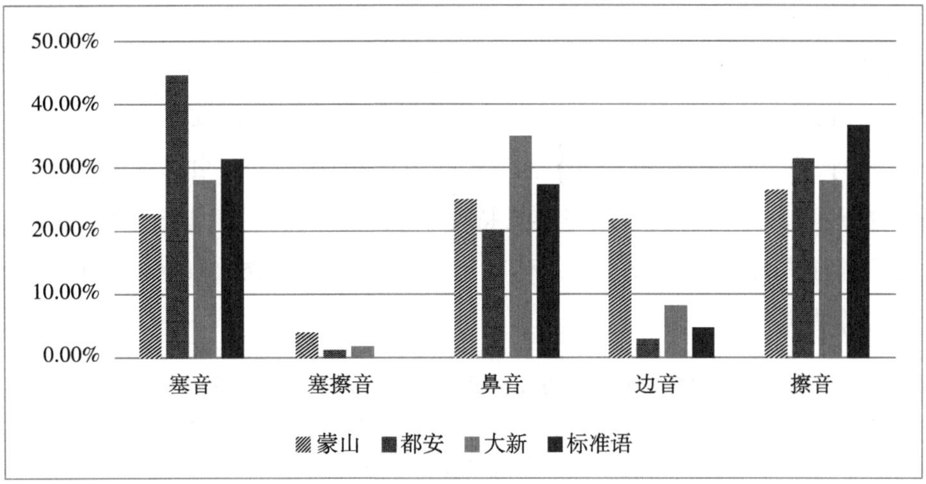

图2-6　壮语标准语、方言状貌后缀的声母组配(按发音方法)

声母组配主要考察词根与状貌后缀的双声情况。标准语的双声比例为35.2%,蒙山壮语为42.6%,都安壮语为57.4%,大新壮语为46.7%,平均为45.5%。标准语最低,三个方言点的比例接近,以都安壮语最高。

发音部位的组配情况与状貌后缀自身声母的分布情况基本一致。标准语和方言都以舌尖音居多,大新壮语和蒙山壮语较高,标准语和都安壮语较低。差异显著的是双唇音、喉音,蒙山壮语有4个双唇音p、^{ʔ}b、m、mj,频次本就不多,组配时只有p、^{ʔ}b存在双声现象,因而比例最低;至于喉音,蒙山壮语本就发达,比例自然高。

发音方法方面,各类声母的分布情况基本一致,但塞音和边音有两处参差:塞音都安壮语比最低的蒙山壮语高22.1%,而边音蒙山壮语又比最低的都安壮语高近20.0%。原因在于,方言和标准语都有5~6个塞音,都安壮语的塞音尤其是^{ʔ}b、^{ʔ}d、k的组配数量很多;蒙山壮语的边音很发达,而其他点都很有限。

以上讨论着眼于音值,可视为严式双声,此外,还普遍存在着眼于音类的宽式双声,即声母的发音部位或发音方法相同。以标准语为代表,词根与其后缀声母的所有组配情况见表2-36,严式双声与宽式双声显著存在于各个声母。试看词根声母p,严式双声的有22个,如“pɯ^{4}pa:t^{8}pa:t^{8}一窍不通”“pou^{1}pu:t^{7}pu:t^{7}[方]很不结实;太无能”,宽式双声如“pi:k^{8}^{ʔ}bup^{7}^{ʔ}bup^{7}[方]雪白”,p和^{ʔ}b都是双唇塞音,“pi^{1}^{ʔ}da:t^{7}^{ʔ}da:t^{7}[方]走路时手臂摆动得很厉害”“pa:i^{5}tu:k^{8}tu:k^{8}[方]打瞌睡的样子”,p和^{ʔ}d、t都是塞音。

表2-36还显示,组配的声母在发音方法上多有互补关系。塞音、鼻音、边音在成阻或持阻阶段均有闭塞的特征,而擦音持阻阶段并不完全闭塞,让气流通过而摩擦发音。因而,以上几类声母常常互配。例如,“kan^{3}ɣi:n^{1}ɣi:n^{1}[方]非常紧迫”“ke:u^{3}na:ŋ^{1}na:ŋ^{1}缠手

缠脚的”是塞音声母的词根组配擦音、鼻音声母的后缀，“fɯ^{2}ɣik^{7}ɣik^{7}[方]很荒凉”“θo^{6} noŋ^{1}noŋ^{1}[方]直直的”是擦音声母的词根组配塞音、鼻音声母的后缀，“mo^{5}θup^{7}θup^{7}[方]崭新”“lam^{2}θum^{1}θum^{1}蓝盈盈”是鼻音、边音声母的词根组配擦音、塞音声母的后缀。

与此同时，张元生、覃晓航（1993：34）指出，凡是以浊声母ˀb、ˀd起头的形容词，其后附音节的声母与其相同。我们的考察支持这个观点，然而，浊声母还常常与清声母互配，尽管不如浊声母互配的数量多，例如：ˀdo^{5}ta:t^{7}ta:t^{7}光秃秃、ˀba:ŋ^{1}pja:k^{8}pja:k^{8}疏落、ɣa:ŋ^{1}fɯŋ^{1}fɯŋ^{1}香喷喷。

表2-36　词根及与之组配的状貌后缀的全部声母

词根声母		后缀声母	总计
双唇音	p	同发音部位、同发音方法：p(22)、ˀb(2)、m(1)、t(1)、ˀd(3)、k(1)、kj(1) ‖ 擦音：ɕ(1)、f(4)、ɣ(7)、θ(4)、j(4)；边音、鼻音：l(11)、n(6)、ŋ(3)、ȵ(6)	77
	pj	同发音部位、同发音方法：pj(9)、ˀd(2)、k(1)、j(2) ‖ 擦音：ɕ(1)、f(1)；鼻音：n(1)、ŋ(2)	19
	ˀb	同发音部位、同发音方法：ˀb(14)、m(1)、p(1)、pj(1) ‖ 边音、擦音：l(1)、j(6)	24
	m	同发音部位、同发音方法：m(11)、ȵ(1)、p(1)；塞音：t(2)、kj(2) ‖ 擦音：f(2)、ɕ(3)、h(1)、ɣ(1)、θ(9)、j(2)；边音：l(1)	36
	mj	同发音部位、同发音方法：mj(1)	1
	w	同发音部位、同发音方法：w(7)、θ(1)、j(1)、ɕ(1) ‖ 塞音：k(1)；鼻音：l(3)、n(5)、ŋ(1)	20
唇齿音	f	同发音部位、同发音方法：f(16)、w(1)、ɕ(2)、j(1)、ɣ(4) ‖ 塞音：pj(1)、t(1)、ˀd(1)；鼻音：m(1)	28
齿间音	θ	同发音部位、同发音方法：θ(39)、w(1)、ɣ(8)、j(6) ‖ 塞音：pj(3)、t(4)、k(3)、kw(1)、kj(1)、ˀ(1)；鼻音：mj(1)、n(7)、ŋ(1)、ȵ(1)	77
舌尖音	t	同发音部位、同发音方法：t(17)、ˀd(1)、n(3)、l(2)、p(3)、pj(5)、k(1)、ˀ(5) ‖ 鼻音：m(1)、ŋ(6)、ŋw(1)、ȵ(2)；擦音：ɕ(2)、f(5)、j(21)、h(1)、ɣ(13)、θ(13)	102
	ˀd	同发音部位、同发音方法：ˀd(17)、t(2)、n(1)、l(2)、pj(1)、k(1)、kj(1) ‖ 擦音：f(4)、ɣ(1)、θ(1)、j(3)、h(1)；鼻音：mj(1)、ŋ(1)	37
	n	同发音部位、同发音方法：n(35)、t(2) ‖ 塞音：p(1)、pj(2)、k(1)、kj(2)、ˀ(1) ‖ 擦音：ɕ(1)、ɣ(6)、θ(3)、j(1)	55
	l	同发音部位、同发音方法：l(14)、t(1)、ˀ(1) ‖ 擦音：ɕ(3)、h(2)、ɣ(1)、θ(6)、j(5)；塞音：pj(1)；鼻音：ŋ(2)、ȵ(2)	38
舌面音	ɕ	同发音部位、同发音方法：ɕ(17)、j(2)、ȵ(4)、w(2)、h(2)、ɣ(7) ‖ 塞音：p(1)、pj(2)、ˀ(1)、t(1)、kj(1)；边音、鼻音：l(5)、mj(3)、n(1)、ŋ(2)	51
	j	同发音部位、同发音方法：j(4)、ȵ(1)、f(1)、ɣ(3) ‖ 塞音：t(1)、ˀb(1)、kw(2)；鼻音：mj(1)、ŋ(3)	35

续表

词根声母		后缀声母	总计
舌面音	ȵ	同发音部位、同发音方法:ȵ(25) ‖ 塞音:pj(1)、kj(1)、ˀd(2);擦音:j(1)、f(2)、θ(2)、w(1)	17
舌根音	k	同发音部位、同发音方法:k(7)、kw(2)、kj(5)、ŋ(9)、ɣ(4)、p(2)、pj(3)、ˀb(1)、t(1) ‖ 擦音:f(4)、ɕ(2)、θ(5)、h(2);边音、鼻音:l(3)、m(1)、n(3)、ȵ(5)	59
	kw	同发音部位、同发音方法:k(2)、kw(1)、t(1) ‖ 边音、鼻音:l(4)、n(1)、m(1)、mj(1);擦音:w(1)、j(2)	14
	kj	同发音部位、同发音方法:kj(8)、k(6)、p(1) ‖ 擦音:ɕ(1)、h(1)、ɣ(1)、θ(1)	19
	ŋ	同发音部位、同发音方法:ŋ(13)、ȵ(3)、n(1) ‖ 塞音:kj(1);边音:l(1);擦音:ɣ(1)、θ(3)	23
	ɣ	同发音部位、同发音方法:ɣ(27)、k(3)、kj(2)、f(5)、h(2)、j(2)、θ(4) ‖ 塞音:p(1)、t(3)、ˀd(1)、ˀ(1);鼻音:mj(1)、n(3)、ȵ(2)	57
喉音	ʔ	同发音部位、同发音方法:ˀ(12)、p(1)、t(2)、kj(2) ‖ 擦音:f(3)、ɣ(2)、θ(3)、w(2)、j(1);鼻音:m(1)、n(5)、ŋ(4)、ŋw(1)	39
	h	同发音部位、同发音方法:h(3)、ˀ(1)、w(2)、f(10)、θ(13)、ɕ(4)、j(3)、ɣ(5) ‖ 塞音:p(1)、pj(1)、t(2)、k(2)、kj(2);边音、鼻音:l(3)、mj(1)、n(3)、ŋ(3)、ȵ(2)	61

(二)韵母组配的共性和差异

表2-37　壮语标准语、方言状貌后缀的韵母组配

语言		韵母						
		后缀与词根的韵腹组配			后缀与词根的韵尾组配			
		前元音	央元音	后元音	开尾韵	元音尾	鼻音尾	塞音尾
标准语		54.3	4.0	41.7	12.2	6.9	24.6	56.2
方言	蒙山	48.0	35.1	16.9	12.6	15.4	45.3	26.7
	都安	70.9	1.9	27.2	7.4	5.9	26.0	60.7
	大新	63.6	18.9	17.5	9.6	6.4	33.9	50.1
语言		韵母						
		词根与后缀的韵腹组配			词根与后缀的韵尾组配			
		前元音	央元音	后元音	开尾韵	元音尾	鼻音尾	塞音尾
标准语		43.8	20.5	35.7	10.5	24.6	51.6	13.3
方言	蒙山	38.3	31.5	30.2	9.7	32.0	40.5	17.8
	都安	39.1	21.1	39.8	11.6	24.4	44.4	19.6
	大新	41.6	31.2	27.2	8.9	20.0	52.6	18.5

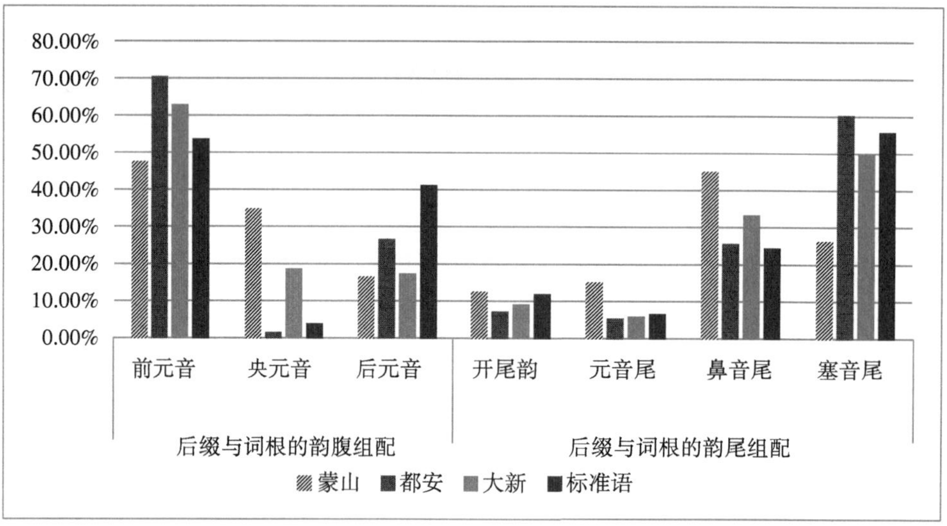

图 2-7　壮语标准语、方言状貌后缀的韵母组配(后缀配词根)

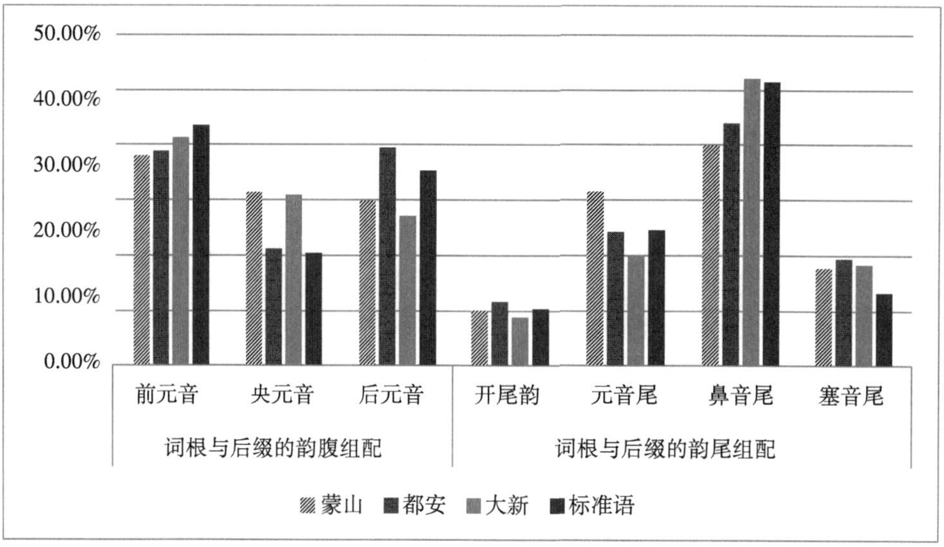

图 2-8　壮语标准语、方言状貌后缀的韵母组配(词根配后缀)

词根与状貌后缀的叠韵现象非常稀少，标准语 10 例，蒙山壮语 3 例，都安壮语 5 例，大新壮语 4 例，这一点标准语和方言非常一致。

后缀和词根韵腹组配的一致性为：整体以前元音的组配能力最突出，其次是后元音，央元音最低。不一致表现为：首先，央元音的组配率参差不齐，蒙山壮语最高，大新壮语次之，标准语和都安壮语很低，主要是各点央元音的数量和组配能力不等造成的，蒙山壮语央元音的组配能力发达，例如：lau⁶ȵaŋ⁵ȵaŋ⁵很老的（蒙山）、wan¹jəm³jəm³甜津津（蒙山）。其次，后元音的组配率，标准语比方言高出近一倍，主要是标准语后元音的组配能力比方言强,例如:kaɯ⁶ŋot⁷ŋot⁷[方]肿肿的、ne:t⁷nɯt⁷nɯt⁷[方](泥土或棉被)结实。

后缀与词根韵尾组配的一致性为:整体以塞音尾最多,鼻音尾次之,开尾韵又次之,元音尾最低。不一致为蒙山壮语的鼻音尾、元音尾的比例偏高,塞音尾的比例偏低,与其状貌后缀自身的韵母分布有关。

词根与后缀韵腹的组配情况,前元音最高,后元音次之,央元音最低,与上文一致。而韵尾的组配情况,则是整体以鼻音尾最多,元音尾次之,塞音尾又次之,开尾韵最少,元音尾的排序与上文恰好相反。主要原因是,元音尾的后缀通常优先配鼻音尾的词根,然后是塞音尾的词根,但该后缀本就数量较少,组配中不占数量优势,而有一定数量的元音尾的词根,该词根通常优先配塞音尾的后缀,然后是鼻音尾的后缀,这两类后缀的数量较多,因而在组配中占有数量优势。此外,这也反映出词根、后缀互配时往往注重音节的开闭互补。

(三)声调组配的共性和差异

表2-38 壮语标准语、方言状貌后缀的声调组配

组配	语言		声调							
			1	2	3	4	5	6	7	8
后缀配词根	标准语		39.0	0.2	1.6	0.8	1.7	0.4	29.5	26.8
	方言	蒙山	11.7	11.7	16.7	0.8	23.0	9.6	15.9	10.5
		都安	8.0	3.1	4.2	1.7	17.3	5.0	40.8	19.9
		大新	13.2	4.2	3.6	0.8	14.0	13.8	33.3	17.0
词根配后缀	标准语		22.8	15.2	14.8	3.7	17.5	13.0	9.7	3.3
	方言	蒙山	27.6	12.6	11.3	0.8	18.4	10.9	16.3	2.1
		都安	24.7	13.5	10.2	2.1	23.3	6.6	16.0	3.6
		大新	32.5	10.7	14.5	1.0	17.4	7.1	13.4	3.4

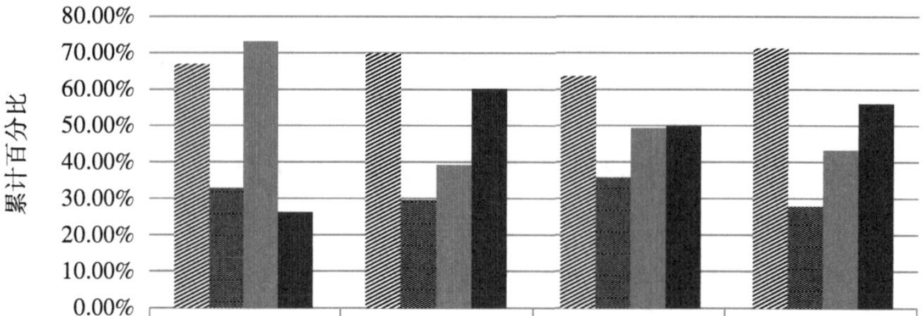

	蒙山	都安	大新	标准语
单数调	67.30%	70.30%	64.10%	71.80%
双数调	32.60%	29.70%	35.80%	28.20%
舒声调	73.50%	39.30%	49.60%	43.70%
促声调	26.40%	60.70%	50.30%	56.30%

图 2-9　壮语标准语、方言状貌后缀的声调组配（后缀配词根）

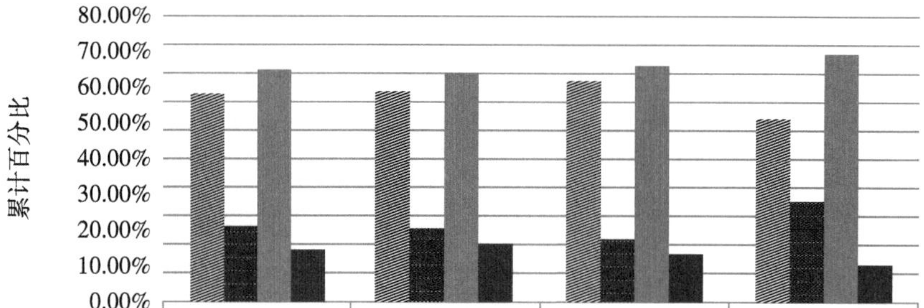

	蒙山	都安	大新	标准语
单数调	73.60%	74.20%	77.80%	64.80%
双数调	26.40%	25.80%	22.20%	35.20%
舒声调	81.60%	80.40%	83.20%	87.00%
促声调	18.40%	19.60%	16.80%	13.00%

图 2-10　壮语标准语、方言状貌后缀的声调组配（词根配后缀）

不论是后缀配词根，还是词根配后缀，其声调组配都有一个共性：调类的单双方面，单数调的比例普遍高于双数调，诸声调均以第 4 调的比例最低。

两类组配方式的差异集中在调类的舒促方面。首先，后缀配词根一项，促声调的比例普遍高于舒声调，其中比例最高的标准语与其他两个点都是促声调第 7 调，蒙山壮语则是舒声调第 5 调，这与其状貌后缀自身声调的分布有关，例如：u^{5}ȵa:ŋ^{5}ȵa:ŋ^{5}脏兮兮（蒙山）、θap^{7}θa:t^{9}θa:t^{9}涩得不能吃（都安）、kɛn^{5}ka:k^{7}ka:k^{7}硬邦邦（大新）、kwe:u^{1}la:t^{7}la:t^{7}［方］缠手缠脚（标准语）；其次，词根配后缀一项，舒声调的比例普遍高于促声调，都以第 1 调最高，例如：hau^{1}θom^{1}θom^{1}臭烘烘（蒙山）、θoŋ^{1}θup^{7}θup^{7}特舒服（都安）、khɛu^{1}pik^{7}pik^{7}青翠（大新）、la:u^{1}θum^{1}θum^{1}战战兢兢（标准语）。

由两类组配方式的差异再次证明，词根、状貌后缀的声调组配讲求舒促相配，促声调的状貌后缀常常组配舒声调的词根。

第六节 本章小结

本章对壮语状貌后缀及其与词根组配的语音规律进行了描写与比较，相较于差异，标准语与方言的共性更突出。状貌后缀与词根之间的语音关联是或然的，尽管难以用公式类推，但仍然体现出较强的语音和谐，可归纳为一致性原则与互补性原则。

一、状貌后缀声韵调的分布情况与其所属语言（方言）基本一致，偏离度较小。

1. 声母的分布，发音部位整体以舌尖音最多，舌面音、舌根音次之，双唇音又次之，接着是唇齿音，喉音最少；发音方法上整体以擦音最多，塞音、鼻音次之，边音又次之，塞擦音最少。总之，状貌后缀的声母以舌尖音、擦音占优势。

2. 韵母的分布，韵腹以前元音居多（主要是e/ɛ与a），后元音次之，央元音最少；韵尾以塞音尾居多（主要是-t），鼻音尾次之（主要是-ŋ），开尾韵次之，元音尾最少。

3. 声调以单数调、促声调居多，但也有相反的例子，即蒙山壮语以舒声调居多。

二、状貌后缀与词根的语音组配遵守一致性与互补性的原则。

1. 声母组配方面，状貌后缀与词根普遍存在双声现象，标准语与方言双声的平均率为45.5%。除了着眼于音值的严式双声，还有着眼于音类的宽式双声。组配的声母在发音方法上多有互补关系。声母组配以舌尖音、擦音的组配率最高，这与状貌后在自身的声母分布一致。

2. 韵母组配方面，鲜有叠韵现象。整体而言，韵腹以前元音，韵尾以塞音尾和鼻音尾的组配数量最多。主要规律为：词根和后缀的韵腹元音可根据舌位的前后高低以及元音的长短两两互配，韵尾则讲求音节开闭的互配以及与相同或相近的韵尾互配。

3. 声调组配方面，整体而言，单数调、促声调的组配数量多于双数调、舒声调；讲求与相同的声调互配，要么声调一致，要么调类一致；讲求声调的舒促互配。

此外，动词及其后缀（尤其是拟声类后缀）相互间的语音和谐，不如形容词、名词显著。由于拟声类后缀数量不多，本章没有分开统计。

第三章　壮语状貌后缀的语义系统、语法功能与语言风格

本章从语义系统、构词情况、语法功能、语言风格四个方面对壮语状貌后缀的表现与功能作进一步论述。由于这些方面壮语标准语与方言的差异并不显著，不再分立不同的小节，论述聚焦于壮语标准语，以方言事实为补充。

第一节　壮语状貌后缀的语义系统

关于壮语状貌后缀的语义系统，有学者做了简略概述，如韦庆稳、覃国生(1980)，广西壮族自治区少数民族语言文字工作委员会研究室编纂的《武鸣壮语语法》(1989)也有涉及；有学者在此基础上，简要比较了壮、汉语状貌后缀的语义特征，如张元生、覃晓航(1993)，张增业(1998)，韦景云、覃晓航(2006)；有学者注意到主元音的舌位变化与后缀语义等级、情感色彩的关联，如谢志民(1983)、陆天桥(1988)、韦庆稳(1985)、韦景云等(2011)、韦景云(2018)；有学者对某方言状貌后缀做了形音义用的综合研究，比较典型的如韦玉珧(2016)。就我们目力所及，尚未看到壮语状貌后缀语义的专题论述，现有研究多为简述，系统性与关联性不足。

本节运用语义学的理论与方法，依据语义结构、语义类型、语义功能3个方面，并以相关数据作为支撑，进一步探讨壮语状貌后缀语义系统的表现与特征。

一、状貌后缀与词根的语义组合关系

状貌后缀中，一小部分拟声语素属于可以独立运用的成词语素，语义比较明确，例如：ha^{1}ha^{1}哈哈、ŋa^{1}ŋa^{1}哇哇、pa:ŋ^{1}pa:ŋ^{1}砰砰，因而有学者称其为拟声词、声貌词(广西壮族自治区少数民族语言文字工作委员会研究室 1989；梁敏 1980)。绝大部分后缀属于

不能独立运用的非词语素，其中大部分的语义完全虚化①，如“na:ŋ^{1}na:ŋ^1”“te:m^{1}te:m^1”“ɣik^{7}ɣik^7”；小部分的语义处于虚化中，如“ja:u^{1}ja:u^1”与汉语“悠悠”意义相似，构成的一组词如：ˀbɯŋ^{1}ja:u^{1}ja:u^{1}满面愁容、fɯ^{2}ja:u^{1}ja:u^{1}很荒凉、he:u^{1}ja:u^{1}ja:u^{1}翠绿、hoŋ^{5}ja:u^{1}ja:u^{1}空荡荡、kwe:ŋ^{5}ja:u^{1}ja:u^{1}晴朗、θaɯ^{1}ja:u^{1}ja:u^{1}清清的，有程度深化的意味。

词根的语义与其形容词、动词、名词的语法属性相对应，分为性状义、行为义、事物义，以性状义占优势，行为义次之，事物义最少。后缀的语义分为拟声义、摹状义、拟声兼摹状义，以摹状义占优势，拟声义次之，拟声兼摹状义最少。词根与后缀的搭配通常比较固定，两者的语义组合主要有四类。

（1）行为义词根搭配拟声义后缀，能说明声音的性质及来源。例如“ɣo^{5}敲”，其后缀“pa:ŋ^{1}pa:ŋ^1”指敲锣，“tum^{1}tum^1”指敲鼓；又如“ti:u^{5}跳”，其后缀“pak^{8}pak^8”指寻常心跳，“pup^{8}pup^8”指害怕的心跳，“tɯt^{7}tɯt^7”指惊慌或发怒的心跳。此外，有的拟声义后缀兼带摹状意味，例如：kon^{3}fot^{8}fot^{8}奔腾、kjuk^{7}hu^{1}hu^{1}轰轰烈烈，后缀除了模拟声音也含有动作密集的意味。

（2）行为义词根搭配摹状义后缀，能说明行为的方式及状态。例如“pja:i^{3}走”，其后缀“tam^{1}tam^1”指孩童蹒跚学步，“ɕak^{8}ɕak^8”指走马的姿态，“ˀdi:k^{7}ˀdi:k^7”指慢走，“ˀdi:ŋ^{1}ˀdi:ŋ^1”指轻快地走，“ju:k^{7}ju:k^7”指不紧不慢地走，“ŋoŋ^{1}ŋoŋ^1”指垂头丧气步伐凌乱地走，“ŋɯt^{8}ŋɯt^8”指慢慢地鬼鬼祟祟地走。

（3）性状义、事物义词根搭配摹状义后缀，能描摹事物的具体状态。例如“ˀba:ŋ^{1}薄”，其后缀“ˀbe:ŋ^{1}ˀbe:ŋ^1”形容纸张、布类的薄，“ˀbe:t^{7}ˀbe:t^7”形容被子和衣服的薄，“ˀbi^{1}ˀbi^1”形容像薄膜一样薄。又如“ŋa:i^{6}脏”，其后缀“ŋa:t^{8}ŋa:t^8”指物体脏污，“ŋɯt^{8}ŋɯt^8”指身体脏污。再如“hon^{2}烟雾”，其后缀“ŋe:u^{5}ŋe:u^5”指炊烟袅袅，“fɯt^{8}fɯt^8”指烟雾滚滚。

（4）性状义、行为义、事物义的词根搭配摹状义后缀（包括一些拟声义后缀），能凸显事物的量级特征。例如“po:ŋ^{2}膨胀”，其后缀“pot^{8}pot^8”指对象体积大，“pe:t^{7}pe:t^7”指对象体积小；又如“fei^{5}簸”，其后缀“ɕa:t^{7}ɕa:t^7”指沙沙声，“ɕe:t^{7}ɕe:t^7”指嗞嗞声。此外，行为义、事物义的词根搭配摹状义后缀，词根的语义范畴发生转换，由行为义、事物义转为性状义，即形容词化。例如“pa:i^{2}排列”，搭配摹状义后缀“le^{1}le^1”指小的东西一个接一个地排着，“ɣa:i^{1}ɣa:i^1”指很多东西乱七八糟摆放着；又如“ȵaŋ^{5}杂草”，搭配摹状义后缀“ȵa:t^{7}ȵa:t^7”指杂草丛生的，“θaŋ^{1}θaŋ^1”指杂草蓬乱的。

① 这是就共时层面而言的，部分虚语素可能由实语素虚化而来，暂不讨论。

二、状貌后缀与词根的语义组合理据

词根与后缀的语义组合不是任意的，两者组合受语义限制，具有理据性。一般而言，摹状义后缀的语义范畴比较宽泛，能搭配性状义、行为义、事物义的词根；拟声义后缀的语义范畴比较狭窄，只能搭配行为义词根；拟声兼摹状义后缀具有跨范畴性，语义范畴更狭窄，只能搭配有限的行为义词根。具体情况包括以下几个方面。

（1）词根与后缀的语义组合必须依据内在客观的逻辑关系。例如，后缀“ha^{1}ha^{1}”、“he^{1}he^{1}”都来自笑声，理应与“ɣi:u^{1}笑”相联系，不能搭配如“tai^{3}哭”“ɕi:ŋ^{5}唱”等词根；又如，后缀“θa:k^{7}θa:k^{7}”通常与“ha:u^{1}白”“mo^{5}新”“θe:u^{5}干净”等“明净”义词根搭配，构成ha:u^{1}θa:k^{7}θa:k^{7}白亮亮、mo^{5}θa:k^{7}θa:k^{7}新崭崭、θe:u^{5}θa:k^{7}θa:k^{7}干干净净，不能搭配如“lap^{7}黑”“mjo^{4}模糊”等“晦暗”义词根，这些都是语义限制的选择结果。

（2）词根与后缀的语义组合必须考虑情感色彩和谐。例如，后缀“ȵa:t^{7}ȵa:t^{7}”通常不搭配如“a:ŋ^{5}高兴”“^{ʔ}dei^{1}好”“kjau^{1}美”等褒义色彩的词根，它构成的一组状貌词均有贬义色彩：ȵaŋ^{5}ȵa:t^{7}ȵa:t^{7}杂草丛生的、ȵa^{5}ȵa:t^{7}ȵa:t^{7}多渣的、puɯn^{1}ȵa:t^{7}ȵa:t^{7}毛糙的、ȵaŋ^{5}ȵa:t^{7}ȵa:t^{7}很忙乱、ȵau^{5}ȵa:t^{7}ȵa:t^{7}皱巴巴、ȵa:p^{7}ȵa:t^{7}ȵa:t^{7}很粗糙、ȵuŋ^{5}ȵa:t^{7}ȵa:t^{7}乱纷纷。又如，后缀“ni^{1}ni^{1}”“li^{1}li^{1}”通常不搭配如“hau^{1}臭”“lu:n^{6}乱”“ɣɯ:i^{4}坏”等贬义色彩的词根，它构成的一组状貌词均有褒义色彩：na:i^{5}ni^{1}ni^{1}软弱的、le:m^{1}li^{1}li^{1}尖尖的、lu:n^{2}li^{1}li^{1}圆圆的。

（3）有的后缀语义虚化程度较高，与词根的搭配呈泛化态势。例如“fɯt^{8}fɯt^{8}”是一个高频后缀，能搭配多个词类，涉及不同的语义范畴，构成含“密集”“程度较大”意味的一组状貌词。

性状：fou^{2}fɯt^{8}fɯt^{8}粥煮得稀烂、fu:m^{4}fɯt^{8}fɯt^{8}黄昏天色昏暗、fɯ^{2}fɯt^{8}fɯt^{8}荒芜、hɯŋ^{1}fɯt^{8}fɯt^{8}欣欣向荣、hoŋ^{6}fɯt^{8}fɯt^{8}生机勃勃、wi^{1}fuŋ^{1}fɯt^{8}fɯt^{8}威风凛凛、hɯŋ^{1}fa:t^{7}fɯt^{8}fɯt^{8}生机勃勃。

空间：^{ʔ}dat^{7}fɯt^{8}fɯt^{8}很拥挤。

动态：tai^{3}fɯt^{8}fɯt^{8}呜咽、ɣon^{4}fɯt^{8}fɯt^{8}喷涌。

嗅觉：ho:m^{1}fɯt^{8}fɯt^{8}芬芳、ɣa:ŋ^{1}fɯt^{8}fɯt^{8}香馥馥。

触觉：aŋ^{1}fɯt^{8}fɯt^{8}酷热、hɯŋ^{5}fɯt^{8}fɯt^{8}酷热、^{ʔ}da:t^{7}fɯt^{8}fɯt^{8}热腾腾。

（4）词根与后缀的语义组合也可以是约定俗成的。有的后缀只搭配某一个或某几个词根，例如：pjou^{2}pjot^{8}pjot^{8}慢慢沸腾、ta:m^{2}pjot^{8}pjot^{8}唠唠叨叨、nau^{6}pjot^{8}pjot^{8}在水中腐烂。“pjot^{8}pjot^{8}”可拟声可摹状，视词根义而定。

三、状貌后缀的语义类别

状貌后缀的语义涵盖面非常宽泛，以其语义结构为分类原则，分为3个级别的义类，其中3个一级义类，6个二级义类，17个三级义类。一级义类中摹状类最多，拟声类次之，拟声兼摹状类最少。所在类属若有交叉，视具体情况而定，如拟声类与感官类的听觉小类都跟声音有关，拟声类纯粹拟声且以动词为词根，感官类的听觉小类含主观情感色彩且以形容词为词根，故各自分立；又如"高矮""胖瘦"等外在性状主要与形态类有关，也与感官类的视觉小类有关，考虑到类属的系统性，这里将其归为形态类。表3–1至3–4中归纳的项目仅作举例说明。

(一)拟声类

顾名思义，该类状貌后缀主要描写声音，搭配动词词根，有60个，占总数6.5%。根据声音主体，该类分3个二级义类，4个三级义类。不过，后缀所拟声音与声源未必完全一致，有的只是近似，需要凭借感觉和生活经验去理解。

1. 人的声音

该类状貌后缀的声音主体为人，主要分2个三级义类，表3–1中的项目1~8与人面部活动的声音有关，9~13与人肢体活动的声音有关。

表3–1　声音主体为人的拟声后缀

项目		例词			
1	笑声	ɣi:u^{1}ha^{1}ha^{1} 笑哈哈	ɣi:u^{1}he^{1}he^{1} 笑嘻嘻	ɣi:u^{1}kak^{7}kak^{7} 笑咯咯	ɣi:u^{1}hok^{7}hok^{7} 笑呵呵
2	哭声	tai^{3}a^{1}a^{1} 哀号	tai^{3}ŋa^{1}ŋa^{1} 嚎啕大哭	tai^{3}ɯ^{1}ɯ^{1} 嚎啕大哭	tai^{3}θe:p^{7}θe:p^{7} 小声哭泣
3	说话	ka:ŋ^{3}θa:p^{8}θa:p^{8} 耳语声	ka:ŋ^{3}θe:p^{8}θe:p^{8} 嘀咕、耳语	ka:ŋ^{3}kwe^{1}kwe^{1} (小孩)自言自语	ka:ŋ^{3}ɕe^{1}ɕe^{1} 小孩说笑声
4	歌唱	ɕi:ŋ^{5}ŋa^{1}ŋa^{1} 歌声高扬	ɕi:ŋ^{5}ŋɯŋ^{1}ŋɯŋ^{1} 低声吟唱	—	—
5	咳嗽	ai^{1}kjo^{1}kjo^{1} 咳得很厉害，喉头里有痰塞住的咳声	ai^{1}e:p^{8}e:p^{8} 轻而慢地咳	—	—
6	喘气	pak^{8}fe^{1}fe^{1} 气喘吁吁(较轻)	pak^{8}fo^{1}fo^{1} 气喘吁吁(较重)	—	—
7	喊叫	he:m^{5}ȵu^{1}ȵu^{1} 哇哇叫	he:m^{5}ŋa:u^{1}ŋa:u^{1} 嗷嗷叫	θɯ:n^{3}on^{1}on^{1} 连哭带叫	he:u^{6}ɕa^{1}ɕa^{1} 叫喳喳

续表

项目		例词			
8	咀嚼	ke:u^{4}pjo:p^{7}pjo:p^7 咔嘣咔嘣地嚼	ȵa:i^{3}pjup^{8}pjup^8 嚼脆物声	ȵa:i^{3}kjɯt^{8}kjɯt^8 嚼硬物声	—
9	心跳	ti:u^{5}pak^{8}pak^8 心怦怦跳动	ti:u^{5}pup^{8}pup^8 害怕时心跳	ti:u^{5}tɯt^{7}tɯt^7 惊慌或发怒时心跳	—
10	击打	ɣo^{5}pa:ŋ^{1}pa:ŋ^1 敲锣声	ɣo^{5}tum^{1}tum^1 敲鼓声	mop^{8}pa:t^{7}pa:t^7 捶打的声音	—
11	筛米	fei^{5}ɕa:t^{7}ɕa:t^7 簸米的沙沙声	fei^{5}ɕe:t^{7}ɕe:t^7 簸米的嚓嚓声	—	—
12	剪切	ɣat^{8}kja:k^{7}kja:k^7 使劲剪的声音	ɣat^{8}ke:t^{7}ke:t^7 较轻剪的声音	—	—
13	拖行	ɣa:k^{8}fu^{1}fu^1 拖着东西跑时发出的摩擦声	—	—	—

2.动物的声音

该类状貌后缀的声音主体为动物，数量较少，无下级分类。例如：kjuk^{7}o^{4}o^4（母鸡）喔喔叫、ŋa:t^{8}kju^{1}kju^1（动物）擦墙声、θai^{1}ɣa:t^{7}ɣa:t^7（马）嘶鸣。

3.自然界、机械的声音

该类状貌后缀的声音主体为自然界现象、机械器物等，数量较少，主要分2个三级义类。

（1）与风雷水火等自然界现象有关。例如：kun^{3}ɕo^{1}ɕo^{1}水声哗哗、ke:u^{3}fa^{1}fa^{1}旋风一团团地卷起、lon^{5}θo^{2}θo^2[方](树叶、果子)纷纷地落下、man^{3}ɣum^{1}ɣum^{1}雷声隆隆响。

（2）与生产劳动的器械有关。例如：mu^{6}θa^{1}θa^{1}磨（谷）沙沙声、pjau^{2}pju:t^{8}pju:t^8（锅盖下传来的）沸腾声、kon^{3}pi^{1}pi^{1}慢慢沸腾、kon^{3}pjɯt^{8}pjɯt^{8}滚滚沸腾。

（二）摹状类

该类状貌后缀描摹状态且带有主观评价，数量非常丰富，有840个，占总数91.1%。根据描摹对象，分3个二级义类、13个三级义类。

1.形态类

该类后缀的词根通常是形容词，同一个词根带上不同的后缀能够非常精细地描摹事物的形态，包括高矮、胖瘦、长短等比较客观的外在特征，乃至好坏、远近等抽象的特征。该类分3个三级义类，表3-2项目1~15与性质状态有关，16~20与空间有关，21与时间有关。

表3-2　形态类摹状后缀

项目		例词			
1	高矮	θa:ŋ^{1}kwa:ŋ^{1}kwa:ŋ^{1} 高高的（指动物）	θa:ŋ^{1}wit^{8}wit^{8} 高高的（指山）	tam^{5}to:t^{7}to:t^{7} 矮矮的（动植物）	tam^{5}te:t^{7}te:t^{7} 矮矮的
2	胖瘦	pi^{2}pɯt^{8}pɯt^{8} 胖墩墩	pi^{2}lot^{8}lot^{8} 矮而胖	pjo:m^{1}pja:t^{7}pja:t^{7} 很瘦	pjo:m^{1}pje:t^{7}pje:t^{7} 很瘦（一般指小孩）
3	长短	ɣai^{2}ɣa:ŋ^{1}ɣa:ŋ^{1} 长长的	ɣai^{2}ɣe:ŋ^{1}ɣe:ŋ^{1} 长长的 （指面积狭窄的物体）	tin^{3}te:t^{7}te:t^{7} 很短的	—
4	曲直	kau^{2}ŋa:u^{5}ŋa:u^{5} 弯弯曲曲的	kau^{2}ȵe:u^{1}ȵe:u^{1} 弯弯曲曲的	θo^{6}ɣa:ŋ^{1}ɣa:ŋ^{1} （大物体）长而直	θo^{6}ɣe:ŋ^{1}ɣe:ŋ^{1} （小物体）长而直
5	厚薄	na^{1}nok^{7}nok^{7} 厚厚的	na^{1}nɯt^{7}nɯt^{7} 厚厚的	ˀba:ŋ^{1}ˀbe:ŋ^{1}ˀbe:ŋ^{1} 薄薄的 （指纸张、布类等）	ˀba:ŋ^{1}ˀbi^{1}ˀbi^{1} 薄薄的 （像薄膜一样薄）
6	好坏	ˀdei^{1}ˀdi^{1}ˀdi^{1} 好端端	ˀdei^{1}ˀdup^{7}ˀdup^{7} 极好	ɣɯ:i^{4}ɣa:t^{8}ɣa:t^{8} 劣等	ɣɯ:i^{4}ɣa:n^{1}ɣa:n^{1} （东西）破烂不堪
7	圆扁	lu:n^{2}lu^{1}lu^{1} 圆滚滚	ˀdu:n^{1}ˀdu^{1}ˀdu^{1} 圆滚滚	pe:n^{3}pa:ŋ^{5}pa:ŋ^{5} 扁扁的	pe:n^{3}pa:t^{7}pa:t^{7} 扁扁的
8	尖钝	θom^{1}θe:ŋ^{5}θe:ŋ^{5} 尖尖的	θom^{1}θe:t^{7}θe:t^{7} 尖尖的	pum^{3}pɯt^{7}pɯt^{7} 很钝	—
9	正歪	ɕiŋ^{5}li^{1}li^{1} 很端正	ŋe:ŋ^{1}ŋa:u^{1}ŋa:u^{1} （大物体）歪歪斜斜	ŋe:ŋ^{1}ȵe:u^{1}ȵe:u^{1} （小物体）歪歪斜斜	—
10	轻重	ˀbau^{1}ˀbe:ŋ^{1}ˀbe:ŋ^{1} 轻轻的	ˀbau^{1}ˀbi:ŋ^{1}ˀbi:ŋ^{1} 轻飘飘	nak^{7}kjɯk^{8}kjɯk^{8} 很沉重	nak^{7}ɣa:n^{1}ɣa:n^{1} 很沉重
11	平凹	piŋ^{2}pɯt^{8}pɯt^{8} 很平	ˀdɯn^{3}na:t^{7} 物体表面凹凸不平	kum^{2}ka:m^{4} 坎坷不平	kum^{2}ke:m^{4} 凹凸不平
12	平皱	ɣau^{2}ɣa:t^{8}ɣa:t^{8} 光滑	ŋau^{2}ŋɯt^{8}ŋɯt^{8} 光滑	ȵau^{5}ȵa:t^{7}ȵa:t^{7} 皱皱的	ȵau^{5}ȵe:t^{7}ȵe:t^{7} 皱皱的
13	清浊	θaɯ^{1}tik^{7}tik^{7} 清清的	θaɯ^{1}ja:u^{1}ja:u^{1} 清清的	hom^{2}nop^{7}nop^{7} 浑浊的样子	noŋ^{2}nɯt^{7}nɯt^{7} 浑浊貌
14	净污	θe:u^{5}θa:k^{7} 干净	ŋa:i^{6}ŋa:t^{8}ŋa:t^{8} 脏脏的（指物体）	ŋa:i^{6}ŋɯt^{8}ŋɯt^{8} 脏脏的（指身体）	u^{5}a:t^{7}a:t^{7} 脏兮兮
15	快慢	wa:i^{5}wit^{7} 快速	ɣi:ŋ^{3}ɣe:t^{7}ɣe:t^{7} 很利索	num^{5}na:t^{7}na:t^{7} 慢吞吞	num^{5}nɯt^{7}nɯt^{7} 慢腾腾

续表

项目		例词			
16	宽窄	kwa:ŋ^{5}tum^{1} 面积很宽广 （多指房屋、河流、布面等）	kwa:ŋ^{5}mja:ŋ^{1}mja:ŋ^{1} 面积很宽广 （多指房屋、河流、布面等）	kap^{8}ke:t^{8}ke:t^{8} 很窄	he:p^{8}ȵe:p^{7}ȵe:p^{7} 很狭窄
17	疏密	ça^{4}ça:ŋ^{6}ça:ŋ^{6} 稀稀疏疏	ça^{4}çe:ŋ^{1}çe:ŋ^{1} 稀稀疏疏	ȵat^{8}ȵup^{8}ȵup^{8} 密麻麻	ȵat^{8}jup^{8}jup^{8} 密密麻麻
18	满空	ɣim^{1}pɯt^{7}pɯt^{7} 满当当	ɣim^{1}ɣa:t^{8}ɣa:t^{8} 满满的	hoŋ^{5}wa:t^{7}wa:t^{7} 空荡荡	hoŋ^{5}ja:u^{1}ja:u^{1} 空荡荡
19	陡缓	liŋ^{5}la:ŋ^{1}la:ŋ^{1} 险峻	liŋ^{5}la:u^{1}la:u^{1} 陡峻	piŋ^{2}ɣi:n^{1}ɣi:n^{1} 宽广平坦	piŋ^{2}ɣɯt^{8}ɣɯt^{8} 平坦
20	远近	kjai^{1}ki^{1}ki^{1} 遥远	kjai^{1}kja:ŋ^{1}kja:ŋ^{1} 遥远	kjai^{1}kji^{1}kji^{1} 辽远	kan^{6}ki^{5}ki^{5} 很近
21	时间	na:n^{2}ni^{1}ni^{1} 时间长久	na:n^{2}ne^{1}ne^{1} 久久的	—	—

2. 动态类

该类后缀的词根通常是动词，能够描摹人、动物及物体的不同动态，分4个三级义类，表3-3项目1~2与面部活动有关，3与思维活动有关，4~8与肢体活动有关，9~10与物体活动有关。

表3-3　动态类摹状后缀

项目		例词			
1	表情	ɣi:u^{1}ȵum^{1}ȵum^{1} 笑眯眯	tai^{3}i:k^{7}i:k^{7} 悲惨地哭	çim^{1}mja:u^{1}mja:u^{1} 目不转睛	jaɯ^{3}mjok^{8}mjok^{8} 眼巴巴
2	饮食	kɯn^{1}ŋop^{8}ŋop^{8} 大口地吃	kɯn^{1}pjok^{7}pjok^{7} 乱纷纷地抢着吃	ʔdot^{7}kja:t^{7}kja:t^{7} 大口吞饮	ʔdot^{7}ke:t^{7}ke:t^{7} 小口慢喝
3	思虑	ŋei^{4}lok^{7}lok^{7} 沉思	ŋei^{4}ne:m^{2}ne:m^{2} 热切希望	kjai^{2}ki^{1}ki^{1} 很想念	kjai^{2}kjɯt^{8}kjɯt^{8} 很想念
4	抖动	θan^{2}ti:ŋ^{1}ti:ŋ^{1} 发抖不停	θan^{2}kjɯk^{8}kjɯk^{8} 浑身发抖	θan^{2}tɯt^{8}tɯt^{8} 冷得发抖、怕得发抖	θan^{5}te:t^{8}te:t^{8} 微微抖动貌（指物体）
5	摆动	pi^{1}fa:i^{1}fa:i^{1} 走路时手臂摆动很厉害	pi^{1}ʔda:t^{7}ʔda:t^{7} 走路手臂摆动很厉害 （常指轻浮的年轻女子）	pi^{1}na:ŋ^{1}na:ŋ^{1} 悬挂物来回摆动	pat^{7}na:ŋ^{1}na:ŋ^{1} 悬挂物来回摆动

续表

项目		例词			
6	挥动	wa:t^{8}lon^{1}lon^{1} 密密地挥动	wa:t^{8}wa:t^{7}wa:t^{7} 慢慢地扇	wa:t^{8}je:k^{8}je:k^{8} 密密地挥动	—
7	爬行	ɣu:n^{2}kop^{8}kop^{8} 慢慢地爬	ɣu:n^{2}kja:n^{6}kja:n^{6} 小孩满地爬	—	—
8	蠕动	ɕa:n^{5}ȵot^{8}ȵot^{8} 很多蛆虫蠕动的样子	ɕa:n^{5}ȵɯt^{8}ȵɯt^{8} 蛆虫蠕动的样子	—	—
9	转动	pan^{5}la:u^{1}la:u^{1} (大物体)转得很快	pan^{5}le:t^{7}le:t^{7} (小物体)转得很快	ɕu:n^{6}ȵe:u^{1}ȵe:u^{1} 物体连续快速转动	ɕu:n^{6}wa:ŋ^{1}wa:ŋ^{1} 盘旋貌
10	颤动	ne:u^{2}ne:t^{8}ne:t^{8} 颤悠悠	ne:u^{2}na:t^{8}na:t^{8} 颤动很厉害	—	—

3. 感官类

此类后缀与人的主观感受有关，以形容词为词根，分6个三级义类，表3-4项目1为心理感受，2~4为触觉，5为嗅觉，6~8为味觉，9~10为视觉，11为听觉。

表3-4 感官类摹状后缀

项目		例词			
1	喜忧	a:ŋ^{5}wa:u^{1}wa:u^{1} 喜洋洋	a:ŋ^{5}fɯ^{1}fɯ^{1} 乐滋滋	ˀbɯŋ^{1}ja:u^{1}ja:u^{1} 满面愁容	ȵa:p^{7}θap^{8}θap^{8} 闷闷不乐
2	冷暖/热	nit^{7}θi^{2}θi^{2} (天气)很冷	kjot^{7}ɕa:t^{7}ɕa:t^{7} 冷冰冰	ɣau^{3}ɣup^{8}ɣup^{8} 暖烘烘	ˀdat^{7}fot^{8}fot^{8} 热乎乎
3	干湿	haɯ^{5}ɕa:k^{8}ɕa:k^{8} 干巴巴	θa:u^{3}θa:t^{7}θa:t^{7} 干干的	tum^{2}ɕa:t^{7}ɕa:t^{7} 湿漉漉	ˀbai^{5}ˀba:t^{7}ˀba:t^{7} 湿漉漉
4	稠稀	kɯk^{8}ˀbot^{8}ˀbot^{8} 稠稠的	kɯk^{8}ŋɯt^{7}ŋɯt^{7} 稠稠的	θaɯ^{1}θa:ŋ^{1}θa:ŋ^{1} 稀溜溜	ɕuk^{7}ɕe:t^{7}ɕe:t^{7} 稀溜溜
5	香臭	hom^{1}fɯŋ^{1}fɯŋ^{1} 香喷喷	hom^{1}fɯt^{7}fɯt^{7} 香喷喷	hau^{1}ŋa:u^{5}ŋa:u^{5} 臭烘烘	hau^{1}θaŋ^{1}θaŋ^{1} 臭烘烘
6	酸甜	θom^{3}θe:t^{7}θe:t^{7} 酸溜溜	θom^{3}θa:t^{7}θa:t^{7} 酸不可吃	ti:m^{2}ɣi^{1}ɣi^{1} 甜津津	ti:m^{2}θop^{8}θop^{8} 甜甜的
7	咸淡	ˀdaŋ^{5}ˀda:t^{7}ˀda:t^{7} 很咸的	ˀdaŋ^{5}ˀde:t^{7}ˀde:t^{7} 有点咸的	ɕit^{7}ɕa:ŋ^{1}ɕa:ŋ^{1} 淡淡的	ɕit^{7}ɕa:t^{7}ɕa:t^{7} 淡淡的
8	苦辣	ham^{2}ŋa:m^{5}ŋa:m^{5} 很苦的	ham^{2}ɣa:ŋ^{5}ɣa:ŋ^{5} 苦苦的	ma:n^{1}θak^{8}θak^{8} 辣呼呼	ma:n^{1}θaŋ^{1}θaŋ^{1} 辣辣的

续表

项目		例词			
9	颜色	^{ʔ}dam^{1ʔ}dut^{7ʔ}dut^{7} 黑油油	ha:u^{1}θa:k^{7}θa:k^{7} 白花花	hoŋ^{2}u^{1}u^{1} 红通通	he:u^{1}ja:u^{1}ja:u^{1} 翠绿
10	光线	ɣo:ŋ^{6}θa:k^{8}θa:k^{8} 亮光光	ɣo:ŋ^{6}mja:p^{8}mja:p^{8} 荧荧(形容星光或灯烛光)	^{ʔ}do:ŋ^{5}pja:m^{3}pja:m^{3} 亮闪	lap^{7}ŋa:u^{1}ŋa:u^{1} 黑洞洞
11	闹静	na:u^{6}on^{1}on^{1} 闹哄哄	ɕa:u^{2}hu^{2}hu^{2} 嘈杂	ɕam^{1}ɣɯk^{8}ɣɯk^{8} 静悄悄	tiŋ^{6}ɣik^{7}ɣik^{7} 静悄悄

(三)拟声兼摹状类

还有一类特殊后缀——拟声兼摹状类,该类以动词为词根,有22个,占总数2.4%,无下级分类。拟声兼摹状就是利用声音将事物的状态传达出来,具有跨范畴的特征。例如:fei^{5}ɣe:t^{7}ɣe:t^{7}又轻又快地簸、kon^{3}fot^{8}fot^{8}奔腾、pja:i^{3}fot^{8}fot^{8}[方]形容很多人走路走得很快的样子、tok^{7}pjok^{8}pjok^{8}[方]纷纷地往下落、kjuk^{7}hu^{1}hu^{1}轰轰烈烈。其中"ɣe:t^{7}ɣe:t^{7}"不仅表示筛米声沙沙作响,也体现出动作的轻快,"fot^{8}fot^{8}""hu^{1}hu^{1}""pjok^{8}pjok^{8}"不仅表示动作的声音,还带有密集的意味。

由上可见,壮语状貌后缀的语义体系丰富精细,尤其是摹状类后缀,不论具象或抽象的事物都可以从不同层面、不同程度去表达。

四、状貌后缀的语义特征

通过对状貌后缀语义类别的梳理,其语义特征可概括为三个方面,后缀及其结构类型在其中承担主要作用。

(一)描绘性与限制性

单个词根所表示的事物性状通常单一而固定,附加后缀一方面能使词根的语义更加丰富、形象、生动,另一方面能对词根的语义加以区别,试比较下面四组词。

(1)θa:ŋ^{1}高:θa:n^{5}kwa:ŋ^{1}kwa:ŋ^{1}高高的(形容动物)、θa:ŋ^{1}ne:ŋ^{1}ne:ŋ^{1}巍然(形容山或建筑物)、θa:ŋ^{1}wit^{8}wit^{8}高高的(形容山)、θa:ŋ^{1}θa:t^{7}θa:t^{7}很高(形容声音)。

(2)pi^{2}肥胖:pi^{2}lo^{1}lo^{1}胖胖的(形容小孩)、pi^{2}lu^{1}lu^{1}肥得滚瓜溜圆(一般形容猪)。

(3)taŋ^{3}竖:taŋ^{3}pjoŋ^{1}pjoŋ^{1}密集地竖立着(形容树林等)、taŋ^{3}ɕɯ^{1}ɕɯ^{1}竖起(形容毛发)、taŋ^{3}ȵe:t^{7}ȵe:t^{7}竖得直直的(形容小的东西)。

(4)fou^{2}浮：fou^{2}pjoŋ^{1}pjoŋ^{1}很多轻的物体飘浮在水面上的样子、fou^{2}fa:ŋ^{1}fa:ŋ^{1}很多轻的物体漂浮在水面上的样子、fou^{2}fe:t^{7}fe:t^{7}(小船)在水中飘荡、fou^{2}fe:t^{8}fe:t^{8}形容行为轻浮、fou^{2}fɯt^{8}fɯt^{8}粥煮得稀烂，也指病人身体虚弱，走路时飘浮无力、fou^{2}wa:ŋ^{1}wa:ŋ^{1}重病初愈、身体虚弱、头重脚轻、走起路来踉踉跄跄的。

第一组词，词根都是"高"，不同的状貌后缀描绘了"高"的不同对象，非常细腻。第二组词，状貌后缀能区别人与动物，"lo^{1}lo^{1}"指小孩，"lu^{1}lu^{1}"一般形容猪。第三组词，状貌后缀能区别不同的状态，"pjoŋ^{1}pjoŋ^{1}"形容大的物体(如树木)密集地竖立，"ɕɯ^{1}ɕɯ^{1}"形容毛发竖立，"ȵe:t^{7}ȵe:t^{7}"形容小的物体直直地竖立。第四组词，前三个后缀都与词根本义有关，描绘"浮"的不同状态，后三个则与词根引申义有关，描绘了"行动"和"脚步"、"粥"的轻浮、稀烂。

(二)表达量级差异

量度形容词绝大多数能带状貌后缀，状貌后缀表达量级差异主要有两种途径：一是后缀主元音的交替，体现了量的变化；二是结构类型的转换，体现了级的变化。

1.主元音交替

元音的舌位和开口度能够形象地描摹不同的情状，展现量的变化。壮语标准音有六个元音i、e、a、o、u、ɯ，主元音交替的规律为：同为前元音，舌位越高，开口度越小，表达的量越小；同为后元音，舌位越高，开口度越小，表达的量越大；前元音相比后元音，表达的量更小，这种规律与"语音象似性"①有关(张敏1997:43)。每个词根搭配后缀的数量不等，后缀主元音交替的常见情况有以下4种，以二元音交替最常见。下文">"代表前者蕴含的量大于后者。

(1)二元音交替

①a>e，这种情况比较典型，两者同为前元音，e的开口度小于a，舌位高于a，e表小量，a表大量。例如：ha:u^{1}θa:k^{7}雪白(面积或范围较大)>ha:u^{1}θe:k^{7}雪白(面积或范围较小)、ni:u^{1}na:ŋ^{5}很粘(比后者粘度大)>ni:u^{1}ne:k^{7}[方]很粘、un^{5}na:m^{1}na:m^{1}[方]软绵绵的(指较大的物体)>un^{5}ne:m^{1}ne:m^{1}[方]软绵绵的(指较小物体)、ɣat^{8}kja:k^{7}kja:k^{7}使劲剪的声音(比后者程度重)>ɣat^{8}ke:t^{7}ke:t^{7}剪东西的声音。

②ɯ/o>e，ɯ、o为后元音，e为前元音，e表达的量小于前两者。例如：ŋa:u^{2}ŋɯt^{8}ŋɯt^{8}东西放不稳摇动(比后者厉害)>ŋa:u^{2}ȵe:k^{8}ȵe:k^{8}东西放不稳摇动、ȵa:ŋ^{5}ȵɯt^{7}ȵɯt^{7}[方]很坚韧的(指较大的东西)>ȵa:ŋ^{5}ȵe:t^{7}ȵe:t^{7}[方]很韧(指较小的东西)、θat^{7}noŋ^{1}noŋ^{1}奔驰的

① 陆天桥(1988)称为"元音象义"。

样子（比后者厉害）>θat^{7}je:k^{7}je:k^{7}（小孩）跳蹦蹦。

③o>e/a，o为后元音，舌位高于e和a，表达大于后两者。例如：ai^{1}kjo^{1}kjo^{1}［方］咳得很厉害，喉头里有痰塞住的咳声>ai^{1}e:p^{8}e:p^{8}［方］轻而慢地咳、po:ŋ^{2}po:t^{8}po:t^{8}［方］又胀又软（体积大的）>po:ŋ^{2}pe:t^{7}pe:t^{7}［方］胀胀的（体积小的）、ɕaŋ^{2}mjok^{8}mjok^{8}［方］怒目而视（比后者利害）>ɕaŋ^{2}mja:u^{1}mja:u^{1}［方］怒目而视。

（2）三元音交替

①a>e>i，这种情况比较典型，三者同为前元音，舌位依次递增，开口度依次递减，表达的量也依次递减。例如：tai^{3}ŋa^{1}ŋa^{1}嚎啕大哭>tai^{3}ȵe^{1}ȵe^{1}小孩声音拉长的小声哭>tai^{3}θip^{7}θip^{7}抽泣。

②ɯ>a>e，ɯ为后元音，其余两者同为前元音，a的舌位比e低，开口度比e大，三者表达的量依次递减。例如：moŋ^{3}mɯt^{7}mɯt^{7}长满霉菌的>moŋ^{3}ma:ŋ^{3}ma:ŋ^{3}长有很多霉菌的>moŋ^{3}me:ŋ^{3}me:ŋ^{3}长有一些霉菌的。

③u>o>e，u、o为后元音，u的舌位比o高，开口度比o小，e为前元音，三者表达的量依次递减。例如：he:m^{5}ȵu^{1}ȵu^{1}叫哇哇>he:m^{5}on^{1}on^{1}叫呼呼>he:m^{5}ɕeu^{4}ɕeu^{4}小孩吵闹。

（3）四元音交替

①u>a>e>i，这种情况比较典型，u为后元音，其余为前元音，表达的量依次递减，u最大，i最小。例如：ȵau^{5}ȵu:m^{1}ȵu:m^{1}特别皱的>ȵau^{5}ȵa:t^{7}ȵa:t^{7}非常皱的>ȵau^{5}ȵe:t^{7}ȵe:t^{7}多皱纹的>ȵau^{5}ȵi:m^{1}ȵi:m^{1}很多小皱纹的。

②u>o>a>e，u、o为后元音，a、e为前元音，表达的量依次递减。例如：taɯ^{2}jup^{8}jup^{8}火焰极大>taɯ^{2}foŋ^{1}foŋ^{1}火焰非常大>taɯ^{2}ja:k^{8}ja:k^{8}火焰很大>taɯ^{2}je:k^{8}je:k^{8}灯火将熄，一黑一亮的样子。

（4）五元音交替的情况非常少。有ɯ>o>a>e>i，例如：ˀdam^{1}ˀdɯt^{7}ˀdɯt^{7}特别黑>ˀdam^{1}ˀdo:t^{7}ˀdo:t^{7}非常黑>ˀdam^{1}ˀda:t^{7}ˀda:t^{7}很黑>ˀdam^{1}ˀde:t^{7}ˀde:t^{7}有点黑>ˀdam^{1}ˀdi^{1}ˀdi^{1}小点的黑。

有一个现象值得注意：同一个词根，后缀主元音的交替可构成意义相关、存在量差的一组状貌词，当后缀主元音相同时，也可通过辅音交替，通常是鼻音韵尾与塞音韵尾的交替来构词，彼此的量通常一致，例如：mɯt^{7}ma:ŋ^{1}ma:ŋ^{1}霉霉的—mɯt^{7}ma:t^{7}ma:t^{7}霉霉的、θom^{1}θe:ŋ^{1}θe:ŋ^{1}尖尖的—θom^{1}θe:t^{7}θe:t^{7}尖尖的；也有个别不一致的，目前掌握的例子很有限，例如：kjoŋ^{1}kja:t^{7}kja:t^{7}很空的（比后者程度重）>kjoŋ^{1}kja:ŋ^{1}kja:ŋ^{1}空空的；pe:n^{3}pa:t^{7}pa:t^{7}很扁的（比后者程度重）>pe:n^{3}pa:ŋ^{5}pa:ŋ^{5}扁扁的。此外，在某些方言里，还可以通过声调交替表达量差。都安壮语少数状貌词能通过后缀声调的交替（有的需结合元音长短）表达量差，有单双调交替、单数调交替、双数调交替，例如：ŋa:p^{10}kep^{7}kep^{7}较大声地不停地咳嗽（比后者程度重）>ŋa:p^{10}kep^{8}kep^{8}较小声不停地咳嗽、tin^{3}te:t^{9}te:t^{9}短短的（比后者程度重）>tin^{3}tet^{7}tet^{7}较短的、pu:t^{9}ðo:p^{10}ðo:p^{10}步伐整齐地大步跑（比后者程度重）>pu:t^{9}ðop^{8}ðop^{8}步伐整齐地小步跑。

2. 结构类型的转换

结构类型相互间的语义变化主要表现为级的差异，壮语标准语状貌词的级差变化主要有以下3种实现形式。

（1）A→AB→ABB/ABC，例如：ŋa:u^{2}摇动→ŋa:u^{2}ke:k^{8}摇晃→ŋa:u^{2}ke:k^{8}ke:k^{8}摇摇晃晃；pɯn^{1}毛发→pɯn^{1}ja:t^{7}毛较多的→pɯn^{1}ja:t^{7}ja:t^{7}毛乎乎/pɯn^{1}ja:t^{7}ɣa:t^{8}毛乎乎。

（2）A→AB→AABB，例如：kum^{2}凹下，坑洼→kum^{2}ka:m^{4}坎坷不平，崎岖→kum^{2}kum^{2}ka:m^{4}ka:m^{4}坑坑洼洼。

（3）A→AB→ABB→AABB/ABAC，例如：ŋut^{7}弯曲→ŋut^{7}ŋe:u^{3}有点弯曲→ŋut^{7}ŋe:u^{3}ŋe:u^{3}很弯曲→ŋut^{7}ŋut^{7}ŋe:u^{3}ŋe:u^{3}弯弯曲曲；pi^{2}肥胖→pi^{2}po:t^{8}有点肥胖→pi^{2}po:t^{8}po:t^{8}胖乎乎→pi^{2}pi^{2}po:t^{8}po:t^{8}肥肥胖胖的/pi^{2}lat^{7}pi^{2}lan^{1}又肥又大又笨。

以上结构类型的语义等级序列应为ABAC/ABAB>ABB/ABC>AB。

相较于单音后缀，叠音后缀、多音后缀的语义等级有所增加。后缀为拟声拟态的，单音后缀表示声音或动作的短暂、突然，叠音后缀表示声音的重复、动作的持续；后缀为摹状的，叠音后缀较单音后缀的生动性更强，程度更重。多音后缀有的含“周遍、驳杂”的色彩，如柳江壮语“kou^{1}ȵi^{1}ȵi^{1}ȵok^{7}ȵok^{7}东挠西挠（ACCBB）”“kou^{1}ka^{1}ȵi^{1}ka^{1}ȵa:t^{7}东挠西挠（ACDCB）”；有的含“奇怪、难看”的色彩，如大新壮语“tam^{5}pə:t^{8}lə:t^{8}pɔ:p^{8}lɔ:p^{8}矮不溜丢、ɬuŋ^{1}kuk^{8}luk^{8}ka:k^{8}la:k^{8}高得难看（ABCDE）”。

相较于标准语，方言状貌词的结构类型及其级差呈多样化的表现形式，见表3-5。

表3-5　不同结构类型的语义差别①

方言点	原形A	词义	很A	非常A	特别A	极其A
龙州	$^{?}$dam^{1}	黑	$^{?}$dam^{1}ja:m^{5}	$^{?}$dam^{1}ja:m^{5}ja:m^{5}		
柳江	hjau^{3}	暖	hjau^{3}hjut^{7}	hjau^{3}hjut^{7}hjut^{7}	hjau^{3}hja^{1}hjau^{3}hjut^{7}	

① 谢志民：《龙州壮语的元音交替》，《语言研究》1983年第2期，第216页。韦星朗：《柳江壮话的后附加音节》，中央民族学院少数民族语言研究所编：《民族语文研究》，四川民族出版社，1984年，第122页。韦玉珧：《拉光壮语形容词、动词后附音节研究》，硕士学位论文，中央民族大学，2016年，第24页。黄彩庆：《百色田阳壮话形容词后附成分研究》，《百色学院学报》2011年第1期，第84页。韦景云：《那新壮语的描绘词》，《中央民族大学学报》1997年第4期，第93页。

续表

方言点	原形A	词义	很A	非常A	特别A	极其A
忻城	ˀda:t^{7}’	黑	nam^{1}na:t^{7}’	nam^{1}na:t^{7}’na:t^{7}’	nam^{1}nam^{1}ni^{6}(pai^{1}) nam^{1}na:t^{7}’ni^{5}nɯ^{5} nam^{1}hi^{5}nam^{1}na:t^{7}’ nam^{1}na:t^{7}’na:t^{7}’na:t^{7}’	
田阳	ˀbon^{1}	哱叨	ˀbon^{1}lop^{8}	ˀbon^{1}lop^{8}lop^{8}	ˀbon^{1}lop^{8}ˀbon^{1}lɯ^{4}	ˀbon^{1}ka^{2}la:i^{4}ɕa:i^{4}ɕia^{2}
武鸣	ˀda:t^{7}	热	ˀda:t^{7}ˀdum^{5}	ˀda:t^{7}ˀdum^{5}ˀdum^{5}		ˀda:t^{7}ˀdum^{5}ˀdum^{5}…ˀdum^{5}

注:空白处表示未掌握相关语料。

各方言使用AB、ABB型表达“很A”“非常A”,而表达“特别A”“极其A”,各方言就不一致了。有的单用某种类型,如柳江壮语使用ACBD型表达“特别A”。有两种乃至多种类型并用的,如忻城壮语要表达“特别A”有4种类型,它们的语义等级一致。有的使用固定搭配,如田阳壮语的附加成分“ka^{2}la:i^{4}ɕa:i^{4}ɕia^{2}”,中间不能插入别的成分,表达事物“极端”的等级,相当于汉语“……极了/……得无以复加”。有的重复叠加状貌后缀,如武鸣壮语,叠加音节数量越多(一般是四次),等级越高。

综上,词根搭配类型各异的状貌后缀,音节数量越多,级别越大,这种规律反映了“数量象似性”,即更多相同的形式(重叠)代表更多相同的内容(性状增强)。(张敏1997:41)

状貌后缀表达量级差异的两种手段通常综合使用。如图3-1所示,状貌后缀经由途径a或b,主元音由e变为a,由小量升为大量;经由途径c或d,由AB型变为ABB型,由低级升为高级;经由途径e,量与级同时增加。

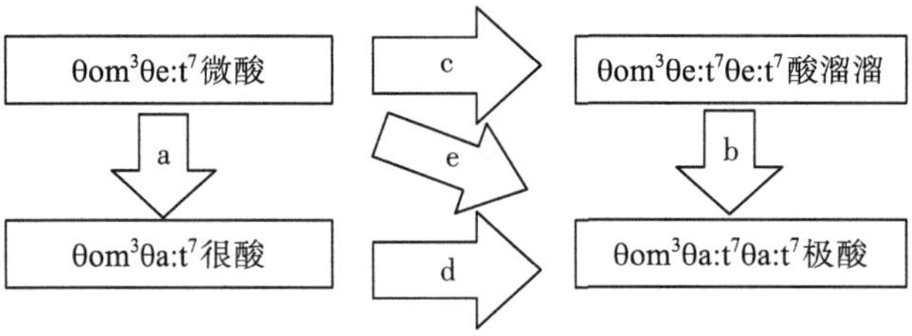

图3-1　壮语状貌后缀量级变化的途径

(三)主观性

摹状义后缀能够表达主观情感,其手段与量级的表达手段相似,主要是后缀主元音的交替与使用特定的结构类型。

1. 主元音交替

中性词根搭配的后缀，其主元音的舌位和开口度能影响说话者所传递的感情色彩，常见情况有前元音的交替与前后元音的交替。

同为前元音，舌位高的、开口度小的带有褒义色彩，舌位低的、开口度大的带有贬义色彩。最典型的情况是a、e交替，例如：ke^{5}ka:t^{7}ka:t^{7}老巴巴、ke^{5}ke:t^{7}ke:t^{7}老得可爱；ɕuk^{7}ɕa:ŋ^{1}ɕa:ŋ^{1}稀溜溜、ɕuk^{7}ɕe:t^{7}ɕe:t^{7}稀溜溜；ka:ŋ^{3}pe:t^{7}pe:t^{7}［方］（小孩）一连串地讲、ka:ŋ^{3}ɕe^{1}ɕe^{1}小孩说笑声、ka:ŋ^{3}kwe^{1}kwe^{1}（小孩）自言自语、ka:ŋ^{3}taɯ^{1}taɯ^{1}［方］唠唠叨叨。a和e同为前元音，e的舌位高于a且开口度小于a，e带有褒义色彩，a带有贬义色彩。

后元音常常带有贬义色彩，前元音相较于后元音，褒义色彩更明显。例如u、e交替：ˀdam^{1}ˀdut^{7}ˀdut^{7}黑油油、ˀdam^{1}ˀde:t^{7}ˀde:t^{7}乌溜溜；jou^{2}jup^{8}jup^{8}油腻腻、jou^{2}je:p^{8}je:p^{8}油光闪亮，e为前元音，带有褒义色彩，u为后元音，带有贬义色彩。又如o/u/ɯ、i交替：pja:i^{3}ŋoŋ^{1}ŋoŋ^{1}垂头丧气步伐凌乱地走/pja:i^{3}ŋɯt^{8}ŋɯt^{8}慢慢地鬼鬼祟祟地走、pja:i^{3}ˀdi:k^{7}ˀdi:k^{7}慢慢地走；ti:m^{2}θop^{8}θop^{8}甜甜的/ti:m^{2}θup^{8}θup^{8}甜滋滋/ti:m^{2}θɯt^{8}θɯt^{8}甜津津、ti:m^{2}ɣi^{1}ɣi^{1}甜津津，i为前元音，带有褒义色彩，o、u、ɯ为后元音，带有贬义色彩。

另外，由于方言和词汇的差异，后缀主元音的感情色彩并非一成不变。如表3-6所示，词根同为"黑"，后缀主元音的情感色彩并不一致。a、e、ə、i为前元音，柳江壮语与武鸣壮语因为e的舌位高于a，e带有褒义色彩，a带有贬义色彩；邕宁壮语因为i的舌位高于e、ə，ı带有褒义色彩，e、ə反而带有贬义色彩。u、o同为后元音，i为前元音，都安壮语的o带有贬义色彩，i带有褒义色彩，武鸣壮语的u与i只有中性色彩。

表3-6　后缀不同元音的情感差别①

方言点	形容词	汉义	后缀	主元音	感情色彩
柳江	nam^{1}	黑	ne:t^{7}ne:t^{7}	e	褒义
			na:t^{7}na:t^{7}	a	贬义
都安	nam^{1}	黑	ni^{1}ni^{1}	i	褒义
			no:t^{9}no:t^{9}	o	贬义
武鸣	ˀdam^{1}	黑	ˀdu:t^{7}ˀdu:t^{7}	u	中性
			ˀdi:t^{7}ˀdi:t^{7}	i	中性

① 覃国生：《壮语柳江话动词、形容词的后附成分》，《民族语文》1981年第4期，第51页。李旭练：《都安壮语形态变化研究》，民族出版社，2011年，第203页。梁敢：《梁彭壮语体貌范畴研究》，广西人民出版社，2014年，第120页。梁敏：《壮语形容词、名词、动词后附音节的研究》，民族语文编辑组：《民族语文研究文集》，青海人民出版社，1982年，第287页。

续表

方言点	形容词	汉义	后缀	主元音	感情色彩
武鸣	ˀdam^{1}	黑	ˀde:t^{7}ˀde:t^{7}	e	褒义
			ˀda:t^{7}ˀda:t^{7}	a	贬义
邕宁	nam$^{1'}$	黑	ni^{3}ni^{3}	i	褒义
			ne:ŋ^{5}ne:ŋ^{5}	e	贬义
			kləp^{8}kləp^{8}	ə	贬义

2.使用特定的结构类型

某些特定结构自带贬义，以武鸣壮语①为例。ACAB型带有一定贬义，例如：ha:u^{1}ji^{1} ha:u^{1}ɳa:k^{7}白得难看、ˀdam^{1}ˀdi^{1}ˀdam^{1}ˀda:t^{7}黑得难看、ɣai^{2}ɣi^{1}ɣai^{2}ɣak^{8}长得难看。有一种固定的ACBD型也有贬义，B和D叠韵，D的声母固定为ɣ或ɕ，例如：ha:u^{1}pa^{1}ɳat^{7}ɣat^{8}白不咧呲、ˀdam^{1}pa^{1}ɳɯt^{7}ɣɯt^{8}黑了呱唧、pi^{2}pa^{1}lɯt^{8}ɕɯt^{8}胖不伦敦。还有一种固定的ABCD型，BCD三者叠韵，其厌恶程度大于ACBD型，例如：pi^{2}po:t^{8}jo:t^{8}ɣo:t^{8}胖得很难看。以上三类结构的贬义等级为ABCD型>ACBD型>ACAB型。

状貌后缀表达主观性的两种手段也可以综合使用。某些后缀本身包含情感色彩，如贬义多用后/低元音、塞音尾表达，例如：ɕum^{4}ɕa:t^{8}ɕa:t^{8}很潮湿、ˀdo:k^{7}ˀda:k^{7}ˀda:k^{7}瘦骨嶙峋、ɣam^{6}fup^{8}fup^{8}阴沉沉。不同的结构类型能够强化这种情感色彩，例如“pi^{2}肥胖”本是一个中性词，“pi^{2}po:t^{8}肥胖（AB）”略带嫌弃意味，“pi^{2}po:t^{8}po:t^{8}胖乎乎（ABB）”“pi^{2}pi^{2}po:t^{8} po:t^{8}胖得难看（AABB）”厌恶色彩渐增，“pi^{2}po:t^{8}jo:t^{7}ɣo:t^{8}胖得很难看（ABCD）”厌恶色彩达到极致。

第二节　壮语状貌后缀的构词情况

数量丰富、类型各异、音韵和谐的状貌词由词根附加状貌后缀而成，多元的组合方式蕴含独特的构词规律。本节结合壮语标准语及四个方言点（蒙山、都安、柳江、大新），从词根性质、词根与后缀的频次、后缀及其结构类型入手对状貌后缀的构词情况与规律进行描写与比较。

① 张增业：《壮—汉语比较简论》，广西民族出版社，1998年，第64、65、99页。

一、词根的性质及其构词情况

词根的音节、词性是影响状貌词构成的主要因素之一。

(一)词根的音节及其构词情况

如表3-7所示,音节数量方面,单音节词根为绝对主流,壮语方言均为单音节词根,标准语的单音节词根也占到了98.2%;至于双音节词根,就语料而言仅见于标准语,有17个,仅占1.8%,其中含个别新借词,例如:tak^{7}ei^{5}(得意)—tak^{7}ei^{5}fɯŋ^{1}fɯŋ^{1}[方]得意洋洋;得意忘形、θi:u^{3}θim^{1}(小心)—θi:u^{3}θim^{1}θi^{1}θi^{1}拘谨、wi^{1}fuŋ^{1}(威风)—wi^{1}fuŋ^{1}fɯt^{8}fɯt^{8}威风凛凛。

音节结构方面,单音节词根可以搭配音节数量不同的后缀,而双音节词根只与双音节后缀搭配,构成韵律匀称的四音格词,例如:hau^{1}kja^{5}(尿骚)—hau^{1}kja^{5}θa:t^{7}θa:t^{7}[方](野兽或尿的)臊气很重、hɯŋ^{1}fa:t^{7}(旺盛)—hɯŋ^{1}fa:t^{7}fɯt^{8}fɯt^{8}生机勃勃。

(二)词根的词性及其构词情况

如表3-7所示,从词性来看,附加状貌后缀的词根以形容词占多数,其次是动词,名词最少,这一特点壮语标准语与方言一致。

表3-7　状貌词词根的性质

语言		词根性质						总计
		动词		形容词		名词		
		单音节	双音节	单音节	双音节	单音节	双音节	
标准语	频数	312	6	564	10	29	1	922
	百分比	33.8	0.7	61.2	1.1	3.1	0.1	100
蒙山壮语	频数	52	—	166	—	20	—	238
	百分比	21.8	—	69.7	—	8.4	—	100
都安壮语	频数	775	—	824	—	100	—	1699
	百分比	45.6	—	48.5	—	5.9	—	100
柳江壮语	频数	140	—	214	—	50	—	404
	百分比	34.7	—	53.0	—	12.4	—	100
大新壮语①	频数	44	—	544	—	7	—	595
	百分比	7.4	—	91.4	—	1.2	—	100

① 大新壮语语料来自黄美新(2013),其中动词、名词的语料偏少,故表格中相关比例偏低。

根据词根的词性，将它与状貌后缀的组合分为三类。

1.形容词带状貌后缀，标准语占62.3%，蒙山壮语占69.7%，都安壮语占48.5%，柳江壮语占53.0%，大新壮语占91.4%。壮语形容词的归属及其下类划分，学界尚有分歧。《壮语简志》(1980)与《武鸣壮语词汇研究》(2018)分为性质形容词和状态形容词，我们依照此种划分方法。通常而言，性质形容词，尤其是具体的、有可比性的形容词能够附加状貌后缀，构成的状貌词可以区别事物的不同性状，例如：

标准语

长—短：ɣai^{2}(长)—ɣai^{2}ɣa:ŋ^{1}ɣa:ŋ^{1}[方]长长的—ɣai^{2}ɣe:ŋ^{1}ɣe:ŋ^{1}[方]长长的(指面积狭长的物体)、tin^{3}(短)—tin^{3}te:t^{7}短促—tin^{3}te:t^{7}te:t^{7}[方]短短的；很短

轻—重：ˀbau^{1}(轻)—ˀbau^{1}ˀbe:ŋ^{1}ˀbe:ŋ^{1}[方]轻轻的—ˀbau^{1}ˀbi:ŋ^{1}ˀbi:ŋ^{1}轻飘飘、nak^{7}(重)—nak^{7}ɣe:k^{8}很沉重—nak^{7}nup^{7}[方]很沉重—nak^{7}kjɯk^{8}kjɯk^{8}[方]很沉重—nak^{7}ɣi^{1}ɣi^{1}[方]很沉重—nak^{7}ɣa:n^{1}ɣa:n^{1}[方]很沉重

蒙山壮语

硬—软：luaŋ^{3}(硬)—luaŋ^{3}laŋ^{1}laŋ^{1}硬邦邦、ˀɯn^{5}(软)—ˀɯn^{5}ne:ŋ^{5}ne:ŋ^{5}软乎乎

长—短：lai^{2}长—lai^{2}lam^{6}lam^{6}长长的、tin^{3}短—tin^{3}tan^{3}tan^{3}短短的

都安壮语

凹—凸：ˀbop^{7}(凹)—ˀbop^{7}ˀbo:p^{9}ˀbo:p^{9}很凹的、ˀbo:t^{9}(凸)—ˀbo:t^{9}ˀba:t^{9}ˀba:t^{9}很凸的

宽—窄：kwa:ŋ^{5}(宽)—kwa:ŋ^{5}lik^{7}lik^{7}很宽广、kap^{8}(窄)—kap^{8}ke:t^{10}ke:t^{10}窄窄的

柳江壮语

高—矮：sa:ŋ^{1}(高)—sa:ŋ^{1}wa:u^{3}wa:u^{3}高巍巍、tam^{5}(矮)—tam^{5}te:m^{5}te:m^{5}矮登登

冷—暖：kvat^{7}(冷)—kvat^{7}ja:u^{3}ja:u^{3}冷冰冰、hjau^{3}(暖)—hjau^{3}hjut^{7}hjut^{7}暖烘烘

大新壮语

胖—瘦：pi^{2}(肥胖)—pi^{2}pɔŋ^{6}pɔŋ^{6}肥胖的—pi^{2}lə:t^{7}lə:t^{7}矮胖的、hɛu^{5}(人瘦)hɛu^{5}hit^{7}hit^{7}干瘦的

冷—暖：kat^{7}(冷)—kat^{7}kak^{7}kak^{7}冷冰冰、thau^{3}(暖)—thau^{3}ta:t^{7}ta:t^{7}暖烘烘

此外，个别意义比较抽象、概括的形容词也能带状貌后缀，例如：

标准语

好—坏：ˀdei^{1}(好)—ˀdei^{1}ˀdup^{7}ˀdup^{7}极好—ˀdei^{1}ˀdi^{1}ˀdi^{1}好端端、ɣɯi^{4}(坏)—ɣɯi^{4}ɣa:n^{1}ɣa:n^{1}[方]褴褛，(东西)破烂不堪—ɣɯi^{4}ɣa:t^{8}ɣa:t^{8}劣等

大新壮语

好—坏：nai^{1}(好)—nai^{1}nup^{7}nup^{7}极好、jai^{6}(坏)—jai^{6}ji^{1}ji^{1}极坏。

2. 动词带状貌后缀，标准语占34.5%，蒙山壮语占21.8%，都安壮语占45.6%，柳江壮语占34.7%，大新壮语占7.4%。根据《壮语简志》(1980)、《现代壮汉语比较语法》(1993)、《武鸣壮语词汇研究》(2018)对壮语动词的分类，除了能愿动词，其余几类动词均可带状貌后缀，其中最典型的是行为动词，其构词数量最多，此外还有少数心理动词、存现动词、趋向动词、判断动词。

(1)行为动词带状貌后缀，例如：

标准语

he:u^{6}(喊)：he:u^{6}ɕa^{1}ɕa^{1}叫喳喳—he:u^{6}ɕe:t^{7}ɕe:t^{7}叫喳喳

ˀbin^{1}(飞)：ˀbin^{1}je:p^{8}je:p^{8}飞扬—ˀbin^{1}jak^{8}jak^{8}飘荡

蒙山壮语

tai^{3}(哭)：tai^{3}ȵi^{5}ȵi^{5}细声痛哭—tai^{3}ȵa^{3}ȵa^{3}嚎啕大哭—tai^{3}fɯt^{7}fɯt^{7}低声抽泣

he:m^{5}(喊)：he:m^{5}ȵau^{3}ȵau^{3}嗷嗷地喊—he:m^{5}ja:u^{3}ja:u^{3}呀呀地喊—he:m^{5}həm^{2}həm^{2}不停地叫喊

都安壮语

tai^{3}(哭)：tai^{3}ŋi^{5}ŋi^{5}细声痛哭—tai^{3}ŋa^{5}ŋa^{5}嚎啕大哭—tai^{3}ˀou^{3}ˀou^{3}大声痛哭—tai^{3}θup^{7}θup^{7}抽抽搭搭地哭

ti:u^{5}(跳)：ti:u^{5}pum^{1}pum^{1}跳蹦蹦—ti:u^{5}pup^{8}pup^{8}(心脏)怦怦地跳

柳江壮语

tsja:ŋ^{5}(唱)：tsja:ŋ^{5}e:t^{7}e:t^{7}哼调—tsja:ŋ^{5}a:t^{7}a:t^{7}高唱—tsja:ŋ^{5}o:t^{7}o:t^{7}放声唱

pi^{1}(摆)：pi^{1}niŋ^{5}niŋ^{5}小而轻微地摆动—pi^{1}ne:ŋ^{5}ne:ŋ^{5}微微摆动—pi^{1}na:ŋ^{5}na:ŋ^{5}摆动很大—pi^{1}no:ŋ^{5}no:ŋ^{5}较大的摆动貌—pi^{1}nuŋ^{5}nuŋ^{5}摆来摆去—pi^{1}nɯŋ^{5}nɯŋ^{5}大而急促地摆动—pi^{1}ˀet^{7}ˀet^{7}轻快的甩手貌—pi^{1}dut^{7}dut^{7}(短尾狗)摆尾貌

大新壮语

hɔŋ^{1}(响)：hɔŋ^{1}fɛ^{6}fɛ^{6}响嗡嗡—hɔŋ^{1}vuŋ^{1}vuŋ^{1}响嗡嗡—hɔŋ^{1}huŋ^{6}huŋ^{6}响嗡嗡—hɔŋ^{1}və^{5}və^{5}响嗡嗡

hu^{1}(笑)：hu^{1}kak^{7}kak^{7}笑哈哈—hu^{1}jum^{1}jum^{1}笑眯眯—hu^{1}ha^{1}ha^{1}笑哈哈

(2)心理动词带状貌后缀，例如：

标准语

kjai^{2}(想念)：kjai^{2}ki^{1}ki^{1}[方]很挂念—kjai^{2}kjɯt^{8}kjɯt^{8}[方]很想念

ŋei^{4}(想；思考)：ŋei^{4}lok^{7}lok^{7} [方]沉思

la:u^{1}(害怕)：la:u^{1}ɣi^{1}ɣi^{1}惶惶—la:u^{1}li^{1}li^{1}惶惶

都安壮语

ŋei^{4}(想;思考):ŋei^{4}ŋe:u^{1}ŋe:u^{1}很想念—ŋei^{4}nan^{5}nan^{5}很想念

(3)存现动词带状貌后缀,仅见于标准语,例如:

ɣe:u^{5}(枯萎):ɣe:u^{5}ɣa:t^{7}干枯枯的—ɣe:u^{5}ɣa:t^{7}ɣa:t^{7}[方](植物)很干枯

(4)趋向动词带状貌后缀,例如:

标准语

tau^{3}(来):ɕi:ŋ^{3}tau^{3}fot^{8}fot^{8}纷至沓来

pai^{1}(去):pai^{1}ŋɯt^{7}ŋɯt^{7}[方]扬长而去

都安壮语

tau^{3}(来):tau^{3}ja^{2}ja^{2}ja:p^{10}ja:p^{10}胡乱地来

ˀo:k^{9}(出):ˀo:k^{9}ja^{2}ja^{2}ja:p^{10}ja:p^{10}胡乱地出

(5)判断动词带状貌后缀,例如:

标准语

lum^{3}(像)①:lum^{3}li^{1}li^{1}栩栩如生—lum^{3}li:u^{4}li:u^{4}[方]惟妙惟肖

都安壮语

lum^{3}(像):lum^{3}le^{3}le^{3}惟妙惟肖

3. 名词带状貌后缀,标准语占3.2%,蒙山壮语占8.4%,都安壮语占5.9%,柳江壮语占12.4%,大新壮语占1.2%。个别表示事物的普通名词能够附加状貌后缀,例如:

标准语

pɯn^{1}(毛):pɯn^{1}ȵu:m^{1}ȵu:m^{1}[方]毛烘烘—pɯn^{1}ȵa:m^{1}ȵa:m^{1}[方]毛烘烘—pɯn^{1}ȵa:t^{7}ȵa:t^{7}[方]毛烘烘—pɯn^{1}ȵum^{1}ȵum^{1}[方]毛茸茸

lɯ:t^{8}(血):lɯ:t^{8}jaŋ^{1}jaŋ^{1}[方]血淋淋—lɯ:t^{8}ja:ŋ^{1}ja:ŋ^{1}血糊糊

蒙山壮语

hun^{1}(雨):hun^{1}ȵat^{8}ȵat^{8}细雨淅沥的—hun^{1}həm^{2}həm^{2}骤雨如注的

tso:ŋ^{6}(洞):tso:ŋ^{6}tsa:ŋ^{6}tsa:ŋ^{6}到处是洞

都安壮语

ˀon^{1}(刺儿):ˀon^{1}ˀa:t^{9}ˀa:t^{9}刺儿很多的—ˀon^{1}ˀe:t^{9}ˀe:t^{9}刺儿较多的

ȵa^{1}(杂草):ȵa^{1}ȵa:t^{9}ȵa:t^{9}杂草很多的

柳江壮语

ka:k^{7}(谷子):ka:k^{7}kok^{7}kok^{7}谷子太多

① 韦庆稳(1985:50)认为lum^{3}为准判断动词。

nam⁶(泥):nam⁶nok⁸nok⁸泥呼呼

大新壮语

nam⁴(水):nam⁴sup⁸sup⁸湿滋滋

thə⁵(汗):thə⁵la:k⁷la:k⁷汗津津

二、词根、状貌后缀的频次及其构词情况

词根、状貌后缀的频次也是影响状貌词构成的主要因素之一。下面以数量较多的AB、ABB、ABC型进行统计。

(一)词根的频次

不同的词根标准语有401个,蒙山壮语有112个,都安壮语有148个,柳江壮语有122个,大新壮语有176个,其中各有一批高频词根,表3-8为频次排名前五的词根。

表3-8 壮语标准语与方言状貌词的高频词根

语言		排序				
		1	2	3	4	5
标准语(N=918)	例词	ha:u¹(白)	pja:i³(走)	pi²(肥胖)	ka:ŋ³(讲)	ˀdam¹(黑)
	百分比	1.3	1.2	1.1	1.0	0.9
蒙山壮语(N=237)	例词	li:u¹(笑)	ti:u⁵(跳)	tai³(哭)	pei²(肥胖)	lam¹(黑)
	百分比	5.5	2.5	1.7	1.3	0.8
都安壮语(N=576)	例词	pa:i³(走)	pu:t⁹(跑)	ðo⁵(敲)	ði:u¹(笑)	ŋe:ŋ⁵(歪)
	百分比	3.6	2.8	2.5	1.8	1.6
柳江壮语(N=315)	例词	ha:u¹(白)	nam¹(黑)	ti:u⁵(跳)	pi²(肥胖)	tai³(哭)
	百分比	5.7	4.8	3.2	2.5	2.2
大新壮语(N=475)	例词	nɛŋ¹(红)	hɛn³(黄)	nam¹(黑)	khɛu¹(青)	pi²(肥胖)
	百分比	5.9	3.6	2.9	1.8	1.6

不论壮语标准语还是方言,有关面部及肢体动作(比如哭、笑、跑、走、跳)、事物状态

（尤其是颜色）的词根构成状貌词的数量都比较多。

（二）状貌后缀的频次

标准语与方言各有一批高频后缀，表3-9为频次排名前五的后缀。

表3-9 壮语标准语与方言状貌词的高频后缀

语言		排序				
		1	2	3	4	5
标准语（N=918）	例词	fɯt^{8}fɯt^8	ɣi^{1}ɣi^1	θa:t^{8}θa:t^8	na:ŋ^{1}na:ŋ^1	θaŋ^{1}θaŋ^1
	百分比	2.0	1.2	1.1	1.0	0.9
蒙山壮语（N=237）	例词	həm^{2}həm^2	ŋa:u^{5}ŋa:u^5	fa:u^{3}fa:u^3	na:ŋ^{5}na:ŋ^5	sa:k^{8}sa:k^8
	百分比	5.0	3.4	2.9	1.3	0.8
都安壮语（N=576）	例词	n̥a:t^{9}n̥a:t^9	na:ŋ^{5}na:ŋ^5	ŋa:u^{1}ŋa:u^1	ɕup^{7}ɕup^7	le^{3}le^3
	百分比	0.9	0.7	0.5	0.3	0.2
柳江壮语（N=315）	例词	ja:u^{3}ja:u^3	n̥ok^{7}n̥ok^7	juk^{7}juk^7	na:ŋ^{5}na:ŋ^5	fɯt^{7}fɯt^7
	百分比	1.3	1.0	0.9	0.6	0.4
大新壮语（N=475）	例词	na:t^{7}na:t^7	ɬi^{1}ɬi^1	hum^{6}hum^6	ja:m^{5}ja:m^5	jaŋ^{5}jaŋ^5
	百分比	2.3	1.3	1.1	0.8	0.6

词根搭配的状貌后缀通常比较固定，但某些后缀有搭配泛化的趋势，出现频次高，构词能力发达，虽有方言差异，也有共通之处，表现为："na:ŋ^{5}na:ŋ^5/na:ŋ^{1}na:ŋ^1"见于标准语及蒙山壮语、都安壮语、柳江壮语，"fɯt^{8}fɯt^8/fɯt^{7}fɯt^7"见于标准语、柳江壮语，"ŋa:u^{5}ŋa:u^5/ŋa:u^{1}ŋa:u^1"见于蒙山壮语、都安壮语，"hum^{6}hum^6/həm^{2}həm^2"见于蒙山壮语、大新壮语，"n̥a:t^{9}n̥a:t^9/na:t^{7}na:t^7"见于都安壮语、大新壮语。

若将状貌后缀视为一个集合，那么成员的相同概率与不同概率是多少？就标准语而言，922个状貌后缀中不同的有525个，若从宽泛的角度按照音节与声调（如θa:t^7/θa:t^{7}θa:t^7/θa:t^8/θa:t^{8}θa:t^8）进一步归并，不同的后缀有395个，差异率为42.8%，则相同的后缀有527个，相同率为57.2%。

每个后缀的频次不等，构词数量也不等。下面探讨状貌缀后频次与构词率的关联。

表3-10　壮语标准语状貌后缀的频次与构词率

排序	1	2	3	4	5	6	7
例词	fɯt^{8}fɯt^{8}	ɣi^{1}ɣi^{1}	θa:t^{8}θa:t^{8}	na:ŋ^{1}na:ŋ^{1}	θaŋ^{1}θaŋ^{1}	lu^{1}lu^{1}	^{ʔ}da:t^{7ʔ}da:t^{7}
频次/个体构词数	18	11	10	9	8	7	6
个体构词率	2.0%	1.2%	1.1%	1.0%	0.9%	0.8%	0.7%
同类总体数	1	1	1	3	1	5	2
总体构词数	18	11	10	27	8	35	12
总体构词率	2.0%	1.2%	1.1%	2.9%	0.9%	3.8%	1.3%
排序	8	9	10	11	12	总计	
例词	hu^{1}hu^{1}	ŋup^{8}ŋup^{8}	ŋoŋ^{1}ŋoŋ^{1}	ɕɯt^{8}ɕɯt^{8}	ŋa:p^{8}ŋa:p^{8}		
频次/个体构词数	5	4	3	2	1	84	
个体构词率	0.6%	0.4%	0.3%	0.2%	0.1%	100%	
同类总体数	7	21	52	95	336	525	
总体构词数	35	84	156	190	336	922	
总体构词率	3.8%	9.1%	16.9%	20.6%	36.4%	100%	

如表3-10所示，525个不同的后缀，出现频次从18次至1次不等。出现频次设为X，采用区间分类法可将状貌后缀分四类：超高频型（X≥15），即序号1；高频型（15>X≥10），即序号2~3；中频型（9≥X≥5），即序号4~8；低频型（X<5），即序号9~12。低频型最多，共504个，占96.0%；中频型次之，共18个，占3.4%；高频型又次之，仅2个，占0.4%；超高频型最少，仅1个，占0.2%。

构词方面有两个概念：个体构词数与总体构词数，前者指某个状貌后缀的构词数量，后者指某类状貌后缀的构词数量，即前者着眼于“个”，后者着眼于“类”。fɯt^{8}fɯt^{8}出现18次，个体构词18个，占总数2.0%，即个体构词率2.0%，而这类后缀只有1个，总体构词18个，占总数2.0%，即总体构词率2.0%。ŋa:p^{8}ŋa:p^{8}只出现了1次，个体构词1个，占总数0.1%，即个体构词率0.1%，而这类后缀有336个，总体构词336个，占总数36.4%，即总体构词率36.4%。

因而，可以从两个方面检验状貌后缀构词率的高低。若以频次也即个体构词数看，个体构词数设为X，采用区间分类法可将状貌后缀分四类：特能产型（X≥15），也即超高频型，为序号1；较能产型（15>X≥10），也即高频型，为序号2~3；能产型（9≥X≥5），也即中频型，为序号4~8；低能产型（X<5），也即低频型，为序号9~12。那么，特能产型构词率最高，较能产型次之，能产型又次之，低能产型最低。若以总体构词数来看，情况恰恰相

反，低能产型构词率最高，能产型次之，较能产型又次之，特能产型最低。

可见，频次和构词率是两个密切相关，又不完全等同的标准。一般而言，高频次状貌后缀的个体构词率高，因同类的数量稀少而总体构词率低；低频次状貌后缀的个体构词率低，因同类的数量众多而总体构词率高。此外，状貌后缀整个集合以低频、低能产型的后缀占多数。

（三）词根、状貌后缀的频次及其具体构词方式

根据词根、状貌后缀的频次，具体构词方式主要有以下3种。

（1）一个词根搭配两个及以上的状貌后缀，呈“一对二”“一对多”的方式，这种情况较常见，例如：

标准语

kau^1（抓搔）：kau^{1}ȵe:t^{7}ȵe:t^7［方］轻轻地抓（痒）—kau^{1}ȵa:t^{7}ȵa:t^7［方］用力地抓（痒）—kau^{1}ȵo:t^{7}ȵo:t^7［方］慢慢地抓（痒）

tai^3（哭）：tai^{3}a^{1}a^1［方］哀号—tai^{3}ɯ^{1}ɯ［方］嚎啕大哭—tai^{3}ȵe^{1}ȵe^1［方］小孩声音拉得长长的小声的哭—tai^{3}ŋa^{1}ŋa^1［方］嚎啕大哭—tai^{3}ŋu^{1}ŋu^{1}抽噎—tai^{3}fe:p^{8}fe:p^{8}哭泣—tai^{3}θip^{7}θip^7［方］抽泣—tai^{3}θe:p^{8}θe:p^8［方］哭泣—tai^{3}fɯt^{8}fɯt^{8}呜咽—tai^{3}θɯt^{8}θɯt^8［方］哭得泪流满面—tai^{3}i:k^{7}i:k^7［方］哭得凄凄惨惨

蒙山壮语

θo^6（直）：θo^{6}θa:ŋ^{6}θa:ŋ^{6}长而直—θo^{6}θɯt^{8}θɯt^{8}直直的

li:u^1（笑）：li:u^{1}ȵum^{3}ȵum^{3}微微笑—li:u^{1}ha^{1}ha^{1}笑哈哈—li:u^{1}ho^{1}ho^{1}笑呵呵—li:u^{1}he^{1}he^{1}笑嘻嘻—li:u^{1}hi^{1}hi^{1}笑嘻嘻—li:u^{1}hɯ^{1}hɯ^{1}嘿嘿傻笑—li:u^{1}khɯ^{5}khɯ^{5}笑呵呵—li:u^{1}kok^{7}kok^{7}高兴而爽朗地呵呵大笑

都安壮语

kau^5（旧）：kau^{5}ka:ŋ^{5}ka:ŋ^{5}旧旧的—kau^{5}ke:ŋ^{5}ke:ŋ^{5}较旧的

pa:i^3（走）：pa:i^{3}ŋoŋ^{1}ŋoŋ^{1}垂头丧气地走—pa:i^{3}ŋok^{8}ŋok^{8}傻呆呆地走—pa:i^{3}ŋɯt^{8}ŋɯt^{8}鬼鬼祟祟地磨磨蹭蹭地走—pa:i^{3}ji:m^{3}ji:m^{3}轻轻而慢慢地神秘兮兮地走—pa:i^{3}je:m^{3}je:m^{3}轻而慢慢地神秘兮兮地走—pa:i^{3}ja:m^{3}ja:m^{3}较快地神秘兮兮地走—pa:i^{3}ju:m^{3}ju:m^{3}较慢地神秘兮兮地走—pa:i^{3}kum^{2}kum^{2}步子很重地走—pa:i^{3}fot^{8}fot^{8}很多人一起很快地走

柳江壮语

lu:m^1（尖）：lu:m^{1}lwe:m^{1}lwe:m^{1}有点尖—lu:m^{1}lwa:m^{5}lwa:m^{5}很尖的

ha:u^1（白）：ha:u^{1}piŋ^{5}piŋ^{5}微白—ha:u^{1}pe:ŋ^{5}pe:ŋ^{5}面积较大的白—ha:u^{1}pa:ŋ^{5}pa:ŋ^{5}面积很

大的白—ha:u^{1}ŋa:t^{7}ŋa:t^{7}白得难看—ha:u^{1}hjo:p^{8}hjo:p^{8}非常白—ha:u^{1}mja:n^{2}mja:n^{2}白花花—ha:u^{1ʔ}bo:p^{7ʔ}bo:p^{7}白白的

大新壮语

jɛn^{3}（羞）：jɛn^{3}ja:k^{7}ja:k^{7}羞答答—jɛn^{3}jɛm^{5}jɛm^{5}羞答答

nɛŋ^{1}（红）：nɛŋ^{1}kwaŋ^{6}kwaŋ^{6}通红—nɛŋ^{1ʔ}ɔŋ^{5ʔ}ɔŋ^{5}通红—nɛŋ^{1}khin^{3}khin^{3}红通通—nɛŋ^{1}khwit^{7}khwit^{7}大红—nɛŋ^{1}fə:k^{8}fə:k^{8}大红—nɛŋ^{1}kə:k^{8}kə:k^{8}熟红—nɛŋ^{1}fuk^{8}fuk^{8}深红—nɛŋ^{1}jaŋ^{5}jaŋ^{5}血红—nɛŋ^{1}na:t^{7}na:t^{7}红通通—nɛŋ^{1}ka:ŋ^{6}ka:ŋ^{6}暗红—nɛŋ^{1ʔ}a:m^{5ʔ}a:m^{5}鲜红—nɛŋ^{1}liŋ^{4}liŋ^{4}鲜红—nɛŋ^{1}viŋ^{4}viŋ^{4}鲜红—nɛŋ^{1}jan^{2}jan^{2}鲜红—nɛŋ^{1ʔ}ɔ^{5ʔ}ɔ^{5}鲜红—nɛŋ^{1}lɛk^{8}lɛk^{8}粉红—nɛŋ^{1}pa:ŋ^{2}pa:ŋ^{2}褐红—nɛŋ^{1}ja:ŋ^{5}ja:ŋ^{5}红而发黑—nɛŋ^{1}va:ŋ^{6}va:ŋ^{6}红而发黑—nɛŋ^{1}vɛ:ŋ^{6}vɛ:ŋ^{6}淡红

（2）一个词根仅搭配一个状貌后缀，这种“一对一”的方式较少见，例如：

标准语

ɕam^{5}（沉重）：ɕam^{5}kje:k^{8}kje:k^{8}沉甸甸

fa:t^{8}（抽打）：fa:t^{8}ma:p^{7}ma:p^{7}[方]（水）动荡貌

蒙山壮语

hɔi^{5}（张开）：hɔi^{5}ŋa:p^{8}ŋa:p^{8}嘴巴一张一合的样子

la:i^{6}（虫爬）：la:i^{6}ȵam^{6}ȵam^{6}（虫）不断蠕动

都安壮语

he:m^{5}（喊）：he:m^{5}tɕit^{7}tɕit^{7}喊喳喳

ne:u^{2}（颤动）：ne:u^{2}ne:t^{10}ne:t^{10}上下不停地颤动

柳江壮语

si:n^{4}（善良）：si:n^{4}sup^{8}sup^{8}忠厚

hjau^{2}（滑）：hjau^{2}hjvet^{3}hjvet^{3}滑溜溜

大新壮语

mau^{2}（醉）：mau^{2}ɬɛ^{2}ɬɛ^{2}醉醺醺

ŋɔŋ^{5}（傻）：ŋɔŋ^{5}ŋaŋ^{1}ŋaŋ^{1}傻乎乎

（3）两个及以上的词根搭配同一个后缀，呈“二对一”“多对一”的方式，这种情况较常见，例如：

柳江壮语“ja:k^{7}ja:k^{7}”构成的2个状貌词：jɯk^{7}ja:k^{7}ja:k^{7}饿饿的、ti:u^{5}ja:k^{7}ja:k^{7}乱跳。

大新壮语“fɛ^{6}fɛ^{6}”构成的3个状貌词：hɔŋ^{1}fɛ^{6}fɛ^{6}响嗡嗡、faŋ^{2}fɛ^{6}fɛ^{6}兴冲冲、ləŋ^{5}fɛ^{6}fɛ^{6}清凉。

蒙山壮语“fa:u^{3}fa:u^{3}”构成的3个状貌词：^{ʔ}ba:ŋ^{1}fa:u^{3}fa:u^{3}很薄的、^{ʔ}bau^{1}fa:u^{3}fa:u^{3}轻飘

飘、ləm^{2}fa:u^{3}fa:u^{3}风呼啸

都安壮语“ȵa:t^{9}ȵa:t^{9}”构成的5个状貌词：ȵin^{1}ȵa:t^{9}ȵa:t^{9}很痛、ȵaŋ^{5}ȵa:t^{9}ȵa:t^{9}忙忙碌碌、pɯn^{1}ȵa:t^{9}ȵa:t^{9}毛很多的、ȵa^{1}ȵa:t^{9}ȵa:t^{9}杂草很多的、ȵin^{2}ȵa:t^{9}ȵa:t^{9}筋很多的。

标准语“fɯt^{8}fɯt^{8}”构成的17个状貌词：aŋ^{1}fɯt^{8}fɯt^{8}酷热、tai^{3}fɯt^{8}fɯt^{8}呜咽、fou^{2}fɯt^{8}fɯt^{8}［方］粥煮得稀烂；病人身体虚弱，走路时飘浮无力、fu:m^{4}fɯt^{8}fɯt^{8}［方］（黄昏时）天色昏暗、fɯ^{2}fɯt^{8}fɯt^{8}荒芜、mu:n^{6}fɯt^{8}fɯt^{8}［方］头昏眼花、ho:m^{1}fɯt^{8}fɯt^{8}芬芳、hɯŋ^{1}fɯt^{8}fɯt^{8}［方］欣欣向荣、hɯŋ^{5}fɯt^{8}fɯt^{8}酷热、hɯŋ^{1}fa:t^{7}fɯt^{8}fɯt^{8}生机勃勃、ɣon^{4}fɯt^{8}fɯt^{8}喷涌、ˀda:t^{7}fɯt^{8}fɯt^{8}［方］热腾腾、ˀdat^{7}fɯt^{8}fɯt^{8}水泄不通、hon^{2}fɯt^{8}fɯt^{8}烟雾腾腾、hoŋ^{6}fɯt^{8}fɯt^{8}生机勃勃、ɣa:ŋ^{1}fɯt^{8}fɯt^{8}香馥馥、wi^{1}fuŋ^{1}fɯt^{8}fɯt^{8}威风凛凛。

三、状貌后缀、结构类型及其构词情况

状貌词的构成还受状貌后缀及其结构类型的影响。这里将四个方言点分成两组，通过两两比较管窥方言之间的共性和差异。

（一）北部方言：蒙山壮语与都安壮语

从两地方言状貌词中选出同义词根83个（动词17个、形容词58个、名词8个），考察后缀、结构类型对词根构词的影响。

1. 词根添加后缀构成的状貌词，两地数量相当，这种情况仅1例。例如：

蒙山壮语：lo:k^{7}骨头—lo:k^{7}la:k^{7}la:k^{7}骨头很多的。

都安壮语：do:k^{9}骨头—do:k^{9}da:k^{9}da:k^{9}骨头很多的。

2. 词根添加后缀构成的状貌词，两地数量不等，这种情况非常多，又分两种情况。

（1）蒙山壮语的构词数量多于都安壮语，这种情况有4例，例如：

蒙山壮语：bin^{1}飞—bin^{2}fɯ^{2}fɯ^{2}扑扑地飞—bin^{2}həm^{2}həm^{2}不停地飞。

都安壮语：bin^{1}飞—bin^{1}ja^{2}ja^{2}ja:p^{10}ja:p^{10}胡乱地飞。

（2）都安壮语的构词数量多于蒙山壮语，这种情况达78例。试比较“哭”“聋”“油”三个不同词性的词根，都安壮语状貌词不仅数量丰富，而且结构类型多样。

蒙山壮语：tai^{3}哭—tai^{3}ȵa^{3}ȵa^{3}嚎啕大哭—tai^{3}ȵi^{5}ȵi^{5}细声痛哭—tai^{3}fɯt^{7}fɯt^{7}低声抽泣、tai^{3}ȵi^{5}ȵa^{3}抽抽搭搭地哭。

都安壮语：tai^{3}哭—tai^{3}ŋa^{2}ŋa^{2}大哭—tai^{3}ŋi^{2}ŋi^{2}细声哭—tai^{3}hɯ^{2}hɯ^{2}声音低沉时断时续地哭—tai^{3}ˀou^{3}ˀou^{3}大声痛哭—tai^{3}θup^{7}θup^{7}抽抽搭搭地哭—tai^{3}θup^{7}θup^{7}θa:p^{9}θa:p^{9}抽抽搭搭地哭得很厉害—tai^{3}θup^{7}θup^{7}θap^{9}θap^{9}抽抽搭搭地哭得比较厉害。

蒙山壮语：nuk^{7}聋—nuk^{7}na:k^{7}较聋的—nuk^{7}na:k^{7}na:k^{7}很聋的。

都安壮语：nuk^{7}聋—nuk^{7}na:k^{9}聋聋的/nuk^{7}ne:k^{9}有点聋的—nuk^{7}na:k^{9}na:k^{9}聋聋的/nuk^{7}ne:k^{9}ne:k^{9}有点聋的—nuk^{7}ni^{3}nuk^{7}na:k^{9}任何时候都聋聋的/nuk^{7}ni^{3}nuk^{7}ne:k^{9}任何时候都有点聋的—nuk^{7}ni^{3}ni^{3}na:k^{9}na:k^{9}任何时候都聋聋的/nuk^{7}ni^{3}ni^{3}ne:k^{9}ne:k^{9}任何时候都有点聋聋的。

蒙山壮语：jou^{2}油—jou^{2}jam^{6}较油的—jou^{2}jam^{6}jam^{6}油汪汪。

都安壮语：jou^{2}油—jou^{2}jup^{8}油汪汪的/jou^{2}ja:p^{10}油亮亮的—jou^{2}jup^{8}jup^{8}油汪汪的/jou^{2}ja:p^{10}ja:p^{10}油亮亮的—jou^{2}ji^{2}jou^{2}jup^{8}到处都是油汪汪的/jou^{2}ji^{2}jou^{2}ja:p^{10}到处都是油亮亮的—jou^{2}ji^{2}ji^{2}jup^{8}jup^{8}到处都是油汪汪的/jou^{2}ji^{2}ji^{2}ja:p^{10}ja:p^{10}到处都是油亮亮的。

比较发现，北部方言两个点的同义词根附加状貌后缀的能力并不均衡，以及构成的词型也不一致，都安壮语整体比蒙山壮语发达。

（二）南北方言：大新壮语与柳江壮语

从两地方言状貌词中选出同义词根51个（动词8个，形容词41个，名词2个），具体有以下两种构词情况。

1. 同一词根附加后缀构成的状貌词，两地方言数量相当，这种情况较少，有5例。例如：

柳江壮语：lɯt^{8}血—lɯt^{8}lat^{8}lat^{8}血淋淋、pja:ŋ^{1}香—pja:ŋ^{1}ȵe:u^{5}ȵe:u^{5}香喷喷—pja:ŋ^{1}u^{3}u^{3}香扑扑。

大新壮语：lə:t^{8}血—lə:t^{8}jaŋ^{6}jaŋ^{6}血淋淋、hɔm^{1}香—hɔm^{1}hum^{6}hum^{6}香喷喷—hɔm^{1}ˀɔn^{5}ˀɔn^{5}清香。

2. 同一词根附加后缀构成的状貌词，两地方言数量不等，这种情况非常多，又分两种情况，一是大新壮语多于柳江壮语，有24例。例如：

柳江壮语：hau^{1}臭—hau^{1}ŋa:u^{5}很臭—hau^{1}ŋa:u^{5}ŋa:u^{5}臭气熏天—hau^{1}ŋa^{1}hau^{1}ŋau^{5}臭不拉几。

大新壮语：khiu^{1}臭—khiu^{1}ha:ŋ^{1}ha:ŋ^{1}臭烘烘—khiu^{1}ŋa:u^{5}ŋa:u^{5}臭烘烘—khiu^{1}puŋ^{6}puŋ^{6}臭烘烘—khiu^{1}khiu^{1}ha:ŋ^{1}ha:ŋ^{1}臭烘烘。

一是柳江壮语多于大新壮语，有22例。例如：

柳江壮语：ma:n^{5}辣—ma:n^{5}he:ŋ^{5}有点辣/ma:n^{5}ha:ŋ^{5}很辣—ma:n^{5}he:ŋ^{5}he:ŋ^{5}有点辣/ma:n^{5}ha:ŋ^{5}ha:ŋ^{5}很辣—ma:n^{6}ha^{1}ma:n^{6}ho:ŋ^{5}很辣。

大新壮语：mən^{6}辣—mən^{6}ma:t^{7}ma:t^{7}辣乎乎—mən^{6}mən^{6}ma:t^{7}ma:t^{7}辣乎乎。

比较发现，南北方言两个点的同义词根附加状貌后缀的能力以及构成的词型整体差异不大，处于势均力敌的状态。

综上所述，状貌后缀及其结构类型对构词的影响表现为：同一个词根可搭配形式各异的后缀，后缀间常有元音交替现象（如 a/e），出于表义需求又可以使用不同的结构类型，最终构成一组词形各异、辨义入微的状貌词。这个方面都安壮语、柳江壮语、大新壮语都比较发达，蒙山壮语则相对单一。

第三节　壮语状貌词的语法功能

第三、四节针对状貌词的语法功能、语言风格进行阐述。语法功能指状貌后缀与词根组合构词之后，作为词一级的语法单位——状貌词所起的功能。本节以《壮语语法标注文本》（以下简称《文本》）为主要考察依据，以《武鸣壮族民间故事》与《燕齐壮语参考语法》（以下简称《故事》、《语法》）为补充，这三部专著反映了武鸣壮语口语的实际情况，是考察状貌词语法功能的理想语料。①

一、状貌词的组合功能

状貌词的组合功能主要有以下三点。

第一，形容词、名词与状貌后缀结合紧密，中间通常不能插入其他成分。若有插入成分，则限于形容词的修饰成分，例如：hau^{1}（臭）kja^{5}（尿）—hau^{1}kja^{5}θa:t^{7}θa:t^{7}[方]（野兽或尿的）臊气很重、ɣa:ŋ^{1}（香）la:u^{2}（动物油）—ɣa:ŋ^{1}la:u^{2}ɣɯt^{7}ɣɯt^{7}油香四溢。

第二，动词与状貌后缀结合较为松散，中间可以插入动词的宾语、补语，也可视为动

①《文本》《故事》《语法》的标注方法不同。语音方面，《故事》标注壮文，《文本》与《语法》标注国际音标（音标略有差异），声调标注调值，此处统一使用国际音标以及调类，音标差异处则依照原文。语法方面，《文本》使用莱比锡标注法，《语法》使用汉语逐字对译，《故事》没有语法标注，此处以《文本》的例句为主，则依照原文，《语法》与《故事》的例句较少，则统一使用汉语逐字对译。涉及的《文本》的缩写符号：1sg（first person singular）第三人称单数；2sg（second person singular）第二人称单数；3sg（third person singular）第三人称单数；3pl（third person plural）第三人称复数；CL（classifier）量词，分类词；COMP(comparative marker)补语助词；CONT（continuative aspect）持续体；DV（directional verb）趋向动词；DEF (definite marker)定指标记；DEGRS（degree suffix）程度后缀；HM（head marker）核心标记；EXP（experiential）经验体；IDPH（ideophone）状貌词；IMPM (imperative mood marker)祈使语气词；INDEF(indefinite marker)不定指标记；IND（indicative mood word）陈述语气词；INGR（ingressive）开始体；INT（interrogative mood word）疑问语气词；NEG（negative）实义否定；ONOM(onomatopoeia particle)拟声助词；PFV（perfective aspect）完成体；PREP（preposition）前置词/介词；PROS（prospective aspect）将行体；RST（resultative）结果体；SIM（simultaneous）同时。

宾结构、动补结构带状貌后缀，例如：ŋak^{7}（点）kjau^{3}（头）—ŋak^{7}kjau^{3}θe:k^{8}θe:k^{8}不停点头、^{ʔ}bin^{1}（飞）kwa^{5}tau^{3}（过来）—^{ʔ}bin^{1}kwa^{5}tau^{3}fɯ^{1}fɯ^{1}嗡嗡地飞过来。某些拟声类后缀，位置相对灵活，可后置也可前置，例如“ɣi:u^{1}ha^{1}ha^{1}/ha^{1}ha^{1}ɣi:u^{1}笑哈哈”。

第三，形容词可以直接受否定副词、程度副词的修饰与限定，由其构成的状貌词蕴含程度义，不再受否定副词、程度副词的修饰与限定。以下几句，带*表示不可接受。

（1）a. ki^{3}ma:k^{7}nei^{4ʔ}bou^{3}θom^{3}. 这些果子不酸。

（1）b. ki^{3}ma:k^{7}nei^{4}θom^{3}θa:t^{7}θa:t^{7}. 这些果子酸溜溜。

（1）c. ki^{3}ma:k^{7}nei^{4ʔ}bou^{3}θom^{3}θa:t^{7}θa:t^{7}.* 这些果子不酸溜溜。*

（2）a. ki^{3}ma:k^{7}nei^{4}θom^{3}ɣa:i^{4}ɕa:i^{4}/θom^{3}la:i^{1}. 这些果子很酸/太酸。

（2）b. ki^{3}ma:k^{7}nei^{4}θom^{3}θa:t^{7}θa:t^{7}ɣa:i^{4}ɕa:i^{4}/θom^{3}θa:t^{7}θa:t^{7}la:i^{1}.* 这些果子很酸溜溜/太酸溜溜。*

二、状貌词的句法功能

经统计，《文本》含147个状貌词，涉及116个句子。表3-11反映了状貌词句法功能的基本趋势，主要充当谓语，也充当补语、定语和状语，个别情况充当宾语、主语。

表3-11 壮语状貌词的句法功能

句子成分	主语	谓语	宾语	定语	状语	补语	总计
频数	1	95	3	15	13	20	147
百分比	0.7	64.6	2.0	10.2	8.8	13.6	100

（一）状貌词作主语

作主语的例子仅发现1例，主语为形容词构成的含主观性的状貌词，句式为“XX”像“XX”。

①	ta^{3}	la^{3}	pla^{1}	ʔjaɯ^{3}	,	pu:n^{5}	ɣan^{1}	pu:n^{5}	ɓau^{3}	ɣan^{1}	,
	PREP-从	下	山	看		半	见	半	NEG	见	
	ɗam^{1}	jum^{3}jum^{3}	lum^{3}		tu^{2}	ɕɯ^{2}	te^{1}	nai^{4}			
	黑	DEGRS	PREP[-像		CL-头	黄牛	那	PREP]-似的			
	从山下望去，若隐若现，黑乎乎的，很像是那头黑牛。										
	（引自《文本》第184页）										

此外，以下两个例句中，状貌词看似充当主语，其实是口头表达的缺省，实际主语分别是“人猩猩”与“酒菜”。

①	ke:u^{4}	θa:t^{7}θa:t^{7}	le^{4}	,	pau^{4}	pai^{4}	ɕau^{6}	ɣø^{4}θiŋ^{3}	lo^{6}	.
	嚼	IDPH	PFV		CL-个	姐姐	就	醒来	IND	
	(人猩猩)咬骨头的声音惊醒了姐姐。									
	(引自《文本》第103页)									

②	ɣa:ŋ^{1}	ɣɯt^{7}ɣɯt^{7}	,	ɕan^{6}	ɗai^{3}	kɯ^{1}	tø:n^{5}	he^{1}	ne^{6}	,	ɗai^{1}	lo^{6}.
	香	DEGRS		如果	能	吃	CL-顿	一	IMPM		好	IND
	香喷喷的,能美美喝上一顿该多好!											
	(引自《文本》第224页)											

(二)状貌词作谓语

状貌词作谓语分为下面6种情况。其中,状貌词直接作谓语,后面不带宾语,可以描摹人或事物的特征与状态,是最常见的句法功能。

1.动词带状貌后缀单独作谓语

状貌词表示动作状态如例①,表示声音如例②和③。状貌词AB型表示动作的突然或者短暂,ABB型表示动作或状态的持续。

①	tu^{2}	ma^{4}ɣin^{1}	θan^{5}	ɣop^{7}	.					
	CL/DEF-匹①	石马	抖动	IDPH						
	那匹石马一跃。									
	(引自《文本》第147页)									
②	pai^{2}	ˀi^{3}	ˀø:k^{7}	tau^{1}	nɯŋ^{5}	,	paɯ^{4}mø^{5}	tai^{3}	hɯ^{4}hɯ^{4}	.
	CL-次	PROS	出	门	那		新娘	哭	ONOM	
	将要出门的时候,新娘唏嘘地哭着。									
	(引自《文本》第289页)									
③	wun^{2}la:i^{1}	he:m^{5}	ɕa^{4}ɕa^{4}	.						
	众人	叫喊	ONOM							
	站在一旁看热闹的人齐声呼叫。									
	(引自《文本》第339页)									

2.动宾结构、动补结构带状貌后缀作谓语

动词和状貌后缀可以被宾语、补语隔开,宾语通常为名词,例如①和②;补语通常为趋向补语,例如③和④。

①	pai^{2}	ɣan^{1}	tu^{2}	kuŋ^{5}sou^{1}	la^{3}	ɕø:ŋ^{2}	ti:m^{1}	ɕaɯ^{1}	ŋwe:p^{8}ŋwe:p^{8},	
	一	见	只	蟾蜍	下	床	喘	气	(拟声)	
	te^{1}	ˀe:ŋ^{5}	kja^{1}	nou^{2}	he^{1}	ˀdak^{7}	po:i^{1}	nou^{2}	tu^{1}	kai^{5}
	他			以为	他	要	去	说	只	鸡
	hi^{1} la^{6}	,	ha:u^{5}	nou^{2}	:“	koŋ^{1}	ˀdɯ:t^{7},	koŋ^{1}	ˀdɯ:t^{7}	!”
	语气词		就	说		别	吵	别	吵	
	一见到床下有一只蟾蜍正喘着气,他以为它要去告诉鸡(这事儿)呢,就说:“别吵,别吵!”									
	(引自《语法》第311页)									

②	tak^{8}la:u^{4}	ŋak^{7}	kjau^{3}	θe:k^{8}θe:k^{8},	tan^{3}	ha:i^{6}ɕa:u^{3}	ɕa:u^{6}	hɯn^{3}tin^{1}.
	特劳	点	头	IDPH	穿	草鞋	就	起步
	特劳点了点头，穿着草鞋就出门。							
	（引自《文本》第136页）							

③	tu^{2}	ma^{4}ɣin^{1}		θik^{7}hak^{7}	toŋ^{6}	hɯn^{3}tau^{3}	
	CL/DEF–匹	石马		立即	动	INGR	
	fɯ:n^{1}fɯ:n^{1}	ʔa^{3}	pa:k^{7}	ɕau^{6}	kɯ^{1}	ma:k^{7}θe^{5}	.
	IDPH	张开	嘴巴	就	吃	杨梅	
	那匹石马立马动了起来，张开嘴巴就吃杨梅。						
	（引自《文本》第142页）						

④	mɯ^{6}	han^{4}	,	mi^{2}	kai^{3}	tu^{2}	ne:ŋ^{2}jan^{1}	ɓin^{1}
	时	那		有	几	CL–只	苍蝇	飞
	kwa^{5}tau^{3}	fɯ^{1}fɯ^{1}	.					
	DV–过来	IDPH						
	正在那时候，有几只苍蝇嗡嗡地飞了过来。							
	（引自《文本》第334页）							

3.动词、动宾结构带状貌后缀作复杂谓语的构成成分

谓语为连动结构，动词、动宾结构带状貌后缀作为谓语的一部分，例如：

①	tø^{5}	ka:ŋ^{3}	tø^{5}	ɣi:u^{1}	ke:k^{7}ke:k^{7}	.		
	SIM[一边	说	SIM]—一边	笑	ONOM			
	（达银）边说边嘎嘎笑起来。							
	（引自《文本》第166—167页）							

②	ta^{6}me^{6}	te^{1}	ɕam^{6}	ʔwe^{5}	na^{3}	kwa^{5}	pa:i^{6}laŋ^{1}	pai^{1}	tok^{7}
	母亲	DEF	也	转	脸	DV–过	后面	DV–去	落
	ɣam^{4}ɣa^{1}	plok^{8}plok^{8}		.					
	眼泪	IDPH							
	她妈也把脸转过去止不住地流泪。								
	（引自《文本》第307页）								

4.动词带状貌后缀作谓语后带补语

补语表示处所，例如：

①	fai^{2}	taɯ^{2}	kwa^{5}	le^{4}	,	ki^{3}	tau^{6}	ʔan^{1}	te^{1}	li^{3}	taŋ^{3}
	火	着	EXP	PFV		CL/HM	火灰	CL–个	那	还	竖立
	ŋe:t^{8}	ʔjau^{5}	kɯn^{2}	pe:n^{3}							
	IDPH	PREP–在	上面	板子							
	烧成火灰以后，箩筐还整个地立在木板上。										
	（引自《文本》第81—82页）										

5.形容词带状貌后缀单独作谓语

以下均为主谓句，形容词带状貌后缀能够描摹事物的状态，例①为视觉，例②为听觉，例③为嗅觉，例④为触觉。

①	taŋ^{1}ŋon^{2}	hoŋ^{2}	ˀu^{1}ˀu^{1},	ˀan^{1}	tam^{2}	ɣam^{4}	θaɯ^{5}	tik^{7}tik^{7}	,
	太阳	红	DEGRS	CL-个	池塘	水	清	DEGRS	
	tu^{3}	wa^{1}	mai^{5}	θi^{1}θi^{1}	,	ɕɯ^{2}	wa:i^{2}	θat^{7}	ɣop^{8}ɣop^{8}.
	CL-朵	花	粉红	DEGRS		黄牛	水牛	跳	IDPH
	太阳红彤彤的,池塘里的水清澈见底,那花粉红粉红的,黄牛水牛在草地上撒欢。								
	(引自《文本》第145—146页)								
②	ɗaɯ^{1}	ɣa:n^{2}	huŋ^{1}	ɕam^{1}	ɣik^{7}ɣik^{7}	.			
	里	房屋	大	安静	DEGRS				
	屋里静悄悄的。								
	(引自《文本》第145页)								
③	ki^{3}	hai^{5}	plak^{7}nø^{6}	ɣa:ŋ^{1}	ɣɯt^{7}ɣɯt^{7}	.			
	DEF	气	荤菜	香	IDPH				
	酒肉的香气阵阵扑鼻。								
	(引自《文本》第224页)								
④	pau^{4}	pai^{4}	ɕam^{1}	nau^{2}	:“	me^{6}ta:i^{5}	,		
	CL-个	姐姐	问	道		外婆			
	ku^{6}ma^{2}	ɓai^{5}	ɓa:t^{7}ɓa:t^{7}	ta^{1}	?”				
	什么	湿	IDPH	INT					
	姐姐问:“外婆,什么东西湿漉漉的?”								
	(引自《文本》第104页)								

6.形容词带状貌后缀做复杂宾语、复杂补语的构成成分

这种情况通常是宾语、补语为主谓结构,形容词带状貌后缀作为主谓结构的谓语部分,例①“沟里阴黑深邃”是“看见”的宾语,“阴黑深邃”又是“沟里”的谓语,例②和③同理。例④“土司爷瞠目结舌”是“说得”的补语,“瞠目结舌”又是“土司”的谓语。

①	pau^{4}tau^{5}	ɣan^{1}	ɗaɯ^{1}	lu:k^{8}	lap^{7}	ɕup^{7}ɕup^{7}	.				
	头目	看见	里	山谷	黑	DEGRS					
	头领看见沟里阴黑深邃。										
	(引自《文本》第120-121页)										
②	te^{1}	ŋe:u^{4}	kjau^{3}	ɓa:t^{7}	ˀjaɯ^{3}	,	ɣan^{1}	pa:k^{7}	lu:k^{8}	ho:n^{2}	fo:t^{8}fo:t^{8}.
	3sg	扭	头	PNC	看		看见	口	山谷	烟	IDPH
	九修扭头一看,见沟口浓烟滚滚。										
	(引自《文本》第121页)										
③	jap^{7}	te^{1}	ɕi^{4}	jo:m^{5}	ta:u^{5}	laŋ^{1}	ɕan^{6}	ɣan^{1}	ho^{2}	ɣi:ŋ^{2}	hau^{4}
	一会儿	她	就	看	回来	后面	全	看见	颈部	穗	稻
	ˀdam^{1}ˀde:t^{7}ˀde:t^{7}	.									
	黑乎乎										
	一会儿,她回过头来看见稻穗颈部黑黑的。										
	(引自《故事》第311页)										
④	hap^{7}	tɯk^{7}	koŋ^{1}	ha:k^{7}	te^{1}	ta^{1}	θaɯ^{1}	θøŋ^{5}θøŋ^{5}	.		
	恐吓	COMP	CL-位	官	那	眼	绿	DEGRS			
	说得土司爷瞠目结舌。										
	(引自《文本》第159页)										

(三)状貌词作宾语

状貌词作宾语的句法条件是谓词为感官类动词,如“听”“闻”“知道”,有3例。

①	^{ʔ}jap^{7}	ɗe:u^{1}	,	te^{1}	ɕa:i^{5}	tiŋ^{5}ji^{1}	ke:u^{4}	θa:t^{7}θa:t^{7},	ke:u^{4}	θa:t^{7}θa:t^{7}.
	CL-会儿	INDEF-一		3sg	又	听见	嚼	IDPH	嚼	IDPH
	过了一会儿,她又听到“嘎嘎”的嚼东西的声音。									
	(引自《文本》第104页)									

②	kø^{1}pa:u^{3}	ta:n^{1}	ɣø^{4}	ɣi:u^{1}	jaŋ^{4}jaŋ^{4}	,	θo:ŋ^{1}	fɯŋ^{2}	ɓau^{3}	ɣø^{4}
	宝哥哥	仅只	知道	笑	IDPH		两	手	NEG	知道
	ɕu:ŋ^{5}	kjaɯ^{2}	ɕi^{3}	ɗai^{1}	.					
	放	哪里	才	好						
	宝哥哥只知道傻笑,两手不知道放在哪儿才好。									
	(引自《文本》第174页)									

③	θø:ŋ^{1}	ɗak^{7}	ke:k^{7}	tu^{2}	ma^{4}	li:u^{4}	ta:u^{5}ma^{1}	nin^{2},	mup^{7}
	两	CL/M-个	隔	CL-匹	马	PFV	回来	睡	闻
	ɣan^{1}	hau^{1}	θaŋ^{4}θaŋ^{4}	.					
	RST	臭	DEGRS						
	两人把马隔开以后回来睡觉,闻到一股屎臭味。								
	(引自《文本》第197页)								

(四)状貌词作定语

形容词带状貌后缀常在名词之后作修饰性定语,使描写对象更为生动具体,其中例③为多层定语,“大”“耀眼”“明亮”三个定语共同修饰一个中心词“房子”。例如:

①	jou^{5}	ɣi:ŋ^{2}	hau^{4}	ɕuŋ^{3}	mi^{2}	^{ʔ}ban^{5}	^{ʔ}dam^{1}	^{ʔ}de:t^{7}	he^{1}	.		
	在	穗	稻	都	有	节	黑	黑的				
	在谷穗的颈部都总有黑黑的一节。											
	(引自《故事》第307页)											

②	ɣam^{4} ta^{1}	ɗik^{7}	ɣoŋ^{2}	fuk^{7}	ma:n^{1}	pai^{1},	pi:n^{1}pan^{2}	ti:u^{2}	ta^{6}
	泪水	滴	DV-下	CL-幅	壮锦	DV-去	变成	CL/HM-条	河
	^{ʔ}i^{5}	ɣam^{4}	θaɯ^{5}	tik^{7}tik^{7}	.				
	小	水	清	DEGRS					
	泪水滴到壮锦上面变成一条清清的小河。								
	(引自《文本》第134–135页)								

③	kɯn^{2}	pla^{1}taŋ^{1}ŋon^{2}	mi^{2}	^{ʔ}an^{1}	ɣa:n^{2}	huŋ^{1}	he^{1}	ɗø:ŋ^{5}	pla:m^{1}pla:m^{1},
	上	太阳山	有	CL/HM-个	房子	大	INDEF	耀眼	DEGRS
	ɣø:ŋ^{6}	θa:k^{7}θa:k^{7}	.						
	明亮	DEGRS							
	太阳山上有一座闪闪发光的大房子。								
	(引自《文本》第143页)								

(五)状貌词作状语

动词及动宾结构、形容词带状貌后缀作状语,说明动作行为的方式、状态。例如:

①	jɯ:ŋ^{6}ŋ^{2}	ha:u^{5}	ɕu:ŋ^{5}	pa:u^{5}	ɣop^{8}ɣop^{8}	ɕiŋ^{3}	la:u^{2}je^{2}	hou^{5}ma^{1}	.
	这样	就	放	鞭炮	(拟声)	请	老爷	进来	
	这样就燃起了隆隆鞭炮,请老爷进来。								
	(引自《语法》第431页)								

②	kø^{1}pa:u^{3}	ɣi:u^{1}	jaŋ^{4}jaŋ^{4}	nau^{2}	:	kau^{1}	ji:n^{6}	,	mɯŋ^{2}	hi^{4}	ji:n^{6}	.
	宝哥哥	笑	IDPH	说		1sg	愿		2sg	也	愿	
	宝哥哥憨厚地笑着说:"我乐意,你也乐意。"											
	(引自《文本》第173–174页)											

③	tu^{6}ɕe:u^{3}	ɕau^{5}	hau^{4}tuk^{7}	ɕuŋ^{3}	la:u^{1}	ɕai^{2}	,	θan^{2}	ɣop^{8}ɣop^{8}
	黑豆	和	玉米	都	怕	完		发抖	发抖貌
	tai^{3}	le^{1}	.						
	哭	了							
	黑豆和玉米都害怕了,浑身发抖地哭了。								
	(引自《故事》第332页)								

④	ta^{6}ŋan^{2}	na^{3}	θap^{7}	θi^{1}	nau^{2}	:	kø^{1}pa:u^{3}	,	mɯŋ^{2}
	达银	脸	阴沉	DEGRS	说		宝哥哥		你
	lau^{3}fi^{2}	ɣo^{4}nau^{6}		fa:t^{7}pa:k^{8}	?				
	醉酒	或者		癫痫					
	达银沉着脸说:"宝哥哥,你喝多了还是发神经了?"								
	(引自《文本》第173页)								

(六)状貌词作补语

状貌词在动词、形容词之后作补语表示结果、状态,状态补语与谓语中心语之间一般用结构助词"tɯk^{7}"连接。例①和②状貌词作结果补语,其余作状态补语。

①	tø^{5}	ɕau^{1}	taɯ^{2}	tø^{5}	ɕuk^{8}	ɗat^{7}	,	ɕuk^{8}	ɗat^{7}	ni^{1}ni^{1}	.
	马上	装	拿	立刻	扎	紧		扎	紧	IDPH	
	刚一进到袋子里,就迅速把袋口紧紧扎住。										
	(引自《文本》第282页)										

②	θai^{2}	nɯŋ^{5}	lø^{4}le^{2}	ɕi^{1}	tɯk^{7}	ji:ŋ^{3}	ɣɯ:n^{2}ɣɯ:n^{2}	.
	时	那	唢呐	吹	COMP	响	IDPH	
	霎那间,唢呐震天响。							
	(引自《文本》第308页)							

③	ŋon^{2}	te^{1}	ɕuŋ^{5}	ɕan^{1}	tau^{3}	le^{4}	,	loŋ^{6}	ha:u^{3} la:i^{1}	plak^{7}
	日	那	众	亲	来	PFV		弄	许多	菜
	ta:i^{6}	kjoŋ^{5}te^{1}	pɯ^{6}	,	kɯ^{1}	tɯk^{7}		lɯ^{1}lɯ^{1}la:k^{7}la:k^{7}		.
	招待	3pl	IND		吃	COMP		IDPH		
	当天,亲戚们来了,弄了很多菜招待,吃剩的很多。									
	(引自《文本》第293页)									

④	ɗaɯ^{1}	ʔu^{1}	ɕa:u^{4}	fai^{2}	tɯk^{7}	hoŋ^{2}	kjɯk^{8}kjɯk^{8}	lo^{6}	.	
	里	坑	生	火	CONT	红	IDPH	IND		
	坑里的火生得通红通红的。									
	（引自《文本》第110页）									

如表3-12所示，状貌后缀组成的四种状貌词的句法功能不一。四种状貌词都能充当谓语，其中动宾结构、动补结构构成的状貌词没有充当其他句子成分的例子。此外，动词构成的状貌词能充当宾语，形容词构成的状貌词能充当主语、定语，动词、形容词构成的状貌词都能充当状语、补语。

表3-12　四种状貌词的句法功能

组合	句法功能					
	主语	谓语	宾语	定语	状语	补语
动词带状貌后缀		+	+		+	+
动宾结构带状貌后缀		+				
动补结构带状貌后缀		+				
形容词带状貌后缀	+	+		+	+	+

注：有该特征的用“+”表示，空白处表示未掌握相关语料。

第四节　壮语状貌词的语言风格

这里的语言风格指状貌词在使用中表现出的风格特点。语言风格分狭义和广义，前者指语言的功能风格，即语体风格；后者包括语言风格和言语风格，既包括语言体系内部的各种特点，也包括语言在运用中体现出来的各种特点，因而是一个综合系统，它包含若干子系统，如语言的功能风格、民族风格、时代风格、表现风格、个人风格等。①根据研究的实际情况，本节从地域风格和语体风格两方面探讨壮语状貌词的语言风格。

一、地域风格

地域风格指运用语言的地方变体即方言所体现出的地域特色。对于地域特色，《壮汉》《汉壮》两部词典按照词的通用程度，采用二元对立法将所收的词分成通用词和方言词，各地具有较为普遍说法的为通用词，与之相对的即方言词。但是，两部词典的划分存在比较明显的差异。就收集到的922个带状貌后缀的词，《壮汉》占677个，含通用词

① 邢福义，汪国胜：《现代汉语》，华中师范大学出版社，2003年，第516-517页。

76个，方言词601个，当中明确标识方言词根的90个，整体以方言词为主，通用词为辅；《汉壮》占245个，含通用词238个，方言词7个，整体以通用词为主，方言词为辅。

现选取两部词典共有的238个状貌词，对比两者的分类差异，结果见表3-13。

表3-13 《壮汉》与《汉壮》状貌词的注释差异(N＝238)

<table>
<tr><th>语料来源</th><th colspan="2">方言词的注释</th><th colspan="2">通用词的注释</th></tr>
<tr><td rowspan="2">《现代汉壮词汇》</td><td colspan="2">方言词</td><td colspan="2">通用词</td></tr>
<tr><td colspan="2">8</td><td colspan="2">230</td></tr>
<tr><td rowspan="2">《壮汉词汇》</td><td>方言词</td><td>通用词</td><td>方言词</td><td>通用词</td></tr>
<tr><td>7</td><td>1</td><td>200</td><td>30</td></tr>
</table>

方言词注释，《汉壮》《壮汉》基本无差。差异较大的是通用词的注释，《汉壮》230个通用词，其中200个《壮汉》划为方言词，仅30个为通用词。差异成因很可能与编纂目的、词条来源、出版时间等有关。《汉壮》出版于2013年，主要为规范和统一壮语文，所收词条主要来自汉壮语文工具书、壮文报纸杂志、壮文译著、各地壮语、翻译工作记录。[1]《壮汉》初版出版于1958年，修订版出版于1984年，主要为促进壮语普通话的逐步形成和书面规范，所收词条有各地较为普遍的通用词，也包括一些方言词。[2]

现在以《壮汉》为主要参照，根据状貌词的通用度分为通用型和方言型，该划分标准很大程度取决于状貌后缀的通用度，也取决于词根的通用度，一般分为四种情况。

1. 通用型词根＋通用型状貌后缀=通用词，这种情况非常有限，因为通用型状貌后缀非常有限，例如：ɕam^{1}ɣɯk^{8}ɣɯk^{8}静悄悄、te:u^{2}θa:t^{8}θa:t^{8}形容很多人拼命地逃跑、fei^{5}ɕa:t^{7}ɕa:t^{7}簸米的沙沙声。

2. 通用型词根＋方言型状貌后缀=方言词，这种情况最常见。例如：pja:i^{3}ɕak^{8}ɕak^{8}［方］走马的姿态、pja:i^{3}fot^{8}fot^{8}［方］形容很多人走路走得很快的样子、pja:i^{3}kom^{1}kom^{1}［方］急忙地走、pja:i^{3ʔ}di:k^{7ʔ}di:k^{7}［方］慢慢地走、pja:i^{3ʔ}di:ŋ^{1ʔ}di:ŋ^{1}［方］轻快地走、pja:i^{3}ŋɯt^{8}ŋɯt^{8}［方］鬼鬼祟祟慢慢的走、pja:i^{3}nɯt^{8}nɯt^{8}［方］慢吞吞地走、pja:i^{3}ju:k^{7}ju:k^{7}［方］慢慢地鬼鬼祟祟地走、pja:i^{3}jum^{1}jum^{1}［方］轻而慢地走。“pja:i^{3}走”本是一个通用词，其附加状貌后缀构成的一组词均为方言词，状貌后缀的方言差异可见一斑。

3. 方言型词根＋方言型状貌后缀=方言词，例如：

pat^{7}na:ŋ^{1}na:ŋ^{1}［方］悬挂物来回摆动（“pat^{7}”的通用词是“pi^{1} 摆；摆动”）

tiŋ^{6}ɣik^{7}ɣik^{7}形容静悄悄（“tiŋ^{6}”的通用词是“ɕam^{1}静；沉静；寂静”）

① 中国民族语文翻译局：《现代汉壮词汇》，广西民族出版社，2013年，“前言”第1页。

② 广西壮族自治区少数民族语言文字工作委员会研究室：《壮汉词汇》，广西民族出版社，1984年，“前言”第1页。

he:p^{8}ȵe:p^{7}ȵe:p^{7}［方］很狭窄（“he:p^{8}”的通用词是“nak^{8}窄［指面窄］”）

4.方言词根＋通用型状貌后缀=通用词，这种情况最少见，例如：

ɕaŋ^{2}ɣa:u^{1}ɣa:u^{1}直眉瞪眼（“ɕaŋ^{2}”的通用词是“taŋ^{4}瞪”）

kjuk^{7}hu^{1}hu^{1}轰轰烈烈（“kjuk^{7}”的通用词是“ɕa:u^{2} 嘈；嘈杂；喧哗；吵闹”）

不过，通用型和方言型的状貌词有时难以划出泾渭分明的界限。因为通用度本就是一个相对的、动态的概念，例如“ɣo:ŋ^{6}θa:k^{8}”“ɣau^{3}ɣup^{8}”注释为通用词，“ɣo:ŋ^{6}θa:k^{8}θa:k^{8}”“ɣau^{3}ɣup^{8}ɣup^{8}”却是方言词。我们认为，有的方言词由于使用频率增加，随着时间在不同的群体和地域中扩散，也可能转化为通用词，这在一定程度上解释了同一批词为何《汉壮》多标识为通用词的缘故。

二、语体风格

状貌词的结构类型多样，音韵和谐，功能独特，下面量化考察其语体的分布特点。

（一）语体划分的依据和语料来源

学界对语体的划分尚未取得统一的看法。黎运汉（1989）分为口语语体和书面语体两个大类，书面语体又分为应用语体、科学语体、文学语体、政论语体。郑远汉（1998）按交际风格将语体分为科学语体、艺术语体、谈话语体。根据实际情况，这里采用谈话语体、艺术语体、政论语体、科学语体的划分。

壮语目前缺乏像汉语那样完善、公开的数据库。限于时间和精力，这里选择几部作品为代表，力求符合相应语体的特点，语料总字数2735300字①。

谈话语体：《壮语语法标注文本》，其中绝大多数为民间故事，小部分为农事与民俗，经讲述人的口述整理而成，较具代表性。

艺术语体：民歌是壮族文学的典型代表，故选择《汉族题材少数民族民族叙事诗译注（壮族卷）》《壮族民歌古籍集成（一）嘹歌》，包括汉族题材和传统歌谣两类题材。

政论语体：《中国共产党党章（壮文版）》《2019年政府工作报告（壮文版）》，包括政治宣言、党和国家领导人的报告讲话两类题材。

科学语体：《壮医技法技术规范（壮汉双语）》《儿童疾病防治（壮汉双语）》，包括技术规范和科普读物两类题材。

---

① 由书籍版权页“字数”一栏相加得到。

（二）语体分布

状貌词的整体分布情况见表3-14，谈话语体状貌词的出现频率最高，艺术语体次之，科学语体又次之，政论语体最低。

表3-14 状貌词的语体整体分布

语体	字数	个数	频率(每千字)
谈话语体	542000	147	27.1%
艺术语体	2500000	395	15.8%
政论语体	88300	3	3.4%
科学语体	255000	35	13.7%

状貌词在同一语体不同题材的分布情况见表3-15。

表3-15 状貌词在同一语体不同题材的分布①

语体	题材	字数	个数	频率(每千字)
艺术语体	汉族题材	1000000	82	8.2%
	传统歌谣	1500000	313	20.9%
政论语体	政治宣言	74316	0	—
	报告讲话	13984	3	21.5%
科学语体	技术规范	150000	16	10.7%
	科普读物	105000	19	18.1%

艺术语体中，在总字数接近的条件下，传统歌谣有313个状貌词，个数最多，频率比汉族题材叙事诗高12.7%。政论语体、科学语体的状貌词数量较少，频率却不低。政论语体下的只有报告讲话有3个状貌词，而科学语体两类题材各有十余个状貌词，这两类语体状貌词出现频率较高很可能与所考察文本的字数较少有关，不过它们使用的状貌词比较固定且单调，如“na:i^{5}nu:k^{7}虚弱”“ha:u^{1}ȵo^{1}苍白”“ɣi:ŋ^{3}ɣe:t^{7}迅速”“ɣau^{3}ɣup^{8}温暖”“hoŋ^{6}hɯt^{8}旺盛”等高频复现。因而以上两表数据的分布趋势并不相悖。各语体举例如下（状貌词加粗显示）。

① 谈话语体一项，因题材分布不均衡，暂不考察。

1.汉族题材叙事诗

piŋ^{1}ma^{4}toŋ^{2}ka^{3}**luən^{6}ɕum^{2}ɕum^{2}.**

兵马互杀乱哄哄。

（引自《汉族题材少数民族叙事诗译注（壮族卷）》第38页）

si:u^{1}kja^{1}vu:n^{1}hei^{3}**ri:u^{1}jum^{3}jum^{3}.**

肖家欢喜笑盈盈。

（引自《汉族题材少数民族叙事诗译注（壮族卷）》第992页）

2.传统歌谣

ˀdian^{1}it^{7}**lum^{2}fi^{1}fi^{1}.**

十一月风飞飞。

（引自《壮族民歌古籍集成（一）》第969页）

pu^{4}**ha:u^{1}ɬik^{7}**lum^{3}mɯŋ^{2}.

妻白晰如妹。

（引自《壮族民歌古籍集成（一）》第767页）

3.科普读物

ta:ŋ^{1}jaɯ^{3}o:k^{7}lɯk^{8}ȵe^{2}naŋ^{1}no^{6}ɕau^{5}ne:n^{6}mo^{2}**ha:u^{1}ȵo^{1}**kɯn^{1}ˀdai^{3}no:i^{4}、tuŋ^{4}ˀbou^{3}θi:u^{1}、kjau^{3}ŋu^{6}、ɣɯ^{2}o:k^{7}ɣum^{2}、ta^{1}jaɯ^{3}**lap^{7}θaŋ^{1}**、**na:i^{5}nu:k^{7}**、na^{3}num^{5}、pjom^{1}haɯ^{5}θa:u^{3}θei^{2}, ɕou^{6}ɯŋ^{1}ka:i^{1}θiŋ^{3}kai^{6}, kip^{8}θei^{2}θoŋ^{5}pai^{1}ji^{6}je:n^{1}jaɯ^{3}piŋ^{6}.

当发现孩子皮肤和黏膜苍白、吃得少、不消化、头晕、耳鸣、眼前发黑、疲倦、长得慢、毛发干燥时，就应该警惕，及时送至医院诊治。

（引自《儿童疾病防治（壮汉双语）》第58页）

θei^{2}ɕa:m^{2}ɕim^{1}ku^{6}ˀdai^{3}au^{1}**ɣi:ŋ^{3}ɣe:t^{7}**jou^{6}liŋ^{2}.

治疗时动作要轻巧、灵活。

（引自《壮医技法技术规范（壮汉双语）》第12页）

4.报告讲话

ɕi:n^{2}min^{2}ɕaŋ^{5}ˀda:ŋ^{1}ˀdai^{3}ˀbe^{1}ku^{6}**hoŋ^{6}hɯt^{8}**,pou^{4}ti^{3}ju^{2}a:k^{7}te^{1}jou^{5}kɯn^{2}ko^{2}ɕi^{1}pei^{3}a:k^{7}jou^{5}kan^{3}ɕa:i^{5}au^{1}ˀdai^{3}ɕiŋ^{2}ɕik^{7}ˀdei^{1}.

全民健身蓬勃开展，体育健儿在国际大赛上再创佳绩。

（引自《政府工作报告（2019年3月5日）》）

各类型状貌词的语体分布情况见表3-16。

表3-16 各类型状貌词的语体分布

语体	类型									总计
	AB	ABB	ABC	AABB	ABAB	ABAC	ABBCC	ABCBC	ABCBD	
谈话语体	16	119	3	4	—	2	2	1	—	147
艺术语体	14	92	221	—	6	49	—	9	4	395
政论语体	3	—	—	—	—	—	—	—	—	3
科学语体	29	6	—	—	—	—	—	—	—	35

类型方面，AB型四类语体均有分布，ABB型分布于除政论语体外的三类语体，AABB、ABBCC分布于谈话语体，ABAB、ABCBD型分布于艺术语体，ABC、ABAC、ABCBC型均分布于谈话、艺术语体。语体方面，状貌词的类型谈话、艺术语体最多，有7类，科学语体次之，有2类，政论语体最少，仅1类。数量最多的类型，谈话语体是ABB型，艺术语体是ABC型，政论、科学语体是AB型。各类型举例如下（状貌词加粗显示）。

1.AB型见于谈话、艺术、政论、科学语体。

ɣa^{5}ɣum^{2}he^{1}ɕi^{1}tau^{3}**ɣa:ŋ^{1}fɯt^{7}**,fuk^{7}ma:n^{1}nai^{4}ka:k^{8}ˀi:t^{5}pai^{1}nɯt^{8}nɯt^{8},ji:t^{8}ˀi:t^{7}ji:t^{8}kwa:ŋ^{5}, pan^{2}kai^{3}lai^{4}ti:k^{8}ɕuŋ^{3}ɓe^{1}tø^{6}li:u^{4}.

一阵风吹过来，香喷喷的，这幅壮锦自动延伸开去，越伸越大，覆盖了方圆几里地。

（引自《文本》第150页）

jiau^{5}kɯn^{2}bɯn^{1}**lap^{7}ȵan^{2}**.

天上黑森森。

（引自《壮族民歌古籍集成（一）》第97页）

ki:t^{7}ɕo:m^{2}ke:u^{1}ɣe:ŋ^{2}hɯŋ^{1}hoŋ^{6}ɕai^{2}pai^{1}ta^{3}ɕa:u^{6}ji:ŋ^{6}**ɣo:ŋ^{6}θa:k^{8}**lɯ:n^{5}ta^{1}.

汇聚起共创辉煌的澎湃力量。

（引自《政府工作报告（2019年3月5日）》）

ta:ŋ^{6}nau^{2}lɯk^{8}ȵe^{2}ɕiŋ^{1}θan^{2}**na:i^{5}nu:k^{7}**、θak^{7}na^{3}**ha:u^{1}ȵo^{1}**, piŋ^{1}ɕiŋ^{2}ˀbou^{3}ɣan^{1}miŋ^{2}ji:n^{3}ɕi:n^{3} ˀdei^{1},ɣo^{4}nau^{2}ɣan^{1}tei^{6}tei^{6}ɣu:k^{8}、θi^{5}ɣo^{4}nau^{2}kjau^{3}to:t^{7},a:i^{5}tɯk^{8}nau^{2}mi^{2}piŋ^{6}ji:ŋ^{6}e:ŋ^{5}kja^{1}jou^{5} kan^{3}, au^{1}ka:n^{3}kip^{7}pai^{1}ji^{16}je:n^{1}jaɯ^{3}piŋ^{6}, mi:n^{4}ˀdai^{3}ŋu^{6}kwa^{5}jɯ^{1}piŋ^{6}.

如果孩子精神萎靡、面色苍白，病情未见明显好转或出现频繁呕吐、腹泻或头痛，可能暗示有更严重的疾病，要及时到医院就诊，以免延误病情。

（引自《儿童疾病防治（壮汉双语）》第13页）

2.ABB型见于谈话、艺术、科学语体。

θø:ŋ^{1}pau^{4}te^{1}ɕiŋ^{5}hø:n^{4}taŋ^{2}plø:ŋ^{6}hɯn^{2},θai^{5}le:ŋ^{5}**lap^{7}ŋa:u^{1}ŋa:u^{1}**.

两个人一直打到半夜，四周黑漆漆的。

（引自《文本》第341页）

ɣum^{2}nit^{7}**naŋ^{1}fu^{1}fu^{1}**.

冷风呼呼吹。

（引自《壮族传统古歌集》第140页）

pou^{4}piŋ^{6}nak^{7}**na:i^{5}nu:k^{7}nu:k^{7}**、ˀbou^{3}tai^{3}、ˀbou^{3}kɯn^{1}、pa:k^{7}pjo^{5}mja:i^{2}po:p^{7}θai^{5}ha:u^{1}、ti:m^{6}ei^{5}**pak^{8}fe^{1}fe^{1}**.

重者精神萎靡、不哭、不吃、口吐细白泡沫、呼吸浅促。

（引自《儿童疾病防治（壮汉双语）》第5页）

3.ABC型见于谈话、艺术语体。

ɕa:i^{2}ɕaɯ^{3}pai^{2}ɣan^{1}, **hø^{2}han^{2}mla^{1}mlup^{8}**,ɕa:m^{1}θai^{1}ˀje^{2}:“ta^{6}nai^{4}kjau^{1}ɗai^{1}ɣa:i^{4}ɕa:i^{4},tɯk^{6}lɯk^{6}θa:u^{1}pau^{4}laɯ^{2}?”

财主看见（达蕞在溪边洗衣服），一看到就羡慕不已，他就问师爷：“这姑娘真是漂亮，是谁的女儿？”

（引自《文本》第59页）

vɯn^{2}ɕi^{1}ɕo^{6}au^{1}**liəu^{1}pa^{2}ji^{5}**.

文氏接要笑嘻嘻。

（引自《汉族题材少数民族叙事诗译注（壮族卷）》第196页）

4.AABB型、ABBCC型只见于谈话语体。

ka:i^{6}ɕi^{3}ɗak^{7}te^{1}ku^{6}ki^{3}ji:ŋ^{6}ɕiŋ^{3}koŋ^{1}θai^{1}**nuŋ^{3}nuŋ^{3}na:ŋ^{3}na:ŋ^{3}**tɯk^{7}jap^{7}he^{1}li:u^{4},ɕau^{6}nau^{2}:“ɗak^{7}ɗak^{7}na:ŋ^{6},ka:ŋ^{1}he^{1}ˀjau^{5}la^{3}lɯk^{8}ma:n^{6}.”

开始他先做个请师傅的样子手舞足蹈的，过了一会儿就说：“咚咚叮，一缸埋在辣椒地。”

（引自《文本》第203页）

te^{1}kɯ^{1}ha^{2}kɯ^{1}, kwa^{5}ɕa:n^{1}he^{1}ne^{2}, ˀan^{1}tuŋ^{4}te^{1}ɕau^{6}**ɣø:ŋ^{4}ɣu^{1}ɣu^{1}ɣa^{1}ɣa^{1}**li:u^{4}.

他喝呀喝呀，不一会儿，他肚子里就叽里咕噜地闹开了。

（引自《文本》第327—328页）

5.ABAB、ABCBD型只见于艺术语体。

a^{1}**heu^{6}ŋok^{7}heu^{6}ŋok^{7}**.

乌鸦叫呀呀。

（引自《壮族民歌古籍集成（一）》第1323页）

tai^{3}ka^{4}jak^{7}ka^{4}je:n^{4}, ^{ʔ}jou^{4}ɬim^{1}wa:n^{1}tɯk^{8}han^{6}.

哭时停时断,哥心令人爱。

（引自《壮族民歌古籍集成(一)》第779页）

6.ABAC型见于谈话、艺术语体。

ɗɯ:n^{1}çi:ŋ^{1}çø^{1ʔ}it^{7}ɣa:n^{2}**lap^{7}pi^{4}lap^{7}pat^{8}**çi^{4ʔ}ø:k^{7}pai^{1}çut^{7}he:ŋ^{2}lo^{1}.

正月初一天朦朦亮就出行了。

（引自《文本》第261页）

fai^{4}**ko^{2}ŋak^{7}ko^{2}ŋeu^{3}**, au^{1}ça:k^{8}mak^{8}ku^{6}ɬo^{6}.

木头曲又弯,要墨线打直。

（引自《壮族民歌古籍集成(一)》第592页）

7.ABCBC型见于谈话、艺术语体。

çan^{6}tiŋ^{5}ji^{1}ʔan^{1}ɣau^{5}pø:ŋ^{6}pai^{1}pø:ŋ^{6}ta:u^{5}**ji:ŋ^{3}ŋe:t^{7}çe:k^{8}ŋe:t^{7}çe:k^{8}**.

只听到梭子来回穿梭的声音。

（引自《文本》第145页）

ka:ŋ^{3}ço^{3}li^{3}ço^{3}li^{3}, lo^{4}çi^{4ʔ}jou^{5}tou^{1}ŋa:i^{6}.

哩啰讲不停,不知讲谁人。

（引自《壮族民歌古籍集成(一)》第182页）

经考察,状貌后缀与语体风格有很强的关联性,它一般用于富有描述性的话语,又带有很强的口语性,以谈话语体和艺术语体最为常见。相较之下,政论语体和科学语体显得庄重、典雅和严密,较少使用状貌词。

第五节　本章小结

本章以壮语标准语为主,方言为辅,从状貌后缀的语义系统与构词情况、构词后的语法功能与语言风格等方面进行了考察,得出以下结论。

一、语义系统方面,状貌词以ABB型为典型代表,词根与后缀的语义组合具有理据性,可以说明声音性质、行为方式,描摹事物状态,凸显量级特征。状貌后缀的语义类型涵盖广泛、层次分明、表义细致,具有描绘性、量级性、主观性。

二、构词方面,状貌词由词根附加状貌后缀构成,词根涵盖动词、形容词、名词,以形容词居多；有一批高频的词根与后缀，构词能力发达；能通过状貌后缀主元音的交替、词型的转换产生形式复杂、数量众多的状貌词。

三、语法功能方面，状貌词不受否定副词、程度副词的修饰与补充，能够充当谓语、定语、状语、补语，个别时候也充当宾语与主语，其中充当谓语最常见。

四、语言风格方面，状貌词的地域色彩鲜明，同一个词根所附加的状貌后缀方言差异显著；状貌词较多出现于描述性、口语性浓厚的谈话语体和艺术语体，而较少出现于庄重、典雅、严密的科学语体和政论语体，尤其是政论语体。

第四章　方块壮字文献状貌后缀的特征与功能——兼与口语比较

语言的历时研究，一般有两种方法：一是运用比较法，利用活的语言语料构拟语言的历史。二是利用历史文献，汉语拥有连续而丰富的历史文献，从中可以考察汉语的历时演变脉络，但南方少数民族语言普遍缺乏历史文献或者文献的系统性较弱。

壮族的历史文献按文字类型通常分为汉字文献与方块壮字文献。方块壮字文献一定程度保存了壮族语言文字的早期形式，是语言研究的宝库，现有研究成果多集中在文字、语音、词汇等方面，语法方面比较薄弱（李明 2007；袁香琴 2011；张青松 2018）。关于状貌后缀，现有研究成果多围绕宗教文献《壮族麽经布洛陀影印译注》展开，由于非专题研究，主要是简要的例举与描写，系统性不足，亦缺乏比较视角（杨粒彬 2010；何思源 2012；农冰慧 2013；龙宇渊 2023）。我们认为，方块壮字文献状貌后缀的研究仍待深入。

较之语音、词汇，语法通常比较稳固，发展变化相对缓慢。现存方块壮字文献普遍抄于明清时期，主要是清中叶以降，百年间一般不会出现整个语言系统的大变化，但有必要将其描写清楚。宗教文献和民歌文献是两类重要的方块壮字文献，关于文献选择与数据处理详见绪论第四节。本章探析方块壮字文献状貌后缀在结构类型、语音、语义、语法、语用等方面的特征与功能，并与壮语口语作比较，梳理状貌后缀的传承与演变。

本书考察的方块壮字文献（以下简称文献）多流传于壮语北部方言红水河土语、右江土语等区域，故以壮语标准语和都安壮语代表口语，辅以其他壮语方言。

第一节　方块壮字文献状貌后缀的结构类型

一、文献状貌后缀的结构类型

宗教文献共搜集到状貌后缀 1194 个，根据状貌后缀与词根的结构关系分成 6 个类型，其中 ABC 型最多，占 94.0%，其余类型比较少；民歌文献共搜集到状貌后缀 856 个，分成7个类型，其中ABC型最多，占44.3%，ABB型次之，占34.1%，AB型又次之，占11.7%，ABAB型最少，仅占0.7%，详见表4-1。ABB、ABC型的条件变体分别是BBA、BCA型，其出现主要是押韵需要。

表4-1　文献状貌后缀的结构类型

项目		类型								总计
		AB	ABB	ABC	ABAB	ABAC	ABCBC	ABCBD	ABCDE	
宗教文献	频数	26	24	1122	—	4	—	15	3	1194
	百分比	2.2	2.0	94.0	—	0.3	—	1.3	0.2	100
民歌文献	频数	100	292	379	6	61	9	9	—	856
	百分比	11.7	34.1	44.3	0.7	7.1	1.1	1.0	—	100

1.AB型，由词根附加一个后缀得来，有的存在双声关系，例如：

	宗教文献			民歌文献		
方块壮字	笑何	好坐	泣顔	笑演	好看	沈嗷
音标	li:u^{1}ha^{2}	ha:u^{1}ɕo^{3}	lap^{7}ȵan^{2}	liəu^{1}jan^{1}	ha:u^{1}ha:n^{5}	ɕam^{1}ŋa:u^{5}
汉译	笑哈哈	白凄凄	黑漆	笑眯眯	白皙皙	静悄悄

2.ABB型，词根带两个叠音后缀，有的存在双声关系，例如：

（1）ABB型

	宗教文献			民歌文献		
方块壮字	托坟扶	論沉沉	嚠達達	勢哂哂	细丝丝	梵飞飞
音标	tok^{7}faŋ^{6}faŋ^{6}	lən^{6ʔ}jaŋ^{1ʔ}jaŋ^{1}	nau^{2}ta:t^{8}ta:t^{8}	ɣe:m^{1}ɣɯ^{1}ɣɯ^{1}	sai^{5}sei^{1}sei^{1}	lum^{2}fi^{1}fi^{1}
汉译	落纷纷	论纷纷	讲喋喋	胀鼓鼓	细丝丝	风飞飞

（2）BBA型

	宗教文献	民歌文献		
方块壮字	入入執	洒洒㸃	历历犊	壬壬走
音标	jep^{8}jep^{8}tsap^{8}	sa^{1}sa^{1}lon^{5}	lip^{8}lip^{8}tok^{7}	jam^{5}jam^{5}tɕa:i^{3}
汉译	翩翩栖	落纷纷	落纷纷	悄悄走

3.ABC型，词根带两个相异的后缀，有的存在双声或叠韵的关系，例如：

（1）ABC

	宗教文献			民歌文献		
方块壮字	邪个啦	央巴律	稔即降	斗亦油	甘七泭	花乙壬
音标	a^{4}ka^{2}lap^{8}	a:ŋ^{5}pa^{4}lɯt^{8}	lam^{4}ɕak^{8}ɕɯəŋ^{6}	tau^{3}hi^{6}jou^{2}	ka:m^{1}θi^{2}θu:m^{4}	wa^{1}ji^{4}ja^{4}
汉译	裂开开	乐悠悠	水汪汪	来连连	甜滋滋	花点点

（2）BCA 型

	宗教文献			民歌文献		
方块壮字	里浪滕	里莽滕	里浪隆	眉麻闹	立林刀希	奇趕到
音标	li^{2}la:ŋ^{6}taŋ^{2}	li^{2}lin^{2}taŋ^{2}	li^{2}lin^{2}loŋ^{2}	mi^{2}ma^{2}na:u^{5}	li^{4}lin^{2}ta:n^{5}hi^{5}	ki^{2}ka:ŋ^{2}ta:u^{5}
汉译	到速速	到匆匆	下来匆匆	闹纷纷	频频叹气	渐渐回来

4.ABAB 型，由 AB 型重叠而来，只见于民歌文献，例如：

方块壮字	叫五叫五	光入光入	光好光好
音标	heu^{6}ŋok^{7}heu^{6}ŋok^{7}	lo:ŋ^{6}jap^{7}lo:ŋ^{6}jap^{7}	lo:ŋ^{6}ha:u^{1}lo:ŋ^{6}ha:u^{1}
汉译	（乌鸦）叫呀叫呀	（火）亮闪亮闪	（火）亮闪亮闪

5.ABAC 型，词根分别带两个相异的后缀，后缀常有双声或音节开闭互补的关系，例如：

	宗教文献		民歌文献	
方块壮字	講即講啫	笑民笑米	玭罗玭里	号一号眉
音标	ka:ŋ^{3}ɕit^{7}ka:ŋ^{3}ɕe^{4}	li:u^{1}man^{1}li:u^{1}mi^{4}	bin^{1}ɣa^{4}bin^{1}lei^{4}	heu^{1}ŋit^{7}heu^{1}ŋi^{1}
汉译	咿哟哎呀地叫	欢快甜蜜地笑	呼呼地飞	绿幽幽

6.ABCBC 型，由 ABC 型部分重叠而来，只见于民歌文献，数量有限，例如：

方块壮字	讲左利左啰	徒连田连田	巴乱入乱入
音标	ka:ŋ^{3}ɕo^{3}li^{3}ɕo^{3}li^{3}	to:k^{7}le:m^{4}te:m^{4}le:m^{4}te:m^{4}	tɕa^{3}luəm^{3}jap^{8}luəm^{3}jap^{8}
汉译	哩啰讲不停	连田连田地响	电光闪闪

7.ABCBD 型，原 ABC 型两个后缀之间分别插入同一个成分构成，如“ka:ŋ^{3}li^{2}lin^{4}→ka:ŋ^{3}ŋvi^{2}li^{2}ŋvi^{2}lin^{4}”，C 的韵母常为 i，与 D 常有双声关系，例如：

	宗教文献		民歌文献	
方块壮字	罡危离危潾	弄八矣八皆	殆答女答坭	替卡乙卡由
音标	ka:ŋ^{3}ŋvi^{2}li^{2}ŋvi^{2}lin^{4}	ro:ŋ^{6}pa^{5}i^{5}pa$^{2?}$ja:i^{3}	ta:i^{1}tap^{8}ni^{1}tap^{8}niak^{8}	tai^{3}ka^{4}jak^{7}ka^{4}jau^{4}
汉译	叽里呱啦地讲	朦朦胧胧地亮	软软绵绵地死	不停地哭

8.ABCDE 型，由词根附加四个后缀而来，只见于宗教文献，数量极少，例如：

方块壮字	斗里零茫桃	馬里林茫攸	馬里令芒棒
音标	tau^{3}li^{4}lim^{2}muəŋ^{2}ta:u^{2}	ma^{1}li^{4}lim^{2}muəŋ^{2}ɬau^{2}	ma^{1}li^{4}liŋ^{2}muəŋ^{2}fo:ŋ^{2}
汉译	稀里哗啦地来	稀里哗啦地来	稀里哗啦地来

值得注意的是，不论宗教文献抑或民歌文献均为壮歌，以上类型的选用除表义需要外，也与诗歌格律有关。壮歌一句通常为五言或七言，以五言常见。状貌词通常位于句末，应根据格律，即该句留有的空余选择音节数量适宜的词形，否则破坏格律，影响唱诵。例如下面三句，选用 AB、ABC、ABCBD 型都是遵循格律要求。

壮字	力	王	造	**笑**	**何**	妑	王	造	**笑**	**巷**
音标	lɯk^{8}	vuəŋ^{2}	ɕa:u^{4}	**li:u^{1}**	**ha^{2}**	pa^{2}	vuəŋ^{2}	ɕa:u^{4}	**li:u^{1}**	**ha:ŋ^{6}**

直译	儿	王	就	**笑**	**哈哈**	妻	王	就	**笑**	**嘻嘻**
意译	王儿笑哈哈					王妻笑嘻嘻				

（引自《壮族麽经布洛陀影印译注》第751页）

壮字	皇	到	**笑**	**巴**	**郎**	皇	到	**央**	**巴**	**六**
音标	vuəŋ^{2}	ta:u^{5}	**li:u^{1}**	**pa^{4}**	**la:ŋ^{6}**	vuəŋ^{2}	ta:u^{5}	**a:ŋ^{5}**	**pa^{4}**	**lok^{8}**
直译	王	又	**笑**	**眯**	**眯**	王	又	**乐**	**悠**	**悠**
意译	王又笑眯眯					王又乐悠悠				

（引自《壮族麽经布洛陀影印译注》第169页）

壮字	恨	浪	**弄**	**八**	**矣**	**八**	**皆**	卜	黄	賽	外	弄	丕	累
音标	hat^{7}	laŋ^{1}	**ro:ŋ^{6}**	**pa^{2}**	**i^{5}**	**pa^{2}**	**ˀja:i^{3}**	pu^{4}	vuəŋ^{2}	ça:i^{3}	va:i^{3}	doŋ^{1}	pai^{1}	lai^{5}
直译	早上	次日	**亮**	**朦**	**朦**	**胧**	**胧**	那位	王	踩	过	山林	去	看
意译	次日清早蒙蒙亮							王过山林去探看						

（引自《壮族麽经布洛陀影印译注》第1728页）

二、文献与口语状貌后缀结构类型的共性和差异

（一）结构类型的共性和差异

文献与口语共同的类型，见表4-2，数值均为百分比。

表4-2　文献与口语状貌后缀的结构类型

项目		类型												总计
		AB	ABB	ABC	ABAC	ABCBD	ACAB	ABAB	AABB	ABBCC	ACCBB	ABCBC	ABCDE	
文献	宗教	2.2	2.0	94.0	0.3	1.3	—	—	—	—	—	—	0.2	100
	民歌	11.7	34.1	44.3	7.1	1.1	—	0.7	—	—	—	1.0	—	100
口语	都安壮语	15.0	23.6	—	2.6	—	24.9	—	—	2.7	31.2	—	—	100
	标准语	15.2	83.3	1.1	0.1	—	—	—	0.3	—	—	—	—	100

文献8种类型，其中AB、ABB、ABC、ABAC、ABCBD这5个类型为两类文献共有。不同的是，宗教文献未见ABAB、ABCBC这两个类型，民歌文献未见ABCDE型。口语8种类型，其中AB、ABB、ABC、ABAC这4个类型文献和口语共有。

文献有口语未见的三种特殊现象，前两种与格律有关，后一种与翻译有关。

首先，宗教文献《麽经》中，有的ABB型两个B的声调不一致。

方块壮字	洁里理	講夏杀	吃株每	頡如儀	燈宜㒷	干于以
音标	ke:t^{7}li^{6}li^{4}	ka:ŋ^{3}ça^{1}ça^{2}	kat^{7}mai^{4}mai^{5}	tan^{1}ji^{2}ji^{6}	tan^{6}ȵi^{6}ȵi^{2}	le:ŋ^{4}li^{6}li^{2}
汉译	病哀哀	讲喳喳	咬喳喳	骂喋喋	骂喳喳	干旱连连

其次，为了不突破格律，《麽经》有的ABC型可以省略A。以下例句均省略了词根

"宽 kwa:ŋ^{5}"。

壮字	造	贫	垌	他	陸	之	本	海	迷	里
音标	ɕa:u^{4}	pan^{2}	toŋ^{6}	ta^{2}	lu^{2}	ɕi^{6}	pan^{2}	ha:i^{3}	mi^{2}	li^{6}
直译	造	成	田峒	广	广	就	成	海	宽	宽
意译	造宽阔田垌					造宽阔海洋				
(引自《壮族麽经布洛陀影印译注》第309、1662页)										

再次,有的状貌后缀根据语境有不同的翻译,以"ka^{2}ŋa:ŋ^{6}"为例。

壮字	磸	造	唖	个	昂	犸	吉	老	个	仰
音标	lin^{1}	ɕa:u^{4}	a^{4}	ka^{2}	ŋa:ŋ^{6}	ma^{1}	tɕat^{8}	la:u^{4}	ka^{2}	ŋa:ŋ^{6}
直译	石头	就	张开	巴	叉	狗	渐	大	庞	然
意译	石头就张开					狗渐渐庞然				
壮字	之	本	丁	卡	頑	之	本	丁	克	昜
音标	ɕi^{6}	pan^{2}	tin^{1}	ka^{6}	ŋa:ŋ^{6}	ɕi^{6}	pan^{2}	tin^{1}	ka^{6}	ŋa:ŋ^{6}
直译	就	成	脚	扁	扁	就	长成	脚	挺	挺
意译	长成脚扁扁					长成脚挺挺				
(引自《壮族麽经布洛陀影印译注》第340、1059、1719、1732页)										

此外,以下文献中的类型,虽不见于都安壮语和标准语,但见于其他壮语方言。

1.ABCBD 型

	民歌文献		凤山壮语	
方块壮字	点卡乙卡由	叫如亦如右		
音标	tiam^{3}ka^{4}jak^{7}ka^{4}jau^{2}	heu^{6}ji^{6}jak^{7}ji^{6}jau^{2}	pa:n^{5}ka^{2}lak^{7}ka^{2}jeŋ^{3}	kɯn^{1}ka^{2}peŋ^{4}ka^{2}ȵo:p^{8}
汉译	算来算去	叽咕叽咕叫	到处是斑痕	稀里哗啦地吃着

2.ABAB 型

	民歌文献		邕宁壮语	大化壮语
方块壮字	叫五叫五	光入光入		
音标	heu^{6}ŋok^{7}heu^{6}ŋok^{7}	lo:ŋ^{6}jap^{7}lo:ŋ^{6}jap^{7}	hliu^{1}tshu^{4}hliu^{1}tshu^{4}	ŋut^{7}ŋe:u^{3}ŋut^{7}ŋe:u^{3}
汉译	(乌鸦)叫呀叫呀	(火)亮闪亮闪	一阵阵的笑声	弯弯曲曲

3.ABCBC 型

	民歌文献		马山壮语	凤山壮语
方块壮字	讲左利左啰	巴乱入乱入		
音标	ka:ŋ^{3}ɕo^{3}li^{3}ɕo^{3}li^{3}	tɕa^{3}luəm^{3}jap^{8}luəm^{3}jap^{8}	te:u^{5}pop^{8}pap^{8}pop^{8}pap^{8}	ʔjɯ^{4}jup^{8}jap^{8}jup^{8}jap^{8}
汉译	哩啰讲不停	电光闪又闪	跳扑通扑通地跳	到处乱看

4.ABCDE 型

	宗教文献		大新壮语	
方块壮字	斗里零茫桃	馬里林茫忟		
音标	tau^{3}li^{4}lim^{2}muəŋ^{2}ta:u^{2}	ma^{1}li^{4}lim^{2}muəŋ^{2}ɬau^{2}	ɬuŋ^{1}kuk^{8}luk^{8}ka:k^{8}la:k^{8}	tam^{5}pɔ:t^{8}lɔ:t^{8}pɔ:p^{8}lɔ:p^{8}
汉译	稀里哗啦地来	稀里哗啦地来	高得难看	矮得难看

状貌后缀的结构类型文献和口语高度一致，但各自的显著类型并不一致。ABC 型是文献最显著的类型，它共现于两类文献，以宗教文献最突出，达 94.0%，民歌文献次之，为 44.3%，而口语的标准语仅为 1.1%。ABB 型是口语最显著的类型，以标准语最突出，达 83.3%，民歌文献次之，为 34.1%，而宗教文献仅为 2.0%。AB 型口语与民歌文献较一致，宗教文献仅为 2.2%。总之，相较于宗教文献，民歌文献更接近实际口语。

那么，为何文献的 ABC 型运用得如此广泛呢？ABB 型与 ABC 型这两类状貌词最大区别为语音及构成形式。语音上，后缀 BB 是完全重叠，后缀 BC 是变音重叠。文献为壮歌，根据不同的场合与需求唱诵。ABC 型 B 的韵母通常为 i 或 a，C 的韵母通常为鼻音尾或塞音尾，两者易于形成开音节与闭音节的互补，另外 ABC 型通常位于句末，前后两句 ABC 型的韵尾交替，使歌曲富有音韵美。

壮字	郎	曜	講	之	吓	郎	鴉	講	之	刹
音标	la:ŋ^2	ji:u^6	**ka:ŋ^3**	**tɕi^2**	**tɕa^2**	la:ŋ^2	a^1	**ka:ŋ^3**	**tɕi^2**	**tɕa:t^8**
直译	鹞	鹰	讲	喋	喋	乌	鸦	讲	滔	滔
意译	鹞鹰喋喋讲					乌鸦滔滔讲				
（引自《壮族麽经布洛陀影印译注》第 2616 页）										

壮字	特	馬	笨	崇	笼	义	福	特	馬	笨	崇	笼	义	法
音标	tak^8	ma^4	puɯn^1	ɕoŋ^1	**roŋ^2**	**ɕa^2**	**fuk^7**	tak^8	ma^4	puɯn^1	ɕoŋ^1	**roŋ^2**	**ɕa^2**	**fa:i^2**
直译	只	马	毛	鬃	下	纷	纷	只	马	毛	鬃	下	飘	然
意译	骏马鬃毛垂飘然							骏马鬃毛飘飘然						
（引自《壮族创世神话古歌研究》第 256 页）														

有时为了押韵，临时变为 BCA 型。

壮字	郎	曜	恨	里	鑼	里	狼	滕	忑	们
音标	la:ŋ^2	ji:u^6	**hɯn^3**	**li^2**	**la^2**	**li^2**	**la:ŋ^6**	**taŋ^2**	la^3	bɯn^1
直译	鹞	鹰	上去	匆	匆	匆	匆	到	下面	天
意译	鹞鹰匆匆上					匆匆到天下				
壮字	狼	鴉	恨	里	狼					
音标	la:ŋ^2	a^1	**hɯn^3**	**li^2**	**la:ŋ^6**					
直译	乌	鸦	上去	速	速					
意译	乌鸦速速上									
（引自《壮族麽经布洛陀影印译注》第 2594 页）										

这三句押“腰脚”韵，第一句最后一个字 la^2 与第二句第二字 a^1 押 a 韵，第二句最后一个字 la:ŋ^6 与第三句第二个字 la:ŋ^6 押 a:ŋ 韵，若用“taŋ^{2}li^{2}la:ŋ^6”就出韵了。

因此，文献 ABC 型状貌词之所以如此丰富，我们认为更多出于语音修辞需要。

(二)具体形式的共性和差异

除了结构类型，就具体形式而言，文献一些状貌词也见于口语，有下面两种情况。

(1)一些AB、ABB、ABC型状貌词文献与口语近似。

	宗教文献			标准语	蒙山壮语	都安壮语
壮字	台哑哑	笑何	泣颜			
音标	tai^{3}a^{1}a^{1}	li:u^{1}ha^{2}	lap^{7}ȵan^{2}	tai^{3}a^{1}a^{1}	li:u^{1}ha^{1}	lap^{7}ȵa:m^{5}
汉译	哭哑哑	笑哈哈	漆黑	哀号	笑哈哈	漆黑
	民歌文献			标准语		柳江壮语
壮字	搂拦	睽啉啉	笑吧曦			
音标	rau^{2}ra:t^{8}	ɣau^{3}ɣum^{1}ɣum^{1}	liəu^{1}pa^{2}ji^{5}	ɣau^{2}ɣa:t^{8}	ɣau^{3}ɣum^{1}ɣum^{1}	hji:u^{1}pa^{6}ȵi^{5}
汉译	滑溜	暖融融	笑眯眯	滑溜	暖烘烘	笑眯眯的

(2)多数ABC型状貌词文献与口语不一致却又有关联。

	宗教文献			标准语		
壮字	啼利灵	唉八狼	笑克則			
音标	tai^{3}li^{6}liŋ^{6}	li:u^{1}pa^{2}la:ŋ^{6}	ji:u^{1}ka^{6ʔ}ȵum^{3}	tai^{3}lin^{2}lin^{2}	ɣi:u^{1}ja:ŋ^{2}ja:ŋ^{2}	ɣi:u^{1}ȵum^{1}ȵum^{1}
汉译	哭凄凄	笑盈盈	笑眯眯	哭连连	笑盈盈	笑眯眯
	民歌文献			标准语		
壮字	叫如油	仅以渴	笑乙荣			
音标	he:u^{6}ji^{6}jau^{2}	rau^{2}hi^{2}ha:t^{8}	li:u^{1}ji^{4}ȵum^{3}	he:u^{6}ja:u^{1}ja:u^{1}	ɣau^{2}ɣa:t^{8}ɣa:t^{8}	ɣi:u^{1}ȵum^{1}ȵum^{1}
汉译	吱吱叫	滑溜溜	笑吟吟	呀呀叫	滑溜溜	笑眯眯

不难发现，某些ABC型与口语ACB型相似，但其实不同。口语ACB型数量较少，C通常为插入成分，语音形式比较固定，与B基本没有语音关联；文献ABC型数量丰富，B不是插入成分，且与C常有双声关系。那么，ABC型究竟是从前很发达，现在口语衰落了，抑或只是口传文学的一种特殊形式？我们倾向后一种可能，如前文所述，文献是壮歌，属于口传文学，其ABC型很可能由口语AB或ABB型经过语音改造而来，以适应口头唱诵，这也是本书为何不将ABC型归为ACB型的主要原因。

以上两种情况，由于口语与文献使用的文字体系不同，文献使用方块壮字记录，口语则使用拼音壮文记录，故难以断言这些状貌词直接继承自文献，但不可否认的是口语沿用了这种构词法。

(三)音节类型与构词率的共性和差异

如表4-3、图4-1所示，音节类型方面，文献和口语都只有一类单音节后缀，一般有三至四类双音节后缀，两类四音节后缀。差异主要是双音节后缀，宗教文献以ABC型为主导，民歌文献ABB、ABC型兼有，而口语主要是ABB型。

表4-3 文献与口语状貌后缀的音节类型与构词率

音节		项目			
		文献		口语	
		宗教文献	民歌文献	都安壮语	标准语
单音节	类型数	1	1	1	1
	构词率	2.2%	11.7%	15.0%	15.2%
双音节	类型数	3	4	3	4
	构词率	96.3%	86.2%	51.1%	84.8%
四音节	类型数	2	2	2	—
	构词率	1.5%	2.1%	33.9%	—

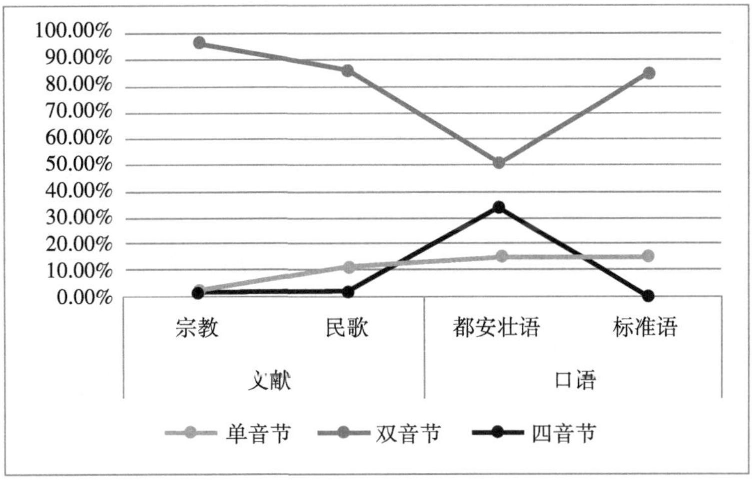

图4-1 文献与口语状貌后缀的音节类型与构词率

构词率方面，文献和口语整体是双音节后缀的构词率最高（文献以ABC型最突出，口语则是ABB型），单音节后缀次之，四音节最低。单音节后缀文献和口语都只有AB型，除宗教文献最低外，其余三者构词率在15.0%左右。双音节后缀的构词率，宗教文献高达96.3%，以ABC型最强势，其余类型的构词率极低；民歌文献与标准语接近，在85.0%左右，民歌文献ABB型的构词率仅次于ABC型；都安壮语的构词率最低，较前三者低至少30.0%。四音节后缀由于音节数量较多，不符合语言经济原则，构词率低下，但都安壮语例外，达33.9%，以ACCBB型最突出。

（四）文献状貌后缀的用字特点

根据黄南津等（2021：29–62），两类文献状貌后缀所用的方块壮字主要有下面几种形体结构类型，其中音借字占绝大多数。

1.音借字指利用音同或音近原则借用字符表义的“假借”字类别，所借汉字音经过“壮化”。

	宗教文献			民歌文献		
方块壮字	秏地�	唅个憐	里涯涯	跳板板	红啡啡	来亦来远
音标	ha:u^{5}ti^{6}ta:n^{2}	ham^{2}ka^{2}lin^{6}	di^{1}ȥai^{2}ȥai^{2}	ti:u^{5}pa:n^{2}pa:n^{2}	hoŋ^{2}fe:t^{8}fe:t^{8}	lai^{2}jak^{7}lai^{2}jai^{3}
汉译	讲喋喋	恨凄凄	美好	跳嘭嘭	红艳艳	斑斑驳驳

音借字的读音反映了所借汉语方音，主要有两种来源：一是官话读音，一是粤语平话读音。例如，右江流域田阳、田东抄本的“林”及其同音字，粤语$_{\text{百色城区}}$、平话$_{\text{百色那毕}}$、西南官话$_{\text{临桂}}$分别读lɐm^{52}、lɐm^{31}、lin^{31}，音借字反映的是西南官话读音；又如，红水河流域巴马、东兰、大化抄本的入声字“律”“六”“达”，西南官话$_{\text{临桂}}$、粤语$_{\text{武宣}}$与平话$_{\text{百色那毕}}$分别读lɐt^{22}、lɔk^{22}、tat^{22}（粤语武宣）；lɐt^{33}、lɔk^{24}、tat^{22}（平话百色那毕）；ly^{31}、lu^{31}、ta^{31}（西南官话临桂）。①当地汉语方言主要为西南官话，西南官话入声舒化，音借字反映的应是粤语平话读音。

	民歌文献			宗教文献		
方块壮字	淚臨臨	淚林林	插泣啉	央巴律	央巴六	刊地達
音标	tai^{3}lin^{2}lin^{2}	tai^{3}lin^{2}lin^{2}	ɕa:k^{7}li^{6}lin^{2}	a:ŋ^{5}pa^{4}lɯt^{8}	a:ŋ^{5}pa^{4}lok^{8}	ha:n^{1}ti^{6}ta:t^{8}
汉译	哭涟涟	哭涟涟	连连挣扎	乐悠悠	乐悠悠	应滔滔

2.全借字是对汉字音（音同或音近）形义的全盘借用。这类字集中在民歌文献，数量较少，主要用作拟声。

方块壮字	荐辘辘	神吙吙	呺嗷嗷	喃呼呼	咦哈哈
音标	ɕi:n^{5}lou^{1}lou^{1}	θan^{2}fo^{1}fo^{1}	he:u^{6}ŋa:u^{1}ŋa:u^{1}	naŋ^{1}fu^{1}fu^{1}	ɣi:u^{1}ha^{1}ha^{1}
汉译	团团转	哆嗦抖动	嗷嗷叫	呼呼吹	笑哈哈

3.区别性定符形声字是以形旁为定符的形声字。定符是具有区分字形意义、标明字音特性和分别字符的区别性符号。两类文献有一些以“口”作定符的形声字，属于“定符+声符”的构造，多与言语、动作的声音及事物状态有关。

	宗教文献		民歌文献		
方块壮字	講之啨	亮八以八唹	哏哏哏	猱嘣嘣	黰㖿㖿
音标	ka:ŋ^{3}ɕi^{6}ɕiŋ^{6}	ro:ŋ^{6}pa^{6}i^{1}pa^{6}ja:i^{3}	man^{3}hum^{2}hum^{2}	tok^{7}poŋ^{1}poŋ^{1}	he:n^{3}ɣɯ:k^{8}ɣɯ:k^{8}
汉译	讲喳喳	蒙蒙亮	咆哮隆隆	嘭嘭落	黄澄澄

还有以“林、日、斗、亻、辶”等作定符的形声字。

	宗教文献				民歌文献	
方块壮字	凉余啉	唎勒霖	门大嚕	含个憐	爱僫僫	踯週週
音标	liəŋ^{2}li^{6}lum^{6}	di^{1}lak^{8}lum^{6}	dɯəi^{1}ta^{2}lu^{6}	ham^{2}ka^{2}lin^{6}	kjai^{2}sui^{2}sui^{2}	pja:i^{3}juŋ^{5}juŋ^{5}
汉译	凉飕飕	好端端	孤单单	恨连连	深爱	慢行

① 谢建猷：《广西汉语方言研究》，广西人民出版社，2007年，第688-689、844-845、706-707、1040-1041页。

此外，还有少数"意符＋定符兼声符"构造的字，集中在民歌文献。如"犸曼"的意符是牙，定符兼声符是曼。

	宗教文献	民歌文献			
方块壮字	罡八深	浩犸犸	烁炫炫	烁瞾	流濊濊
音标	a:ŋ^{5}pa^{2}lum^{4}	ha:u^{1}ma:n^{1}ma:n^{1}	do:ŋ^{5}tɕi^{2}tɕa:n^{1}	ro:ŋ^{3}sa:k^{9}	lai^{1}səm^{2}səm^{2}
汉译	乐滋滋	（牙）白刷刷	亮晶晶	闪亮	流潺潺

值得一提的是，这类形声字可能有汉字俗字的来源，此处暂不讨论。

4. 纯定符字指构字字符的音形义属性与其所代表的方块壮字没有任何音形义联系，字符仅为标示象征。这些字来自《麽经》，数量较少，由于理据不明，暂归为纯定符字。

方块壮字	得只龘	好則龘	瀆逻八嘁	咄立䨻	兕巴絰
音标	tɯk^{7}ɕi^{4}ɕa:k^{8}	ha:u^{1}tɕap^{7}tɕa:n^{2}	tok^{7}la^{3}pa^{2}ja:i^{6}	ha:t^{7}li^{4}lau^{6}	to:t^{7}pa^{2}kiŋ^{5}
汉译	挖噼啪	白茫茫	落下纷纷	诅咒喋喋	啄嗒嗒

方块壮字抄本在民间流传，非一时一地之产物，且历史上缺乏规范。同一状貌后缀常常写作不同的字形。

	宗教文献		民歌文献			
方块壮字	晋俐憐	晋力憐	响叭叭	犊叭叭	漯班班	氻弄弄
音标	kuən^{2}li^{2}lin^{6}	kuən^{2}li^{2}lin^{6}	ji:ŋ^{3}pat^{8}pat^{8}	tok^{7}pa:t^{7}pa:t^{7}	lai^{1}pja:n^{1}pja:n^{1}	ʔdik^{7}pja:n^{1}pja:n^{1}
汉译	求连连	求连连	啪啪响	落沙沙	流涟涟	落涟涟

同一状貌后缀也写作相同的字形。

	宗教文献			民歌文献		
方块壮字	神吙吙	逻仪壬	批里林	血吙吙	涞壬壬	批里林
音标	θan^{2}fo^{1}fo^{1}	da^{6}ȵi^{6}ȵam^{2}	pai^{1}li^{2}lin^{2}	lɯ:t^{8}fo^{1}fo^{1}	la:i^{2}jam^{2}jam^{2}	pai^{1}li^{2}lim^{2}
汉译	哆嗦抖动	骂喳喳	去匆匆	血淋淋	快快写	去匆匆

第二节　方块壮字文献状貌后缀的语音规律

状貌后缀的显著类型，口语是ABB型，文献是ABC型，尤其是宗教文献。结合代表性、数量、互相关系、可比性等因素，本节重点考察AB、ABB、ABC型，宗教文献计1172个，民歌文献计771个，首先分别考察两类文献状貌后缀的语音规律，再将二者与口语比较。此外，ABC型B的语音规律两类文献表现一致，于第三小节集中讨论，词根与后缀的语音组配本节重点考察A和C的规律。

一、宗教文献状貌后缀的语音规律

(一)状貌后缀的语音系统

1.声母分布

三类状貌后缀共24个声母,其中ʑ只见于ABB型,p、m、v、θv、r、ɬ、tɕ、tɕh只见于ABC型,其中p、m、ɬ、tɕ数量较多。详见表4-4-1至表4-4-2。

表4-4-1 宗教文献状貌后缀的声母分布(AB、ABB)①

部位	方法							总计
	塞音		鼻音	边音	擦音			
双唇音	pj	ʔb						3
	1	2						
唇齿音					f			4
					4			
齿间音					θ			2
					2			
舌尖音	t	ʔd	n	l				19
	3	1	1	14				
舌面音			ȵ		ɕ	j	ʑ	15
			2		4	8	1	
舌根音	k		ŋ					3
	2		1					
喉音	ʔ				h			4
	1				3			
总计	10		4	14	22			50

发音部位排序为:舌尖音(19)>舌面音(15)>唇齿音(4)=喉音(4)>双唇音(3)=舌根音(3)>齿间音(2)。舌尖音最多,舌面音次之,其余部位的声母都比较少,齿间音最少。舌尖音以l最多。发音方法排序为:擦音(22)>边音(14)>塞音(10)>鼻音(4)。擦音最多,边音次之,鼻音最少。擦音以j最多。

总之,AB、ABB型状貌后缀的声母以舌尖音、擦音居多,例如:

① 由于零声母带有喉塞音ʔ,同时为了与口语比较,统一将原文的零声母处理为ʔ声母,以下同。

方块壮字	利流	涕憐憐	氣臨臨	論沉沉
音标	di^{1}le:u^{4}	tai^{3}lian^{2}lian^{2}	hi^{5}lop^{8}lop^{8}	lən$^{6?}$jaŋ$^{1?}$jaŋ^{1}
汉译	很好	声声哭	忧忡忡	议论纷纷

表4-4-2　宗教文献状貌后缀的声母分布(ABC)

部位	方法										总计
	塞音			塞擦音		鼻音	边音		擦音		
双唇音	p	pj	ʔb			m					190
	159	4	1			26					
唇齿音									f	v	34
									18	16	
齿间音									θ	θv	12
									9	3	
舌尖音	t	ʔd				n	l	r[①]		ɬ	834
	331	1				9	438	5		50	
舌面音				tɕ	tɕh	ȵ			ɕ	j	289
				66	2	38			116	67	
舌根音	k					ŋ					99
	84					15					
喉音	ʔ								h		13
	11								2		
总计	591			68		88	443		281		1471

发音部位排序为：舌尖音(834)>舌面音(289)>双唇音(190)>舌根音(99)>唇齿音(34)>喉音(13)>齿间音(12)。舌尖音最多，含6个声母，占56.7%，其中l的数量是舌尖音乃至整个声母系统数量最多的，t次之，ɬ再次之，ʔd、n、r都很少。舌面音以ɕ最多，j和tɕ的数量相当，在66个左右，tɕh最少，仅2个。双唇音以p最多，m次之，pj和ʔb数量很少。舌根音以k最多，唇齿音以f最多，喉音以ʔ最多，唇齿音以θ最多。

发音方法排序为：塞音(591)>边音(443)>擦音(281)>鼻音(88)>塞擦音(68)。塞音总数最多，占40.2%，以t最多，p次之，k又次之，其余声母都较少。擦音含8个声母，其中ɕ、j、ɬ至少有50个，以ɕ最多，有116个。边音两个声母，l占了438个。鼻音以ȵ最多，m次之。塞擦音以tɕ最多。

① r为滚音，由于数量较少，且与边音发音相近，现将其归到边音组。

AB、ABB、ABC型状貌后缀的声母，按照发音部位以舌尖音居多，按照发音方法以擦音、塞音居多。ABC型的声母以l、t最多，许多后缀都由两者构成，也可与其他声母灵活组合，例如：

方块壮字	伕大劳	淋達柰	烈利憐	晓地壜	咲八狼
音标	fu²ta²la:u⁴	lam⁴ta⁶na:i¹	dit⁷li⁶lin⁶	ha:u⁵ti⁶ta:n²	li:u¹pa⁴la:ŋ⁶
汉译	荒凄凄	倒下凄凄	烈日炎炎	问喋喋	笑盈盈

2. 韵母分布

三类状貌后缀共85个韵母，其中ɔm只见于AB型，ep只见于ABB型，详见表4-5-1至4-5-2。

表4-5-1　宗教文献状貌后缀韵腹与韵尾的组配(AB、ABB)

韵尾		韵腹											总计	
		前元音					央元音	后元音						
		i:	i	e	ə	a:	a	ɯ:	u	o:	o	ɔ		
开尾韵	-0	8		3		7		1		2			21	21
元音尾	-i						1						1	4
	-u			1			2						3	
鼻音尾	-m								3			2	5	16
	-n		2			2	3						7	
	-ŋ		1			1	2						4	
塞音尾	-p			2							1		3	9
	-t			1	1	1							3	
	-k								1	2			3	
总计		8	3	7	1	11	8	1	4	4	1	2	50	
		30					8	12						

韵腹排序为：前元音(30)>后元音(12)>央元音(8)。前元音以a:、i:的组配数量最多，以开尾韵形式居多。后元音以u、o:的组配数量最多，主要是u与鼻音尾-m组配，o:与开尾韵o:、塞音尾-k组配。

韵尾排序为：开尾韵(21)>鼻音尾(16)>塞音尾(9)>元音尾(4)。开尾韵以a:、i:较多，鼻音尾以-n最多，三个塞音尾的数量相当，元音尾以-u居多。

表4-5-2　宗教文献状貌后缀韵腹与韵尾的组配(ABC)

韵尾		韵腹												总计	
		前元音					央元音	后元音							
		i:	i	e	ə	a:	a	ɯ:	ɯ	u:	u	o:	o		
开尾韵	-0	743	149	67	54	696	118	14	35	34	39	61	18	2028	2028
元音尾	-i	29	1	2	1	56	29				2	7		127	253
	-ɯ	2					2							4	
	-u	40	3	11		45	22			1				122	
鼻音尾	-m	10	2		2	14	16		3		15			62	963
	-n	239	113	11	17	177	22		5		7	16	2	609	
	-ŋ	100	30	6	9	100	13			5	18	9	2	292	
塞音尾	-p	8			1	8	10				2	1	4	34	574
	-t	168	5	10	16	157	22	4	21		5	2	3	413	
	-k	30	1	2	12	34	20		3		10	7	8	127	
总计		1369	304	109	112	1287	274	18	67	40	98	103	37	3818	
		3181					274	363							

韵腹排序为：前元音(3181)>后元音(363)>央元音(274)，前元音占优势，为83.3%。

前元音以a:、i:的组配数量较多，两者组配情况类似，与开尾韵组配占了半数，其次是与鼻音尾-n和塞音尾-t组配，但i:的组配能力更强，与所有韵尾都能相配。后元音以o:、u的组配数量最多，组配情况也类似，以开尾韵的形式占多数，与鼻音尾、塞音尾-k的组配数量也较多。

韵尾排序为：开尾韵(2028)>鼻音尾(963)>塞音尾(574)>元音尾(253)，开尾韵占优势，占53.1%。

开尾韵中，前元音以a:和i:为多，其次是i和央元音a，后元音以o:居多。鼻音尾-ŋ主要与前元音相配，以i:和a:居多。-n的组配数量最多，也倾向与前元音相配，情况与-ŋ类似。-m的组配数量最少，它主要与前元音i:和a:、央元音a、后元音u组配。塞音尾以-t的组配数量最多，除了后元音u:，其余元音都能相配，以i:和a:居多。元音尾-i、-u主要与前元音、央元音相配，尤其是与i:、a:、a的组配数量较多。

AB、ABB、ABC型状貌后缀的韵母分布，韵腹以前元音占优势，韵尾以开尾韵占优势，其次是鼻音尾。例如：

方块壮字	笑儀	批的的	使巴烈	㒟達籃	招止存
音标	li:u^{1}ji^{5}	pai^{1}ti^{2}ti^{2}	ɕi^{3}pa^{2}le^{6}	ta:i^{1}ta^{2}la:n^{6}	ɕiau^{2}ɕi^{6}ɕɯn^{6}
汉译	笑眯眯	去嘀嘀	紫乎乎	僵硬地死	闹丁当

3.声调分布

如表4-6-1至表4-6-2显示，三类状貌后缀都是第2调最多。

表4-6-1　宗教文献状貌后缀的声调分布(AB、ABB)

声调	1	2	3	4	5	6	7	8	总计
频数	10	16	2	2	1	10	2	7	50
百分比	20.0	32.0	4.0	4.0	2.0	20.0	4.0	14.0	100

表4-6-2　宗教文献状貌后缀的声调分布(ABC)

声调	1	2	3	4	5	6	7	8	总计
频数	90	747	29	83	47	620	63	234	1913
百分比	4.7	39.0	1.5	4.3	2.5	32.4	3.3	12.2	100

从调类的单双来看，以双数调占优势，单数调以第1调最多。从调类的舒促来看，以舒声调占优势，促声调以第8调最多。例如：

方块壮字	啼坛	動臨臨	能个昂	散立立	未扳朔
音标	tai^{3}ta:n^{2}	toŋ^{6}jin^{2}jin^{2}	naŋ^{6}ka^{2}ŋa:ŋ^{2}	ɬa:t^{8}li^{1}li^{1}	mi^{3}pa:t^{8}ja:t^{8}
汉译	哭呱呱	频频动	悠闲地坐	(雨)哗哗下	乐呵呵

(二)词根与状貌后缀的语音组配规律

在前文的基础上，继续分析词根与状貌后缀的语音组配规律。

1.声母组配

声母组配考察词根与状貌后缀的双声情况，AB、ABB型双声数量很少，不再单列表格。三个类型的双声有95例，占总数8.1%。

表4-7显示，从发音部位看，舌尖音最多，主要是l。其余三类声母的组配数量相等，其中ŋ的数量最少。从发音方法看，边音l是整个声母组配中最多的，达74个。其次是塞音，t占了大多数。鼻音和擦音的数量接近，主要是ȵ与θ。

表4-7　宗教文献状貌后缀的声母组配(AB、ABB、ABC)

部位	方法				总计
	塞音	鼻音	边音	擦音	
齿间音				θ	4
				4	
舌尖音	t		l	ɬ	83
	7		74	2	
舌面音		ȵ			4
		4			
舌根音	k	ŋ			4
	3	1			
总计	10	5	74	6	95

整体而言,声母组配中,从发音部位、方法来看,分别以舌尖音、边音的组配数量为最多。例如:

方块壮字	吃弓	零利津	凉余𠺕	容哑若	孫細松
音标	kat^{7}kuk^{7}	leːŋ^{4}li^{6}lit^{8}	liəŋ^{2}li^{6}lum^{6}	ȵuŋ^{5}a^{6}ȵo^{1}	θom^{2}θi^{5}θoːŋ^{2}
汉译	叽叽地咬	干旱连连	凉嗖嗖	乱蓬蓬	索索地咬

2.韵母组配

组配数据见表4-8至4-11-2。AB、ABB型未发现叠韵现象,表4-8为ABC型A和C的叠韵现象。

表4-8　宗教文献状貌后缀的叠韵现象

韵母	ai	aːu	aːn	aːŋ	at	e	eːu	eːŋ	in	总计
频数	2	1	2	2	1	2	4	4	2	20

ABC型的叠韵情况不如双声显著,例如:

方块壮字	躰之財	好介朝	得之尚	叫吉糾	旱勿文
音标	tai^{3}ɬi^{6}ɬai^{6}	haːu^{1}kaːi^{6}ɕaːu^{2}	kaːŋ^{3}ɕi^{6}ɕaːŋ^{2}	heːu^{6}ki^{6}keːu^{4}	reːŋ^{4}liːu^{2}veːŋ^{2}
汉译	哭涟涟	白花花	说喳喳	叫喳喳	干旱连连

(1)韵腹组配

表4-9-1 宗教文献状貌后缀的韵腹组配(AB、ABB)

词根		后缀											总计	
		前元音					央元音	后元音						
		i:	i	e	ə	a:	a	ɯ:	u	o:	o	ɔ		
前元音	i:	1	1	1		3	1				1		8	25
	i				1		1						2	
	e	1											1	
	ə	2					1						3	
	a:	1				3	1	1	1	4			11	
央元音	a	1	1	3		2	4		3				14	14
后元音	u:			3									3	11
	o:	1				2						2	5	
	o	1	1			1							3	
总计		8	3	7	1	11	8	1	4	4	1	2	50	
		30					8	12						

后缀方面,排序为:前元音(30)>后元音(12)>央元音(8),前元音最多。前元音以a:与i:和a:的组配数量最多。后元音以o:与a:的组配数量最多。央元音a跟央元音a的组配数量最多。

词根方面,排序为:前元音(25)>央元音(14)>后元音(11),前元音最多。前元音以a:与o:的组配数量最多。央元音a的组配数量是整个声母组配中最多的,它主要与e、a、u相配。后元音组o:的组配数量最多,它主要与a:、ɔ组配。

表4-9-2 宗教文献状貌后缀的韵腹组配(ABC)

词根		后缀												总计	
		前元音					央元音	后元音							
		i:	i	e	ə	a:	a	ɯ:	ɯ	u:	u	o:	o		
前元音	i:	15	1		12	42	5		1	5	9	1		91	557
	i	1	11		3	2	4		1		2		2	26	
	e	4	6	12	4	2	10		4		1	1		44	

续表

词根		后缀												总计	
		前元音					央元音	后元音							
		i:	i	e	ə	a:	a	ɯ:	ɯ	u:	u	o:	o		
前元音	ə	1	20			9	15		1	1	3	2	3	55	557
	a:	3	26	17	10	244	20	1	4	3	3	6	4	341	
央元音	a	42	53	27	13	118	26	5	11	4	7	4	2	312	312
后元音	ɯ:	15				1				7				23	251
	ɯ	3	3	2	3	26	15	1		13	1	3	1	71	
	u:					10					1			11	
	u		1	2	3	7	3	2	1	3	4	3	1	30	
	o:	1	2	3	6	37	14	3			1	4	1	72	
	o		6	1	2	19	7					2	4	42	
	ɔ					2								2	
总计		85	129	64	56	519	119	12	23	36	32	26	18	1120	
		853					119	147							

后缀方面，排序为：前元音（853）>后元音（147）>央元音（119），前元音占优势，为76.2%。前元音以a:和i的组配数量最多，组配情况也类似，a:能与词根所有韵腹相配，以与a:、a的组配较多。后元音以u:和u的组配数量较多，两者的组配情况有差别，u更多与i:、a组配，而u:更多与ɯ:、ɯ组配。

词根方面，排序为：前元音（557）>央元音（312）>后元音（251），前元音最多，占49.7%。前元音a:的组配能力最强，它能与词缀所有韵腹相配，以a:占了绝大多数，i、a次之。央元音a与前元音组配的数量最多，以a:最多，i:、i次之。后元音ɯ、o:的组配数量相近，都在70个左右，ɯ与a:、a、u:的组配数量最多。o:与a:、a的组配数量最多。

综观AB、ABB、ABC三个类型在韵腹组配的表现，都以前元音占优势，后缀方面以后元音次之，央元音又次之；词根方面则以央元音次之，后无音又次之。在元音的高低上，讲求高低相配；在元音的长短上，讲求长短相配。例如：

方块壮字	好足	云未未	好介朝	拜里𪃿	嗌个憐
音标	ha:u¹ɕo:k⁸	hon²fi⁶fi⁶	ha:u¹ka:i⁶ɕa:u²	pa:i⁵li⁶luən²	a:ŋ⁵ka⁶laŋ³
汉译	白花花	烟缭绕	白花花	拜连连	喜洋洋

(2)韵尾组配

表4-10-1　宗教文献状貌后缀的韵尾组配(AB、ABB)

词根		后缀									总计	
		开尾韵	元音尾		鼻音尾			塞音尾				
		-0	-i	-u	-m	-n	-ŋ	-p	-t	-k		
开尾韵	-0		1	2			1	1			4	5
元音尾	-i	2			2	3					7	20
	-u	7			1	1	1		1	2	13	
鼻音尾	-m	2									2	15
	-n	1		1			1		1		4	
	-ŋ	6			2	1					9	
塞音尾	-p					3		2			5	10
	-t	1							1	1	3	
	-k	2									2	
总计		21	1	3	5	8	3	3	3	3	50	
		21	4		16			9				

后缀方面,排序为:开尾韵(21)>鼻音尾(16)>塞音尾(9)>元音尾(4)。开尾韵与元音尾-u、鼻音尾-ŋ的组配数量最多。鼻音尾以-n的组配数量最多,它与三种韵尾都能相配,以元音尾-i、塞音尾-p的组配数量最多。至于元音尾、塞音尾,都可以和开尾韵、鼻音尾相配,但两类韵尾主要与相同的韵尾相配。

词根方面,排序为:元音尾(20)>鼻音尾(15)>塞音尾(10)>开尾韵(5)。元音尾以-u与开尾韵的组配数量最多。鼻音尾-ŋ与开尾韵的组配数量最多。塞音尾-p与鼻音尾-n的组配数量最多,开尾韵的组配数量最少,只有元音尾-u的组配数量略多。

表4-10-2　宗教文献状貌后缀的韵尾组配(ABC)

词根		后缀										总计	
		开尾韵	元音尾			鼻音尾			塞音尾				
		-0	-i	-u	-ɯ	-m	-n	-ŋ	-p	-t	-k		
开尾韵	-0	10	3	20		15	37	23	1	12	11	133	133
元音尾	-i	55	8	13			40	17	5	21	4	163	428

续表

词根		后缀										总计	
		开尾韵	元音尾			鼻音尾			塞音尾				
		-0	-i	-u	-ɯ	-m	-n	-ŋ	-p	-t	-k		
元音尾	-u	42	7	17		3	117	56		19	4	265	428
鼻音尾	-m	22	37	3		5	24	9	1	40	3	144	436
	-n	23	12	1			29	16	2	72	8	163	
	-ŋ	22	2	7	1	4	34	23	4	23	9	129	
塞音尾	-p	4	4	1	1		4	1				15	127
	-t	7	4	3		1	8	3	1	10	1	38	
	-k	18	5	8			13	18		6	6	74	
总计		203	82	73	2	28	306	166	14	203	46	1124	
		203	157			500			263				

后缀韵尾排序为：鼻音尾(500)>塞音尾(263)>开尾韵(203)>元音尾(157)。鼻音尾最多，占44.5%。-n的组配数量最多，其次是-ŋ，两者与开尾韵、元音尾-u、鼻音尾-ŋ、塞音尾-k的组配数量都较多。塞音尾中，以-t占绝对优势，-t与鼻音尾-n、-m的组配数量都较多，三个塞音尾都不与塞音尾-p相配。开尾韵主要与元音尾、鼻音尾以及塞音尾-k相配，数量以元音尾-i最多，-u次之。元音尾中，-ɯ只跟鼻音尾-ŋ、塞音尾-k相配，且数量最少，而-i、-u的组配数量较多，-u主要与开尾韵组配，-i主要与鼻音尾-m组配。开尾韵更倾向与元音尾-u和鼻音尾-m、-ŋ组配。

词根韵尾排序为：鼻音尾(436)>元音尾(428)>开尾韵(133)>塞音尾(127)。鼻音尾最多，占38.8%，三个鼻音尾的组配数量都超过了100个，以-n最多。元音尾的组配数量仅次于前者，占38.1%，以-u与鼻音尾-n的组配占了大多数。开尾韵倾句与鼻音尾组配，尤其是-n、-ŋ，其次是与元音尾-u组配。塞音尾以-k的组配数量最多，它倾向与开尾韵、鼻音尾-n、-ŋ相配。

AB、ABB、ABC这三个类型在韵尾组配上表现出较强的一致性：后缀方面，三个类型的鼻音尾在组配中占优势；词根方面，则是鼻音尾和元音尾在组配中占优势，从中体现了韵尾的组配讲求开闭音节的组配。例如：

方块壮字	哄鸦	涕憐憐	斗里憐	秏提壇	奈大欲
音标	$ho:ŋ^2ja^4$	$tai^3lian^2lian^2$	$tau^3li^2lin^6$	$ha:u^5ti^2ta:n^2$	$na:i^5ta^2ju^4$
汉译	大声响	哭声声	呀呀地来	讲滔滔	累沉沉

3.声调组配

表4-11-1　宗教文献状貌后缀的声调组配(AB、ABB)

词根	后缀								总计
	1	2	3	4	5	6	7	8	
1	5	7	2	1	1	2		3	21
2		2		1		5		1	9
3	1	3				1			5
4									0
5	1							1	2
6	1	2							3
7	1	3					2		6
8	1					1		2	4
总计	10	17	2	2	1	9	2	7	50

后缀方面,双数调的组配数量多于单数调,以第2调最多,其次是第6调、第8调,第4调最少。单数调的组配数量以第1调最多。词根则恰恰相反,单数调的组配数量多于双数调,以第1调最多,第7调、第3调次之,第5调最少。双数调以第2调居多。

表4-11-2　宗教文献状貌后缀的声调组配(ABC)

词根	后缀								总计
	1	2	3	4	5	6	7	8	
1	8	61	1	8	6	123	6	120	333
2	14	33	6	8	2	40	11	11	125
3	7	63		9		48	11	32	170
4	20	12	2		3	7	1	9	54
5	7	168	1	15	1	14	6	16	228
6	19	34	1	4	3	9	7	10	87
7	3	47	1	2	8	20	11	12	104
8		14	2	1	1	4		1	23
总计	78	432	14	47	24	265	53	211	1124

后缀方面,双数调的组配数量多于单数调,尤其是第2调和第5调、第6调和第1调、

第8调和第1调的组配数量都比较多，单数调以第1调和第4调、第6调的组配数量较多。词根方面，单数调的组配数量多于双数调，以第1调的总数最多，单个最多的是第5调和第2调的组配。

综观上表，三个类型在调类的单双上，后缀方面讲求调类单双互配，词根方面双数调和单数调都倾向与双数调相配；在调类的舒促上，不论后缀还是词根，舒声调和促声调都倾向与舒声调相配。例如：

方块壮字	想𠯿	好口	伏房列列	嬰荼任	丕之崔
音标	tɕho:ŋ^{1}bɔm^{1}	ha:u^{1}pja:n^{2}	fu^{2}faŋ^{2}le^{6}le^{6}	a:ŋ^{5}ɕa^{2}jam^{2}	pai^{1}tɕi^{6}tɕok^{8}
汉译	响轰隆	白芬芬	惶惶不安	喜洋洋	去匆匆

二、民歌文献状貌后缀的语音规律

（一）状貌后缀的语音系统

1. 声母分布

三类状貌后缀共30个声母，其中kh、kw只见于AB型，ˀb、mj、ŋw只见于ABB型，ʦ、ʨ只见于ABC型，ˀd、kj、r、ɣ见于AB、ABB型，这些声母的数量都较少，其余声母三类后缀共有。声母按发音部位和发音方法分为两大类，数据见表4-12-1至4-12-2。

表4-12-1　民歌文献状貌后缀的声母分布（AB、ABB）

部位	方法										总计
	塞音				鼻音		边音		擦音		
双唇音	p	ˀb	pj		m	mj			w		40
	21	1	3		5	1			9		
唇齿音									f	v	31
									27	4	
齿间音									θ		8
									8		
舌尖音	t	ˀd			n		l	r	ɬ	s	110
	11	4			2		64	5	4	20	
舌面音					ȵ				ɕ	j	109
					22				36	51	

续表

部位	方法										总计
	塞音				鼻音		边音		擦音		
舌根音	k	kh	kw	kj	ŋ	ŋw			ɣ		57
	4	1	2	2	35	1			12		
喉音	ʔ								h		37
	3								34		
总计	52				66		69		205		392

发音部位排序为：舌尖音(110)>舌面音(109)>舌根音(57)>双唇音(40)>喉音(37)>唇齿音(31)>齿间音(8)。舌尖音最多，占28.1%，l是整个声母系统中数量最多的，达64个，s次之。舌面音以j最多，其次是ɕ。舌根音含7个声母，以ŋ最多，ɣ次之，其余声母数量很少。唇齿音以f最多，v最少。喉音以h为主。双唇音以p最多，其余声母都比较少。唇齿音θ只有8个。

发音方法排序为：擦音(205)>边音(69)>鼻音(66)>塞音(52)。擦音最多，占40.5%，以j最多，ɕ、h次之，v最少。边音只有l。鼻音以ŋ最多，ɳ次之，其余声母都比较少。塞音以p最多，t次之，其余声母都比较少。

总之，AB、ABB型声母的发音部位以舌尖音最多，尤其是l；发音方法以擦音最多，尤其是j，例如：

方块壮字	朊睦	急啉啉	展列列	蹟竔竔	亮阋阋
音标	ru:ŋ^{6}laŋ^{1}	kip^{8}lim^{2}lim^{2}	ɕi:n^{1}le^{2}le^{2}	he:n^{3}jɯk^{8}jɯk^{8}	ro:ŋ^{6}ja:k^{8}ja:k^{8}
汉译	晃荡	急匆匆	转不停	黄鲜鲜	亮堂堂

表4-12-2 民歌文献状貌后缀的声母分布(ABC)

部位	方法							总计
	塞音		塞擦音	鼻音	边音	擦音		
双唇音	p	pj		m		w		74
	66	2		3		3		
唇齿音						f	v	15
						14	1	
齿间音						θ		5
						5		

续表

部位	方法							总计
	塞音		塞擦音	鼻音	边音	擦音		
舌尖音	t		ts	n	l	ɬ	s	173
	26		1	10	112	21	3	
舌面音			tɕ	ȵ		ɕ	j	146
			7	5		28	106	
舌根音	k			ŋ				41
	35			6				
喉音	ʔ					h		15
	6					9		
总计	135		8	24	112	190		469

发音部位排序为：舌尖音(173)>舌面音(146)>双唇音(74)>舌根音(41)>唇齿音(15)=喉音(15)>齿间音(5)。舌面音以j最多，达106个，ɕ次之。舌尖音中，l占了大多数，达112个，是整个声母系统中数量最多的，其次是t和ɬ，ts最少。双唇音以p最多，其余声母数量比较少。舌根音以k最多，ŋ次之。唇齿音以f最多，v仅1个。喉音以h最多。

发音方法排序为：擦音(190)>塞音(135)>边音(112)>鼻音(24)>塞擦音(8)。擦音最多，占40.5%，以j最多，ɕ、ɬ次之，v最少。塞音以p最多，k、t次之，其余声母都比较少。边音只有一个l，占总数23.9%。鼻音以n最多，其余声母都比较少。塞擦音两个声母的数量都非常少。

总之，ABC型声母的发音部位以舌尖音为主，后缀B和C以l最多，该声母能与多个声母搭配，其中以“l+l”最常见；发音方法以擦音为主，后缀B和C以j声母最多，该声母能与多个声母搭配，其中以“j+j”最常见。例如：

方块壮字	呗楼立	朝勒例	立甫力	批里油	跳呷蹭	号噫呼
音标	pai¹lau¹li⁵	ɕiau⁴lak⁸lai⁶	lap⁷pa⁴li⁵	pai¹li⁴jou²	ti:u⁵ja:t⁷jaŋ²	ha:u¹ji⁶jeu⁴
汉译	去纷纷	嘈喳喳	黑麻麻	去悠悠	跳蹦蹦	白灿灿

2. 韵母分布

三类状貌后缀共86个韵母，其中a:ɯ、om、en、on、ɯŋ、ip、up、ɯk仅见于ABB型，o:t见于AB、ABB型，数量都比较少。以不同的结构分别梳理韵腹与韵尾的组配状况，数据见表4-13-1至表4-13-2。

表4-13-1　民歌文献状貌后缀韵腹与韵尾的组配(AB、ABB)

韵尾		韵腹												总计	
		前元音					央元音	后元音							
		i:	i	e	ə	a:	a	ɯ:	ɯ	u:	u	o:	o		
开尾韵	-0	22		8		35		2		1	6	13	1	88	88
元音尾	-i			3		7			2		3		1	16	59
	-ɯ					3	1							4	
	-u	2		3		19	7						8	39	
鼻音尾	-m		2	2	1	5	16				33		1	60	191
	-n		37	1		26	7		3	1			6	81	
	-ŋ	2	7	3		15	6	2	2	3	4	2	4	50	
塞音尾	-p		4				2				2		1	9	54
	-t		1	4		12	3	2				4		26	
	-k		1	1		3	1	3	4	1	1		4	19	
总计		26	52	25	1	125	43	9	11	6	49	19	26	392	
		229					43	120							

韵腹排序为:前元音(229)>后元音(120)>央元音(43),以前元音居多。前元音以a:的组配数量最多,尤其是与鼻音尾、开尾韵、元音尾-u的组配数量。i的组配数量仅次于a:,它只跟鼻音尾、塞音尾组配,与鼻音尾-n的组配数量最多。后元音以u与鼻音尾-m的组配数量最多,其次是o:与开尾韵、o与元音尾-u的组配数量,其余元音的组配数量都较少。央元音a与鼻音尾的组配数量最多,以-m为主,-n和-ŋ次之。

韵尾排序为:鼻音尾(191)>开尾韵(88)>元音尾(59)>塞音尾(54),以鼻音尾居多。鼻音尾三个韵尾的组配数量较多,其中最多的是-n组配前元音i,其次是-m组配后元音u。开尾韵不跟央元音组配,与前元音i:、a:组配居多,后元音则以o:居多。元音尾-u与前元音a:、央元音a及后元音o的组配数量较多。三个塞音尾,以-t与前元音a:的组配数量最多,其余的都比较少。

表4-13-2 民歌文献状貌后缀韵腹与韵尾的组配(ABC)

韵尾		韵腹												总计	
		前元音					央元音	后元音							
		i:	i	e	ə	a:	a	ɯ:	ɯ	u:	u	o:	o		
开尾韵	-0	260	71	42		59	98	5	19	41	18	8	10	631	631
元音尾	-i			4		25	6		1		18	1		55	147
	-ɯ						1							1	
	-u	44		8		3	29				1		6	91	
鼻音尾	-m	17	6	4	3	15	13	2	3	5	12	1		81	354
	-n	64	52			17	7	15	2	8	1			166	
	-ŋ	32	13	13		21	3	1		2	16	1	5	107	
塞音尾	-p	1		3	3		7						1	15	150
	-t	7	1	2		9	3	2	2	2				28	
	-k	32	13	13		21	3	1		2	16	1	5	107	
总计		457	156	89	6	170	170	26	27	60	82	12	27	1282	
		878					170	234							

韵腹排序为:前元音(878)>后元音(234)>央元音(170),以前元音居多。前元音i:、a:的组配数量最多,主要表现在i:、a:与开尾韵、鼻音尾以及塞音尾-k的组配上。其中,i:与开尾韵的组配数量是整个韵母系统中最多的,占20.3%。后元音以u:、u的组配数量最多,其中u:较多与开尾韵组配,u较多与开尾韵、元音尾、鼻音尾以及塞音尾-k组配。央元音a较多与开尾韵、元音尾-u、鼻音尾-m组配。

韵尾方面,开尾韵(631)>鼻音尾(354)>塞音尾(150)>元音尾(147),以开尾韵居多。开尾韵跟前元音的组配数量非常多,以i:最突出,达260个,其次是与央元音a的组配数量有98个,接着是与前元音e、后元音u:的数量都在40个左右。鼻音尾以-n、-ŋ的组配数量较多,二者都倾向与前元音i:、i和a:,后元音ɯ:和u组配。塞音尾以-k的组配数量最多,倾向与前元音和后元音u组配。元音尾以-u与前元音i、央元音a的组配数量较多。

以上三个类型韵腹与韵尾的组配,韵腹都以前元音占优势,韵尾以鼻音尾、开尾韵占优势。差异是AB、ABB型以鼻音尾占优势,而ABC型以开尾韵占优势。例如:

方块壮字	専嘛嘛	跳板板	悲汪汪	花乙壬	肛皮巴
音标	$\text{çu:n}^6\text{lin}^1\text{lin}^1$	$\text{ti:u}^5\text{pa:n}^2\text{pa:n}^2$	$\text{pai}^1\text{va:ŋ}^4\text{va:ŋ}^4$	$\text{wa}^1\text{ji}^4\text{ja}^4$	$\text{taŋ}^2\text{fi}^1\text{fa}^4$
汉译	转辘辘	跳嘭嘭	去匆匆	花斑斑	来(吹)呼呼

3.声调分布

表4-14-1显示,AB、ABB型以单数调占优势,以第1调最多,第3调最少;双数调以第2调居多,第4调最少。表4-14-2显示,ABC型以双数调占优势,以第2调居多,接着是第4调与第6调,第8调最少;单数调以第1调最多,第3调最少。

表4-14-1 民歌文献状貌后缀的声调分布(AB、ABB)

声调	1	2	3	4	5	6	7	8	总计
频数	137	130	17	7	33	13	24	31	392
百分比	34.9	33.2	4.3	1.8	8.4	3.3	6.1	7.9	100

表4-14-2 民歌文献状貌后缀的声调分布(ABC)

声调	1	2	3	4	5	6	7	8	总计
频数	42	201	7	154	25	129	32	45	635
百分比	6.6	31.7	1.1	24.3	3.9	20.3	5.0	7.1	100

至于调类的舒促,总体舒声调为主,促声调偏少。例如:

方块壮字	轉淋淋	笑寅	展列列	竺之茶	召沁撒
音标	çi:n^{5}lin^{1}lin^1	liau^{1}jam^1	çi:n^{1}le^{2}le^2	tok^{7}çi^{2}ça^2	çiau^{2}ɬam^{4}ɬa:t^8
汉译	(泪)转淋淋	笑眯眯	转不停	落纷纷	响飒飒

(二)词根与状貌后缀的语音组配规律

下文从声韵调三个方面分析词根与状貌后缀的语音组配规律。

1.声母组配

词根与状貌后缀双声的共82例,占总数10.6%,见表4-15。

表4-15 民歌文献状貌后缀的声母组配(AB、ABB、ABC)

部位	方法							总计
	塞音		鼻音	边音		擦音		
双唇音	p		m			w		11
	8		1			2		
齿间音						θ		2
						2		
舌尖音	t	ʔd		l	r	s		38
	2	3		24	3	6		

续表

部位	方法							总计
	塞音		鼻音	边音		擦音		
舌面音			ȵ			ɕ	j	6
			1			4	1	
舌根音	k		ŋ			ɣ		10
	3		1			6		
喉音						h		15
						15		
总计	13	3	3	24	3	35	1	82
	16		3	27		36		

发音部位排序为：舌尖音(38)>喉音(15)>双唇音(11)>舌根音(10)>舌面音(6)>齿间音(2)。舌尖音最多，其中以l最多，s次之。双唇音、舌根音和喉音的数量相近，以p、ɣ、h较多。舌面音整体偏少，以ɕ略多。发音方法排序为：擦音(36)>边音(27)>塞音(16)>鼻音(3)。擦音最多，h、ɣ、s较多。边音l是声母组配中数量最多的，达24个。塞音以p最多，其余较少。鼻音声母都只有1个。

总的来说，声母的发音部位以舌尖音居多，发音方法以擦音居多。例如：

方块壮字	细丝丝	喊哄哄	浪六林	气连连	好翰
音标	sai^{5}sci^{1}sei^1	he:m^{5}huŋ^{1}huŋ^1	la:ŋ^{5}lu^{6}lin^2	hei^{5}lin^{2}lin^2	ha:u^{1}ha:n^5
汉译	细丝丝	闹哄哄	孤零零	喘气吁吁	白灿灿

2. 韵母组配

组配数据见表4-16至4-18-2。

表4-16　民歌文献状貌后缀的叠韵现象

韵母	a:	a:i	ai	au	a:ŋ	aŋ	总计
频数	4	1	2	2	1	1	11

叠韵现象尤为少见，仅11例，例如：

方块壮字	巴喇喇	花已王	映咍咍	杇易涯	呧義耳
音标	ma^{1}la^{2}la^2	wa^{1}ji^{4}ja^4	a:ŋ^{3}ta:ŋ^{6}ta:ŋ^6	ja:i^{6}ji^{6}ja:i^2	tai^{3}ŋi^{6}ŋai^2
汉译	大呼呼	花斑斑	金灿灿	溶烂烂	哭嗷嗷

(1)韵腹组配

表4-17-1　民歌文献状貌后缀的韵腹组配(AB、ABB)

词根		后缀												总计	
		前元音					央元音	后元音							
		i:	i	e	ə	a:	a	ɯ:	ɯ	u:	u	o:	o		
前元音	i:	2	7	3		22		1	2	3	2	1	3	46	191
	i		2	1		2	2				7		1	15	
	e	1	8	1		14		3	4		3	1	4	39	
	ə		1			1	1				14			17	
	a:	2	5	5		33	9	2		2	7	4	5	74	
央元音	a	10	25	8	1	21	24	1	5	6	5	9	5	120	120
后元音	ɯ		1				1							2	81
	ɯ:					5					1	2		8	
	u:		1	1		9	1		1	1			1	15	
	u	2		1		3	4							10	
	o:	2		3		6					3		2	16	
	o	7	2	2		9	1		1		1	2	5	30	
总计		26	52	25	1	125	43	7	13	12	43	19	26	392	
		229					43	120							

后缀韵腹排序为:前元音(229)>后元音(120)>央元音(43)。前元音最多,其中a:与前元音a:、i:的组配数量较多,其次是与央元音a。i的组配数量仅次于前者,它最常与央元音a组配。后元音以u的组配数量最多,主要与前元音ə组配。ɯ、u:、o、o:都倾向与央元音a组配,以o:的组配数量最多。央元音a与央元音a的组配数量最多,前元音a:次之。

词根韵腹排序为:前元音(191)>央元音(120)>后元音(81)。前元音除了ə与后元音u的组配数量最多之外,其余元音都是与前元音a:的组配数量最多。央元音a与前元音i和a:、央元音a的组配数量较多。后元音与前元音a:的组配数量较多。

表4-17-2　民歌文献状貌后缀的韵腹组配(ABC)

词根		后缀											总计	
		前元音				央元音	后元音							
		i:	i	e	a:	a	ɯ:	ɯ	u:	u	o:	o		
前元音	i:	1	1	2		2	2			2			10	108
	i	3		3	3	3							12	
	e		7	1	2	3		1			1		15	
	ə	3				1							4	
	a:		15	4	18	15	1	4	5	1	1	3	67	
央元音	a	7	42	33	24	33	4	12	6	3	2	5	171	171
后元音	ɯ:			3	1			1		1			6	100
	ɯ	2			2	3					1		8	
	u:								1	3	4		8	
	u	4			1	1							6	
	o:		6	3	26	2		1					38	
	o	1		6	10	8	1	1		5	2		34	
总计		21	71	55	87	71	8	20	12	15	11	8	379	
		234				71	74							

后缀韵腹排序为:前元音(234)>后元音(74)>央元音(71),前元音最多。三类元音与前元音 a:、央元音 a 的组配数量较多,此外,前元音 a: 与后元音 o:、o 的组配数量也较多。

词根韵腹排序为:央元音(171)>前元音(108)>后元音(100),央元音最多。除了与央元音组配,央元音要与前元音及后元音 ɯ 组配较多。前元音中,ə 与 i:、e 与 i 的组配数量较多,而其余元音都与前元音 a:的组配数量较多。后元音 o:、o 的组配数量较多,尤其是与前元音 a:、央元音 a 组配。

以上 3 个类型韵腹组配的主要特点是,后缀组配词根方面,前元音起主要作用,后元音次之,央元音又次之;词根组配后缀方面,后元音作用最少,央元音、前元音起主要作用。元音除讲求前后互配外,还讲求高低、长短互配。例如:

方块壮字	沈嗷	今随随	闬洸洸	批立林	𩃳悰容
音标	$\text{ɕam}^1\text{ŋa:u}^5$	$\text{in}^1\text{swi}^2\text{swi}^2$	$\text{ha:i}^1\text{θa:k}^8\text{θa:k}^8$	$\text{ɕiau}^4\text{lak}^8\text{lai}^6$	$\text{θa:ŋ}^1\text{θoŋ}^1\text{joŋ}^1$
汉译	静悄悄	病怏怏	开宽宽	嘈喳喳	高挑挑

（2）韵尾组配

表4-18-1　民歌文献状貌后缀的韵尾组配（AB、ABB）

词根		后缀										总计	
		开尾韵	元音尾			鼻音尾			塞音尾				
		-o	-i	-ɯ	-u	-m	-n	-ŋ	-p	-t	-k		
开尾韵	-o	8	1	1	2	1	3	7		2	1	26	26
元音尾	-i	15	4		3	14	16	8	1	2	2	65	164
	-u	25	2	2	6	14	29	9		7	5	99	
鼻音尾	-m	4			7	2	4	3		5	3	28	160
	-n	13	2	1	13	16	10	4	3	4	4	70	
	-ŋ	17	4		6	9	7	9	3	4	3	62	
塞音尾	-p					3	8	4		1	1	17	42
	-t	3				1		1	1			6	
	-k	3	3		2		4	5	1	1		19	
总计		88	16	4	39	60	81	50	9	26	19	392	
		88	59			191			54				

后缀韵尾排序为：鼻音尾（191）>开尾韵（88）>元音尾（59）>塞音尾（54）。鼻音尾最多，三个鼻音尾倾向与元音尾、鼻音尾组配，其中数量最多的是-n组配元音尾-u，其次是-n组配元音尾-i、-m与鼻音尾-n的组配。开尾韵与元音尾的组配数量最多，其次是与鼻音尾。塞音尾和元音尾两组的组配数量较少，其中数量最多的是-u组配鼻音尾-n，其次是-t组配元音尾-u。

词根韵尾排序为：元音尾（164）>鼻音尾（160）>塞音尾（42）>开尾韵（26）。元音尾最多，尤其是-u、-i组配开尾韵、鼻音尾-n和-m。鼻音尾的组配数量仅次于元音尾，尤其是-n、-ŋ组配鼻音尾-m、元音尾-u、开尾韵。塞音尾倾向与鼻音尾组配，以-p与-n、-k与-ŋ的组配数量较多。开尾韵倾向与开尾韵、鼻音尾-ŋ组配，数量较多。

表4-18-2　民歌文献状貌后缀的韵尾组配（ABC）

词根		后缀										总计	
		开尾韵	元音尾			鼻音尾			塞音尾				
		-o	-i	-ɯ	-u	-m	-n	-ŋ	-p	-t	-k		
开尾韵	-o	5			12	6	9		6	1	2	41	41
元音尾	-i	14	4		9	3	13	12		4	16	75	134
	-u	10	1		9	3	15	8		5	8	59	

续表

词根		后缀										总计	
		开尾韵	元音尾			鼻音尾			塞音尾				
		-o	-i	-ɯ	-u	-m	-n	-ŋ	-p	-t	-k		
鼻音尾	-m	9	18		2	6	1				7	43	165
	-n	5	4	1	4	3	12	9		2	11	51	
	-ŋ	24	4		3	2	24	9		1	4	71	
塞音尾	-p	7					1					8	39
	-t	1			4	1	5				1	12	
	-k	1	1		2	3	3	7	1		1	19	
总计		76	32	1	45	27	83	45	7	13	50	379	
		76	78			155			70				

后缀韵尾排序为：鼻音尾(155)>元音尾(78)>开尾韵(76)>塞音尾(70)，鼻音尾最多，其余三个韵尾数量相近。鼻音尾-n的组配数量最多，它最与鼻音尾-ŋ、元音尾-i和-u组配。-m常与开尾韵、鼻音尾-m组配。-ŋ常与元音尾-i、鼻音尾-n、-ŋ组配。开尾韵与元音尾-i和-u、鼻音尾-ŋ的组配数量较多。元音尾-u与开尾韵、元音尾的组配数量较多，元音尾-i与鼻音尾-ŋ的组配数量最多。塞音尾以-k的表现最突出，它可以跟四种韵尾相配，与元音尾-i、鼻音尾-n的组配数量较多。

词根方面，鼻音尾(165)>元音尾(134)>开尾韵(41)>塞音尾(39)，鼻音尾最多。鼻音尾-ŋ的组配数量最多，尤其是与开尾韵、鼻音尾-ŋ组配。-m组配开尾韵、元音尾-i，-n组配鼻音尾-n、塞音尾-k的数量也比较多。元音尾-i和-u的组配倾向比较一致，二者倾向与开尾韵、鼻音尾-n和塞音尾-k组配。开尾韵与元音尾-u、鼻音尾-n、塞音尾-p的组配数量较多。塞音尾-p最常与开尾韵组配，而-t和-k常与鼻音尾组配。

综观AB、ABB、ABC型韵尾的组配，鼻音尾都占了优势地位，其次是元音尾、开尾韵，塞音尾又次之。在音节方面，开音节倾向与闭音节相配。例如：

方块壮字	消嘤	[illegible]兮兮	[illegible]温温	讲必盆	响十杀
音标	$\theta eu^{5}\theta a^{3}$	$\gamma i{:}u^{1}he^{1}he^{1}$	$na{:}u^{6}on^{4}on^{4}$	$ka{:}\eta^{3}pi^{4}p\text{ɯ}n^{2}$	$jia\eta^{3}\text{ɕ}i^{4}\text{ɕ}a^{4}$
汉译	干净	笑嘻嘻	闹哄哄	讲不停	响吱喳

3.声调组配

如表4-19-1所示，后缀方面，单数调的组配数量多于双数调，以第1调最多，其次是第5调、第7调，第3调最少；双数调的组配数量以第2调最多，第8调次之，第4调最少。

词根方面，也是单数调的组配数量多于双数调，以第1调最多，第3调次之，第7调最少；双数调的组配数量以第6调最多，第2调次之，第4调最少。

表4-19-1　民歌文献状貌后缀的声调组配(AB、ABB)

词根	后缀								总计
	1	2	3	4	5	6	7	8	
1	38	34	6	2	19	4	9	9	121
2	27	6	3		2	2	2	5	47
3	26	32	3		5	3	4	6	79
4				1					1
5	17	13	3	2	3	1	6	2	47
6	15	28		2	1		1	6	53
7	12	16	2		3	3	2	3	41
8	2	1							3
总计	137	130	17	7	33	13	24	31	392

就表4-19-1而言，单数调的组配能力和数量普遍多于双数调，单数调、双数调都倾向与单数调组配；舒声调与促声调都倾向于舒声调组配。在声调组配中，以第1、2调占优势。例如：

方块壮字	金刚	絃班	淶壬壬	哝哓哓	竺齊齊
音标	kim^{1}ka:ŋ^{1}	hoŋ^{2}pja:n^{1}	la:i^{2}jam^{2}jam^{2}	nan^{6}ȵa:u^{2}ȵa:u^{2}	tok^{7}θɯi^{2}θɯi^{2}
汉译	金灿灿	红彤彤	快快写	闹哄哄	落涟涟

如表4-19-2所示，后缀方面，双数调的组配数量普遍多于单数调，双数调倾向与单数调组配，其中第2调的组配数量最多，第4调次之，尤其是第2调配第5调。单数调倾向与双数调组配，其中第1调的组配数量最多，第7调次之，尤其是第1调配第6调。

词根方面，单数调的组配数量普遍多于双数调，单数调倾向与双数调组配，数量最多的是第5调组配第2调，其次是第3调配第2调，再次是第1调配第2调。双数调倾向与双数调相配，以第6调配第2调最多，第2调配第2调次之。

表4-19-2 民歌文献状貌后缀的声调组配(ABC)

词根	后缀								总计
	1	2	3	4	5	6	7	8	
1	4	27	2	15	7	8	8	11	82
2	2	17	1	6	6	7	3	5	47
3	7	29		8	4	4	5	9	66
4		7				1			8
5	3	41		2	1	6	5	11	69
6	19	28		3	6	4	7		67
7		17		8	5	6	1		37
8		1					1	1	3
总计	35	167	3	42	29	36	30	37	379

就表4-19-2而言,调类的单双方面,讲求单双互配;舒促方面,舒声调与促声调都倾向于舒声调组配。例如:

方块壮字	响嗞吻	朝乙油	乱拸涯	慢六林	闪乙元
音标	hi:ŋ^{3}ɕi^{2}ɕe^{2}	tiau^{5}ji^{4}jau^{2}	lo:m^{6}pu^{4}ja:i^{1}	ma:n^{6}lu^{6}lin^{2}	o^{5}ak^{8}je:p^{8}
汉译	响吱吱	跳频频	亮朦朦	辣乎乎	红闪闪

三、文献与口语状貌后缀语音规律的共性和差异

ABC型是文献状貌后缀的显著类型,故将它与AB型、ABB型分开统计,口语的ABC型极其有限,故将它与AB型、ABB型合并统计。以下表格数值均为百分比。

(一)文献与口语状貌后缀语音系统的共性和差异

各项数据详见表4-20至4-22、图4-2-1至4-4。

1.声母分布

表4-20 文献与口语状貌后缀的声母分布

项目		类型	声母											
			发音部位							发音方法				
			双唇音	唇齿音	齿间音	舌尖音	舌面音	舌根音	喉音	塞音	塞擦音	鼻音	边音	擦音
文献	宗教	AB/ABB	6.0	8.0	4.0	38.0	30.0	6.0	8.0	20.0	—	8.0	28.0	44.0
		ABC	12.9	2.3	0.8	56.7	19.6	6.7	0.9	40.2	4.6	6.0	30.1	19.1
	民歌	AB/ABB	10.2	7.9	2.0	28.1	27.8	14.5	9.4	13.3	—	16.8	17.6	52.3

续表

项目		类型	声母											
			发音部位							发音方法				
			双唇音	唇齿音	齿间音	舌尖音	舌面音	舌根音	喉音	塞音	塞擦音	鼻音	边音	擦音
文献	民歌	ABC	15.8	3.2	1.1	36.9	31.3	8.7	3.2	28.8	1.7	5.2	23.9	40.5
口语	都安壮语	AB/ABB	11.1	5.3	17.6	24.6	19.0	14.4	8.0	29.8	1.7	26.3	3.1	39.1
	标准语	AB/ABB/ABC	14.7	6.8	12.2	21.3	17.6	23.1	4.3	26.3	—	23.1	5.7	44.8

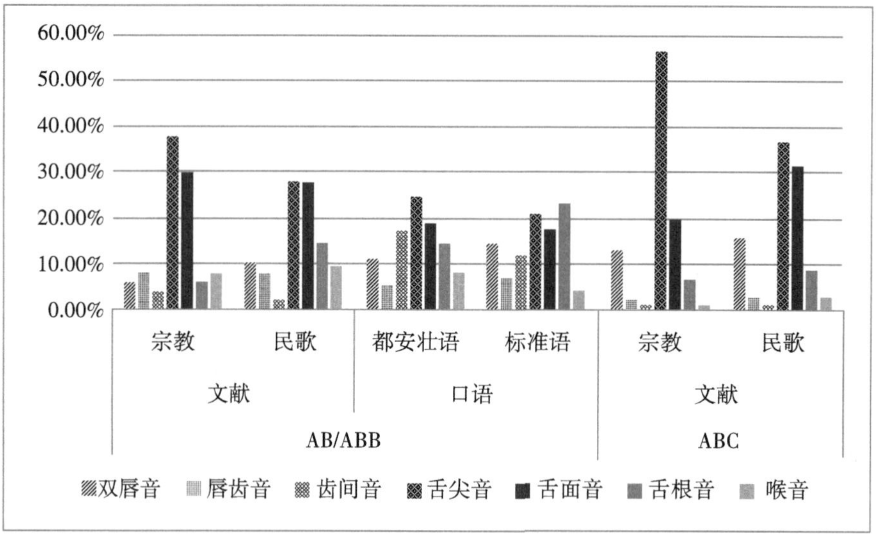

图4-2-1　文献与口语状貌后缀的声母分布(按发音部位)

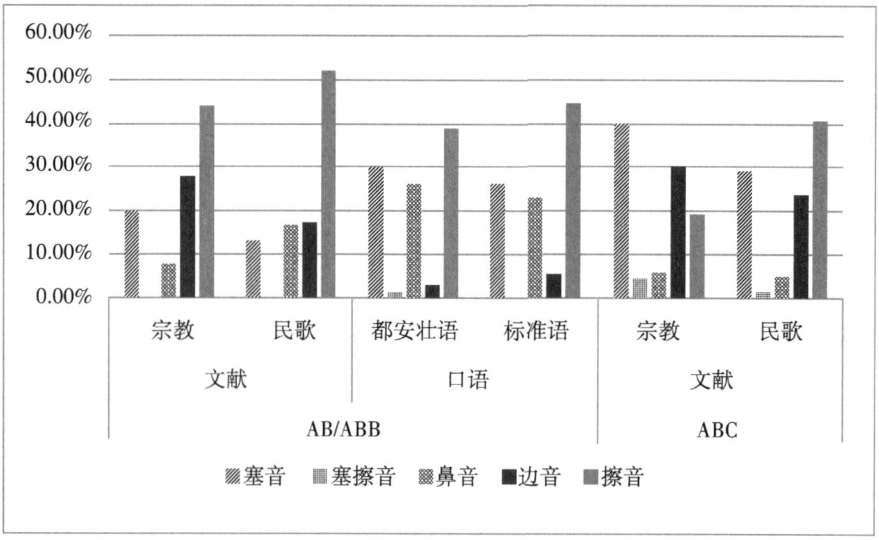

图4-2-2　文献与口语状貌后缀的声母分布(按发音方法)

发音部位方面，文献和口语都以舌尖音居多，舌面音次之，喉音、唇齿音最少。差异明显的是舌根音、齿间音的分布，口语较多，而文献较少。发音方法方面，擦音和塞音、塞擦音的分布趋势，文献与口语整体一致，即擦音最多，塞音次之，塞擦音最少。差异比较明显的是边音和鼻音的分布，文献的边音较多，鼻音的较少，口语恰好相反。

类型方面，文献和口语AB、ABB型的声母分布一致，两类文献ABC型的声母分布也一致。需要指出的是，舌尖音l是文献状貌后缀声母的强式，尤其是ABC型，l声母还能与其他声母灵活组配，而舌尖音n是口语状貌后缀声母的强式。例如：

	宗教文献	民歌文献	都安壮语	标准语	
方块壮字	祖茶流	妳林林			
音标	tɕu5 ɕa^{2}lau^{2}	ni:p^{7}lim^{2}lim^{2}	nak^{7}num^{3}num^{3}	he:u^{1}na:u^{1}na:u^{1}	han^{1}nɯk^{7}nɯk^{7}
汉译	空溜溜	惦念悠悠	很沉重	碧蓝	紧绷绷

2. 韵母分布

表4-21　文献与口语状貌后缀的韵母分布

项目		类型	韵母						
			韵腹			韵尾			
			前元音	央元音	后元音	开尾韵	元音尾	鼻音尾	塞音尾
文献	宗教	AB/ABB	60.0	16.0	24.0	42.0	8.0	32.0	18.0
		ABC	83.3	7.2	9.5	53.1	6.6	25.2	15.0
	民歌	AB/ABB	58.4	11.0	30.6	22.4	15.1	48.7	13.8
		ABC	68.5	13.5	18.3	49.2	11.4	27.6	11.7
口语	都安壮语	AB/ABB	70.9	1.9	27.2	9.7	6.4	33.5	50.3
	标准语	AB/ABB/ABC	53.4	4.5	42.0	12.4	7.0	24.2	56.4

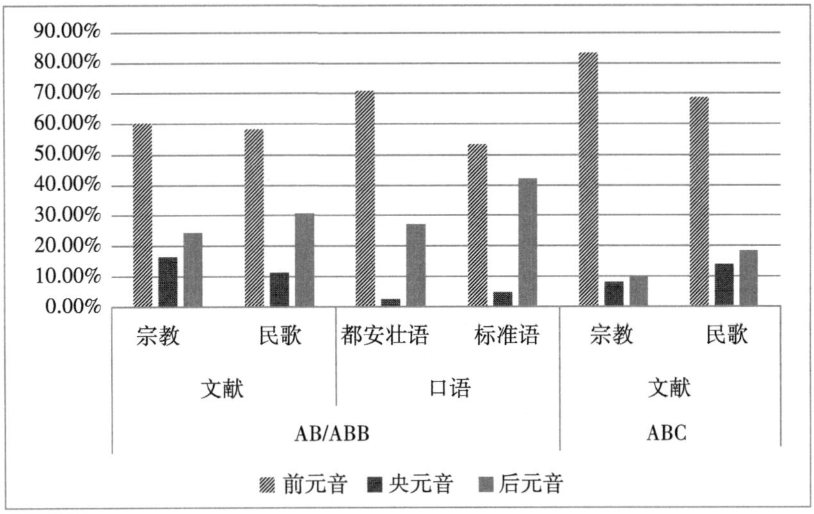

图4-3-1　文献与口语状貌后缀的韵母分布（韵腹）

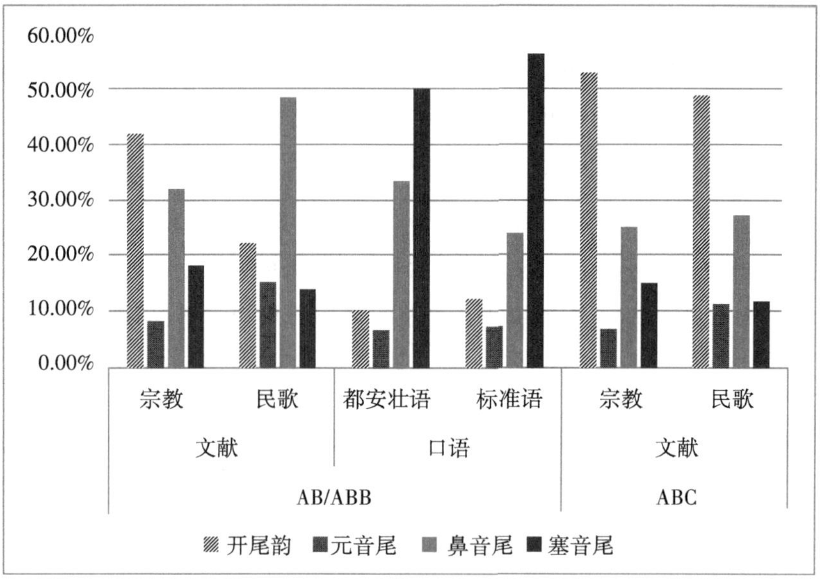

图4-3-2　文献与口语状貌后缀的韵母分布(韵尾)

先看韵腹,文献和口语的一致性表现为:不同的结构类型都以前元音占优势,尤其是a、e这两个元音,其次是后元音,央元音最低。

再看韵尾,尽管类型不同,文献整体以开尾韵最多,鼻音尾次之,塞音尾又次之,元音尾最少。口语塞音尾最多,鼻音尾次之,开尾韵又次之,元音尾最少。文献和口语鼻音尾、元音尾的分布趋势比较一致,分歧在于开尾韵和塞音尾的分布文献与口语恰好相反。

总的来说,在韵腹与韵尾的组配方面,文献以"前元音+开尾韵"居多,"前元音+鼻音尾"次之,口语以"前元音+塞音尾"居多,"前元音+鼻音尾"次之,例如:

	宗教文献		都安壮语		标准语
方块壮字	壬非丟	笑把浪			
音标	jiəm^{2}fi^{6}fi^{6}	li:u^{1}pa^{2}la:ŋ^{6}	θo^{6}lik^{7}lik^{7}	kau^{5}ka:ŋ^{5}ka:ŋ^{5}	a^{5}ŋa:p^{8}ŋa:p^{8}
汉译	嫌弃	笑哈哈	特别直的	旧旧的	裂缝多而大

3.声调分布

表4-22　文献与口语状貌后缀的声调分布

项目		类型	声调							
			1	2	3	4	5	6	7	8
文献	宗教	AB/ABB	20.0	32.0	4.0	4.0	2.0	20.0	4.0	14.0
		ABC	4.7	39.0	1.5	4.3	2.5	32.4	3.3	12.2

续表

项目		类型	声调							
			1	2	3	4	5	6	7	8
文献	民歌	AB/ABB	34.9	33.2	4.3	1.8	8.4	3.3	6.2	7.9
		ABC	6.6	31.7	1.1	24.3	3.9	20.3	5.0	7.1
口语	都安壮语	AB/ABB	8.0	3.1	4.2	1.7	17.1	5.0	40.8	20.1
	标准语	AB/ABB/ABC	38.2	0.3	2.2	0.8	2.2	0.6	31.6	24.1

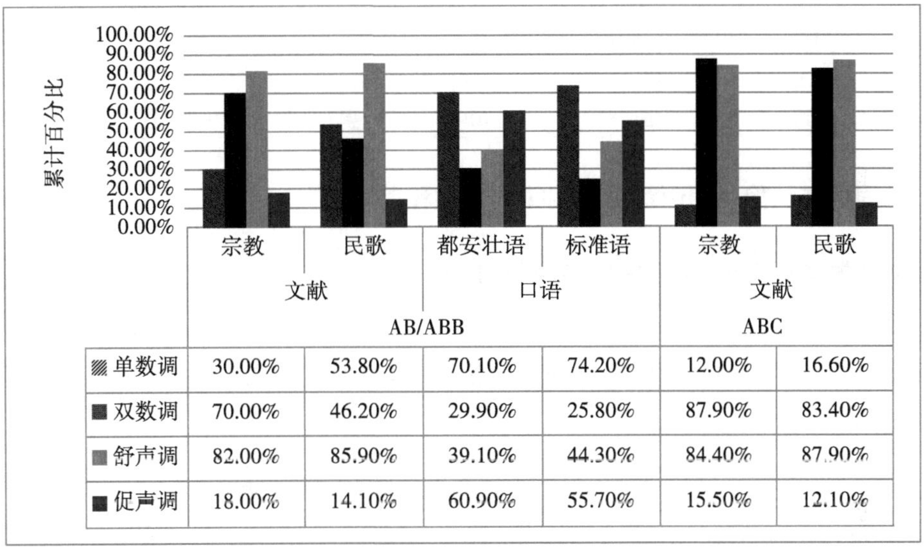

图4–4　文献与口语状貌后缀的声调分布

调类的单双，两类文献整体以双数调居多，以第2调最多，单数调较少，以第1调最多。口语则以单数调居多，都安壮语以第7调最多，标准语以第1调最多。

调类的舒促，两类文献都以舒声调居多，以第2调最多，促声调以第8调居多。口语则是促声调居多，都安壮语、标准语都以第7调最多；舒声调都安壮语以第5调最多，标准语第1调最多。

类型方面，除民歌文献AB/ABB型是单数调略多于双数调之外，两类文献三个类型的单数调普遍少于双数调，ABC型尤为明显。此外，两类文献ABC型的第1调都较少，与都安壮语一致；民歌文献AB、ABB型的第6调较少，与口语一致。例如：

	宗教文献				都安壮语	
方块壮字	暟任	苦立亮	吞哑心	躭哑腊		
音标	lap⁷ȵan²	ho³li²liəŋ²	tam⁵a¹θat⁸	lam⁴a¹ja¹	θa:ŋ¹θa:t⁹	ho³ha:ŋ⁵ha:ŋ⁵
汉译	黑漆漆	苦连连	矮墩墩	倒下片片	很高	很穷的

4.ABC型B的语音规律

ABC型是文献颇具特色的一种类型，宗教文献尤为丰富，ABB型反而很少，民歌文献也十分常见，出现频率与ABB型不相上下，以上情况与口语差异明显。

B的韵腹以i和a最常见，韵腹为i时，其声母以l、t最常见，韵腹为a时，其声母以p最常见，也常为ɕ、t、k。B和C的声调有一定关联，分布情况依次为：两者同为舒声调，这种情况最常见；其次是B为舒声调，C为促声调；再次是B为促声调，C为舒声调；最后是两者同为促声调。例如：

	宗教文献			民歌文献		
方块壮字	淋馱涞	斗地遯	未扳朔	笼义法	批型砌	涕急主
音标	$lam^4ta^2la{:}i^1$	$tau^3ti^2tɯk^8$	$liau^1pa{:}t^8ja{:}t^8$	$roŋ^2ɕa^2fa{:}i^2$	$pai^1li^6le{:}t^8$	$tai^3ka{:}t^7ɕɯ^1$
汉译	软绵跌倒	嘀嗒地来	乐呵呵	飘然落下	急急行	哭凄凄

(二)词根与状貌后缀语音组配规律的共性和差异

各项数据详见表4-23至4-25、图4-5-1至4-7-2。

1.声母组配

声母组配考察词根与状貌后缀的双声情况，这方面情况文献不多见，故下表不再区分三个类型。

表4-23 文献、口语状貌后缀的声母组配

项目		声母											
		发音部位							发音方法				
		双唇音	唇齿音	齿间音	舌尖音	舌面音	舌根音	喉音	塞音	塞擦音	鼻音	边音	擦音
文献	宗教	—	—	4.2	87.4	4.2	4.2	—	10.5	—	5.3	77.9	6.3
	民歌	13.4	—	2.4	46.3	7.4	12.2	18.3	19.5	—	3.7	32.9	43.9
口语	都安壮语	15.7	3.0	17.5	31.3	9.6	13.3	9.6	44.9	1.2	19.9	2.7	31.2
	标准语	20.1	5.0	12.2	26.0	14.4	17.6	4.7	33.5	—	26.6	4.4	35.4

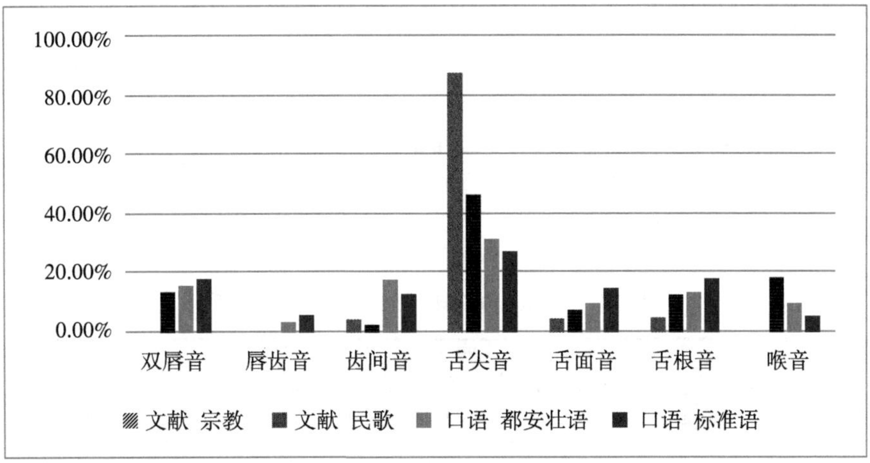

图 4-5-1　文献、口语状貌后缀的声母组配(按发音部位)

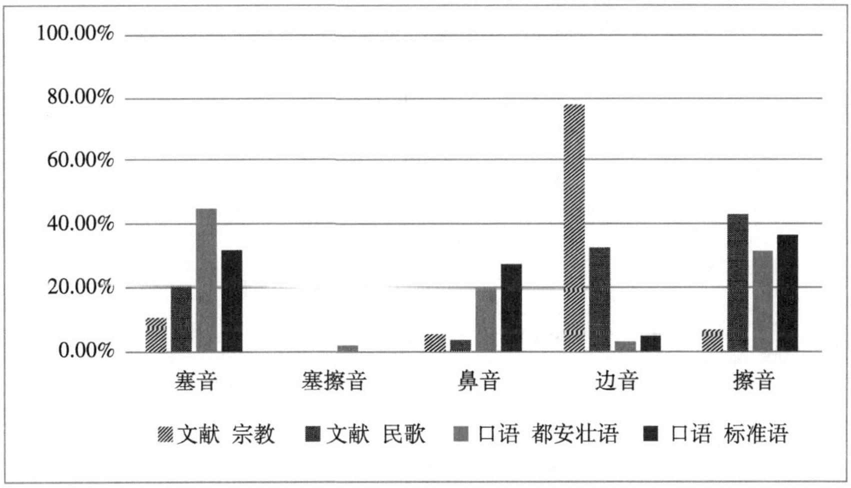

图 4-5-2　文献、口语状貌后缀的声母组配(按发音方法)

声母的发音部位，文献和口语整体趋势一致，以舌尖音最多，舌根音、双唇音次之，唇齿音最少。最多的舌尖音声母文献是l，都安壮语、标准语是n。差异在于，舌尖音(尤其是l)在宗教文献状貌后缀的组配中占了绝对优势，其余几类声母起的作用很小；民歌文献状貌后缀的喉音(尤其是h)对声母组配的作用不容忽视；文献的齿间音极少，而口语却很丰富，尤其是θ。

声母的发音方法，文献和口语整体以擦音最多，鼻音较少，塞擦音最少。最显著的差异在于边音的分布，边音对文献，尤其是宗教文献状貌后缀的声母组配起着主导作用，口语的边音非常有限。鼻音和塞音、擦音的分布，鼻音和塞音口语多而文献少，擦音宗教文献极少而民歌文献和口语很多。

总之，声母组配的情况与状貌后缀自身音系有密切关系。例如：

	宗教文献	民歌文献		都安壮语	标准语
方块壮字	眩里林	浪立立	娄里烈		
音标	lap^{7}li^{2}lin^{2}	la:ŋ^{6}lip^{8}lip^{8}	lau^{2}li^{4}le:t^{8}	nɯ^{1}na:t^{9}na:t^{9}	θɯn^{4}θa:p^{8}θa:p^{8}
汉译	黑漆漆	流汪汪	很流利	很慢的	(熟芋头)肉质不松

2. 韵母组配

表4-24 文献、口语状貌后缀的韵母组配

项目		类型	韵母						
			后缀与词根的韵腹组配			后缀与词根的韵尾组配			
			前元音	央元音	后元音	开尾韵	元音尾	鼻音尾	塞音尾
文献	宗教	AB/ABB	60.0	16.0	24.0	42.0	8.0	32.0	18.0
		ABC	76.2	10.6	13.1	18.1	14.0	44.5	23.4
	民歌	AB/ABB	58.4	11.0	30.6	22.4	15.1	48.7	13.8
		ABC	61.7	18.7	19.5	20.1	20.6	40.9	18.5
口语	都安壮语	AB/ABB	70.9	1.9	27.2	7.4	5.9	26.0	60.7
	标准语	AB/ABB/ABC	54.3	4.0	41.7	12.2	6.9	24.6	56.2

项目		类型	韵母						
			词根与后缀的韵腹组配			词根与后缀的韵尾组配			
			前元音	央元音	后元音	开尾韵	元音尾	鼻音尾	塞音尾
文献	宗教	AB/ABB	50.0	28.0	22.0	10.0	40.0	30.0	20.0
		ABC	49.7	27.9	22.4	11.8	38.1	38.8	11.3
	民歌	AB/ABB	48.7	30.6	20.7	6.6	41.8	40.8	10.7
		ABC	28.5	45.1	26.4	10.8	35.4	43.5	10.3
口语	都安壮语	AB/ABB	39.1	21.1	39.8	11.6	24.4	44.4	19.6
	标准语	AB/ABB/ABC	43.8	20.5	35.7	10.5	24.6	51.6	13.3

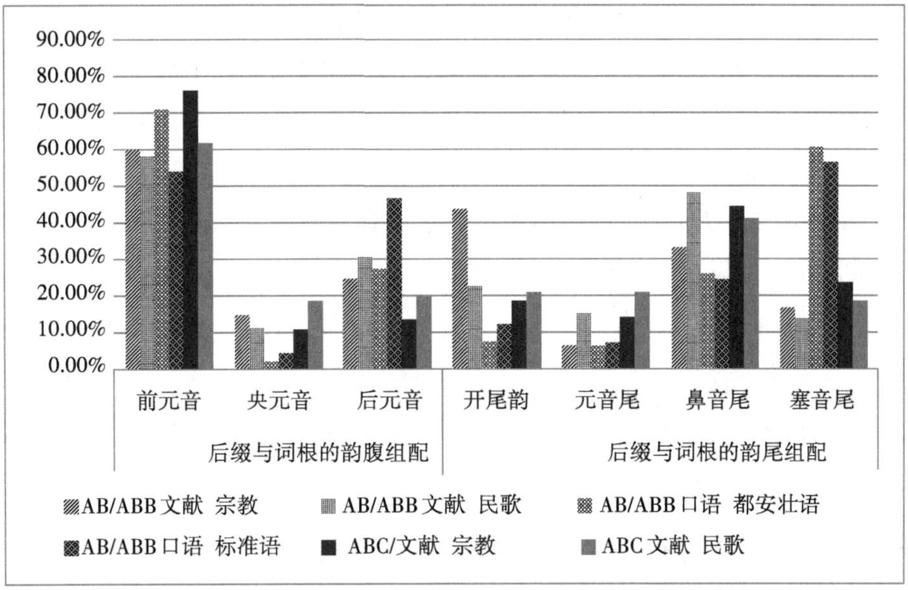

图4-6-1 文献、口语状貌后缀的韵母组配(后缀配词根)

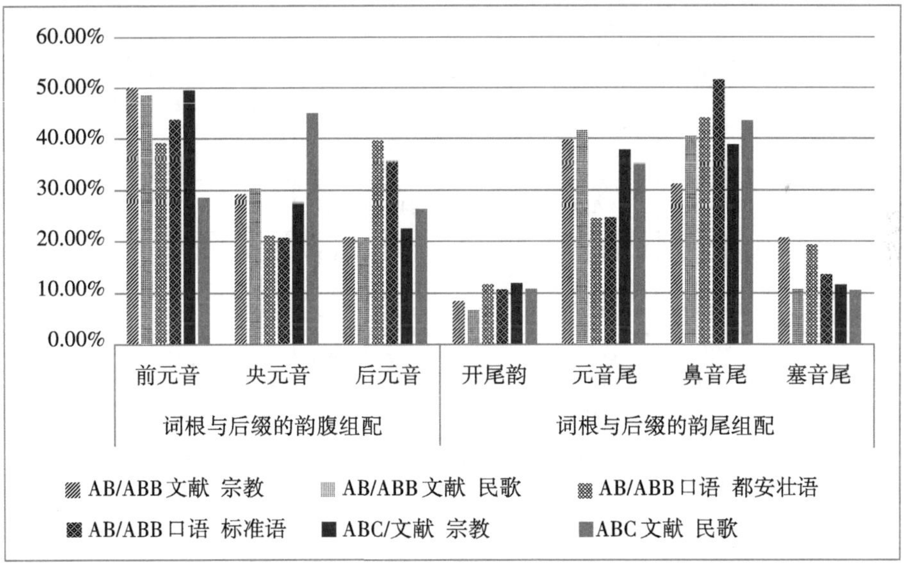

图4-6-2　文献、口语状貌后缀的韵母组配(词根配后缀)

韵腹组配的一致性为:不论是后缀配词根,还是词根配后缀,都以前元音占优势,尤其是a、e这两个元音的高组配率。至于后元音和央元音,当后缀与词根的韵腹组配,后元音的组配率高于央元音;当词根与后缀的韵腹组配,文献是央元音的组配率高于后元音,而口语恰好相反。

韵尾组配方面,词根配后缀较为一致:鼻音尾最多,元音尾、塞音尾次之,开尾韵最少。差异比较明显的是后缀与词根的组配：文献以鼻音尾最多，开尾韵、塞音尾次之，元音尾最少；口语恰好相反，塞音尾最多，鼻音尾、开尾韵次之，元音尾最少。

类型的组配差异并不明显：词根与后缀的韵腹组配，宗教文献与口语三个类型都是前元音多于央元音，民歌文献ABC型相反，即央元音多于前元音。

总之，不论文献还是口语，韵腹组配都讲求元音前后、长短、高低互配，韵尾组配都讲求与同类韵尾互配以及音节开闭互配，例如：

	宗教文献	民歌文献		都安壮语	标准语	
方块壮字	良立懔	亮办	肝火火			
音标	liəŋ^{2}li^{2}liŋ^{6}	ro:ŋ^{6}pja:n^{2}	taŋ^{2}fi^{1}fi^{1}	ȵa^{5}ȵa:t^{7}ȵa:t^{7}	va:n^{1}nek^{7}nek^{7}	pa^{1}nok^{7}nok^{7}
汉译	凉冰冰	亮堂堂	吹呼呼	渣滓很多	甜丝丝	缠手缠脚

3.声调组配

表4-25　文献、口语状貌后缀的声调组配

组配		项目	类型	声调							
				1	2	3	4	5	6	7	8
后缀配词根	文献	宗教	AB/ABB	20.0	34.0	4.0	4.0	2.0	18.0	4.0	14.0
			ABC	7.0	38.4	1.2	4.2	2.1	23.6	4.7	18.8
		民歌	AB/ABB	34.9	33.2	4.3	1.8	8.4	3.3	6.2	7.9
			ABC	9.2	44.0	0.8	11.1	7.7	9.5	7.9	9.8
	口语	都安壮语	AB/ABB	8.0	3.1	4.2	1.7	17.3	5.0	40.8	19.9
		标准语	AB/ABB/ABC	39.0	0.2	1.6	0.8	1.7	0.4	29.5	26.8
词根配后缀	文献	宗教	AB/ABB	42.0	18.0	10.0	—	4.0	6.0	12.0	8.0
			ABC	29.6	11.1	15.1	4.8	20.3	7.7	9.3	2.0
		民歌	AB/ABB	30.9	11.9	20.2	0.3	12.0	13.5	10.4	0.8
			ABC	21.6	12.4	17.4	2.1	18.2	17.7	9.8	0.8
	口语	都安壮语	AB/ABB	24.7	13.5	10.2	2.1	23.3	6.6	16.0	3.6
		标准语	AB/ABB/ABC	22.8	15.2	14.8	3.7	17.5	13.0	9.7	3.3

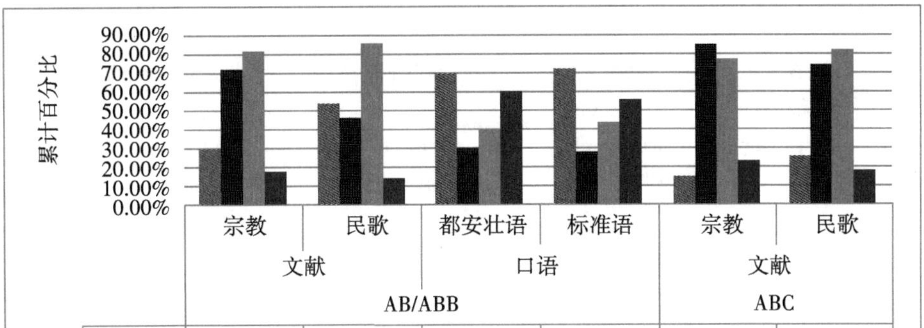

	宗教	民歌	都安壮语	标准语	宗教	民歌
	文献		口语		文献	
	AB/ABB				ABC	
单数调	30.00%	53.80%	70.30%	71.80%	15.00%	25.60%
双数调	70.00%	46.20%	29.70%	28.20%	85.00%	74.40%
舒声调	82.00%	85.90%	39.30%	43.70%	76.50%	82.30%
促声调	18.00%	14.10%	60.70%	56.30%	23.50%	17.70%

图 4-7-1　文献、口语状貌后缀的声调组配(后缀配词根)

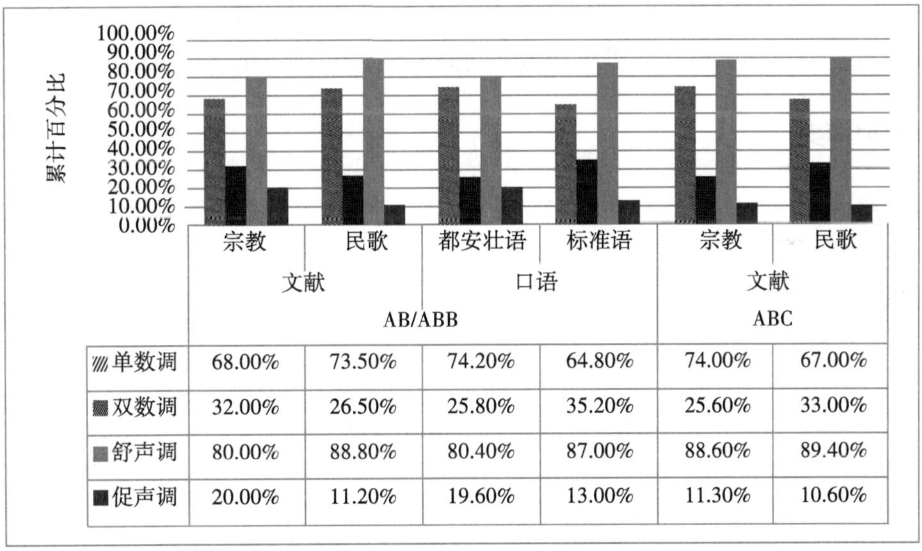

	宗教	民歌	都安壮语	标准语	宗教	民歌
	文献		口语		文献	
	AB/ABB				ABC	
单数调	68.00%	73.50%	74.20%	64.80%	74.00%	67.00%
双数调	32.00%	26.50%	25.80%	35.20%	25.60%	33.00%
舒声调	80.00%	88.80%	80.40%	87.00%	88.60%	89.40%
促声调	20.00%	11.20%	19.60%	13.00%	11.30%	10.60%

图 4-7-2　文献、口语状貌后缀的声调组配(词根配后缀)

后缀组配词根一项,文献双数调的组配率较高,主要表现在第 2 调、第 6 调、第 8 调的组配上,单数调以第 1 调的组配率最高。口语单数调的组配率较高,都安壮语是第 7 调,标准语是第 1 调。调类的舒促上,文献舒声调的组配率较高,以第 2 调最高,而口语促声调的组配率较高,都安壮语和标准语都是第 7 调。词根组配后缀一项,文献与口语颇为一致,都是单数调、舒声调的组配率较高。

此外,不论词根还是后缀除了讲求舒促一致,还讲求舒促互配,这是文献与口语的共性。词根与后缀的调类文献往往单双互配,而口语往往单双一致,这是文献与口语的差异。例如：

	宗教文献	民歌文献	都安壮语	标准语	
方块壮字	笑八犴	哏哏哏			
音标	ji:u^{1}pa^{6}ȵa:ŋ^{6}	man^{3}hum^{2}hum^{2}	daŋ^{5}da:t^{9}da:t^{9}	hu^{3}te:ŋ^{1}te:ŋ^{1}	pa:u^{2}pa:t^{8}pa:t^{8}
汉译	笑眯眯	咆哮轰轰	很咸的	暴跳如雷	瘪瘪的

第三节　方块壮字文献状貌后缀的语义系统

一、文献状貌后缀的语义类别

第三章以状貌后缀与词根的语义结构划分状貌后缀的语义类别，本节依照这种原则，将方块壮字文献状貌后缀分为3个级别的义类，其中3个一级义类，6个二级义类，16个三级义类。一级义类中摹状类数量最多，拟声类次之，拟声兼摹状类最少。

（一）拟声类

该后缀以动词为词根，按照所拟声音的主体，分为3个二级义类，4个三级义类。

1. 人的声音

该类后缀在拟声类后缀中居多，其中关于笑、哭、言语、饮食、趋向、劳作的最多，分为2个三级义类，表4-26项目1~4表示面部动作，5~6表示肢体动作。

表4-26　文献声音主体为人的拟声后缀

项目			宗教文献			民歌文献		
1	笑声	壮字	笑五	寮八狼	寮把細	翋兮兮	嘆哈哈	嘆嘻嘻
		音标	li:u^{1}ha^{3}	li:u^{1}pa^{2}la:ŋ^{4}	li:u^{1}pa^{2}ɬi^{6}	ɣi:u^{1}he^{1}he^{1}	ɣi:u^{1}ha^{1}ha^{1}	ɣi:u^{1}ji^{1}ji^{1}
		汉译	笑哈哈	笑哈哈	笑嘻嘻	笑嘻嘻	笑哈哈	笑嘻嘻
2	哭声	壮字	啼垓	台哑哑	涕立令	哈叽叽	渧嗷嗷	哈啵啵
		音标	tai^{3}tan^{2}	tai^{3}a^{1}a^{1}	tai^{3}li^{2}liŋ^{6}	tai^{3}ȵi^{1}ȵi^{1}	tai^{3}ŋu^{1}ŋu^{1}	tai^{3}ȵe^{1}ȵe^{1}
		汉译	哭呱呱	哭哑哑	哭嘤嘤	哭呀呀	哭嗷嗷	哭哇哇
3	言语	壮字	喊議雅	逻仅壬	講之直	亘雅雅	喧吖吖	喊嗷嗷
		音标	ha:n^{1}ȵi^{1}ȵa^{1}	da^{6}ȵi^{6}ȵam^{2}	ka:ŋ^{3}ɕi^{4}ɕiŋ^{6}	ka:ŋ^{3}ja^{3}ja^{3}	θu:n^{3}ja^{1}ja^{1}	he:u^{6}ŋa:u^{4}ŋa:u^{4}
		汉译	咿呀地答	骂骂咧咧	讲喳喳	讲喳喳	叫喳喳	嗷嗷叫

续表

项目			宗教文献			民歌文献		
4	饮食	壮字	哏米母	哏位还	哏之寸	吨丏丏	—	—
		音标	kɯn^{1}fi^{2}fa:n^{2}	kɯn^{1}mi^{3}moŋ^{1}	kɯn^{1}ɕi^{5}ɕak^{7}	kɯn^{1}lip^{8}lip^{8}	—	—
		汉译	窸窸地吃	吱吱地吃	叽喳地吃	滋滋地吃	—	—
5	趋向	壮字	馬地銭	恶介朝	屋分勿	贝皮卜	肛火火	肛皮巴
		音标	ma^{1}ti^{2}tiət^{8}	o:k^{7}ka:i^{6}ɕa:u^{2}	o:k^{7}fɯt^{8}fɯ^{6}	pai^{1}pi^{4}pok^{8}	taŋ^{2}fi^{1}fak^{7}	taŋ^{2}fi^{1}fi^{1}
		汉译	嘀得地回	哗哗地出	呼呼地出	的哒地去	呼呼地来	嗖嗖地来
6	劳作	壮字	谷已求	地之作	國己禽	栖止遭	淋提狄	修狄铁
		音标	kot^{7}ki^{6}kau^{2}	tɯk^{7}tɕi^{2}tɕa^{2}	kuək^{8}ŋi^{6}ŋu^{2}	sak^{8}ji^{6}jeu^{2}	lam^{3}tik^{7}tak^{7}	ɬiu^{5}tik^{7}te:k^{7}
		汉译	沙沙地刨	咚咚地打	喳喳地做	哗哗地洗	嘀哒地砍	嘀嗒地修

2. 动物的声音

该类后缀数量非常有限,无下级义类,例如:

	宗教文献		民歌文献		
方块壮字	吒只者	兜巴經	留為華	珏罗珏里	嚕华嚕王
音标	to:t^{7}tɕi^{6}tɕe:t^{7}	to:t^{7}pa^{2}kiŋ^{5}	lau^{5}vi^{6}va^{2}	ʔbin^{1}la^{2}ʔbin^{1}lei^{4}	lau^{5}wak^{7}lau^{5}we:ŋ^{3}
汉译	啄喳喳	啄嗒嗒	吠汪汪	飞呼飞哗	吠汪汪

3. 自然界、机械的声音

该类数量较少,分2个三级义类。

(1)与自然界有关,如风声、流水声、雷声、滚落声,此类后缀较少,例如:

	宗教文献		民歌文献			
方块壮字	風分伏	晋之正	强里列	托細沙	肱啉啉	坡法法
音标	lum^{2}fɯt^{7}fɯ^{6}	kon^{3}tɕi^{2}tɕiŋ^{6}	kɯəŋ^{6}li^{2}le^{2}	tok^{7}θvi^{2}θva^{2}	ho:ŋ^{2}ɣum^{1}ɣum^{1}	po^{5}fa^{1}fa^{1}
汉译	风嗖嗖	翻滚吱喳	流下哗哗	落沙沙	响隆隆	吹呼呼

(2)与器械有关,此类后缀非常有限,例如:

	民歌文献				
方块壮字	輽辘辘	専嗖嗖	泡波波	撢砎嚨嗑	捹粝嘐嘐
音标	pan^{5}lok^{7}lok	ɕu:n^{6}sou^{1}sou^{1}	pa:u^{5}pjo^{1}pjo^{1}	tam^{1}to:i^{5}naŋ^{1}ma:m^{1}	ɣu:n^{6}hau^{4}ɣei^{1}ɣei^{1}
汉译	转辘辘	转辘辘	沸腾呼呼	舂碓嗵嗵	筛谷沙沙

(二)摹状类

摹状类后缀非常丰富。根据后缀描摹的事物,分为3个二级义类,12个三级义类。

1.形态类

该类后缀以形容词为词根，可细腻地描摹事物的高矮、长短、软硬等外在特征，可分为2个三级义类，表4–27项目1~7表示性质状态，8~9表示空间。

表4–27　文献形态类后缀

项目			宗教文献			民歌文献		
1	高矮	壮字	桑里林	吞哑心	畓八迓	宗立欄	鰇悰容	—
		音标	ɬa:ŋ^{1}li^{6}lin^{2}	tam^{5}a^{1}θat^{8}	tam^{5}pa^{2}ja^{1}	suŋ^{1}li^{2}la:n^{6}	θa:ŋ^{1}θoŋ^{1}joŋ^{1}	—
		汉译	高遥遥	矮墩墩	矮墩墩	高耸耸	高挑挑	—
2	软硬	壮字	温宜用	毒把孎	—	硬呷	捌唴	软贰堠
		音标	vɯn^{5}ȵi^{6}ȵuŋ^{2}	to:p^{8}pa^{2}lo:i^{2}	—	keŋ^{1}kja:t^{7}	un^{5}ȵe:m^{5}	un^{5}ji^{6}juai^{4}
		汉译	软绵绵	软瘫瘫	—	硬挺	软绵	软绵绵
3	圆扁	壮字	鸯牌蘭	栟八芀	—	—	—	—
		音标	duən^{1}pa^{6}la:n^{6}	pa:n^{3}pa^{6}la:n^{2}	—	—	—	—
		汉译	圆滚滚	扁平	—	—	—	—
6	好坏	壮字	唎勒淋	利立本	里涯涯	兀匀	坳挖	—
		音标	di^{1}lak^{8}lum^{6}	di^{1}li^{6}lin^{6}	di^{1}ʑai^{2}ʑai^{2}	^{ʔ}dei^{1}jun^{2}	wa:i^{6}wa:t^{8}	—
		汉译	好端端	好端端	美好	好好的	褴褛	—
4	弯曲	壮字	—	—	—	国八瓦	迳匈	—
		音标	—	—	—	ko^{2}pa^{2}wa:t^{8}	kuŋ^{3}ŋau^{5}	—
		汉译	—	—	—	弯弯的	弯曲	—
5	干净	壮字	笑汏包	萧大炮	—	笑刷	消杀杀	𣸣嘤
		音标	θe:u^{5}ta^{6}pa:u^{2}	θe:u^{5}ta:k^{7}pau^{2}	—	θe:u^{5}θa:t^{7}	θe:u^{5}θa:t^{7}θa:t^{7}	θe:u^{5}θa^{3}
		汉译	洁白	洁白	—	干净	干净	干净
6	凌乱/蓬乱	壮字	乱昆榜	兄胃結	容哑若	乱咓咓	乱沉沉	乱枉枉
		音标	luən^{6}kun^{3}pa:t^{7}	ȵuŋ^{5}va^{6}ve^{6}	ȵuŋ^{5}a^{6}ȵo^{1}	lu:n^{6}ŋwa^{1}ŋwa^{1}	luən^{6}ɕum^{2}ɕum^{2}	lu:n^{6}wa:ŋ^{5}wa:ŋ^{5}
		汉译	乱纷纷	乱蓬蓬	乱蓬蓬	乱糟糟	乱纷纷	乱惶惶
7	紧绷	壮字	忻涤怒	忻秋奴	—	恨汪汪	—	—
		音标	han^{1}ɕa^{2}nɯ^{6}	han^{1}ɕau^{2}nɯ^{6}	—	han^{1}va:ŋ^{3}va:ŋ^{3}	—	—
		汉译	紧梆梆	紧绷绷	—	紧梆梆	—	—
8	宽阔	壮字	—	—	—	庞只站	广油油	—
		音标	—	—	—	kwa:ŋ^{5}ɕi^{2}ɕa:n^{2}	kva:ŋ^{5}jou^{2}jou^{2}	—

续表

项目			宗教文献			民歌文献		
8	宽阔	汉译	—	—	—	宽阔	宽广	—
9	空荒/密集	壮字	替六辩	空脩急	伕大落	非杀林	法立法利	—
		音标	thei^{6}lo:k^{8}lɯn^{2}	hoŋ^{5}pa^{2}ʨop^{7}	fu^{2}ta^{2}la:k^{8}	fɯ^{2}ka^{4}lem^{6}	fɯ^{2}lɯt^{7}fɯ^{2}lɯ^{1}	—
		汉译	密密麻麻	空荡荡	荒凄凄	荒悠悠	冷冷清清	—

2. 动态类

该类后缀的词根是动词，能够描摹人、动物或某种物体不同的动作状态，可分为4个三级义类，表4-28项目1~2表示面部动作，3表示思维活动，4~5表示肢体动作，6表示物体运动。

表4-28 文献动态类后缀

项目			宗教文献			民歌文献		
1	表情	壮字	退西財	笑克則	笑巴仪	笑演	淚臨臨	涕貳挨
		音标	tai^{3}ɬi^{6}ɬa:i^{6}	ji:u^{1}ka^{6}ȵum^{3}	li:u^{1}pa^{2}ȵi^{5}	liəu^{1}jan^{1}	tai^{3}lin^{2}lin^{2}	tai^{3}ji^{6}ja^{2}
		汉译	哭凄凄	笑盈盈	笑盈盈	笑眯眯	哭涟涟	哭哀哀
2	饮食	壮字	哏肉肥墳	—	—	现必盆	吶哢哢	—
		音标	kɯn^{1}(no^{6})fi^{2}fat^{8}	—	—	jian^{6}pi^{4}pɯ:n^{2}	kɯn^{1}ȵam^{1}ȵam^{1}	—
		汉译	急急吃（肉）	—	—	频频饮	纷纷吃	—
3	思想	壮字	怨立林	畲立礼	信的凸	妳林林	妹噫拥	爱傀傀
		音标	iən^{5}li^{2}lin^{6}	ham^{2}li^{2}lai^{4}	ɬin^{5}ti^{4}tuk^{8}	ni:p^{7}lim^{2}lim^{2}	mai^{6}ji^{6}juŋ^{4}	kjai^{2}sui^{2}sui^{2}
		汉译	怨连连	恨连连	深信	很惦念	很沉迷	深爱
4	上肢动作	壮字	能个昂	從義容	論結烈	连当当	噔独独	掃氿掃搽
		音标	naŋ^{6}ka^{2}ŋa:ŋ^{2}	ɕuk^{8}ȵi^{5}ȵuŋ^{2}	lan^{6}ʨe^{6}le^{6}	lian^{2}ta:ŋ^{5}te:ŋ^{5}	naŋ^{6}ʔdok^{7}ʔdok^{7}	θa:u^{5}θi^{2}θa:u^{5}θa:t^{7}
		汉译	悠闲地坐	匆匆地绑	密密地搓	颤悠悠	懒洋洋地坐	扫来扫去
5	下肢动作	壮字	跪由由	丕里烈	斗里狼	朝乙油	跑咕咕	斗乙羊
		音标	kvi^{6}jau^{2}jau^{2}	tau^{3}li^{2}la:ŋ^{6}	pai^{1}li^{6}le^{2}	tiau^{5}ji^{4}jau^{2}	pu:t^{7}ku^{1}ku^{1}	tau^{3}ji^{4}jak^{8}
		汉译	跪连连	来匆匆	去匆匆	频频跳	跑噔噔	纷纷来
6	物体运动	壮字	托比半	毒坟扳	淋扒臨	龙岁岁	汈莾莾	漯班班
		音标	tok^{7}pi^{6}pon^{5}	tok^{7}fan^{2}fa:t^{7}	lai^{1}ka^{6}lət^{8}	roŋ^{2}soi^{2}soi^{2}	ʔdik^{7}pja:n^{1}pja:n^{1}	lai^{1}pja:n^{1}pja:n^{1}
		汉译	落纷纷	落纷纷	流淋淋	流下纷纷	落涟涟	流涟涟

3.感官类

此类后缀搭配形容词词根，与人感官有关，分为6个三级义类，表4–29项目1为心理感受，2~3为视觉，4为触觉，5为嗅觉，6为味觉，7为听觉。

表4–29　文献感官类后缀

项目			宗教文献			民歌文献		
1	喜忧	壮字	罡八溁	叹心个仰	氣臨臨	优渺渺	嬰臨臨	—
		音标	a:ŋ^{5}pa^{2}lum^{4}	jau^{1}ɬam^{1}ka^{2}ŋa:ŋ^{4}	hi^{5}lop^{8}lop^{8}	jou^{1}mi:u^{1}mi:u^{1}	a:ŋ^{5}lin^{2}lin^{2}	—
		汉译	乐滋滋	忧心忡忡	忧心忡忡	忧心忡忡	乐融融	—
2	颜色	壮字	泣顔	好大白	闪里憐	蹟妯妯	浩列列	使巴烈
		音标	lap^{7}ȵan^{2}	ha:u^{1}ta:k^{7}po:i^{1}	diŋ^{1}li^{6}lin^{6}	he:n^{3}jɯk^{8}jɯk^{8}	ha:u^{1}le^{5}le^{5}	ɕi^{3}pa^{2}le^{6}
		汉译	黑漆漆	白净净	红灿灿	黄鲜鲜	白雪雪	紫紫的
3	光线	壮字	畬巴涯	弄急竟	槑紕涯	烑哊哊	暗主壬	映哨哨
		音标	ham^{6}pa^{2}ja:i^{1}	ro:ŋ^{6}tɕik^{8}jan^{2}	lo:ŋ^{6}ka^{6}ˀja:i^{5}	do:ŋ^{5}mjup^{8}mjup^{8}	a:m^{5}ɕi^{6}ȵim^{2}	a:ŋ^{3}ta:ŋ^{6}ta:ŋ^{6}
		汉译	暗沉沉	亮堂堂	亮曚曚	亮晶晶	暗幽幽	金灿灿
4	冷暖/热	壮字	凉力令	凉余牀	良立㦒	列沉沉	泥茶型	瞜啉啉
		音标	liəŋ^{2}li^{2}liŋ^{6}	liəŋ^{2}li^{6}lum^{6}	liəŋ^{2}li^{2}lin^{6}	diət^{7}ɕum^{2}ɕum^{2}	nit^{7}ɕa^{2}li^{6}	ɣau^{3}ɣum^{1}ɣum^{1}
		汉译	凉冰冰	凉飕飕	凉冰冰	热乎乎	冷冰冰	暖融融
5	香臭	壮字	—	—	—	后乙后如	香如夭	拔地腰
		音标	—	—	—	ha:u^{1}ȵit^{7}ha:u^{1}ȵi^{1}	ho:m^{1}ji^{4}jeu^{4}	pja:ŋ^{1}tsi^{5}ja:u^{5}
		汉译	—	—	—	臭烘烘	香扑扑	香喷喷
6	味道	壮字	萬扭	禝力臨	苦立良	甘七汋	万字吡	慢六林
		音标	va:n^{1}nau^{2}	ma:n^{6}li^{2}lin^{2}	ho^{3}li^{2}liəŋ^{2}	ka:m^{1}θi^{2}θu:m^{4}	wa:n^{1}ɬi^{6}ɬɯt^{8}	ma:n^{6}lu^{6}lin^{2}
		汉译	甜蜜蜜	辣乎乎	苦连连	甜滋滋	甜津津	辣乎乎
7	闹静	壮字	列洗笋	列直禁	列勤臨	闹沉沉	沈嗷	沉哂
		音标	dɯət^{7}ɬi^{2}ɬəŋ^{5}	dɯət^{7}ɕi^{6}ɕap^{7}	diət^{7}lap^{8}lum^{6}	na:u^{6}ɕum^{2}ɕum^{2}	ɕam^{1}ŋa:u^{5}	ɕam^{1}ɣɯk^{8}
		汉译	热闹	热闹	热闹	闹哄哄	静悄悄	寂静

（三）拟声兼摹状类

这类后缀具有跨范畴的特征，即利用声音传递出事物的状态，数量有限。最典型的是以下三个后缀及其变体，很可能是使用频率较高，由最初的拟声义渐渐发展出摹状义，表“密集”或“强化”。

1.hum^{1}hum^{1}及其变体，有59个，前六例拟声，其余摹状。

①	方块壮字	父泊踩名哏哏哏
	音标	po^{6}pɯ:k^{8}ɕa:i^{3}mɯŋ^{2}man^{3}**hum^{2}hum^{2}**
	汉译	布伯踩你吼隆隆
		（引自《壮族创世神话古歌研究》第333页）
②	方块壮字	肱啉啉廪靇
	音标	ho:ŋ^{2}**ɣum^{1}ɣum^{1}**lum^{3}pja^{3}
	汉译	响隆隆像雷
		（引自《壮族传统古歌集》第377页）
③	方块壮字	兵馬挂路寧沉沉
	音标	piŋ^{1}ma^{4}kva^{5}lo^{6}niŋ^{1}**ɕum^{2}ɕum^{2}**
	汉译	兵马过路嘈哄哄
		（引自《汉族题材少数民族叙事诗译注（壮族卷）》第307页）
④	方块壮字	做鸡麻几岑
	音标	ku^{6}ki^{3}ma^{2}**ki^{4}kum^{4}**
	汉译	什么响其琴
		（引自《壮族民歌古籍集成（一）》第1328页）
⑤	方块壮字	造邑洁濕门
	音标	ɕa:u^{4}tɕa^{3}tɕe:t^{7}**lum^{2}mɯn^{2}**
	汉译	造雷声轰隆
		（引自《壮族麽经布洛陀影印译注》第349页）
⑥	方块壮字	廪貧鏂丧渧啥啥
	音标	lum^{3}pan^{2}o:k^{7}sa:ŋ^{1}tai^{3}**hum^{1}hum^{1}**
	汉译	好比出丧泪涟涟
		（引自《壮族传统古歌集》第85页）
⑦	方块壮字	財主䍐毡暧啉啉
	音标	ɕa:i^{2}ɕa:ɯ^{3}hom^{5}ta:n^{3}ɣau^{3}**ɣum^{1}ɣum^{1}**
	汉译	财主盖毯暖融融
		（引自《壮族传统古歌集》第98页）
⑧	方块壮字	躺代皓吉凹
	音标	ʔda:ŋ^{1}ta:i^{5}ha:u^{1}**ki^{5}kum^{1}**
	汉译	身带白素净
		（引自《壮族创世神话古歌研究》第184页）
⑨	方块壮字	肚九斗利輪
	音标	tu^{2}tɕau^{1}tau^{3}**li^{6}lum^{6}**
	汉译	大的匆忙来
		（引自《壮族麽经布洛陀影印译注》第1894页）

2.jau^{1}jau^{1}及其变体，有41个，前两例拟声，其余摹状。

①	方块壮字	䀕佲嘶哟哟
	音标	ti:n^{2}mɯŋ^{2}sɯ:n^{3}**ja:u^{1}ja:u^{1}**
	汉译	揍你喊呀呀
		（引自《壮族传统古歌集》第182页）

②	方块壮字	毕叫官如油
	音标	pit^{8}heu^{6}ko:n^{5}**ji^{6}jau^{2}**
	汉译	蝉叫声音吱吱
		（引自《壮族民歌古籍集成（一）》第907页）
③	方块壮字	八仙到专哾咵咵
	音标	pe:t^{1}θi:n^{1}ta:u^{5}laŋ^{1}ku:n^{2}**ja:u^{3}ja:u^{3}**
	汉译	八仙听后服连连
		（引自《三界公经文文本研究》第47页）
④	方块壮字	燕挂下游游
	音标	en^{5}kva^{5}la^{3}**jou^{2}jou^{2}**
	汉译	燕子在下悠游
		（引自《〈粤风·壮歌〉译注》第106页）
⑤	方块壮字	他猽跪易由
	音标	te^{1}ma^{1}kvi^{6}**ji^{2}jau^{2}**
	汉译	他（们）来跪纷纷
		（引自《壮族麽经布洛陀影印译注》第3016页）

3.ŋa:u^{1}ŋa:u^{1}及其变体，有19个，拟声如前两例，其余摹状。

①	方块壮字	兵马管喊嗷呀嗷
	音标	piŋ^{1}ma^{4}ku:n^{3}he:u^{6}**ŋa:u^{4}**ha^{6}**ŋa:u^{4}**
	汉译	兵马都喊嗷呀嗷
		（引自《汉族题材少数民族叙事诗译注（壮族 仫佬族 毛南族卷）》第240页）
②	方块壮字	振英咭嗷嗷
	音标	çin^{1}jiŋ^{6}sɯ:n^{3}**ŋa:u^{1}ŋa:u^{1}**
	汉译	振英嗷嗷叫
		（引自《壮族传统古歌集》第149页）
③	方块壮字	途侭宾勾勾
	音标	tu^{2}çin^{4}ʔbiŋ^{3}**ŋau^{1}ŋau^{1}**
	汉译	它尽视眈眈
		（引自《壮族四大悲歌（译注）》第55页）
④	方块壮字	母㝵批浸嗷
	音标	me^{6}ta:i^{1}pai^{1}çam^{1}**ŋa:u^{5}**
	汉译	母亲死去静悄悄
		（引自《孝与壮族行孝歌之研究》第515页）
⑤	方块壮字	狠狠傍达拜宜偶
	音标	kaŋ^{1}liŋ^{2}pa:ŋ^{4}ta:t^{7}pai^{5}**ŋi^{2}ŋau^{1}**
	汉译	崖边猿猴拜连连
		（引自《壮族创世神话古歌研究》第312页）
⑥	方块壮字	妹了菩个休
	音标	me^{6}ne:u^{1}po:m^{5}**ka^{6}ŋau^{4}**
	汉译	母鸡孵（蛋）沉沉
		（引自《壮族麽经布洛陀影印译注》第300页）

二、文献状貌后缀的语义特征

通过语义类别的归纳，文献状貌后缀的语义特征主要表现在三个方面。

（一）表达形象性

添加状貌后缀与否，词根本义并无改变，改变的是语用色彩，状貌后缀能让词义变得形象生动。同一个词根添加不同的状貌后缀，所传递的形象丰富多彩，前文已有许多例子，此处不赘。这里要谈宗教文献《麽经》中一种特殊的结构，两个状貌后缀通常成对出现，其语音形式分四种情况。

1.前一句鼻音尾，后一句塞音尾，这种情况最常见，例如：

方块壮字	妹	王	吒	地	壇	父	王	嗿	地	達
音标	me^{6}	vuəŋ^{2}	ha:u^{5}	**ti^{2}**	**ta:n^{2}**	po^{6}	vuəŋ^{2}	ɕa:m^{1}	**ti^{2}**	**ta:t^{8}**
汉译	母	王(的)	说	喋	喋	父	王(的)	问	滔	滔
（引自《壮族麽经布洛陀影印译注》第310页）										

2.前后两句都是鼻音尾，例如：

方块壮字	襪	造	晋	俐	嶙	襪	造	烝	俐	鸞
音标	ja:ŋ^{1}	ɕa:u^{4}	kuən^{2}	**li^{2}**	**lin^{6}**	ja:ŋ^{1}	ɕa:u^{4}	hi^{5}	**li^{2}**	**luən^{2}**
汉译	布央	就	求	连	连	布央	就	忧心	忡	忡
（引自《壮族麽经布洛陀影印译注》第1265页）										

3.前一句元音尾，后一句鼻音尾，例如：

方块壮字	妑	王	痞	利	嚟	妣	王	癖	利	凌
音标	pa^{2}	vuəŋ^{2}	ke:t^{7}	**li^{6}**	**lai^{2}**	pa^{2}	vuəŋ^{2}	tɕai^{3}	**li^{6}**	**lin^{6}**
汉译	妻	王(的)	痛	连	连	妻	王	病	连	连
（引自《壮族麽经布洛陀影印译注》第70页）										

前一句鼻音尾，后一句元音尾，例如：

方块壮字	妹	了	伏	个	昂	妹	了	菖	个	休
音标	me^{6}	ne:u^{1}	fak^{8}	**ka^{6}**	**ŋa:ŋ^{4}**	me^{6}	ne:u^{1}	po:m^{5}	**ka^{6}**	**ŋau^{4}**
汉译	母(鸡)	一	孵(蛋)	沉	沉	母鸡	一	孵	迷	迷
（引自《壮族麽经布洛陀影印译注》第300页）										

4.前一句开尾韵，后一句鼻音尾，例如：

方块壮字	郎	鹳	斗	里	罗	郎	鸦	肛	里	浪
音标	la:ŋ^{2}	ji:u^{6}	tau^{3}	**li^{6}**	**la^{2}**	la:ŋ^{2}	a^{1}	taŋ^{2}	**li^{6}**	**la:ŋ^{6}**
汉译	鹞	鹰	来	匆	匆	乌	鸦	到	速	速
（引自《壮族麽经布洛陀影印译注》第302页）										

语音方面，前后两个状貌后缀体现出元音韵尾和辅音韵尾的互补，前两组是辅音韵

尾互配,后两组是元音韵尾配辅音韵尾。语义方面,前后两个状貌后缀共同表达“密集”“频繁”“匆忙”的意味。密集貌后缀中数量最多的是“ti^{2}ta:n^{2}”与“ti^{2}ta:t^{8}”及其变体(比如“ti^{6}ta:n^{2}”与“ti^{6}ta:t^{8}”,变体之间只是调类不同),总共出现了212次。那么,这类“密集”貌的后缀是怎么来的呢?以数量最多的“ti^{2}ta:n^{2}”与“ti^{2}ta:t^{8}”为例,我们推测,这类后缀可能与拟声兼摹状后缀一样,最初用作拟声,理由是它与言说义动词如“说”“讲”“问”“答”共现,由于高频使用,在拟声的基础上发展出摹状的作用。

(二)表达量级差异

量级一般分为量与级,状貌后缀表达量级差异主要有两种途径:一是元音屈折,主要是韵母主元音的交替,与“量”有关;二是使用不同的结构类型,与“级”有关。

1.元音屈折

开口度大的元音如a、u、o常常表示量“大”,开口度小的元音如i、e常常表示量“小”,所用的借音壮字也反映了这个特点,例如:

方块壮字	笑五	唊哈哈	笑巴索	梭呀呀	渧嗷嗷	哈哦哦
音标	li:u^{1}ha^{3}	ɣi:u^{1}ha^{1}ha^{1}	li:u^{1}pa^{2}ɬu^{1}	tai^{3}ŋa^{1}ŋa^{1}	tai^{3}ŋu^{1}ŋu^{1}	tai^{3}ŋo^{1}ŋo^{1}
汉译	笑哈哈	笑哈哈	笑哈哈	哭呀呀	哭嗷嗷	哭嗷嗷
方块壮字	笑巴即	廖巴叱	䶏兮兮	涕立令	哈叽叽	笑巴即
音标	li:u^{1}pa^{2}ɬi^{6}	li:u^{1}pa^{2}ɕi^{6}	ɣi:u^{1}he^{1}he^{1}	tai^{3}li^{2}liŋ^{6}	tai^{3}ȵi^{1}ȵi^{1}	li:u^{1}pa^{2}ɬi^{6}
汉译	笑眯眯	笑眯眯	笑嘻嘻	哭嘤嘤	哭呀呀	笑眯眯
方块壮字	勒甲货	暟林	黯黖黖	紘班	红哝哝	红八衣
音标	lap^{7}ɕa^{6}ho^{6}	lap^{7}ȵan^{2}	dam^{1}dat^{7}dat^{7}	hoŋ^{2}pja:n^{1}	hoŋ^{1}i^{1}i^{1}	diŋ^{1}pa^{4}li^{5}
汉译	黑乎乎	黑森森	黑漆漆	红彤彤	微红	微红

2.使用不同的结构类型

词根与状貌后缀有不同的组合类型,相互之间存在级的差异,例如:

	AB	ABC	ABAC		
方块壮字	笑儀	笑巴仪	笑民笑米		
音标	li:u^{1}ji^{5}	li:u^{1}pa^{2}ȵi^{5}	li:u^{1}man^{1}li:u^{1}mi^{4}		
汉译	笑眯眯	笑盈盈	欢快甜蜜地笑		
	AB	ABB	ABC	ABAC	
方块壮字	号锡	浩㿥㿥	号噫咩	号锡号紉	
音标	ha:u^{1}ɬik^{7}	ha:u^{1}ma:n^{1}ma:n^{1}	ha:u^{1}ji^{6}jeu^{4}	ha:u^{1}ɬik^{7}ha:u^{1}ɬiat^{7}	
汉译	白晰	白刷刷	白灿灿	白又嫩	
	AB	ABB	ABC	ABAB	ABCBD
方块壮字	烎黫	亮阅阅	槑紕涯	光入光入	弄八矣八皆
音标	ro:ŋ^{3}sa:k^{9}	ro:ŋ^{6}ja:k^{8}ja:k^{8}	lo:ŋ^{6}ka^{6ʔ}ja:i^{5}	lo:ŋ^{6}jap^{7}lo:ŋ^{6}jap^{7}	ro:ŋ^{6}pa^{2}i^{5}pa^{2ʔ}ja:i^{3}
汉译	亮堂	亮堂堂	亮曚曚	亮闪闪	亮朦朦胧胧

以上类型级差可勾勒为:ABCBD型>ABAB/ABAC型>ABB/ABC型>AB型。

(三)表达情感色彩

状貌后缀情感色彩的褒贬,除了取决于状貌后缀自身,还取决于语境。方块壮字文献没有就状貌后缀自身的色彩留下太多线索。为了避免抄本及其流传地域的差异,严谨起见,此处从语境入手,尽量选择同一个抄本的内容,以颜色词“白”为例说明,试比较下面三组例子。

第一组例子来自宗教文献《麽经》的抄本《麽送魈》。

方块壮字	粝	之	好	介	刷
音标	hau^{4}	çi^{6}	ha:u^{1}	ka:i^{6}	ça^{1}
汉译	米	就	白	花	花
方块壮字	粝	之	好	介	杀
音标	hau^{4}	çi6^{6}	ha:u^{1}	ka^{6}	ça:t^{7}
汉译	稻米	就	白	灿	灿
方块壮字	他	奴	故	好	坐
音标	ta^{1}	nau^{2}	ku^{1}	ha:u^{1}	ço^{3}
汉译	外公	说	我(脸)	白	凄凄
方块壮字	太	奴	故	好	差
音标	ta:i^{5}	nau^{2}	ku^{1}	ha:u^{1}	θa^{1}
汉译	外婆	说	我(脸)	白	惨惨

(引自《壮族麽经布洛陀影印译注》第1744页)

第二组例子来自宗教文献《麽经》的抄本《呼社布洛陀》。

方块壮字	粝	之	好	卡	殺
音标	hau^{4}	çi^{6}	ha:u^{1}	ka^{6}	ça:t^{7}
汉译	米	就	白	花	花
方块壮字	他	之	奴	好	作
音标	ta^{1}	çi^{6}	nau^{2}	ha:u^{1}	ço^{2}
汉译	外公	就	说(我)	白	嫩嫩
方块壮字	�	之	奴	好	差
音标	ta:i^{5}	çi^{6}	nau^{2}	ha:u^{1}	θa^{1}
汉译	外婆	就	说(我)	白	惨惨

(引自《壮族麽经布洛陀影印译注》第2205页)

这两个抄本都来自东兰县,不少章节相同,方块壮字用字也接近,应该抄于同一时期,即20世纪40年代后期。①以上两组例子的情况十分相似,“ha:u^{1}ka:i^{6}ça^{1}”“ha:u^{1}ka^{6}ça:t^{7}”形容稻米纯白,“ha:u^{1}θa^{1}”形容脸色惨白,褒贬分明,“ha:u^{1}ço^{2}”“ha:u^{1}ço^{3}”语音相近,表示

① 张声震:《壮族麽经布洛陀影印译注》,广西民族出版社,2004年,第2149页。

的情感色彩却迥异，成因主要是文本语境所致。

第三组例子来自民歌文献的抄本《孟姜女与万喜良》。

方块壮字	佝	暗	栏	好	翰
音标	kau^3	$ɣan^1$	$ɣa:n^2$	$ha:u^1$	$ha:n^5$
汉译	看	见	房子	白	灿灿
方块壮字	暗	骆	放	好	翰
音标	$ɣan^1$	$do:k^7$	$fa:ŋ^2$	$ha:u^1$	$ha:n^5$
汉译	看见	骨头	鬼	白	灿灿

（引自《汉族题材少数民族叙事诗译注（壮族 仫佬族 毛南族卷）》第14、49页）

第一句的场景是孟姜女与万喜良喜结良缘，这时她眼中的房子白得可爱；第二句的场景是万喜良服役在外，孟姜女千里寻夫，却见白骨森森的恐怖场景。同是“$ha:u^1ha:n^5$”，情感色彩迥然相异。

三、文献与口语状貌后缀语义系统的共性和差异

本节首先分类整理了方块壮字文献状貌后缀的语义类别，在此基础上归纳其语义特征，再与口语进行比较。

首先，语义类别方面，口语与文献都有拟声、摹状类、拟声兼摹状类这三类后缀，以摹状类居多，拟声类次之，拟声兼摹状类最少，这是二者共同表现。其次，语义特征方面，口语与文献的状貌后缀都有表达形象性、量级差异、情感褒贬的特征。最主要的差异是，文献有一类表“密集”“速度”的后缀，通常成对出现，口语尚未发现该现象。

第四节　方块壮字文献状貌后缀的构词情况

状貌词由状貌后缀与词根结合而成。本节从词根性质、词根与后缀的频次梳理方块壮字文献状貌后缀的构词情况与规律，再与口语进行比较。

一、词根的性质及其构词情况

表4-30显示，两类文献状貌词的词根以单音节、动词居多。

表4-30　文献状貌词词根的性质

项目		词根						总计
		动词		形容词		名词		
		单音节	双音节	单音节	双音节	单音节	双音节	
宗教文献	频数	919	3	247	3	21	1	1194
	百分比	76.9	0.3	20.7	0.2	1.8	0.1	100
民歌文献	频数	561	6	263	—	26	—	856
	百分比	65.6	0.7	30.7	—	3.0	—	100

具体而言：词性方面，两类文献都以动词最多，分别占77.2%和66.3%，形容词次之，分别占20.9%和30.7%，名词最少，分别占1.9%和3.0%；音节方面，两类文献都以单音节词根占绝对优势，分别占99.4%和99.3%，双音节词根分别占0.6%和0.7%。双音节词根如下。

	宗教文献			民歌文献	
方块壮字	多爹巴林	淂寃个厄	伏房列列	刀希立林	挞气青青
音标	to^{5}te^{5}pa^{2}lin^{2}	tɯk^{8}iən^{1}ka^{2}ŋaŋ^{6}	fu^{2}faŋ^{2}le^{6}le^{6}	ta:n^{5}hi^{5}li^{4}lin^{2}	da:t^{7}hei^{5}ɕiŋ^{1}ɕiŋ^{1}
汉译	唱颂咿呀	结冤连连	彷徨不安	频频叹息	生气呼呼

根据词根的词性，它与状貌后缀的组合有三类。

1.动词带状貌后缀，动词以行为动词最典型，构词数量最多。

(1)行为动词带状貌后缀，例如：

	宗教文献			民歌文献		
方块壮字	哑个昂	臨大來	烈肥徵	淚臨臨	叫犁林	广陂波
音标	a^{4}ka^{2}ŋa:ŋ^{6}	lam^{2}ta^{2}la:i^{6}	lat^{7}fi^{2}fei^{2}	tai^{3}lin^{2}lin^{2}	heu^{6}li^{6}lin^{2}	kva:ŋ^{6}pei^{2}po^{2}
汉译	张开巴叉	倒下直直	吮吸咕咕	哭涟涟	叫连连	奔腾哗卜

(2)心理动词带状貌后缀，例如：

	宗教文献			民歌文献		
方块壮字	忖立烈	含立礼	媟里黎	烝利林	妳林林	优渺渺
音标	tɕai^{2}li^{6}le^{2}	ham^{2}li^{2}lai^{4}	diəp^{8}i^{6}lai^{2}	hi^{5}li^{6}lin^{2}	ni:p^{7}lim^{2}lim^{2}	jou^{1}mi:u^{1}mi:u^{1}
汉译	爱绵绵	恨切切	思虑悠悠	愁怜怜	惦念悠悠	忧心忡忡

(3)趋向动词带状貌后缀，包括单纯趋向动词和复合趋向动词，例如：

	宗教文献			民歌文献		
方块壮字	丕里列	馬地銭	毒迊坟扳	肛皮巴	斗潺潺	麻陇陇
音标	pai^{1}li^{2}le^{2}	ma^{1}ti^{2}te:n^{2}	tok^{7}la^{3}fan^{2}fa:t^{7}	taŋ^{2}fi^{1}fa^{4}	tau^{3}ɕa:n^{2}ɕa:n^{2}	ma^{1}ɣu:ŋ^{1}ɣu:ŋ^{1}
汉译	去匆匆	回嘀得	落下纷纷	来呼呼	来潺潺	回匆匆

2.形容词带状貌后缀。《壮语简志》(1980)和《武鸣壮语词汇研究》(2018)将形容词

分为性质形容词和状态形容词，我们依照此种划分。一般而言，可添加状貌后缀的主要是性质形容词，例如：

	宗教文献			民歌文献		
方块壮字	慕只札	玘个律	勒涝埃	慢六林	咔揽揽	晾叭里
音标	mo^{5}çi^{2}ça^{2}	ke^{5}ka^{4}lɯt^{8}	ȵai^{6}ȵap^{8}ȵo:i^{5}	ma:n^{6}lu^{6}lin^{2}	ɣai^{2}ɣam^{1}ɣam^{1}	lap^{7}pa^{4}li^{5}
汉译	新灿灿	老衰衰	细小小	辣乎乎	长呼呼	黑沉沉

3. 名词带状貌后缀。能够附加状貌后缀的仅限个别表示事物的普通名词，例如：

	宗教文献			民歌文献		
方块壮字	稔即降	奔哑娄	雲達列	梵飞飞	血吠吠	务飞飞
音标	lam^{4}çak^{8}çɯəŋ^{6}	pɯn^{1}ŋa^{4}rau^{6}	fiə^{3}ta^{2}le^{1}	lum^{2}fi^{1}fi^{1}	lɯ:t^{8}fo^{1}fo^{1}	mo:k^{7}fi^{1}fi^{1}
汉译	水汪汪	毛密密	云飘飘	风飞飞	血淋淋	雾迷迷

二、词根、状貌后缀的频次及其构词情况

（一）词根、状貌后缀的频次

不同的词根宗教文献有222个，民歌文献有264个。两类文献各有一批高频词根，表4-31为频次排名前五的，宗教文献均为动词，民歌文献有2个动词，3个形容词。两类文献有关面部及肢体动作（比如哭、说、答、来、去）、事物状态（尤其是颜色）的词根构成状貌词的数量都比较多。

表4-31　文献状貌词的高频词根(N=1194/856)

项目		排序				
		1	2	3	4	5
宗教文献	例词	ha:u^{5}（说）	tau^{3}（来）	ha:n^{1}（答）	pai^{1}（去）	ka:ŋ^{3}（讲）
	频数	106	72	62	58	37
	百分比	8.9	6.0	5.2	4.9	3.1
民歌文献	例词	tai^{3}（哭）	pai^{1}（去）	ha:u^{1}（白）	lap^{7}（黑）	lo:m^{6}（早）
	频数	44	40	30	20	18
	百分比	5.1	4.7	3.5	2.3	2.1

以数量较多的AB、ABB、ABC三个类型为统计对象。结果表明，不同的状貌后缀，宗教文献有425个，民歌文献有378个。表4-32为频次排名前五的后缀。

表4-32　文献状貌词的高频后缀(N=1172/711)

项目		排序				
		1	2	3	4	5
宗教文献	例词	ti^{2}ta:n^{2}/ti^{6}ta:n^{2}	ti^{2}ta:t^{8}/ti^{6}ta:t^{8}	li^{2}lin^{6}/li^{2}lin^{2}/li^{6}lin^{6}/li^{6}lin^{2}	li^{2}la:ŋ^{6}/li^{6}la:ŋ^{6}	pa^{2}la:ŋ^{6}/pa^{4}la:ŋ^{6}/pa^{2}la:ŋ^{4}
	频数	118	96	63	32	29
	百分比	10.1	8.2	5.4	1.9	2.5
民歌文献	例词	li^{4}lin^{2}/li^{6}lin^{2}/li^{2}lin^{2}/li^{6}lin^{4}	lin^{2}lin^{2}/lin^{1}lin^{1}	ɕum^{2}ɕum^{2}	pu^{4}ja:i^{1}	fi^{1}fi^{1}/fi^{5}fi^{5}
	频数	41	33	24	18	14
	百分比	5.8	4.6	3.4	2.5	2.0

宗教文献5个高频后缀都属于ABC型，ti^{2}ta:n^{2}及其变体的频次最高，达118次，ti^{6}ta:t^{8}及其变体次之，为96次。民歌文献5个高频后缀，属于ABC型有2个，属于ABB型的有3个，li^{4}lin^{2}及其变体的频次最高，达41次，其次是lin^{2}lin^{2}，为33次。

(二)词根、状貌后缀的频次及其具体构词方式

根据词根、状貌后缀的频次，主要有三种搭配方式。

1.一个词根搭配多个状貌后缀，这种情况最常见，例如"笑""讲"构成的一组词：

宗教文献					
方块壮字	笑巴狼	笑巴即	笑巴索	笑把示	燎巴時
音标	li:u^{1}pa^{2}la:ŋ^{6}	li:u^{1}pa^{2}ɬi^{6}	li:u^{1}pa^{2}ɬu^{1}	li:u^{1}pa^{4}ɬiək^{8}	li:u^{1}pa^{2}ɕi^{6}
汉译	笑哈哈	笑眯眯	笑哈哈	笑嘻嘻	笑嘻嘻
方块壮字	笑紕雨	未紕朔	笑八羘	笑巴仪	嘆把亦
音标	liau^{1}pa:t^{8}ji^{5}	liau^{1}pa:t^{8}ja:t^{8}	ji:u^{1}pa^{6}ȵa:ŋ^{6}	li:u^{1}pa^{2}ȵi^{5}	liau^{1}ka^{6}ji^{5}
汉译	笑连连	乐呵呵	笑眯眯	笑盈盈	笑眯眯
民歌文献					
方块壮字	亘雅雅	讲必盆	嗛勾勾	嗛晌晌	讲左利左啰
音标	ka:ŋ^{3}ja^{3}ja^{3}	ka:ŋ^{3}pi^{4}pɯn^{2}	ka:ŋ^{3}ŋau^{1}ŋau^{1}	ka:ŋ^{3}ɕon^{1}ɕon^{1}	ka:ŋ^{3}ɕo^{3}li^{3}ɕo^{3}li^{3}
汉译	讲喳喳	讲不停	讲滔滔	讲潺潺	哩啰讲不停

2.一个词根只搭配一个状貌后缀，这种情况较少，例如：

宗教文献						
方块壮字	跣哑腊	孫細喪	獁位物	論沉沉	晚匆匆		
音标	lam^{4}a^{1}ja^{1}	θom^{2}θi^{1}θa:ŋ^{6}	ma^{1}vi^{6}vɯt^{8}	lən$^{6?}$jaŋ$^{1?}$jaŋ^{1}	va:n^{3}fɯ^{2}fɯ^{2}		
汉译	倒下片片	咬窸沙	回快快	论纷纷	晃动呼呼		

民歌文献							
方块壮字	訙岑岑	细丝丝	轃辘辘	黯黖黖			
音标	da^{5}ŋam^{1}ŋam^{1}	sai^{5}sei^{1}sei^{1}	pan^{5}lok^{7}lok^{7}	ˀdam^{1}ˀdat^{7}ˀdat^{7}			
汉译	骂喳喳	细丝丝	转辘辘	黑乎乎			

3. 多个词根搭配一个状貌后缀，这种情况较常见，例如后缀“li^{6}lai^{2}”“ɕi^{6}ɕa:ŋ^{2}”“ji^{4}jau^{2}”构成的一组词：

宗教文献							
方块壮字	痦利嚟	媟里黎	欠立雷	寃立黎	嚁之長	罡之長	得時常
音标	ke:t^{7}li^{6}lai^{2}	diəp^{8}li^{6}lai^{2}	tɕan^{1}li^{6}lai^{2}	iən^{6}li^{6}lai^{2}	nau^{2}ɕi^{6}ɕa:ŋ^{2}	ka:ŋ^{3}ɕi^{6}ɕa:ŋ^{2}	tɯk^{7}ɕi^{6}ɕa:ŋ^{2}
汉译	痛连连	思虑悠悠	喘兮兮	怨悠悠	说呱呱	讲叽叽	讲吱喳
民歌文献							
方块壮字	贝乙由	卦乙由	斗乙由	朝乙油	肘如油		
音标	pai^{1}ji^{4}jau^{2}	kwa^{5}ji^{4}jau^{2}	tau^{3}ji^{4}jau^{2}	tiau^{5}ji^{4}jau^{2}	taŋ^{2}ji^{4}jau^{2}		
汉译	走悠悠	去悠悠	落纷纷	跳频频	来陆续		

三、文献与口语状貌后缀构词情况的共性和差异

（一）词根性质及其构词情况的共性和差异

表 4-33 显示，文献与口语状貌词的词根，在音节数量上绝大多数为单音节，双音节词根仅为小部分，但口语较文献而言，双音节词根有所增加；在词性上，动词、形容词、名词均能构成状貌词，但文献动词最多，口语则形容词最多，同时标准语有个别存现动词、判断动词也可带状貌后缀，文献未发现这类现象。

表 4-33 文献与口语状貌词词根的词性

项目		词根						总计
		动词		形容词		名词		
		单音节	双音节	单音节	双音节	单音节	双音节	
宗教文献	频数	919	3	247	3	21	1	1194
	百分比	76.9	0.3	20.7	0.2	1.8	0.1	100
民歌文献	频数	561	6	263	—	26	—	856
	百分比	65.5	0.7	30.7	—	3.0	—	100
都安壮语	频数	775	—	824	—	100	—	1699
	百分比	45.6	—	48.5	—	5.9	—	100
标准语	频数	312	6	564	10	29	1	922
	百分比	33.8	0.7	61.2	1.1	3.1	0.1	100

存现动词：ɣe:u⁵(枯萎)—ɣe:u⁵ɣa:t⁷干枯枯的—ɣe:u⁵ɣa:t⁷ɣa:t⁷[方](植物)很干枯

判断动词：lum³(像)—lum³li¹li¹栩栩如生—lum³li:u⁴li:u⁴[方]惟妙惟肖

覃国生(1981：51)指出，动词如果表示的动作是瞬间的，一次完成的，没有延续性的，则不能带表示程度差别的状貌后缀。例如“ta:i¹死”，口语没有带状貌后缀的用法，其组成的动宾结构“jak⁷ta:i¹将死”有延续性，则可带状貌后缀，即“jak⁷ta:i¹θa:t⁸θa:t⁸奄奄一息”。文献中，“ta:i¹死”可以带不同的状貌后缀，表达死的不同状态。

	宗教文献					民歌文献
方块壮字	㒆大烈	太達烈	殆茶烈	㒆達籃	㒆儀鄂	殆答女答坭
音标	ta:i¹ta²le⁶	ta:i¹ta²liət⁸	ta:i¹ɕa²le²	ta:i¹ta²la:n⁶	ta:i¹ŋi⁶ŋɯək⁸	ta:i¹tap⁸ni¹tap⁸niak⁸
汉译	软绵地死	凄惨地死	僵硬地死	僵硬地死	僵硬地死	软绵绵地死

(二)词根、后缀的频次及其构词情况的共性和差异

表4-34显示，文献与口语状貌词的高频词根，主要与言语行为(如说、讲)、面部表情(如哭、笑)、动作趋向(如来、去、走)、颜色(如黑、白)有关。其中宗教文献的高频词根均为动词，尤其是ha:u⁵(说)、ha:n¹(答)、ka:ŋ³(讲)三个言说义动词最常与后缀ti⁶ta:n²(或ti²ta:n²)和ti²ta:t²(或ti⁶ta:t⁸)搭配，语义上带有喋喋不休、连续不断的意味。

表4-34　文献与口语状貌词的高频词根

项目		排序				
		1	2	3	4	5
宗教文献(N=1194)	例词	ha:u⁵(说)	tau³(来)	ha:n¹(答)	pai¹(去)	ka:ŋ³(讲)
	百分比	8.9	6.0	5.2	4.9	3.1
民歌文献(N=856)	例词	tai³(哭)	pai¹(去)	ha:u¹(白)	lap⁷(黑)	lo:m⁶(早)
	百分比	5.1	4.7	3.5	2.3	2.1
标准语(N=918)	例词	ha:u¹(白)	pja:i³(走)	pi²(肥)	ka:ŋ³(讲)	ˀdam¹(黑)
	百分比	1.3	1.2	1.1	1.0	0.9
都安壮语(N=576)	例词	pa:i³(走)	pu:t⁹(跑)	ðo⁵(敲)	ði:u¹(笑)	ŋe:ŋ⁵(歪)
	百分比	3.6	2.8	2.5	1.8	1.6

表4-35　文献与口语状貌词的高频后缀

项目		排序				
		1	2	3	4	5
宗教文献（N=1172）	例词	ti^{2}ta:n^{2}/ti^{6}ta:n^{2}	ti^{2}ta:t^{8}/ti^{6}ta:t^{8}	li^{2}lin^{6}/li^{2}lin^{2}/li^{6}lin^{6}/li^{6}lin^{2}	li^{2}la:ŋ^{6}/li^{6}la:ŋ^{6}	pa^{2}la:ŋ^{6}/pa^{4}la:ŋ^{6}/pa^{2}la:ŋ^{4}
	百分比	10.1	8.2	5.4	1.9	2.5
民歌文献（N=711）	例词	li^{4}lin^{2}/li^{6}lin^{2}/li^{2}lin^{2}/li^{6}lin^{4}	lin^{2}lin^{2}/lin^{1}lin^{1}	ɕum^{2}ɕum^{2}	pu^{4}ja:i^{1}	fi^{1}fi^{1}/fi^{5}fi^{5}
	百分比	5.8	4.6	3.4	2.5	2.0
标准语（N=918）	例词	fɯt^{8}fɯt^{8}	fot^{8}fot^{8}	ɣi^{1}ɣi^{1}	θa:t^{8}θa:t^{8}	na:ŋ^{1}na:ŋ^{1}
	百分比	2.4	1.3	1.2	1.1	1.0
都安壮语（N=576）	例词	ȵa:t^{9}ȵa:t^{9}	na:ŋ^{5}na:ŋ^{5}	ŋa:u^{1}ŋa:u^{1}	ɕup^{7}ɕup^{7}	le^{3}le^{3}
	百分比	0.9	0.7	0.5	0.3	0.2

状貌后缀的典型代表，文献是ABC型，口语是ABB型。表4-35的高频后缀在形式上，文献与口语截然不同，其中宗教文献均为ABC型，民歌文献因与口语接近，则介于宗教文献与口语之间。

此外，若将后缀视为一个集合，成员相同率也有差异。宗教文献1172个状貌后缀中相同的后缀有747个，相同率为63.7%；民歌文献771个状貌后缀中相同的后缀有391个，相同率为50.7%；标准语922个状貌后缀中相同的后缀有527个，相同率为57.2%。民歌文献和口语的相同率比较一致，宗教文献偏高。口语与文献的主要区别在ABC型，表现为后缀的声调和组合成分，例如li^{2}lin^{2}/li^{4}lin^{2}/li^{6}lin^{2}/li^{6}lin^{4}区别在声调，pa^{4}la:ŋ^{2}/li^{2}la:ŋ^{6}的区别在声调和组合成分。

就频次构词而言，最常见的是一个词根搭配两个及以上的后缀，彼此为“一对二”“一对多”的关系，例如：

标准语a^{5}（裂开）—a^{5}ŋa:p^{8}ŋa:p^{8}裂缝多而大—a^{5}ŋwa:p^{8}ŋwa:p^{8}裂缝很宽

宗教文献ka:ŋ^{3}（讲）—ka:ŋ^{3}ɕi^{4}ɕiŋ^{6}讲喳喳—ka:ŋ^{3}ɕi^{6}ɕa:k^{8}讲喳喳—ka:ŋ^{3}tɕi^{2}tɕa^{2}讲喳喳—ka:ŋ^{3}ɬi^{6}ɬan^{6}讲叽叽—ka:ŋ^{3}ɕi^{6}ɕan^{2}讲喳喳—ka:ŋ^{3}fi^{2}fa:n^{2}讲喋喋

多个词根搭配一个后缀也比较常见，彼此为“二对一”“多对一”的关系，例如：

标准语ŋwa:p^{8}ŋwa:p^{8}—a^{5}ŋwa:p^{8}ŋwa:p^{8}裂缝很宽—to:t^{7}ŋwa:p^{8}ŋwa:p^{8}剧烈阵痛

民歌文献li^{4}lin^{2}—ɬat^{7}li^{4}lin^{2}蹦跳跳—ɕiau^{2}li^{4}lin^{2}嘈沙沙—tai^{3}li^{4}lin^{2}哭哇哇—ho:ŋ^{2}li^{4}lin^{2}响纷纷—pai^{1}li^{4}lin^{2}去纷纷

一个词根只搭配一个状貌后缀，彼此为“一对一”的关系，这种情况较少，例如：

都安壮语：he:m^{5}tɕit^{7}tɕit^{7}喊喳喳、ðou^{3}ne:ŋ^{5}ne:ŋ^{5}手上提着小的物件随身摆动、ne:u^{2}ne:t^{10}ne:t^{10}上下不停地颤动、lum^{3}le^{3}le^{3}惟妙惟肖

宗教文献：hoŋ^{5}pa^{2}tɕop^{7}空荡荡、ke^{5}ka^{4}lɯt^{8}衰老、ɕo:i^{6}li^{6}la^{6}匆匆修整、mo^{5}ɕi^{2}ɕa^{2}新灿灿

可见，在状貌后缀与词根的搭配上，文献和口语的情况十分一致。

第五节 方块壮字文献状貌词的句法功能

一、文献状貌词的句法功能

两类文献的状貌词，词根为形容词、名词的，其与状貌后缀中间通常不能插入其他成分；词根为动词的，其与状貌后缀中间可以出现动词的宾语、补语。与此同时，状貌词通常不受否定副词、程度副词的修饰与限定。综上，文献与口语的状貌词在组合功能上是一致的，句法功能则有差异，本节着重探讨。

表4-36反映了文献状貌词句法功能的分布趋势，状貌词最主要的句法功能是作谓语，其次是作状语和补语，再次是作定语，个别时候作宾语和主语。

表4-36 文献状貌词的句法功能

项目		句子成分						总计
		主语	谓语	宾语	定语	状语	补语	
宗教文献	频数	—	1085	5	6	47	51	1194
	百分比	—	90.9	0.4	0.5	3.9	4.3	100
民歌文献	频数	3	776	2	3	62	10	856
	百分比	0.4	90.6	0.2	0.4	7.2	1.2	100

（一）主语

动词带状貌后缀作主语的例子仅在民歌文献发现3例，句式均为“XX像XX”，其实际主语可补出，如例①指“石磨”。

①	方块壮字	肱	啉	啉	廪	鄙
	音标	ho:ŋ^{2}	ɣum^{1}	ɣum^{1}	lum^{3}	pja^{3}

	直译	响	隆	隆	像	雷
	意译	隆隆响像雷，				
	方块壮字	雰	犟	夻	否	潤
	音标	fɯn^{1}	tok^{7}	la^{3}	ˀbou^{3}	ˀbai^{5}
	直译	雨	落	下	不	湿
	意译	雨落下面干。				
	方块壮字	起	輽	傪	起	渧
	音标	ji:t^{8}	pan^{5}	te^{1}	ji:t^{8}	tai^{3}
	直译	越	转	它	越	哭
	意译	越转它越哭，				
	方块壮字	雰	絏	唃	纷	纷
	音标	fɯn^{1}	θai^{5}	ko:k^{7}	fon^{1}	fon^{1}
	直译	细	雨	响	沙	沙
	意译	细雨响沙沙。				
		（引自《壮族传统古歌集》第377页）				

（二）谓语

1. 动词带状貌后缀单独作谓语。例①和②表示声音，例③和④表示状态。

①	方块壮字	糗	散	訲	叶	刀
	音标	hau^{4}	ɬa:n^{1}	ka:ŋ^{3}	tɕi^{1}	tɕa:u^{1}
	直译	稻	米	讲(话)	叽	喳
	意译	稻米讲叽喳				
（引自《壮族麽经布洛陀影印译注》第243页）						
②	方块壮字	途	鳰	喧	吖	吖
	音标	tu^{2}	lok^{8}	θu:n^{3}	ja^{1}	ja^{1}
	直译	个	鸟	叫	呀	呀
	意译	鸟儿叫喳喳				
（引自《壮族四大悲歌（译注）》第96页）						
③	方块壮字	甫	様	許	力	鸞
	音标	pu^{4}	ja:ŋ^{1}	hi^{5}	li^{2}	luən^{2}
	直译	布	央	忧心	忡	忡
	意译	央人忧忡忡				
（引自《壮族麽经布洛陀影印译注》第1299页）						
④	方块壮字	你	奉	跰	迵	迵
	音标	ni^{4}	fuŋ^{6}	pja:i^{3}	juŋ^{5}	juŋ^{5}
	直译	这	自由	走	多人结伴(慢行)	
	意译	结伴自在行				
（引自《廖士宽墓门碑》第66页）						

2. 动宾结构、动补结构带状貌后缀作谓语

动词和状貌后缀可以被宾语、补语隔开，宾语通常为名词，例如①和②；补语通常为

趋向补语，例如③和④。动宾结构、动补结构带状貌后缀在例①和③表示声音，在例②表示程度，在④表示状态。

①	方块壮字	入	昅	講	皆	麻	時	入
	音标	ɬap^{8}	lap^{7}	ka:ŋ^{3}	ka:i^{5}	ma^{2}	ɕi^{6}	ɕap^{7}
	直译	入	夜	讲	什	么	喳	喳
	意译	入夜叽喳讲什么						

（引自《壮族麽经布洛陀影印译注》第2645页）

②	方块壮字	姆	爱	孞	倸	倸
	音标	me^{6}	kjai^{2}	lɯk^{8}	sui^{2}	sui^{2}
	直译	母	爱	子	深	长
	意译	娘疼儿心切				

（引自《壮族伦理道德长诗传扬歌译注》第269页）

③	方块壮字	㕛	隆	獁	里	狼
	音标	nu^{1}	loŋ^{2}	ma^{1}	li^{6}	la:ŋ^{6}
	直译	老鼠	下	来	哗	哗
	意译	老鼠哗哗来				

（引自《壮族麽经布洛陀影印译注》第583页）

④	方块壮字	淋	卦	忑	如	油
	音标	lam^{4}	kwa^{5}	la^{3}	ji^{6}	ju^{2}
	直译	水	流过	下面	悠	悠
	意译	海水荡悠悠				

（引自《壮族民歌古籍集成（一）》第1115页）

3. 动词、动宾结构带状貌后缀作复杂谓语的构成成分

例①和②的谓语是兼语结构，例③的谓语是连动结构，以下例句中动词、动宾结构带状貌后缀作复杂谓语的构成部分，在例①和②表示匆忙的状态，例③表示打鼓声。

①	方块壮字	崔	補	斗	立	欄
	音标	tɕhoi^{5}	phu^{3}	tau^{3}	le^{2}	la:n^{2}
	直译	催	人	来	速	速
	意译	催人速速来				

（引自《壮族麽经布洛陀影印译注》第2795页）

②	方块壮字	急	許	唐	東	淶	壬	壬
	音标	tɕap^{7}	ha:i^{3}	ta:ŋ^{2}	tuŋ^{2}	la:i^{2}	jam^{2}	jam^{2}
	直译	催促	让	唐	主	写	快	快
	意译	唐皇快写方留命						

（引自《汉族题材少数民族叙事诗译注（壮族卷）》第44页）

③	方块壮字	伏	首	又	打	古	同	同
	音标	fuk^{7}	θou^{3}	jou^{6}	ta^{3}	ko^{3}	toŋ^{2}	toŋ^{2}
	直译	低	头	又	打	鼓	咚	咚
	意译	低头打鼓咚咚响						

（引自《三界公经文文本研究》第36页）

4. 动词带状貌后缀作谓语后带补语

只在民歌文献发现相关例句。动词带状貌后缀在以下两句中作谓语，后接处所补语。

①	方块壮字	椛	桃	历	历	[illegible]	夅	[illegible]
	音标	va¹	ta:u²	lip⁸	lip⁸	tok⁷	ɣoŋ²	la³
	直译	花	桃	纷	纷	落	下	低处
	意译	桃花纷纷落树下						
								（引自《壮族传统古歌集》第289页）
②	方块壮字	椛	桃	洒	洒	邜	[illegible]	埔
	音标	va¹	ta:u²	sa¹	sa¹	lon⁵	kɯn²	na:m⁶
	直译	花	桃	纷	纷	落	上	地
	意译	地上处处是桃花						
								（引自引自《壮族传统古歌集》第289页）

5. 形容词带状貌后缀单独作谓语

以下四句，形容词带状貌后缀表示一种状态，例①关乎感觉，例②关乎视觉，例③关乎嗅觉，例④关乎听觉。

①	方块壮字	吚	泰	米	巴	棱
	音标	ja⁶	ta:i⁵	mi⁶	pa²	ɬiək⁸
	直译	岳	母	乐	滋	滋
	意译	岳母乐滋滋				
						（引自《壮族麽经布洛陀影印译注》第2408页）
②	方块壮字	娋	里	涯	涯	
	音标	sa:u¹	di¹	ʐai²	ʐai²	
	直译	姑娘	好	美	美	
	意译	（脸色白皙的）姑娘好美				
						（引自《壮族鸡卜经影印译注》第1250页）
③	方块壮字	当	归	拔	地	腰
	音标	ta:ŋ⁶	kwei⁶	pja:ŋ¹	tsi⁵	ja:u⁵
	直译	当	归	香	后缀	
	意译	当归香气喷				
						（引自《壮族创世神话古歌研究》第379页）

④	方块壮字	文	武	官	員	闹	沉	沉
	音标	vɯn²	u³	kva:n⁶	je:n²	na:u⁶	ɕum²	ɕum²
	直译	文	武	官	员	乱	哄	哄
	意译	文武官员乱朝纲						
								（引自《汉族题材少数民族叙事诗译注（壮族卷）》第17页）

6. 动词、形容词带状貌后缀作复杂宾语的构成成分

这种情况通常是宾语由主谓结构充当，动词、形容词带状貌后缀作为主谓结构的谓语部分，如下面四例。

①	方块壮字	叩	弓	双	丁	拜	八	芇
	音标	kau³	te¹	θo:ŋ¹	tin¹	pja:i³	pa⁶	la:n²
	直译	看	见	双	脚	走	蹒	跚
	意译	看见双脚蹒跚走						
(引自《壮族麽经布洛陀影印译注》第2179页)								

②	方块壮字	忻	力	大	達	刘
	音标	han¹	lɯk⁸	ta:i¹	ta⁶	le⁶
	直译	见	女儿	死	惨	惨
	意译	见女儿惨死				
(引自《壮族麽经布洛陀影印译注》第810页)						
③	方块壮字	许	他	涕	四	缩
	音标	hɯ³	te¹	tai³	ɬi¹	ɬuk⁸
	直译	给	他	哭	呀	呀
	意译	给他哭呀呀				
(引自《壮族民歌古籍集成(二)》第681页)						
④	方块壮字	睔	妖	优	渺	渺
	音标	ɣin¹	ta⁶	jou¹	mi:u¹	mi:u¹
	直译	见	她	忧心	忡	忡
	意译	见她忧忡忡				
(引自《壮族四大悲歌(译注)》第36页)						

(三)宾语

动词、动宾结构带状貌后缀作宾语,其句法条件为:谓词多为心理动词。这类例子极有限。

①	方块壮字	同	争	嗌	啹	咹
	音标	to⁶	se:ŋ¹	pan²	kun¹	sa:n²
	直译	互相	争	成	沸腾	后缀
	意译	互争天下乱				
(引自《覃氏族源古歌》第74页)						
②	方块壮字	他	鲁	哈	燩	九
	音标	te¹	lo⁴	hot⁸	fi²	fa:n⁶
	直译	他	会	说	叨	叨
	意译	他会唠叨说				
(引自《壮族麽经布洛陀影印译注》第1065页)						
③	方块壮字	欲	伏	房	列	列
	音标	u⁵	fu²	faŋ²	le⁶	le⁶
	直译	觉得	惶惶		不	安
	意译	觉得惶惶不安				
(引自《壮族麽经布洛陀影印译注》第821页)						
④	方块壮字	散	國	茶	力	利
	音标	ɬa:n¹	kuək⁸	ɕa⁴	li⁶	li⁶
	直译	打算	做	禳解	速	速
	意译	速速做禳解				
(引自《壮族麽经布洛陀影印译注》第754页)						

(四)定语

状貌词常在名词之后作修饰性定语,使描写对象更为生动具体。文献状貌词作定语的例子较少。

①	方块壮字	貧	娋	门	大	魯
	音标	pan²	ɬa:u¹	dɯəi¹	ta²	lu⁶
	直译	长成	姑娘	孤	单	单
	意译	长成孤单女				
(引自《壮族麼经布洛陀影印译注》第480页)						

②	方块壮字	請	仆	登	桃	仆	好	足
	音标	ɕiŋ³	pu⁴	tan³	ta:u⁴	pu⁴	ha:u¹	ɕo:k⁸
	直译	请	那位	穿	道衣	那位(衣)	白	花花
	意译	请穿白道衣的人						
(引自《壮族麼经布洛陀影印译注》第2002页)								

③	方块壮字	想	藤	同	好	看
	音标	si:ŋ³	taŋ²	toŋ²	ha:u¹	ha:n⁵
	直译	想	到	同年	白	皙皙
	意译	想到靓丽妹				
(引自《〈粤风·壮歌〉译注》第54页)						

④	方块壮字	𧖭	叹	圿	紘	班
	音标	lɯ:t⁸	pan²	ka:i⁵	hoŋ²	pja:n¹
	直译	血	成	块	红	彤彤
	意译	血流结红块				
(引自《壮族四大悲歌(译注)》第302页)						

(五)状语

1.动词、动宾结构带状貌后缀作状语

动词、动宾结构带状貌后缀作状语,表示行为动作的状态。

①	方块壮字	能	个	昂	内	禄
	音标	naŋ⁶	ka²	ŋa:ŋ²	dɯ¹	luk⁸
	直译	坐	悠	闲	内	房
	意译	房中坐悠悠				
(引自《壮族鸡卜经影印译注》第215页)						

②	方块壮字	涕	牙	牙	良	楞
	音标	tai³	ŋe³	ŋe³	liaŋ²	laŋ¹
	直译	哭	呀	呀	跟	后
	意译	尾随哭呀呀				
(引自《壮族民歌古籍集成(二)》第864页)						

③	方块壮字	照	哽	第	三	談	詚	啵
	音标	ɕi:u⁵	kam²	ta:i⁶	θa:m¹	tam⁶	ta:n⁶	po⁵

	直译	照	口	第	三	猛	然	喷
	意译	猛然一喷第三口						

（引自《壮族创世神话古歌研究》第206页）

④	方块壮字	罡	轎	楂	楂	卦	王	堂
	音标	ɣa:m^{1}	ki:u^{6}	ɣa:t^{8}	ɣa:t^{8}	kwa^{5}	wu:ŋ^{1}	ta:ŋ^{2}
	直译	抬	轿	颤悠	颤悠	过	王	堂
	意译	抬轿颤悠过王堂						

（引自《三界公经文文本研究》第71页）

2.形容词带状貌后缀作状语

形容词带状貌后缀作状语，表示行为动作的状态。

①	方块壮字	鵞	儀	鄂	仗	櫳
	音标	ta:i^{1}	ŋi^{6}	ŋɯək^{8}	tɕa:ŋ^{1}	doŋ^{1}
	直译	死	直	直	中	山林
	意译	死得僵硬在山中				

（引自《壮族麽经布洛陀遗本影印译注》（下卷）第277页）

②	方块壮字	仅	爺	仅	湯	竺	于	羓
	音标	rau^{2}	hi^{2}	rau^{2}	ra:t^{8}	tok^{7}	rap^{8}	ra:n^{2}
	直译	滑	里	滑	溜	落	侧	屋
	意译	滑里滑溜落屋侧						

（引自《壮族创世神话古歌研究》第337页）

（六）补语

动词、形容词带状貌后缀作补语，补语可表示性状、程度，例如①和②，也可表示结果，例如③和④，述语与补语之间可用“得”连接，例如①至③。

①	方块壮字	岜	皿	好	逹	倍
	音标	θɯəi^{5}	kuək^{8}	ha:u^{1}	ta:k^{7}	po:i^{1}
	直译	洗	做（得）	白	净	净
	意译	洗得白净净				

（引自《壮族麽经布洛陀影印译注》第1535页）

②	方块壮字	還	到	皮	个	賴
	音标	wa:ŋ^{1}	ta:u^{5}	pi^{2}	ka^{5}	la:i^{4}
	直译	横	得	肥	真	的
	意译	养得禽畜个个肥				

（引自《壮族麽经布洛陀遗本影印译注》（上卷）第140页）

③	方块壮字	造	乩	吨	乃	乃
	音标	ɕa:u^{4}	dai^{3}	kɯn^{1}	lip^{8}	lip^{8}
	直译	造	得	吃	滋	滋
	意译	日子不断线				

（引自《壮族伦理道德长诗传扬歌译注》第160页）

④	方块壮字	㤝	𢙀	惺	笑	刷
	音标	lum^2	an^1	çiŋ^2	θe:u^5	θa:t^7
	直译	忘	恩	情	干	净
	意译	恩情全忘记				
（引自《壮族四大悲歌（译注）》第534页）						

二、文献与口语状貌词句法功能的共性和差异

本次考察主要基于已掌握的文献语料，难免挂一漏万。据表4-37，四种状貌词的句法功能文献与口语非常一致，即主要充当谓语，也充当补语、状语和定语，个别时候充当主语和宾语。然而，也有细微差异：动宾结构带状貌后缀作宾语的用法，文献有少量例子而口语尚未发现；动词带状貌后缀作补语的用法，民歌文献与口语有少量例子，宗教文献尚未发现。

表4-37　文献与口语四种状貌词的句法功能

组合	项目		句法功能					
			主语	谓语	宾语	定语	状语	补语
动词带状貌后缀	文献	宗教		+	+		+	
		民歌	+	+	+		+	+
	口语			+	+		+	+
动宾结构带状貌后缀	文献	宗教		+	+			
		民歌		+				
	口语			+				
动补结构带状貌后缀	文献	宗教		+				
		民歌		+				
	口语			+				
形容词带状貌后缀	文献	宗教		+		+	+	+
		民歌		+		+	+	+
	口语		+	+		+	+	+

注：有该特征的用“+”表示，空白处表示未掌握相关语料。

此外，除了文献与标准语，一些壮语方言也有形容词带状貌后缀充当主语、宾语的用法。充当主语的句法条件为谓词往往限于“好”“坏”等几个评价性形容词，充当宾语的句法条件要么谓词为心理动词，要么谓词为存在动词mi^5（有）且后接程度副词^{ʔ}i^3（有

点），如下例。

大新壮语[1]：	①	jam^{1}lam^{1}jək^{7}lək^7	jai^6	tha:i^1.			（作主语）
		偷偷摸摸	坏	死			
		偷偷摸摸坏透了。					
	②	min^5	mi^5	ˀa:i^5	tam^{5}pə:t^{8}lə:t^{8}pɔ:p^{8}lɔ:p^8.		（作宾语）
		他	不	爱	矮小		
		他不爱矮小。					
	③	ti^6	ni^1	mi^5	ˀi^3	mat^{7}tsat^{7}mat^{7}tsat^7.	（作宾语）
		地	这	有	点	闭塞	
		这地方有点闭塞。					
忻城壮语[2]：	①	nam^{1}ka^{5}pɯ^{2}ni^6	ˀi^5	ˀdi^1	la^6.		（作主语）
		黑	不	好	（啦）		
		黑漆漆的不好的。					
	②	te^1	ɕai^4	la:u^1	pi^{2}put^{8}put^8.		（作宾语）
		他	最	怕	肥		
		他最怕肥噜噜的。					

第六节 方块壮字文献状貌词的语言风格

壮族是善歌的民族，留存的方块壮字文献大多是壮歌，根据题材划分为宗教文献和民歌文献两大类。本节主要考察文献叙事内容与使用状貌词的关系。

一、文献的选择与叙事内容的分类

首先选择具有代表性的文献，再从叙事内容入手进行分类。

（一）《壮族麽经布洛陀影印译注》是非常典型的壮族麽教文献，共8卷计29个抄本，内容广博，被誉为古代壮族社会的"百科全书"（潘其旭2003）。梁庭望（2009：236）将壮族麽教法事经书分为：祭祀祈福类、驱邪消灾类、超度亡魂类。黄南津等（2021：195-198）按照抄本的核心内容分为六类：造天地万物类、杀牛祭祖类、解兄弟冤类、丧葬仪式类、赎魂类、禳解冤怪和殃怪类。综合考虑核心内容、诵念仪式以及可比性的因素，我们在此基础上分为两大类：

① 黄美新：《大新壮语形容词研究》，中国社会科学出版社，2013年，第126、129、221页。

② 韦玉珧：《拉光壮语形容词、动词后附音节研究》，硕士学位论文，中央民族大学，2016年，第38页。

1. 禳解祈福类，主要包括禳解冤怪、祈祷安宁等内容，即抄本编号5-9、11-13，共8个抄本。

2. 丧葬仪式类，主要包括为人、牛、谷物赎魂以及为亡者超度等内容，即抄本编号14-17、26-29，共8个抄本。

（二）民歌文献，按照核心内容，分为三类：

1. 民情世俗类，主要反映恋情婚嫁、地方风俗等内容，包括《壮族民歌古籍集成·情歌（一）》《壮族民歌古籍集成·情歌（二）》《〈粤风·壮歌〉译注》。

2. 道德伦理类，主要传扬与歌颂伦理道德、为人处世观念的内容，包括《壮族伦理道德长诗传扬歌译注》《生生不息的传承：孝与壮族行孝歌之研究》。

3. 民间故事类，主要内容是历史人物、神话故事的唱述，包括《汉族题材少数民族民族叙事诗译注（壮族卷）》《远古的追忆：壮族创世神话古歌研究》。

两类文献语料约11147000字①，其中宗教文献5270000字，民歌文献5877000字，主要流传于右江流域、红水河流域，个别流传于云南文山壮族地区。

二、文献与口语状貌词语言风格的共性和差异

（一）文献状貌词的语言风格

表4-38 不同题材文献状貌后缀的分布

题材	字数	个数	频次（每千字）
宗教文献	5270000	501	9.5%
民歌文献	5877000	638	10.9%

由表4-38可知，在总字数接近的条件下，民歌文献状貌词的个数与频次略多于宗教文献，两者差异并不显著。

表4-39 同一题材不同叙事内容状貌词的分布

题材	叙事内容	字数	个数	频次（每千字）
宗教文献	禳解祈福	2635000	315	12.0%
	丧葬仪式	2635000	186	7.1%
民歌文献	民情世俗	2650000	412	15.5%

① 由书籍版权页“字数”一栏相加得到。

续表

题材	叙事内容	字数	个数	频次(每千字)
民歌文献	道德伦理	1462000	72	4.9%
	民间故事	1765000	154	8.7%

表4–39表明，状貌词在同一题材不同叙事内容的分布呈现明显的级差。宗教文献的内容，状貌词在禳解祈福的频次比丧葬仪式高。民歌文献的内容，状貌词在民情世俗的频次最高，其次是民间故事类，道德伦理类最低。

状貌词主要用于拟声拟态，借此传达不同的情感色彩。语境决定了叙事的内容与风格。禳解祈福的内容，抄本《漢皇一科》与《歴漢祖皇一科》是状貌词最集中出现的两个抄本，讲述了祖王和汉王兄弟结怨相争，布麽喃诵以化解兄弟冤仇的故事。其中汉王、祖王、媒婆、寡妇、嫂嫂、鹞鹰、乌鸦等角色的种种动作神情，因为状貌词的缘故，极富画面感，试看“言说”的不同状态。

壮字	皇	造	耗	祗	坛	皇	造	限	的	達
音标	vuəŋ^{2}	ɕa:u^{4}	**ha:u^{5}**	**ti^{2}**	**ta:n^{2}**	vuəŋ^{2}	ɕa:u^{4}	**ha:n^{1}**	**ti^{2}**	**ta:t^{8}**
直译	王	就	说	喋	喋	王	就	应	滔	滔
意译	王就喋喋说					王就滔滔答				
（引自《壮族麽经布洛陀影印译注》第2500页）										

壮字	祖	王	黎	已	絞	祖	王	吗	吉	糾
音标	ɕo^{3}	vuəŋ^{2}	**lai^{2}**	**ki^{6}**	**ke:u^{3}**	ɕo^{3}	vuəŋ^{2}	**he:u^{6}**	**ki^{6}**	**ke:u^{4}**
直译	祖	王	喊	叽	叽	祖	王	叫	喳	喳
意译	祖王叽叽喊					祖王喳喳叫				
（引自《壮族麽经布洛陀影印译注》第2544页）										

再如“笑”、“行走”的不同状态。

壮字	漢	王	笑	巴	時	皮	王	米	巴	素
音标	ha:n^{5}	vuəŋ^{2}	**li:u^{1}**	**pa^{2}**	**ɬi^{4}**	pi^{4}	vuəŋ^{2}	**mi^{4}**	**pa^{2}**	**ɬiək^{8}**
直译	汉	王	笑	嘻	嘻	兄	王	乐	滋	滋
意译	汉王笑嘻嘻					王兄乐滋滋				
（引自《壮族麽经布洛陀影印译注》第2485页）										

壮字	卦	峝	斗	里	羅	卦	那	斗	里	浪
音标	kva^{5}	toŋ^{6}	**tau^{3}**	**li^{2}**	**la^{2}**	kva^{5}	na^{2}	**tau^{3}**	**li^{2}**	**la:ŋ^{6}**
直译	过	田峒	来	匆	匆	过	水田	来	速	速
意译	匆匆过田峒					速速过水田				
（引自《壮族麽经布洛陀影印译注》第2515页）										

相较禳解祈福，丧葬仪式沉郁肃穆，状貌词的使用率比前者低4.9%。抄本《麽送魈》为超度正常死亡者，叙述了丧礼一系列准备活动，下例是为家中亡故的老人清洗尸身，准备入殓。

壮字	八	介	百	名	恒	之	茶	淋	汶	叭
音标	pa^{2}	ka:i^{5}	pa:k^{7}	mɯŋ^{2}	ham^{2}	ɕi^{6}	ɕa:t^{7}	ram^{4}	mɯn^{5}	pa:k^{7}
直译	媳妇	那	嘴巴	你(的)	苦	就	倒	水	漱	口
意译	媳妇嘴巴苦					就倒水漱口				
壮字	之	川	淋	些	汶	些	皿	笑	達	色
音标	ɕi^{6}	ɕuen^{3}	ram^{4}	θɯəi^{5}	fɯŋ^{2}	θɯəi^{5}	kuək^{8}	**θe:u**^{5}	**ta:k**^{7}	**pau**^{2}
直译	就	舀	水	洗	手	洗	做(得)	洁	白	白
意译	就舀水洗手					洗得洁白白				
壮字	些	皿	好	達	倍					
音标	θɯəi^{5}	kuək^{8}	**ha:u**^{1}	**ta:k**^{7}	**po:i**^{1}					
直译	洗	做(得)	白	净	净					
意译	洗得白净净									
(引自《壮族麽经布洛陀影印译注》第1535页)										

民歌文献不同的叙事内容,反映出“雅”与“俗”的风格区别。反映道德伦理、哲学观念的作品,语言风格比较雅正,考察的两部作品主要围绕儿女孝道、勤俭持家等内容展开,较少使用状貌词。反映民情世俗的作品,生活气息浓厚,语言风格比较俚俗,考察的三部作品主要表达男女相恋、地方风俗文化等内容,言辞真挚热烈。例如,抄本《贼歌》(又名《唱离乱》)是一部以男女对唱反映明代桂西战乱的长歌,当男主人公告别情人赶赴战场的时候,以下几个状貌词描绘了战事的紧急。

壮字	奇	马	卦	乙	由	良	马	必	里	伦
音标	kwi^{6}	ma^{4}	**kwa**^{5}	**ji**^{4}	**jau**^{2}	liaŋ^{1}	ma^{4}	**pat**^{7}	**li**^{4}	**lɯn**^{2}
直译	骑	马	过	悠	悠	尾	马	摆	频	频
意译	骑马去悠悠					马尾频频摆				
(引自《壮族民歌古籍集成(一)》第350、351页)										
壮字	贝	三	日	狄	达	贝	七	日	狄	铁
音标	**pai**^{1}	ɬa:m^{1}	ŋon^{2}	**ti**^{4}	**ta:t**^{8}	**pai**^{1}	ɕat^{7}	ŋon^{2}	**ti**^{4}	**te:t**^{8}
直译	走	三	天	的	达	走	七	天	的	达
意译	的达走三天					的达走七天				
(引自《壮族民歌古籍集成(一)》第365页)										

又如,刊于清乾隆年间的《粤风》,其中《僮歌》用几个状貌词描绘了花鸟谐欢的场景。

壮字	淋	了	细	丝	丝	淋	了	离	乙	乙
音标	do:m^{5}	li:u^{4}	**sai**^{5}	**sei**^{1}	**sei**^{1}	do:m^{5}	li:u^{4}	**lei**^{1}	**ȵa**^{1}	**ȵa**^{1}
直译	看	了	细	丝	丝	看	了	流动	密匝匝	密匝匝
意译	凝视花娇艳					扫视花流彩				
(引自《〈粤风·壮歌〉译注》第102页)										
壮字	云	挂	上	违	远	燕	挂	下	游	游
音标	fɯ^{3}	**kva**^{5}	kɯn^{2}	**vi**^{4}	**vi:n**^{4}	en^{5}	**kva**^{5}	la^{3}	**jou**^{2}	**jou**^{2}
直译	云	过	上	飘	飘	燕	过	下	悠	游

意译	云在上飘飘	燕在下悠游
（引自《〈粤风·壮歌〉译注》第106页）		

再如《建房歌》，几个状貌词反映了村寨中大伙儿哼哧哼哧、齐心协力地修建新房的场景。

壮字	榄	木	肝	如	油	榄	收	肝	宜	宁
音标	la:m¹	fai⁴	**taŋ²**	**ji⁴**	**jau²**	la:m¹	ɬau⁴	**taŋ²**	**ni⁴**	**ne:ŋ⁶**
直译	抬	木	来	陆	续	抬	柱	来	热	闹
意译	抬木陆续回					抬柱更热闹				
（引自《壮族民歌古籍集成（一）》第508页）										
壮字	修	三	天	狄	提	修	七	日	狄	铁
音标	**ɬiu⁵**	ɬa:m¹	ŋon²	**tik⁷**	**tak⁷**	**ɬiu⁵**	çat⁷	ŋon²	**tik⁷**	**te:k⁷**
直译	修	三	天	叮	当	修	七	天	当	叮
意译	叮当凿三天					当叮凿七天				
（引自《壮族民歌古籍集成（一）》第514页）										

表4-40中，从叙事内容来看，反映民情世俗的文献与自然口语最接近，状貌词的数量及结构类型最多。

表4-40 同一题材不同叙事内容状貌词的类型分布

题材	内容	结构							总计
		AB	ABB	ABC	AABB	ABAC	ABCBC	ABCBD	
宗教文献	禳解祈福	4	7	299		3		2	315
	丧葬仪式	6	5	171		1		3	186
民歌文献	民情世俗	21	28	287	6	52	9	9	412
	道德伦理	12	36	24					72
	民间故事	19	79	48		8			154

从结构类型来看，除AABB、ABCBC型外，其余类型两类文献均有分布。ABC型分布最广、数量最多，尤以宗教文献显著；ABB、AB型次之，尤以民歌文献显著；ABAC、ABCBD型又次之，多出现于民歌文献；AABB、ABCBC型只出现于反映民情世俗的内容且数量很少。

除AB、ABB、ABC型，ABAC型集中出现于民情世俗的文献，与嘹歌的体例和修辞手法有关，嘹歌运用大量的排比、对仗、重叠，许多句式重叠出现，只有个别字差异，便于记忆和传唱。①如下面两例，第一例前后句的区别是“jai³”“jiŋ²”，第二例前后句的区别是主语不同。

① 张声震：《壮族民歌古籍集成·情歌（一）嘹歌》，广西民族出版社，1993年，“前言”，第18页。

壮字	称	来	亦	来	远	称	来	亦	来	仁
音标	çaŋ^{1}	**lai**^{2}	**jak**^{7}	**lai**^{2}	**jai**^{3}	çaŋ^{1}	**lai**^{2}	**jak**^{7}	**lai**^{2}	**jiŋ**^{2}
直译	秤	斑	花	斑	花	称	来	亦	来	仁
意译	秤点花又花					秤星麻又麻				
（引自《壮族民歌古籍集成(一)》第164页）										
壮字	人	流	勿	流	弗	贼	流	勿	流	弗
音标	wun^{1}	**liau**^{2}	**fot**^{8}	**liau**^{2}	**fɯ**^{4}	çak^{8}	**liau**^{2}	**fot**^{8}	**liau**^{2}	**fɯ**^{4}
直译	人	流	勿	流	弗	贼	流	勿	流	弗
意译	人传这传那					贼讯传得急				
（引自《壮族民歌古籍集成(一)》第274页）										

（二）文献与口语状貌词语言风格的比较

第一章第四节考察了口语中状貌词与语体的关系，状貌词最常出现于谈话语体和艺术语体，较少出现于科学语体和政论语体。本节考察的是文献叙事内容与使用状貌词的关系，尽管分类标准不同，然而两者共性不难发现：状貌词的使用受制于语境。正式场合讲求庄重、典雅、严谨，因而像科普读物、政府工作报告、技术规范以及宣扬道德伦理的内容通常较少使用或不用状貌词。状貌词通常用于非正式的场合，如日常谈话、唱歌与诗歌、散文、小说等文学作品，这类场合比较轻松随意，尤其是描绘性的话语，状貌词能够加深表达的生动性。试比较以下四句，若去掉状貌后缀，只用单音节形容词，句子意思不变，生动韵味却大打折扣。

（1）a. tak^{8}nu:ŋ^{4}kɯn^{1}im^{5}lo^{1}. 弟弟吃饱了。

（1）b. tak^{8}nu:ŋ^{4}kɯn^{1}tɯk^{7}an^{1}tuŋ^{4}**va:ŋ**^{3}**ve:t**^{8}**ve:t**^{8}. 弟弟吃得肚子鼓鼓的。

（2）a. ɣum^{2}çin^{1ʔ}bau^{1}, ɣok^{8}heu^{6}, taŋ^{1}ŋoŋ^{2}ɣo:ŋ^{6}. 春风轻，鸟儿叫，阳光亮。

（2）b. ɣum^{2}çin^{1ʔ}**bau**^{1ʔ}**be:ŋ**^{1ʔ}**be:ŋ**^{1}, ɣok^{8}**heu**^{6}**kwi**^{5}**kwe:t**^{7}, taŋ^{1}ŋoŋ^{2}**ɣo:ŋ**^{6}**θa:k**^{8}**θa:k**^{8}. 春风轻拂，鸟儿欢笑，阳光灿烂。

文献与口语状貌词的明显差异应属ABB型与ABC型运用。口语ABB型状貌词为显著形式，也有个别ABC型，文献则是ABC型为显著形式。较之宗教文献，民歌文献与自然口语的距离更接近，所以口语中最常见的ABB型也见于此。

第七节　本章小结

宗教文献和民歌文献是两类重要的方块壮字文献，本章分析了两类文献状貌后缀的结构类型、语音规律、语义特征、构词情况、句法功能、语言风格，并与口语作了对比，得出以下结论。

一、结构类型方面，文献状貌后缀有AB、ABB、ABC、ABAB、ABAC、ABCBC、ABCBD、ABCDE共8个类型，两类文献共有AB、ABB、ABC、ABAC、ABCBD这5类。差异在于，宗教文献未见ABAB、ABCBC型，民歌文献未见ABCDE型。上述类型在口语中均有分布，可见文献和口语高度一致。ABC型是文献最常见的类型，而ABB型是口语最常见的类型，这是文献与口语最显著的差异。

音节类型方面，文献和口语的分布趋势比较一致，以双音节后缀居多，都只有一到两类的单音节、四音节后缀。构词率方面，文献ABC型最高，口语ABB型最高。

具体形式方面，一些状貌词共现于口语与文献。此外，文献状貌后缀所用的方块壮字以音借字为主。

二、语音规律分为状貌后缀的语音系统及其与词根的语音组配两个方面。

状貌后缀的语音系统整体而言，声母以舌尖音、擦音居多，韵母以“前元音＋开尾韵”的组合居多，声调以双数调、舒声调居多。相较而言，文献与口语的明显差异是，口语韵母以“前元音＋塞音尾”居多，声调以单数调、促声调为主。

状貌后缀与词根的语音组配规律，与其自身的语音格局相关。状貌后缀与词根的双声现象较多，叠韵现象罕见。文献与口语的差异表现为：第一，边音对于文献，尤其是宗教文献状貌后缀的声母组配起着重要作用，口语的边音非常有限。第二，后缀与词根的韵尾组配时，文献以鼻音尾的组配数量最多，开尾韵和塞音尾次之，元音尾最少。口语以塞音尾的组配数量最多，鼻音尾次之，开尾韵和元音尾最少。第三，后缀与词根的声调组配时，文献双数调的组配数量高于单数调，口语恰好相反。

三、语义系统分为语义类别与语义特征两个方面。首先，文献状貌后缀分为拟声类、摹状类、拟声兼摹状类，以摹状类居多，拟声类次之，拟声兼摹状类最少。其次，状貌后缀有表达形象性、量级差异、情感褒贬的特征。以上两点是文献与口语的共性。主要的差异是，文献有一类表“密集”“速度”的后缀，它们通常成对出现，比如“$ti^2ta:n^2$”“$ti^2ta:t^2$”，口语尚未发现该现象。

四、构词方面，形容词、动词、名词都能附加状貌后缀构成状貌词，状貌词的高频词根主要与言语行为、面部表情、动作趋向、颜色有关，最常见的构词组合是一个词根搭配两个及以上的状貌后缀,这是文献和口语的共性。主要差异有三点:第一,频次前五位的状貌后缀,文献尤其是宗教文献为ABC型,口语则是ABB型。第二,口语个别的存现动词、判断动词也能附加状貌后缀构词,文献尚未发现此类用法。第三,状貌词词根的词性,口语以形容词居多,文献则是动词。

五、句法功能方面,状貌后缀构成的状貌词能够充当主语、谓语、宾语、定语、状语、补语。文献和口语的共性的句法功能高度一致,即状貌词最主要的句法功能是充当谓语,也充当补语、状语和定语,个别情况充当主语和宾语。不过,动宾结构带状貌后缀作宾语的用法,文献有少量例子而口语尚未发现;动词带状貌后缀作补语的用法,民歌文献与口语有少量例子,宗教文献尚未发现。

六、语言风格方面,状貌词的生动性较强,其使用情况与语境的正式程度成反比,语境越正式,越少使用,反之则越常使用,这是文献与口语的共性。文献与口语的显著差异应属ABB型与ABC型状貌词的运用,口语以ABB型为主,文献以ABC型为主,民歌文献与自然口语更接近,因而ABB型也活跃于民歌文献。

综上,状貌后缀文献与口语的共性大于个性,个性主要反映在语音规律方面,因为彼此的显著类型不一,文献是ABC型,口语是ABB型,文献ABC型的频繁使用很大程度出于语音修辞的需要。基于题材的客观差异,本章将宗教文献、民歌文献、口语分开考察,结果表明宗教文献与口语的差异比较明显,民歌文献介于两者之间。

第五章　侗台语状貌后缀的类型、演变与发展

前面几章依次对壮语标准语、壮语方言、方块壮字文献状貌后缀的特征与功能展开了描写与比较。本章从宏观视角考察状貌后缀，对象由壮语拓展至侗台语族语言（下文简称侗台语），运用比较的方法，通过状貌后缀的共时差异推测其历时演变，并以此为基础，探讨状貌后缀的产生途径与发展趋势。

第一节　侗台语状貌后缀的类型与分布

状貌后缀发达是侗台语的一个显著共性，学界从比较的视角论述了侗台语状貌后缀的表现形式与功能，指出侗台语动词、形容词、名词的后面可以附加状貌后缀，起到模拟事物声音或状态，加深表达程度的作用（马学良 2003；冯英 2005、2008；倪大白 2010；黄彩庆 2011）。这些成果对我们研究的开展颇具参考价值，但绝大多数成果立足于共时视角下的共性归纳，以例举法最常见，然而，侗台语不同语言状貌后缀的表现各异，仍有继续探索的空间。

本节主要梳理侗台语状貌后缀的类型与分布。无论是利用文献考证还是利用现代语言进行历史比较，语料的详实都是小心求证的前提，是使结论接近实际的保证，本节考察的语言及方言样本共50种，含侗台语台语支、侗水语支、黎语支、仡央语支。根据状貌后缀的发达程度分为三个类型：不发达型、准发达型、发达型。所引语料的标音依照原文，排列次序依据以上语支。

一、不发达型状貌后缀

不发达型指状貌后缀的数量与结构类型极其稀少，近乎没有。

(一)台语支

1.石家语①

石家语形容词有AA型重叠,表强调和程度加深通过变调重叠,即第一个音节变成高调,第二个音节保持不变,为A'A型,比如:ñam^{7}ñam^{4}迅速的、trim^{7}trim^{4}慢慢的、laay^{7} laay^{2}众多的。也可以把第二个音节拖长变成高调表示意义的强调,为AA'型,比如:heew^{2}heew^{7}绿绿的、dii^{6}dii^{7}好好的、mɔn^{6}mɔn^{7}圆圆的。

还可以使用副词laay^{2}"非常、很"、phoot^{5}"非常、很"、tha^{6}raay^{3}"非常、很、确实"、phoot^{5} tha^{6} raay^{3}"确实、非常",比如:viat^{2}laay^{2}非常涩,很涩、viat^{2}tha^{6} raay^{3}确实涩、viat^{2}phoot^{5}很涩、viat^{2}phoot^{5}tha^{6}raay^{3}过分涩,非常涩。

2.布泰语②

布泰语表示表强调和程度加深时,有两种办法:一是形容词可以AA型重叠,可采用变调A'A型,即第一个音节的声调特别高,为第6调,元音拖得比正常情况要长,第二个音节不变,比如:haw^{6}haw^{3}苦苦的,非常苦、k^{w}aaŋ^{6}k^{w}aaŋ^{5}宽宽的,非常宽阔的、kay^{6}kay^{1}远远的,非常远、suuŋ^{6}suuŋ^{1}高高的,非常高。形容词还可以重叠后修饰动词,比如:naaŋ^{3}saa^{2}saa^{2}慢慢地走、tak^{5}khɔy^{3}khɔy^{3}轻轻地舀。

二是使用副词laay^{1}"(多)非常、十分"、^{ʔ}ii^{1}lii^{1}"很,确实"、ka^{ʔ3}la^{ʔ3}"确实"、phoot^{3}"确实,过于"、cəp^{5}cəə^{1}"真正,确实"、tiŋ^{5}liŋ^{5}"非常"、phəəŋ^{1}"确实",比如:dam^{1}laay^{1}十分黑、caaŋ^{1}ka^{ʔ3}la^{ʔ3}确实淡,真淡、vaan^{1}ka^{ʔ3}la^{ʔ3}确实甜,真甜、vaw^{3}cəp^{5}cəə^{1}说实在的、ləəŋ^{1ʔ}ii^{1}lii^{1}非常黄、hɔɔn^{2}phoot^{3}太热,真热、nam^{2}say^{1}tiŋ^{5}liŋ^{5}水非常清,水清悠悠、laay^{1}phəəŋ^{1}确实多。

3.黑傣语③

泰国黑傣语与前两者情况类似。副词tɛ^{53}和va^{33}都表示"确实、真正",修饰形容词如di^{33}tɛ^{53}真好、kwaŋ^{41}tɛ^{53}tɛ^{53}很宽,两者搭配使用起强调作用如suŋ^{45}tɛ^{53}suŋ^{45}va^{33}非常高、hɔm^{45}tɛ^{53}hɔm^{45}va^{33}香喷喷,此外,还有vǎi^{41}"快"如kin^{33}vǎi^{41}vǎi^{41}快快地吃。

4.泰语④

中部泰语重叠式很多,主要有AA、AABB、ABAC、AAB、Asɛɛn^{24}A、ABB型,强势类型是AA型,形容词AA型重叠表程度加深,比如:bau^{33}bau^{33}轻轻、dam^{33}dam^{33}黑黑、dii^{33}dii^{33}好好。为了表示强调,还可以采用变调A'A型,即第一个音节变成高调第4调,

① 威莱弯·哈尼莎塔嫡塔,杨光远:《石家语(上)》,《南开语言学刊》2003年第1期。

② 威莱弯·哈尼沙塔婻,杨光远:《布泰语言(上)》,《民族语文研究情报资料集》1989年第12集。

③ 何冬梅:《泰国黑傣语概况》,《民族语文》2018年第4期。

④ 何冬梅:《泰语构词研究》,云南人民出版社,2015年,第89-91页;许瑞娟,王艺瑾:《泰语形容词生动形式》,《红河学院学报》2016年第6期。

第二个音节保持不变，比如：bau^{453}bau^{33}非常轻、dam^{453}dam^{33}非常黑、dii^{453}dii^{33}非常好。形容词加修饰性的词构成ABB型，比如：ram^{33}chɯɯp^{22}chɯɯp^{22}翩翩起舞、san^{22}ŋak^{453}ŋak^{453}颤巍巍、kin^{33}chaa^{453}chaa^{453}慢慢吃。

状貌后缀的数量极少（陈丹2015；陆金诺2016；许瑞娟，王艺瑾2016），比如：kʰɛŋ^{215} tʰɯ^{51}硬邦邦、jai^{21}bə^{21}rə^{51}特大的、kʰaːu^{215}bo^{33}ri^{45}sut^{21}洁白。

5.湾碧傣语（傣语红金方言）①

湾碧傣语动词的状貌后缀不发达，通常用状语的形式表达生动貌，比如：tɕĩ$^{1'}$（吃）—mɒ^{4}li^{5}mɒ^{5}li^{5}tɕĩ$^{1'}$不停地吃、saŋ^{5}（发抖）—ʔau^{2}saŋ^{5}不停地发抖。

形容词表示生动貌，可以通过AA型重叠，比如：laŋ$^{1'}$laŋ$^{1'}$很黑、hi^{2}hi^{2}很长、seu^{1}seu^{1}很绿；也可以使用程度副词ʔau^{2}“很”或者ʔau^{2}ɕi^{5}“老是”，比如：ʔau^{2}ləɯ^{1}很黄、ʔau^{2}pi^{2}很胖、ʔau^{2}ɕi^{5}via$^{1'}$香喷喷、ʔau^{2}ɕi^{5}laŋ$^{1'}$老是黑。状貌后缀极不发达，处于萎缩状态，比如：phə^{4} tɕĩ^{3}tɕĩ^{3}白生生、tʂeŋ^{4}muaʔ^{9}muaʔ^{9}湿透$_{\text{程度最高}}$、la^{6}sai^{5}tɯ^{6}tɯ^{6}黑乎乎$_{\text{形容天,人,蜂窝煤}}$。

（二）仡央语支

1.仡佬语

（1）弯桃仡佬语（多罗方言）②，其动词一般不能重叠，也没有状貌后缀。形容词不能重叠，可用汉借词lau^{55}sɿ^{31}“老是、很”表示程度深化，比如：lau^{55}sɿ^{31}ju^{31}高高的。

表示生动的途径是，少数形容词能带前加音节，前加音节可重叠。

BA　tse^{35}luŋ^{55}黑、pja^{31}de^{35}红、ti^{55}ȵi^{55}黄、la^{55}ŋəu^{55}绿；

BBA　pja^{31}pja^{31}de^{35}红。

也可用前加音节ka^{31}，如ka^{31}khu^{35}干净干净的、ka^{31}gi^{55}好好的。

（2）月亮湾仡佬语（多罗方言）③，其形容词和动词没有状貌后缀。一些带前缀的动词重叠为BA、BAA、BABA型表示动作的状态，比如：qa^{0}su^{55}笑、qa^{0}su^{55}su^{55}笑哈哈、qa^{0}su^{55}qa^{0}su^{55}微微笑。

多数形容词也使用重叠式表示程度、状态的变化，起生动式的作用。有完全重叠的AA型，比如：ʐʅ^{55}ʐʅ^{55}长长的、ʑiu^{55}ʑiu^{55}高高的、suai^{31}tɕi^{31}suai^{31}tɕi^{31}弯弯曲曲。有变调重叠的A’A型，即第一个音节改变声调，第二个音节保持不变，比如：plɚ^{31}plɚ^{33}酸溜溜、qhi^{55}qhi^{31}香喷喷。部分双音节形容词只重叠第一个音节，第二个音节跟在后面，构成AAB型，比如：ɕi^{55}ɕi^{55}ŋu^{33}绿油油、plaŋ^{55}plaŋ^{55}dai^{31}红彤彤、tʂai^{31}tʂai^{31}lu^{35}黑麻麻。

---

① 周焱：《湾碧傣语研究》，博士学位论文，中央民族大学，2015年，第188-203页。

② 李锦芳，阳柳艳：《隆林弯桃仡佬语描写研究》，《百色学院学报》2015年第5期。

③ 李锦芳等：《西南地区濒危语言调查研究》，中央民族大学出版社，2006年，第215-218页。

动词、形容词受副词修饰如dʑʅ^{55}dʑʅ^{55}pi^{35}慢慢走、jau^{35}kə^{33}jau^{35}bi^{33}又快又好。

(3)越南红仡佬语[①]没有状貌后缀，生动形式可以用形容词AA型重叠，一些表示色彩等方面的形容词带前加音节，有的可通过重叠前加音节表示程度加深。

AA wa^{55}wa^{55}很高、bi^{35}bi^{35}胖胖的

BA ka^{35}luŋ^{33}黑黑的、qa^{35}quŋ^{55}苦苦的、da^{35}dei^{31}红彤彤

BBA ka^{35}ka^{35}luŋ^{33}黑漆漆的

程度副词有hən^{55}“很”、ʦui^{31}“最”均借自汉语，修饰形容词如u^{35}li^{31}“热”：u^{35}li^{31}hən$^{35(55)}$很热。

2.巴哈布央语(布央语西部方言)[②]

布央语东部方言的郎架、雅郎、峨村都有状貌后缀，西部方言的巴哈布央语则通过形容词重叠表示生动状态，比如：dam^{322}dam$^{33(322)}$黑乎乎、ɣo^{45}ɣo^{45}绿油油。形容词也受程度副词修饰，比如：ta:i^{31}qa^{0}naŋ^{11}太重、ɛŋ^{24}n̥am^{11}很好。

综上所述，不发达型状貌后缀的主要特征如下。

第一，状貌后缀的数量极其有限。

第二，绝大多数语言(方言)表示生动状态、程度加深，普遍使用形容词AA型重叠，表示程度进一步深化、强化，还可使用变调重叠，比如几种境外台语、月亮湾仡佬语；带前加音节的形容词重叠前加音节为BA、BBA、AAB等型，比如仡佬语几个方言。

第三，表示程度的语义变化也使用程度副词，这种现象十分普遍。许多语言(方言)的程度副词为汉借词。

二、准发达型状貌后缀

相较不发达型，准发达型状貌后缀在数量与结构类型上有所扩张，是状貌后缀由不发达型逐渐趋向发达型的过渡阶段。

(一)台语支

1.吉兆话[③]

动词缺乏貌形式，动词带状貌后缀的ABB型较少，比如：liu^{31}mi^{55}mi^{55}笑眯眯。

形容词绝少有生动形式，仅见个别借自汉语，如p^{h}øk^{33}va^{21}va^{21}白花花。但形容词可

① 李锦芳：《红仡佬语概况》，《民族语文》2009年第6期。

② 李锦芳：《布央语研究》，中央民族大学出版社，2000年，第55、127页。

③ 李锦芳，吴艳：《广东吴川吉兆话概况》，《民族语文》2017年第4期。

以重叠成AA、AABB型表示状态和程度加深，比如：tsa:ŋ^{21}tsa:ŋ^{21}高高的、ma:n^{31}ma:n^{31}慢慢的、p^{h}øk^{33}p^{h}øk^{33}va:i^{21}va:i^{21}白白胖胖、tsa:ŋ^{21}tsa:ŋ^{21}ɗam^{55}ɗam^{55}高高低低。

2. 临高语①

临高语临城话动词的状貌后缀，拟声的很多，摹状的很少。

ABB　van^{3}lok^{8}fo^{4}fo^{4}风呼呼地刮着、nam^{4}ləi^{1}sɔ^{2}sɔ^{2}水哗哗地流着、liau^{1}mi^{2}mi^{3}笑眯眯、ŋai^{3}tɔp^{8}tɔp^{8}哭得很伤心的样子

临高语形容词的状貌后缀较少，构词能力很弱，与词根几乎一对一的关系。

AB　liŋ^{1}tsə^{3}白里透红、baŋ^{1}huan^{4}蒙蒙亮、lem^{3}liat^{8}亮闪闪

ABB　tsak^{8}tsi^{2}tsi^{2}湿淋淋、luan^{4}um^{4}um^{4}乱哄哄、nam^{4}iap^{9}iap^{9}水淋淋

表示程度深化可使用程度副词，如hai^{4}mai^{2}很好、hai^{4}on^{3}dɔŋ^{3}很稳当，也可以通过A' A式重叠，单音节重叠后前一个音节一律变成高平调，舒声调变成第2调，促声调变成第8调，如果该音节已是高平调，则不变调，比如：səu^{3}坏—səu^{2}səu^{3}很坏、nɔk^{7}小—nɔk^{8}nɔk^{7}很小、mai^{2}好—mai^{2}mai^{2}很好、lak^{8}深—lak^{8}lak^{8}很深。

（二）黎语支

黎语加茂话②的状貌后缀比较少，有ABB、ABAC型，通常使用形容词AA型重叠，还一类借自汉语的iu^{5}Aiu^{5}B型非常流行（A和B仅限于单音节词）。

AA　thɯ:n^{4}thɯ:n^{4}红通通、tsəŋ^{2}tsəŋ^{2}慢腾腾、tə:k^{8}tə:k^{8}小小的

ABB　hi:t^{8}fo^{1}fo^{1}热乎乎、khou^{1}ou^{5}ou^{5}白生生

ABAC　tap^{8}tsia^{5}tap^{8}nɯŋ^{1}黑漆漆

iu^{5}Aiu^{5}B　iu^{5}phɯ^{5}iu^{5}lo^{1}又高又大、iu^{5}tou^{4}iu^{5}vi^{4}又长又宽、iu^{5}pi:ŋ^{1}iu^{5}kuŋ^{5}又平又直

许多黎语其他方言的形容词ABB式在加茂话中只单用形容词，比如“弯弯曲曲”：hwoŋ^{2}hi:t^{7}hi:t^{7}（乐东保定话，侾方言）—khiau^{5}（加茂话）。

（三）仡央语支

1. 拉基语③

拉基语个别形容词可以用状貌后缀表示状态，比如：pɛ^{11}po^{11}po^{11}湿漉漉、nĩ^{24}phu^{11}phu^{11}香喷喷。

① 梁敏，张均如：《临高语研究》，上海远东出版社，1997年，第79、82页；刘剑三：《临高语话语材料集》，中央民族大学出版社，2009年，第12、16-17页。

② 刘援朝：《黎语加茂话概况》，《民族语文》2008年第1期。

③ 梁敏：《拉基语》，《语言研究》1989年第2期；李云兵：《拉基语研究》，中央民族大学出版社，2000年，第120-121、143页。

拉基语形容词不能重叠，表示程度加深时，可用程度副词 vua^{35}“很”、ma^{55}“多”、to^{44}“多”修饰形容词，比如：$a^{44}la^{35}vua^{35}$宽敞敞、$qen^{55}vua^{35}$冷冰冰、$tin^{44}ma^{55}to^{44}$臭烘烘、$tjua^{31}ma^{55}to^{44}$辣乎乎、$pi^{44}vua^{35}to^{44}$热辣辣。也用“ʑou^{35}（又）X ʑou^{35}（又）”或者“X naŋ^{31}（又）X”的格式，比如：$a^{44}la^{35}$ʑou^{35}phin^{44}kjaŋ^{44}又漂亮又整齐、ʑou^{35}i^{35}ʑou^{35}ȵaŋ^{35}又白又胖、zuŋ^{44}naŋ^{31}zuŋ^{44}亮晶晶、kjaŋ^{44}naŋ^{31}kjaŋ^{44}甜甜的。或用形容词作补充说明，比如：khuaŋ^{44}（黑）+ ljaŋ^{55}ljaŋ^{55}（黑黑）—khuaŋ^{44}ljaŋ^{55}ljaŋ^{55}黑洞洞。

动词可以用拟声的状貌后缀，比如：$phje^{44}hu^{31}hu^{31}$呼呼地刮、phaŋ^{55}hua^{31}la^{31}hua^{31}la^{31}哗啦哗啦地飘。

2. 普标语①

普标语的形容词不习惯带状貌后缀，相较而言，更习惯用形容词AA型重叠表性状与程度的深化、弱化，比如：li:n^{33}li:n^{33}te^{53}白白的、dam^{53}dam^{53}te^{53}黑黑的、qha:ŋ^{33}qha:ŋ^{33}te^{53}高高的。也可以用程度副词 la:u^{53}ʂʅ^{213}“很，非常”或“jəu^{213}（又）X jəu^{213}（又）X”，比如：la:u^{53}ʂʅ^{213}ai^{53}非常好、la:u^{53}ʂʅ^{213}qha:ŋ^{33}非常高、jəu^{213}pha:ŋ^{213}jəu^{213}li:n^{33}又白又胖、jəu^{213}qha:ŋ^{33}jəu^{213}du^{213}又高又大。

动词的状貌后缀以拟声居多，比如：sa:u^{53}ʐa:u^{33}笑哈哈、sa:u^{53}min^{45}min^{45}笑嘻嘻、phiau^{33}ləp^{33}la:p^{33}ləp^{33}la:p^{33}哗啦啦地飘、ɬiaŋ^{53}dəm^{33}dəm^{33}纷纷落、ʐak^{45}qa^{33}jyat^{33}湿漉漉。

综上所述，准发达型状貌后缀的主要特征如下。

第一，表示生动状态、程度加深，习惯使用形容词AA或A’A型重叠，也使用程度副词。

第二，状貌后缀仍处于萌芽期，但相较不发达型，其数量与结构类型均有所增长。词根带状貌后缀的能力并不均衡：这类语言（方言）有的形容词能带少量状貌后缀，如黎语加茂话；有的动词能带以拟声为主的后缀，而形容词带状貌后缀的情况很少，如普标语、拉基语、临高语临城话。

第三，受汉语影响，使用“又X又X”“X又X”这类格式，如黎语加茂话、拉基语、普标语。

三、发达型状貌后缀

发达型指状貌后缀的结构类型、数量及词根带状貌后缀的能力都非常丰富发达。除个别语言，带该型后缀的单音节形容词均能重叠，也可受程度副词修饰，比如：hoŋ^{2}hoŋ^{2}红红的、hoŋ^{2}ɣa:i^{4}ɕa:i^{4}很红、hoŋ^{2}la:i^{1}太红（壮语），ja^{5}’ja^{5}’tji^{6}红红的、hən^{4}ka:i^{1}很远、la:i^{1}ȵaŋ^{2}好得很（侗语），kha:u^{1}kha:u^{1}白白的、kha:i^{2ʔ}dat^{7}很冷、va:u^{1}re:k^{7}最坏（黎语），

① 梁敏，张均如，李云兵：《普标语研究》，民族出版社，2007年，第55-59页。

mpai^{6}mpai^{6}慢慢、t^{h}ai^{4}vi^{2}太高、ŋkau^{6}ŋan^{1}真香(仡佬语)。

(一)台语支

1.壮语

(1)蒙山壮语(北部方言)动词、形容词和少数名词能够附加状貌后缀,有AB、ABB型以及少量ABC、ACCBB型,起描声绘形的作用。

AB　li:u^{1}ha^{1}笑哈哈、liŋ^{1}kwaŋ^{5}较红的、tso:ŋ^{6}tsa:ŋ^{6}洞很多的

ABB　ˀbin^{2}fɯ^{2}fɯ^{2}扑扑地飞、liŋ^{2}kwaŋ^{5}kwaŋ^{5}红通通、lam^{4}θum^{5}θum^{5}水淋淋

ABC　li:u^{1}hi^{1}ha^{1}嘻嘻哈哈、tan^{2}mat^{7}tshat^{7}较淡的、lam^{4}pham^{5}θum^{5}水淋淋

ACCBB　he:m^{5}ji^{1}ji^{1}ja:u^{1}ja:u^{1}咿咿呀呀地叫

(2)邕宁壮语(南部方言)动词、形容词和少数名词能够附加状貌后缀,类型多样。

AB　man^{1}'phlu^{4}噗的一声飞、thi:u^{6}pəp^{7}啪地一跳、je:t^{8}tsho:k^{7}蹦地一跳

ABB　hliu^{1}'ha^{2}ha^{2}笑哈哈、sam^{3}si:u^{1}si:u^{1}很酸、nam^{4}səp^{8}səp^{8}水汪汪的

ABC　hloŋ^{1}'tiŋ^{1}ta:ŋ^{1}响叮当、ˀe:u^{1}'pə^{1}pa^{1}哇哇乱叫、naŋ^{6}pa:t^{8}'tsa:t^{8}懒散地坐着

ACB　thi:u^{6}ka^{1}'pəp^{7}突然啪地一跳、na^{1}ka^{1}'nəp^{7}厚厚的、hlai^{2}ka^{1}'hlaŋ^{6}长长的

ABAB　hliu^{1}tshu^{4}hliu^{1}tshu^{4}一阵阵的笑声、mən^{1}'phlu^{4}mən^{1}'phlu^{4}扑扑地飞

ABAC　ve:n^{3}tuŋ^{3}ve:n^{3}te:ŋ^{3}东悬西悬、pei^{2}hləm^{2}pei^{2}hlaŋ^{6}肥胖得难看

ACAB　ve:n^{3}hli^{2}ve:n^{3}hləm^{4}悬挂累累、phən^{1}'si^{2} phən^{1}'səm^{2}毛长长的

ABBB　ˀe:u^{1}'ku^{2}ku^{1}ku^{6}(斑鸠)咕咕地叫、han^{1}'ˀo^{2} ˀo^{1}ˀo^{6}(公鸡)喔喔啼

ABCD　ve:n^{3}tuŋ^{3}te:ŋ^{3}hle:ŋ^{4}孤零零地挂着

ABBCC　hloŋ^{1}'tiŋ^{1}tiŋ^{1}ta:ŋ^{1}ta:ŋ^{1}叮叮当当地响、phla:i^{5}thu^{4}thu^{4}the^{4}the^{4}(小孩)摇摇摆摆地学走路的样子

ACBCB　man^{1}'ka^{1}'phlu^{4}ka^{1}'phlu^{4}扑扑地飞、thi:u^{6}ka^{1}'pəp^{7}ka^{1}'pəp^{7}啪啪地跳

2.布依语

(1)望谟布依语(第一土语)①的状貌后缀非常丰富,主要有以下结构类型。

AB　ˀbin^{1}ba^{4}飞荡、ˀda:u^{1}da^{4}搅动、tɕe^{5}tɕe^{4}苍老、lap^{7}pe^{4}黑洞洞

ABB　ˀbau^{1}ˀbet^{7}ˀbet^{7}轻飘飘、ˀbau^{1}jeŋ^{5}jeŋ^{5}轻飘飘、ˀda:t^{7}fɯt^{8}fɯt^{8}热腾腾、xa:u^{1}po^{5}po^{5}白净净

ACB　lap^{7}ta^{2}tum^{6}黑黝黝、ˀdiŋ^{1}ka^{2}kaŋ^{2}红彤彤、mo^{5}ta^{2}tup^{8}雾茫茫、moŋ^{1}ka^{2}ˀdu^{5}灰溜溜

ABAC　kəŋ^{2}ŋe^{1}kəŋ^{2}ŋa^{1}痛苦呻吟、ɕan^{2}ˀe^{4}ɕan^{2}ˀe^{6}很窄很窄、zak^{8}zem^{4}zak^{8}zem^{6}偷偷摸摸

① 周国炎,刘朝华:《布依语参考语法》,社会科学出版社,2018年,第97-102页。

AABB ˀa:ŋ^{5}ˀa:ŋ^{5}ja:ŋ^{6}ja:ŋ^{6}高高兴兴、xa:u^{1}xa:u^{1}po^{5}po^{5}雪白雪白

ABAB la:u^{4}ˀu^{4}la:u^{4}ˀu^{4}硕大，粗大、tɕɔt^{7}nit^{7}tɕɔt^{7}nit^{7}冷冷冰冰

（2）罗甸布依语（第一土语）①的状貌后缀主要有以下结构类型，后四类的词根仅限动词。

AB zɔu^{33}zwa:m^{53}暖和的、diŋ^{24}dɔŋ^{33}大红的、xa:u^{24}pja:n^{11}雪白的

ABB bin^{24}fi^{53}fi^{53}飞飘飘、diŋ^{24}kɐŋ^{11}kɐŋ^{11}红彤彤、zɐm^{31}ˀjwa:p^{53}ˀjwa:p^{53}水汪汪

ACB zeu^{24}pa^{11}ȵa:ŋ^{31}笑嘻嘻、tɐm^{35}ka^{11}lum^{33}矮墩墩、koŋ^{33}ka^{11}xɯən^{11}疙里瘩瘩

ABBCC tɛi^{33}ŋi^{11}ŋi^{11}ŋa^{11}ŋa^{11}咿咿呀呀地哭、sɛt^{35}tɐŋ^{24}tɐŋ^{24}twa:n^{33}twa:n^{33}蹦蹦跳跳地跑、teu^{35}zu^{11}zu^{11}zi^{11}zi^{11}大批大批地倒下去

ABCBC pi^{24}nɐŋ^{24}nwa:n^{33}nɐŋ^{24}nwa:n^{33}大弧度的摆动貌、tɯk^{35}nɯŋ^{33}na:ŋ^{33}nɯŋ^{33}na:ŋ^{33}唠唠叨叨地乞求、ta:u^{33}ɕɔ^{53}ɕa^{53}ɕɔ^{53}ɕa^{53}淅淅飒飒地倒水

ACBCB tɛi^{33}pa^{11}jum^{11}pa^{11}jum^{53}伤心悲壮地哭、zeu^{24}pa^{11}sɛm^{11}pa^{11}sɛm^{53}嘻嘻眯眯地笑、pja:i^{33}pə^{11}ŋa:ŋ^{11}pə^{11}ŋa:ŋ^{53}疯疯癫癫地走

ACBCD zeu^{24}pa^{11}ȵɐŋ^{11}pa^{11}ȵiə^{53}傻头傻脑地笑、sɛt^{35}ka^{11}zɐŋ^{11}ka^{11}za:u^{53}天真快活地跑、pi^{24}ta^{11}nɔŋ^{33}ta^{11}na:ŋ^{33}高耸耸地摇

（3）贵阳布依语（第二土语）②，其状貌后缀如下。

AB pi^{1}pu:ŋ^{4}摇摆、ziu^{1}zɯŋ^{5}嬉笑、pok^{7}tɯ:k^{7}绊倒、tiau^{2}tsɿ^{2}逃脱

ABB ba:ŋ^{1}bit^{7}bit^{7}薄飞飞、som^{3}im^{4}im^{4}酸溜溜

ABC tsam^{5}si^{2}sui^{5}猛跳、ziu^{1}tsi^{6}ȵa:i^{5}哈哈大笑、ɣa:u^{1}pɯk^{8}la:t^{8}白茫茫

3. 傣语

傣语有西双版纳、德宏、金平、红金四个方言，大多数单音节动词、形容词后面能够附加一个及以上的状貌后缀。

（1）德宏傣语（德宏方言）③

AB lɛŋ^{6}lit^{7}红彤彤、phɔk^{9}phɛn^{1}白生生、ləŋ^{1}lə^{5}黄黄的、lam^{6}lit^{7}黑黑的

ABB san^{5}lit^{7}lit^{7}不停地轻微地颤抖、san^{5}lut^{7}lut^{7}不停地强烈地颤抖、phɛp^{8}jip^{7}jip^{7}不停地轻微眨、phɛp^{8}jup^{7}jup^{7}不停地使劲眨、hai^{3}ˀa:t^{8}ˀa:t^{8}声音又尖又大不停地哭

AABB ləŋ^{1}ləŋ^{1}lə^{5}lə^{5}黄黄的一大片、lam^{6}lam^{6}lit^{7}lit^{7}黑黑的一大片

（2）景洪傣语（西双版纳方言）④

① 王哈·阿·雍容：《罗甸里王村布依语后附成分的结构特点》，《贵州民族研究》1988年第3期。

② 吴启禄：《贵阳布依语》，贵州民族出版社，1992年，第93页。

③ 刀承华：《傣语德宏方言中动词和形容词的双音节后附形式》，《民族语文》1984年第5期。

④ 罗美珍：《傣语方言研究（语法）》，民族出版社，2008年，第10、122-124页；喻翠容，罗美珍：《傣语简志》，民族出版社，1980年，第53-54页。

ABB　xo¹xi²xi²笑嘻嘻、lai¹la:t⁹la:t⁹(水)潺潺地、dɛŋ¹tən²tən²红红的、dɛŋ¹pa:m²pa:m²红红的、dɛŋ¹va:t⁸va:t⁸红红的、ba:ŋ¹jɛ[?8]jɛ[?8]白白的、ba:ŋ¹jɔ[?8]jɔ[?8]白白的、ket⁸ŋa:t⁹ŋa:t⁹气鼓鼓地、kin¹ŋa:m³ŋa:m³狼吞虎咽地吃

ABC　naŋ⁶ˀɔ[?7]ɛ[?7]彼此挨着坐、tam²ˀum¹lum¹乱七八糟放着、ba:ŋ¹thɔ[?7]lɔ⁷薄薄的、tsa:ŋ¹tsa[?7]ka[?7]淡而无味

(3)金平傣语(金平傣语)[①]

ABB　tɕin¹ŋau¹ŋau¹不停地吃、san¹vɛu¹vɛu¹不停地发抖、pa[?7]vap⁸vap⁸不停地说、mɯn²tiŋ⁶tiŋ⁶不停地转动、xo¹xi²xi²笑嘻嘻、xun¹xot⁸xot⁸呼呼打鼾、n̥a:ŋ⁶vɛt⁷vɛt⁷无精打采地走、pai¹ja:p⁸ja:p⁸纷纷走、lɔn¹pop⁷pop⁷白生生、saɯ¹ˀiŋ⁵ˀiŋ⁵干干净净、xɛu¹vit⁷vit⁷绿油油、ˀɔn⁵nau³nau³松软

ACBCB　tɛu²ka⁰ja[?8]ka⁰ja[?8]一蹦一跳

4. 临高语[②]

澄迈话、琼山话的状貌后缀比较常见。

ABB　niap⁸vɔt⁸vɔt⁸快而频繁地眨眼、ŋau²hɔŋ⁴hɔŋ⁴摇动(整个物体都动起来)、kit⁷jam⁴jam⁴次数多而快地打、lei¹fe⁴fe⁴流哗哗、fiak⁸fɔn⁴fɔn⁴白嫩嫩、ko[?8]ɔm⁴ɔm⁴臭烘烘

5. 岱语[③]

金龙岱语动词、形容词及名词均可附加状貌后缀,常见类型有AB、ABB型。

AB　phi²phɯk⁸很肥

ABB　ku⁵⁵n̥a:ŋ³³n̥a:ŋ³³笑眯眯、ˀbin¹fa:p⁹fa:p⁹哗啦啦地飘、ˀdeŋ⁵ɬɯŋ²ɬɯŋ²红通通、ˀdet⁵ɬup⁷ɬup⁷湿漉漉、phən¹mɯt⁹mɯt⁹毛毛雨

6. 侬语[④]

越南谅山侬语的状貌后缀非常丰富,常见的有AB、ABB型。

AB　tɕa:ŋ³tɕa:p⁵不停地说、khu¹n̥iŋ³微笑、ˀdeŋ¹tɕoi³红艳艳、ɬai⁵ɬit⁷小小的

ABB　khu¹hi²hi²笑嘻嘻、khu¹hu²hu²笑哈哈、zo:m⁶n̥e:n²n̥e:n²呆呆看、ˀdeŋ¹ɬo²lo²红扑扑、mən²liŋ⁵liŋ⁵圆溜溜、luŋ⁶mɯ²mɯ²(天)蒙蒙亮

7. 老挝语[⑤]

老挝语有些单音节动词、形容词之后可以附加状貌后缀。绝大多数状貌后缀是

① 罗美珍:《傣语方言研究(语法)》,民族出版社,2008年,第10、122-124页。

② 张元生,马加林,文明英,等:《海南临高话》,广西民族出版社,1984年,第127、135页。

③ 李胜兰:《壮语金龙岱话参考语法》,中国社会科学出版社,2022年,第98、245-246、265页。

④ 蒲春春:《越南谅山侬语参考语法》,博士学位论文,中央民族大学,2011年,第34、70-71页

⑤ Ratree Wayland,"Lao expressives",Mon-Khmer Studies,vol.26,1996,pp.222-224.原文的"expressives"即本书的状貌后缀,原文未描写其词根,此处用"~"代替。

ABC型，该型声母不同，韵母相同，ABB型很少见。

ABB ~pi^{5}pi^{5}很黑（小面积） ~pɨ^{5}pɨ^{5}很黑（大面积）

~hi:n^{3}hi:n^{3}形容小红(小火苗或小物体) ~hu:n^{3}hu:n^{3}形容大红（圆的大的物体）

~ŋɔ:m^{3}ŋɔ:m^{3}形容小昆虫的行走方式 ~ŋo:m^{3}ŋo:m^{3}形容大昆虫的行走方式

~mɔŋ^{5}mɔŋ^{5}形容发光或闪烁的小物体 ~moŋ^{5}moŋ^{5}形容发光或闪烁的大物体

ABC ~kɔ:^{4}dɔ:^{4}形容短小的突出物体（比如动物的尾巴）

~ko:^{4}do:^{4} 形容大而长的突出物体（比如大树枝）

~k^{h}ɔ:^{2}lɔ:^{2}形容短小的圆形物体（比如婴儿的腿）

~k^{h}o:^{2}lo:^{2}形容大的圆形物体（比如圆木）

~^{ʔ}ɔŋ^{2}t^{h}ɔŋ^{2}形容路上小坑洞

~^{ʔ}ɛŋ^{2}t^{h}ɛŋ^{2}形容路上小而浅的坑洞

ABCDE ~kɔ:t^{2}cɔ:t^{2}kɛ:t^{2}cɛ:t^{2}形容一堆堆（比如鸡屎）

~^{ʔ}ɔ:n^{5}tɔ:n^{5ʔ}ɛ:n^{5}tɛ:n^{5}形容悬挂着的一捆捆小的、圆的物体

~^{ʔ}ɔ:m^{5}pɔ:m^{5ʔ}ɛ:m^{5}pɛ:m^{5}形容一捆捆小的物体

（二）侗水语支

1.侗语[1]

侗语单音动词、形容词及少数名词大都可以带一个或两个状貌后缀，主要有AB、ABB型，还有少量ABC、ABAC型。同一个形容词往往能带几个不同的状貌后缀，以示程度的差异。

AB ko^{1}ȵem^{3}微笑、pha:ŋ^{1}jo^{5}又高又瘦、pha:ŋ^{1}ɕuŋ^{5}高耸、ja^5’phja:n^1’浅红色、ja^5’ljen^3’红得不好看

ABB ko^{1}lji^{1}lji^{1}笑嘻嘻、ko^{1}ha^{5}ha^{5}笑哈哈、ko^{1}ȵem^{3}ȵem^{3}微微笑、pjiu^{1}sa:t^{8}sa:t^{8}连连地跳、pjeu^{5}let^{7}let^{7}跑得喘吁吁的、ui^1’ȶat^{7}ȶat^7/ui^1’təp^{7}təp^{7}滴答滴答地流、pha:ŋ^{1}ȶən^{5}ȶən^{5}高高在上、saŋ^{2}let^{7}let^{7}直溜溜、saŋ^{2}lja:u^{5}lja:u^{5}直直的、ja^5’hu^{6}hu^{6}红彤彤、ja^5’ɕe^{5}ɕe^{5}红呼呼、ja^5’ljuŋ^{5}ljuŋ^{5}红彤彤、ja^5’ljit^{8}ljit^{8}红艳艳、pən^{5}ɕəp^{8}ɕəp^{8}汗涔涔、nam^{4}ta^{1}jem^{5}jem^{5}泪汪汪、nun^{1}ȵəp^{8}ȵəp^{8}蛆虫蹿动的样子

ABC pha:ŋ^{1}lo^{3}la:ŋ^{5}瘦高

ABAC jai^{3}la:i^{1}jai^{3}lam^{2}很长

---

① 梁敏：《侗语简志》，民族出版社，1980年，第29、49、55–56页；何彦诚：《侗语下坎话概况》，《民族语文》2006年第5期，第75页。

2. 水语①

水语动词、形容词及名词都可以带状貌后缀，主要是AB型，特别强调时为ABB型（最后一个音节一般会变调），还有ABAC型及少量ABC型。

AB ^{ʔ}nam^{1ʔ}nut^{7} 黑糊糊、ɕu^{1ʔ}ju^{3}翠绿、ma:ŋ^{1ʔ}mep^{7}很薄的、^{ʔ}da:ŋ^{1}theŋ^{3}thin^{5}胖乎乎

ABB ku^{1}ȵe^{5}ȵe^{5}笑咪咪、ku^{1}ȵiŋ^{3}ȵiŋ^{3}笑眯眯（微微地笑）、ku^{1}ha^{5}ha^{5} 笑哈哈（大声地笑）、ku^{1}ɕi^{5}ɕi^{5}笑嘻嘻（发出小声地笑）、taŋ^{1}ljən^{1}ljən^{1}纷纷地来、yiu^{2m}bop^{8m}bop^{8}蹦蹦跳、phja:t^{7}lin^{4}lin^{4}血淋淋、sut^{7}weŋ^{2}weŋ^{2}火辣辣、^{ʔ}ma:ŋ^{1ʔ}mep^{7ʔ}mep^{8}薄薄的、^{ʔ}da:ŋ^{1}theŋ^{3}theŋ^{2}亮堂堂

ABC po^{5}ljo^{5}ljaŋ^{3}干干净净、maŋ^{4}kəp^{7}ləp^{8}兴致勃勃

ABAC ȶau^{1}ȶa^{1}ȶau^{1}ȶeu^{3}曲曲弯弯（由两个AB型构成）

3. 仫佬语②

仫佬语的状貌后缀可表达程度、性状、感情色彩的差异。ABB型最丰富，还有其他类型，其中ABC、ACBCD、ACCB型不多，但口语经常使用。

AB fən^{3}fja:ŋ^{5}飞飘、hɣa:i^{6}hɣut^{8}锋利、tsən^{1}tshɔp^{7}毛茸茸

ABB fən^{3}fja:ŋ^{5}fja:ŋ^{5}飞飘、hɣa:i^{6}hɣut^{8}hɣut^{8}锋利、tsən^{1}tshɔp^{7}tshɔp^{7}毛茸茸

ACB ɣəm^{1}lə^{3}khøk^{7}干瘦、tə^{5}tshə^{5}ȵɛŋ^{3}细条条、pi^{2}tə^{6}pwa:t^{8}胖呼呼

ACAB tsha:m^{3}tsha^{1}tsha:m^{3}tshɛŋ^{5}晃来晃去、fən^{3}fa^{1}fən^{3}fjaŋ^{5}飞来飞去、lo^{4}la^{2}lo^{4}laŋ^{6}大得很夸张、ŋa:ŋ^{5}ŋa^{1}ŋa:ŋ^{5}ȵi^{5}傻里傻气

ABC型数量不多，A为动词，B和C可单独与A组合，可转换为AB（或AC）、ABB（或ACC）型，但语气会减弱，比如：ȵɛ^{3}a:u^{5}ŋəp^{7}嗷嗷大哭（ABC）—ȵɛ^{3}a:u^{5}a:u^{5}大哭、ȵɛ^{3}ŋəp^{7}ŋəp^{7}大哭（ABB）。还有一类ABC型，A为动词或名词，C与B双声，C的韵母为-ə，比如：nəm^{4}jɔp^{7}jə^{3}水嗒嗒、ȵɛ^{3}a:u^{3}ȵə^{3}哭翻天。

ACBCD型，CBCD固定为tshə^{5}ȵin^{5}tshə^{5}ȵɔŋ^{5}，A为形容词“la:n^{6}烂”、“lwən^{6}乱”，该型可转换为ACB、ABB型，比如：la:n^{6}tshə^{5}ȵin^{5}tshə^{5}ȵɔŋ^{5}破破烂烂、lwən^{6}tshə^{5}ȵin^{5}tshə^{5}ȵɔŋ^{5}乱七八糟（ACBCD）—la:n^{6}tshə^{5}ȵɔŋ^{5}破破烂烂、lwən^{6}tshə^{5}ȵɔŋ^{5}乱七八糟（ACB）—la:n^{6}ȵɔŋ^{5}ȵɔŋ^{5}破破烂烂、lwən^{6}ȵɔŋ^{5}ȵɔŋ^{5}乱七八糟（ABB）。

ACCB型，C的韵母为-ə，可转换为ACB型，不能转换为AB、ABB型，比如：la:n^{3}pə^{5}lə^{5}chə^{5}出奇的懒（ACCB）—la:n^{3}lə^{5}chə^{5}（ACB）。

① 冯英：《水语复音词研究》，中华书局，2008年，第128-131、170页。

② 银莎格：《银村仫佬语参考语法》，中国社会科学出版社，2014年，第32-34页。

4. 毛南语①

毛南语形容词不能重叠，动词、形容词带状貌后缀主要有以下类型。

AB maŋ^{4}cak^{7}喜洋洋、lɔk^{7}sot^{7}铲掉、kwa^{3}swan^{1}很白、kwa^{3}swa:ŋ^{5}雪白、kwa^{3}ˀwən^{1}雪白、la:n^{3}tin^{1}大红、la:n^{1}luŋ^{3}大红、la:n^{3}vət^{8}大红、la:n^{3}vət^{7}鲜红、la:n$^{3\text{m}}$bja^{1}红得刺眼、la:n^{3}a:k^{7}浅红、la:n^{3}kam^{5}深红、la:n^{3}caŋ^{3}大片的红色、la:n^{3}kam^{2}紫红色、la:n^{3}li^{5}小块而鲜艳的红色、tuŋ^{5}tut^{7}较浊、tuŋ^{5}tɯ^{1}很浊、tuŋ^{5}twa:t^{7}很浊

ABB də:t^{8}ɕɔ^{1}ɕɔ^{1}哗哗地响、taŋ^{1}hɔ^{2}hɔ^{2}呼呼地响、pi^{1}ə:n^{1}ə:n^{1}大摇大摆、pi^{1}u:t^{7}u:t^{7}大摇大摆、pi^{1}fət^{7}fət^{7}迎风招展、pi^{1}dja:u^{5}dja:u^{5}迎风招展

ABC pi^{1}ə^{3}nə^{2}东摇西摆、pi^{1}ˀwaŋ^{1}ˀwɛ^{6}摆来摆去、pi^{1}zuŋ^{6}zaŋ^{4}摆来摆去、la:n^{3}zɯ^{5}zɯt^{7}桃红色、la:n^{3}lin^{6}tin^{1}大红

ABAB ba^{6}bət^{8}ba^{6}bət^{8}宽宽的

ABAC tuŋ^{5}tut^{7}tuŋ^{5}tɯ^{1}很浑浊

ACDCB pi^{1}duŋ^{4}da^{4}duŋ^{4}dɛu^{4}东歪西倒、pi^{1}zuŋ^{6}za^{2}zuŋ^{6}zaŋ^{4}东歪西倒

5. 佯僙语②

佯僙语状貌后缀主要有以下类型。

AB kam^{5}kut^{7}绿油油、ɣam^{2}tam^{2}黑漆漆、sut^{10}ȵut^{10}乱糟糟、wat^{7}wa:u^{1}宽敞貌、thəm^{3}nəm^{3}酸溜溜

ABB vən^{4}pra^{5}pra^{5}哗啦哗啦地飘、khəu^{5}wom^{5}wom^{5}汪汪地叫、thəm^{3}nəm^{3}nəm^{3}酸溜溜、wat^{7}wa:u^{1}wa:u^{1}宽敞貌

AAB wat^{7}wat^{7}wa:u^{1}宽敞貌

ABAC kau^{1}naŋ^{2}kau^{1}tsa^{5}弯弯曲曲

6. 锦话③

锦话动词、形容词不能直接重叠（动词“kau^{5}kau^{5}看看”例外），附加的状貌后缀一般有下面几种结构类型，AB、ACAB型较多，其余类型很少。

AB ja:i^{3}ja:ŋ^{5}长长的、ȶhuŋ^{5}ȵuŋ^{5}乱乱的、ka:u^{5}ŋa:u^{5}旧旧的、seu^{5}meu^{5}干净

ABB ȵɛ^{3}ȶat^{8}ȶat^{8}哭啼啼、ȵe^{3}ŋa^{4}ŋa^{4}哇哇地哭、ȵe^{3}ŋu^{5}ŋu^{5}呜呜地哭、ȵe^{3}ȵi^{3}ȵi^{3}小声地哭、sat^{7}’zeŋ^{5}zeŋ^{5}跳蹿蹿、l̥ui^{5}ze^{2}ze^{2}（水）流潺潺、ȶuŋ^{1}ȵuŋ^{2}ȵuŋ^{2}闹哄哄、n̊əu^{1}da:ŋ^{1}vəŋ^{3}vəŋ^{3}香喷喷的、n̊əu^{1}da:ŋ^{1}vət^{8}vət^{8}香喷喷的

ABC ȶu^{1}ȵe^{5}le^{5}笑嘻嘻、ma:ŋ^{6}tut^{8}tut^{8}胖乎乎、zun^{1}poŋ^{2}ȵoŋ^{2}毛茸茸

---

① 梁敏：《毛难语简志》，民族出版社，1980年，第30–32、58页。

② 薄文泽：《佯僙语研究》，上海远东出版社，1997年，第90、105页。

③ 崔建新：《锦话谓词的重言形式》，《语言研究》1989年第1期。

ACB　sat^{7}'kə^{1}ləŋ^{5}蹦蹦跳跳

ACDCB　sat^{7}'kə^{1}la^{1}kə^{1}leŋ^{5}一蹦一跳

ABAC型，由两个AB+AB'复合而成，比如：pha^{1}phok^{7}'pha^{1}pheu^{1}灰蒙蒙的一片、pə^{3}li^{1}pə^{3}la:i^{6}零七糟八的。

ACAB　ja:i^{3}ja^{1}ja:i^{3}ja:ŋ^{5}长长的、ȶhuŋ^{5}ȵa^{1}ȶhuŋ^{5}ȵuŋ^{5}乱乱的、seu^{5}ma^{1}seu^{5}meu^{5}干干净净的

7.莫语①

莫语动词带状貌后缀的类型如下。

ABB　sa:m^{3}joi^{3}joi^{3}无精打采地走、ȶu^{1}ha^{2}ha^{2}笑哈哈、ȶhau^{5}ŋau^{4}ŋau^{4}(狗)汪汪叫

ABC　tok^{7}vat^{9}vi^{5}纷纷落下、zui^{6}zeŋ^{2}vək^{9}整齐坐着

莫语形容词不能重叠，状貌后缀的结构类型为AB、ACAB型，没有ABB型。

AB　kau^{2}ŋa:k^{7}弯弯的、jak^{7}mjot^{9}湿乎乎的、ŋ̊əu^{1}ŋ̊a:ŋ^{5}很臭的

ACAB　kau^{2}ŋa^{1}kau^{2}ŋa:k^{7}弯弯曲曲、jak^{7}mja^{1}jak^{7}mjot^{9}湿漉漉、ŋ̊əu^{1}ŋ̊a^{1}ŋ̊əu^{1}ŋ̊a:ŋ^{5}臭烘烘

8.标话②

标话的状貌词缀附加在动词前面，比如：phap^{8}phap^{8}piu^{3}蹦蹦跳、wuŋ^{3}wuŋ^{3}pu^{6}汪汪吠、pi^{4}pø^{4}tap^{8}loi^{4}噼噼啪啪掉下来。

单音节形容词不能重叠，个别双音节形容词可重叠为AABB型。有些形容词可以加一个单音节状貌后缀表示程度加深，后面通常用poi^{1}"去"作补语。有些形容词前面可以用叠音的或双音节的状貌后缀，两者之间语音没有必然联系。

AB　tɛm^{4}nan^{6}poi^{1}非常甜、tham^{1}θiaŋ^{3}poi^{1}苦极了、kam^{2}thɛ^{1}poi^{1}很咸、lan^{4}met^{7}poi^{1}满极了

BBA　phuk^{7}phuk^{7}piak^{10}白茫茫、phuŋ^{5}phuŋ^{5}ȵuŋ^{3}乱糟糟的

BCA　thyt^{8}nyt^{7}pai^{2}非常肥

9.拉珈语③

拉珈语单音节动词、形容词能够附加状貌后缀，主要类型如下。

AB　pie:k^{8}phom^{1}雪白、ai^{2}ja:m^{6}细长、fot^{7}naŋ^{3}臭烘烘、khwa:n^{1}lo:m^{3}甜蜜

ABB　ʦhie:ŋ^{5}ŋo^{1}ŋo^{1}高亢地唱、toŋ^{4}ŋeŋ^{1}ŋeŋ^{1}摇晃晃地动、phou^{5}u^{2}u^{2}骨碌骨碌地滚、pok^{8}kum^{1}kum^{1}轰轰烈烈地干、pie:k^{8}phom^{1}phom^{1}白白的、ai^{2}ja:m^{6}ja:m^{6}长长的、

① 杨通银：《莫语研究》，中央民族大学出版社，2000年，第98-99、103-104、119-120页。

② 梁敏，张均如：《标话研究》，中央民族大学出版社，2002年，第106、109页。

③ 毛宗武，蒙朝吉，郑宗泽：《瑶族语言简志》，民族出版社，1982年，第136-137、149-150页。

fot^{7}naŋ^{3}naŋ^{3}臭烘烘、khwa:n^{1}lo:m^{3}lo:m^{3}甜蜜蜜

ACAB型，其中AB有意义，BC声母相同，C韵母为a，声调第1调。该型意义与AB同，但程度有所加强，比如：pie:k^{8}pha^{1}pie:k^{8}phom^{1}白白的、pha:ŋ^{3}pha^{1}pha:ŋ^{3}phiŋ^{5}蓝蓝的、ko:ŋ^{5}ta^{1}ko:ŋ^{5}tuŋ^{4}红通通、lam^{1}la^{1}lam^{1}lu:i^{2}黑漆漆。

10. 茶洞语①

茶洞语动词、形容词可以带一个或两个状貌后缀以区别不同的状态。

AB nam^{1}ø^{2}（天）黑漆漆、nam^{1}kaŋ^{2}（天）黑漆漆、man^{5}mø^{2}慢吞吞

ABB khau^{6}ŋau^{1}ŋau^{1}（狗）汪汪叫、paai^{3}n̥iu^{5}n̥iu^{5}（狗）摆尾状、l̥aŋ^{6}ȵaŋ^{6}ȵaŋ^{6}（单个）跑、l̥aŋ^{6}wa^{3}wa^{3}（多人）跑、l̥aŋ^{6}pi:u^{1}pi:u^{6}快跑状、l̥aŋ^{6}kwe^{3}kwe^{3}飞快跑状、nam^{1}kə^{0}ly^{2}ty^{3}（皮肤）黑乎乎、man^{5}mø^{2}mø^{4}十分慢、l̥an^{1}l̥uŋ^{1}l̥uŋ^{1}红通通

ABC tjaŋ^{6}mek^{8}me^{3}饱得很、pi^{2}tam^{2}nam^{2}（猪）肥突突（强调整只）、pi^{2}taŋ^{2}naŋ^{6}（猪）肥突突（强调乳房摆动状）

11. 那溪话②

那溪话单音节动词、形容词常带一个或两个状貌后缀，以叠音居多。

AB ləŋ^{53}k^{h}an^{22}通红

ABB p^{h}o^{24}tu^{24}tu^{24}咒骂、kjœy^{22}ȵəŋ^{31}ȵəŋ^{31}大笑、ləŋ^{53}k^{h}an^{22}k^{h}an^{22}红通通、nəŋ^{22}kjəu^{22}kjəu^{22}黑漆漆、p^{h}u^{53}toŋ^{31}toŋ^{31}灰蒙蒙、sau^{22}wəŋ^{212}wəŋ^{212}绿油油、mɐi^{53}t^{h}oŋ^{31}t^{h}oŋ^{31}黄澄澄、pa^{31}lu^{53}lu^{53}白花花、wi^{22}to^{22}to^{22}飘飘然

（三）黎语支

1. 黎语③

黎语动词、形容词可以带几个有区别意义的状貌后缀，以ABB型最常见，其中动词只带拟声后缀。

ABB ra:u^{42}kak^{42}kak^{42}咯咯地笑、ra:u^{42}he^{42}he^{42}嘿嘿笑、ra:u^{42}ka^{42}ka^{42}哈哈笑、lei^{11}ga:n^{42}ga:n^{42}瘦骨嶙嶙、lei^{11}te:n^{42}te:n^{42}瘦骨嶙嶙、lei^{11}kho:ŋ^{42}kho:ŋ^{42}瘦骨嶙嶙、lok^{55}pet^{11}pet^{11}黑漆漆、lok^{55}kɯ:t^{11}kɯ:t^{11}黑呼呼、lok^{55}thi:ŋ^{11}thi:ŋ^{11}黑洞洞

2. 村话（哥隆语）④

村话的状貌后缀，主要有下面几种结构类型。一般动词能带一个后附成分。

① 李锦芳等：《西南地区濒危语言调查研究》，中央民族大学出版社，2006年，第334-335页。

② 曾笑丽：《湖南洞口菲溪侗语语音词汇研究》，硕士学位论文，湖南师范大学，2015年，第37、40、75页。

③ 倪大白：《侗台语概论》，民族出版社，2010年，第305页。

④ 符昌忠：《哥隆语概况（下）语法部分》，《广东技术师范学院学报》2008年第4期；符昌忠：《哥隆语、那斗语简志》，广西师范大学出版社，2015年，第40、51-52页。

ABB　ŋai^{42}ŋa:u^{13}ŋa:u^{13}嗷嗷哭、nian^{35}ʔɯ^{42}ʔɯ^{42}（鸡）喔喔的啼、t^{h}iau^{42}t^{h}ən^{21}t^{h}ən^{21}嘣嘣跳

AB　hon^{35}tet^{33}红扑扑、kho:i^{35}lak^{55}黑乎乎

AAB　hoŋ^{35}hoŋ^{35}tet^{33}红扑扑

ABAC　vok^{13}ʔau^{35}vok^{13}ʔuat^{33}胡搞一气、zɛu^{21}ʔau^{35}zɛu^{21}ʔuat^{33}歪歪斜斜、tsham^{35}tshiak^{33}tsham^{35}ɗɔi^{13}啰里啰唆、tshok^{21}tshai^{35}tshok^{21}ɗɔi^{13}乱糟糟的

AABB　kho:i^{35}kho:i^{35}lak^{55}lak^{55}黑乎乎的

3.那斗话（来语）①

那斗话单音节形容词能加叠音后缀表示程度加深。

ABB　fɔ^{25}ɗin^{25}ɗin^{25}热辣辣、khau^{11}fuaʔ^{55}fuaʔ^{55}白花花、vui^{25}thuʔ^{42}thuʔ^{42}胖乎乎、ŋaŋ^{25}lau^{42}lau^{42}红通通

（四）仡央语支

1.仡佬语

（1）平坝仡佬语（稿方言）②的状貌后缀，单音节的几乎占八成以上，双音节的很少。词根以形容词居多，少数是动词。

AB　zu^{13}zen^{55}淡淡的白、tin^{55}ti^{33}甜蜜蜜、nan^{33}nu^{42}胖墩墩、sa^{33}sei^{13}笑眯眯、ȵu^{21}ȵu^{42}哭泣泣

ABB　zu^{13}pha^{55}pha^{55}白森森、plɒ^{13}xɒ^{21}xɒ^{13}红艳艳

（2）比贡仡佬语（阿欧方言）③有相当多的形容词可以带状貌后缀。

ABB　ɭei^{31}jaŋ^{55}jaŋ^{55}红彤彤、χai^{33}le^{31}le^{31}苦丁丁、həɯ^{33}ha^{13}ha^{13}亮堂堂 以上是单音节词根如 ɭei^{31}、zau^{33}zaŋ^{13}zaŋ^{13}直直的 、χai^{13}χəɯ^{13}χəɯ^{13}窄窄的 以上是双音节词根如 zau^{33}zaŋ^{13}

动词一般不带状貌后缀，但个别表示情绪的动词可以带叠音后缀。

AB　sɔ^{33}na^{33}微笑

ABB　sɔ^{33}na^{33}na^{3}大笑，笑嘻嘻、sɔ^{33}tsha^{33}tsha^{33}笑哈哈

（3）三冲仡佬语（哈给方言）④绝大多数形容词可带状貌后缀。

AB　pla^{53}ɕi^{33}很红、tən^{33}ti^{31}很甜、vi^{31}tʂha^{33}很高

ABB　pla^{53}ɕi^{33}ɕi^{33}红极了、tən^{33}ti^{31}ti^{31}甜极了、vi^{31}tʂha^{33}tʂha^{33}高极了

动词一般不带状貌后缀，除了部分情绪动词之外，状貌后缀可前置可后置，以后置居多。

① 符昌忠：《哥隆语、那斗语简志》，广西师范大学，2015年，第192页。

② 张济民：《仡佬语研究》，贵州民族出版社，1993年，第149-150页。

③ 李霞：《比工仡佬语参考语法》，博士学位论文，中央民族大学，2009年，第73-74、133页。

④ 王怀榕，李霞：《三冲仡佬语概况》，《民族语文》2007年第2期。

ABB sәu^{35}ɬaŋ^{55}ɬaŋ^{55}微笑、ȵi^{31}ɬaŋ^{55}ɬaŋ^{55}抽泣

BAA ɬaŋ^{55}ɬaŋ^{55}sәu^{35}微笑、ɬaŋ^{55}ɬaŋ^{55}ȵi^{31}抽搭

(4)贞丰鲁容仡佬语(哈给方言)①绝大多数形容词能带状貌后缀,例如:

AB tәŋ^{55}i^{55}很甜、pja^{55}hei^{42}很酸、kaŋ^{55}tsɿ^{42}很苦

ABB tәŋ^{55}i^{55}i^{55}极甜、pja^{55}hei^{42}hei^{42}极酸、kaŋ^{55}tshɿ^{42}tshɿ^{42}极苦

ABAB tәŋ^{55}i^{55}tәŋ^{55}i^{55}极甜、pja^{55}hei^{42}pja^{55}hei^{42}极酸、kaŋ^{55}tsɿ^{42}kaŋ^{55}tsɿ^{42}极苦

(5)贞丰坡帽仡佬语(哈给方言)②的状貌后缀,绝大多数是AB型。

AB zәi^{13}tsa^{35}比较长、ˀu^{35}tshәi^{35}很白、kjaŋ^{42}ki^{42}很绿、laŋ^{42}li^{35}很黑、pja^{42}ɕi^{35}很红 zo^{13}ti^{13}很瘦

ACAB tsho^{42}li^{42}tsho^{42}pe^{33}急急忙忙、慌里慌张

(6)居都仡佬语(多罗方言)③只有少数动词可带状貌后缀,有些动词带词头qә^{0},其状貌后缀也带相同的词头。

AB fe^{35}fa^{35}吹、qhe^{35}qha^{35}缺、qә^{0}tɕu^{31}qә^{0}tɕa^{55}缩、qә^{0}sәɯ^{31}qә^{0}sa^{35}笑

AABB ɬei^{31}ɬei^{31}ɬa^{31}ɬa^{31}流、lәɯ^{31}lәɯ^{35}la^{31}la^{35}沸

以上为谐声的,也有不规则的,比如:so^{31}晒→so^{31}qe^{31}qe^{31}、pa^{31}paɯ^{35}骂→pa^{31}paɯ^{35}pa^{31}kai^{35}。

形容词带状貌后缀非常丰富发达,多数是AB型,少数是BA型。

AB ʥuŋ^{31}ʥa^{55}粗粗状、tɕi^{35}tɕa^{35}满满状、khɯn^{35}kha^{35}香喷喷

BA ga^{33}gi^{33}好好状、qa^{33}qo^{33}快快状

ABB、BBA型的数量有限,BBA型多见。

ABB phin^{31}laŋ^{55}laŋ^{55}平展展、ȵa^{33}se^{33}se^{33}娇滴滴

BBA ti^{31}ti^{35}zaɯ^{35}笔直状、o^{31}o^{55}qә^{0}bia^{35}扁扁状、ple^{31}pl^{31}qә^{0}li^{35}滑溜溜

重叠式形容词如plei^{33}plei^{33}"酸",其状貌后缀的位置可前可后。

ΛB plci^{31}plei^{31}pla^{31}pla^{31}辣乎乎、kɛ^{31}kɛ^{31}ka^{31}ka^{31}紧绷绷

BA pla^{31}pla^{31}plei^{33}plei^{33}酸叽叽、ka^{31}ka^{31}ke^{33}ke^{33}轻飘飘

有些形容词带词头qә^{0},其状貌后缀也带相同的词头,状貌后缀位置可前可后。

AB qә^{0}le^{35}qә^{0}la^{35}脏兮兮

BA qә^{0}da^{31}qә^{0}den^{33}浅浅状

抽象和概括性强的形容词也有状貌后缀,比如:lo^{35}lan^{31}晚状、tәu^{35}tɕi^{33}tәu^{35}vei^{31}夜深状。

① 阳柳艳,李锦芳:《贞丰鲁容仡佬语概况》,《汉藏语学报》2018年第10期。

② 李锦芳,周国炎:《仡央语言探索》,中央民族大学出版社,1999年,第26-27页。

③ 李锦芳等:《西南地区濒危语言调查研究》,中央民族大学出版社,2006年,第140-149页。

2. 木佬语[1]

木佬语的状貌后缀如下。

ABB sə^{53}ŋe^{33}ŋe^{33}笑嘻嘻、ŋeŋ^{53}ȵe^{33}ȵe^{33}哭唧唧、so^{33}pa^{55}pa^{55}酸溜溜、ŋau^{33}teŋ^{33}teŋ^{33}甜丝丝、zau^{31}pa^{33}pa^{33}红彤彤、zai^{33}ȵi^{33}ȵi^{33}胖嘟嘟的、zai^{33}leŋ^{33}leŋ^{33}油腻的、滑不溜唧

3. 布央语（东部方言）[2]

形容词和动词的状貌词后缀，多数是一个音节，也有两到三个音节的。郎架布央语的状貌后缀如下。

AB lɛn^{11}ʑɛn^{11}红彤彤、la:n^{11}ʑɛn^{11}大红、ŋa:n^{11}ŋu:n^{54}黄灿灿、liŋ^{11}la:ŋ^{11}打滚

ACB lɔi^{11}ma^{0}tsəŋ^{11}赤裸裸、ˀdam^{31}ta^{0}ða:t^{11}黑乎乎

雅郎布央语的状貌后缀如下。

AB via^{53}vat^{33}慌慌张张、vəŋ^{31}via^{53}摆动、θau^{33}θap^{31}搜索、ma:t^{31}it^{53}很新的样子、kan^{33} kjan^{33}急忙

ABB paŋ^{31}ɔk^{33}ɔk^{33}高兴的样子、ˀdam^{53}lim^{31}lim^{31}黑乎乎、it^{55}ɕat^{31}ɕat^{31}阴森森

少量带词头的形容词，其状貌后缀也带相同的词头，若是双音节形容词，也可带状貌后缀，语音上凑足四个音节。

BA qa^{0}ȵa:k^{11}qa^{0}ȵɛn^{24}乱糟糟、qa^{0}nɛŋ^{11}qa^{0}nap^{11}（天）黑漆漆

ABB ma^{0}loŋ^{312}ɕwa:k^{31}ɕwa:k^{31}亮闪闪

此外，还有ABAB、ACAB型。

ABAB hra:i^{213}hrit^{53}hra:i^{213}hrit^{53}长甩甩

ACAB ka:u^{31}ka^{31}ka:u^{31}kit^{31}高高的

少量动词可以带叠音后缀，比如：qa^{213}θa:u^{53}hə^{31}hə^{31}笑哈哈、nau^{31}hu^{31}hu^{31}闹哄哄。

综上所述，发达型状貌后缀的主要特征如下。

第一，词根与状貌后缀的结构类型多样化，不同类型互有衍生关系。

第二，词根（形容词居多）与状貌后缀常有语音和谐关系，整体以声母互谐居多。

第三，动词、形容词及名词都能附加状貌后缀，状貌后缀最主要的作用是描声摹状。同一个词根添加不同的状貌后缀，描摹程度非常细腻。

不过，语言之间带状貌后缀的能力并不均衡，如布央语、仡佬语的方言，丰富发达的状貌后缀多见于形容词，而动词很有限，所带后缀以单音节为主。

① 薄文泽：《木佬语研究》，民族出版社，2003年，第80–81页。

② 李锦芳：《布央语研究》，中央民族大学出版社，2000年，第39–41页；莫海文：《荣屯布央语参考语法》，中国社会科学出版社，2016年，第98、111页。

第二节 侗台语状貌后缀历时演变踪迹勾勒

三种发达程度不同的类型代表了状貌后缀三个不同的发展阶段，那么，其历时演变链为何？由于侗台语缺乏汉语那样连续而丰富的历史文献，本节主要通过语族内部的比较，以及尽可能结合历史文献，勾勒侗台语状貌后缀历时演变的踪迹。拟声、摹状、拟声兼摹状三类后缀的性质各异，演变踪迹各异，下面分述。在此之前，提出两点假设，然后设法求证。

一、状貌后缀发达程度的历时演变

假设一：侗台语状貌后缀极有可能经历了一个由不发达趋向发达的演变过程。

如表5-1所示，侗台语程度范畴的三种主要表达手段，形容词原形重叠、附加状貌后缀属于语法手段，搭配程度副词属于词汇手段。

表5-1 侗台语的程度范畴

<table>
<tr><th>类型</th><th>语支</th><th>语言</th><th>方言土语</th><th>代表点</th><th>原形重叠</th><th>状貌后缀</th><th>程度副词</th></tr>
<tr><td rowspan="9">不发达型(9)</td><td rowspan="5">台语支</td><td colspan="3">石家语</td><td>+</td><td>−</td><td>+</td></tr>
<tr><td colspan="3">布泰语</td><td>+</td><td>−</td><td>+</td></tr>
<tr><td colspan="3">黑傣语</td><td>+</td><td>−</td><td>+</td></tr>
<tr><td colspan="3">泰语</td><td>+</td><td>−</td><td>+</td></tr>
<tr><td>傣语</td><td>红金方言</td><td>湾碧傣语</td><td>+</td><td>−</td><td>+</td></tr>
<tr><td rowspan="4">仡央语支</td><td rowspan="3">仡佬语</td><td>多罗方言</td><td>弯桃仡佬语</td><td>−</td><td>−</td><td>+</td></tr>
<tr><td>多罗方言</td><td>月亮湾仡佬语</td><td>+</td><td>−</td><td>+</td></tr>
<tr><td colspan="2">红仡佬语</td><td>+</td><td>−</td><td>+</td></tr>
<tr><td>布央语</td><td>西部方言</td><td>巴哈布央语</td><td>+</td><td>−</td><td>+</td></tr>
<tr><td rowspan="5">准发达型(5)</td><td rowspan="2">台语支</td><td colspan="3">吉兆话</td><td>+</td><td>+/−</td><td>+</td></tr>
<tr><td>临高语</td><td>临高土语</td><td>临城话</td><td>+</td><td>+/−</td><td>+</td></tr>
<tr><td>黎语支</td><td>黎语</td><td>加茂方言</td><td>加茂话</td><td>+</td><td>+/−</td><td>+</td></tr>
<tr><td rowspan="2">仡央语支</td><td colspan="3">拉基语</td><td>−</td><td>+/−</td><td>+</td></tr>
<tr><td colspan="3">普标语</td><td>+</td><td>+/−</td><td>+</td></tr>
</table>

续表

类型	语支	语言	方言土语	代表点	原形重叠	状貌后缀	程度副词
发达型(36)	台语支	壮语	北部方言	蒙山壮语	+	+	+
			南部方言	邕宁壮语	+	+	+
		布依语	第一土语	望谟布依语	+	+	+
			第一土语	罗甸布依语	+	+	+
			第二土语	贵阳布依语	+	+	+
		傣语	德宏方言	德宏傣语	+	+	+
			西双版纳方言	景洪傣语	+	+	+
			金平方言	金平傣语	+	+	+
		临高语	琼山土语	琼山话	+	+	+
			澄迈土语	澄迈话	+	+	+
		岱语			+	+	+
		侬语			+	+	+
		老挝语			+	+	+
	侗水语支	侗语			+	+	+
		水语			+	+	+
		仫佬语			+	+	+
		毛南语			−	+	+
		佯僙语			+	+	+
		锦话			−	+	+
		莫语			−	+	+
		标话			(+)个别双音节词	+	+
		拉珈语			+	+	+
		茶洞语			+	+	+
		那溪话			+	+	+
	黎语支	黎语			+	+	+
		村话			+	+	+
		那斗话			+	+	+
	仡央语支	仡佬语	稿方言	平坝仡佬语	+	+	+

续表

类型	语支	语言	方言土语	代表点	原形重叠	状貌后缀	程度副词
发达型(36)	仡央语支	仡佬语	阿欧方言	比贡仡佬语	+	+	+
			哈给方言	三冲仡佬语	+	+	+
				鲁容仡佬语	+	+	+
				坡帽仡佬语	+	+	+
			多罗方言	居都仡佬语	+	+	+
		木佬语			+	+	+
		布央语	东部方言	雅郎布央语	+	+	+
				郎架布央语	+	+	+

注：+表示有该特征，-表示没有该特征，+/-表示状貌后缀很少，(+)表示仅限于某类。

侗台语程度范畴三种表达手段中，除个别语言（方言）以外，形容词均能原形重叠，均能受程度副词修饰，以示生动状态及程度的深化、弱化，从中可以归纳出一条类型学的蕴含关系：有状貌后缀的，一定有原形重叠和程度副词；有原形重叠的，一定有程度副词，但不一定有状貌后缀；有程度副词的，一定有原形重叠，但不一定有状貌后缀。

形容词的原形重叠（AA型）应该最早出现，因而这种手段在侗台语中分布最广，若要表示语义深化，最经济的手段就是改变后一个或前一个重叠成分的声调，于是出现A'A或AA'型变调重叠，但分布的语言很有限。叶婧婷（2017）通过跨语言考察，指出拟态词（ideophone）的主要表现形式是重叠（如AA、AABB）和叠加（如ABB），以重叠最为典型，世界范围分布最广。侗台语状貌后缀最常见的结构类型有AABB、ABAB、AB、ABB、ABAC，有完全重叠或部分叠加。我们认为，状貌后缀（摹状类）的产生与原形重叠有密切联系，此类后缀在原形重叠的基础上产生，其中语音和谐（尤其是声母）应为主要产生途径。然而，以上手段都是依靠成分叠加来表示生动状貌、程度深化，这就势必造成口头交际与大脑记忆的大量负荷。于是，使用程度副词无疑是最符合经济原则。顾骁晨（2017）考察了侗台语45种语言（方言）的程度副词，发现其中多是汉借词。可见，程度副词在程度范畴三种手段中应该最晚出现。那么，侗台语程度范畴三种手段的出现次序应为：原形重叠（→变调重叠）→附加状貌后缀→使用程度副词。

附加状貌后缀这种语法手段在侗台语内部的共时差异，反映其历时演变的不均衡性，三类表现形式实质是三个不同的历史层次。下面结合历史文献讨论这个问题。

侗台语的历史文献比较有限，这里用春秋时代的《越人歌》、十三世纪的《兰甘亨碑文》和明清时代的方块壮字抄本三种文献，尝试勾勒侗台语状貌后缀演变的一些踪迹。

(1)春秋时代的《越人歌》

春秋时代的《越人歌》是一首用汉字记录的古越人民歌,不少研究者如韦庆稳(1981)、白耀天(1985)、林河(1985)、周流溪(1993)、郑张尚芳(1997)、吴安其(2008)、王兴赋(2009)等,用壮语、布依语、侗语、泰语从语言学的角度对其进行解读,所用方法以及依据的语言不一致,因而意见也不一致。

对于原文的"秦胥胥",以上各家的解读分为两种:一种是历史比较法,即利用汉语上古音、壮语以及同族语逐字对勘,将其释为实词。韦庆稳(1981)运用汉语上古音、原文汉字记音结合壮语方音,将"秦"释为"探望、拜见","胥"释为"感谢","秦胥胥"通释为"当面致谢意"。郑张尚芳(1991)按照自己构拟的上古音系统,用泰语对勘,"秦"为"愉快","胥"为"满意、称心","秦胥胥"通释为"满怀喜欢"。吴安其(2008)根据上古中期汉语中部方言的特点,结合古侗台语,将"秦"释为"喊","胥"释为"干","秦胥胥"通释为"(声音)喊干干"。运用类似方法的研究成果还有周流溪(1993)、林河(1985)。一种没有严格的对音程序,将其释为带状貌后缀的形容词。白耀天(1985)用壮语"a:ŋ^{5}(高兴)"、"hjen^{1}(贪恋)"对译"昌"和"秦","州"为助词lo^{6}(啰),因为壮语形容词常常带状貌后缀,因而原文的"秦胥胥""昌州州"为"hjen^{1}lo^{6}lo^{6}(多么贪恋)""a:ŋ^{5}lo^{6}lo^{6}(欢啰啰)"。类似研究还有王兴赋(2009)。

第一种方法显然更科学严谨。尽管各家对"秦胥胥"的释读结果不一致,但不能否定的是——如果《越人歌》记录了春秋时期的古侗台语,那么AA型重叠已经出现。

(2)十三世纪的《兰甘亨碑文》

侗台语诸多语言中,泰语拥有历史悠久的拼音文字。泰国1283年创制的第一块碑文——素可泰王朝的兰甘亨碑文,记录了十三世纪的泰语。该碑文是一篇纪实性文献,可信度较高。杨光远(2007:72-79)用国际音标、汉语对碑文进行了转写与注释,整个碑文未发现状貌后缀的踪迹,对于生动状貌,碑文有三种表达方式。

第一,形容词单用,例如:

①	mɯa^{2}	tshua$^{3/6}$	phɔ$^{3/6}$	khun^{1}	ra:m^{2}	kham^{2}	hɛ:ŋ^{1}	mɯaŋ^{2}	su^{5}	kho^{1}	thai^{2}	ni^{4}	**di$^{2/1}$**	.
	当	时代	父	坤	兰	甘	亨	勐	泰	可	素	这	好	
	兰甘亨王时代,素可泰国好。													

第二,原形重叠,例如:

②	tsak^{7}	mak^{8}	**hua^{1}**	**hua^{1}**	,	khrai^{2}	tsak^{7}	mak^{8}	**lɯan^{3}**	**lɯan^{3}**	.		
	将要	喜欢	笑	笑		谁	将要	喜欢	吟	吟			
	爱笑者笑,爱吟者吟。												

第三,运用四音格词,这类例子较多,例如:

③	ˀan$^{2/1}$	dai^{2}	**kin$^{2/1}$**	ˀrɔi^{5}	**kin$^{2/1}$**	**di$^{2/1}$**,	ku$^{2/1}$	ˀau$^{2/1}$	ma^{2}	kɛ^{5}	phɔ$^{3/6}$	.	
	个	哪	吃	可口	吃	好	我	拿	来	予	父		
	哪样美味可口,我携予我父。												
④	ku$^{2/1}$	dai^{3}	**hma:k^{9}**	**som^{3}**	**hma:k^{9}**	**hwa:n^{1}**	.						
	我	得	果	酸	果	甜							
	我获酸果甜果。												
⑤	kla:ŋ$^{2/1}$	mɯaŋ^{2}	su^{5}	kho^{1}	thai^{2}	ni^{4},	mi^{2}	nam^{4}	tra^{5}phaŋ^{2}phoi^{2}	**si^{1}**	**sai^{1}**	**kin$^{2/1}$**	**di$^{2/1}$**.
	中	勐	素	可	泰	这	有	水	水井	色	清	吃	好
	这素可泰勐中,有(一口)水井的水清澈味甘。												

现代泰语和壮语沿袭了以上三种表达方式,试比较:

	泰语①		壮语(蒙山)	
AA	lat^{22}lat^{22} 速速	dii^{33}dii^{33} 好好	mo^{5}mo^{5} 崭新	hoŋ^{2}hoŋ^{2} 很红
ABAC	siia^{24}ˀok^{22}siia^{24}cai^{32} 伤心	paak^{22}piiak^{22}paak^{22}chɛ^{22} 喋喋不休	pa:i^{5}ti:n^{1}pa:i^{5}ti^{6} 谢天谢地	ˀbou^{3}vu:ŋ^{6}ˀbou^{3}ma:ŋ^{2} 不慌不忙
ABCD	mɯɯt^{41}faa^{453}mua^{33}din^{33} 天昏地暗	lɯɯm^{33}taa^{33}ˀaa^{41}paak^{22} 扬眉吐气	θei^{3}fu:ŋ^{1}pet^{7}pa:i^{6} 四面八方	wa^{1}la:i^{1}lu:n^{6}ta^{1} 眼花缭乱

其中ABAC、ABCD型都是实词复合而成的四音格词。对照《越人歌》,不难发现AA型应继承自古侗台语,ABAC、ABCD型可能是没有记录,也可能是后来产生的,至少十三世纪的泰语文献已有记录。不过,泰语至今未发展出壮语那般丰富的状貌后缀,试比较:

	泰语②	壮语(蒙山)	
红	dɛŋ^{33}红+kam^{22}深、浓=dɛŋ^{33}kam^{22} 通红	liŋ^{1}kwaŋ^{5} 较红的	liŋ^{2}kwaŋ^{5}kwaŋ^{5} 红通通
白	khaau^{24}白+siit^{41}苍白=khaau^{24}siit^{41} 苍白	ha:u^{1}pan^{1} 较白的	ha:u^{1}pan^{1}pan^{1} 白花花
白	khaau^{24}白+ɕau^{453}白白的=khaau^{24}ɕau^{453} 雪白	ha:u^{1}θa:k^{7} 较白的	ha:u^{1}θa:k^{7}θa:k^{7} 白亮亮
绿	khiiau^{24}绿+ˀɔɔn^{22}浅=khiiau^{24}ˀɔɔn^{22} 浅青	he:u^{1}n̥e:u^{3} 较绿的	he:u^{1}n̥e:u^{3}n̥e:u^{3} 绿油油

同样是AB型,泰语由"形容词语素+形容词语素"组成,而壮语是"形容词语素+状貌后缀",并且能扩展为ABB型,而泰语没有这种用法。

(3)明清时代的方块壮字文献

学界普遍认为,方块壮字始于唐而兴于宋。目前,最早有明确抄写时间的方块壮字抄本应是《咘洛陀造麽叭科》(明万历四十四年,1616年),见图5-1。该宗教抄本含8例

① 何冬梅:《泰语构词研究》,云南人民出版社,2015年,第89、125-126页。

② 何冬梅:《泰语构词研究》,云南人民出版社,2015年,第79页。

状貌后缀，皆为ABC型，例如：

方块壮字	功肚哑路粱	功肚相立臨	淚盖麻儀厄	親大連八臨
音标	ko:ŋ^{2}tuŋ$^{4?}$**jɯək^{7}lo^{6}liaŋ^{2}**	ko:ŋ^{2}tuŋ^{4}**in^{1}lap^{8}li^{6}**	tai^{3}kai^{5}ma^{2}**i^{3}ət^{7}**	çin^{1}ta^{1}**le:n^{6}ka^{6}lət^{8}**
直译	叫肚饿咕咕	喊肚痛连连	哭什么凄凄	亲眼慢慢瞄
意译	肚子饿得叫咕咕	肚子疼得喊哟哟	你干嘛伤心痛哭	虽然当面瞄又看

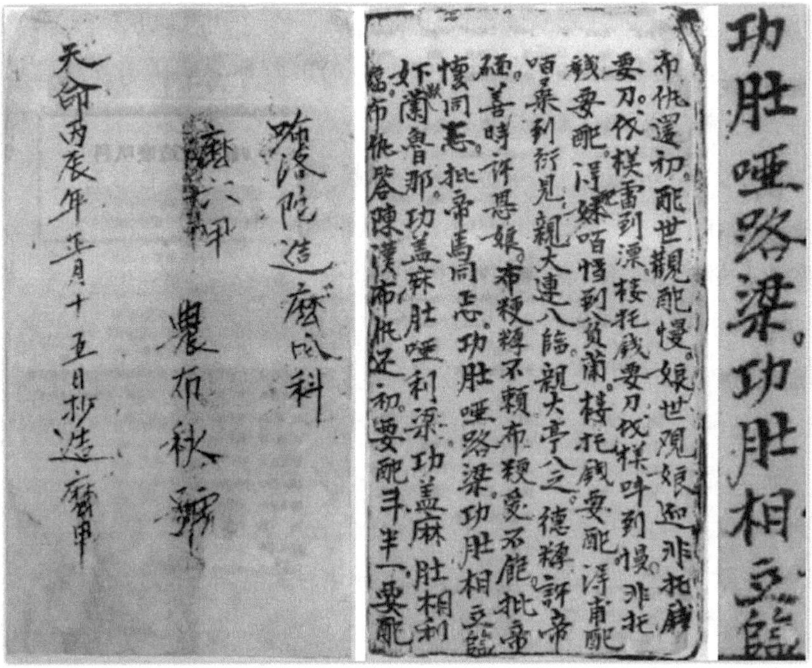

图5-1　明丙辰(1616年)农布秋抄本《喃洛陀造麽叭科》封面、内页与含状貌后缀的句子①

约产生于明代的宗教抄本《麽请布洛陀》，发现了32例状貌后缀，其中ABC型31例，ABCBD型1例，例如：

方块壮字	磌造邪个啦	王造嗃地壇	得三脺之結	得至左至素
音标	lin^{1}ça:u^{4}**a^{4}ka^{2}lap^{8}**	vuəŋ^{2}ça:u^{4}**ha:u^{5}ti^{6}ta:n^{2}**	tɯk^{7}ɬa:m^{1}dɯən^{1}**tɕi^{6}tɕat^{8}**	**tɯk^{7}çi^{4}ça^{1}çi^{4}ɬa:k^{8}**
直译	石头才裂开开	王才问喋喋	咬三个月叽喳	咬叽喳叽喳
意译	石头才裂开	王才喋喋问	叽喳咬了三月	叽喳叽喳地咬

清乾隆年间，李调元编撰的《粤风》收录了明末清初广西浔江一带(今桂平、平南等地)的壮族民歌，当中也能发现AB、ABB、ABC型状貌后缀，例如：

方块壮字	想藤同好看	淋了细丝丝	凛卦广陂波	
音标	si:ŋ^{3}taŋ^{2}toŋ^{2}**ha:u^{1}ha:n^{5}**	do:m^{5}liu^{4}**sai^{5}sei^{1}sei^{1}**	ɣam^{4}kva^{5}**kva:ŋ^{6}pei^{2}po^{2}**	
直译	想到同年白皙	看了细丝丝	水过奔腾哗卜	
意译	想到靓丽妹	凝视花娇艳	水过响哗卜	

① 原图来自黄明标：《壮族麽经布洛陀遗本影印译注》(上卷)，广西人民出版社，2017年，第2、16页。

传抄于清代的方块壮字文献很多，除上述类型，还出现了诸如ABAC、ABCBC、ABCDE等类型，前章已述，此处不赘。

就结构类型而言，明清时期记录的状貌后缀的结构类型已与现代口语基本无二。不过，如今尚未发现明代以前的方块壮字文献，抄于明代的方块壮字文献也相当有限，相关的汉文文献的记载更是零散琐碎，难觅状貌后缀之踪迹。①不仅如此，像《越人歌》与《兰甘亨碑文》这类时间较明确的文献也有其局限性，因而难以凭借某一个语言(方言)的片面记录，去进行某一个时期的断代描写，但可以把这些历史文献与现代语言进行比较，佐证历史演变的实际过程和机制。

结合历史比较法与历史文献的考察，早在《越人歌》时代，已有形容词AA型重叠的记录，可见它是最早产生。十三世纪的泰文文献没有状貌后缀的踪迹，现代泰语基本如此。状貌后缀不发达的语言(方言)，很可能至今仍保留着古侗台语的某些面貌。根据梁敏、张均如(1996:13-18)，黎语支、仡央语支于原始侗台语中最先分化出来，黎族先民约四千年前已迁徙至海南岛北部，今黎语支和仡央语支不乏状貌后缀的踪迹，同为台语支的泰语和壮语分化时间较晚，壮语状貌后缀丰富，而泰语基本没有状貌后缀。笔者认为，状貌后缀应该是在侗台语诸语言分化以后各自发展起来的，这在一定程度上解释了状貌后缀之间难以找到同源关系，难以进入历史比较视野的缘故。

由于历史文献有限，加上侗台语诸语言的分化时间各异，这里无法给出各语言(方言)状貌后缀的出现时间。谨慎起见，我们回到壮语本身，明代的方块壮字文献已有状貌后缀的记录，可见其形成时间必然不晚于明代。

通常按照事物由简单至复杂的线性发展规律，状貌后缀从无到有，再发展出诸多的结构类型，中间肯定经过了漫长的历史时期。也就是说，侗台语状貌后缀的历时演变踪迹可勾勒为：不发达→准发达→发达。

二、状貌后缀语义类型的历时演变

假设二：状貌后缀含三种语义类型，拟声类最早产生，拟声兼摹状类次之，摹状类最晚产生。

拟声词(语素)最初产生与语音造词有关，这是一种原始的造词法，源自发音近似的语言符号对声音的临摹，意义比较明确，例如ha^1ha^1哈哈是笑声，$ŋa^1ŋa^1$哇哇是哭声，pup^8pup^8嘭嘭是跳动声。三千多年前的《诗经》也有"交交黄鸟""关关雎鸠""呦呦鹿鸣""伐

① 覃晓航在《岭南古越人名称文化探源》(1995)与《侗台语语源探索》(2009)中，对汉文文献记录的古越人的族称、物称、人称、某些字词做过细致考释，均无涉本书的研究对象。

木丁丁"等字句。拟声词(语素)的写法往往不固定,例如表示"嘟囔、沸腾、掉落"的声音,壮语就有 pjo^{1}pjo^{1}、pjo:p^{7}pjo:p^{7}、pjot^{8}pjot^{8}、pjok^{8}pjok^{8}等写法。拟声词(或语素)作为状貌词的构成成分,常常后置于动词,主要起说明声音性质及来源的作用,例如壮语 ɣi:u^{1}ha^{1}ha^{1}(笑哈哈)与 ɣi:u^{1}he^{1}he^{1}(笑嘻嘻)的区别在于笑声的大小,又如 ti:u^{5}pup^{8}pup^{8}(心脏怦怦地跳)和 ti:u^{5}pum^{1}pum^{1}(小孩跳蹦蹦)的区别在于声音主体不同。出于词义整体性、状貌后缀系统性的目的,本书将拟声词(语素)归作状貌后缀的下类,但必须承认由其组成的状貌词词汇化程度并不高,理由是这类状貌词内部结构较为松散,中间通常可以插入动词的宾语、补语,例如壮语"tai^{3}(哭)+ham^{2}(痛苦)+i:k^{7}i:k^{7}=痛哭流涕""ɕit^{7}(吸)+ˀi:n^{1}(烟)+pa:p^{7}pa:p^{7}=叭叭地吸烟"。以及于词根而言,有的拟声词(语素)可前置可后置还可独立运用,例如"武鸣壮语 tai^{3}u^{3}u^{3}/u^{3}u^{3}tai^{3}哇哇地哭""侗语 ko^{1}ȵem^{3}ȵem^{3}/ȵem^{3}ȵem^{3}ko^{1}笑眯眯""版纳傣语 xun^{1}xot^{8}xot^{8}/xot^{8}xot^{8}xun^{1}鼾声呼呼""仫佬语 ȵɛ^{3}ŋa^{6}ŋa^{6}/ŋa^{6}ŋa^{6}ȵɛ^{3}哇哇地哭"。①准发达型状貌后缀以拟声居多,摹状极少,很可能保留了状貌后缀发展的早期形式,今侗台语该型分布的语言(方言)较少,如拉基语、临高语临城话。

拟声应该是状貌后缀的早期形式,进而发展出兼类摹状的作用,以满足表达需求。例如壮语"pja:i^{3}kom^{1}kom^{1}"可以表示走路轰隆声,也可以表示走路匆忙。汉语拟声词亦不乏拟态的用法,以声音描绘事物的情态。郭锐(2018:266)认为,凡是四音节拟声词如"叮叮当当、扑通扑通、叽里咕噜"无论语法功能还是构词形式,都应该归为状态词。然而,状态远比声音抽象,拟声兼摹状这种方法存在明显局限性。如前所述,壮语三类状貌后缀中拟声兼摹状类的数量很有限,仅搭配个别动词,语义范围狭窄,多含密集、匆忙的意味。

于是,摹状后缀开始大量产生,与前两类后缀在语音、语义上的区别度增加,逐渐发展为一个单类后缀,在数量与功能上远胜于前两类后缀。语音和谐是摹状后缀的主要生成途径,尤其是声母互谐,因而,侗台语摹状类状貌后缀与词根普遍具有双声关系。摹状类后缀的语义范围宽泛,层级分明,事物具象抑或抽象的状态都可以从不同角度、不同程度进行模拟。不同于拟声类后缀对声音的直接临摹,摹状类后缀主观性更强,承载着人们对事物量级大小与情感褒贬的认知,由其构成的状貌词词汇化程度较高。此类后缀的组合功能也在扩张,除主要搭配形容词外,也搭配动词及少数名词乃至其他词类,例如仡佬语平坝、比贡、三冲、居都这几个点,形容词能带状貌后缀,而动词很少带状貌后缀,又如柳江壮语的量词、布依语的副词也能带状貌后缀(韦星朗1984;徐李2015)。发达型状貌后缀涵盖拟声、摹状、拟声兼摹状三类后缀,是状貌后缀

① 梁敏,张均如:《侗台语族概论》,中国社会科学出版社,1996年,第870-871页。

发展的高级阶段,于今侗台语中广泛分布。

综上所述,侗台语三类状貌后缀的产生次序应为:拟声类→拟声兼摹状类→摹状类,摹状后缀组合功能的扩张次序应为:形容词→动词→名词→其他词类。

第三节　侗台语状貌后缀的产生途径

状貌后缀是语言发展到一定阶段的产物,其产生途径主要有下面几种。

一、语音和谐

语音关联是状貌后缀产生的一个主要途径,语音关联包括语音造词和语音构词。拟声类后缀的产生主要是语音造词,上文已述。这里讨论摹状类后缀与语音构词的关联。

以ABB、AB型为典型代表,先看一组数据。壮语方面,词根与状貌后缀的双声比例为35.2%,而鲜见叠韵现象,例如:liŋ^{5}la:ŋ^{1}la:ŋ^{1}险峻、θiŋ^{3}θa:k^{8}θa:k^{8}皎洁、o^{1}a:t^{7}a:t^{7}(衣服)蓝蓝的、he:p^{8}ȵe:p^{7}ȵe:p^{7}很狭窄。侗语方面,词根与状貌后缀双声叠韵的占26.9%,其中双声占24.6%,例如:ȶo^{323}ȶɐt^{55}ȶɐt^{55}黏乎乎、ȵan^{35}ȵi^{13}ȵi^{13}痒痒的、lap^{323}jap^{31}jap^{31}亮闪闪、ȶau^{55}jau^{13}jau^{13}很脆(比如食物)。①水语方面,词根与状貌后缀双声叠韵的占71.7%,其中双声占66.2%,例如:pa:k^{8}paŋ^{4}白白的、ˀba:ŋ^{1}ˀbek^{7}薄薄的、pja:ŋ^{6}pja:p^{8}扁扁的、tjaŋ^{5}njaŋ^{5}饱饱的。②锦话方面,词根与状貌后缀双声的占65.0%,叠韵占13.0%,例如:dau^{6}dam^{5}热乎乎的、pa:p^{8}pa:ŋ^{6}瘪瘪的、dun^{6}ȵun^{5}慢悠悠的、zui^{4}ȵui^{3}丑乎乎的。③此外,居都仡佬语、茶洞语、莫语的状貌后缀也常常与词根的声母一致。④可见,摹状类后缀与词根的语音关联主要是声母互谐,韵母则关联较少,这是侗台语的一个共同现象。

摹状类后缀的生成基础是形容词AA型重叠,最经济的手段就是复制词根的音素,遵循第二章提到的一致性原则,优先复制声母,其次是声调,最后是韵母,构成语音和谐关系的AB型,例如"hoŋ^{2}hoŋ^{2}红红的→hoŋ^{2}hɯt^{8}红通通"是复制声母,"θa:ŋ^{1}θa:ŋ^{1}高高的

① 百分比据Gerner(2005:46-60)附录的词表统计得来。

② 百分比据曾晓渝(1997:355-356)统计得来。

③ 崔建新:《锦话谓词的重言形式》,《语言研究》1989年第1期。

④ 李锦芳等:《西南地区濒危语言调查研究》,中央民族大学出版社,2006年,第141、335页;杨通银:《莫语研究》,中央民族大学出版社,2000年,第106页。

→θa:ŋ¹kwa:ŋ¹高高的”是同时复制声调与韵母。还遵循互补性原则，例如“kan³kan³→kan³ɣi:n¹非常紧迫”是塞音声母的词根搭配擦音声母的后缀。加上AB型可以衍生如ABB等诸多类型，在形态与数量上进一步丰富状貌后缀系统。

摹状类后缀数量丰富，双声的比例水语、锦话约占七成，壮语、侗语约占三成，其成因除了语言差异，是否还意味着该类后缀由起初的语音构词增添了别的产生途径，以及别的产生途径是什么，下面进一步考察。

二、认知隐喻

ABB型状貌后缀是一种重要的结构类型，词缀BB修饰或补充词根A，既可以拟声也可以摹状，还可以强调性状的程度，从而起到生动的表达效果。

词是音义结合体，词根与状貌后缀除了上述的语音和谐，其语音与语义还存在一定的认知关联，这种关联并非全然主观任意，而是造词心理的一种反映。George Lakoff强调隐喻的认知作用，认为隐喻与人类的概念结构密切相关，并指出“隐喻不是语言的表面现象，它是深层的认知机制，组织我们的思想，形成我们的判断，使语言结构化，从而有巨大的语言生成力。”具体而言，隐喻是“将一个抽象域的概念(知识)结构，建立于另一个更为具体的义域的感觉(可感知的)基础上。”①

现以壮语标准语为例，分析下面10组词根与状貌后缀结合的认知理据。

1.声母f的后缀常常与“(空气)摩擦、流动”义的词根相关，例如：

pak⁸(喘气)：pak⁸fo¹fo¹[方]气喘吁吁

pi¹(摆；摆动)：pi¹fa:i¹fa:i¹[方]走路时手臂摆动很厉害

pi:u¹(射；弹)：pi:u¹fe²fe²[方]轻轻的飘动

put⁷(跑)：put⁷fɯ¹fɯ¹[方]奔驰的样子

pja:i³(走)：pja:i³fot⁸fot⁸ [方]形容很多人走路走得很快的样子

taɯ²(着火)：taɯ²foŋ¹foŋ¹[方]火焰很大

ke:u³(缠；绕)：ke:u³fa¹fa¹旋风一团团的卷起

ke:u³(缠；绕)：ke:u³fot⁸fot⁸汹涌

kon³(水沸腾)：kon³fot⁸fot⁸奔腾

ɣak⁸(拖；拉)：ɣak⁸fu¹fu¹[方]拖着东西跑时发出的摩擦的声音

ɣon⁴(充满而流出，溢)：ɣon⁴fɯt⁸fɯt⁸喷涌

ˀdat⁷(拥挤)：ˀdat⁷fɯt⁸fɯt⁸水泄不通

① 胡壮麟：《认知隐喻学》，北京大学出版社，2004年，第71-72页。

试比较英语由辅音丛 fl-构成的一组词，比如 flip、flop、flutter、flicker 都与“拍、打、闪动”有关。

2.声母 l、ɣ 的后缀常常与“圆周、光滑、平坦、顺畅”义的词根有关，例如：

pan^{5}（转；转动）：pan^{5}la:u^{1}la:u^{1}［方］（大物体）旋转得很快—pan^{5}le:t^{7}le:t^{7}［方］（较小的物体）旋转得很快—pan^{5}lok^{7}lok^{7}［方］转辘辘—pan^{5}lu^{1}lu^{1}［方］团团转—pan^{5}lɯk^{7}lɯk^{7}［方］摇头的样子

kwa^{4}（盘旋；旋绕）：kwa^{4}lon^{1}lon^{1}盘旋貌

lu:n^{2}（圆形的、圆）：lu:n^{2}lu^{1}lu^{1}圆滚滚

mɯn^{2}（圆形的）：mɯn^{2}lu^{1}lu^{1}圆鼓鼓

piŋ^{2}（平；平坦）：piŋ^{2}ɣi:n^{1}ɣi:n^{1}宽广而平坦—piŋ^{2}ɣɯt^{8}ɣɯt^{8}平坦

toŋ^{1}（懂；畅通）：toŋ^{1}ɣo:ŋ^{1}ɣo:ŋ^{1}［方］畅通无阻—toŋ^{1}ɣa:t^{7}ɣa:t^{7}［方］很通顺—toŋ^{1}ɣe:t^{7}ɣe:t^{7}［方］畅通无阻—toŋ^{1}ɣɯt^{7}ɣɯt^{7}［方］畅通无阻

ɣau^{2}（滑；滑溜）：ɣau^{2}ɣa:t^{7}ɣa:t^{7}［方］滑滑的

ɣi:ŋ^{3}（敏捷；迅速）：ɣi:ŋ^{3}ɣe:t^{7}ɣe:t^{7}［方］高速

无独有偶，孙景涛（2008：87-100）指出，古代汉语、现代汉语方言与日语在摹态顺向重叠中，其第二音节常常为流音，也有前后鼻音、双唇鼻音、喉擦音。

3.声母 θ 的后缀常常与“光泽、颜色”义的词根相关，例如：

mo^{5}（新）：mo^{5}θa:k^{7}θa:k^{7}［方］崭新；很新—mo^{5}θup^{7}θup^{7}［方］崭新；很新

ɣo:ŋ^{6}（亮；光亮；明亮；光明）：ɣo:ŋ^{6}θa:t^{8}θa:t^{8}亮光光—ɣo:ŋ^{6}θɯk^{8}θɯk^{8}光彩夺目—ɣo:ŋ^{6}θa:k^{8}θa:k^{8}［方］皎皎；皎洁；亮光光的

pi:k^{8}（白）：pi:k^{8}θi^{1}θi^{1}白净

ha:u^{1}（白）：ha:u^{1}θa:k^{7}θa:k^{7}白花花—ha:u^{1}θup^{7}θup^{7}白花花—ha:u^{1}θi^{1}θi^{1}白净

he:u^{1}（绿）：he:u^{1}θa:u^{1}θa:u^{1}［方］碧绿、苍翠—he:u^{1}θɯt^{8}θɯt^{8}［方］青青的

hoŋ^{2}（红；赤）：hoŋ^{2}θɯk^{8}θɯk^{8}红扑扑

英语由辅音丛 gl-构成的一组词如 glitter、glisten、glow、gleam、glare 同样与“光线”有关。

4.韵母 aŋ 的后缀常常与“空旷、广大”义的词根相关，例如：

ɕa^{4}（稀疏）：ɕa^{4}ɕa:ŋ^{1}ɕa:ŋ^{1}［方］稀稀疏疏的

fou^{2}（飘浮；轻浮）：fou^{2}fa:ŋ^{1}fa:ŋ^{1}［方］很多轻的物体漂浮在水面上的样子—fou^{2}wa:ŋ^{1}wa:ŋ^{1}［方］重病初愈，身体虚弱，头重脚轻，走起路来踉踉跄跄的

kwa:ŋ^{5}（宽大；广阔）：kwa:ŋ^{5}mja:ŋ^{1}mja:ŋ^{1}面积很宽广（多指房屋、河流、布面等）—

kwa:ŋ^{5}ma:ŋ^{1}ma:ŋ^{1}广袤

kjai^{1}（远）：kjai^{1}kja:ŋ^{1}kja:ŋ^{1}遥远，极远

kjoŋ^{1}（空心；通心）：kjoŋ^{1}kja:ŋ^{1}kja:ŋ^{1}很空

hoŋ^{5}（空）：hoŋ^{5}ha:ŋ^{1}ha:ŋ^{1}空荡荡—hoŋ^{5}wa:ŋ^{1}wa:ŋ^{1}［方］空旷

lo^{6}（裸；露出来）：lo^{6}la:ŋ^{1}la:ŋ^{1}［方］一丝不挂

ˀdo^{5}（秃）：ˀdo^{5}ˀda:ŋ^{1}ˀda:ŋ^{1}［方］光秃秃的

5. 韵腹前元音 a 的后缀与动词词根搭配，常常表示动量大；跟形容词词根搭配，常常表示程度重，例如：

tai^{3}（哭）：tai^{3}ŋa^{1}ŋa^{1}［方］嚎啕大哭

ka:ŋ^{3}（讲）：ka:ŋ^{3}taɯ^{1}taɯ^{1}［方］唠唠叨叨

taɯ^{2}（着火）：taɯ^{2}ja:k^{8}ja:k^{8}［方］形容火焰很大

θom^{3}（酸）：θom^{3}θa:t^{7}θa:t^{7}［方］酸不可吃

ŋe:ŋ^{1}（歪；侧）：ŋe:ŋ^{1}ŋa:u^{1}ŋa:u^{1}［方］歪歪斜斜的（指体积较大的东西）

ɣai^{2}（长）：ɣai^{2}ɣa:ŋ^{1}ɣa:ŋ^{1}［方］长长的

6. 韵腹前元音 e 的后缀与动词词根搭配，常常表示动量小；跟形容词词根搭配，常常表示程度轻，例如：

tai^{3}（哭）：tai^{3}ȵe^{1}ȵe^{1}［方］小孩声音拉得长长的小声的哭

ka:ŋ^{3}（讲）：ka:ŋ^{3}ɕe^{1}ɕe^{1}小孩说笑声

taɯ^{2}（着火）：taɯ^{2}je:p^{8}je:p^{8}［方］形容灯火将熄，一黑一亮的样子

θom^{3}（酸）：θom^{3}θe:t^{7}θe:t^{7}酸溜溜

ŋe:ŋ^{1}（歪；侧）：ŋe:ŋ^{1}ȵe:u^{1}ȵe:u^{1}［方］歪歪斜斜的（指体积较小的东西）

ɣai^{2}（长）：ɣai^{2}ɣe:ŋ^{1}ɣe:ŋ^{1} ［方］长长的（指面积狭长的物体）

7. 韵腹后元音 o/u 的后缀常与“粗重”义的词根相关，例如：

ai^{1}（咳嗽）：ai^{1}kjo^{1}kjo^{1}［方］咳得很厉害，喉头里有痰塞住的咳声

pak^{8}（喘气）：pak^{8}fo^{1}fo^{1}［方］气喘吁吁

pi^{2}（肥胖）：pi^{2}lo^{1}lo^{1}［方］胖胖的（指小孩）—pi^{2}po:t^{8}po:t^{8}［方］肥肥胖胖的（含贬意）

lon^{5}（落；脱落）：lon^{5}θo^{1}θo^{1}［方］（树叶、果子）纷纷地落下

ɕa:u^{2}（嘈杂，喧哗）：ɕa:u^{2}jo^{4}jo^{4}嘈杂—ɕa:u^{2}ho^{1}ho^{1}嘈杂

king^{3}（滚；滚动）：king^{3}lu^{1}lu^{1}［方］（大物体）不停地滚动

ɕo:m^{2}（堆积；集拢；围拢）：ɕo:m^{2}ɣu^{1}ɣu^{1}群集

元音的高低以及开口度大小与所模拟的事物或状态有联系，高元音或开口度小的

元音如e/i常常用来表示物体或程度“小”，低元音或开口度大的元音如a/o/u常常用来表示物体或程度“大”，这种现象普遍存在于世界多种语言(Leanne Hinton, etc. 1994)。

8.韵尾-m的后缀常含“密集、茂密”的意味，与之相配的多为后/高元音u，例如：

ti:u^{5}(跳)：ti:u^{5}pum^{1}pum^{1}[方]跳蹦蹦(指小孩)

tu:ŋ^{6}(拉，扯，拖)：tu:ŋ^{6}jum^{1}jum^{1}[方]坠沉沉的—tu:ŋ^{6}ɣu:m^{1}ɣu:m^{1}[方]树枝由于结果过多而下垂

mɯn^{1}(茂盛)：mɯn^{1}ɕum^{1}ɕum^{1}[方]茂茂密密的

nak^{7}(重，繁重)：nak^{7}num^{1}num^{1}沉甸甸

ɣau^{3}(暖)：ɣau^{3}ɣum^{1}ɣum^{1}暖烘烘

juŋ^{2}(绒)：juŋ^{2}ʔbum^{1}ʔbum^{1}毛茸茸

pɯn^{1}(毛)：pɯn^{1}ȵu:m^{1}ȵu:m^{1}[方]毛烘烘—pɯn^{1}ȵum^{1}ȵum^{1}[方]毛茸茸(形容动植物细毛丛生的样子)

也常常表示沉闷的声音，例如：

ɣi:u^{1}(笑)：ɣi:u^{1}ȵum^{1}ȵum^{1}[方]笑眯眯(没有出声)

ɣo^{5}(敲)：ɣo^{5}tum^{1}tum^{1}[方]敲鼓声

man^{3}(威吓；老虎、猫等高声怒吼；咆哮)：man^{3}ɣum^{1}ɣum^{1}野兽吼声；雷声隆隆响

ɣai^{2}([雷]鸣)：ɣai^{2}ɣum^{1}ɣum^{1}[方]雷声隆隆

9.韵尾-ŋ的后缀常含“状态持续、延长”的意味，与之相配的主元音多为a，例如：

ka:ŋ^{3}(讲)ka:ŋ^{3}ȵaŋ^{1}ȵaŋ^{1}[方]议论纷纷

pat^{8}(摆；摆动；甩动)：pat^{7}na:ŋ^{1}na:ŋ^{1}[方]悬挂物来回摆动

ɕu:n^{6}(旋转)：ɕu:n^{6}wa:ŋ^{1}wa:ŋ^{1}盘旋貌

kan^{1}(跟；跟随；随；随从)：kan^{1}naŋ^{1}naŋ^{1}[方]紧紧地跟着

ɣi^{6}(挂流)：ɣi^{6}na:ŋ^{1}na:ŋ^{1}[方](眼泪)涔涔地流

fi^{2}(醉)：fi^{2}faŋ^{1}faŋ^{1}酩酊大醉

10.韵尾-p的后缀常常与“昏暗、消沉”意味的词根有关，后缀的韵腹多为后/高元音u/o，例如：

hom^{2}(水浊)：hom^{2}nop^{7}nop^{7}[方]浑浊的样子

lu:n^{6}(乱；零乱)：lu:n^{6}pjup^{8}pjup^{8}[方]乱纷纷

to:t^{7}(痛；阵痛)：to:t^{7}ŋup^{8}ŋup^{8}[方]一阵阵的痛

na:i^{6}(身体虚弱；精神委靡；疲倦)：na:i^{6}nup^{7}nup^{7}[方]慢吞吞地做

om^{1}(闷热)：om^{1}mo:p^{8}mo:p^{8}很闷热

lap^7（黑，黑暗；昏暗）：$lap^7 ŋup^7 ŋup^7$黑糊糊

$ȵat^8$（挤；拥挤）：$ȵat^8 ȵup^8 ȵup^8$密麻麻

$ɣam^6$（阴）：$ɣam^6 fup^8 fup^8$阴沉沉

韵母aŋ的韵腹a洪亮，韵尾ŋ具有延长性，因而常常与“空旷、广大”的词根相关联；韵尾-m/-p在发音上形成闭合，因而常给人予密闭之感。无独有偶，王力（1980）发现汉语明母字m-如暮、墓、幕、雾、晚、蒙等常常与黑暗以及相关的概念有关联，阳部字-aŋ如阳、光、亮、皇、广等常常与光明、昌盛、广大、长远的概念有关联。

三、重叠形态

根据掌握语料，侗台语状貌后缀的结构类型共19种，如表5-2所示。

表5-2　侗台语状貌后缀的结构类型

语言		类型																			总计
		AB	ABB	ABC	ACB	AAB	ABAC	AABB	ABAB	ACAB	ABCD	ABBB	ACCB	ABBCC	ABCBC	ABCDE	ACBCB	ACCBB	ACBCD	ACDCB	
台语支	蒙山壮语	+	+	+														+			4
	邕宁壮语	+	+	+	+		+		+	+	+	+		+			+				11
	望谟布依语	+	+		+		+	+	+												6
	罗甸布依语	+	+		+									动词	动词		动词		动词		7
	贵阳布依语	+	+	+																	3
	德宏傣语	+	+					+													3
	景洪傣语		+	+																	2
	金平傣语		+														+				2
	湾碧傣语		+																		1
	临城临高语	+	+																		2
	琼山临高语		+																		1
	吉兆话		+																		1
	岱语	+	+																		2
	侬语	+	+																		2

续表

语言		类型																			总计
		AB	ABB	ABC	ACB	AAB	ABAC	AABB	ABAB	ACAB	ABCD	ABBB	ACCB	ABBCC	ABCBC	ABCDE	ACBCB	ACCBB	ACBCD	ACDCB	
台语支	老挝语		+	+												+					3
	泰语	+		+							+										3
侗水语支	侗语	+	+	+			+														4
	水语	+	+	+			+														4
	仫佬语	+	+	+	+					+			+						+		7
	毛南语	+	+	+			+		+											+	6
	佯僙语	+	+			+	+														4
	锦话	+	+	+	+		+			+										+	7
	莫语	+	动词	动词						+											4
	标话	+	BBA	BCA																	3
	拉珈语	+	+							+											3
	茶洞语	+	+	+																	3
	那溪话	+	+																		2
黎语支	黎语		+																		1
	加茂黎语		+				+														2
	村话	+	+			+	+	+													5
	那斗话		+																		1
仡央语支	拉基语		+																		1
	普标语		+																		1
	木佬语		+																		1
	平坝仡佬语	+	+																		2
	比贡仡佬语	+	+																		2
	三冲仡佬语	+	+																		2
	鲁容仡佬语	+	+						+												3
	坡帽仡佬语	+								+											2

续表

语言		类型																			总计
		AB	ABB	ABC	ACB	AAB	ABAC	AABB	ABAB	ACAB	ABCD	ABBB	ACCB	ABBCC	ABCBC	ABCDE	ACBCB	ACCBB	ACBCD	ACDCB	
仡央语支	居都仡佬语	+	+					+													3
	郎架布央语	+			+																2
	雅郎布央语	+	+						+	+											4
总计		30	39	14	6	2	9	4	5	7	2	1	1	2	1	1	3	1	2	2	132

注：有该特征用"＋"表示，空白处表示未掌握相关材料。

语言方面，每个语支都有状貌后缀结构类型比较多的语言（方言），如台语支邕宁壮语，侗水语支仫佬语、毛南语、锦话，黎语支村话，仡央语支雅郎布央语。多数语言（方言）状貌后缀的结构类型在1~4种。

类型方面，排序为：ABB（39）>AB（30）>ABC（14）>ABAC（9）>ACAB（7）>ACB（6）>ABAB（5）>AABB（4）>ACBCB（3）>AAB（2）=ABBCC（2）=ABCD（2）=ACBCD（2）=ACDCB（2）>ABBB（1）=ACCB（1）=ABCBC（1）=ACCBB（1）=ABCDE（1）。ABB型分布最广，除极个别语言，其余语言均有分布，其次AB型，接着是ABC型，ABBB、ACCB、ABCBC、ACCBB、ABCDE型分布最窄。ABB型是侗台语状貌后缀的典型格式，有ABB型的绝大多数有AB型，而有AB型的若没有ABB型，则通常有ACAB型（如莫语、坡帽仡佬语），说明两个类型有密切关系。有的语言（方言）的ABB型仅限"动词＋拟声后缀"，形容词没有这种结构，这再次印证了上节对状貌后缀语义类型历史演变的论证。

以上类型中，AB、ABBB、ACCB型以及部分ABB、ACBCD型由词根附加后缀直接得到，比如li:u^{1}ȵum^{3}ȵum^{3}微微笑、li:u^{1}khɯ^{5}khɯ^{5}笑呵呵、li:u^{1}kok^{7}kok^{7}高兴而爽朗地呵呵大笑（蒙山壮语），均由li:u^{1}"笑"附加叠音后缀得到；其余类型多由重叠得来，按照有无固定插入成分，分成下面两类。

1.无固定成分

（1）许多ABB型由AB型重叠后缀得来。例如，侗语"ko^{1}ȵem^{3}ȵem^{3}微微笑"由"ko^{1}ȵem^{3}微笑"重叠得来。①ABB型改变B的音韵得到ABC型。例如，蒙山壮语ti:u^{5}jit^{8}ja:t^{8}活蹦乱跳、lam^{3}fi^{2}fa^{2}快快地砍。

（2）AAB型由AB型重叠词根得来。例如，佯僙语"wat^{7}wa:u^{1}宽敞貌"既可重叠为

① 梁敏：《侗语简志》，民族出版社，1980年，第55页。

“wat^{7}wa:u^{1}wa:u^{1}宽敞貌”，也可重叠为“wat^{7}wat^{7}wa:u^{1}宽敞貌”。①

（3）ABAB、AABB型由AB型重叠得来。例如，毛南语ba^{6}bət^{8}ba^{6}bət^{8}宽宽的②；德宏傣语lɛŋ^{6}lɛŋ^{6}lit^{7}lit^{7}红红的一大片、phək^{9}phək^{9}phɛn^{1}phɛn^{1}白白的一大片③。

（4）ABAC、ABBCC、ABCDE型由两个意义相同或相近的AB、ABB、ABC型分别联合重叠得来。例如，锦话pha^{1}phok^{7}’pha^{1}pheu^{1}灰蒙蒙的一片、pə^{3}li^{1}pə^{3}la:i^{6}零七糟八的④；邕宁壮语phla:i^{5}thu^{4}thu^{4}the^{4}the^{4}（小孩）摇摇摆摆地学走路的样子、hli:n^{2}kləm^{6}kləm^{6}kla:m^{6}kla:m^{6}（小孩）到处乱爬；老挝语“~ˀɔŋ^{2}tʰɔŋ^{2}ˀɛŋ^{2}tʰɛŋ^{2}形容路上许多小洞”“~kɔ:t^{2}cɔ:t^{2}kɛ:t^{2}cɛ:t^{2}形容许多小堆堆（如鸡屎）”⑤。

（5）ABCD型由ABC型改变C的声母为D，再重叠得来。例如，邕宁壮语ve:n^{3}tuŋ^{3}te:ŋ^{3}hle:ŋ^{4}孤零零地挂着。

（6）ABCBC型由ABC型重叠两个后缀得来。例如，罗甸布依语tɯk^{35}nɯŋ^{33}na:ŋ^{33}nɯŋ^{33}na:ŋ^{33}唠唠叨叨地乞求、xoŋ^{11}zɯŋ^{33}za:ŋ^{33}zɯŋ^{33}za:ŋ^{33}悠扬悦耳的响声、pi^{24}nɛŋ^{24}nwa:n^{33}nɛŋ^{24}nwa:n^{33}大弧度的摆动貌。⑥

2.有固定插入成分

（1）ACBCB型由AB型插入C构成ACB型，ACB型再重叠后缀得来。例如，邕宁壮语man^{1}’ka^{1}’phlu^{4} ka^{1}’phlu^{4}扑扑地飞、thi:u^{6}ka^{1}’pəp^{7} ka^{1}’pəp^{7}啪啪地跳。

（2）ACAB型由AB型插入C，再逆向重叠词根得来。例如，拉珈语poŋ^{6}pa^{1}poŋ^{6}po:t^{8}极愚蠢、kjoŋ^{2}kja^{1}kjoŋ^{2}kja:i^{6}极凌乱。⑦

（3）ACBCD由两个意思相同或相近的ACB型联合构成，B和D双声。例如，罗甸布依语pɛi^{24}pa^{11}lu^{11}pa^{11}li^{11}慌里慌张地去、bin^{24}pa^{11}ləŋ^{53}pa^{11}la:ŋ^{53}展悠悠地飞、tɛu^{23}ka^{11}lɛŋ^{53}ka^{11}kɛŋ^{11}兴高采烈地跳。⑧

（4）ACDCB型由ACB型的C和B分别插入固定成分C’构成A C’C C’B即ACDCB型。比如，锦话“sat^{7}’kə^{1}ləŋ^{5}蹦蹦跳跳”“sat^{7}’kə^{1}la^{1}kə^{1}leŋ^{5}一蹦一跳”。⑨

（5）ACCBB型由ABB型插入CC构成。例如，蒙山壮语he:m^{5}ji^{1}ji^{1}ja:u^{1}ja:u^{1}咿咿呀呀地叫。

---

① 薄文泽：《佯僙语研究》，上海远东出版社，1997年，第90页。

② 梁敏：《毛难语简志》，民族出版社，1980年，第30-32、58页。

③ 刀承华：《傣语德宏方言中动词和形容词的双音节后附形式》，《民族语文》1984年第5期。

④ 崔建新：《锦话谓词的重言形式》，《语言研究》1989年第1期。

⑤ Ratree Wayland，“Lao expressives”，Mon-Khmer Studies，vol.26，1996，pp.223-224.

⑥ 王哈·阿·雍容：《罗甸里王村布依语后附成分的结构特点》，《贵州民族研究》1988年第3期。

⑦ 孙宏开，胡增益，黄行：《中国的语言》，商务印书馆，2007年，第1314页。

⑧ 王哈·阿·雍容：《罗甸里王村布依语后附成分的结构特点》，《贵州民族研究》1988年第3期。

⑨ 崔建新：《锦话谓词的重言形式》，《语言研究》1989年第1期。

综上，重叠是侗台语状貌后缀结构类型多样化的一个重要手段，诸类型的演变次序应为：AB→ABB→其他类型。

四、构词情况与类推机制

ABB型是侗台语状貌后缀的典型代表，其高度发达离不开类推机制的作用，现从结构类型、词根性质、状貌后缀三个方面来谈。

1.结构类型方面。第一节考察的侗台语，当中大多数的状貌后缀以ABB型最为丰富发达。先看壮语，ABB型占比为：标准语83.4%，武鸣壮语56.7%，蒙山壮语57.1%，下坳壮语63.6%，田阳壮语66.2%，邕宁壮语61.7%，大新壮语68.8%，靖西壮语51.4%，平均值为63.6%。再看侗语，ABB型占80.3%。①

2.词根性质方面。带状貌后缀的除了单音节词，也可以是双音节词，以及动宾结构、动补结构，例如：

壮语：wi^{1}fuŋ^{1}（威风）—wi^{1}fuŋ^{1}fɯt^{8}fɯt^{8}威风凛凛、hau^{1}kja^{5}（尿骚）—hau^{1}kja^{5}θa:t^{7}θa:t^{7}[方]（野兽或尿的）臊气很重

傣语②：sik^{9}（撕）fa:i^{3}（布）—sik^{9}fa:i^{3}pha:t^{8}pha:t^{8}啪啪地撕布、ŋɔk^{7}（点）ho^{1}（头）—ŋɔk^{7}ho^{1}ŋup^{7}ŋup^{7}大动作点头，深鞠躬、kək^{8}（滚）pai^{1}（去）—kək^{8}pai^{1}ɯn^{1}lɯn^{1}乱滚状、xau^{3}（粮）tim^{2}（满）je^{2}（仓）vai^{4}（存）—xau^{3}tim^{2}je^{2}vai^{4}am^{3}pam^{3}粮食满仓

侗语③：nam^{4}ta^{1}（眼泪）—nam^{4}ta^{1}jem^{5}jem^{5}泪汪汪、ɕok^{7}（捶）si^{2}（糍粑）—ɕok^{7}si^{2}pat^{8}pat^{8}啪啪地打糍粑、lui^{6}（下）ma^{1}（来）—lui^{6}ma^{1}təp^{7}təp^{7}滴滴答答流下来

词根的语法性质，形容词最多，动词次之，名词又次之。通常而言，能带状貌后缀大多是量度形容词，以区别事物的不同状态，但个别意义比较抽象、概括的形容词也能带状貌后缀，例如：

壮语：ˀdei^{1}（好）—ˀdei^{1}ˀdup^{7}ˀdup^{7}十全十美；极好—ˀdei^{1}ˀdi^{1}ˀdi^{1}好端端

仡佬语：zɔ^{31}（心慌）—zɔ^{31}lau^{55}lau^{55}心慌慌、za^{13}（长）—za^{13}zʅ^{31}zʅ^{31}长长的，长长久久的④

此外，个别量词、副词也可以带状貌后缀，例如：

① 根据石林（1985：135-136、111）的大致统计结果。

② 罗美珍：《傣语方言研究（语法）》，民族出版社，2008年，第123页；喻翠容，罗美珍：《傣语简志》，民族出版社，1980年，第64-65页。

③ 梁敏：《侗语简志》，民族出版社，1980年，第29、55-56页。

④ 李霞：《比工仡佬语参考语法》，博士学位论文，中央民族大学，2009年，第74页。

壮语：ˀdak^7（个、块）—ˀdak^{7}ˀda:k^{7}ˀda:k^{7}很多很多的块块、poŋ^3（堆）—poŋ^{3}pa^{4}pa:ŋ^{3}很多堆堆①

布依语：ˀda^4（白白地）—ˀda^{4}ˀda^{6}白白地、leu^4（完全）—leu^{4}xet^{8}全部，完全②

3.状貌后缀方面。侗台语各语言（方言）都有一批活跃性较高的状貌后缀，大都是ABB型，它们能与多种词根结合，构词率较高。

壮语标准语

ɣi^{1}ɣi^1：ti:m^{2}ɣi^{1}ɣi^{1}甜津津、kak^{7}ɣi^{1}ɣi^{1}怒气冲冲、kan^{4}ɣi^{1}ɣi^{1}孜孜不倦、he:n^{3}ɣi^{1}ɣi^{1}黄灿灿、la:u^{1}ɣi^{1}ɣi^{1}惶惶、nak^{7}ɣi^{1}ɣi^{1}很沉重、nit^{7}ɣi^{1}ɣi^{1}冷冷的、θan^{5}ɣi^{1}ɣi^{1}深信、θi:u^{3}θim^{1}ɣi^{1}ɣi^{1}谨小慎微、ja:k^{7}ɣi^{1}ɣi^{1}恶狠狠

na:ŋ^{1}na:ŋ^1：pat^{7}na:ŋ^{1}na:ŋ^{1}悬挂物来回摆动、pi^{1}na:ŋ^{1}na:ŋ^{1}悬挂物来回摆动、pi:u^{3}na:ŋ^{1}na:ŋ^{1}疤痕累累、po:ŋ^{6}na:ŋ^{1}na:ŋ^{1}往上蹿跳、tu:ŋ^{6}na:ŋ^{1}na:ŋ^{1}坠沉沉的、kan^{1}na:ŋ^{1}na:ŋ^{1}紧紧地跟着、ke:u^{3}na:ŋ^{1}na:ŋ^{1}缠手缠脚的、ɣi^{6}na:ŋ^{1}na:ŋ^1（眼泪）涔涔地流、ɣi:u^{3}na:ŋ^{1}na:ŋ^{1}手上提着大的物件随身摆动

邕宁壮语

nəm^{1}nəm^1：pei^{2}nəm^{1}nəm^1（指小孩或小猪等）肥胖可爱、na^{1}nəm^{1}nəm^{1}厚厚的、no^{6}nəm^{1}nəm^{1}肥呼呼的

səm^{2}səm^2：hlai^{2}səm^{2}səm^2（指男人的头发或指甲等）很长、phən^1’səm^{2}səm^{2}毛茸茸的、hlok^{8}səm^{2}səm^{2}杂草丛生

si:u^{1}si:u^1：sam^{3}si:u^{1}si:u^{1}很酸、phlo:m^1’si:u^{1}si:u^{1}瘦瘦的（指人畜均可，可能是病弱所致）、hlo:ŋ^{6}si:u^{1}si:u^1（清早的天色、月色）明亮

拉珈语③

ma:t^{7}ma:t^7：mɛt^{7}ma:t^{7}ma:t^{7}稠稠糊、mɛ:t^{7}ma:t^{7}ma:t^{7}湿淋淋

put^{8}put^8：po:ŋ^{2}put^{8}put^{8}鼓囊囊、piŋ^{2}put^{8}put^{8}平坦坦

ɬep^{7}ɬep^7：waŋ^{1}ɬep^{7}ɬep^{7}直挺挺、tiŋ^{6}ɬep^{7}ɬep^{7}干干净净

以上三点可进一步归纳为，类推机制主要表现为ABB型状貌后缀的能产性、稳固性、常用性。能产性指ABB型的类化作用非常强大，不论词根是单音节还是双音节，还是形容词、动词、名词，乃至量词、副词，甚至是短语都能纳入这一类型，因而该类型的数量非常丰富。稳固性指ABB型的数量比较稳定，比例在60.0%至80.0%之间，并且有一

① 韦星朗：《柳江壮话的后附加音节》，中央民族学院少数民族语言研究所编：《民族语文研究》，四川民族出版社，1984年，第124页。

② 徐李：《布依语附加式合成词研究》，硕士学位论文，中央民族大学，2015年，第69页。

③ 刘保元：《汉瑶词典拉珈语》，四川民族出版社，1999年，第211-216页。

批高频后缀。常用性指ABB型在口语中使用频率较高，不但如此，通过先前的章节，该型在不同语体中均有分布且活跃度较高，这显然离不开类推的作用。

五、语言接触

词汇是一个开放的系统，相较于语音与语法，词汇最容易因外来接触而发生变化，状貌后缀作为其组成部分也不例外。根据借用成分的多寡分为半借与全借，半借的借入单位是词缀，全借的借入单位是词。

先看半借，比较典型的例子有“乎乎”、“悠悠”、“辘辘”，构词能力比较强大。

(1)乎乎(hu^{1}hu^{1})

壮语标准语的例词如：ça:u^{2}hu^{1}hu^{1} [方]闹哄哄、taɯ^{2}hu^{1}hu^{1}[方]火焰很大、kjuk^{7} hu^{1}hu^{1}轰轰烈烈、le:n^{6}hu^{1}hu^{1}[方]形容很多人奔跑、lu:n^{6}hu^{1}hu^{1}乱哄哄、ko:k^{7}hu^{1}hu^{1}呼啸。侗语的例词如：pən^{323}hu^{31}hu^{31}成群地飞、pai^{55}hu^{31}hu^{31}鱼贯地走、ma^{35}hu^{31}hu^{31}成群地来、nəi^{35}hu^{31}hu^{31}鱼贯地移动、uŋ^{13}hu^{31}hu^{31}口哨声。①拉珈语也有同类例词：phou^{5}u^{2}u^{2}骨碌碌地滚、jaŋ^{1}u^{4}u^{2}响呜呜、wok^{8}u^{2}u^{2}特别肿、lou^{4}u^{4}u^{2}熊熊大火。②汉语的例词如：胖乎乎、热乎乎、傻乎乎、黑乎乎。侗台语与汉语的“乎乎”语音相同、相近，结构上通常不单用，除了拟声，还有密集的意味，可能借自汉语。

2. 悠悠(ja:u^{1}ja:u^{1})

壮语标准语的例词如：ʔbɯŋ^{1}ja:u^{1}ja:u^{1}满面愁容、fɯ^{2}ja:u^{1}ja:u^{1}[方]很荒凉，很寂寞、he:u^{1}ja:u^{1}ja:u^{1}翠绿、hoŋ^{5}ja:u^{1}ja:u^{1}空荡荡、kwe:ŋ^{5}ja:u^{1}ja:u^{1}晴朗、θaɯ^{1}ja:u^{1}ja:u^{1}清清的，稀稀的、θɯ:n^{3}ja:u^{1}ja:u^{1}[方]大声叫喊。侗语的例词如：ȶau^{55}jau^{13}jau^{13}脆脆的、ja^{453}jau^{35}jau^{35}红红的。③汉语的例词如：晃悠悠、飘悠悠、绿悠悠、轻悠悠、清悠悠。侗台语与汉语的“悠悠”语音相同，都含有广大、辽远、众多的意味，可能借自汉语。

3. 辘辘(lu^{1}lu^{1}、lo^{1}lo^{1}、lu:t^{7}lu:t^{7}、lot^{8}lot^{8}、lok^{7}lok^{7})

壮语标准语的例词如：pan^{5}lu^{1}lu^{1}[方]团团转、pan^{5}lok^{7}lok^{7}[方]转辘辘、pi^{2}lu^{1}lu^{1}[方]肥得滚瓜溜圆（一般形容猪肥而圆）、pi^{2}lo^{1}lo^{1} [方]胖胖的（指小孩）、pi^{2}lot^{8}lot^{8}[方]矮而胖、king^{3}lu^{1}lu^{1}[方]（大物体）不停地滚动、lu:n^{2}lu^{1}lu^{1}圆滚滚、mɯn^{2}lu^{1}lu^{1}圆鼓鼓、çi:n^{5}lu:t^{7}lu:t^{7}

① Gerner, Matthias, “Expressives in Kam (Dong侗): A study in sign typology”, Cahiers de Linguistique-Asie Orientale 34.1, 2005.pp.57-59.

② 毛宗武，蒙朝吉，郑宗泽：《瑶族语言简志》，民族出版社，1982年，第150页；刘保元：《汉瑶词典拉珈语》，四川民族出版社，1999年，第213、217、220页。

③ Gerner, Matthias, “Expressives in Kam (Dong侗): A study in sign typology”, Cahiers de Linguistique-Asie Orientale 34.1, 2005, pp.48-51.

[方]不停地旋转、$ɕi:n^5lok^7lok^7$[方]不停地转动(指圆形体,一般形容眼睛)、$ɕi:n^5lu^1lu^1$[方]不停地旋转。“辘”为中古通摄屋韵字,读-k韵尾,今壮语有的读舒声,有的读促声,语义与圆的物体及转动貌有关,可能借自汉语。

此外,壮语标准语里还有一些疑似借自汉语的词缀,不如上文那般系统。比如$^ʔdiŋ^1ja:n^1ja:n^1$血红、$hoŋ^2ja:n^1ja:n^1$血红,$^ʔdiŋ^1$是本族词,$hoŋ^2$是汉借词,$ja:n^1ja:n^1$可能借自“艳艳”。再如$^ʔdei^{1ʔ}di^{1ʔ}di^1$好端端,$^ʔdei^1$是本族词,$^ʔdi^{1ʔ}di^1$可能借自粤语,广州话“好地地”读$hou^{35}tei^{22}tei^{22}$①。

再看全借,例子比较零散,不如借入的词缀那么系统。

1.$lu:n^6$(乱)

壮语标准语“$lu:n^6la:p^8$零乱”“$lu:n^6la:p^8la:p^8$[方]乌烟瘴气;乱七八糟”可能借自粤语。《广州方言词典》:【乱立立】$lyn^{22}lap^{22}lap^{22}$,事物乱糟糟,也说“立立乱”;【立乱】$lyn^{22}lap^{22}$,(物品)凌乱,(地方)不宁,(时局)动荡。②壮语第6调对应汉语阳去调,第8调对应汉语阳入调,音义皆合。

2.$ɕai^2$(齐)

壮语标准语“$ɕai^2ɕup^7$齐全,整齐”“$ɕai^2ɕup^7ɕup^7$[方]整整齐齐”可能也借自粤语。《广州方言词典》:【齐葺葺】$ʦ^hɐi^{21}ʦ^hɐp^{55}ʦ^hɐp^{55}$整齐,齐备。③北部壮语无送气音,用ɕ对应汉语$ʦ^h$,壮语第2调对应汉语阳平调,第7调对应汉语阴入调,音义皆合。

还有如“$ti:u^5pum^1pum^1$[方]跳蹦蹦(指小孩)”、“$li:ŋ^2θe:u^1θe:u^1$凉丝丝”可能借自汉语“跳蹦蹦”“凉飕飕”。

以上五种产生途径,词根与状貌后缀的语音和谐是不可或缺的基本条件,词根与状貌后缀的语音与语义之间还存在认知关联。在此基础上,重叠是状貌后缀结构类型多样化发展的重要途径。类推机制作用于结构类型、词根性质、状貌后缀,进一步丰富状貌后缀的类型和数量。至于语言接触,大多数状貌后缀为自源性,经由接触而来的并不多。

---

① 白宛如:《广州方言词典》,江苏教育出版社,1998年,第250页。

② 白宛如:《广州方言词典》,江苏教育出版社,1998年,第355、428页。

③ 白宛如:《广州方言词典》,江苏教育出版社,1998年,第122页。

第四节　侗台语状貌后缀的发展趋势——以壮语为例

壮语状貌后缀的发展趋势主要表现在以下几个方面，前四者与语言结构相关，后两者与语言使用相关。

一、结构类型的发展

壮语标准语状貌后缀有23种结构类型，大多由AB型发展而来。首先，如果从分布度的视角，跨方言、跨土语的类型占了大多数，但差异也不能忽视。不同的方言土语存在差异，有的土语结构类型非常发达，如柳江土语有14种类型，邕南土语有12种类型；有的土语不发达，如右江土语，只有5种类型。同一个土语不同的方言点也存在差异，比如ABA型见于邕北土语的横县壮语，而武鸣壮语尚未发现，ACCBB型见于红水河土语的都安壮语与蒙山壮语，但蒙山壮语该型的数量极少；甚至距离不远的村落也存在差异，比如大新县的大岭村和三湖村，大岭壮语状貌后缀的数量与类型都非常丰富，而三湖壮语的形容词极少附加状貌后缀，动词附加的状貌后缀大多为双音节叠音式，如 $kjai^3te:ŋ^5te:ŋ^5$（很精神地走）。[①]其次，词根与结构类型之间存在联系，多数结构类型都有形容词、动词、名词三类词根，但也有例外。比如，ABCDE、ACBDE型的词根只能是形容词，ABCB、ABBB、ABCC、ABCBC、ABBCC、ACBCB、ACBDB型的词根只能是动词。最后，状貌后缀很可能经历了一个由单音节到双音节再到多音节的发展历程，目前以双音节占优势，多音节状貌后缀仍然比较有限，这一点共现于所有方言土语，不过，个别土语如邕北土语、柳江土语四音节状貌后缀的类型与数量略多。以上差异反映了壮语内部状貌后缀发展的不均衡性。

二、词根、状貌后缀组合能力的发展

同一个词根通常可以附加若干个状貌后缀，不同的状貌后缀能够呈现事物或动作的不同状态，表义细腻丰富。

不同词根附加的状貌后缀数量不定。比如，蒙山壮语的行为动词“哭”与“悬挂”能够附加两个及以上的状貌后缀，而“坐”与“飞”只附加一个状貌后缀；颜色词“白”与“绿”同理。

---

① 许雁：《大新三湖壮语四音格词研究》，硕士学位论文，中央民族大学，2011年，第44–45页。

tai^3（哭）：tai^{3}ȵa^{3}ȵa^{3}嚎啕大哭、tai^{3}ȵi^{5}ȵi^{5}细声痛哭、tai^{3}fɯt^{7}fɯt^{7}低声抽泣

tiu^5（悬挂）：tiu^{5}ne:ŋ^{5}ne:ŋ^{5}悬挂的东西摆晃得较厉害但好看、tiu^{5}nɯ:ŋ^{5}nɯ:ŋ^{5}悬挂的东西摆晃得比较厉害

laŋ^6（坐）：laŋ^{6}mo^{1}ho^{1}一动不动地坐

ˀbin^2（飞）：bin^{2}fɯ^{2}fɯ^{2}扑扑地飞

ha:u^1（白）：ha:u^{1}pan^{1}pan^{1}白花花、ha:u^{1}θa:k^{7}θa:k^{7}很亮白、ha:u^{1}θe:k^{7}θe:k^7（有点亮白）、ha:u^{1}ŋa:t^{7}ŋa:t^7（很惨白）、ha:u^{1}ŋe:t^{7}ŋe:t^7（有点惨白）

he:u^1（绿）：he:u^{1}ȵe:u^{3}ȵe:u^{3}绿油油

同一个词根附加状貌后缀的数量也存在方言差异。以“高”“热”“黑暗”为例，壮语标准语及其他方言一系列具有区别意义的状貌后缀，蒙山壮语一律为“X ŋa:u^{5}ŋa:u^5”。

1.高

蒙山壮语：θa:ŋ^{1}ŋa:u^{5}ŋa:u^{5}高高的

标准语：θa:ŋ^{1}ŋa:u^{2}ŋa:u^2［方］巍巍、θa:n^{5}kwa:ŋ^{1}kwa:ŋ^1［方］（动物）高高的、θa:ŋ^{1}ne:ŋ^{1}ne:ŋ^1［方］（山或建筑物）巍然、θa:ŋ^{1}ni:u^{1}ni:u^{1}巍然、θa:ŋ^{1}θa:t^{7}θa:t^7［方］（声音）很高

都安壮语：θa:ŋ^{1}ŋa:u^{1}ŋa:u^{1}巍巍、θa:ŋ^{1}ŋe:u^{1}ŋe:u^{1}高耸入云、θa:ŋ^{1}θa:t^{9}θa:t^{9}很高的、θa:ŋ^{1}θe:t^{9}θe:t^{9}高挑

邕宁壮语：saŋ^{1}ŋou^{1}ŋou^1（指人、房屋等）很高、saŋ^{1}li:u^{2}li:u^2（指山岭、天空等）很高、saŋ^{1}ləm^{2}ləm^2（指人、植物等）很高（褒义）、saŋ^{1}ʦhuŋ^{4}ʦhuŋ^4（指人）又高又瘦（略带贬义）

2.热

蒙山壮语：ʦit^{7}ŋa:u^{5}ŋa:u^{5}热乎乎

标准语：ˀda:t^{7}fot^{8}fot^{8}热乎乎、ˀda:t^{7}fɯt^{8}fɯt^8［方］热腾腾、ˀda:t^{7}ja:n^{1}ja:n^{1}酷热

都安壮语：da:t^{9}ŋe:u^{5}ŋe:u^{5}有点热乎乎的、da:t^{9}fot^{8}fot^{8}热乎乎的、da:t^{9}fɯt^{8}fɯt^{8}热腾腾的

大新壮语：nə:t^{7}na:t^{7}na:t^{7}热乎乎、nə:t^{7}fɛt^{7}fɛt^{7}热乎乎、nə:t^{7}ja:n^{1}ja:n^{1}酷热

3.黑暗

蒙山壮语：lap^{7}ŋa:u^{5}ŋa:u^{5}黑漆漆

标准语：lap^{7}ŋa:u^{1}ŋa:u^{1}黑洞洞、lap^{7}ŋup^{7}ŋup^{7}黑糊糊、lap^{7}ɕup^{7}ɕup^{7}黑沉沉、lap^{7}θaŋ^{6}θaŋ^6［方］黑咕隆咚、lap^{7}lɯ^{1}lɯ^1［方］形容一无所知

邕宁壮语：lap^{7}ʦhəp^{7}ʦhəp^7（指黑夜或屋子里）漆黑一片、lap^{7}sə:m^2 sə:m^{2}黑糊糊的（指人的眼睛不好，在暗处看不清东西，转义指“暗于事理”）

大化壮语：lap^{7}lu^{3}lu^3（屋子、岩洞等）很阴暗、lap^{7}ŋeŋ^{1}ŋeŋ^1（天）特别黑

都安壮语：lap^{7}ŋa:u^{5}ŋa:u^{5}黑漆漆、lap^{7}ɕup^{7}ɕup^{7}黑咕隆咚、lap^{7}ȵa:m^{5}ȵa:m^{5}黑漆漆

三、语法功能的发展

一般而言，状貌词已经含有程度意义，不能受否定副词、程度副词的修饰与补充，但有的方言不然。

忻城壮语①动词带状貌后缀仍能受否定副词ʔi^{5}、ka:i^{5}（不）和程度副词la:i^{1}（很，太）的修饰，例如：

①	mɯŋ^{2}	ka:i^{5}	ɕat^{7}juk^{7}	la:i^{1}	.
	你	别	蹦跳	多	
	你别老蹦跳着。				
②	te^{1}	ʔi^{5}	na:u^{6}ȵup^{8}	la^{6}	.
	她	不	唠叨	助词	
	她没有唠叨啦。				

③	mɯŋ^{2}	ka:i^{5}	hɯn^{2}ŋwan^{2}	ȵai^{3}ȵom^{6}ȵom^{6}	kjan^{1}	la:i^{1}	.
	你	别	晚天	咀嚼	那	多	
	你别整天在那就知道吃。						

形容词带状貌后缀能受否定副词修饰，但不受程度副词修饰，例如：

④	la:k^{8}’ȵe^{2}	ni^{4}	ʔi^{5}	puŋ^{1}paŋ^{1}paŋ^{1}	ka:i^{6}	.
	孩子	这	不	蠢	助词	
	这个小孩不是很蠢的。					

大新壮语②形容词带状貌后缀能直接受否定副词mi^{5}（不）、tshaŋ^{2}（未曾）与程度副词la:i^{1}（很，太）、tsi（最）的修饰与限定。仅当谓词为存在动词mi^{5}（有）时，形容词带状貌后缀能直接受程度副词ʔi^{3}（有点）的修饰。

①	ka:ŋ^{1}	ni^{1}	mi^{5}	hɔm^{6}la:ŋ^{6}la:ŋ^{6}	.
	缸	这	不	光溜溜	
	这个缸不光溜溜。				

②	phja:i^{3}	ni^{1}	tshaŋ^{2}	nɛŋ^{1}khin^{3}khin^{3}	tɔ^{6}	tshaŋ^{2}	jɔm^{4}	nai^{1}	.
	布	这	未曾	红通通	就	未曾	染	好	
	如果这块布不红艳艳，就是未染好。								

③	kən^{1}	ni^{1}	nɛŋ^{1}khin^{3}khin^{3}	la:i^{1}	.

① 韦玉珧：《拉光壮语形容词、动词后附音节研究》，硕士学位论文，中央民族大学，2016年，第75-76、78页。

② 黄美新：《大新壮语形容词研究》，中国社会科学出版社，2013年，第139、213-215页。

	花	这	红通通	多		
	这块巾很红通通。					
④	kən^1	ni^1	tsi^5	neŋ^{1}khin^{3}khin^3	.	
	巾	这	最	红通通		
	这块巾最红通通。					
⑤	kən^1	ni^1	mi^5	ʔi^3	neŋ^{1}khin^{3}khin^3	.
	巾	这	有	点	红通通	
	这块巾有点红通通。					

以上这些用法应该是后起的，很可能跟状貌词在长期使用过程中，量度意义的磨损有关(吴立红 2005)。

四、与汉借词构成合璧式状貌词

壮语汉借词分为老借词与新借词。老借词通常是单音词，主要借自古平话，还保留着中古鼻音尾-m与三种塞音尾-p、-t、-k；新借词通常是复音词，主要借自西南官话，中古鼻音尾-m并入-n，塞音尾舒化。韦星朗(1984：115)认为，柳江壮语新借词和双音节词都不能附加状貌后缀，其他方言、土语也大抵如此。然而，据我们的考察，除了本族词，新老借词(含个别双音节新借词)均能附加状貌后缀构成汉-壮合璧式状貌词。

1.“甜”，wa:n^{1}为本族词，ti:m^{2}为老借词，都可以附加状貌后缀，构词数量相当。

wa:n^{1}nak^{7}甜味很浓、wa:n^{1}ne:k^7[方]微甜(指食品或果类)、wa:n^{1}kak^{7}甜味浓、wa:n^{1}nup^{7}nup^7[方]甜甜的、wa:n^{1}ɲum^{1}ɲum^1[方]甜甜的

ti:m^{2}ɯk^{7}甜味很浓、ti:m^{2}tɯ^{4}很甜、ti:m^{2}je:m^{1}je:m^1[方]清甜、ti:m^{2}θɯt^{8}θɯt^8[方]甜津津、ti:m^{2}θop^{8}θop^8[方]甜甜的、ti:m^{2}θup^{8}θup^8[方]甜甜的

2.“白”，ha:u^{1}为本族词，pi:k^{8}为老借词，都可以附加状貌后缀，不过，本族词构词数量较多，汉借词构词数量较有限。

ha:u^{1}ɲo^1[方]皓白、ha:u^{1}mja:n^{1}mja:n^1[方]明晃晃、ha:u^{1}ɕa:k^{7}ɕa:k^{7}白花花、ha:u^{1}θa:k^{7}θa:k^{7}白花花、ha:u^{1}θup^{7}θup^{7}白花花、ha:u^{1}θi^{1}θi^{1}白净

pi:k^{8}ne:u^{1}皓白、pi:k^{8}ʔbup^{7}ʔbup^7[方]雪白、pi:k^{8}θi^{1}θi^{1}白净

壮语以单音节词为主，半个世纪以来，一批双音节新借词相继进入壮语词汇系统，由于状貌后缀强大的类化作用，个别双音节新借词也能附加状貌后缀。表5-3中的双音节新借词，《壮汉词汇(初稿)》都不加状貌后缀，《壮汉词汇》只有 ɕing^{1}θan^2、tak^{7}ei^{5}可加状貌后缀，《现代汉壮词汇》都可加状貌后缀。

表5-3 汉-壮合璧式状貌词举隅

例词	书目		
	《壮汉词汇(初稿)》(1958)	《壮汉词汇》(1984)	《现代汉壮词汇》(2013)
ɕing^{1}θan^{2}(精神)	—	~kwak^{7}kwak^{7}气昂昂	~ kwak^{7}kwak^{7}精神抖擞
tak^{7}ei^{5}(得意)	—	~fɯŋ^{1}fɯŋ^{1}[方]得意洋洋 ~wa:u^{1}wa:u^{1}[方]得意洋洋	~ fɯŋ^{1}fɯŋ^{1}得意忘形 ~ wa:u^{1}wa:u^{1}得意洋洋
wi^{2}fuŋ^{2}(威风)	—	—	~fɯt^{8}fɯt^{8}威风凛凛
θi^{1}li:ŋ^{2}(凄凉)	—	—	~we:t^{7}we:t^{7}凄切
θi:u^{3}θim^{2}(小心)	—	—	~θi^{1}θi^{1}拘谨 ~ɣi^{1}ɣi^{1}谨小慎微 ~jup^{7}jup^{7}小心翼翼

湘西苗语也有同类现象。麻树兰(1990)称为“苗汉混合词”,比如:guangd(光)—guangd lioud lioud(光溜溜)、nkiongl(穷)— nkiongl nggiant nggiant 穷得很。

五、书面化的趋势

近年随着文学创作、双语翻译、媒体传播等途径,状貌词有书面化趋势。

首先,语体方面。状貌词是一种口语色彩很浓的成分,通常用于非正式场合。不过,状貌词不单单出现于谈话语体,艺术语体的出现频次也不低,风格庄重典雅的科学语体和政论语体也能发现其踪迹。可见,状貌词在不同语体中逐渐扩散。

政论语体的例子,如:

ɕa:n^{3}ni:p^{8}ŋa:m^{5}hɯŋ^{1}hɯŋ^{1}fa:t^{7}**hoŋ**^{6}**hɯt**^{8}, ɕa:n^{3}ni:p^{8}ɕi:n^{2}toŋ^{3}^{ʔ}dai^{3}kja^{1}wa:i^{5}ɕi:n^{3}hiŋ^{2}θɯŋ^{1}kap^{7}.

新兴产业蓬勃发展,传统产业加快转型升级。

(引自《政府工作报告(2019年3月5日)》)

科学语体的例子,如:

toŋ^{6}pou^{4}**pi**^{2}**pɯt**^{8}ɣo^{4}nau^{2}no^{6}**na**^{1}**nɯt**^{7}, ^{ʔ}dai^{3}au^{1}tuk^{8}taŋ^{1}ɕa:u^{3}, tiŋ^{2}la:i^{1}au^{1}taŋ^{1}ɕa:u^{3}ti:m^{3}taɯ^{2}θo^{6}ɕit^{7}.

肥胖而肌肉丰厚者,可用2~3根灯心草,多采用明灯灸。

(引自《壮医技法技术规范(壮汉双语)》第26页)

toŋ^{6}pou^{4}**pjo:m**^{1}**pja:t**^{7}**pja:t**^{7}、naŋ^{1}no^{6}^{ʔ}bou^{3}mi^{2}ta:n^{2}θiŋ^{5}kai^{3}ko:k^{7}.

极度消瘦、皮肤没有弹性者禁用。

(引自《壮医技法技术规范(壮汉双语)》第52页)

其次，壮汉双语翻译方面。《现代汉壮词汇》所收词条主要来自汉壮语文工具书、壮文报纸杂志、壮文译著、各地壮语、翻译工作记录，其中一些书面色彩较浓的汉语成语、俗语常常用壮语状貌词对译，以四音格词最常见。按照组合方式有三种，以第一种最常见。

1. 主谓结构＋状貌后缀，比如：ha:n^{6}ɣi^{6}ɣon^{1}ɣon^{1}汗流浃背、pa:k^{7}a^{3}ŋoŋ^{1}ŋoŋ^{1}哑口无言、mja:i^{2}θin^{1}pja^{1}pja^{1}口水飞溅、ˀbɯn^{1}kwe:ŋ^{5}ɕa:k^{8}ɕa:k^{8}晴空万里、ˀbɯn^{1}lap^{7}cup^{7}cup^{7}暗无天日、ta^{1}ɕaŋ^{2}mjok^{8}mjok^{8}虎视眈眈、ta^{1}ɕaŋ^{2}ɣon^{1}ɣon^{1}虎视眈眈、θim^{1}lu:n^{6}θap^{8}θap^{8}心乱如麻、hon^{2}ta^{3}ɕaɯ^{3}ˀbin^{1}fe^{1}fe^{1}炊烟袅袅

2. 动宾结构＋状貌后缀，比如：ȵik^{8}ɣum^{2}ˀbin^{1}ja:k^{8}ja:k^{8}迎风招展、ȵik^{8}ɣum^{2}pi^{1}ja:k^{8}ja:k^{8}迎风招展

3. 动补结构＋状貌后缀，比如：tai^{3}ham^{2}i:k^{7}i:k^{7}痛哭流涕、lum^{3}ɕan^{1}li^{1}li^{1}栩栩如生、jak^{7}ta:i^{1}θa:t^{8}θa:t^{8}奄奄一息、jak^{7}tom^{5}θa:t^{8}θa:t^{8}摇摇欲坠

4. 偏正结构＋状貌后缀，比如：hau^{1}kja^{5}θa:t^{7}θa:t^{7}［方］（野兽或尿的）臊气很重

六、代际差异

以蒙山壮语为例，状貌后缀的代际差异主要有两个表现，宏观表现是语言活力下降，微观表现是状貌后缀使用的年龄变异。

1. 语言活力下降。壮语在广西的整体分布特点为西密东疏，广西东部的壮语主要呈点状分布，这里散布着许多大小不一的方言岛，由于远离壮语密集区，这些方言岛呈不同程度的萎缩，蒙山壮语也不例外。受汉语方言和普通话的影响，蒙山壮族的双语状况正由壮语-汉语蒙山话转为汉语普通话-蒙山话，即大多数老年人仍保持母语，中年人母语能力下降，但仍能维持母语，青少年母语能力下降明显，部分人已经完全转用汉语。

2. 年龄变异。这里以GW一家三代人为个案，表5-4反映出描绘精细程度的状貌后缀随着代际更替而逐渐淡出日常交际。比如，ti:u^{5}“跳”、lam^{1}“黑”、ha:u^{1}“白”附加的一系列具有区别意义的状貌后缀，老年依旧保持完好，中年开始减退，而青少年通常只能说出一个最常用的。作为补充手段，用程度副词修饰形容词如“lam^{1}la:i^{1}太黑”。当然，状貌后缀的年龄变异只是一个切片，它背后反映的是蒙山壮语的活力衰退。

表5-4　蒙山壮语状貌后缀的年龄变异

例词	GYL(15岁)	GW(46岁)	GRW(74岁)
ti:u⁵(跳)	~pum¹pum¹(跳蹦蹦)	~pum¹pum¹(跳蹦蹦) ~ja:t⁷ja:t⁷(活蹦乱跳) ~pik⁸pak⁸(欢快地不停地跳) ~ pup⁸pup⁸(心脏怦怦跳)	~pum¹pum¹(跳蹦蹦) ~ja:t⁷ja:t⁷(活蹦乱跳) ~jit⁸ja:t⁸(活蹦乱跳) ~pik⁸pak⁸(欢快地不停地跳) ~pup⁸pup⁸(心脏怦怦地跳)
lam¹(黑)	~ŋa:u⁵ŋa:u⁵(黑漆漆)	~ŋa:u⁵ŋa:u⁵(黑漆漆)	~ŋa:u⁵ŋa:u⁵(黑漆漆) ~ni:t⁷ni:t⁷(有点黑) ~ne:t⁷ne:t⁷(比较黑,但可爱) ~na:t⁷na:t⁷(非常黑) ~nu:t⁷nu:t⁷(黑乎乎,黑得难看)
ha:u¹(白)	~θa:k⁷θa:k⁷(很亮白)	~θa:k⁷θa:k⁷(很亮白) ~pan¹pan¹(白花花)	~θa:k⁷θa:k⁷(很亮白) ~θe:k⁷θe:k⁷(有点亮白) ~ŋa:t⁷ŋa:t⁷(很惨白) ~ŋe:t⁷ŋe:t⁷(有点惨白) ~pan¹pan¹(白花花)

第五节　本章小结

本章以侗台语状貌后缀为对象,通过共时差异的梳理勾勒其历时演变踪迹,探析状貌后缀的产生途径与发展趋势。

一、侗台语状貌后缀的类型与分布。按照状貌后缀的数量与结构类型,侗台语状貌后缀分为不发达型、准发达型、发达型。不发达型指状貌后缀的数量与结构类型非常稀少,几乎没有。准发达型处于不发达型和发达型之间,是由不发达逐渐趋向发达的中间阶段。发达型指状貌后缀的结构类型、数量、词根带状貌后缀的能力都非常丰富发达,词根与状貌后缀的组合类型多样化,各类型互有衍生关系,词根与状貌后缀通常有双声、叠韵的关系,整体以双声为主,同一个词根附加不同的状貌后缀,描摹程度非常精细。整体而言,侗台语的状貌后缀以发达型居多。

二、侗台语状貌后缀的历时演变踪迹。历史比较法结合历史文献的考察发现,以上三个类型的状貌后缀代表了三个不同的历史层次,其历时演变链是由不发达型到准发达型再到发达型。与此同时,语义类型不同的三类状貌后缀,拟声类产生最早,其次是拟声兼摹状类，摹状类产生最晚。状貌后缀应是侗台语族语言分化以后各自发展起来的。由于历史文献缺乏，侗台语状貌后缀形成的上限时间难以确定，就壮语而言，明代的方块壮字文献已有相关记录，足见其形成的下限时间必不晚于明代。

三、侗台语状貌后缀的产生途径。主要有语音和谐、认知隐喻、重叠形态、类推机制、语言接触五种。这五种途径，词根与状貌后缀的语音和谐是不可或缺的基本条件，与此同时，词根与状貌后缀的语音与语义之间还存在认知关联。在此基础上，重叠是状貌后缀结构类型多样化发展的重要途径。类推机制作用于结构类型、词根性质、状貌后缀，进一步丰富状貌后缀的类型与数量。状貌后缀大多为自源性，语言接触而来的不多。

四、壮语状貌后缀的发展趋势。主要表现为结构类型多样化、词根与后缀的组合能力发展不平衡、语法功能的扩展、与汉借词构成合璧式状貌词、书面化的趋势以及代际差异这六个方面，前四者主要与语言结构相关，后两者主要与语言使用相关。

第六章　壮、汉语接触与广西汉语方言状貌后缀的演变

状貌后缀丰富发达是侗台语的一个显著特征，这种特征也见于广西诸多汉语方言。一些学者较早注意到南宁粤语、桂南平话的状貌后缀与壮语存在相似性，这种相似性可能与壮语的影响有关，但未展开论证。（谢建猷 1994；欧阳觉亚 1995；张均如，梁敏 1996）郭必之（2012）通过南宁粤语的个案，从语言接触视角作了详细论证。这些成果对我们的研究颇具参考价值，本节计划在已有研究的基础上，先以个案视角切入，然后以更多的方言事实为支撑，从更广泛的视角论证壮、汉语接触引发的广西汉语方言状貌后缀的演变情况与演变机制。。

第一节　蒙山壮语与蒙山粤语的状貌后缀

蒙山壮语属于壮语北部方言红水河土语。我们在调查蒙山壮语状貌后缀的时候，发现蒙山粤语状貌后缀也很发达。现以笔者母语北海粤语为参照项，表 6–1 为三者异同。

表 6–1　北海粤语、蒙山粤语与蒙山壮语的状貌后缀①

例词	北海$_{\text{市区}}$粤语	蒙山$_{\text{新圩}}$粤语	蒙山$_{\text{新圩}}$壮语
哭	哭 ŋa^{45}ŋa^{45}$_{\text{大声哭}}$	哭 ʧʰɐp^{5}ʧʰɐp^{5}$_{\text{大声哭}}$	tai^{3}ȵa^{3}ȵa^{3}$_{\text{嚎啕大哭}}$
	哭 ŋɛ^{45}ŋɛ^{45}$_{\text{小声哭}}$	哭 ŋɛ^{52}ŋɛ^{52}$_{\text{小孩子大声哭}}$	tai^{3}ȵi^{5}ȵi^{5}$_{\text{细声痛哭}}$
	哭 fɛt^{3}fɛt^{3}$_{\text{抽泣}}$	哭 ku^{31}ku^{31}$_{\text{很凄惨地哭}}$	tai^{3}fɯt^{7}fɯt^{7}$_{\text{低声抽泣}}$
	—	哭 ŋɐk^{6}ŋɐk^{6}$_{\text{哭久了，边哭边抽泣}}$	—
	—	哭 θɐŋ^{35}θɐŋ^{35}$_{\text{人多哭}}$	—

① 蒙山粤语的材料来自韦玉丽（2011：594–602）。该文有的状貌词没有释义，释义为我们调查后注出。北海粤语、蒙山壮语的材料来自笔者调查。

续表

例词	北海$_{\text{市区}}$粤语	蒙山$_{\text{新圩}}$粤语	蒙山$_{\text{新圩}}$壮语
笑	笑 ha^{45}ha^{45}$_{\text{大声笑，最大声}}$	笑 ha^{52}ha^{52}$_{\text{大声笑，最大声}}$	li:u^{1}ho^{1}ho^{1}$_{\text{笑呵呵，最大声}}$
	笑 hɛ^{45}hɛ^{45}$_{\text{大声笑，次之}}$	笑 k^{h}ɛ^{44}k^{h}ɛ^{44}$_{\text{大声笑，次之}}$	li:u^{1}ha^{1}ha^{1}$_{\text{笑哈哈，次之}}$
	笑 hi^{45}hi^{45}$_{\text{小声笑，笑嘻嘻}}$	笑 hɛ^{52}hɛ^{52}$_{\text{大声笑，又次之}}$	li:u^{1}hi^{1}hi^{1}$_{\text{笑嘻嘻，又次之}}$
	—	笑 k^{h}a^{52}k^{h}a^{52}$_{\text{大声笑}}$	li:u^{1}hɯ^{1}hɯ^{1}$_{\text{嘿嘿傻笑}}$
	—	笑 hi^{52}hi^{52}$_{\text{笑嘻嘻}}$	li:u^{1}khɯ^{5}khɯ^{5}$_{\text{笑呵呵}}$
	—	笑 k^{h}ɐk^{5}k^{h}ɐk^{5}$_{\text{小声笑}}$	li:u^{1}kok^{7}kok^{7}$_{\text{高兴而爽朗地呵呵大笑}}$
	—	笑 ȵɐm^{44}ȵɐm^{44}$_{\text{微笑貌}}$	li:u^{1}ȵum^{3}ȵum^{3}$_{\text{微微笑没有笑出声}}$
跳	跳 fɐt^{2}fɐt^{2}$_{\text{跳蹦蹦，不安分}}$	跳 fɐk^{2}fɐk^{2}$_{\text{人不安分地跳}}$	ti:u^{5}pum^{1}pum^{1}$_{\text{跳蹦蹦}}$
	—	跳 lɐŋ^{52}lɐŋ^{52}$_{\text{人不安分地跳}}$	ti:u^{5}ja:t^{7}ja:t^{7}$_{\text{活蹦乱跳}}$
	—	跳 ʃɐm^{52}ʃɐm^{52}$_{\text{人不安分地跳}}$	ti:u^{5}pik^{8}pak^{8}$_{\text{欢快地不停地跳}}$
	—	跳 lɐk^{2}lɐk^{2}$_{\text{人不安分地跳；心乱跳}}$	ti:u^{5}jit^{8}ja:t^{8}$_{\text{活蹦乱跳}}$
	—	跳 pɐk^{2}pɐk^{2}$_{\text{心脏乱跳}}$	ti:u^{5}pup^{8}pup^{8}$_{\text{心脏怦怦地跳}}$
黑	黑 lui^{45}lui^{45}$_{\text{黑魆魆}}$	黑 ŋau^{35}ŋau^{35}$_{\text{黑黝黝}}$	lap^{7}ŋa:u^{5}ŋa:u^{5}$_{\text{黑漆漆}}$
	黑 ma^{45}ma^{45}/黑 mak^{2}mak^{2}$_{\text{黑麻麻}}$	黑 θut^{5}θut^{7}$_{\text{黑乎乎}}$	lam^{1}ŋa:u^{5}ŋa:u^{5}$_{\text{黑漆漆}}$
	—	黑 mai^{35}mai^{35}$_{\text{黑麻麻}}$	lam^{1}ni:t^{7}ni:t^{7}$_{\text{有点黑}}$
	—	黑 ŋɤm^{52}ŋɤm^{52}$_{\text{黑乎乎}}$	lam^{1}ne:t^{7}ne:t^{7}$_{\text{比较黑，但可爱}}$
	—	黑 ma^{52}ma^{52}$_{\text{黑麻麻}}$	lam^{1}na:t^{7}na:t^{7}$_{\text{非常黑}}$
	—	黑 t^{h}ap^{5}t^{h}ap^{5}$_{\text{黑黑的}}$	lam^{1}nu:t^{7}nu:t^{7}$_{\text{黑乎乎的，难看}}$
白	白 ɬɔt^{3}ɬɔt^{3}$_{\text{无生气的白，难看}}$	白 θak^{5}θak^{5}$_{\text{亮白}}$	ha:u^{1}ŋe:t^{7}ŋe:t^{7}$_{\text{有点惨白}}$
	—	白 mɐp^{5}mɐp^{5}$_{\text{白白的}}$	ha:u^{1}ŋa:t^{7}ŋa:t^{7}$_{\text{很惨白}}$
	—	白 lut^{5}lut^{5}$_{\text{白白的}}$	ha:u^{1}θe:k^{7}θe:k^{7}$_{\text{有点亮白}}$
	—	白 ʧai^{31}ʧai^{31}$_{\text{苍白的}}$	ha:u^{1}θa:k^{7}θa:k^{7}$_{\text{很亮白}}$
	—	白 p^{h}oŋ^{52}p^{h}oŋ^{52}$_{\text{白得难看}}$	ha:u^{1}pan^{1}pan^{1}$_{\text{白花花}}$
青；绿	绿 jɐu^{45}jɐu^{45}$_{\text{绿油油}}$	青 ȵau^{44}ȵau^{44}$_{\text{形容青菜嫩绿}}$	he:u^{1}ȵe:u^{3}ȵe:u^{3}$_{\text{绿油油}}$
轻	轻 pau^{45}pau^{45}$_{\text{轻飘飘}}$	轻 pɛt^{2}pɛt^{2}$_{\text{轻飘飘}}$	ˀbau^{1}ˀbi:ŋ^{5}ˀbi:ŋ^{5}$_{\text{轻飘飘}}$
	—	轻 pɛt^{2}lɛt^{2}$_{\text{轻飘飘}}$	ˀbau^{1}feu^{3}feu^{3}$_{\text{有点轻}}$
	—	—	ˀbau^{1}fa:u^{3}fa:u^{3}$_{\text{轻飘飘}}$
重	重 nɐt^{2}nɐt^{2}$_{\text{很重的}}$	重 nɔt^{5}nɔt^{5}$_{\text{沉甸甸}}$	nak^{7}ne:t^{7}ne:t^{7}$_{\text{有点沉}}$

续表

例词	北海$_{\text{市区}}$粤语	蒙山$_{\text{新圩}}$粤语	蒙山$_{\text{新圩}}$壮语
重	—	重 nut^{5}nut^{5}$_{\text{沉甸甸}}$	nak^{7}na:t^{7}na:t^{7}$_{\text{沉甸甸}}$
	—	重 nɐk^{2}nɐk^{2}$_{\text{沉甸甸}}$	nak^{7}num^{3}num^{3}$_{\text{沉甸甸}}$
	—	重 nui^{52}nui^{52}$_{\text{很重的}}$	nak^{7}nuŋ^{5}nuŋ^{5}$_{\text{沉甸甸}}$
老	老 ŋɐt^{2}ŋɐt^{2}/老 kɐt^{2}kɐt^{5}$_{\text{很老的}}$	老 naŋ^{35}naŋ^{35}$_{\text{很老的}}$	lau^{6}ȵaŋ^{5}ȵaŋ^{5}$_{\text{很老的}}$
嫩	嫩 jɐu^{45}jɐu^{45}$_{\text{很嫩的}}$	嫩 nɐp^{5}nɐp^{5}$_{\text{很嫩的}}$	nun^{6}nəp^{7}nəp^{7}$_{\text{很嫩的}}$
酸	酸 tɛp^{3}tɛp^{3}$_{\text{酸溜溜}}$	酸 θɐm^{31}θɐm^{31}$_{\text{酸溜溜}}$	θəm^{3}θam^{1}θam^{1}$_{\text{酸溜溜}}$
甜	甜 ʦet^{3}ʦet^{3}$_{\text{甜腻腻}}$	甜 nɐm^{44}nɐm^{44}$_{\text{甜津津}}$	wan^{1}jəm^{3}jəm^{3}$_{\text{甜津津}}$
饿	—	饿 ŋɤm^{31}ŋɤm^{31}$_{\text{很饿的}}$	jɯk^{7}ŋa:u^{5}ŋa:u^{5}$_{\text{很饿的}}$

北海粤语的状貌后缀比较有限，其中动词基本只带拟声后缀，虽然也有ABB式形容词如“白茫茫”“白花花”“轻飘飘”，但“茫茫”“花花”“飘飘”均非词缀。相较之下，蒙山壮语和粤语的状貌后缀都非常发达，许多动词、形容词都能附加几个拟声摹状的后缀，描摹不同的声音与情态，比如“ti:u^{5}ja:t^{7}ja:t^{7}”指欢快地跳，“ti:u^{5}pum^{1}pum^{1}”和“跳 ʃɐm^{52}ʃɐm^{52}”指不安分地蹦跳，“ti:u^{5}pup^{8}pup^{8}”和“跳 pɐk^{2}pɐk^{2}”指心扑扑跳。两者的状貌后缀，除个别相似之外（如“老 naŋ^{35}naŋ^{35}”和“lau^{6}ȵaŋ^{5}ȵaŋ^{5}”“嫩 nɐp^{5}nɐp^{5}”和“nun^{6}nəp^{7}nəp^{7}”），大多相异。

另外，蒙山壮语和粤语的许多动词都能附加一类表示“密集”“速度”意味的后缀，为北海粤语所缺乏。蒙山粤语是“hɐm^{31}hɐm^{31}”“ʧa^{31}ʧa^{31}”“lɐm^{31}lɐm^{31}”，比如：嘈 hɐm^{31}hɐm^{31}$_{\text{争吵不停}}$、骂 hɐm^{31}hɐm^{31}$_{\text{骂个不停}}$、抢 hɐm^{31}hɐm^{31}$_{\text{一哄而上，一阵乱抢}}$、滚 hɐm^{31}hɐm^{31}$_{\text{沸腾貌}}$、行 hɐm^{31}hɐm^{31}$_{\text{人多纷纷快走貌}}$、趯 hɐm^{31}hɐm^{31}$_{\text{人多纷纷跑貌}}$、跳 hɐm^{31}hɐm^{31}$_{\text{人多跳}}$、吃 hɐm^{31}hɐm^{31}$_{\text{不停地吃坐着不动}}$、笑 hɐm^{31}hɐm^{31}$_{\text{人多笑}}$；嘈 ʧa^{31}ʧa^{31}$_{\text{争吵不停}}$、骂 ʧa^{31}ʧa^{31}$_{\text{骂个不停}}$、滚 ʧa^{31}ʧa^{31}$_{\text{沸腾貌}}$、趯 ʧa^{31}ʧa^{31}$_{\text{人多纷纷跑貌}}$、吆 ʧa^{31}ʧa^{31}$_{\text{叫呱呱}}$、吃 ʧa^{31}ʧa^{31}$_{\text{不停地吃}}$、哭 ʧa^{52}ʧa^{52}$_{\text{不停地哭}}$、笑 ʧa^{31}ʧa^{31}$_{\text{人多笑}}$；滚 lɐm^{31}lɐm^{31}$_{\text{沸腾貌}}$、跳 lɐm^{31}lɐm^{31}$_{\text{人多跳}}$、哭 lɐm^{31}lɐm^{31}$_{\text{不停地哭}}$、笑 lɐm^{31}lɐm^{31}$_{\text{人多笑}}$。

蒙山壮语是“həm^{2}həm^{2}”，比如：he:m^{5}həm^{2}həm^{2}$_{\text{不停地叫喊}}$、ti:u^{5}həm^{2}həm^{2}$_{\text{不停地跳}}$、pei^{1}həm^{2}həm^{2}$_{\text{不停地摆}}$、ŋa:u^{2}həm^{2}həm^{2}$_{\text{不停地摇}}$、bin^{2}həm^{2}həm^{2}$_{\text{不停地飞}}$、wa:t^{8}həm^{2}həm^{2}$_{\text{不停地挖}}$、fat^{7}həm^{2}həm^{2}$_{\text{不停地搅拌}}$、lam^{3}həm^{2}həm^{2}$_{\text{不停地砍}}$、mu^{6}həm^{2}həm^{2}$_{\text{不停地磨}}$、ʔai^{3}həm^{2}həm^{2}$_{\text{急速不停地咳嗽}}$、so:n^{6}həm^{2}həm^{2}$_{\text{不停地冒汗}}$、hun^{1}həm^{2}həm^{2}$_{\text{骤雨如注的}}$。

以上这些特征并非只出现于蒙山壮语与蒙山粤语。下面通过更多的方言事实证明，广西汉语方言丰富发达的状貌后缀很可能受壮语影响而来。

第二节　广西汉语方言状貌后缀的类型与分布

据掌握语料,丰富发达的状貌后缀广泛分布于广西多地方言,涉及粤语、平话、西南官话和客家话。

一、粤语的状貌后缀

1. 南宁粤语①,比如:哭 ŋa^{55}ŋa^{55} 大声哭、哭 ŋɛ^{55}ŋɛ^{55} 哭的声音不大、哭 ɬɛp^{2}ɬɛp^{2} 抽泣貌、跳 lɐŋ^{55}lɐŋ^{55} 跳的幅度大,跳跃者体积也大,常指反复跳跃、跳 pɐt^{22}pɐt^{22} 跳貌;不安分跳的幅度小,跳跃者体积也小,常指心跳、开 ŋap^{33}ŋap^{33} 开裂貌、开 mak^{3}mak^{3} 开裂貌、睡 pʰat^{22}pʰat^{22} 睡姿难看、跟 ɬɛp^{2}ɬɛp^{2} 老跟在身后、跟 nɐŋ^{33}nɐŋ^{33} 老跟在身后;高 nɐu^{21}nɐu^{21}、高 kwʰaŋ^{21}kwʰaŋ^{21}、红 mi^{55}mi^{55}、红 jɛm^{55}jɛm^{55}、红 fɛt^{5}fɛt^{5} 以上为红得好看、红 kwɐŋ^{21}kwɐŋ^{21} 红得难看、肥 tyt^{5}tyt^{5}、肥 nɔt^{5}nɔt^{5}、肥 nɔ^{55}nɔ^{55} 以上为胖得好看,可爱、肥 tʰɐn^{21}tʰɐn^{21}、肥 luk^{5}luk^{5} 以上为胖得难看、烟 ŋau^{55}ŋau^{55} 烟雾弥漫貌、肉 nɐt^{5}nɐt^{5} 肉乎乎貌。

此外,"ʧa^{21}ʧa^{21}""hɐm^{21}hɐm^{21}"这两个后缀可用在单个动词和动宾结构之后,语义上有"密集"、"不停做某事"的意味,含某种不满的情绪,比如:行 ʧa^{21}ʧa^{21} 纷纷走、笑 ʧa^{21}ʧa^{21} 纷纷笑、哭 ʧa^{21}ʧa^{21} 纷纷哭、食 ʧa^{21}ʧa^{21} 无顾忌地吃、烧烟 hɐm^{21}hɐm^{21} 不停地吸烟、饮酒 hɐm^{21}hɐm^{21} 不停地喝酒、落雨 hɐm^{21}hɐm^{21} 雨下得很大、西装革履 hɐm^{21}hɐm^{21}、涂脂抹粉 hɐm^{21}hɐm^{21}、追女崽 ʧa^{21}ʧa^{21}。

2. 百色粤语②,以ABB型居多,也有个别ABC型,比如:哭 ŋɛ^{55}ŋɛ^{55}、哭 ŋa^{55}ŋa^{55}、哭 ɬɛp^{22}ɬɛp^{22} 啜泣貌、笑 jɐm^{55}jɐm^{55} 笑吟吟、笑 kʰa^{55}kʰa^{55} 笑咔咔、笑 ha^{55}ha^{55} 笑哈哈、笑 kʰɛ^{55}kʰɛ^{55}、笑 jɐŋ^{55}jɐŋ^{55}、笑 hɛ^{55}hɛ^{55}、跳 lek^{55}lek^{55} 好动,多动、跳 pap^{22}pap^{22} 指心跳、行 ʧɐŋ^{42}ʧɐŋ^{42} 纷纷走或走得快、吆 ja^{55}ja^{55} 吆呀呀、吆 ʧa^{55}ʧa^{55} 吆喳喳、喊 ja^{55}ja^{55} 喊呀呀、喊 ʧa^{55}ʧa^{55} 喊喳喳、ai^{33}(嗌)ʧa^{42}ʧa^{42} 骂骂咧咧、嘈 paŋ^{55}paŋ^{55} 嘈杂、嘈 ŋɐm^{33}ŋɐm^{33} 嘈杂、肥 luk^{55}luk^{55}、肥 pɐm^{22}pɐm^{22}、肥 tʰɐn^{42}tʰɐn^{42}、肥 tɔt^{55}tɔt^{55}、高 kɐŋ^{22}kɐŋ^{22}、高 lɐŋ^{22}lɐŋ^{22}、高 lɐŋ^{42}kwʰaŋ^{42}、矮 tiak^{55}tiak^{55}、矮 tɐm^{35}tɐm^{35}、红 fɛt^{55}fɛt^{55}、红 mi^{55}mi^{55}、蓝 kʰɛm^{42}kʰɛm^{42}、绿 jau^{55}jau^{55}。

百色粤语也有"ʃa^{42}ʃa^{42}""hɐm^{22}hɐm^{22}"这两个后缀,比如:tiak^{33}(趯)ʃa^{42}ʃa^{42} 纷纷跑貌、tiak^{33}(趯)hɐm^{22}hɐm^{22} 纷纷跑貌、行 ʃa^{42}ʃa^{42} 纷纷走或走得快、嘈 ʧa^{22}ʧa^{22} 嘈杂、嘈 hɐm^{22}hɐm^{22} 嘈杂。

3. 钦州粤语③,比如:哭 fɛt^{5}fɛt^{5}、哭 ŋa^{45}ŋa^{45}、哭 ɬɛp^{2}ɬɛp^{2}、ham^{33}ja^{45}ja^{45} 喊呀呀、笑 nɐm^{45}nɐm^{45} 笑吟吟、笑 kʰa^{45}kʰa^{45} 笑咔咔、笑 kʰɛt^{5}kʰɛt^{5}、笑 hɛ^{21}hɛ^{21}、跳 lɐk^{5}lɐk^{5} 好动,多动、跳 lɐŋ^{45}lɐŋ^{45}、跳 fɐk^{2}fɐk^{2} 形容脉搏跳动、跳 pɔk^{3}pɔk^{3} 形容心脏跳动、长 kau^{21}kau^{21}、短 ʧʰɛt^{5}ʧʰɛt^{5}、高 tuk^{5}tuk^{5}、矮 tɐm^{24}tɐm^{24}、

① 林亦,覃凤余:《广西南宁白话研究》,广西师范大学出版社,2008年,第252-255页。

② 何婉萍:《百色白话词汇研究》,硕士学位论文,广西大学,2011年,第138-161页。

③ 利冬冬:《钦州白话词汇研究》,硕士学位论文,广西大学,2019年,第72-82页。

黑 ma^{45}ma^{45}$_{\text{黑麻麻}}$、黑 tʰat^{3}tʰat^{3}$_{\text{形容脸色阴沉}}$、白 ɬɛt^{5}ɬɛt^{5}$_{\text{苍白}}$、白 ɬit^{5}ɬit^{5}$_{\text{雪白}}$、白 pʰuŋ^{45}pʰuŋ^{45}$_{\text{雪白}}$。

"ʧa^{21}ʧa^{21}""hɐm^{21}hɐm^{21}"这两个后缀也见于钦州粤语，比如：□$_{\text{动}}$ ȵuk^{5} hɐm^{21}hɐm^{21}$_{\text{动得厉害}}$、跑 hɐm^{21}hɐm^{21}$_{\text{纷纷跑貌}}$、走 hɐm^{21}hɐm^{21}$_{\text{走得很快}}$、行 ʧa^{21}ʧa^{21}$_{\text{走得很快}}$、讲 ʧa^{21}ʧa^{21}$_{\text{说个不停}}$、闹 ʧa^{21}ʧa^{21}$_{\text{骂骂咧咧}}$、喊 ʧa^{45}ʧa^{45}$_{\text{喊喳喳}}$、嘈 ʧa^{21}ʧa^{21}$_{\text{嘈喳喳}}$、嘈 hɐm^{21}hɐm^{21}$_{\text{嘈喳喳}}$。

4. 桂平$_{\text{江口}}$粤语①，主要是 ABB 型，也有 BBA 型，比如：哭 ŋa^{21}ŋa^{21}$_{\text{大声哭}}$、哭 ŋɛ^{55}ŋɛ^{55}$_{\text{哭的声音不大}}$、哭 sɐp^{2}sɐp^{2}$_{\text{抽泣貌}}$、跳 lɐŋ^{55}lɐŋ^{55}/lɐŋ^{55}lɐŋ^{55}跳$_{\text{上蹿下跳}}$、pɐk^{2}pɐk^{2}跳$_{\text{心跳貌}}$、hɐm^{21}hɐm^{21}滚$_{\text{人多貌，人声鼎沸}}$、ȵɐm^{55}ȵɐm^{55}笑$_{\text{微笑貌}}$、khɐt^{5}khɐt^{5}笑$_{\text{笑貌}}$、khɛt^{5}khɛt^{5}笑$_{\text{笑貌}}$。后缀不同，情感色彩也不同，比如：白 syt^{5}syt^{5}$_{\text{褒义}}$、白 ʃai^{24}ʃai^{24}$_{\text{贬义}}$、白 phuŋ^{55}phuŋ^{55}$_{\text{贬义}}$、青 jau^{55}jau^{55}$_{\text{贬义}}$、青 ŋau^{55}ŋau^{55}$_{\text{贬义}}$。

"ʧa^{21}ʧa^{21}""hɐm^{21}hɐm^{21}"这两个后缀跟在单个动词之后，使用频率最高，运用范围最宽泛，两者常常互换，意思不变，略带贬义，比如：行 ʧa^{21}ʧa^{21}$_{\text{纷纷走}}$、笑 ʧa^{21}ʧa^{21}、哭 ʧa^{21}ʧa^{21}、滚 ʧa^{21}ʧa^{21}$_{\text{水开貌}}$、食 ʧa^{21}ʧa^{21}$_{\text{无顾忌地吃}}$；跟在双音节动词之后，不能替换为"ʧa^{21}ʧa^{21}"，比如：跳舞 hɐm^{21}hɐm^{21}$_{\text{不停地跳舞}}$、讲话 hɐm^{21}hɐm^{21}$_{\text{讲个不停}}$；跟在动宾短语之后，带有一定的不满、嘲讽色彩，比如：开玩笑 hɐm^{21}hɐm^{21}、穿皮鞋 hɐm^{21}hɐm^{21}、趯屎坑 hɐm^{21}hɐm^{21}。

二、桂南平话的状貌后缀

1. 武鸣横塘话②，比如：哭 ŋi^{55}ŋi^{55}$_{\text{咿咿地小声地哭}}$、哭 ŋe^{22}ŋe^{22}$_{\text{耶耶地小声地哭}}$、哭 ŋa^{33}ŋa^{33}$_{\text{哇哇地大声地哭}}$、笑 hi^{33}hi^{33}$_{\text{嘻嘻地小声地笑}}$、笑 he^{33}he^{33}$_{\text{嘿嘿地笑}}$、笑 ha^{33}ha^{33}$_{\text{哈哈地大声笑}}$、□ pən^{35}$_{\text{转}}$lok^{22}lok^{22}$_{\text{不停地转}}$、飞 fat^{21}fat^{21}$_{\text{飘扬不止}}$、冲 tsa^{31}tsa^{31}$_{\text{不停向前冲}}$、黑 mɐt^{22}mɐt^{22}$_{\text{很黑的样子}}$、红 fe^{33}fe^{33}$_{\text{很红的样子}}$、乱 ȵau^{33}ȵau^{33}$_{\text{很乱的样子}}$、湿 pet^{21}pet^{21}$_{\text{有点湿}}$、湿 pat^{21}pat^{21}$_{\text{很湿的样子}}$、肥 let^{33}let^{33}$_{\text{有点肥的样子}}$、肥 luk^{33}luk^{33}$_{\text{比较肥的样子}}$、肥 lok^{33}lok^{33}$_{\text{非常肥胖的样子}}$。

2. 上林客话③，主要有以下类型。

AB　扁霸、高耿、麻暂

BA　奥蓝、奥绿、蛮新

ABB　黑抹抹、亮顶顶、肥辘辘、酷核核$_{\text{极热}}$、喊轰轰、喊嗷嗷、跳 tien^{213}tien^{213}、跳 lan^{25}lan^{25}、爬 ȵaŋ^{34}ȵaŋ^{34}、嘴 ȵak^{3}ȵak^{3}$_{\text{嚼个不停}}$、毛喳喳$_{\text{毛茸茸}}$

ABC　嘴飞 fa^{25}$_{\text{形容嘴唇长得厚而突或很肿，用以形容人长得丑}}$

ABAB　拄 laŋ^{213}拄 laŋ^{213}、滴测滴测

---

① 杨卓林：《桂平江口白话研究》，硕士学位论文，广西大学，2018年，第235–238页。

② 何晓吟：《汉语横塘话与壮语的接触关系研究》，硕士学位论文，中央民族大学，2015年，第41–45页。

③ 杨丕芳，黄以进，黄英富：《上林客话研究》，广西民族出版社，2022年，第230–232页。

3. 宾阳$_{\text{大桥}}$客话①，主要有以下类型。

AB 老 lat^{33}$_{\text{轻浮，爱出风头}}$、涩杀$_{\text{味道苦涩}}$、苦 nat^{33}$_{\text{味道苦}}$

BA au^{44}蓝、au^{44}绿、jam^{34}新

ABB 老 lat^{33}lat^{33}、高耸耸、肥咧咧、开 ŋap^{33}ŋap^{33}、哭 ŋa^{34}ŋa^{34}、哭 fiet^{33}fiet^{33}、走 loŋ^{54}loŋ^{54}、飞 jau^{42}jau^{42}、肚 jøt^{33}jøt^{33}$_{\text{大腹便便}}$、毛 ȵøt^{33}ȵøt^{33}$_{\text{毛茸茸}}$

ABC 面 vaŋ^{42}vi^{42}$_{\text{脸臭烘烘的或显得蛮横}}$、尾 khəŋ^{54}khieu^{54}$_{\text{尾巴翘得很高}}$

ABAB 动 jam^{42}动 jam^{42}、吊 laŋ^{54}吊 laŋ^{54}

4. 崇左$_{\text{新和}}$蔗园话②，以ABB型居多，也有ABC型，比如：跳 lɐk^{55}lɐk^{55}$_{\text{好动，多动，多指人，贬义}}$、跳 pəp^{21}pəp^{21}$_{\text{跳动不止}}$、跳 thəm^{55}thəm^{55}$_{\text{纷纷跳起来}}$、笑 ȵəm^{33}ȵəm^{33}$_{\text{微笑}}$、笑 hɛ^{55}hɛ^{55}$_{\text{嬉笑}}$、笑 ha^{5}ha^{55}$_{\text{大笑}}$、笑 khat^{35}khat^{35}$_{\text{哈哈大笑}}$、笑 ȵɐŋ^{55}ȵɐŋ^{55}$_{\text{很不好意思的笑}}$、哭 ŋɛ^{55}ŋɛ^{55}$_{\text{小声哭}}$、哭 ŋa^{33}ŋa^{33}$_{\text{大声哭}}$、哭 ʧəm^{31}ʧəm^{31}$_{\text{人多纷纷哭貌}}$、硬 khwət^{33}khwət^{33}$_{\text{粗硬程度高，中性}}$、硬 khik^{55}khik^{55}$_{\text{小物体坚硬程度高}}$、硬 khɐŋ^{55}khɐŋ^{55}$_{\text{指大的物体等坚硬，程度高}}$、脸 pət^{21}pət^{21}$_{\text{人懦弱程度高，贬义}}$、脸 nut^{35}nut^{35}$_{\text{物体软，软烂，中性}}$、肥 nut^{35}nut^{35}$_{\text{指动物，褒义；指大人，贬义}}$、肥 nət^{35}nət^{35}$_{\text{指小孩，褒义}}$、肥 pət^{21}ʧət^{21}$_{\text{指肉类，贬义}}$。

崇左$_{\text{新和}}$蔗园话也有“ʧa^{21}ʧa^{21}”“həm^{31}həm^{31}”这两个后缀，比如：走 həm^{31}həm^{31}$_{\text{纷纷走貌}}$、冲 həm^{31}həm^{31}$_{\text{一个劲地干}}$、□lɐn^{35}$_{\text{掉义}}$ʧa^{21}ʧa^{21}$_{\text{纷纷掉}}$。

5. 龙州伝话③，以ABB型居多，也有ABC型，比如：排 lɛt^{21}lɛt^{21}$_{\text{排得很长}}$、开 ŋap^{35}ŋap^{35}$_{\text{开得很大}}$、跳 thəm^{55}thəm^{55}$_{\text{跳个不停}}$、笑 ȵəm^{33}ȵəm^{33}$_{\text{微笑}}$、笑 hɛ^{55}hɛ^{55}$_{\text{嬉笑}}$、笑 ha^{5}ha^{55}$_{\text{大笑}}$、笑 khat^{35}khat^{35}$_{\text{哈哈大笑}}$、笑 ȵɐŋ^{35}ȵɐŋ^{35}$_{\text{尴尬地笑}}$、脸 pət^{21}pət^{21}$_{\text{口感很软，贬义}}$、脸 nət^{21}nət^{21}$_{\text{口感很软，中性}}$、香 ʧhəp^{33}ʧhəp^{33}$_{\text{很香}}$、臭 ȵɛ^{33}ȵɛ^{33}$_{\text{很臭}}$、淡 pət^{21}ʧət^{21}$_{\text{很淡}}$、直 lut^{55}khut^{35}$_{\text{很直}}$。

6. 三江六甲话④，比如：哭 pie^{24}pie^{24}$_{\text{形容哭声有气无力}}$、哭 ŋu^{53}ŋu^{53}$_{\text{形容哭声低沉}}$、哭 pa^{24}pa^{24}$_{\text{形容哭声很大}}$、笑 xa^{33}xa^{33}$_{\text{形容笑声很大}}$、笑 ɲin^{33}ɲin^{33}$_{\text{形容面带微笑的样子}}$、喊 let^{44}let^{44}$_{\text{形容声音很尖}}$、喊 kua^{53} kua^{53}$_{\text{形容声音很大}}$、响 xəm^{22}xəm^{22}$_{\text{形容响声很大}}$、咬 kɔk^{44}kɔk^{44}$_{\text{形容咬声很大}}$、咬 p^{h}ek^{44}p^{h}ek^{44}$_{\text{形容咀嚼声小}}$、白 moŋ^{33}moŋ^{33}$_{\text{形容雪白的样子}}$、白 pɐu^{22}pɐu^{22}$_{\text{形容惨白的样子}}$。

除了常见的ABB型，还有ABC、ABCBC、ACB三种类型。

ABC iau^{33}kɔŋ^{24}kiet^{55}$_{\text{形容弯着腰猛跑}}$、笑 mat^{11}kɐt^{55}$_{\text{形容捧腹大笑}}$

ACB iau^{33}ka^{22}la^{24}$_{\text{形容撒腿乱跑}}$、矮 pa^{33}tɐk^{55}$_{\text{形容很矮的样子}}$、龌 pa^{33}siɐk^{44}$_{\text{形容很脏的样子}}$、泥 pa^{33}siɐk^{44}$_{\text{形容很泥泞的样子}}$

ABCBC 跳 ʦ^{h}a^{33}lɐŋ^{33}ʦ^{h}a^{33}lɐŋ^{33}$_{\text{形容砰砰跳跳}}$、跳 ʦ^{h}a^{33}lɐk^{55}ʦ^{h}a^{33}lɐk^{55}$_{\text{形容活蹦乱跳}}$

---

① 黄英富：《宾阳大桥客话研究》，广西民族出版社，2016年，第210-212页。

② 梁伟华，林亦：《广西崇左新和蔗园话研究》，广西师范大学出版社，2009年，第214、216、225-226、263页。

③ 梁伟华，曹光新：《龙州伝话研究》，广西民族出版社，2021年，第190-191页。

④ 韦彩珍：《汉语六甲话和壮语若干相似现象探析》，《民族翻译》2017年第2期。

7. 钦州$_{\text{长滩}}$新立话①，主要有ABB、ABC两种类型。

ABB 笑 ȵum^{24}ȵum^{24}$_{\text{笑吟吟}}$、笑 mi^{55}mi^{55}$_{\text{笑眯眯}}$、笑 kɛt^{24}kɛt^{24}、笑 ɬɛt^{11}ɬɛt^{11}、笑 hi^{55}hi^{55}$_{\text{笑嘻嘻}}$、笑 ha^{55}ha^{55}$_{\text{笑哈哈}}$、笑 phut^{11}phut^{11}、毛 ɬɐŋ^{22}ɬɐŋ^{22}$_{\text{毛茸茸的样子}}$、烟 ʧhum^{55}ʧhum^{55}$_{\text{烟气弥漫的样子}}$、烟 ŋau^{42}ŋau^{42}$_{\text{烟气弥漫的样子}}$

ABC 哭 ʧi^{42}ʧɔ^{42}、笑 pheŋ^{22}theŋ^{22}、肥 ta^{42}thut^{11}$_{\text{很肥}}$、肥 na^{42}nut^{11}$_{\text{很肥}}$、肥 phut^{1}ʧut^{11}$_{\text{很胖}}$、肥 kut^{44}tut^{44}$_{\text{很肥}}$

某些词带上不同的状貌后缀，能够体现出情感的不同，比如：笑 ɬɐŋ^{22}ɬɐŋ^{22}$_{\text{贬义}}$、红 fɔt^{24}fɔt^{24}$_{\text{褒义}}$、圆 tɐm^{55}tɐm^{55}$_{\text{贬义}}$、圆 lɔ^{55}lɔ^{55}$_{\text{贬义}}$、白 muk^{44}muk^{44}$_{\text{褒义}}$、白 lap^{11}lap^{11}$_{\text{贬义}}$、肥 phut^{11}phut^{11}$_{\text{贬义}}$、肥 nut^{11}nut^{11}$_{\text{中性}}$、高 ɬɐŋ^{33}ɬɐŋ^{33}$_{\text{贬义}}$、高 khan^{55}khan^{55}$_{\text{贬义}}$、高 ɬiau^{33}ɬiau^{33}$_{\text{中性}}$。

新立话“hum^{42}hum^{42}”“ʧhum^{55}ʧhum^{55}”“lut^{11}lut^{11}”“ʧɔ^{42}ʧɔ^{42}”“fɐn^{55}fɐn^{55}”这几个后缀，加在动词性语素后面表示“行为或状态繁杂、忙乱，略带贬义”，比如：

嘈 hum^{42}hum^{42}/ʧhum^{55}ʧhum^{55}/lut^{11}lut^{11}/ʧɔ^{42}ʧɔ^{42}/fɐn^{55}fɐn^{55}

吃 hum^{42}hum^{42}/ʧhum^{55}ʧhum^{55}/ lut^{11}lut^{11}/ʧɔ^{42}ʧɔ^{42}/fɐn^{55}fɐn^{55}

笑 hum^{42}hum^{42}/ʧhum^{55}ʧhum^{55}/lut^{11}lut^{11}/ʧɔ^{42}ʧɔ^{42}/fɐn^{55}fɐn^{55}

哭 hum^{42}hum^{42}/ʧhum^{55}ʧhum^{55}/lut^{11}lut^{11}/ʧɔ^{42}ʧɔ^{42}/fɐn^{55}fɐn^{55}

走 hum^{42}hum^{42}/ʧhum^{55}ʧhum^{55}/lut^{11}lut^{11}/fɐn^{55}fɐn^{55}

冲 hum^{42}hum^{42}/ʧhum^{55}ʧhum^{55}/lut^{11}lut^{11}/fɐn^{55}fɐn^{55}

双音节词也能附加，表示动作重复、频率加强，也带有主观情感的不满，其中 ʧɔ^{42}ʧɔ^{42}习惯上较少使用，比如：

烧烟 hum^{42}hum^{42}/ʧhum^{55}ʧhum^{55}/lut^{11}lut^{11}/ʧɔ^{42}ʧɔ^{42}/fɐn^{55}fɐn^{55}

争交 hum^{42}hum^{42}/ʧhum^{55}ʧhum^{55}/fɐn^{55}fɐn^{55}

唱歌 hum^{42}hum^{42}/ʧhum^{55}ʧhum^{55}/fɐn^{55}fɐn^{55}

拍手 hum^{42}hum^{42}/ʧhum^{55}ʧhum^{55}/ʧɔ^{42}ʧɔ^{42}/fɐn^{55}fɐn^{55}

8. 横县$_{\text{百合}}$平话②，单音节形容词嵌入不同的“X”，构成AXA型，可以传达出语义的轻重和情感的褒贬。

形容词		表爱AXA		表憎AXA	
音	义	较重级	较轻级	较重级	较轻级
nun^{21}	嫩	~nuk^{4}~	~nəp^{4}~	~nat^{3}~	~net^{3}~
hək^{4}	黑	~luk^{4}~		~ŋat^{3}~	~ŋet^{3}~
fi^{13}	肥	~ŋuk^{4}~	~ŋət^{4}~	~ŋat^{21}~	~ŋet^{21}~
ɬun^{33}	酸	~tuk^{4}~	~təp^{4}~	~tak^{3}~	~tep^{3}~

① 黄昭艳：《钦州新立话研究》，西南交通大学出版社，2011年，第253-259页。

② 闭克朝：《横县方言单音形容词的AXA重叠式》，《中国语文》1979年第5期。

X的元音除了u、a、ə、e，还有i和ʌ。i为a的条件变体，两者不共现，两者情感色彩和程度相同。ʌ为a的自由变体，两者情感色彩和程度相同。

形容词		AXA		形容词		AXA	
音	义	较重级	较轻级	音	义	较重级	较轻级
ɬai^{55}	细	~ni^{55}~	~net^{3}~	tai^{21}	大	~nʌŋ^{33}~	
tɕʰin^{33}	浅	~ni^{55}~	~net^{3}~	hu^{33}	苦	~ŋʌŋ^{33}~	~ŋet^{3}~
ʔai^{33}	矮	~ni^{55}~	~net^{3}~	kɔu^{44}	高	~ŋʌŋ^{33}~	
hiŋ^{33}	轻	~hi^{33}~	~heu^{33}~	tɕuŋ^{11}	重	~ɬuŋ^{13}~	~ɬep^{33}~

三、西南官话的状貌后缀

1. 武鸣$_{\text{县城}}$官话①，比如：əŋ^{33}fəŋ^{21}fəŋ^{21}$_{\text{得意扬扬}}$、əŋ^{33}fe^{35}fe^{35}$_{\text{得意扬扬}}$、哭ŋe^{33}ŋe^{33}、哭ŋa^{33}ŋa^{33}、哭ɬəp^{21}ɬəp^{21}$_{\text{啜泣貌}}$、哭ɬi^{33}ɬi^{33}、笑xa^{33}xa^{33}$_{\text{笑哈哈}}$、笑mi^{33}mi^{33}$_{\text{笑眯眯}}$、笑kɔk^{55}kɔk^{33}、笑iəŋ^{33}iəŋ^{33}、笑ɬəŋ^{21}ɬəŋ^{21}、跳lək^{33}lək^{33}$_{\text{好动，多动}}$、跳pəp^{21}pəp^{21}$_{\text{指心跳}}$、擞ɬəŋ^{21}ɬəŋ^{21}$_{\text{抖擞}}$、肥lu^{33}lu^{33}、肥tut^{21}tut^{21}、nəm^{21}pet^{21}pet^{21}$_{\text{软烂}}$、nəm^{21}pəm^{35}pəm^{35}$_{\text{软烂}}$、nəm^{21}pəp^{21}pəp^{21}$_{\text{软烂}}$。

武鸣$_{\text{县城}}$官话"ləm^{21}ləm^{21}""tsa^{33}tsa^{33}""la^{21}la^{21}"三个后缀带有"密集"的意味，比如：动ləm^{21}ləm^{21}$_{\text{动得厉害}}$、舞ləm^{21}ləm^{21}、跑ləm^{21}ləm^{21}$_{\text{纷纷跑貌}}$、跑la^{21}la^{21}$_{\text{纷纷跑貌}}$、走ləm^{21}ləm^{21}$_{\text{纷纷走或走得快貌}}$、讲tsa^{21}tsa^{21}$_{\text{说个不停}}$、讲la^{21}la^{21}$_{\text{说个不停}}$、讲ləm^{21}ləm^{21}$_{\text{说个不停}}$、喊tsa^{33}tsa^{33}$_{\text{喊个不停}}$、嘈tsa^{33}tsa^{33}$_{\text{嘈杂}}$。

2. 邕宁$_{\text{福建村}}$官话②，比如：哭ɬɛp^{2}ɬɛp^{2}$_{\text{好哭}}$、哭ŋa^{35}ŋa^{35}$_{\text{好哭}}$、走fɐk^{2}fɐk^{2}$_{\text{纷纷走或走得快的样子}}$、排lɛt^{2}lɛt^{2}$_{\text{个挨个}}$、摇kɐŋ^{21}kɐŋ^{21}$_{\text{动得厉害}}$、摸ɬuk^{2}ɬuk^{2}$_{\text{不停地做}}$、红mi^{35}mi^{35}$_{\text{红咪咪}}$、红kuɐŋ^{21}kuɐŋ^{21}$_{\text{深红}}$、咸ɬat^{2}ɬat^{2}、粗ȵat^{35}ȵat^{35}、雾水ɬat^{2}ɬat^{2}$_{\text{雾水大}}$。

表"密集貌"的后缀"hɐm^{21}hɐm^{21}"使用较少，比如：嘈hɐm^{21}hɐm^{21}$_{\text{嘈杂}}$、iok^{5}hɐm^{21}hɐm^{21}$_{\text{活络}}$、乱hɐm^{21}hɐm^{21}$_{\text{凌乱}}$、tɐn^{21}hɐm^{21}hɐm^{21}$_{\text{呵斥}}$。

除了ABB，还有ABC、ABAB两种类型，比如：

ABC　淡pɐŋ^{24}lɐŋ^{35}、肥lɐn^{21}tɐn^{21}、矮tɛt^{35}ȵɛt^{35}

AABB　跳pɛk^{2}跳pɛk^{2}$_{\text{脉搏、心脏跳动很快}}$、扯ɬat^{2}扯ɬat^{2}$_{\text{抽痛状}}$

3. 南宁$_{\text{下郭街}}$官话③，比如：哭ŋa^{35}ŋa^{35}$_{\text{哭哭啼啼}}$、喊喳喳、吵喳喳、跳lən^{35}lən^{35}$_{\text{蹦蹦跳跳或跳上跳下}}$、动mep^{2}mep^{2}$_{\text{眼睛眨动}}$、转lo^{35}lo^{35}$_{\text{不停地转}}$、滚lo^{35}lo^{35}$_{\text{不停地滚}}$、雪ɬep^{2}ɬep^{2}$_{\text{雨下不停}}$、战thəŋ^{31}thəŋ^{31}$_{\text{发抖的样子}}$、红咪咪、红通通、红咚咚、稀lən^{35}lən^{35}$_{\text{稀稀的}}$、水雪雪$_{\text{地面很湿}}$、油lən^{31}lən^{31}$_{\text{很油腻}}$

后缀"tsa^{31}tsa^{31}"表"密集貌"，比如：冲tsa^{31}tsa^{31}$_{\text{不顾一切往前冲}}$、跑tsa^{31}tsa^{31}$_{\text{急匆匆往前跑或到处乱跑}}$。

---

① 陆淼淼：《武鸣县城官话语音词汇研究》，广西师范大学出版社，2016年，第176、190-203页。

② 杨丕芳：《南宁市邕宁区福建村话词汇研究》，硕士学位论文，广西大学，2009年，第83、112-115页。

③ 周本良等：《南宁下郭街官话》，广西民族出版社，2015年，第146-148页。

4. 扶绥$_{\text{那密}}$官话①，比如：傻 ɬət^{2}ɬət^{2}$_{\text{傻□□}}$、新 lo^{55}lo^{55}$_{\text{新□□}}$、穷 k^{h}aŋ^{55}k^{h}aŋ^{55}$_{\text{穷□□}}$、烂 pɛt^{2}pɛt^{2}$_{\text{烂□□}}$、酸 tat^{2}tat^{2}$_{\text{形容很酸}}$、酸 tiɐu^{35}tiɐu^{35}$_{\text{形容很酸}}$、辣 həm^{35}həm^{35}$_{\text{辣□□}}$、热 həm^{35}həm^{35}$_{\text{酷热}}$、肥 pət^{2}pət^{2}$_{\text{形容很肥}}$、肥 lu^{55}lu^{55}$_{\text{形容很肥}}$、肥 lo^{21}lo^{21}$_{\text{形容很肥}}$、饿 lap^{2}lap^{2}$_{\text{形容很饿}}$、饱 pəŋ^{35}pəŋ^{35}$_{\text{形容很饱}}$。

5. 都安$_{\text{菁盛}}$官话②，比如：笑 xa^{33}xa^{33}$_{\text{笑哈哈}}$、笑 xo^{33}xo^{33}$_{\text{笑呵呵}}$、笑 xi^{33}xi^{33}$_{\text{笑嘻嘻}}$、笑 xɯ^{33}xɯ^{33}$_{\text{笑嘿嘿}}$、哭 ŋa^{33}ŋa^{33}$_{\text{嚎啕大哭}}$、哭 ŋi^{33}ŋi^{33}$_{\text{细声痛哭}}$、哭 ŋau^{33}ŋau^{33}$_{\text{大声痛哭}}$、跳 pum^{33}pum^{33}$_{\text{跳的动作幅度很大}}$、跳 jik^{33}jik^{33}$_{\text{跳的动作幅度不大(可爱样)}}$、跑 fo^{33}fo^{33}$_{\text{喘气地快跑}}$、跑 fɯ^{33}fɯ^{33}$_{\text{呼呼地快跑}}$、喊 tɕit^{55}tɕit^{55}$_{\text{发出刺耳的喊叫声}}$、喊 sa^{33}sa^{33}$_{\text{喊喳喳}}$、肥 lu^{33}lu^{33}$_{\text{很胖的}}$、肥 nuo^{33}nuo^{33}$_{\text{胖得可爱}}$、肥 pɯt^{21}pɯt^{21}$_{\text{很肥(一般指肥肉)}}$、圆 tu^{33}tu^{3}$_{\text{很园的}}$、圆 ti^{33}ti^{33}$_{\text{圆而小巧}}$、臭 fɯm^{33}fɯm^{33}$_{\text{臭烘烘的}}$、臭 fot^{33}fot^{33}$_{\text{一阵阵的臭}}$、黑 ma^{33}ma^{33}$_{\text{黑麻麻}}$、汗 θak^{21}θak^{21}$_{\text{汗很多}}$。

四、客家话的状貌后缀

马山$_{\text{周鹿}}$客家话③，比如：笑 ɬi^{33}ɬi^{33}$_{\text{笑嘻嘻}}$、笑 ha^{33}ha^{33}$_{\text{笑哈哈}}$、笑 hɛt^{5}hɛt^{5}$_{\text{笑呵呵}}$、跳 pit^{2}pit^{2}$_{\text{好动,多动}}$、硬 k^{h}iɔ^{31}k^{h}iɔ^{31}$_{\text{硬翘翘}}$、硬 paŋ^{33}paŋ^{33}$_{\text{硬邦邦}}$、韧 kia^{33}kia^{33}$_{\text{韧□□}}$、燥 p^{h}i^{31}p^{h}i^{31}$_{\text{燥□□}}$、湿 tap^{5}tap^{5}$_{\text{湿□□}}$、红 tuŋ^{33}tuŋ^{33}$_{\text{红通通}}$、红 faŋ^{33}faŋ^{33}$_{\text{红通通}}$、红 fət^{2}fət^{2}$_{\text{(只指脸色)}}$。

同一个形容词带不同的后缀，语义有别，比如：肥 nuŋ^{33}nuŋ^{33}$_{\text{指人很肥胖}}$、肥 ɔt^{2}ɔt^{2}$_{\text{指动物很肥壮}}$、高 k^{h}uaŋ^{33}k^{h}uaŋ^{33}$_{\text{指人很高}}$、高 tuŋ^{33}tuŋ^{33}$_{\text{指人很高}}$、高 kia^{24}kia^{24}$_{\text{指事物很高}}$、高 ȵia^{21}ȵia^{21}$_{\text{指高度很高,够不着}}$、白 ɬɛt^{5}lɛt^{5}$_{\text{指物}}$、白 miŋ^{55}muŋ^{55}$_{\text{指人}}$。

以上汉语方言的状貌后缀有几个特点：(1)形容词、动词、名词及动宾结构都能附加若干个描声摹状的后缀，传递细腻的意义及主观情感，以ABB型最常见，也有AXA，ABC、ACB、ABAB、ABCBC等类型。(2)状貌后缀绝大多数有音无字，与“水汪汪”“红艳艳”这类ABB型的BB不同。(3)“hɐm^{21}hɐm^{21}”“ʧa^{21}ʧa^{21}”这类后缀搭配动词及动宾结构，表示“密集貌”且多含贬义色彩，各地读音相同或相近。(3)状貌后缀韵母主元音蕴含语音象征性，即前/高元音如i、e表“小”，后/低元音如a、u表“大”，例如武鸣横塘话“哭”和“肥”的不同状态。

先前章节阐释了侗台语状貌后缀的共时特征与历时演变，我们认为，上述特点与侗台语，尤其是广西分布范围最广、影响力最大的侗台语——壮语高度平行。例如：

ɣi:u^{1}笑：ɣi:u^{1}ha^{1}ha^{1}[方]笑哈哈、ɣi:u^{1}he^{1}he^{1}[方]笑嘻嘻、ɣi:u^{1}ȵum^{1}ȵum^{1}[方]笑眯眯

pi^{2}肥：pi^{2}po:t^{8}po:t^{8}[方]肥肥胖胖的(含贬意)、pi^{2}pɯt^{8}pɯt^{8}胖墩墩、pi^{2}lo^{1}lo^{1}[方]胖胖的(指小孩)、pi^{2}lot^{8}lot^{8}[方]矮而胖、pi^{2}lu^{1}lu^{1}[方]肥得滚瓜溜圆(一般形容猪肥而圆)

① 李金溢：《扶绥县那密村官话研究》，硕士学位论文，广西大学，2014年，第115-116、118页。

② 潘丹丹：《都安菁盛官话语法研究》，硕士学位论文，广西师范学院，2015年，第11-13页。

③ 曾珊：《广西马山老那兴村客家方言研究》，硕士学位论文，广西大学，2012年，第174、179、184、187页。

ˀbɯŋ^{1}愁：ˀbɯŋ^{1}ja:u^{1}ja:u^{1}满面愁容、ˀbɯŋ^{1}je:u^{1}je:u^{1}［方］满面愁容（一般指小孩）

tok^{7}落＋ɣam^{4}ta^{1}眼泪：tok^{7}ɣam^{4}ta^{1}pjok^{8}pjok^{8}扑簌簌地落泪

以上表述归纳见表6–2。

表6–2　广西部分汉语方言与壮语状貌后缀的功能分布

语言	名称	带状貌后缀		形容词带状貌后缀	密集貌后缀	语音象征性
		动词	动宾结构			
壮语	标准语	+	+	+		+
粤语	蒙山$_{\text{新圩}}$粤语	+		+	+	+
	南宁粤语	+	+	+	+	+
	百色粤语	+		+	+	+
	钦州粤语	+		+	+	+
	桂平$_{\text{江口}}$粤语	+	+	+	+	+
桂南平话	武鸣横塘话	+		+		+
	上林客话	+		+		+
	宾阳$_{\text{大桥}}$客话	+		+		+
	崇左$_{\text{新和}}$蔗园话	+		+	+	+
	龙州伝话	+		+		
	三江六甲话	+		+		+
	钦州$_{\text{长滩}}$新立话	+	+	+	+	+
	横县$_{\text{百合}}$平话			+		+
西南官话	武鸣$_{\text{县城}}$官话	+		+	+	+
	南宁$_{\text{下郭街}}$官话	+		+	+	+
	邕宁$_{\text{福建村}}$官话	+		+	+/–	+
	扶绥$_{\text{那密}}$官话	+		+		+
	都安$_{\text{菁盛}}$官话	+		+		+
客家话	马山$_{\text{周鹿}}$客家话	+		+		+

注：由于语料有限，某些特征难以准确判断。有该特征的用“＋”表示，“＋/–”表示虽有该用法但数量较少，空白处表示未掌握相关语料，壮语某些方言点如蒙山壮语有密集貌后缀。

第三节　判定接触性语法演变的参数

一般来说，如果两种及以上的语言在形式、意义或结构等方面存在相似性，那么这类相似性可能有以下起源：(a)语言话语或历史演变的普遍原则；(b)发生学关系；(c)平行的演变或沿流；(d)语言接触导致的借用或扩散；(e)纯粹的偶然巧合。(Heine&Kuatava2005:2; Aikhenvald&Dixon2001:2)[①]那么，广西汉语方言和壮语状貌后缀的平行现象，成因究竟是以上哪一个呢？

首先，考虑到状貌后缀此类特征跨方言、跨地域分布，难以用偶合来解释，故首先排除(e)。其次，对于汉台语同源说，学界至今无定论。[②]根据石锓(2010)和孙景涛(2008)对古汉语形容词重叠式的历时考察，广西汉语方言的这类状貌后缀与古汉语似乎没有直接关系[③]，故不考虑(b)。再次，马彪(2010)从类型学的角度详细考察了中国境内汉藏语的状态词缀，状态词缀是汉藏语的共性之一，但不同语族的状态词缀在词形、语音规律等方面存在差异性，故难以用(a)与(c)解释，下面将进一步证明。

郭必之(2012)比较了早期粤语、广州粤语和南宁粤语的状貌词，后两者部分保留了早期粤语的状貌词，但南宁粤语与广州粤语状貌词的诸多差异，多由语言接触引发。因此，我们认为最有可能的解释是(d)，即壮、汉接触而产生的共享特征，源语是壮语，受语是汉语。以下参照吴福祥(2008)，从判定接触性语法演变的几个参数进行分析。

一、亲属语言(方言)的比较

根据吴福祥(2008)，识别和判定接触性演变的一个重要方法是观察和比较某一特征在相关语言的亲属语或姐妹语中的分布模式。首先，我们假设：上文状貌后缀的特征为壮语与汉语共有。如果这类现象只见于壮语或其他侗台语，而非汉语，那么我们推断这一特征是壮语反馈给汉语的。

广西有粤、平、客、官、湘、闽六种汉语方言，下面按广西区内和区外分别举例。由于粤语、官话、客家话、平话跟壮语有密切的地缘接触，前三种方言的早期文献比较系统，故同时考察早期文献记录，力求论证更有说服力。

---

① 转引自吴福祥(2008:5)。

② 学界关于汉台语系属的主要观点，覃晓航(1992)、齐旺(2011)做过细致梳理，可参看。

③ 白宛如(1980)、陈伯辉(1996)曾对广州粤语本字做过考证，当中绝大多数是实词，状貌后缀这类虚灵的成分本字难考。

1.粤语

(1)早期粤语

早期粤语指19世纪末20世纪初广州、香港、澳门地区广泛使用的,具有代表性的粤语方言,其状貌后缀如表6-3所示。

表6-3 早期粤语的状貌后缀[1]

例词	注音	英文注释	版本	页码
黑麻麻	hak꜇ ꜀má ꜀má	black	CME1907/1924	146
青卑卑	꜀ts'eng ꜀péí ꜀péí	Tender green	CME1907/1924	147
光撑撑	꜀kwong ch'áng꜅ ch'áng꜅	Bright	CME1907/1924	147
疏叻嘓	꜀sho lák。 kw'ák.	Loosely (placed)	CME1907/1924	147
肥[口納][口納]	꜁féí nap꜇ nap꜇	Fat or stout or oily	CME1907/1924	147
肥嗒嗒	꜁féí tap꜇ tap꜇	Fat or stout or oily	CME1907/1924	147
矮凸凸	꜂aí tat꜇ tat꜇	Short	CME1907/1924	147
高洞洞	꜁kò tung꜅ tung꜅	Tall	CME1907/1924	147
瘦削削	shaú꜄ sök。 sök。	Lean	CME1907/1924	147
瘦[口孟][口孟]	shaú꜄ ꜂máng ꜂máng	Lean	CME1907/1924	147
瘦擘擘	shaú꜄ mák。 mák。	Lean	CME1907/1924	147

(2)北海粤语[2]

北海粤语五个点的单音节形容词后面搭配叠音后缀,绝大多数是ABB型,有个别ABC型。

ai^{35}tɐn^{55}tɐn^{55}矮□□(市区话)、ai^{35}tut^{5}tut^{5}矮□□(南康话)、ai^{35}tɐt^{21}tɐt^{21}/ai^{35}pɐk^{21}pɐk^{21}矮□□(廉州话)、ai^{35}tɐn^{213}tɐn^{213}矮□□(佤话)、ai^{35}tɐn^{55}tɐn^{55}矮□□(海边话)

fei^{21}tɐn^{55}tɐn^{55}肥□□(市区话)、fei^{21}luk^{5}luk^{5}肥□□(南康话)、fi^{44}tɐt^{21}tɐt^{21}肥突突(廉州话)、fi^{55}t^{h}ɐn^{11}t^{h}ɐn^{11}肥腯腯(佤话)、fɐi^{55}nok^{213}nok^{213}肥□□(海边话)

lou^{13}tɐt^{2}ŋɐt^{2}老□□(市区话)、lou^{13}ŋɐt^{2}ŋɐt^{2}老啮啮(南康话)、lɐu^{35}ŋɛ^{44}ŋɛ^{44}老啮啮(廉州话)、lau^{11}ŋat^{3}ŋat^{3}老啮啮(佤话)、lau^{11}ŋɛt^{31}ŋɛt^{31}老啮啮(海边话)

lin^{22}tsou^{55}tsou^{55}乱糟糟(市区话)、lin^{22}tsou^{55}tsou^{55}乱糟糟(南康话)、lun^{21}lɐt^{21}lɐt^{21}乱□□(廉州话)、lun^{33}ŋɐp^{5}ŋɐp^{5}乱噏噏(佤话)、lun^{55}tsau^{55}tsau^{55}乱糟糟(海边话)

hɐk^{5}mak^{2}mak^{2}黑墨墨(市区话)、hak^{5}mɐŋ^{55}mɐŋ^{55}黑掹掹(南康话)、hɛk^{5}ma^{44}ma^{44}黑麻

① 例子来自香港科技大学中国语言学研究中心"早期粤语口语文献资料库"(Early Cantonese Colloquial Texts: A Database) 链接:http://database.shss.ust.hk/Candbase/,检索时间:2020年1月5日。原文某些俗字用[ ]表示,CME表示文献源自《Cantonese Made Easy》(1907/1924),作者Ball, J. Dyer。

② 陈晓锦,陈滔:《广西北海市粤方言调查研究》,中国社会科学出版社,2005年,第359、361页。

麻（廉州话）、hak5mak2mak2黑墨墨（佤话）、hak213mɐt31mɐt31黑墨墨（海边话）

ɬin55tɛp3tɛp3酸□□（市区话）、ɬin55tiu55tiu55酸丢丢（南康话）、ɬun45tɐp5tɐp5酸□□（廉州话）、ɬun213kwɐt2kwɐt2酸□□（佤话）、sun213liu55liu55酸溜溜（海边话）

（3）玉林粤语①

玉林粤语的单音节形容词以构成ABB型居多，且大多数带有贬义，比如：lɔn24ʃɛ32ʃɛ32懒蛇蛇很懒、uɔŋ32kɛm32kɛm32黄钳钳颜色很黄、ɔi33tat5tat5矮矬矬个子很矮、pɔk1iɛp1iɛp1薄叶叶很单薄、au24kuak2kuak2厚□□很厚、au24faŋ42faŋ42厚□□很厚、ɕau42ma33ma33瘦蜢蜢很瘦弱。也有个别表示中性和褒义，比如：tʰui42tʰap5tʰap5脆辑辑、tʰɛŋ54luk5luk5青绿绿、ia33tɔŋ54tɔŋ54响当当。

少数ABB型有相应的BBA型，两者同义，比如：ʧʰau42haŋ54haŋ54臭亨亨很臭/haŋ54haŋ54ʧʰau42亨亨臭很臭、tʰiu42tʰaŋ54tʰaŋ54跳腾腾/tʰaŋ54tʰaŋ54tʰiu42腾腾跳很顽皮，很不安分。

（4）梧州粤语②

梧州粤语形容词生动式ABB型为主，也有少量ABC型。

siu33ȵiɐm21ȵiɐm21笑吟吟、siu33ha53ha53笑哈哈、笑kʰɛ53kʰɛ53、笑iɐŋ53iɐŋ53、ʃɐu33maŋ35maŋ35瘦□□、ʃɐu33maŋ35ʧʰaŋ35瘦□□、hoŋ21kuɐŋ21kuɐŋ21红□□、ʧʰɐu33pʰaŋ53pʰaŋ53臭□□、fi21lok5lok5肥□□、fi21tyt5tyt5肥□□、fi21tʰɐn21tʰɐn21肥□□、fi21nɔt5nɔt5肥□□、kou53kʰuaŋ21kʰuaŋ21高□□、kou53laŋ21kʰuaŋ21高□□、kou53lɐt2kʰuɐk2高□□。

（5）广州粤语③

广州粤语形容词生动形式以ABB型居多，也有少量ABC型和BBA型。

ABB 黑ma55ma55黑漆漆、臭paŋ5paŋ55臭熏熏、新ʦ‘uk55ʦ‘uk55新得很、光ʦ‘a:ŋ22ʦ‘a:ŋ22光亮亮、肥t‘an22t‘an22肥腻腻（一般指肉）、肥tyt5tyt5胖胖的（一般指小孩）、笑吟吟、笑咪咪、跳扎扎蹦蹦跳跳的样子

ABC 重lik3tik3重甸甸的、光lyt5tʰyt5光溜溜、尖pat5lat5尖尖的、圆tʰam11tʰɔ11圆圆的

少数ABB型有相应的BBA型，两者意义不变，比如：胀puk55puk55/puk55puk55胀胀鼓鼓、臭paŋ55paŋ55/paŋ55paŋ55臭臭熏熏

2. 西南官话

（1）早期官话④

《西蜀方言》是传教士钟秀芝（Adam Grainger）1900年编撰的蜀地方言词典，收词上万条，其中形容词ABB型，A主要是形容词语素，少数为名词语素和动词语素。按产生

① 梁忠东：《玉林话研究》，西南交通大学出版社，2010年，第169页。

② 李琼琼：《梧州白话词汇研究》，硕士学位论文，广西大学，2019年，第98、110-112页。

③ 高华年：《广州方言研究》，商务印书馆，1980年，第65-68页。

④ 郭莉莎：《〈西蜀方言〉词汇研究》，硕士学位论文，四川师范大学，2011年，第37-38页。

方式分为两类，一类由AB重叠得来，比如：黑洞洞、闹哄哄、水汪汪、滑溜溜；一类由A附加词缀BB得来，又分两小类，一类的BB为拟声拟态成分，比如：脆啐啐、薄飞飞、嫩东东、红冬冬，一类的BB常由实词性语素构成，比如：轻飘飘、高耸耸、活鲜鲜，该类占形容词ABB型的绝大多数。

（2）柳州官话[1]

柳州官话ABB型非常普遍，词根以形容词最多，动词和名词很少。

形容词词根：亮堂堂、黑吗吗、黑喵喵、白豨豨、白茫茫、黄共共、蓝共共、臭哄哄、冷西西、苦丁丁

动词词根：喊喳喳、喊哟哟、哭狼狼、哭哦哦、笑嘎嘎、笑呵呵、笑咯咯、笑喳喳、笑眯眯、走神神、走纷纷

名词词根：烟熬熬、泪含含、水唧唧、眼定定、眼鼓鼓

（3）桂林官话[2]

桂林官话形容词生动式主要有重叠式ABB、BBA，附加式XA。

ABB　红彤彤、黑 $ma^{44}ma^{44}$、水 $tia^{31}tia^{31}$ 水一直滴的样子、气 $pɔ^{31}pɔ^{31}$ 非常生气、喊喳喳、笑呵呵、闹哄哄

BBA　溜溜光、梆梆硬、冰冰凉、温温 $læ^{35}$ 热、蒙蒙亮

BA　梆硬、死慢、斩新、焦黄、精瘦、溜光、寡青、扎白、丁咸、齁甜

（4）昆明官话[3]

ABB型是昆明话形容词生动式的主要形式之一，能产性很强，比如：乱轰轰、红彤彤、光秃秃、胖东东、大哗哗、毛绒绒、笑嘻嘻、哭 $çi^{53}çi^{53}$。

一些后缀可以搭配不同的词根，比如：甜生生、嫩生生、白生生、油噜噜、香噜噜、花噜噜。

（5）重庆官话[4]

重庆官话形容词生动式主要有三种格式，其中ABB型最活跃，词根主要是形容词，少数为动词和名词。ABB型有一类由AB型重叠而来，数量不多，比如“死板板”“油腻腻”；一类由A附加叠音后缀而来，又分为两小类，一类的BB纯拟声拟态，缺乏实在的词汇意义，比如“笑哈哈”“干巴巴”，一类的BB常为实词性语素重叠而成，数量较多，比如“热烘烘”“白茫茫”。此外，还有BA、ABCD型。

① 马骏：《柳州话的重叠》，《广西师范大学学报》2001年第3期。

② 邓丽：《桂林话的状态形容词》，《桂林师范高等专科学校学报》2011年第2期。

③ 丁崇明：《昆明方言的形容词复杂形式》，陆俭明编：《语言学论丛（第三十六辑）》，商务印书馆，2007年，第237页。

④ 喻遂生：《重庆话的附缀形容词》，北京大学中文系《语言学论丛》编委会编：《语言学论丛（第九辑）》，商务印书馆，1982年，第123-128页。

BA 滂臭、梆硬、焦黄、稀脏、安苦

ABCD 肥不溜秋、圆古隆冬、长不拢耸、花里古稀

3. 客家话

(1)早期客家话①

巴色会文献《启蒙浅学》(1880)以19世纪香港新界客家话写成,当中的ABB型还可以加后缀“子”或“里”增强描绘性,如:白芒芒$_{\text{白花花}}$、白傍傍里$_{\text{白花花}}$、白哦哦里$_{\text{白皑皑}}$、乌妒妒里$_{\text{黑乎乎}}$、红唧唧子$_{\text{红扑扑}}$、光精精$_{\text{晶晶亮}}$、滑溜溜。

(2)玉林客家话②

玉林五个点的客家话单音节形容词A加叠音后缀BB构成ABB型,也有少量的BBA、BCA、ABC等类型。

fei^{11}ŋaŋ^{11}ŋaŋ^{11}肥□□(福绵)、p^{h}ui^{23}nut^{21}nut^{21}肥□□(兴业)、p^{h}ui^{11}lut^{5}lut^{5}肥□□(北流)、pui^{11}nat^{5}nat^{5}肥□□(容县)、fui^{23}nem^{23}nem^{23}肥□□(陆川)、fui^{23}luk^{31}luk^{31}肥□□(博白)

lɔ^{31}ŋet^{21}ŋet^{21}老噏噏(福绵)、lau^{21}ŋat^{21}ŋat^{21}老噏噏(兴业)、lau^{21}ŋet^{21}ŋet^{21}老噏噏(北流)、lɔ^{21}ŋat^{21}ŋat^{21}老噏噏(陆川)、lɔ^{21}k^{h}em^{44}ts^{h}e^{44}老□□(博白)

lɔn^{52}ma^{11}ma^{11}乱麻麻(福绵)、lɔn^{42}tsau^{33}tsau^{33}乱糟糟(兴业)、lɔn^{52}ma^{11}ma^{11}乱麻麻(北流)、lap^{5}lap^{5}lun^{42}立立乱(容县)、lɔn^{42}tsɔ^{44}tsɔ^{44}乱糟糟(陆川)、lɔn^{42}tuŋ^{21}tuŋ^{21}乱□□(博白)

p^{h}ak^{5}muŋ^{44}muŋ^{44}白□□(福绵)、p^{h}ak^{5}sut^{5}sut^{5}白雪雪(兴业)、p^{h}ak^{5}muk^{5}muk^{5}白□□(北流)、p^{h}ak^{5}se^{23}se^{23}白□□(陆川)、p^{h}ak^{5}set^{31}set^{31}白雪雪(博白)

vu^{44}ma^{55}ma^{55}乌麻麻(福绵)、vu^{44}tɔk^{5}tɔk^{5}乌□□(兴业)、vu^{44} tɔk^{5}tɔk^{5}乌□□(北流)、vu^{44}tit^{21}tit^{21}乌□□(陆川)、vu^{44}luk^{21}luk^{21}乌□□(博白)

ɬɔn^{44}tiau^{44}tiau^{45}酸刁刁(福绵)、sɔn^{44}tiu^{33}tiu^{33}酸丢丢(兴业)、ɬɔn^{44}tiu^{44}tiu^{44}酸丢丢(北流)、pat^{21}tsi^{21}ɬɔn^{33}□□酸(容县)、sɔn^{44}tiu^{44}tiu^{44}酸丢丢(陆川)、sɔn^{44}tiu^{44}tiu^{44}酸丢丢(博白)

(3)梅县客家话③

梅县话形容词生动式主要是ABB型和BBA型,ABB型极为丰富,加“哩”(相当于“的”),BBA型比较少,不加“哩”。

ABB 大播播哩$_{\text{形容体积较大的东西}}$、长饶饶哩$_{\text{形容长条之物;形容人的身段过于修长}}$、圆罗罗哩$_{\text{形容形状很圆}}$、光荡

① 庄初升,黄婷婷:《19世纪香港新界的客家方言》,广东人民出版社,2014年,第267-268页。

② 陈晓锦:《广西玉林市客家方言调查研究》,社会科学出版社,2004年,第334、336页。

③ 谢永昌:《梅县客家方言志》,暨南大学出版社,1994年,第253-256、259-261页。

荡形容人、山光秀、光华华形容很光亮的样子、光些些形容光线强而无遮拦的样子、笑阴阴哩形容不露齿的笑、笑眯眯哩形容接待人的笑、笑弛弛哩形容讨好人的微笑、肉宗宗哩形容人体很胖、肉卒卒哩形容人体胖而较结实、油腻腻哩形容食物油分过多

BBA 笔笔直形容笔直或挺直的样子、叭叭跌物体或果实不断掉落的样子、浪浪散形容东西散开的样子

4. 桂北平话

(1)临桂两江平话①

动词未见拟声拟态的后附成分,有形容词重叠构成的ABB型,比如:黑嗷嗷、黄滚滚、白池池、厚揿揿、绿幽幽、软扭扭、硬邦邦、暗漆漆。

(2)富川秀水九都话②

九都话有丰富的形容词生动式,ABB型往往可以转化为BAA型,但有的形容词只有其中一种形式(此次用X表示),如:冷逼逼—逼逼冷、暖迫迫—迫迫暖、软逼逼—逼逼软、香喷喷—喷喷香、肥paŋ^{53}paŋ^{53}—paŋ^{53}paŋ^{53}肥、X—雪雪白、滑溜溜—X。

5. 闽语

(1)平南平田闽语③

形容词附加后附成分,主要是ABB型,比如:liuk^{22}ʔiu^{33}ʔiu^{13}绿油油、ɬui^{33}nɐm^{44}nɐm^{44}酸□□酸溜溜、hui^{33}pʰuk^{54}pʰuk^{54}灰扑扑、hut^{54}pʰuŋ^{13}pʰuŋ^{13}阔□□很宽阔、luɐn^{22}ɬa^{33}ɬa^{53}乱糟糟、piɛ^{33}huɐi^{33}huɐi^{44}白花花白得耀眼、piɛ^{33}kui^{33}kui^{44}白光光白而亮、piɛ^{33}muŋ^{33}muŋ^{33}白茫茫一望无际的白。

(2)福州闽语④

形容词生动形式主要有ABB和BBA两种类型。

ABB 红丹丹、红记记、白雪雪、白泻泻、焦酥酥、矮碌碌、空捞捞、破渣渣

BBA 当当新、搓搓圆、沥沥重

(3)厦门闽语⑤

形容词生动形式非常丰富,几乎所有单音节形容词都有ABB生动式,比如:红支支、红贡贡、红冇冇、白蒙蒙、白皙皙、白醭醭、矮顿顿、矮凿凿、花擃擃、花猫猫、花巴巴、花漉漉、活跳跳很活跃、畅物物兴致勃勃,很高兴、厚tut^{32}tut^{32}、薄li^{55}li^{5}。

也可以通过双声或叠韵变成ABC型,比如:多满满多得很—多咪满、咸督督很咸—咸致督、深弄弄很深—深弄宋。

也有少量BBA型,词根为动词、形容词和名词,比如:文文笑微笑、孜孜想凝思、飔飔

① 梁金荣:《临桂两江平话研究》,广西民族出版社,2005年,第186页。

② 邓玉荣:《富川秀水九都话研究》,广西民族出版社,2005年,第240页。

③ 曾仁山:《广西平南平田村闽语研究》,硕士学位论文,广西大学,2011年,第131页。

④ 陈泽平:《福州方言研究》,福建人民出版社,1998年,第121页。

⑤ 周长楫,欧阳忆耘:《厦门方言研究》,福建人民出版社,1998年,第273-274页。

飞$_{\text{到处飞扬}}$、醭醭光$_{\text{麻麻亮}}$、罕罕乌$_{\text{麻黑}}$、霎霎雨$_{\text{毛毛雨}}$。

6. 湘语

(1)广西湘语

全州湘语形容词ABB重叠式，如：fei^{33}p^{h}u^{33}p^{h}u^{33}灰扑扑、ɕɿ^{33}lu^{22}lu^{22}湿漉漉。①广西湘语与湖南湘语都有一种较有特色的BA型②，比如：

全州话：墨黑、乌黑、刷白、梆硬、丁苦、捞空、拉粗

资源城关话：嘎白、糜细、稀糟、捞松、拉脆、焦干

资源新化话：通黄、墨黑、滚热、□tɕ^{6}iõ^{24}酸、令尖、滴苦

兴安城关话：焦青、飞薄、麻直的、眯细、清臭、崭平

兴安湘漓话：丁辣、溜尖、焦湿的、令薄、□piɑu^{33}直、坦平

灌阳话：丁酸、崭齐、寡白、撇淡、麻直、刮瘦、胖臭

(2)长沙湘语③

长沙话形容词有一种出现频率很高的BA型，它强调某些性质状态的程度、生动性和表现力，比如：刷白的$_{\text{(多指墙壁、瓷器、纸张等)很白}}$、嘎白的$_{\text{(脸)惨白}}$、弄黄的$_{\text{很黄}}$、撇淡的$_{\text{很淡}}$、蜡软的$_{\text{很软}}$、垮松的$_{\text{很松散}}$。

上述描写分析归纳为表6-4，广西区内外的汉语方言颇具一致性：(1)附加状貌后缀的词根，以形容词占绝大多数，少数为动词与名词，动词多为"哭""笑""跳"等，动词附加的绝大多数为拟声后缀。(2)很多后加成分有实义或处于半虚化状态，比如玉林客家话的"白雪雪"、平南$_{\text{平田}}$闽语的"绿油油""灰扑扑"。(3)未发现表密集貌的后缀。(4)少数后缀的韵腹元音也表现出语音象征性，比如笑声，柳州话的"笑嘎嘎""笑呵呵""笑眯眯"，重庆话的"笑哈哈""笑咪咪"，广州话的"笑吟吟""笑咪咪"。又如，厦门话"厚tut^{32}tut^{32}""薄li^{55}li^{5}"，玉林话"au^{24}kuak^{2}kuak^{2}厚□□$_{\text{很厚}}$""pɔk^{1}iɛp^{1}iɛp^{1}薄叶叶$_{\text{很单薄}}$"，但并不系统。这些特点与早期方言文献的记录相符。

假设丰富发达的状貌后缀是汉语和壮语的共同特征，那么同一种语言的不同方言都应该继承了这一特征。就粤语而言，广西区内外的粤语都保留了早期粤语状貌后缀的某些特点，比如形容词带状貌后缀的构词法，以及黑麻麻、瘦蜢蜢、矮凸凸、肥嘚嘚等词北海粤语和南宁粤语仍在使用。许多动词乃至动宾结构带状貌后缀，只存在于南宁、百色等地的粤语，北海、广州等地的粤语保留了早期粤语的用法。可见，开头的假设不成立，即广西某些汉语方言丰富发达的状貌后缀明显受壮语影响而来。

① 朱海燕：《广西全州湘语比较研究》，硕士学位论文，广西大学，2011年，第91页。

② 罗昕如：《湘语在广西境内的接触与演变研究》，湖南师范大学出版社，2017年，第380-384页。

③ 鲍厚星：《长沙方言研究》，湖南教育出版社，1999年，第147页。

表6-4 广西区内外汉语方言状貌后缀的功能分布

系属		名称	带状貌后缀		形容词带状貌后缀	密集貌后缀	语音象征性
			动词	动宾结构			
粤语	区内	北海粤语	（+）	-	+	-	
		玉林粤语	（+）	-	+	-	+/-
		梧州粤语	（+）	-	+	-	+/-
	区外	广州粤语	（+）	-	+	-	+/-
桂北平话	区内	临桂$_{两江}$平话	（+）	-	+	-	
		富川$_{秀水}$九都话	（+）	-	+	-	
西南官话	区内	柳州官话	（+）	-	+	-	+/-
		桂林官话	（+）	-	+	-	
	区外	昆明官话	（+）	-	+	-	+/-
		重庆官话	（+）	-	+	-	+/-
客家话	区内	玉林客家话	（+）	-	+	-	
	区外	梅县客家话	（+）	-	+	-	
闽语	区内	平南$_{平田}$闽语	（+）	-	+	-	
	区外	福州闽语	（+）	-	+	-	
		厦门闽语	（+）	-	+	-	+/-
湘语	区内	全州湘语	（+）	-	+	-	
	区外	长沙湘语	（+）	-	+	-	

注：由于语料有限，某些特征难以准确判断。+表示有该特征，-表示没有该特征，+/-表示有该特征但不显著，（+）表示仅限于某类，空格表示未掌握相关语料。

二、语法描写者的观察和判断

在一些论著中，研究者对广西汉语方言状貌后缀受壮语影响也有观察和判断，这也是判定语言接触的一个重要依据。

1.武鸣横塘话[①]动词、形容词的后面常常带叠音后缀，多数后缀有音无字，其元音的开口度大小具有语音象征性，这类后缀具有描绘性，构成的ABB型可以增强词根的修辞色彩。横塘话这种语法现象与壮语十分相似，是与周边壮语、粤语的长期接触造成的，

① 何晓吟：《汉语横塘话与壮语的接触关系研究》，硕士学位论文，中央民族大学，2015年，第40、46页。

而非单纯地由借贷而来。

2. 三江六甲话①动词、形容词的状貌后缀也很丰富且与壮语很相似。ABC型与壮语的ABC型高度相似，A为形容词，B为中缀，C为后缀，BC结合起描声绘形作用。B在六甲话是“pa^{33}”，在壮语是“ka^{31}”“pa^{31}”，比如：

	六甲话	壮语
形容很矮的样子	矮□□ai^{33}pa^{33}tɐk^{55}	tam^{35}ka^{31}ŋat^{55}
形容很脏的样子	龌□□o^{53}pa^{33}siɐk^{44}	^{ʔ}u^{35}ka^{31ʔ}a:t^{35}
形容很泥泞的样子	泥□□nei^{31}pa^{33}siɐk^{44}	poŋ^{31}pa^{31}θa:t^{33}

少数ABB型和壮语完全相同，如：

	六甲话	壮语
形容小口并使劲咀嚼的样子	嚼□□ɲai^{42}ɲɐk^{11}ɲɐk^{11}	n̥a:i^{33}n̥ak^{33}n̥ak^{33}
形容跳个不停的样子	跳□□tiu^{42}tsʰəŋ^{22}tsʰəŋ^{22}	ti:u^{35}ɕɯŋ^{31}ɕɯŋ^{31}
形容咖黑色的样子	乌□□eu^{33}tat^{44}tat^{44}	^{ʔ}au^{55}tat^{33}tat^{33}

3. 横县$_{百合}$平话受周边壮语影响较深，其单音节形容词AXA型重叠与周边壮语形容词带状貌后缀极为相似。②平话普遍使用形容词AA型重叠，没有类似壮语能作屈折变化的AB、ABB型，所以它不具备产生AXA型的基础，可能为了丰富表达方式由周边壮语借入，是壮语影响的产物。③

4. 扶绥$_{那密}$官话④的很多形容词借自周边的白话、平话、壮语，表达较高程度时，不用“很+形容词”，而是用ABB型。比如形容很酸，那密官话的“ɬun^{35}tiɐu^{35}tiɐu^{35}”借自扶绥城厢平话“ɬun^{355}təu^{24}təu^{24}”，“ɬun^{35}tat^{2}tat^{2}”借自壮语“θam^{3}θa:t^{9}θa:t^{9}”；形容肥胖，那密官话的“fei^{21}pət^{21}pət^{21}”借自壮语“pi^{2}pɯt^{8}pɯt^{8}”。

5. 都安$_{菁盛}$官话⑤受壮语影响很大，许多官话难以表达方式都直接借自壮语，壮语形容词生动式非常发达，官话便借用了壮语大量的ABB型。官话没有m韵尾和入声，以下这些ABB型显然借自壮语，如：nam^{24}nu^{33}nu^{33}特别黑、nam^{24}ni^{33}ni^{33}黑得可爱、nɯ^{42}nat^{33}nat^{33}很慢的、nɯ^{42}nɯt^{55}nɯt^{55}较慢的、nuk^{55}nak^{33}nak^{33}很聋的。

5. 马山$_{周鹿}$客家话⑥受壮语语法的影响，还表现在形容词生动形式结构规则的借用。现代汉语也有ABB型的形容词生动形式，但没有一些粤语、客家话丰富，尤其是与壮语

① 韦彩珍：《汉语六甲话和壮语若干相似现象探析》，《民族翻译》2017年第2期。

② 闭克朝：《壮语对横县平话的影响》，《中南民族学院学报》1991年第4期。

③ 李锦芳，莫轻业：《横县壮语AbA形容词重叠式的语义构成及语法功能》，《中央民族学院学报》1993年第6期。

④ 李金溢：《扶绥县那密村官话研究》，硕士学位论文，广西大学，2014年，第184页。

⑤ 潘丹丹：《都安菁盛官话语法研究》，硕士学位论文，广西师范学院，2015年，第11-12页。

⑥ 林亦：《壮族聚居区中的客家方言——记马山县周鹿镇“新民话”》，胡松柏编：《客家方言调查与研究——第十一届客家方言国际学术研讨会论文集》，世界图书出版有限公司，2016年，第63页。

密切接触的方言点。在周鹿客家话，ABB型是最为典型的形容词生动形式，几乎所有的形容词都可带叠音后缀。这也是壮族聚居区的区域性特征。

三、语言接触的历史和现状

广西古属百越之地，历史上不同时期的人口迁徙，使得广西成为一个多民族聚居区，不同的语言（方言）相互交流、交融，形成了今日犬牙交错的语言格局，见图6-1。广西12个世居民族，除回族和汉族使用汉语，其他民族都有自己的民族语言，汉语共有粤语、平话、官话、客家话、闽语、湘语6种方言。壮族是广西的世居民族，从桂东北的贺州到海岸线西端的东兴之间画一条线，线的西面几乎都是壮语区（除了桂林北部地区），东面也有少量分布，全区使用壮语的人数约1377.4万，在广西的少数民族语言中壮语对汉语方言的影响最大。[①]

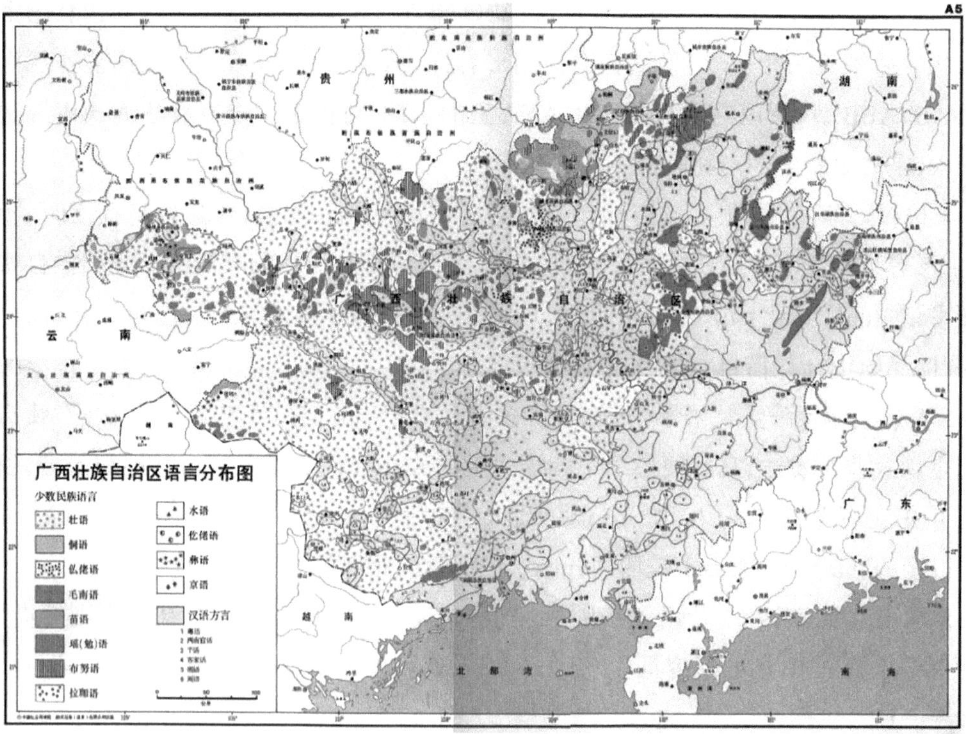

图6-1 广西语言分布图[②]

广西是一个典型的双语、多语社区，双语、多语人口已占80%，其中少数民族语-汉

① 邓玉荣：《广西壮族自治区各民族语言间的相互影响》，《方言》2008年第3期，第204-206页。

② 图片来自《中国语言地图集》（1987）A5“广西壮族自治区语言分布图”。

语方言类型占双语者总人数的52.31%。[①]本次考察的方言点就地理分布而言，具有丰富发达状貌后缀的汉语方言点主要分在广西中南部，南至钦州，北至三江，西至百色、龙州，东至桂平，这一大片区域壮族人口密集，主要呈片状分布，见图6–2。

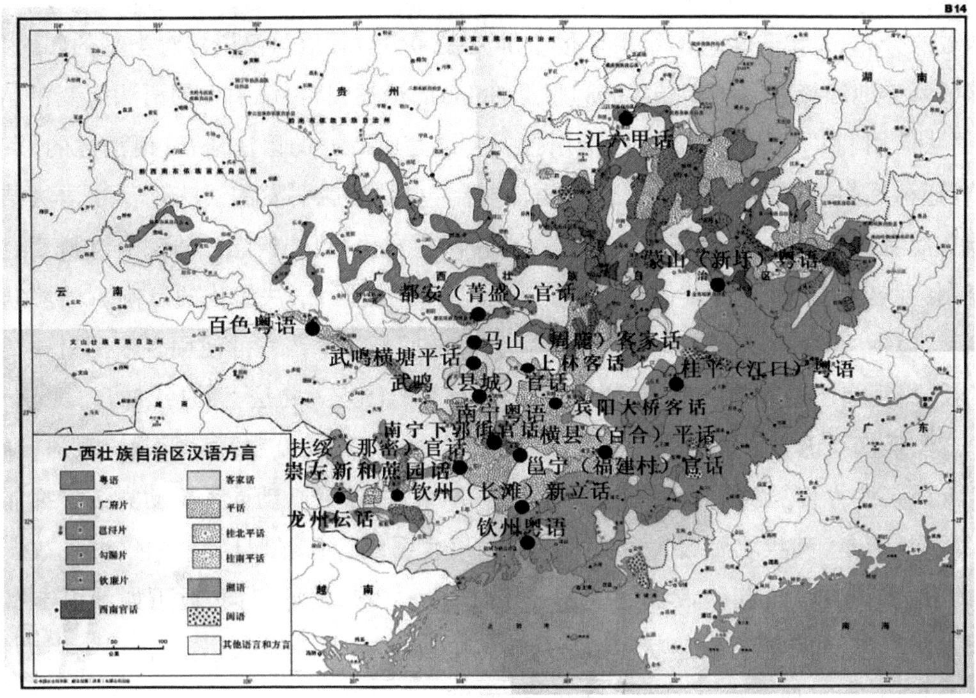

图6–2 状貌后缀发达的广西汉语方言的地理分布[②]

四、平行的语法复制过程或其他特征迁移的实例

语言系统是一个整体，接触产生的变异和演变普遍存在于语言的各个子系统，涉及语音、词汇、语法等方面，广西汉语方言状貌后缀的演变并非孤例。首先，语音方面讨论最多的莫过于边擦音声母ɬ与内爆音ɗ/ɓ（也称先喉塞音ˀd/ˀd），在广西乃至许多南方汉语方言均有分布，与侗台语或古百越语密切相关（孟庆惠1981；梁猷刚1984；欧阳觉亚1995；陈忠敏1989、1995；郑作广1998；韦树关2002；陈小燕2006；李心释2012）。其次，词汇是一个开放系统，南方汉语方言吸收了一批侗台语借词，有的是直接借用，有的可能是古百越语底层词（欧阳觉亚1995；龚群虎2001；班弨2004、2006；李心释2012）。再次，语法涉及量词（游汝杰1981）、代词（覃凤余，田春来2011）、助词（黄阳2016）、差比句（吴福祥，覃凤余2010）等方面。

---

① 陈海伦，王里平：《广西的双语社会问题》，陈海伦、李连进：《广西语言文字使用问题调查与研究》，广西教育出版社，2005年，第25页。

② 原图来自《中国语言地图集》（1987）B14“广西壮族自治区汉语方言”。

第四节 演变机制

这类丰富发达的状貌后缀从壮语到汉语方言，遍布广西全境，如此跨语言、跨方言、跨地域的分布，是语言接触的结果。根据洪波（2004）对壮语与汉语接触类型的归纳，这种接触属于地缘接触。吴福祥（2008）根据Heine的论述，将接触引发的语法演变机制分为“语法借用”和“语法复制”，语法借用指一个语言（源语）的语法语素（语法性的形-义单位）迁移到另一个语言（受语）之中，语法复制包括“接触引发的语法化”和“语法结构复制”，前者指一个语言（复制语）对另一个语言（模式语）语法概念或语法概念演变过程的复制，后者是一个语言（复制语）对另一个语言（模式语）语法结构的复制。“语法结构复制”又包括“语序重组”和“构式复制”。“构式复制”指一个语言的使用者依据另一个语言的模式，用自己语言的语料构建出与模式语对等的（形态、句法、话语）结构式。①

广西某些汉语方言状貌后缀的大量出现显然属于“构式复制”。由于壮、汉语接触，广西汉语某些方言复制了壮语的构词规则，不单单是形容词，动词甚至动宾结构都能带状貌后缀，但是，其状貌后缀大多数来自自身语言系统，直接借自壮语的仅占少数。区内外其他汉语方言也能够带状貌后缀，但词根绝大多数是形容词，远不如壮语丰富发达。不妨设想，如今拥有发达状貌后缀的汉语方言，原本跟其他汉语方言一样，因为壮、汉语接触的缘故，使得原有的特征强化，进而发展出丰富发达的状貌后缀。换言之，外部的影响离不开内部因素的支撑（戴庆厦，田静2007）。

那么，“hɐm^{21}ham^{21}”、“ʧa^{21}ʧa^{21}”这类“密集貌”后缀该如何解释？它们主要见于广西粤语、桂南平话及西南官话的若干方言点。郭必之（2012）认为，受壮语的影响，南宁粤语的“ham^{21}ham^{21}”“ʧa^{21}ʧa^{21}”由拟声词语法化为词缀，属于接触引发的语法化，我们赞同这一观点。侗语也有类似的后缀，比如：pja^{55}ɕat^{13}ɕat^{13}快速地织、ɕa^{323}ɕat^{13}ɕat^{13}快速密集地写、pai^{55}hɐm^{31}hɐm^{31}一群群地走、ko^{55}hɐm^{31}hɐm^{31}哄堂大笑。②但是，侗语与这些汉语方言似未有直接接触，就掌握语料而言，除了蒙山壮语，其他壮语方言基本没有这类后缀③，在没有更多证据前，我们只能认为，汉语方言这类后缀是受壮语影响由拟声词语法化而来的。事实上，壮语拟声兼摹状的状貌后缀很可能也由此途径而来。

“hɐm^{21}hɐm^{21}”“ʧa^{21}ʧa^{21}”在南宁粤语和广州粤语都有拟声词的用法，但词缀的用法

① 吴福祥：《南方语言正反问句的来源》，《民族语文》第1期，2008年，第15页。

② Gerner, Matthias, “Expressives in Kam(Dong 侗): A study in sign typology”, Cahiers de Linguistique-Asie Orientale 34.1, 2005.pp.54-59.

③ 大新壮语（黄美新2013：97-98、102）有个别例子，比如phja:i^{3}hum^{6}hum^{6}急急走、kip^{7}hum^{6}hum^{6}急匆匆、khwa:i^{5}hum^{6}hum^{6}快快的、hɔm^{1}hum^{6}hum^{6}香喷喷。

不见于广州粤语，广州粤语用作拟声词，通常以"X一声""XX声"出现。笔者母语北海粤语亦然，通常以"XX pɐi^{33}闭""XX kwɐn^{13}滚"出现，也可以跟其他拟声词组合，比如：

广州粤语[①]：tsa^{21}tsa^{21}声写埋篇报告佢。(赶快把报告写完！)

广州粤语：啲股票最近升到hɐm^{21}hɐm^{21}声。(股票最近涨得特别快。)

北海粤语：近中秋欸，间饼铺基工人日日做得hɐm^{21}hɐm^{21}闭/sa^{21}sa^{21}滚。(临近中秋了，这间饼铺的工人天天干活停不下来。)

北海粤语：个两只细佬哥ɐi$_{\text{在}}$楼上搞得hi^{13}hi^{13}hɐm^{21}hɐm^{21}。(这两个小孩在楼上弄得稀里哗啦响。)

由此可见，北海粤语和广州粤语沿袭了早期粤语的用法，而受壮语影响的诸如南宁粤语、蒙山粤语等在此基础上发展出词缀的用法。至于武鸣$_{\text{县城}}$官话的"ləm^{21}ləm^{21}"和"tsa^{33}tsa^{33}"、南宁$_{\text{下郭街}}$官话与邕宁$_{\text{福建村}}$官话的"hɐm^{21}hɐm^{21}"极有可能来自南宁粤语。理由是：武鸣$_{\text{县城}}$官话受南宁粤语影响，有一股"粤味儿"，词汇尤为明显[②]；邕宁$_{\text{福建村}}$官话、南宁$_{\text{下郭街}}$官话亦然，但前者"hɐm^{21}hɐm^{21}"只见于个别词，后者则是"tsa^{31}tsa^{31}"只见个别词，可能因为该类后缀随南宁粤语的少量词汇借入，而且借入时间不长。

状貌后缀构式复制的模式，见图6-3。壮语为主要源头，由于某些汉语方言点的地理距离较近，不排除相互影响的可能，故用虚线表示。

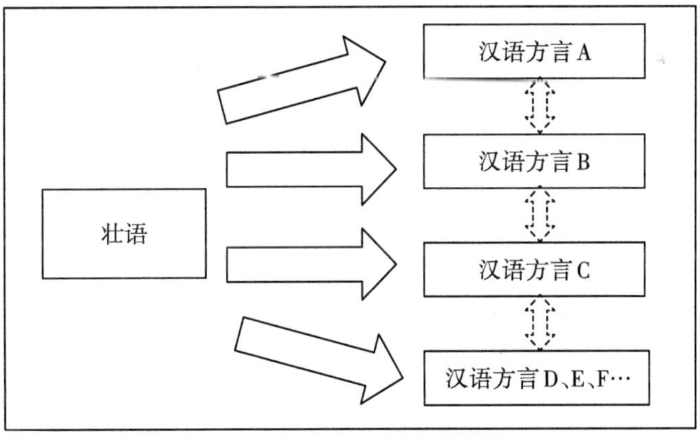

图6-3　状貌后缀构式复制的模式

以上论述主要围绕构式复制展开。那么，状貌后缀能否以借词(语素)的形式迁移呢？

平南$_{\text{官成}}$粤语[③]部分AB、ABB型状貌词与壮语词存在对应关系，试看：

① 广州粤语的例句转引自郭必之(2012:21)。

② 参见陆淼焱(2016)对武鸣县城官话变异的论述，即第四章。

③ 刘春梅：《平南白话的AB式状态形容词》，《民族语文》2017年第1期。

(1)与实语素对应

平南粤语：	khɐt^{3}nuak^{24}	稠到凝结成团状		武鸣壮语：	kɯt^{8}稠
	ȵuaŋ^{35}绷	很韧			ja:ŋ^{5}韧
	重 nɐk^{3}	很重			nak^{7}重
	淡 sot^{31}	淡而无味			ɕit^{7}淡(不咸)
	实 tek^{4}	很结实			ˀdat^{7}紧
	硬 kɐŋ^{33}	硬邦邦的			ke:ŋ^{1}硬
	花 lɐŋ^{53}	花花绿绿的		马山壮语：	la:ŋ^{6}(花)开放;开
	肥 lui^{53}	肥到流油			lui^{1}流
	湿 ȵak^{24}	湿漉漉			ɕak^{8}/ja:k^{8}滴
	空 phaŋ^{53}	空空的			ha:ŋ^{5}空空的

(2)与虚语素对应

平南白话(AB/ABB)		马山壮语(AB/ABB)	
暖 nɐp^{4}/暖 nɐp$^{4-3}$nɐp^{4}	十分暖和	rau^{3}rup^{7}/rau^{3}rup^{7}rup^{7}	暖洋洋的
甜 ɬom^{23}/甜 ɬom$^{23-31}$ɬom^{23}	甜丝丝的	wa:n^{1}θum^{4}/wa:n^{1}θum^{4}θum^{4}	甜丝丝的
轻 meŋ^{35}/轻 meŋ$^{35-33}$meŋ^{35}	轻飘飘的	ˀbau^{1}ˀbe:ŋ^{5}/ˀbau^{1}ˀbe:ŋ^{5}ˀbe:ŋ^{5}	轻飘飘的
浓 ȵat^{31}/浓 ȵat^{31}ȵat^{31}	非常浓密状	ȵa^{1}ȵa:t^{7}/ ȵa^{1}ȵa:t^{7}ȵa:t^{7}	林木浓密

不妨将视野拓展至广西周边地区，也能发现这类现象。广东化州粤语①某些状貌词由两部分构成，其中一部分构词语素本有实义，但已虚化成为词缀，见表6-5。

表6-5　化州粤语的合璧式状貌词

粤语词根	壮语词缀	粤-壮合璧式	壮语词根	粤语词缀	壮-粤合璧式
黑 hɐt^{4}	lɐn^{21}(黑)	hɐt^{4}lɐt^{4}较黑 hɐt^{4}lɐt^{4}lɐt^{4}很黑 hɐt^{4}hɐt^{4}lɐt^{4}lɐt^{4}很黑很黑 hɐt^{4}lɐt^{4}hɐt^{4}lɐt^{4}黑黑的	稠 kʰɐk^{2}	□dat^{3}	kʰɐk^{2}dat^{3}dat^{3}很稠 kʰɐk^{2}kʰɐk^{2}dat^{3}dat^{3}很稠很稠
矮ˀai^{13}	dɐn^{13}(矮)	ˀai^{13}dɐn^{13}较矮 ˀai^{13}dɐn^{13}dɐn^{13}很矮 ˀai^{13}ˀai^{13}dɐn^{13}dɐn^{13}很矮很矮 ˀai^{13}dɐn^{13}ˀai^{13}dɐn^{13}矮矮的	恳求 ŋɐi^{55}	筛 ʃɐi^{55}	ŋɐi^{55}ʃɐi^{55}恳求 ŋɐi^{55}ʃɐi^{55}ŋɐi^{55}ʃɐi^{55}不断地恳求
直 ʧʰik^{3}	lai^{44}(直)	ʧʰik^{3}lai^{44}lai^{44}较直 ʧʰik^{3}ʧʰik^{3}lai^{44}lai^{44}很直	暴躁 kʰɐi^{44}	闭 bɐi^{21}	kʰɐi^{44}bɐi^{21}暴躁 kʰɐi^{44}bɐi^{21}kʰɐi^{44}bɐi^{21}很暴躁

湖南新晃官话②有一种特殊的ABB型，A来自汉语，B来自侗语，分别在汉语、侗语里互为同义词(语素)。新晃官话从侗语中引入本为实词的B，并把它虚化成词缀，附着在A的后面，侗语成分起加注、说明、增强A生动色彩的作用，比如：kuaŋ^{44}tuŋ^{42}tuŋ^{42}赤裸

① 李健：《吴化粤语研究》，中国社会科学出版社，2014年，第63页。

② 姜芳莉：《新晃汉语中的侗语成分》，《中央民族大学学报》2004年第2期。

裸、juɛn^{313}tuŋ^{313}tuŋ^{313}圆滚滚、ai^{42}tɛ^{313}tɛ^{313}矮墩墩、kɛn^{44}so^{44}so^{44}干巴巴、kuŋ^{313}ŋɛ^{44}ŋɛ^{44}哭泣、tan^{2}te^{3}te^{3}颤抖。

这三个例子有一个共同点：词缀主要来自侗台语，词根主要来自汉语，共同组成汉-侗台合璧式状貌词。对此，我们的初步设想是，这种合璧式状貌词很可能与语言转用有关，最初以侗台语占优势，继而过渡到侗台-汉双语，这类合璧式状貌词开始产生，但起初很可能以复合词的形式存在，再到汉语占优势，侗台语式微，最终消失，只在当地汉语中留下若干底层成分，这也能解释为什么这类状貌词的词根至今语义明确，而词缀大多语义模糊。

结合以上三地的社会文化背景，广西平南和广东化州地理位置邻近，古为百越之地，如今以汉族为主，原百越先民绝大多数已经汉化，但当地汉语方言仍留有百越语底层。湖南新晃主要通行侗语和汉语西南官话，今以汉语占优势，大部分侗族已转用西南官话，但语言转用并未完成，故合璧式状貌词的词缀仍可辨其侗语来源，如ŋɛ^{44}即哭。换言之，语言转用已在平南和化州完成，而新晃正在进行中。班弨(2006)曾考证汉语中的台语底层，并对南宁市郊的大沙田和洞圩做了追踪调查，结果表明当地壮族人在转用汉语的过程中，他们所说的汉语方言(平话、白话)带有明显的壮族味道，许多词汇直接借自壮语。

目前，我们对这类合璧式状貌词掌握的还很有限，只能留待以后进一步观察。

综上所述，广西汉语方言近二十个点的状貌后缀，不论是结构形式，还是语义关系都与境内使用人口最多、覆盖最广的侗台语——壮语高度趋同。这种平行现象不可能是同源关系或偶合造成的，极有可能是不同时期进入不同汉语方言的，是语言接触的产物。

第五节　本章小结

本章以广西汉语方言状貌后缀为对象，探讨壮、汉语接触引发的语法演变及其机制。广西诸多汉语方言与壮语都拥有丰富发达的状貌后缀，这种共享特征是壮、汉语接触的结果。

一、接触表现方面。广西粤语、桂南平话、客家话、西南官话的状貌后缀有三个特殊表现：(1)动词、形容词及少数名词都能附加一个到若干个描声摹状的后缀，粤语和平话、西南官话还有“hɐm^{21}hɐm^{21}”“ʧa^{21}ʧa^{21}”这类专门表示“密集貌”的后缀，各地的读音也比较一致。(2)附加状貌后缀的词根，除了单音节词，还包括动宾结构，组合类型以ABB为主，也有其他如ABC、ABCBC、ACB等类型。(3)状貌后缀韵母主元音体现出系统的语音象征性，即前/高元音如i、e表“小”，后/低元音如a、u表“大”。这三个特殊表现不见于其他与之有亲缘关系的汉语方言，而与壮语状貌后缀的表现高度平行，很可能是受广西分布最广泛的侗台语——壮语影响产生的。

二、演变机制方面。广西诸多汉语方言状貌后缀的大量出现属于“构式复制”。由于壮、汉语接触，广西汉语某些方言复制了壮语的构词规则，不单单是形容词，动词、名词乃至动宾结构都能附加状貌后缀，这些状貌后缀大多为自源性，直接借自壮语的只占少数。此外，还有一种汉-侗台合璧式状貌词，词根来自汉语，词缀来自侗台语，它的产生可能与语言转用有关。

结　语

结语部分简要回顾本书的主要内容和观点，剖析创新与不足，指出后续深入研究的方向与任务。

一、研究内容和主要观点

壮语状貌后缀是指附加在壮语形容词、动词及少数名词后面，用于表达生动状貌的词缀。本书依托自建数据库，以壮语状貌后缀为研究对象，以比较的视角贯彻本书所讨论的内容，通过比较寻求共时差异，进而探求差异背后的演变线索与规律。既注重研究的全面性，又对一些有价值的语言现象进行了重点论述与归纳。

本书的研究内容和主要观点分为下面几个部分。

一、壮语状貌后缀的结构类型。壮语标准语与南北方言9个土语的状貌后缀，共23种结构类型，其中AB型和ABB型分布范围最广泛。我们采用区间分类法对结构类型进行分类：以方言土语为观察点，按照结构类型的数量可分为发达型、准发达型、不发达型，以准发达型居多，发达型次之，不发达型最少。以结构类型为观察点，按照结构类型的分布度，可分为跨方言型、跨土语型、土语型，跨方言最普遍，土语型次之，跨土语型最少，跨方言、跨土语分布的结构类型约占七成，足见状貌后缀结构类型的共通性较高，同时其地域性也不可忽视。状貌后缀按照音节数量，可分为单音节、双音节、三音节和四音节四种类型，以双音节后缀最普遍，其中ABB型最多，其构词率最显著。

二、壮语状貌后缀的语音规律。以壮语标准语与南北方言三个代表点（蒙山、都安、大新）为考察对象，梳理与比较状貌后缀语音系统及其与词根组配的语音规律。(1)状貌后缀的语音规律。声母的分布，按发音部位以舌尖音居多，发音方法以擦音居多。韵母的分布，韵腹以前元音（尤其是a、e）居多，韵尾以塞音尾和鼻音尾（尤其是-t和-ŋ）居多。声调的分布，以单数调、促声调居多。(2)状貌后缀与词根组配的语音规律。声母组配方面，舌尖音、擦音的组配率最高。韵母组配方面，叠韵现象稀少。词根和后缀的韵腹可根据舌位的前后高低两两相配，韵尾亦然，其中韵腹以前元音，韵尾以塞音尾和鼻音尾的组配率最高。声调组配方面，单数调的组配率优于双数调，促声调倾向与舒声调相配。总之，状貌后缀本身及其与词根的组配具有很强的语音和谐，即一致性与互补性。

语音规律方面，标准语与方言的共性大于个性。

三、壮语状貌后缀的语义系统、语法功能与语言风格。(1)状貌后缀按照语义分为拟声类、摹状类、拟声兼摹状类(其中摹状类数量最丰富)，语义特征主要是描绘性、量级性、主观性。状貌词由词根附加状貌后缀构成，其词根主要为形容词、动词及少数名词。(2)状貌词有一批高频的词根与后缀，构词能力发达，最常见的情况为一个词根搭配两个及以上的后缀。同一个词根通过后缀主元音的交替与结构类型的转换可衍生出丰富的状貌词。(3)状貌词可充当谓语、定语、状语、补语及宾语、主语，主要充当谓语。(4)状貌词的地域色彩较强，较多出现在富有描述性、口语性的艺术语体和谈话语体。

四、方块壮字文献状貌后缀的特征与功能。(1)结构类型，文献以ABC型最常见，而口语以ABB最常见，这是文献与口语最显著的差异。音节类型，文献和口语都以双音节后缀居多，构词率文献以ABC型最高，口语则是ABB型。(2)状貌后缀的语音系统，声母以舌尖音、擦音居多，韵母以“前元音＋开尾韵”的组合居多，声调以双数调、舒声调居多。文献与口语的明显差异是，口语韵母以“前元音＋塞音尾”居多，“前元音＋鼻音尾”次之，声调以单数调、促声调为主。状貌后缀与词根的语音组配规律，与其自身的语音系统相关。(3)文献状貌后缀按照语义分为拟声类、摹状类、拟声兼摹状类，以摹状类居多，有表达形象性、量级差异、情感褒贬的特征，这是文献与口语的共性。文献表“密集”“速度”的后缀，常常成对出现，口语尚未发现该现象，这是两者主要差异。(4)形容词、动词、名词都能附加状貌后缀构成状貌词，状貌词的高频词根主要与言语行为、面部表情、动作趋向、颜色有关，最常见的构词组合是一个词根搭配两个及以上的状貌后缀，这是文献和口语的共性。(5)状貌后缀构词后的句法功能，以充当谓语最常见，这是文献和口语的共性。(6)语言风格方面，状貌词的使用受制于语境，它通常用于非正式场合，这是文献与口语的共性。

五、侗台语状貌后缀的分布、演变与发展。(1)根据状貌后缀的数量与结构类型，侗台语状貌后缀可分为不发达型、准发达型、发达型，其历时演变链应为：不发达型→准发达型→发达型；语义类型不同的三类状貌后缀，其历时演变链应为：拟声类→拟声兼摹状类→摹状类。状貌后缀应是侗台语族语言分化以后各自发展起来的。(2)侗台语状貌后缀主要有语音和谐、认知隐喻、重叠形态、类推机制、语言接触等产生途径。(3)壮语状貌后缀的发展趋势主要表现为结构类型多样化、词根与后缀的组合能力发展不平衡、语法功能的扩展、与汉借词构成合璧式状貌词、书面化的趋势以及代际差异等方面。

六、广西汉语方言状貌后缀的接触性演变及其机制。广西某些汉语方言拥有丰富发达状貌后缀，这一现象与壮语表现一致，这种高度平行现象很可能是壮、汉语接触产生的，其演变机制是“构式复制”。此外，还有一种汉-侗台合璧式状貌词，其产生原因可能与语言转用有关。

二、创新之处和不足之处

本书依托自建数据库，从比较视角对壮语状貌后缀的特征、功能及演变等方面进行了探讨，主要创新点如下。

（一）充分挖掘与利用壮语状貌后缀的语料。以往研究未专门收集壮语状貌后缀。本书力求充分挖掘与利用壮语状貌后缀的语料，对所得语料经鉴别、录入、标注，建立专门数据库，确保本书的分析论证能够在一个较为客观可靠的基础上展开。

（二）重新审视壮语词缀系统，指出状貌后缀属于语用词缀。在前贤的基础上，基于用途、数量、语音、音节、形态、语义、语源、词根词性的标准，将壮语词缀系统划为构词词缀和语用词缀，状貌后缀属于语用词缀，这类后缀最主要的作用是描声绘形，表达生动色彩、情感色彩、语体色彩，区别于其他构词词缀。

（三）依托自建数据库，运用定量与定性的方法，对壮语标准语及方言状貌后缀的结构类型、语音规律、语义系统、构词情况、句法功能、语言风格等方面作了比较系统的分析与归纳，并以大量详实的数据为支撑。

（四）依托自建数据库，运用定量与定性的方法，对宗教、民歌两类方块壮字文献中的状貌后缀进行了比较系统、全面的分析与归纳，包括结构类型、语音规律、语义系统、构词情况、句法功能、语言风格等方面，并与口语进行对比，探索状貌后缀的传承与演变。

（五）从历时视角较为系统地考察了侗台语及广西汉语方言状貌后缀的分布、演变与发展。基于侗台语状貌后缀的数量和结构类型，在共时分类的基础上运用历史比较法结合历史文献考证，勾勒侗台语状貌后缀的历时演变链。基于大量方言事实，考察壮、汉语接触与广西汉语方言状貌后缀的共变关系及其机制。

本书的不足之处如下。

（一）更多语料有待搜集。状貌后缀比较虚灵且数量庞大，调查存在一定难度，出于个人学识、时间、精力，笔者目前只对蒙山壮语做了较为系统的调查，由于状貌后缀的方言差异较大，更多语言事实有待揭示。此外，本书考察的方块壮字文献主要流传于壮语红水河土语与右江土语等区域，较少涉及其他地域的文献；在比较文献与口语时，只选择了掌握语料较丰富的壮语标准语与红水河土语，解释性可能有待加强。因此，语料的进一步搜集是本书后续研究的一项重要基础工作。

（二）理论深度有待扩展。首先，本书在前人的基础上，将壮语词缀系统划为构词词缀和语用词缀，状貌后缀属于语用词缀，这种划分法的科学性、可行性有待进一步验证。其次，对语言现象以描写居多，虽说描写是分析的基础工作，但是理论解释仍待进一步深入。因此，加强语言学相关理论的学习，是后续研究一个重要的方向和任务。

（三）状貌后缀的产生动因以及类型学等研究尚未开展。状貌后缀产生的动因可能跟语言类型、词义发展、交际需求等方面有关，也可能跟形态、韵律、审美心理等因素有关。除了侗台语，状貌后缀（或状貌词）普遍存在于汉藏语系其他语言，因而类型学的研究有待开展。

参考文献

一、著作

[1]阿茹汗:《类型学视野下的蒙古语—汉语摹拟词对比研究》,北京:民族出版社,2020年。

[2][美]爱德华·萨丕尔:《语言论:言语研究导论》,陆卓元译,北京:商务印书馆,1985年。

[3]白丽珠:《武鸣壮族民间故事》,北京:民族出版社,2001年。

[4]白宛如:《广州方言词典》,南京:江苏教育出版社,1998年。

[5]班弨:《论汉语中的台语底层》,北京:民族出版社,2006年。

[6]班弨:《壮语描写词汇学》,北京:民族出版社,2010年。

[7]薄文泽:《木佬语研究》,北京:民族出版社,2003年。

[8]薄文泽:《佯僙语研究》,上海:上海远东出版社,1997年。

[9]鲍厚星:《长沙方言研究》,长沙:湖南教育出版社,1999年。

[10]陈晓锦,陈滔:《广西北海市粤方言调查研究》,北京:中国社会科学出版社,2005年。

[11]陈晓锦:《广西玉林市客家方言调查研究》,北京:社会科学出版社,2004年。

[12]陈泽平:《福州方言研究》,福州:福建人民出版社,1998年。

[13]褚福侠:《元曲词缀研究》,青岛:中国海洋大学出版社,2014年。

[14][英]戴维·克里斯特尔编:《现代语言学词典(第四版)》,沈家煊译,北京:商务印书馆,2000年。

[15]邓玉荣:《富川秀水九都话研究》,南宁:广西民族出版社,2005年。

[16]冯胜利:《汉语的韵律、词法与句法》,北京:北京大学出版社,2009年。

[17]冯英:《水语复音词研究》,北京:中华书局,2008年。

[18]符昌忠:《哥隆语、那斗语简志》,桂林:广西师范大学出版社,2015年。

[19]高华年:《广州方言研究》,香港:商务印书馆,1980年。

[20]葛本仪:《现代汉语词汇学》,济南:山东人民出版社,2001年。

[21]广西区语委研究室:《壮语方言土语音系》,南宁:广西民族出版社,1994年。

[22]广西壮文工作委员会研究室,中国科学院少数民族语言调查第一工作队:《壮语语法概述》,南宁:广西民族出版社,1957年。

[23]广西壮文工作委员会研究室:《壮汉词汇(初稿)》,南宁:广西民族出版社,1958年。

[24]广西壮族自治区民族语言文字工作委员会研究室,中国科学院少数民族语言研究所第一个工作队:《壮语方言语法的几个问题》,南宁:广西民族出版社,1958年。

[25]广西壮族自治区民族语言文字工作委员会研究室,中国科学院少数民族语言研究所第一个工作队:《壮语方言语法的几个问题》,南宁:广西民族出版社,1958年。

[26]广西壮族自治区少数民族古籍整理出版规划领导小组:《古壮字字典(初稿)》,南宁:广西民族出版社,1989年。

[27]广西壮族自治区少数民族语言文字工作委员会《壮汉英词典》编委会:《壮汉英词典》,北京:民族出版社,2005年。

[28]广西壮族自治区少数民族语言文字工作委员会研究室:《武鸣壮语语法》,南宁:广西民族出版社,1989年。

[29]广西壮族自治区少数民族语言文字工作委员会研究室:《壮汉词汇》,南宁:广西民族出版社,1984年。

[30]广西壮族自治区民族语言文字工作委员会研究室,中国科学院少数民族语言研究所第一个工作队:《壮语构词法概要》,南宁:广西民族出版社,1959年。

[31]郭锐:《现代汉语词类研究(修订本)》,北京:商务印书馆,2018年。

[32]何冬梅:《泰语构词研究》,昆明:云南人民出版社,2015年。

[33]何思源:《壮族麽经布洛陀语言文化研究》北京:中国社会科学出版社,2012年。

[34]何正廷:《壮族经诗译注》,昆明:云南人民出版社,2004年。

[35]何正廷,欧薇薇:《壮族鸡卜经影印译注》,南宁:广西民族出版社,2013年。

[36]贺嘉善:《仡佬语简志》,北京:民族出版社,1983年。

[37]胡素华:《彝族史诗〈勒俄特依〉译注及语言学研究》,北京:社会科学出版社,2020年。

[38]黄美新:《大新壮语形容词研究》,北京:中国社会科学出版社,2013年。

[39]黄明标:《壮族麽经布洛陀遗本影印译注》,南宁:广西人民出版社,2017年。

[40]黄南津,高魏,胡惠,等:《〈壮族麽经布洛陀影印译注〉文字词汇研究》,南宁:广西教育出版社,2021年。

[41]黄英富:《宾阳大桥客话研究》,南宁:广西民族出版社,2016年。

[42]黄昭艳:《钦州新立话研究》,成都:西南交通大学出版社,2011年。

[43]胡壮麟:《认知隐喻学》,北京:北京大学出版社,2004年。

[44]康忠德:《居都仡佬语参考语法》,北京:中国社会科学出版社,2011年。

[45]蓝宏:《中国壮剧传统剧作集成(田林卷)》,南宁:广西民族出版社,2013年。

[46]蓝柯:《汉族题材少数民族民族叙事诗译注(壮族 仫佬族 毛南族卷)》,北京:民族出版社,2011年。

[47]蓝利国:《壮语语法标注文本》,北京:社会科学文献出版社,2016年。

[48]黎运汉:《现代汉语语体修辞学》,南宁:广西教育出版社,1989年。

[49]李方桂:《剥隘土语》,北京:清华大学出版社,2005年。

[50]李方桂:《龙州土语》,北京:清华大学出版社,2005年。

[51]李方桂:《武鸣土语》,北京:清华大学出版社,2005年。

[52]李健:《吴化粤语研究》,北京:中国社会科学出版社,2014年。

[53]李锦芳,周国炎:《仡央语言探索》,北京:中央民族大学出版社,1999年。

[54]李锦芳:《布央语研究》,北京:中央民族大学出版社,1999年。

[55]李锦芳等:《西南地区濒危语言调查研究》,北京:中央民族大学出版社,2006年。

[56]李劲荣:《现代汉语形容词生动形式的语用价值》,北京:中国社会科学出版社,2014年。

[57]李如龙,侯小英,林天送,秦恺:《茶洞语研究》,北京:民族出版社,2012年。

[58]李胜兰:《壮语金龙岱话参考语法》,北京:中国社会科学出版社,2022年。

[59]李心释:《东南亚语言区域视野中的汉、壮语接触研究》,北京:中国社会科学出版社,2012年。

[60]李旭练:《都安壮语形态变化研究》,北京:民族出版社,2011年。

[61]李宇明:《汉语量范畴研究》,武汉:华中师范大学出版社,2000年。

[62]李云兵:《拉基语研究》,北京:中央民族大学出版社,2000年。

[63]梁敢:《梁彭壮语体貌范畴研究》,南宁:广西人民出版社,2014年。

[64]梁金荣:《临桂两江平话研究》,南宁:广西民族出版社,2005年。

[65]梁敏:《侗语简志》,北京:民族出版社,1980年。

[66]梁敏:《毛难语简志》,北京:民族出版社,1980年。

[67]梁敏,张均如:《侗台语族语言概论》,北京:中国社会科学出版社,1996年。

[68]梁敏,张均如:《临高语研究》,上海:上海远东出版社,1997年。

[69]梁敏，张均如：《标话研究》，北京：中央民族大学出版社，2002年。

[70]梁敏，张均如，李云兵：《普标语研究》，北京：民族出版社，2007年。

[71]梁庭望：《汉族题材少数民族叙事诗译注（壮族卷）》，北京：民族出版社，2009年。

[72]梁庭望：《〈粤风·壮歌〉译注》，南宁：广西民族出版社，2010年。

[73]梁庭望，罗宾：《壮族伦理道德长诗传扬歌译注》，南宁：广西民族出版社，2005年。

[74]梁庭望：《壮族原生型民间宗教调查研究》，北京：宗教文化出版社，2009年。

[75]梁庭望，关仕京，韦文俊，等：《壮族传统古歌集》，南宁：广西民族出版社，2011年。

[76]梁伟华，曹光新：《龙州伝话研究》，南宁：广西民族出版社，2021年。

[77]梁伟华，林亦：《广西崇左新和蔗园话研究》，桂林：广西师范大学出版社，2009年。

[78]梁忠东：《玉林话研究》，成都：西南交通大学出版社，2010年。

[79]林亦，覃凤余：《广西南宁白话研究》，桂林：广西师范大学出版社，2008年。

[80]刘保元：《汉瑶词典 拉珈语》，成都：四川民族出版社，1999年。

[81]刘剑三：《临高语话语材料集》，北京：中央民族大学出版社，2009年。

[82]陆淼焱：《武鸣县城官话语音词汇研究》，桂林：广西师范大学出版社，2016年。

[83]罗美珍：《傣语方言研究（语法）》，北京：民族出版社，2008年。

[84]罗昕如：《湘语在广西境内的接触与演变研究》，长沙：湖南师范大学出版社，2017年。

[85]金鹏：《藏语简志》，北京：民族出版社，1983年。

[86]吕叔湘：《现代汉语八百词》，北京：商务印书馆，1980年。

[87]马彪：《汉语语用词缀系统研究——兼与其他语言比较》，北京：中国社会科学出版社，2010年。

[88]马学良：《汉藏语概论》，北京：民族出版社，2003年。

[89]毛宗武，蒙朝吉，郑宗泽：《瑶族语言简志》，北京：民族出版社，1982年。

[90]蒙元耀：《生生不息的传承：孝与壮族行孝歌之研究》，北京：民族出版社，2010年。

[91]蒙元耀：《远古的追忆：壮族创世神话古歌研究》，北京：民族出版社，2012年。

[92]莫海文：《荣屯布央语参考语法》，北京：中国社会科学出版社，2016年。

[93]倪大白:《侗台语概论》,北京:民族出版社,2010年。

[94]《农村科普读物丛书》编委会,覃新苑译:《儿童疾病防治(壮汉双语)》,南宁:广西科学技术出版社,2015年。

[95]欧阳觉亚,程方,喻翠容:《京语简志》,北京:民族出版社,1984年。

[96]欧阳觉亚:《村语研究》,上海:上海远东出版社,1998年。

[97]覃国生:《壮语方言概论》,南宁:广西民族出版社,1996年。

[98]覃国生:《壮语概论》,南宁:广西民族出版社,1998年。

[99]覃国生:《柳江壮语调查研究》,南宁:广西人民出版社,2013年。

[100]覃国生,谢英:《老挝语—壮语共时比较研究》,北京:民族出版社,2009年。

[101]覃晓航:《汉壮语双向翻译技巧》,北京:民族出版社,1996年。

[102]覃晓航:《岭南古越人名称文化探源》,北京:中央民族大学出版社,1995年。

[103]覃晓航:《壮语特殊语法现象研究》,北京:民族出版社,1995年。

[104]覃晓航:《侗台语语源探索》,北京:中央民族大学出版社,2009年。

[105]覃晓航:《壮侗语族语言研究》,北京:民族出版社,2012年。

[106]石德富:《卑南语构词法研究》,北京:中央民族大学出版社,2008年。

[107]石林:《侗语汉语语法比较研究》,北京:中央民族学院出版社,1997年。

[108]石锓:《汉语形容词重叠形式的历史发展》,北京:商务印书馆,2010年。

[109]孙宏开,胡增益,黄行:《中国的语言》,北京:商务印书馆,2007年。

[110]孙景涛:《古汉语重叠构词法研究》,上海:上海教育出版社,2008年。

[111]孙艳:《汉藏语四音格词研究》,北京:民族出版社,2005年。

[112]王力:《汉语史稿》,北京:中华书局,1980年。

[113]王均,郑国乔:《仫佬语简志》,北京:民族出版社,1980年。

[114]王均,梁敏,韦庆稳,覃国生:《壮语及壮汉人民怎样互学语言》,北京:民族出版社,1979年。

[115]韦达:《壮语文化论》,南宁:广西民族出版社,2006年。

[116]韦景云,何霜,罗永现:《燕齐壮语参考语法》,北京:中国社会科学出版社,2011年。

[117]韦景云,覃祥周:《壮语基础教程(2018年修订)》,北京:民族出版社,2018年。

[118]韦景云,覃晓航:《壮语通论》,北京:中央民族大学出版社,2006年。

[119]韦景云:《武鸣壮语词汇研究》,北京:中央民族大学出版社,2018年。

[120]韦茂繁:《下坳壮语参考语法》,南宁:广西人民出版社,2014年。

[121]韦庆稳,覃国生:《壮语简志》,北京:民族出版社,1980年。

[122]韦庆稳:《壮语语法研究》,南宁:广西民族出版社,1985年。

[123]吴启禄:《贵阳布依语》,贵阳:贵州民族出版社,1992年。

[124]吴小奕:《跨境壮语研究》,南宁:广西人民出版社,2013年。

[125]向柏霖:《嘉绒语研究》,北京:民族出版社,2008年。

[126]晓春:《〈择翻聊斋志异〉满语拟声词拟态词计量研究》,沈阳:辽宁民族出版社,2022年。

[127]谢建猷:《广西汉语方言研究》,南宁:广西人民出版社,2007年。

[128]谢永昌:《梅县客家方言志》,广州:暨南大学出版社,1994年。

[129]邢福义,汪国胜:《现代汉语》,武汉:华中师范大学出版社,2003年。

[130]杨丕芳,黄以进,黄英富:《上林客话研究》,南宁:广西民族出版社,2022年。

[131]杨光远:《十三世纪傣泰语言的语音系统研究》,北京:民族出版社,2007年。

[132]杨通银:《莫语研究》,北京:中央民族大学出版社,2000年。

[133]银莎格:《银村仫佬语参考语法》,北京:中国社会科学出版社,2014年。

[134]余瑾等:《广西平话研究》,北京:中国社会科学出版社,2016年。

[135]喻翠容:《布依语简志》,北京:民族出版社,1980年。

[136]喻翠容,罗美珍:《傣语简志》,北京:民族出版社,1980年。

[137]喻世长:《布依语语法研究》,北京:科学出版社,1956年。

[138]袁家骅,韦庆稳,张均如:《一九五二年壮族语文工作报告》,北京:中国科学院,1953年。

[139]袁家骅,张元生:《武鸣壮语词法初步研究》,南宁:广西民族出版社,1958年。

[140]张济民:《仡佬语研究》,贵阳:贵州民族出版社,1993年。

[141]张均如,梁敏,欧阳觉亚,等:《壮语方言研究》,北京:民族出版社,1999年。

[142]张均如:《水语简志》,北京:民族出版社,1980年。

[143]张声震:《布洛陀经诗译注》,南宁:广西人民出版社,1991年。

[144]张声震:《壮族麽经布洛陀影印译注》,南宁:广西民族出版社,2004年。

[145]张声震:《壮族民歌古籍集成·情歌(一)嘹歌》,南宁:广西民族出版社,1993年。

[146]张声震:《壮族民歌古籍集成·情歌(二)欢榫》,南宁:广西民族出版社,1997年。

[147]张永祥,曹翠云:《苗语与古汉语特殊语句比较研究》,北京:中央民族大学出版社,2005年。

[148]张元生，覃晓航：《现代壮汉语比较语法》，北京：中央民族学院出版社，1993年。

[149]张元生，马加林，文明英，等：《海南临高话》，南宁：广西民族出版社，1984年。

[150]张增业：《壮—汉语比较简论》，南宁：广西民族出版社，1998年。

[151]郑贻青：《靖西壮语研究》，南宁：广西人民出版社，2013年。

[152]郑远汉：《言语风格学》，武汉：湖北教育出版社，1998年。

[153]政协上林县委员会：《壮族四大悲歌(译注)》，南宁：广西民族出版社，2015年。

[154]政协上林县委员会：《中国壮剧传统剧作集成(上林卷)》，南宁：广西民族出版社，2016年。

[155]中国民族语文翻译局：《现代汉壮词汇》，南宁：广西民族出版社，2013年。

[156]中国民族语文翻译局：《中国共产党章程(壮文)》，北京：民族出版社，2017年。

[157]中国社会科学院，澳大利亚人文科学院：《中国语言地图集》，北京：中国社会科学院出版社，1987年。

[158]钟鸣：《壮医技法技术规范(壮汉双语)》，南宁：广西科学技术出版社，2016年。

[159]周本良，胡惠，黎平，等：《南宁下郭街官话》，南宁：广西民族出版社，2015年。

[160]周国炎，刘朝华：《布依语参考语法》，北京：社会科学出版社，2018年。

[161]周长楫，欧阳忆耘：《厦门方言研究》，福州：福建人民出版社，1997年。

[162]朱崇先：《中国少数民族古籍学》，北京：中央民族大学出版社，2017年。

[163]朱德熙：《语法讲义》，北京：商务印书馆，1982年。

[164] Akita K, Pardeshi P. *Ideophones, mimetics and expressives.* John Benjamins Publishing Company, 2019.

[165] Anthony V.N.Diller, Jerold A. Edmondson, Yongxian Luo. *The Tai-Kadai Language.* Routledge, 2008.

[166] F.K.Erhard Voeltz, Christa Killian-Hatz. *Ideophones.* John Benjamins Publishing Company, 2001.

[167] Janice E. Saul, Nancy Freiberger Wilson. *Nung Grammar.* Summer Institute of Linguistics, 1980.

[168] Leanne Hinton, Johanna Nichols, John J. Ohala. *Sound Symbolism.* Cambridge University Press, 1994.

[169] N. J. Enfield. *A Grammar of Lao.* De Gruyter Mouton, 2010.

[170] Tianqiao Lu. *A Grammar of Maonan.* Universal-Publisher Boca Raton, 2008.

二、期刊论文

[1]白宛如:《广州话本字考》,《方言》1980年第3期。

[2]白耀天:《〈榜枻越人歌〉的译读及其有关问题》,《广西民族研究》1985年第1期。

[3]班弨:《大沙田和洞圩壮语底层词》,《民族语文》2004年第1期。

[4]薄文泽,李旭练,依常生:《壮语的粘着型动词范畴标记——一组“后附音节”的结构分析》,《民族语文》2014年第6期。

[5]闭克朝:《横县方言单音形容词的AXA重叠式》,《中国语文》1979年第5期。

[6]闭克朝:《横县方言中的-k尾词》,《中国语文》1981年第2期。

[7]闭克朝:《壮语对横县平话的影响》,《中南民族学院学报》1991年第4期。

[8]曹翠云:《黔东苗语状词初探》,《中国语文》1961年第4期。

[9]曹翠云:《从苗语看古汉语的状词——兼释“行道迟迟”、“夏屋渠渠”等语文》,《贵州民族研究》1984年第3期。

[10]曹翠云:《再论苗语和古汉语的状词——兼释“忳郁邑”、“索胡绳之纚纚”》,《民族语文》1995年第2期。

[11]曹翠云:《〈楚辞〉特殊语句像苗语——兼释“扬云霓之晻蔼兮,鸣玉莺之啾啾”》,《中央民族大学学报》2001年第5期。

[12]曹翠云:《〈诗经〉特殊语句像苗语新解——兼释“明星煌煌”、“明星皙皙”等》,《中央民族大学学报》2002年第6期。

[13]陈垂民:《闽南话单音节形容词叠音后缀探析》,《暨南学报》1989年第4期。

[14]陈光伟:《壮语重迭词的英译》,《广西师院学报》1998年第3期。

[15]陈海伦,王里平:《广西的双语社会问题》,陈海伦、李连进编:《广西语言文字使用问题调查与研究》,南宁:广西教育出版社,2005年。

[16]陈三苏:《闽、粤方言形容词之衬字》,《西南研究》1940年(第1号)。

[17]陈小燕:《贺州本地话“古端母浊化”等若干现象与古百越语语音》,《广西民族研究》2006年第3期。

[18]陈忠敏:《汉语、侗台语和东南亚诸语言先喉塞音对比研究》,《语言研究》1989年第1期。

[19]陈忠敏:《作为古百越语底层形式的先喉塞音在今汉语南方方言里的表现和分布》,《民族语文》1995年第3期。

[20]崔建新:《锦话谓词的重言形式》,《语言研究》1989年第1期。

[21]戴红亮:《傣语双声型摹状词元音交替规律探索——基于浑沌学和生成音系学

角度的阐释》,张公瑾,丁石庆编:《浑沌学与语言文化研究新进展》,北京:中央民族大学出版社,2009年。

[22]戴庆厦,刘菊黄:《藏缅语族某些语言的音节搭配律》,《民族语文》1988年第5期。

[23]戴庆厦,田静:《语言的外部影响与内部机制》,《民族语文》2007年第4期。

[24]刀承华:《傣语德宏方言中动词和形容词的双音节后附形式》,《民族语文》1984年第5期。

[25]邓丽:《桂林话的状态形容词》,《桂林师范高等专科学校学报》2011年第2期。

[26]邓英树:《成都话的BA式形容词》,《西南民族学院学报》2002年第10期。

[27]邓玉荣:《广西贺州(莲塘)客家话几种表示性状的重叠式》,《梧州师专学报》1997年第4期。

[28]邓玉荣:《广西壮族自治区各民族语言间的相互影响》,《方言》2008年第3期。

[29]丁崇明:《昆明方言的形容词复杂形式》,陆俭明编:《语言学论丛(第三十六辑)》,北京:商务印书馆,2007年。

[30]冯英:《水语AB式形容词》,《南开语言学刊》2007年第1期。

[31]冯英:《壮侗语带后附音节的复音动词》,《民族语文》2005年第5期。

[32]符昌忠:《哥隆语概况(下)语法部分》,《广东技术师范学院学报》2008年第4期。

[33]付苓,王一君:《壮语谓偎话动词、形容词的后附形式》,《广西民族师范学院学报》2015年第6期。

[34]高欢:《诶话与汉语、壮语构词法比较研究》,《贵州民族研究》2014年第5期。

[35]高欢:《诶话与汉语、壮语语法比较研究》,《贵州民族研究》2015年第7期。

[36]关仕京:《壮语词的色彩意义类型及作用》,《三月三·少数民族语文版》2012年第6期。

[37]郭必之:《从南宁粤语的状貌词看汉语方言与民族语言的接触》,《民族语文》2012年第3期。

[38]韩陈其:《汉语词缀新论》,《扬州大学学报》2002年第4期。

[39]韩林林:《壮语状态形容词的研究》,《广西民族师范学院学报》2011年第2期。

[40]何冬梅:《泰国黑傣语概况》,《民族语文》2018年第4期。

[41]何彦诚:《侗语下坎话概况》,《民族语文》2006年第5期。

[42]何毓玲:《试论〈毛诗正义〉疏经语言中的状貌词词尾》,《华中师范大学学报》1989年第1期。

[43]贺巍:《获嘉方言形容词的后置成分》,《方言》1984年第1期。

[44]黄彩庆:《百色田阳壮话形容词后附成分研究》,《百色学院学报》2011年第1期。

[45]黄良庭:《壮语没有词尾之我见》,《三月三·壮文版》1997年第6期。

[46]黄阳:《南宁粤语的助词“晒”》,《方言》2016年第4期。

[47]洪波:《壮语与汉语的接触史及接触类型》,石锋,沈钟伟编:《乐在其中——王士元教授七十华诞庆祝文集》,天津:南开大学出版社,2004年。

[48]贾海霞:《晋语柳林话形容词重叠式使用状况调查》,王远新主编:《语言田野调查实录4》,北京:中央民族大学出版社,2010年。

[49]江荻:《藏语ABB式状貌词及其产生的理论根源》,《语言科学》2022年第6期。

[50]江荻:《藏语ABA'B式状貌词与表现形态理论》,《中国语文》2021年第6期。

[51]江蓝生:《变形重叠与元杂剧中的四字格状态形容词》,《历史语言学研究》第1辑,2008年。

[52]姜芳莉:《新晃汉语中的侗语成分》,《中央民族大学学报》2004年第2期。

[53]黎艳平:《论满语的摹拟词》,《满语研究》1987年第2期。

[54]黎奕葆:《香港粤语双音节状貌後缀的音韵特色》,《语言暨语言学》2015年第5期。

[55]李春艳:《汉藏语系状貌词语音重叠特征的象似性》,《吉林大学社会科学学报》2021年第2期。

[56]李春艳,郭宏宇:《〈楚辞〉中复音状貌词的构词特点及认知语言学分析》,《汉字文化》2021年第13期。

[57]李春艳,袁慧:《〈诗经〉状貌词中衬字双音结构和重言词的功能比较》,《现代语文》2020年第8期。

[58]李恒:《汉语状貌词及其伴语手势研究》,《当代修辞学》2019年第6期。

[59]李华斌:《仡佬语状词的生成与韵律分析》,《中央民族大学学报》2019年第2期。

[60]李锦芳,莫轻业:《横县壮语AbA形容词重叠式的语义构成及语法功能》,《中央民族学院学报》1993年第6期。

[61]李锦芳,吴艳:《广东吴川吉兆话概况》,《民族语文》2017年第4期。

[62]李锦芳,阳柳艳:《隆林弯桃仡佬语描写研究》,《百色学院学报》2015年第5期。

[63]李锦芳:《红仡佬语概况》,《民族语文》2009年第6期。

[64]李锦芳:《壮语动词体貌的初步分析》,《三月三·民族语文论坛》2001年第12期。

[65]李明:《近五十年来方块古壮字研究述略》,《中国文字研究》2007年第1辑。

[66]李如龙:《闽方言和苗、壮、傣、藏诸语言的动词特式重叠》,《民族语文》1984年第1期。

[67]李树兰:《锡伯语的状词》,《民族语文》1985年第5期。

[68]李云兵:《苗语川黔滇次方言的状词》,《民族语文》1995年第4期。

[69]梁敏:《拉基语》,《语言研究》1989年第2期。

[70]梁敏:《壮语形容词、名词、动词后附音节的研究》,民族语文编辑组:《民族语文研究文集》,西宁:青海人民出版社,1982年。

[71]梁猷刚:《从壮侗语族的bb dd看汉语方言海南话的bb dd和化州话的d》,《华南师范大学学报》1984年第2期。

[72]梁振仕:《略论壮语与汉语的亲属关系》,《广西大学学报》1984年第2期。

[73]林河:《侗族民歌与〈越人歌〉的比较研究》,《贵州民族研究》1985年第4期。

[74]林亦:《壮族聚居区中的客家方言——记马山县周鹿镇"新民话"》,胡松柏编:《客家方言调查与研究——第十一届客家方言国际学术研讨会论文集》,广州:世界图书出版广东有限公司,2016年。

[75]刘春梅:《平南白话的AB式状态形容词》,《民族语文》2017年第1期。

[76]刘村汉:《广西蒙山语言图说》,《方言》1985年第4期。

[77]刘丹青:《从状态词看东方式思维》,东南大学东方文化研究所编:《东方文化(第一集)》,南京:东南大学出版社,1991年。

[78]刘锋:《苗语状词在汉译苗中的运用》,《贵州民族研究》1991年第4期。

[79]刘援朝:《黎语加茂话概况》,《民族语文》2008年第1期。

[80]龙耀宏:《侗语形容词后缀的语法分析》,石锦宏主编:《侗语文集》,贵阳:贵州民族出版社,1993年。

[81]陆天桥:《壮语元音象义现象试析》,《民族语文》1988年第4期。

[82]罗美珍:《试论台语的系属问题》,《民族语文》1983年第2期。

[83]麻树兰:《湘西苗汉混合词句浅析》,戴庆厦编:《语言关系与语言工作》,天津:天津古籍出版社,1990年。

[84]马骏:《柳州话的重叠》,《广西师范大学学报》2001年第3期。

[85]马兴国:《凉山彝语描摹词问题初探》,《民族语文》1991年第3期。

[86]莫瑞扬,蔡培康:《勒脚歌的标本 无子嗣的哀歌——宜州古育廖士宽墓门碑〈自叹白文〉古壮字壮歌评析》,《河池学院学报》2005年第4期。

[87]蒙元耀:《论〈布洛陀经诗〉的语言价值》,《民族语文》1995年第1期。

[88]孟庆惠:《黄山话的ȶ ȶh ɬ及探源》,《中国语文》1981年第1期。

[89]木乃热哈:《凉山彝语形容词词缀分析》,《中央民族大学学报》1994年第1期。

[90]欧阳觉亚:《两广粤方言与壮语的种种关系》,《民族语文》1995年第6期。

[91]潘其旭:《壮族〈麽经布洛陀〉的文化价值》,《广西民族研究》2003年第4期。

[92]潘源洞:《浅谈壮语描声绘色词的表意功能》,《三月三·壮文版》1997年第6期。

[93]齐旺:《壮侗语与汉语关系研究概况》,《民族翻译》2011年第4期。

[94]覃德民:《壮语词语的重迭形式拼写法初探》,《三月三·壮文版》2001年第2期。

[95]覃德民:《修订〈壮汉词汇〉之我见》,《三月三·壮文版》2013年第6期。

[96]覃凤余,田春来:《广西汉壮语方言的"噻"》,《民族语文》2011年第5期。

[97]覃国生:《壮语柳江话动词、形容词的后附成分》,《民族语文》1981年第4期。

[98]覃晓航:《汉台语关系研究综述》,《贵州民族研究》1992年第1期。

[99]邵敬敏:《ABB式形容词动态研究》,《世界汉语教学》1990年第1期。

[100]石林:《论侗语形容词》,《贵州民族研究》1985年第4期。

[101]石锓:《BA式双音状态形容词的形成与演变》,《历史语言学研究》2013年第6辑。

[102]孙天心,石丹罗:《草登嘉戎语的状貌词》,《民族语文》2004年第5期。

[103]孙也平《黑龙江方言附加式形容词多音后缀》,《语言研究》1988年第2期。

[104]谭宏姣,赵丽娜:《东北方言ABB式形容词在二人转中的语用效果初探》,《戏剧文学》2009年第7期。

[105]唐钰明:《四十年来的古汉语语法研究》,刘坚,侯精一主编:《中国语文研究四十年纪念文集》,北京:北京语言学院出版社,1993年。

[106]特图克:《蒙古语的状态词》,《民族语文》1980年第1期。

[107]王辅世,王德光:《贵州威宁苗语的状词》,《语言研究》1983年第2期。

[108]王国宇:《水语附加成分浅谈》,《贵州民族研究》1984年第3期。

[109]王哈·阿·雍容:《罗甸里王村布依语后附成分的结构特点》,《贵州民族研究》1988年第3期。

[110]王怀榕,李霞:《三冲仡佬语概况》,《民族语文》2007年第2期。

[111]王会银:《试论汉语和藏语的形容词生动形式——AXX式》,戴庆厦主编:《汉语与少数民族语言关系研究》,《中央民族学院学报》1990年增刊11月版。

[112]王继红:《重言式状态词的语法化考察》,《语言研究》2003年第2期。

[113]王仁芝:《福泉市陆坪苗语状词的地域性特点》,《黔南民族师范学院学报》2019年第2期。

[114]王兴赋:《试用布依语、壮语释译〈越人歌〉》,《民族翻译》2009年第4期。

[115]王泽宏:《从附加成分看壮语的词类》,《中国语文》1957年第1期。

[116]威莱弯·哈尼沙塔嫡,杨光远:《布泰语言(上)》,《民族语文研究情报资料集》1989年第12集。

[117]威莱弯·哈尼莎塔嫡塔,杨光远:《石家语(上)》,《南开语言学刊》2003年第1期。

[118]韦彩珍:《广西凤山壮语的后附加音节》,朱方棡编:《广西语言研究》(第四辑),桂林:广西师范大学出版社,2006年。

[119]韦彩珍:《汉语六甲话和壮语若干相似现象探析》,《民族翻译》2017年第2期。

[120]韦达:《从壮语与古汉语相同的语法现象看壮汉语的关系》,李锦芳编:《壮语言文学探索——纪念壮语言文学学科重要开创者张元生教授(一)》,北京:中央民族大学出版社,2009年。

[121]韦达:《壮语动词的前冠后附构词法》,《民族语文》1997年第4期。

[122]韦达:《壮语使用中的语法规范问题》,《中南民族学院学报》1991年第4期。

[123]韦达:《壮语与白话、客家话、闽话的共同特征》,《广西民族学院学报》2002年第5期。

[124]韦景云:《那新壮语的描绘词》,《中央民族大学学报》1997年第4期。

[125]韦景云:《试论壮语动词的形态》,《民族教育》1999年第A1期。

[126]韦景云:《壮汉语动词形态比较研究》,李锦芳编:《壮语言文学探索——纪念壮语言文学学科重要开创者张元生教授(一)》,北京:中央民族大学出版社,2009年。

[127]韦景云:《壮汉语形容词结构多样性比较分析》,《三月三·少数民族语文版》2009年第3期。

[128]韦名应:《林岩壮语形容词后附音节的来源》,《百色学院学报》2020年第1期。

[129]韦庆稳:《〈越人歌〉与壮语的关系试探》,民族语文编辑部:《民族语文论集》,中国社会科学出版社,1981年。

[130]韦树关:《古帮、端、心母在广西汉语方言中的特殊音读》,《广西民族学院学报》2002年第1期。

[131]韦树关:《壮语造词法的初步研究》,《广西民族学院学报》1991年第1期。

[132]韦星朗:《柳江壮话的后附加音节》,中央民族学院少数民族语言研究所编:

《民族语文研究》，成都：四川民族出版社，1984年。

[133]韦秀芬：《壮汉语形容词后缀结构类型及其语用功能》，《三月三·少数民族语文版》2011年第6期。

[134]韦学纯：《水语形容词后缀研究》，贵州省水家学会编：《水家学研究 3》，贵州省水家学会，1999年。

[135]吴安其：《〈越人歌〉解读》，《南开语言学刊》2008年第2期。

[136]吴福祥：《关于语言接触引发的演变》，《民族语文》2007年第2期。

[137]吴福祥：《南方语言正反问句的来源》，《民族语文》2008年第1期。

[138]吴福祥，覃凤余：《南宁粤语短差比式“X＋A＋过”的来源》，《合肥师范学院学报》2010年第2期。

[139]吴立红：《状态形容词在使用过程中的程度磨损》，《修辞学习》2005年第6期。

[140]谢建猷：《壮语陆西话和汉语平话、白话若干相似现象》，《民族语文》1994年第5期。

[141]谢志民：《龙州壮语的元音交替》，《语言研究》1983年第2期。

[142]邢公畹：《现代汉语形容词后附字探源》，《南开学报》1982年第1期。

[143]徐波：《宁波方言形容词摹状形式——兼议汉语的形态变化问题》，《语文研究》2001年第3期。

[144]许瑞娟，王艺瑾：《泰语形容词生动形式》，《红河学院学报》2018年第6期。

[145]严素铭：《苗语状词词组使用情况初探》，李显元编：《苗语文集》，贵阳：贵州民族出版社，1993年。

[146]严素铭：《黔东养蒿苗语的状词》，《贵州民族研究》1987年第3期。

[147]阳柳艳，李锦芳：《贞丰鲁容仡佬语概况》，《汉藏语学报》2018年第10期。

[148]杨建国：《先秦汉语的状态形容词》，《中国语文》1979年第6期。

[149]杨建国：《元曲中的状态形容词》，北京大学中文系《语言学论丛》编委会编：《语言学论丛(第九辑)》，北京：商务印书馆，1982年。

[150]杨将领：《独龙语孔当话的状貌词》，《民族语文》2019年第5期。

[151]杨凌：《关于哈萨克语摹拟词的研究》，《新疆大学学报》1997年第2期。

[152]杨勤盛：《贵州六寨苗语的状词》，《贵州民族研究》1989年第3期。

[153]杨永龙：《试论元曲赘音ABC式形容词》，《河南师范大学学报》1994年第3期。

[154]杨运庚《牛蹄赣语方言中ABB式状貌词的特点初探》，《安康学院学报》2007年第6期。

[155]周国平：《新灵壮语表程度深的形式及其汉译格式》，韦茂繁，戴庆厦编：《第五

届国际双语学研讨会论文集》,南宁:广西民族出版社,2007年。

[156]周流溪:《〈越人歌〉解读研究》,《外语教学与研究》1993年第3期。

[157]姚家兴:《试论西部裕固语中的摹拟词》,《喀什大学学报》2021年第1期。

[158]叶婧婷:《拟态词的跨语言考察》,《复旦外国语言文学论丛》2017年第1期。

[159]叶萌:《论古代汉语词类中应立貌词一类——古代汉语貌词研究之一》,《西北师大学报》1988年第2期。

[160]银莎格:《对仫佬语主要实词后附音节语法归类的思考》,《江西教育学院学报》2012年第5期。

[161]银莎格:《仫佬语形容词、动词和名词后置成分探析》,《怀化学院学报》2011年第9期。

[162]尹福建:《汉壮语状态形容词的对比与互译》,《广西师范学院学报》2011年第2期。

[163]喻遂生:《重庆话的附缀形容词》,北京大学中文系《语言学论丛》编委会编:《语言学论丛(第九辑)》,北京:商务印书馆,1982年。

[164]袁香琴:《方块壮字的研究成果和任务》,《华西语文学刊》2011年第5辑。

[165]张公瑾:《傣语德宏方言中动词和形容词的后附形式》,《民族语文》1979年第2期。

[166]张国宪:《状态形容词的界定何语法特征描述》,《语言科学》2007年第1期。

[167]张睫,吴翔明:《形象性状态形容词论析——以江西客家方言为例》,《井冈山学院学报》2009年第1期。

[168]张新华,张和友:《从状貌词的实质与演进看汉语的分析性》,《语言科学》2020年第5期。

[169]张均如,梁敏:《广西平话(续2)》,《广西民族研究》1996年第4期。

[170]张敏:《从类型学和认知语法的角度看汉语重叠现象》,《国外语言学》1997年第2期。

[171]张青松:《十年来古壮字研究简评》,《兴义民族师范学院学报》2018年第5期。

[172]张晓勤,闫松:《壮、汉语动词附加成分的比较》,《梧州学院学报》2010年第3期。

[173]张增业:《壮语表程度的"等级"论要》,覃乃昌,岑贤安编:《壮学首届国际学术研讨会论文集》,南宁:2004年。

[174]曾晓渝:《汉语水语复音形容词的历史比较研究》,《中国语文》1997年第5期。

[175]郑张尚芳著,孙琳,石烽译:《〈越人歌〉解读》,南开大学中文系《语言研究论

丛》编委会:《语言研究论丛 第7辑》,天津:南开大学出版社,1997年。

[176]郑作广:《广西平话的边擦音声母ɬ及其形成》,郑作广:《方言与音韵研究论集》,南宁:广西教育出版社,1998年。

[177]中国科学院少数民族语言所壮语小组:《壮语概况》,《中国语文》1961年第10—11期。

[178]朱德熙:《现代汉语形容词研究》,《语言研究》1956年第1期。

[179]朱德熙:《潮阳话和北京话重叠式象声词的构造——为第十五届国际汉藏语言学会议而作》,《方言》1982年第3期。

[180]庄书萍:《试论维吾尔语摹拟词的形象色彩及其功能》,《新疆大学学报》1992年第1期。

[181]左自鸣:《壮英形容词比较》,《广西师院学报》1997年第4期。

[182]B.K.Tsou. Sounds symbolism and some socio-and historical linguistic implications of linguistic diversity in Sino-Tibetan languages. Cahiers de linguistique - Asie orientale, vol. 3, 1978. pp. 67-76

[183]Gerner, Matthias. Expressives in Kam(Dong 侗): A study in sign typology, Cahiers de Linguistique- Asie Orientale 33.2 and 34.1, 2004-05.

[184]Mathews, Stephen. "Cantonese grammar in areal perspective", in Alexandra Aikhenvald and Robert Dixon eds. Grammars in Contact: A Cross- Linguistic Typology, Oxford: Oxford University Press, 2006, pp.220-236.

[185]N.J. Enfield. "Areal Linguistic and Mainland Southeast Asia", Annual Review of Anthropology, vol.34(2005), pp.181-206.

[186] Ratree Wayland. "Lao Expressives", Mon-Khmer Studies, vol. 26(1997), pp.217-231.

[187]Somsonge Burusphat, Qin Xiaohang. "Zhuang Word Structure", Journal of Chinese Linguistics, vol.40 (2012), pp.56-83.

三、学位论文

[1]陈伯辉:《论粤方言词本字考释》,博士学位论文,暨南大学,1996年。

[2]陈丹:《壮泰语形容词比较研究》,硕士学位论文,广西民族大学,2015年。

[3]迪娜拉·克孜尔哈力:《哈萨克语摹拟词研究》,硕士学位论文,中央民族大学,2019年。

[4]顾骁晨:《侗台语程度副词的类型学研究》,硕士学位论文,暨南大学,2017年。

[5]郭莉莎:《〈西蜀方言〉词汇研究》,硕士学位论文,四川师范大学,2011年。

[6]何婉萍:《百色白话词汇研究》,硕士学位论文,广西大学,2011年。

[7]何晓吟:《汉语横塘话与壮语的接触关系研究》,硕士学位论文,中央民族大学,2015年。

[8]黄阳:《靖西壮语语法研究》,硕士学位论文,广西大学,2010年。

[9]黄子颖:《梧州白话状貌词研究》,硕士学位论文,广西师范大学,2021年。

[10]蒋雯:《〈古壮字字典〉壮语虚词研究》,硕士学位论文,广西大学,2015年。

[11]李金溢:《扶绥县那密村官话研究》,硕士学位论文,广西大学,2014年。

[12]李琼琼:《梧州白话词汇研究》,硕士学位论文,广西大学,2019年。

[13]李霞:《比工仡佬语参考语法》,博士学位论文,中央民族大学,2009年。

[14]利冬冬:《钦州白话词汇研究》,硕士学位论文,广西大学,2019年。

[15]龙宇渊:《〈壮族麽经布洛陀影印译注〉形容词性生动形式研究》,硕士学位论文,广西民族大学,2023年。

[16]陆金诺:《壮泰语状态形容词比较研究》,硕士学位论文,广西民族大学,2016年。

[17]陆世初:《壮族"末伦"〈昭君和番〉文本研究》,硕士学位论文,广西民族大学,2018年。

[18]吕嵩崧:《靖西壮语语法》,博士学位论文,上海师范大学,2014年。

[19]农冰慧:《〈壮族麽经布洛陀影印译注〉词汇统计与整理研究》,硕士学位论文,广西大学,2013年。

[20]潘丹丹:《都安菁盛官话语法研究》,硕士学位论文,广西师范学院,2015年。

[21]彭春芳:《湖南涟源杨家滩话重叠式研究》,博士学位论文,中央民族大学,2007年。

[22]蒲春春:《越南谅山侬语参考语法》,博士学位论文,中央民族大学,2011年。

[23]覃海恋:《武鸣罗波壮语语法研究》,硕士学位论文,广西大学,2009年。

[24]覃静:《壮泰重叠式对比研究》,硕士学位论文,广西民族大学,2012年。

[25]覃透:《覃氏族源古歌研究》,硕士学位论文,广西民族大学,2012年。

[26]覃薇:《三界公经文文本研究》,硕士学位论文,广西民族大学,2012年。

[27]石德富:《黔东南苗语状词及其形义制约》,硕士学位论文,中央民族大学,1997年。

[28]唐龙:《从汉达壮语词汇看汉壮语的接触》,硕士学位论文,广西大学,2007年。

[29]王丹:《中部方言苗语状词研究》,硕士学位论文,贵州民族大学,2011年。

[30]王昉:《温州话动词和形容词重叠研究》,硕士学位论文,北京大学,2011年。

[31]王继红:《重言式状态词的历时发展及语法化考察》,硕士学位论文,华中师范大学,2001年。

[32]韦学纯:《水语描写研究》,博士学位论文,上海师范大学,2011年。

[33]韦玉丽:《广西蒙山粤语研究》,硕士学位论文,广西师范大学,2011年。

[34]韦玉琲:《拉光壮语形容词、动词后附音节研究》,硕士学位论文,中央民族大学,2016年。

[35]谢海洋:《马山壮语语法调查与研究》,硕士学位论文,广西大学,2012年。

[36]徐李:《布依语附加式合成词研究》,硕士学位论文,中央民族大学,2015年。

[37]杨粒彬:《〈壮族麽经布洛陀影印译注〉词汇研究》,硕士学位论文,广西大学,2010年。

[38]杨榴:《侗语形容词后缀研究》,硕士学位论文,贵州民族大学,2021年。

[39]杨丕芳:《南宁市邕宁区福建村话词汇研究》,硕士学位论文,广西大学,2009年。

[40]杨威:《双定壮语语法研究》,硕士学位论文,广西大学,2012年。

[41]杨卓林:《桂平江口白话研究》,硕士学位论文,广西大学,2018年。

[42]张丽:《壮语词语形象色彩研究》,硕士学位论文,广西民族大学,2018年。

[43]周焱:《湾碧傣语研究》,博士学位论文,中央民族大学,2015年。

[44]朱海燕:《广西全州湘语比较研究》,硕士学位论文,广西大学,2011年。

[45]曾仁山:《广西平南平田村闽语研究》,硕士学位论文,广西大学,2011年。

[46]曾珊:《广西马山老那兴村客家方言研究》,硕士学位论文,广西大学,2012年。

[47]曾笑丽:《湖南洞口那溪侗语语音词汇研究》,硕士学位论文,湖南师范大学,2015年。

四、网站

[1]《政府工作报告:2019年3月5日在第十三届全国人民代表大会第二次会议上》
http://sawcuengh.people.com.cn/158003/15766998.html

附录　壮语标准语状貌后缀统计结果

说明：壮语标准语状貌后缀的语料取自两部词典。《壮汉词汇》简称《壮汉》，《现代汉壮词汇》简称《汉壮》，[方]表示方言词，“见”表示该词对应的通用词，如pa^{1}nok^{7}nok^{7}［方］缠手缠脚，pa^{1}对应的通用词是ni:u^{1}“黏”。

一、壮语标准语状貌后缀一览表

共922条记录，两部词典共有的词以《壮汉》为准。

序号	壮语词	整体释义	词根	词性	词根释义	后缀	类型	来源
1	a^{3}ŋup^{8}ŋup^{8}	[方]张着嘴，瞪着眼的样子（指被人驳得无话可说的样子）	a^{3}	动词	张开	ŋup^{8}ŋup^{8}	ABB	《壮汉》
2	a^{3}wa:u^{1}wa:u^{1}	[方]嘴张得大大的样子	a^{3}	动词	张开	wa:u^{1}wa:u^{1}	ABB	《壮汉》
3	a^{3}ŋoŋ^{1}ŋoŋ^{1}	哑口无言	a^{3}	动词	张开	ŋoŋ^{1}ŋoŋ^{1}	ABB	《汉壮》
4	a^{5}ŋa:p^{8}ŋa:p^{8}	[方]裂缝多而大	a^{5}	动词	裂；裂开；爆开	ŋa:p^{8}ŋa:p^{8}	ABB	《壮汉》
5	a^{5}ŋwa:p^{8}ŋwa:p^{8}	[方]裂缝很宽	a^{5}	动词	裂；裂开；爆开	ŋwa:p^{8}ŋwa:p^{8}	ABB	《壮汉》
6	ai^{1}e:p^{8}e:p^{8}	[方]轻而慢地咳	ai^{1}	动词	咳嗽	e:p^{8}e:p^{8}	ABB	《壮汉》
7	ai^{1}kjo^{1}kjo^{1}	[方]咳得很厉害，喉头里有痰塞住的咳声	ai^{1}	动词	咳嗽	kjo^{1}kjo^{1}	ABB	《壮汉》
8	aŋ^{1}fuɯt^{8}fuɯt^{8}	酷热	aŋ^{1}	形容词	闷热	fuɯt^{8}fuɯt^{8}	ABB	《汉壮》

续表

序号	壮语词	整体释义	词根	词性	词根释义	后缀	类型	来源
9	a:ŋ^{5}pu:p^{7}pu:p^7	[方]欢天喜地(指小孩)	a:ŋ^5	动词	快乐,高兴;欢喜;兴奋	pu:p^{7}pu:p^7	ABB	《壮汉》
10	a:ŋ^{5}fɯ^{1}fɯ^1	乐滋滋	a:ŋ^5	动词	快乐,高兴;欢喜;兴奋	fɯ^{1}fɯ^1	ABB	《汉壮》
11	a:ŋ^{5}fɯŋ^{6}fɯŋ^6	[方]兴高采烈	a:ŋ^5	动词	快乐,高兴;欢喜;兴奋	fɯŋ^{6}fɯŋ^6	ABB	《壮汉》
12	a:ŋ^{5}wa:u^{1}wa:u^1	[方]喜洋洋	a:ŋ^5	动词	快乐,高兴;欢喜;兴奋	wa:u^{1}wa:u^1	ABB	《壮汉》
13	a:ŋ^{5}jok^{7}jok^7	美滋滋	a:ŋ^5	动词	快乐,高兴;欢喜;兴奋	jok^{7}jok^7	ABB	《汉壮》
14	pa^{1}nok^{7}nok^7	[方]缠手缠脚	pa^1	形容词	(见 ni:u^1)黏	nok^{7}nok^7	ABB	《壮汉》
15	pai^{1}ŋɯt^{7}ŋɯt^7	[方]扬长而去	pai^1	动词	去;赴	ŋɯt^{7}ŋɯt^7	ABB	《壮汉》
16	pak^{8}fe^{1}fe^1	[方]气喘吁吁(比 pak^{8}fo^{1}fo^{1}程度轻)	pak^8	动词	喘气	fe^{1}fe^1	ABB	《壮汉》
17	pak^{8}fo^{1}fo^1	[方]气喘吁吁	pak^8	动词	喘气	fo^{1}fo^1	ABB	《壮汉》
18	pan^{5}pe^5	(见 ɕu:n^{6}wa:ŋ^{1}wa:ŋ^1)盘旋貌	pan^5	动词	转;转动	pe^5	AB	《壮汉》
19	pan^{5}la:u^{1}la:u^1	[方](大物体)旋转得很快	pan^5	动词	转;转动	la:u^{1}la:u^1	ABB	《壮汉》
20	pan^{5}le:t^{7}le:t^7	[方](较小的物体)旋转得很快	pan^5	动词	转;转动	le:t^{7}le:t^7	ABB	《壮汉》
21	pan^{5}lok^{7}lok^7	[方]转辘辘	pan^5	动词	转;转动	lok^{7}lok^7	ABB	《壮汉》
22	pan^{5}lu^{1}lu^1	[方]团团转	pan^5	动词	转;转动	lu^{1}lu^1	ABB	《壮汉》
23	pan^{5}lɯk^{7}lɯk^7	[方]摇头的样子	pan^5	动词	转;转动	lɯk^{7}lɯk^7	ABB	《壮汉》
24	pan^{5}ȵe:u^{1}ȵe:u^1	[方]物体连续快速转动	pan^5	动词	转;转动	ȵe:u^{1}ȵe:u^1	ABB	《壮汉》
25	pat^{7}na:ŋ^{1}na:ŋ^1	[方]悬挂物来回摆动	pat^7	动词	(见 pi^1)摆;摆动;甩动	na:ŋ^{1}na:ŋ^1	ABB	《壮汉》
26	pa:i^{2}ɕe^{1}ɕe^1	[方]指人或东西一个接一个地排着	pa:i^2	动词	排列	ɕe^{1}ɕe^1	ABB	《壮汉》
27	pa:i^{2}le^{1}le^1	[方]指小孩或东西一个接一个地排着	pa:i^2	动词	排列	le^{1}le^1	ABB	《壮汉》

续表

序号	壮语词	整体释义	词根	词性	词根释义	后缀	类型	来源
28	pa:i^{3}ɣa:i^{1}ɣa:i^{1}	[方]指很多东西乱七八糟摆放着	pa:i^{3}	动词	摆;摆设	ɣa:i^{1}ɣa:i^{1}	ABB	《壮汉》
29	pa:i^{5}tu:k^{8}tu:k^{8}	[方]打瞌睡的样子(时间较长)	pa:i^{5}	动词	拜;叩头	tu:k^{8}tu:k^{8}	ABB	《壮汉》
30	pa:i^{5}ŋok^{7}ŋok^{7}	[方]打瞌睡的样子(时间较短)	pa:i^{5}	动词	拜;叩头	ŋok^{7}ŋok^{7}	ABB	《壮汉》
31	pa:i^{6}θa:t^{8}θa:t^{8}	[方]溃败	pa:i^{6}	动词	败;失败	θa:t^{8}θa:t^{8}	ABB	《壮汉》
32	pa:n^{6}ɲɯt^{8}ɲɯt^{8}	[方](虫类)满地爬	pa:n^{6}	动词	爬(许多虫到处爬行)	ɲɯt^{8}ɲɯt^{8}	ABB	《壮汉》
33	pa:u^{2}pa:t^{8}pa:t^{8}	瘪瘪的(指谷类颗粒)	pa:u^{2}	动词	(五谷)不饱满;瘪;秕	pa:t^{8}pa:t^{8}	ABB	《壮汉》
34	pe:n^{3}pa:ŋ^{5}	扁扁的	pe:n^{3}	形容词	扁(形)	pa:ŋ^{5}	AB	《壮汉》
35	pe:n^{3}pa:ŋ^{5}pa:ŋ^{5}	扁扁的	pe:n^{3}	形容词	扁(形)	pa:ŋ^{5}pa:ŋ^{5}	ABB	《汉壮》
36	pe:n^{3}pa:t^{7}pa:t^{7}	[方]扁扁的(比pe:n^{3}pa:ŋ^{5}还扁)	pe:n^{3}	形容词	扁(形)	pa:t^{7}pa:t^{7}	ABB	《壮汉》
37	pi^{1}fa:i^{1}fa:i^{1}	[方]走路时手臂摆动得很厉害	pi^{1}	动词	摆;摆动;甩动;荡(秋千)	fa:i^{1}fa:i^{1}	ABB	《壮汉》
38	pi^{1}na:ŋ^{1}na:ŋ^{1}	[方]悬挂物来回摆动	pi^{1}	动词	摆;摆动;甩动;荡(秋千)	na:ŋ^{1}na:ŋ^{1}	ABB	《壮汉》
39	pi^{1}ˀda:t^{7}ˀda:t^{7}	[方]走路时手臂摆动得很厉害(一般指作风轻浮的年轻女子)	pi^{1}	动词	摆;摆动;甩动;荡(秋千)	ˀda:t^{7}ˀda:t^{7}	ABB	《壮汉》
40	pi^{1}ja:k^{8}ja:k^{8}	招展	pi^{1}	动词	摆;摆动;甩动;荡(秋千)	ja:k^{8}ja:k^{8}	ABB	《汉壮》
41	pi^{2}po:t^{8}	肥肥胖胖的	pi^{2}	形容词	肥胖	po:t^{8}	AB	《壮汉》
42	pi^{2}po:t^{8}po:t^{8}	[方]肥肥胖胖的(含贬意)	pi^{2}	形容词	肥胖	po:t^{8}po:t^{8}	ABB	《壮汉》
43	pi^{2}pi^{2}po:t^{8}po:t^{8}	肥肥胖胖的	pi^{2}	形容词	肥胖	po:t^{8}po:t^{8}	AABB	《汉壮》
44	pi^{2}pɯt^{8}	胖胖的	pi^{2}	形容词	肥胖	pɯt^{8}	AB	《汉壮》
45	pi^{2}pɯt^{8}pɯt^{8}	胖墩墩	pi^{2}	形容词	肥胖	pɯt^{8}pɯt^{8}	ABB	《汉壮》

续表

序号	壮语词	整体释义	词根	词性	词根释义	后缀	类型	来源
46	pi^{2}lat^{7}pi^{2}lan^{1}	形容又肥又大又笨	pi^{2}	形容词	肥胖	lat^{7}~lan^{1}	ABAC	《壮汉》
47	pi^{2}lo^{1}lo^{1}	［方］胖胖的(指小孩)	pi^{2}	形容词	肥胖	lo^{1}lo^{1}	ABB	《壮汉》
48	pi^{2}lot^{8}lot^{8}	［方］矮而胖	pi^{2}	形容词	肥胖	lot^{8}lot^{8}	ABB	《壮汉》
49	pi^{2}lu^{1}lu^{1}	［方］肥得滚瓜溜圆(一般形容猪肥而圆)	pi^{2}	形容词	肥胖	lu^{1}lu^{1}	ABB	《壮汉》
50	pi^{2ʔ}dam^{3ʔ}dak^{7}	［方］矮而胖	pi^{2}	形容词	肥胖	^{ʔ}dam^{3ʔ}dak^{7}	ABC	《壮汉》
51	pi^{4}θaŋ^{6}θaŋ^{6}	［方］塞得密密实实;封得严严实实	pi^{4}	形容词	闭塞	θaŋ^{6}θaŋ^{6}	ABB	《壮汉》
52	pi^{5}pup^{7}pup^{7}	［方］烂熟(形容食物煮得十分熟)	pi^{5}	形容词	烂熟(食物煮得十分熟软);软	pup^{7}pup^{7}	ABB	《壮汉》
53	pi^{5}pum^{1}pum^{1}	［方］软软的	pi^{5}	形容词	烂熟(食物煮得十分熟软);软	pum^{1}pum^{1}	ABB	《壮汉》
54	pi:k^{8ʔ}bup^{7ʔ}bup^{7}	［方］雪白	pi:k^{8}	形容词	(见 ha:u^{1})白;白色	^{ʔ}bup^{7ʔ}bup^{7}	ABB	《壮汉》
55	pi:k^{8}ne:u^{1}	(见 ha:u^{1}ɳo^{1})皓白	pi:k^{8}	形容词	(见 ha:u^{1})白;白色	ne:u^{1}	AB	《壮汉》
56	pi:k^{8}θi^{1}θi^{1}	白净	pi:k^{8}	形容词	(见 ha:u^{1})白;白色	θi^{1}θi^{1}	ABB	《壮汉》
57	piŋ^{2}pɯt^{8}pɯt^{8}	［方］平平的;很平	piŋ^{2}	形容词	平;平坦	pɯt^{8}pɯt^{8}	ABB	《壮汉》
58	piŋ^{2}ɕup^{7}ɕup^{7}	齐整	piŋ^{2}	形容词	平;平坦	ɕup^{7}ɕup^{7}	ABB	《壮汉》
59	piŋ^{2}ɣi:n^{1}ɣi:n^{1}	宽广而平坦	piŋ^{2}	形容词	平;平坦	ɣi:n^{1}ɣi:n^{1}	ABB	《壮汉》
60	piŋ^{2}ɣɯt^{8}ɣɯt^{8}	［方］平坦	piŋ^{2}	形容词	平;平坦	ɣɯt^{8}ɣɯt^{8}	ABB	《壮汉》
61	pi:u^{1}fe^{2}fe^{2}	［方］轻轻的飘动	pi:u^{1}	动词	射;弹(液体因受到压力而往外冒或往上弹射出来);冒	fe^{2}fe^{2}	ABB	《壮汉》
62	pi:u^{1}θa:t^{7}θa:t^{7}	［方］液体受压后射出的样子	pi:u^{1}	动词	射;弹(液体因受到压力而往外冒或往上弹射出来);冒	θa:t^{7}θa:t^{7}	ABB	《壮汉》

续表

序号	壮语词	整体释义	词根	词性	词根释义	后缀	类型	来源
63	pi:u^{3}na:ŋ^{1}na:ŋ^{1}	[方]疤痕累累	pi:u^{3}	名词	疤痕	na:ŋ^{1}na:ŋ^{1}	ABB	《壮汉》
64	pon^{5}fa:t^{8}	紧追；紧逼	pon^{5}	动词	撵；追；追赶；驱逐	fa:t^{8}	AB	《壮汉》
65	pon^{5}ɣe:ŋ^{1}ɣe:ŋ^{1}	[方]紧紧地追赶	pon^{5}	动词	撵；追；追赶；驱逐	ɣe:ŋ^{1}ɣe:ŋ^{1}	ABB	《壮汉》
66	po:ŋ^{2}pa:t^{8}pa:t^{8}	又胀又软(体积大的)	po:ŋ^{2}	动词	膨胀；鼓胀；突出	pa:t^{8}pa:t^{8}	ABB	《壮汉》
67	po:ŋ^{2}pe:t^{7}pe:t^{7}	[方]胀胀的(指比较小体积如小孩吃得肚子胀鼓鼓的)	po:ŋ^{2}	动词	膨胀；鼓胀；突出	pe:t^{7}pe:t^{7}	ABB	《壮汉》
68	po:ŋ^{2}po:t^{8}	[方]又胀又软(体积大的)	po:ŋ^{2}	动词	膨胀；鼓胀；突出	po:t^{8}	AB	《壮汉》
69	po:ŋ^{2}po:t^{8}po:t^{8}	鼓胀；膨松；又胀又软。	po:ŋ^{2}	动词	膨胀；鼓胀；突出	po:t^{8}po:t^{8}	ABB	《汉壮》
70	po:ŋ^{2}pu:t^{7}pu:t^{7}	[方]胀满(指口袋装东西)	po:ŋ^{2}	动词	膨胀；鼓胀；突出	pu:t^{7}pu:t^{7}	ABB	《壮汉》
71	po:ŋ^{2}pɯt^{8}pɯt^{8}	[方]又胀又软	po:ŋ^{2}	动词	膨胀；鼓胀；突出	pɯt^{8}pɯt^{8}	ABB	《壮汉》
72	po:ŋ^{6}na:ŋ^{1}na:ŋ^{1}	[方]往上蹿跳	po:ŋ^{6}	动词	猛冲；往前冲；蹿向上跳	na:ŋ^{1}na:ŋ^{1}	ABB	《壮汉》
73	po:ŋ^{6}ja:t^{7}ja:t^{7}	[方]飞奔跳跃	po:ŋ^{6}	动词	猛冲；往前冲；蹿向上跳	ja:t^{7}ja:t^{7}	ABB	《壮汉》
74	pou^{1}pu:t^{7}pu:t^{7}	[方]很不结实；太无能	pou^{1}	形容词	[方]无能；泡；空心(虚而松软，不坚硬，不结实)	pu:t^{7}pu:t^{7}	ABB	《壮汉》
75	pou^{3}pɯt^{7}pɯt^{7}	[方](食品或药品)富有营养或滋补价值	pou^{3}	形容词	补；补养；滋补	pɯt^{7}pɯt^{7}	ABB	《壮汉》
76	pu:t^{7}fɯ^{1}fɯ^{1}	[方]奔驰的样子	pu:t^{7}	动词	跑	fɯ^{1}fɯ^{1}	ABB	《壮汉》
77	pu:t^{7}ɣe:k^{8}ɣe:k^{8}	[方]小步跑	pu:t^{7}	动词	跑	ɣe:k^{8}ɣe:k^{8}	ABB	《壮汉》
78	pu:t^{7}ɣo:p^{8}ɣo:p^{8}	[方]很有力地大步跑	pu:t^{7}	动词	跑	ɣo:p^{8}ɣo:p^{8}	ABB	《壮汉》
79	pu:t^{7}ɣop^{8}ɣop^{8}	[方]跑步的脚步声很整齐	pu:t^{7}	动词	跑	ɣop^{8}ɣop^{8}	ABB	《壮汉》

续表

序号	壮语词	整体释义	词根	词性	词根释义	后缀	类型	来源
80	pu:t^{7}juk^{7}juk^{7}	[方]长步慢跑样	pu:t^{7}	动词	跑	juk^{7}juk^{7}	ABB	《壮汉》
81	pum^{2}pɯt^{8}pɯt^{8}	阴沉沉	pum^{2}	形容词	阴(指天象)	pɯt^{8}pɯt^{8}	ABB	《汉壮》
82	pum^{3}pɯt^{7}pɯt^{7}	[方]很钝	pum^{3}	形容词	钝(指尖的物体)	pɯt^{7}pɯt^{7}	ABB	《壮汉》
83	pum^{6}ja^{1}ja^{1}	[方]蓬乱(指茅草、头发等松散杂乱)	pum^{6}	形容词	(头发)蓬松	ja^{1}ja^{1}	ABB	《壮汉》
84	pɯ^{4}pa:t^{8}pa:t^{8}	一窍不通	pɯ^{4}	形容词	[方]闭塞;被遮挡(一般指网状物)	pa:t^{8}pa:t^{8}	ABB	《汉壮》
85	pɯn^{1}ɲa:m^{1}ɲa:m^{1}	[方]毛烘烘	pɯn^{1}	名词	毛;羽毛;毛发	ɲa:m^{1}ɲa:m^{1}	ABB	《壮汉》
86	pɯn^{1}ɲa:t^{7}ɲa:t^{7}	[方]毛烘烘	pɯn^{1}	名词	毛;羽毛;毛发	ɲa:t^{7}ɲa:t^{7}	ABB	《壮汉》
87	pɯn^{1}ɲu:m^{1}ɲu:m^{1}	[方]毛烘烘	pɯn^{1}	名词	毛;羽毛;毛发	ɲu:m^{1}ɲu:m^{1}	ABB	《壮汉》
88	pɯn^{1}ɲum^{1}ɲum^{1}	[方]毛茸茸(形容动植物细毛丛生的样子)	pɯn^{1}	名词	毛;羽毛;毛发	ɲum^{1}ɲum^{1}	ABB	《壮汉》
89	pjau^{2}pju:t^{8}pju:t^{8}	[方](锅盖下传出来的)沸腾声	pjau^{2}	动词	烧(泛指);焚烧	pju:t^{8}pju:t^{8}	ABB	《壮汉》
90	pja:i^{3}ɕak^{8}ɕak^{8}	[方]走马的姿态	pja:i^{3}	动词	走	ɕak^{8}ɕak^{8}	ABB	《壮汉》
91	pja:i^{3}tam^{1}tam^{1}	一步一步地学走路。	pja:i^{3}	动词	走	tam^{1}tam^{1}	ABB	《壮汉》
92	pja:i^{3}fot^{8}fot^{8}	[方]形容很多人走路走得很快的样子	pja:i^{3}	动词	走	fot^{8}fot^{8}	ABB	《壮汉》
93	pja:i^{3}kom^{1}kom^{1}	[方]急忙地走	pja:i^{3}	动词	走	kom^{1}kom^{1}	ABB	《壮汉》
94	pja:i^{3}nɯt^{8}nɯt^{8}	[方]慢吞吞地走	pja:i^{3}	动词	走	nwt^{8}nɯt^{8}	ABB	《壮汉》
95	pja:i^{3ʔ}di:k^{7ʔ}di:k^{7}	[方]慢慢地走	pja:i^{3}	动词	走	^{ʔ}di:k^{7ʔ}di:k^{7}	ABB	《壮汉》
96	pja:i^{3ʔ}di:ŋ^{1ʔ}di:ŋ^{1}	[方]轻快地走	pja:i^{3}	动词	走	^{ʔ}di:ŋ^{1ʔ}di:ŋ^{1}	ABB	《壮汉》
97	pja:i^{3}ŋoŋ^{1}ŋoŋ^{1}	垂头丧气地走 步伐不整齐(指队伍)	pja:i^{3}	动词	走	ŋoŋ^{1}ŋoŋ^{1}	ABB	《壮汉》

续表

序号	壮语词	整体释义	词根	词性	词根释义	后缀	类型	来源
98	pja:i^{3}ŋɯt^{8}ŋɯt^8	[方]鬼鬼祟祟的、慢慢的走	pja:i^3	动词	走	ŋɯt^{8}ŋɯt^8	ABB	《壮汉》
99	pja:i^{3}ju:k^{7}ju:k^7	[方]慢慢地鬼鬼祟祟地走	pja:i^3	动词	走	ju:k^{7}ju:k^7	ABB	《壮汉》
100	pja:i^{3}jum^{3}jum^3	[方]轻而慢地走	pja:i^3	动词	走	jum^{3}jum^3	ABB	《壮汉》
101	pja:ŋ^{3}pjɯt^{7}pjɯt^7	[方]很辣痛	pja:ŋ^3	动词	辣痛	pjɯt^{7}pjɯt^7	ABB	《壮汉》
102	pjo:m^{1}pja:m^5	(见 pjo:m^{1}pja:ŋ^5)很瘦	pjo:m^1	形容词	瘦	pja:m^5	AB	《壮汉》
103	pjo:m^{1}pja:ŋ^5	很瘦	pjo:m^1	形容词	瘦	pja:ŋ^5	AB	《壮汉》
104	pjo:m^{1}pja:ŋ^{5}pja:ŋ^5	[方]很瘦	pjo:m^1	形容词	瘦	pja:ŋ^{5}pja:ŋ^5	ABB	《壮汉》
105	pjo:m^{1}pja:t^{7}pja:t^7	[方]很瘦(比 pjo:m^{1}pje:t^{7}pje:t^{7}还要瘦)	pjo:m^1	形容词	瘦	pja:t^{7}pja:t^7	ABB	《壮汉》
106	pjo:m^{1}pje:ŋ^{1}pje:ŋ^1	[方]瘦瘦的(比 pjo:m^{1}pja:ŋ^{5}pja:ŋ^{5}轻)	pjo:m^1	形容词	瘦	pje:ŋ^{1}pje:ŋ^1	ABB	《壮汉》
107	pjo:m^{1}pje:t^{7}pje:t^7	[方]很瘦(一般指小孩细小瘦弱)	pjo:m^1	形容词	瘦	pje:t^{7}pje:t^7	ABB	《壮汉》
108	pjou^{2}pjot^{8}pjot^8	[方]慢慢地、时间较长的沸腾	pjou^2	动词	[方]沸腾(慢慢的)	pjot^{8}pjot^8	ABB	《壮汉》
109	ɕa^{4}ɕa:t^{8}ɕa:t^8	[方]稀稀疏疏的	ɕa^4	形容词	稀疏;间隔久	ɕa:t^{8}ɕa:t^8	ABB	《壮汉》
110	ɕa^{4}ɕa:k^{8}ɕa:k^8	[方]稀稀拉拉	ɕa^4	形容词	稀疏;间隔久	ɕa:k^{8}ɕa:k^8	ABB	《壮汉》
111	ɕa^{4}ɕa:ŋ^{6}ɕa:ŋ^6	[方]稀稀疏疏的	ɕa^4	形容词	稀疏;间隔久	ɕa:ŋ^{6}ɕa:ŋ^6	ABB	《壮汉》
112	ɕa^{4}ɕe:ŋ^{1}ɕe:ŋ^1	[方]稀稀疏疏的	ɕa^4	形容词	稀疏;间隔久	ɕe:ŋ^{1}ɕe:ŋ^1	ABB	《壮汉》
113	ɕa^{4}ɕu:m^{1}ɕu:m^1	[方]稀稀疏疏的	ɕa^4	形容词	稀疏;间隔久	ɕu:m^{1}ɕu:m^1	ABB	《壮汉》
114	ɕai^{2}ɕup^7	齐全(带有整齐之意)	ɕai^2	形容词	齐;齐全;齐备	ɕup^7	AB	《壮汉》
115	ɕai^{2}ɕup^{7}ɕup^7	[方]整整齐齐	ɕai^2	形容词	齐;齐全;齐备	ɕup^{7}ɕup^7	ABB	《壮汉》
116	ɕam^{1}pja:m^{1}pja:m^1	[方]死气沉沉;冷冷清请	ɕam^1	形容词	静;寂静;清静;沉静;沉寂	pja:m^{1}pja:m^1	ABB	《壮汉》

续表

序号	壮语词	整体释义	词根	词性	词根释义	后缀	类型	来源
117	ɕam^{1}ɣik^{7}ɣik^{7}	冷清清	ɕam^{1}	形容词	静;寂静;清静;沉静;沉寂	ɣik^{7}ɣik^{7}	ABB	《汉壮》
118	ɕam^{1}ɣɯt^{8}	肃静;(突然)安静	ɕam^{1}	形容词	静;寂静;清静;沉静;沉寂	ɣɯt^{8}	AB	《壮汉》
119	ɕam^{1}ɣɯt^{8}ɣɯt^{8}	冷清清	ɕam^{1}	形容词	静;寂静;清静;沉静;沉寂	ɣɯt^{8}ɣɯt^{8}	ABB	《汉壮》
120	ɕam^{1}ɣɯk^{8}	平静	ɕam^{1}	形容词	静;寂静;清静;沉静;沉寂	ɣɯk^{8}	ABB	《汉壮》
121	ɕam^{1}ɣɯk^{8}ɣɯk^{8}	静悄悄	ɕam^{1}	形容词	静;寂静;清静;沉静;沉寂	ɣɯk^{8}ɣɯk^{8}	ABB	《壮汉》
122	ɕam^{5}kje:k^{8}kje:k^{8}	沉甸甸	ɕam^{5}	形容词	(见 nak^{7}ɕam^{1})(物体)沉重	kje:k^{8}kje:k^{8}	ABB	《汉壮》
123	ɕan^{4}ɲup^{8}ɲup^{8}	[方]很拥挤	ɕan^{4}	形容词	拥挤	ɲup^{8}ɲup^{8}	ABB	《壮汉》
124	ɕaŋ^{2}mja:u^{1}mja:u^{1}	[方]怒目而视	ɕaŋ^{2}	动词	(见 taŋ^{4})瞪;怒目而视	mja:u^{1}mja:u^{1}	ABB	《壮汉》
125	ɕaŋ^{2}mjok^{8}mjok^{8}	[方]怒目而视(比 ɕaŋ^{2}mja:u^{1}mja:u^{1}利害)	ɕaŋ^{2}	动词	(见 taŋ^{4})瞪;怒目而视	mjok^{8}mjok^{8}	ABB	《壮汉》
126	ɕaŋ^{2}ɣa:u^{1}ɣa:u^{1}	直眉瞪眼	ɕaŋ^{2}	动词	(见 taŋ^{4})瞪;怒目而视	ɣa:u^{1}ɣa:u^{1}	ABB	《壮汉》
127	ɕaŋ^{2}ɣon^{1}ɣon^{1}	虎视眈眈	ɕaŋ^{2}	动词	(见 taŋ^{4})瞪;怒目而视	ɣon^{1}ɣon^{1}	ABB	《汉壮》
128	ɕap^{7}ɕa:t^{7}	冰凉	ɕap^{7}	形容词	冷(指物体)	ɕa:t^{7}	AB	《汉壮》
129	ɕap^{7}ɕa:t^{7}ɕa:t^{7}	冷冰冰	ɕap^{7}	形容词	冷(指物体)	ɕa:t^{7}ɕa:t^{7}	ABB	《汉壮》
130	ɕat^{7}je:k^{8}je:k^{8}	[方]跳蹦蹦(指小孩)	ɕat^{7}	动词	[方]快而密地跳	je:k^{8}je:k^{8}	ABB	《壮汉》
131	ɕa:n^{5}ɲot^{8}ɲot^{8}	[方]很多蛆虫蠕动的样子	ɕa:n^{5}	动词	形容很多蛆虫在一起上下蠕动	ɲot^{8}ɲot^{8}	ABB	《壮汉》
132	ɕa:n^{5}ɲɯt^{8}ɲɯt^{8}	[方]蛆虫蠕动的样子	ɕa:n^{5}	动词	形容很多蛆虫在一起上下蠕动	ɲɯt^{8}ɲɯt^{8}	ABB	《壮汉》
133	ɕa:ŋ^{5}ɕɯt^{7}	健壮;粗壮	ɕa:ŋ^{5}	形容词	(身体)健康;强壮	ɕɯt^{7}	AB	《汉壮》
134	ɕa:ŋ^{5}ɕɯt^{7}ɕɯt^{7}	[方]身体很健康	ɕa:ŋ^{5}	形容词	(身体)健康;强壮	ɕɯt^{7}ɕɯt^{7}	ABB	《壮汉》
135	ɕa:ŋ^{6}pa:p^{8}pa:p^{8}	[方]垂死挣扎(一般指禽类)	ɕa:ŋ^{6}	动词	挣	pa:p^{8}pa:p^{8}	ABB	《壮汉》

续表

序号	壮语词	整体释义	词根	词性	词根释义	后缀	类型	来源
136	ɕa:ŋ^{6}pjɯŋ^{1}pjɯŋ^{1}	[方]又挣扎又蹦蹦跳跳的样子(一般指动物)	ɕa:ŋ^{6}	动词	挣	pjɯŋ^{1}pjɯŋ^{1}	ABB	《壮汉》
137	ɕa:u^{2}ho^{1}ho^{1}	嘈杂	ɕa:u^{2}	动词	嘈;嘈杂;喧哗;吵闹	ho^{1}ho^{1}	ABB	《汉壮》
138	ɕa:u^{2}hu^{1}hu^{1}	[方]闹哄哄	ɕa:u^{2}	动词	嘈;嘈杂;喧哗;吵闹	hu^{1}hu^{1}	ABB	《壮汉》
139	ɕa:u^{2}jo^{4}jo^{4}	嘈杂	ɕa:u^{2}	动词	嘈;嘈杂;喧哗;吵闹	jo^{4}jo^{4}	ABB	《汉壮》
140	ɕe^{3}on^{1}on^{1}	[方]大吹特吹	ɕe^{3}	动词	吹嘘;扯谈;扯谎;闲扯;胡扯	on^{1}on^{1}	ABB	《壮汉》
141	ɕi:n^{5}lok^{7}lok^{7}	[方]不停地转动(指圆形体,一般形容眼睛)	ɕi:n^{5}	动词	转	lok^{7}lok^{7}	ABB	《壮汉》
142	ɕi:n^{5}lu:t^{7}lu:t^{7}	[方]不停地旋转	ɕi:n^{5}	动词	转	lu:t^{7}lu:t^{7}	ABB	《壮汉》
143	ɕi:n^{5}lu^{1}lu^{1}	[方]不停地旋转	ɕi:n^{5}	动词	转	lu^{1}lu^{1}	ABB	《壮汉》
144	ɕi:ŋ^{3}tau^{3}fot^{8}fot^{8}	纷至沓来	ɕi:ŋ^{3}tau^{3}	动词	争先恐后地来到	fot^{8}fot^{8}	ABB	《汉壮》
145	ɕi:ŋ^{5}ɕɯt^{7}ɕɯt^{7}	[方]胀胀的	ɕi:ŋ^{5}	形容词	胀	ɕɯt^{7}ɕɯt^{7}	ABB	《壮汉》
146	ɕi:ŋ^{5}ŋa^{1}ŋa^{1}	[方]歌声高扬	ɕi:ŋ^{5}	动词	唱(戏);唱(歌);吟(诗)	ŋa^{1}ŋa^{1}	ABB	《壮汉》
147	ɕi:ŋ^{5}ŋɯŋ^{1}ŋɯŋ^{1}	[方]低声吟唱	ɕi:ŋ^{5}	动词	唱(戏);唱(歌);吟(诗)	ŋɯŋ^{1}ŋɯŋ^{1}	ABB	《壮汉》
148	ɕim^{1}mja:u^{1}mja:u^{1}	[方]目不转睛地仔细看	ɕim^{1}	动词	仔细看;凝视	mja:u^{1}mja:u^{1}	ABB	《壮汉》
149	ɕim^{1}mjok^{8}mjok^{8}	面面相觑	ɕim^{1}	动词	仔细看;凝视	mjok^{8}mjok^{8}	ABB	《汉壮》
150	ɕim^{1}ni^{1}ni^{1}	[方]痴痴地看着	ɕim^{1}	动词	仔细看;凝视	ni^{1}ni^{1}	ABB	《壮汉》
151	ɕiŋ^{1}θan^{2}kwak^{7}kwak^{7}	气昂昂	ɕiŋ^{1}θan^{2}	形容词	精神	kwak^{7}kwak^{7}	ABB	《壮汉》
152	ɕiŋ^{4}tik^{7}tik^{7}	[方]皎洁	ɕiŋ^{4}	形容词	清楚;清晰。清澈	tik^{7}tik^{7}	ABB	《壮汉》

续表

序号	壮语词	整体释义	词根	词性	词根释义	后缀	类型	来源
153	çiŋ^{5}li^{1}li^1	[方]端端正正;正正的	çiŋ^5	形容词	正	li^{1}li^1	ABB	《壮汉》
154	çit^{7}ça:ŋ^{1}ça:ŋ^1	[方]淡淡的	çit^7	形容词	[方](味)淡	ça:ŋ^{1}ça:ŋ^1	ABB	《壮汉》
155	çit^{7}ça:t^{7}ça:t^7	[方](味道)淡淡的	çit^7	形容词	[方](味)淡	ça:t^{7}ça:t^7	ABB	《壮汉》
156	ço^{2}çɯt^{8}çɯt^8	[方]年青青的	ço^2	形容词	年青;年轻	çɯt^{8}çɯt^8	ABB	《壮汉》
157	ço:m^{2}ɣu^{1}ɣu^1	群集	ço:m^2	形容词	堆积;集拢;围拢	ɣu^{1}ɣu^1	ABB	《汉壮》
158	çu:n^{6}ȵe:u^{1}ȵe:u^1	(见pan^{5}ȵe:u^{1}ȵe:u^1)物体连续快速转动	çu:n^6	动词	旋转	ȵe:u^{1}ȵe:u^1	ABB	《壮汉》
159	çu:n^{6}wa:ŋ^1	[方]pan^{5}pe^5;kwa^{4}lon^{1}lon^{1}盘旋貌	çu:n^6	动词	旋转	wa:ŋ^1	AB	《壮汉》
160	çu:n^{6}wa:ŋ^{1}wa:ŋ^1	盘旋貌	çu:n^6	动词	旋转	wa:ŋ^{1}wa:ŋ^1	ABB	《壮汉》
161	çum^{4}çɯt^{8}çɯt^8	很潮湿(指地面)	çum^4	形容词	潮湿	çɯt^{8}çɯt^8	ABB	《壮汉》
162	çuk^{7}ça:ŋ^{1}ça:ŋ^1	稀溜溜	çuk^7	形容词	稀;稀溜	ça:ŋ^{1}ça:ŋ^1	ABB	《汉壮》
163	çuk^{7}çe:t^{7}çe:t^7	稀溜溜	çuk^7	形容词	稀;稀溜	çe:t^{7}çe:t^7	ABB	《汉壮》
164	tai^{3}a^{1}a^1	[方]哀号	tai^3	动词	哭	a^{1}a^1	ABB	《壮汉》
165	tai^{3}fe:p^{8}fe:p^8	抽泣	tai^3	动词	哭	fe:p^{8}fe:p^8	ABB	《汉壮》
166	tai^{3}fɯt^{8}fɯt^8	[方]抽抽噎噎地哭;哭凄凄	tai^3	动词	哭	fɯt^{8}fɯt^8	ABB	《汉壮》
167	tai^{3}i:k^{7}i:k^7	[方]哭得凄凄惨惨	tai^3	动词	哭	i:k^{7}i:k^7	ABB	《壮汉》
168	tai^{3}ŋa^{1}ŋa^1	[方]嚎啕大哭	tai^3	动词	哭	ŋa^{1}ŋa^1	ABB	《壮汉》
169	tai^{3}ŋu^{1}ŋu^1	抽噎	tai^3	动词	哭	ŋu^{1}ŋu^1	ABB	《汉壮》
170	tai^{3}ȵe^{1}ȵe^1	[方]小孩声音拉得长长的小声的哭	tai^3	动词	哭	ȵe^{1}ȵe^1	ABB	《壮汉》
171	tai^{3}θe:p^{8}θe:p^8	[方]哭泣	tai^3	动词	哭	θe:p^{8}θe:p^8	ABB	《壮汉》

续表

序号	壮语词	整体释义	词根	词性	词根释义	后缀	类型	来源
172	tai^{3}θip^{7}θip^{7}	[方]抽泣	tai^{3}	动词	哭	θip^{7}θip^{7}	ABB	《壮汉》
173	tai^{3}θɯt^{8}θɯt^{8}	[方]哭得泪流满面	tai^{3}	动词	哭	θɯt^{8}θɯt^{8}	ABB	《壮汉》
174	tai^{3}ɯ^{1}ɯ^{1}	[方]嚎啕大哭	tai^{3}	动词	哭	ɯ^{1}ɯ^{1}	ABB	《壮汉》
175	tak^{7}ei^{5}fɯŋ^{1}fɯŋ^{1}	[方]得意洋洋;得意忘形	tak^{7}ei^{5}	形容词	得意	fɯŋ^{1}fɯŋ^{1}	ABB	《壮汉》
176	tak^{7}ei^{5}wa:u^{1}wa:u^{1}	[方]得意洋洋	tak^{7}ei^{5}	形容词	得意	wa:u^{1}wa:u^{1}	ABB	《壮汉》
177	tam^{1}te:k^{8}te:k^{8}	[方]形容慢慢地舂	tam^{1}	动词	舂(米)	te:k^{8}te:k^{8}	ABB	《壮汉》
178	tam^{1}te:ŋ^{1}te:ŋ^{1}	[方]形容障碍重重	tam^{1}	动词	舂(米)	te:ŋ^{1}te:ŋ^{1}	ABB	《壮汉》
179	tam^{1}ʔde:k^{8}ʔde:k^{8}	[方]形容慢慢地舂	tam^{1}	动词	舂(米)	ʔde:k^{8}ʔde:k^{8}	ABB	《壮汉》
180	tam^{5}te:m^{1}te:m^{1}	[方]矮矮的	tam^{5}	形容词	矮,低	te:m^{1}te:m^{1}	ABB	《壮汉》
181	tam^{5}te:t^{7}te:t^{7}	[方]矮矮的	tam^{5}	形容词	矮,低	te:t^{7}te:t^{7}	ABB	《壮汉》
182	taŋ^{3}pjoŋ^{1}pjoŋ^{1}	[方]林立(象树林一样密集地竖立着,形容很多);形容植物高而茂盛	taŋ^{3}	形容词	竖;竖起;竖立;屹立	pjoŋ^{1}pjoŋ^{1}	ABB	《壮汉》
183	taŋ^{3}ɕɯ^{1}ɕɯ^{1}	[方]毛发竖起	taŋ^{3}	形容词	竖;竖起;竖立;屹立	ɕɯ^{1}ɕɯ^{1}	ABB	《壮汉》
184	taŋ^{3}ŋit^{7}ŋit^{7}	[方]竖得直直的	taŋ^{3}	形容词	竖;竖起;竖立;屹立	ŋit^{7}ŋit^{7}	ABB	《壮汉》
185	taŋ^{3}ȵe:t^{7}ȵe:t^{7}	[方](小的东西)竖得直直的	taŋ^{3}	形容词	竖;竖起;竖立;屹立	ȵe:t^{7}ȵe:t^{7}	ABB	《壮汉》
186	taŋ^{3}θa^{4}θok^{8}	痴呆呆地等候着	taŋ^{3}	形容词	(见 ɕa^{3})等;等侯	θa^{4}θok^{8}	ABC	《壮汉》
187	ta:m^{1}ja:i^{1}ja:i^{1}	[方]鱼贯而行	ta:m^{1}	动词	套人;套接;连接	ja:i^{1}ja:i^{1}	ABB	《壮汉》
188	ta:m^{2}pjot^{8}pjot^{8}	[方]唠唠叨叨(表示不满)	ta:m^{2}	动词	唠叨;喃喃;嘀咕	pjot^{8}pjot^{8}	ABB	《壮汉》
189	ta:m^{2}pjon^{1}pjon^{1}	唠唠叨叨	ta:m^{2}	动词	唠叨;喃喃;嘀咕	pjon^{1}pjon^{1}	ABB	《汉壮》

续表

序号	壮语词	整体释义	词根	词性	词根释义	后缀	类型	来源
190	ta:m^{2}pjɯt^{8}pjɯt^8	喃喃	ta:m^2	动词	唠叨；喃喃；嘀咕	pjɯt^{8}pjɯt^8	ABB	《汉壮》
191	ta:m^{2}jam^{1}jam^1	唠唠叨叨	ta:m^2	动词	唠叨；喃喃；嘀咕	jam^{1}jam^1	ABB	《汉壮》
192	taɯ^{2}foŋ^{1}foŋ^1	[方]火焰很大	taɯ^2	动词	[方]着(火)	foŋ^{1}foŋ^1	ABB	《壮汉》
193	taɯ^{2}hu^{2}hu^2	[方]火焰很大	taɯ^2	动词	[方]着(火)	hu^{2}hu^2	ABB	《壮汉》
194	taɯ^{2}ja:k^{8}ja:k^8	[方]形容火焰很大	taɯ^2	动词	[方]着(火)	ja:k^{8}ja:k^8	ABB	《壮汉》
195	taɯ^{2}je:p^{8}je:p^8	[方]形容灯火将熄．一黑一亮的样子	taɯ^2	动词	[方]着(火)	je:p^{8}je:p^8	ABB	《壮汉》
196	taɯ^{2}je:k^{8}je:k^8	[方]形容灯火将熄，一黑一亮的样子	taɯ^2	动词	[方]着(火)	je:k^{8}je:k^8	ABB	《壮汉》
197	taɯ^{2}jup^{8}jup^8	[方]火焰很大	taɯ^2	动词	[方]着(火)	jup^{8}jup^8	ABB	《壮汉》
198	tei^{6}tɯt^{8}tɯt^8	密麻麻	tei^6	形容词	密	tɯt^{8}tɯt^8	ABB	《汉壮》
199	tei^{6}it^{7}it^7	[方]形容密密麻麻的；很密	tei^6	形容词	密	it^{7}it^7	ABB	《壮汉》
200	tei^{6}θu:i^{1}θu:i^1	[方]形容密密麻麻的；很密	tei^6	形容词	密	θu:i^{1}θu:i^1	ABB	《壮汉》
201	tei^{6}jan^{1}jan^1	[方]形容密密麻麻的；很密(如天上的星星，田里种的秧苗等)	tei^6	形容词	密	jan^{1}jan^1	ABB	《壮汉》
202	te:u^{2}θa:t^{8}θa:t^8	形容很多人拼命地逃跑	te:u^2	动词	逃；逃跑；逃亡；逃走；逃窜	θa:t^{8}θa:t^8	ABB	《壮汉》
203	ti:m^{2}tɯ^4	(见 ti:m^{2}ɯk^7)很甜；甜味很浓	ti:m^2	形容词	甜	tɯ^4	AB	《壮汉》
204	ti:m^{2}ɣi^{1}ɣi^1	甜津津	ti:m^2	形容词	甜	ɣi^{1}ɣi^1	ABB	《汉壮》
205	ti:m^{2}θop^{8}θop^8	[方]甜甜的	ti:m^2	形容词	甜	θop^{8}θop^8	ABB	《壮汉》
206	ti:m^{2}θup^{8}θup^8	[方]乐滋滋；甜甜的	ti:m^2	形容词	甜	θup^{8}θup^8	ABB	《壮汉》
207	ti:m^{2}θɯt^{8}θɯt^8	[方]甜津津	ti:m^2	形容词	甜	θɯt^{8}θɯt^8	ABB	《壮汉》

续表

序号	壮语词	整体释义	词根	词性	词根释义	后缀	类型	来源
208	ti:m^{2}je:m^{3}	(见 wa:n^{1}ne:k^{7})微甜(指食品或果类)	ti:m^{2}	形容词	甜	je:m^{3}	AB	《壮汉》
209	ti:m^{2}je:m^{1}je:m^{1}	[方]清甜	ti:m^{2}	形容词	甜	je:m^{1}je:m^{1}	ABB	《壮汉》
210	ti:m^{2}ɯk^{7}	很甜;甜味很浓	ti:m^{2}	形容词	甜	ɯk^{7}	AB	《壮汉》
211	tin^{3}te:t^{7}	短促	tin^{3}	形容词	短;短促	te:t^{7}	AB	《汉壮》
212	tin^{3}te:t^{7}te:t^{7}	[方]短短的;很短	tin^{3}	形容词	短;短促	te:t^{7}te:t^{7}	ABB	《壮汉》
213	tiŋ^{5}ŋai^{1}ŋai^{1}	[方]静静地听	tiŋ^{5}	动词	听	ŋai^{1}ŋai^{1}	ABB	《壮汉》
214	tiŋ^{5}θi^{1}θi^{1}	[方]听得入神	tiŋ^{5}	动词	听	θi^{1}θi^{1}	ABB	《壮汉》
215	tiŋ^{6}ni^{1}ni^{1}	聚精会神	tiŋ^{6}	形容词	(见 ɕam^{1})静;沉静;寂静;沉寂;镇定	ni^{1}ni^{1}	ABB	《汉壮》
216	tiŋ^{6}ŋai^{1}ŋai^{1}	聚精会神	tiŋ^{6}	形容词	(见 ɕam^{1})静;沉静;寂静;沉寂;镇定	ŋai^{1}ŋai^{1}	ABB	《汉壮》
217	tiŋ^{6}ɣik^{7}ɣik^{7}	(见 ɕam^{1}ɣɯk^{8}ɣɯk^{8})形容静悄悄	tiŋ^{6}	形容词	(见 ɕam^{1})静;沉静;寂静;沉寂;镇定	ɣik^{7}ɣik^{7}	ABB	《壮汉》
218	tiŋ^{6}ɣɯt^{8}	(见 ɕam^{1}ɣɯt^{8})肃静;(突然)安静	tiŋ^{6}	形容词	(见 ɕam^{1})静;沉静;寂静;沉寂;镇定	ɣɯt^{8}	AB	《壮汉》
219	tiŋ^{6}ɣɯt^{8}ɣɯt^{8}	风平浪静	tiŋ^{6}	形容词	(见 ɕam^{1})静;沉静;寂静;沉寂;镇定	ɣɯt^{8}ɣɯt^{8}	ABB	《汉壮》
220	tiŋ^{6}θai^{2}θai^{2}	[方](见 ɕam^{1}ɣɯk^{8}ɣɯk^{8})形容静悄悄	tiŋ^{6}	形容词	(见 ɕam^{1})静;沉静;寂静;沉寂;镇定	θai^{2}θai^{2}	ABB	《壮汉》
221	tiŋ^{6}θi^{1}θi^{1}	聚精会神	tiŋ^{6}	形容词	(见 ɕam^{1})静;沉静;寂静;沉寂;镇定	θi^{1}θi^{1}	ABB	《汉壮》

续表

序号	壮语词	整体释义	词根	词性	词根释义	后缀	类型	来源
222	tit^{7}ta:t^{7}	(牙齿)翘翘的	tit^{7}	形容词	翘(指牙齿)	ta:t^{7}	AB	《壮汉》
223	ti:u^{1}ja:t^{7}ja:t^{7}	[方]被刺伤或疮口化脓时的剧痛感	ti:u^{1}	动词	(见 to:t^{7})剧痛(如疮化脓时的剧痛)	ja:t^{7}ja:t^{7}	ABB	《壮汉》
224	ti:u^{5}pak^{8}pak^{8}	[方](心脏)怦怦跳动	ti:u^{5}	动词	跳;蹦	pak^{8}pak^{8}	ABB	《壮汉》
225	ti:u^{5}pup^{8}pup^{8}	[方]怦怦跳动(因害怕而心脏跳动很厉害)	ti:u^{5}	动词	跳;蹦	pup^{8}pup^{8}	ABB	《壮汉》
226	ti:u^{5}pum^{1}pum^{1}	[方]跳蹦蹦(指小孩)	ti:u^{5}	动词	跳;蹦	pum^{1}pum^{1}	ABB	《壮汉》
227	ti:u^{5}tɯt^{7}tɯt^{7}	[方]惊慌或发怒时心怦怦地跳	ti:u^{5}	动词	跳;蹦	tɯt^{7}tɯt^{7}	ABB	《壮汉》
228	ti:u^{5}lin^{1}lin^{1}	[方]人或动物受了极大的刺激而乱跳的样子	ti:u^{5}	动词	跳;蹦	lin^{1}lin^{1}	ABB	《壮汉》
229	ti:u^{5}jo:t^{7}jo:t^{7}	[方]如青蛙跳跃的样子	ti:u^{5}	动词	跳;蹦	jo:t^{7}jo:t^{7}	ABB	《壮汉》
230	to^{3}ta:t^{7}ta:t^{7}	[方]土里土气	to^{3}	形容词	土	ta:t^{7}ta:t^{7}	ABB	《壮汉》
231	tok^{7}pjok^{8}pjok^{8}	[方]纷纷地往下落	tok^{7}	动词	遗失;失掉;落下;落;掉;失,坠落	pjok^{8}pjok^{8}	ABB	《壮汉》
232	toŋ^{1}le:u^{1}le:u^{1}	[方]畅通无阻	toŋ^{1}	形容词	懂;畅通	le:u^{1}le:u^{1}	ABB	《壮汉》
233	toŋ^{1}ɣa:t^{7}	畅通	toŋ^{1}	形容词	懂;畅通	ɣa:t^{7}	AB	《汉壮》
234	toŋ^{1}ɣa:t^{7}ɣa:t^{7}	[方]很通顺	toŋ^{1}	形容词	懂;畅通	ɣa:t^{7}ɣa:t^{7}	ABB	《壮汉》
235	toŋ^{1}ɣe:t^{7}	畅通	toŋ^{1}	形容词	懂;畅通	ɣe:t^{7}	AB	《汉壮》
236	toŋ^{1}ɣe:t^{7}ɣe:t^{7}	[方]toŋ^{1}tu:m^{3}畅通无阻	toŋ^{1}	形容词	懂;畅通	ɣe:t^{7}ɣe:t^{7}	ABB	《壮汉》
237	toŋ^{1}ɣo:ŋ^{1}ɣo:ŋ^{1}	畅通无阻	toŋ^{1}	形容词	懂;畅通	ɣo:ŋ^{1}ɣo:ŋ^{1}	ABB	《汉壮》
238	toŋ^{1}ɣɯt^{7}ɣɯt^{7}	[方]畅通无阻	toŋ^{1}	形容词	懂;畅通	ɣɯt^{7}ɣɯt^{7}	ABB	《壮汉》

续表

序号	壮语词	整体释义	词根	词性	词根释义	后缀	类型	来源
239	toŋ^{1}ja:k^{7}ja:k^{7}	[方]很通顺	toŋ^{1}	形容词	懂;畅通	ja:k^{7}ja:k^{7}	ABB	《壮汉》
240	toŋ^{1}je:k^{7}je:k^{7}	[方]通畅;融会贯通	toŋ^{1}	形容词	懂;畅通	je:k^{7}je:k^{7}	ABB	《壮汉》
241	toŋ^{5}nɯt^{7}nɯt^{7}	浑浊貌	toŋ^{5}	形容词	(见noŋ^{2})浊;浑(水不清)	nɯt^{7}nɯt^{7}	ABB	《汉壮》
242	toŋ^{6}fɯ:n^{1}fɯ:n^{1}	[方]摇摇欲坠;摇摆得很厉害	toŋ^{6}	动词	动	fɯ:n^{1}fɯ:n^{1}	ABB	《壮汉》
243	toŋ^{6}ja:m^{1}ja:m^{1}	[方](水)动荡貌	toŋ^{6}	动词	动	ja:m^{1}ja:m^{1}	ABB	《壮汉》
244	toŋ^{6}je:p^{8}je:p^{8}	[方](水)动荡貌	toŋ^{6}	动词	动	je:p^{8}je:p^{8}	ABB	《壮汉》
245	toŋ^{6}jup^{8}jup^{8}	[方](水)动荡貌	toŋ^{6}	动词	动	jup^{8}jup^{8}	ABB	《壮汉》
246	to:t^{7}ŋup^{8}ŋup^{8}	[方]一阵阵的痛	to:t^{7}	动词	(方:ti:u^{1})痛;阵痛	ŋup^{8}ŋup^{8}	ABB	《壮汉》
247	to:t^{7}ŋwa:p^{8}ŋwa:p^{8}	[方]剧烈阵痛	to:t^{7}	动词	(方:ti:u^{1})痛;阵痛	ŋwa:p^{8}ŋwa:p^{8}	ABB	《壮汉》
248	tu^{1}te:ŋ^{1}	[方]疙疙瘩瘩地	tu^{1}	名词	[方]凹凸不平(指物体);疙瘩	te:ŋ^{1}	AB	《壮汉》
249	tu:ŋ^{5}ɣe^{1}ɣe^{1}	[方]下垂的样子	tu:ŋ^{5}	动词	垂坠;下坠	ɣe^{1}ɣe^{1}	ABB	《壮汉》
250	tu:ŋ^{5}jai^{1}jai^{1}	[方]坠沉沉的	tu:ŋ^{5}	动词	垂坠;下坠	jai^{1}jai^{1}	ABB	《壮汉》
251	tu:ŋ^{5}jaŋ^{1}jaŋ^{1}	[方]坠沉沉的	tu:ŋ^{5}	动词	垂坠;下坠	jaŋ^{1}jaŋ^{1}	ABB	《壮汉》
252	tu:ŋ^{5}jɯt^{8}jɯt^{8}	[方]坠沉沉的	tu:ŋ^{5}	动词	垂坠;下坠	jɯt^{8}jɯt^{8}	ABB	《壮汉》
253	tu:ŋ^{6}ku:ŋ^{5}θa:i^{3}	[方]坠沉沉的	tu:ŋ^{6}	动词	拉(下);扯(下);拖(下)	ku:ŋ^{5}θa:i^{3}	ABC	《壮汉》
254	tu:ŋ^{6}na:ŋ^{1}na:ŋ^{1}	[方]坠沉沉的	tu:ŋ^{6}	动词	拉(下);扯(下);拖(下)	na:ŋ^{1}na:ŋ^{1}	ABB	《壮汉》
255	tu:ŋ^{6}ni:ŋ^{1}na:ŋ^{1}	[方]坠沉沉的	tu:ŋ^{6}	动词	拉(下);扯(下);拖(下)	ni:ŋ^{1}na:ŋ^{1}	ABC	《壮汉》
256	tu:ŋ^{6}ɣu:m^{3}ɣu:m^{3}	[方]树枝由于结果过多而下垂	tu:ŋ^{6}	动词	拉(下);扯(下);拖(下)	ɣu:m^{3}ɣu:m^{3}	ABB	《壮汉》
257	tu:ŋ^{6}jup^{8}jup^{8}	[方]坠沉沉的	tu:ŋ^{6}	动词	拉(下);扯(下);拖(下)	jup^{8}jup^{8}	ABB	《壮汉》

续表

序号	壮语词	整体释义	词根	词性	词根释义	后缀	类型	来源
258	tu:ŋ^{6}jum^{1}jum^{1}	[方]坠沉沉的	tu:ŋ^{6}	动词	拉(下);扯(下);拖(下)	jum^{1}jum^{1}	ABB	《壮汉》
259	tu:i^{4}tɯt^{8}tɯt^{8}	委靡不振	tu:i^{4}	形容词	颓丧;颓唐;心灰意懒	tɯt^{8}tɯt^{8}	ABB	《汉壮》
260	tu:i^{5}tom^{1}tom^{1}	[方]形容果子累累下垂的样子	tu:i^{5}	动词	下垂;垂下;低垂	tom^{1}tom^{1}	ABB	《壮汉》
261	tu:i^{5}tut^{7}tut^{7}	[方](果子)累累下垂	tu:i^{5}	动词	下垂;垂下;低垂	tut^{7}tut^{7}	ABB	《壮汉》
262	tum^{2}ɕa:t^{7}ɕa:t^{7}	[方]湿漉漉的	tum^{2}	形容词	湿;潮湿	ɕa:t^{7}ɕa:t^{7}	ABB	《壮汉》
263	tum^{2}tɯt^{8}tɯt^{8}	[方]湿淋淋;湿漉漉的	tum^{2}	形容词	湿;潮湿	tɯt^{8}tɯt^{8}	ABB	《壮汉》
264	tum^{2}θop^{8}θop^{8}	湿淋淋	tum^{2}	形容词	湿;潮湿	θop^{8}θop^{8}	ABB	《汉壮》
265	e:n^{3}a:t^{7}a:t^{7}	[方]e:n^{3}e:ŋ^{1}e:ŋ^{1}(胸膛)挺挺的	e:n^{3}	动词	挺(胸);腆(肚)	a:t^{7}a:t^{7}	ABB	《壮汉》
266	e:n^{3}e:ŋ^{1}e:ŋ^{1}	(见 e:n^{3}a:t^{7}a:t^{7})(胸膛)挺挺的	e:n^{3}	动词	挺(胸);腆(肚)	e:ŋ^{1}e:ŋ^{1}	ABB	《壮汉》
267	fa:t^{8}ma:p^{7}ma:p^{7}	[方](水)动荡貌	fa:t^{8}	动词	(用鞭子)抽打;打(谷子)	ma:p^{7}ma:p^{7}	ABB	《壮汉》
268	fa:n^{1}fot^{8}	翻滚;汹涌	fa:n^{1}	动词	翻	fot^{8}	AB	《汉壮》
269	fa:n^{1}fot^{8}fot^{8}	翻滚不停	fa:n^{1}	动词	翻	fot^{8}fot^{8}	ABB	《壮汉》
270	fa:n^{1}ˀduŋ^{1}ˀduŋ^{1}	[方]翻滚的样子	fa:n^{1}	动词	翻	ˀduŋ^{1}ˀduŋ^{1}	ABB	《壮汉》
271	fei^{5}ɕa:t^{7}ɕa:t^{7}	簸米的沙沙声	fei^{5}	动词	簸	ɕa:t^{7}ɕa:t^{7}	ABB	《壮汉》
272	fei^{5}ɕe:t^{7}ɕe:t^{7}	簸米声(指小量米的簸米声)	fei^{5}	动词	簸	ɕe:t^{7}ɕe:t^{7}	ABB	《壮汉》
273	fei^{5}ɣe:t^{7}ɣe:t^{7}	又轻又快地簸	fei^{5}	动词	簸	ɣe:t^{7}ɣe:t^{7}	ABB	《壮汉》
274	fe:n^{2}fum^{1}fum^{1}	[方]东西放不稳,左右摇摆	fe:n^{2}	动词	摇摆	fum^{1}fum^{1}	ABB	《壮汉》
275	fe:u^{2}fe:t^{8}fe:t^{8}	[方]很浅	fe:u^{2}	形容词	浅	fe:t^{8}fe:t^{8}	ABB	《壮汉》
276	fe:u^{2}fi^{1}fi^{1}	[方]浅浅的	fe:u^{2}	形容词	浅	fi^{1}fi^{1}	ABB	《壮汉》

续表

序号	壮语词	整体释义	词根	词性	词根释义	后缀	类型	来源
277	fe:u^{2}fɯt^{8}	浅浅的	fe:u^{2}	形容词	浅	fɯt^{8}	AB	《壮汉》
278	fi^{2}faŋ^{1}faŋ^{1}	酩酊大醉	fi^{2}	形容词	醉	faŋ^{1}faŋ^{1}	ABB	《汉壮》
279	fok^{8}fum^{4}fum^{4}	肿肿的	fok^{8}	形容词	肿	fum^{4}fum^{4}	ABB	《壮汉》
280	fo:k^{7}te:ŋ^{2}te:ŋ^{2}	[方]大发雷霆;咆哮	fo:k^{7}	动词	[方]唾骂;发气时乱叫喊	te:ŋ^{2}te:ŋ^{2}	ABB	《壮汉》
281	fou^{2}pjoŋ^{1}pjoŋ^{1}	[方]很多轻的物体,飘浮在水面上的样子	fou^{2}	动词	飘浮;轻浮	pjoŋ^{1}pjoŋ^{1}	ABB	《壮汉》
282	fou^{2}fa:ŋ^{1}fa:ŋ^{1}	[方]很多轻的物体漂浮在水面上的样子	fou^{2}	动词	飘浮;轻浮	fa:ŋ^{1}fa:ŋ^{1}	ABB	《壮汉》
283	fou^{2}fe:t^{8}fe:t^{8}	[方]形容行动轻浮	fou^{2}	动词	飘浮;轻浮	fe:t^{8}fe:t^{8}	ABB	《壮汉》
284	fou^{2}fe:t^{7}fe:t^{7}	[方](小船)在水中飘荡	fou^{2}	动词	飘浮;轻浮	fe:t^{7}fe:t^{7}	ABB	《壮汉》
285	fou^{2}fi:ŋ^{1}fi:ŋ^{1}	漂浮	fou^{2}	动词	飘浮;轻浮	fi:ŋ^{1}fi:ŋ^{1}	ABB	《汉壮》
286	fou^{2}fɯt^{8}fɯt^{8}	[方]粥煮得稀烂;病人身体虚弱,走路时飘浮无力	fou^{2}	动词	飘浮;轻浮	fɯt^{8}fɯt^{8}	ABB	《壮汉》
287	fou^{2}wa:ŋ^{1}wa:ŋ^{1}	[方]重病初愈,身体虚弱,头重脚轻,走起路来踉踉跄跄的	fou^{2}	动词	飘浮;轻浮	wa:ŋ^{1}wa:ŋ^{1}	ABB	《壮汉》
288	fu:m^{4}fɯt^{8}fɯt^{8}	[方](黄昏时)天色昏暗	fu:m^{4}	形容词	(天色)暗淡;黄昏	fɯt^{8}fɯt^{8}	ABB	《壮汉》
289	fɯ^{2}fɯt^{8}	荒凉	fɯ^{2}	形容词	荒;荒凉;荒芜;寂寞;冷落	fɯt^{8}	AB	《汉壮》
290	fɯ^{2}fɯt^{8}fɯt^{8}	荒芜	fɯ^{2}	形容词	荒;荒凉;荒芜;寂寞;冷落	fɯt^{8}fɯt^{8}	ABB	《汉壮》
291	fɯ^{2}ɣik^{7}ɣik^{7}	[方]很荒凉;很寂寞	fɯ^{2}	形容词	荒;荒凉;荒芜;寂寞;冷落	ɣik^{7}ɣik^{7}	ABB	《壮汉》
292	fɯ^{2}ɣɯk^{3}	荒凉	fɯ^{2}	形容词	荒;荒凉;荒芜;寂寞;冷落	ɣɯk^{8}	AB	《汉壮》
293	fɯ^{2}ɣɯk^{8}ɣɯk^{8}	[方]很荒凉;很寂寞	fɯ^{2}	形容词	荒;荒凉;荒芜;寂寞;冷落	ɣɯk^{8}ɣɯk^{8}	ABB	《壮汉》

续表

序号	壮语词	整体释义	词根	词性	词根释义	后缀	类型	来源
294	fɯ^{2}ja:u^{1}ja:u^{1}	[方]很荒凉;很寂寞	fɯ^{2}	形容词	荒;荒凉;荒芜;寂寞;冷落	ja:u^{1}ja:u^{1}	ABB	《壮汉》
295	kap^{8}ke:p^{8}	狭窄;狭隘	kap^{8}	形容词	窄	ke:p^{8}	AB	《壮汉》
296	kap^{8}ke:t^{8}ke:t^{8}	[方]窄窄的;很窄	kap^{8}	形容词	窄	ke:t^{8}ke:t^{8}	ABB	《壮汉》
297	kak^{7}ɣi^{1}ɣi^{1}	[方]怒气冲冲;急呼呼的	kak^{7}	形容词	(性)急;焦急	ɣi^{1}ɣi^{1}	ABB	《壮汉》
298	kan^{1}na:ŋ^{1}na:ŋ^{1}	[方]紧紧地跟着	kan^{1}	动词	跟;跟随;随;随从	na:ŋ^{1}na:ŋ^{1}	ABB	《壮汉》
299	kan^{3}ɣi:n^{1}ɣi:n^{1}	[方]非常紧迫	kan^{3}	形容词	紧;紧急;紧张	ɣi:n^{1}ɣi:n^{1}	ABB	《壮汉》
300	kan^{4}ɣi^{1}ɣi^{1}	孜孜不倦	kan^{4}	形容词	勤;勤快;勤劳;勤勉	ɣi^{1}ɣi^{1}	ABB	《汉壮》
301	kan^{6}ki^{5}ki^{5}	很近的	kan^{6}	形容词	近	ki^{5}ki^{5}	ABB	《汉壮》
302	kat^{7}kja:t^{7}kja:t^{7}	[方]使劲地咬	kat^{7}	动词	啮;啃;咬	kja:t^{7}kja:t^{7}	ABB	《壮汉》
303	kat^{7}ɣi^{1}ɣi^{1}	[方]怒气冲冲;急呼呼的	kat^{7}	动词	啮;啃;咬	ɣi^{1}ɣi^{1}	ABB	《壮汉》
304	kau^{1}ȵa:t^{7}ȵa:t^{7}	[方]用力地抓(痒)	kau^{1}	动词	抓(痒);搔(痒)	ȵa:t^{7}ȵa:t^{7}	ABB	《壮汉》
305	kau^{1}ȵe:t^{7}ȵe:t^{7}	[方]轻轻地抓(痒)	kau^{1}	动词	抓(痒);搔(痒)	ȵe:t^{7}ȵe:t^{7}	ABB	《壮汉》
306	kau^{1}ȵo:t^{7}ȵo:t^{7}	[方]慢慢地抓(痒)	kau^{1}	动词	抓(痒);搔(痒)	ȵo:t^{7}ȵo:t^{7}	ABB	《壮汉》
307	kau^{2}ke:t^{8}ke:t^{8}	曲里拐弯	kau^{2}	形容词	(见ko^{2})弯;弯曲	ke:t^{8}ke:t^{8}	ABB	《壮汉》
308	kau^{2}ŋa:u^{1}ŋa:u^{1}	[方]弯弯曲曲的(弯的程度比kau^{2}ȵe:u^{1}ȵe:u^{1}大)	kau^{2}	形容词	(见ko^{2})弯;弯曲	ŋa:u^{1}ŋa:u^{1}	ABB	《壮汉》
309	kau^{2}ȵe:u^{1}ȵe:u^{1}	[方]弯弯曲曲的	kau^{2}	形容词	(见ko^{2})弯;弯曲	ȵe:u^{1}ȵe:u^{1}	ABB	《壮汉》
310	ka:ŋ^{3}pe:t^{7}pe:t^{7}	[方](小孩)一连串地讲	ka:ŋ^{3}	动词	讲;说;谈;议论	pe:t^{7}pe:t^{7}	ABB	《壮汉》
311	ka:ŋ^{3}ɕe^{1}ɕe^{1}	小孩说笑声	ka:ŋ^{3}	动词	讲;说;谈;议论	ɕe^{1}ɕe^{1}	ABB	《壮汉》

续表

序号	壮语词	整体释义	词根	词性	词根释义	后缀	类型	来源
312	ka:ŋ^{3}ȵim^{2}ȵim^{2}	议论纷纷	ka:ŋ^{3}	动词	讲;说;谈;议论	ȵim^{2}ȵim^{2}	ABB	《汉壮》
313	ka:ŋ^{3}taɯ^{1}taɯ^{1}	[方]唠唠叨叨	ka:ŋ^{3}	动词	讲;说;谈;议论	taɯ^{1}taɯ^{1}	ABB	《壮汉》
314	ka:ŋ^{3}kwe^{1}kwe^{1}	叽里呱啦地说。(小孩)自言自语	ka:ŋ^{3}	动词	讲;说;谈;议论	kwe^{1}kwe^{1}	ABB	《壮汉》
315	ka:ŋ^{3}ɲaŋ^{1}ɲaŋ^{1}	[方]议论纷纷	ka:ŋ^{3}	动词	讲;说;谈;议论	ɲaŋ^{1}ɲaŋ^{1}	ABB	《壮汉》
316	ka:ŋ^{3}θa:p^{3}θa:p^{8}	[方]耳语声	ka:ŋ^{3}	动词	讲;说;谈;议论	θa:p^{8}θa:p^{8}	ABB	《壮汉》
317	ka:ŋ^{3}θe:p^{8}θe:p^{8}	[方]嘀咕;耳语	ka:ŋ^{3}	动词	讲;说;谈;议论	θe:p^{8}θe:p^{8}	ABB	《壮汉》
318	ka:t^{7}θa:t^{8}θa:t^{8}	[方]连续地断	ka:t^{7}	动词	(用绳)割切(软东西,如粽子、糍粑等)	θa:t^{8}θa:t^{8}	ABB	《壮汉》
319	kaɯ^{6}ŋot^{7}ŋot^{7}	[方]肿肿的	kaɯ^{6}	形容词	(见 fa:k^{8})饱满(一般指农作物的果粒)	ŋot^{7}ŋot^{7}	ABB	《壮汉》
320	ke^{5}ka:t^{7}ka:t^{7}	老老的;苍老	ke^{5}	形容词	老	ka:t^{7}ka:t^{7}	ABB	《汉壮》
321	ke^{5}ke:t^{7}ke:t^{7}	很老的	ke^{5}	形容词	老	ke:t^{7}ke:t^{7}	ABB	《汉壮》
322	ke:ŋ^{1}ke:t^{7}	(小的物体)硬硬的	ke:ŋ^{1}	形容词	硬;干硬。僵;僵硬。	ke:t^{7}	AB	《壮汉》
323	ke:ŋ^{1}kjaŋ^{1}kjaŋ^{1}	硬硬的(指较大的东西)	ke:ŋ^{1}	形容词	硬;干硬。僵;僵硬。	kjaŋ^{1}kjaŋ^{1}	ABB	《壮汉》
324	ke:u^{3}fa^{1}fa^{1}	旋风一团团的卷起	ke:u^{3}	动词	缠;绕;缠绕。往来多	fa^{1}fa^{1}	ABB	《壮汉》
325	ke:u^{3}fot^{8}	缠绕;汹涌	ke:u^{3}	动词	缠;绕;缠绕。往来多	fot^{8}	AB	《汉壮》
326	ke:u^{3}fot^{8}fot^{8}	熙熙攘攘;进进出出;来来往往	ke:u^{3}	动词	缠;绕;缠绕。往来多	fot^{8}fot^{8}	ABB	《汉壮》
327	ke:u^{3}na:ŋ^{1}na:ŋ^{1}	缠手缠脚的	ke:u^{3}	动词	缠;绕;缠绕。往来多	na:ŋ^{1}na:ŋ^{1}	ABB	《壮汉》
328	ke:u^{4}pjo:p^{7}pjc:p^{7}	[方]嚼脆东西的声音	ke:u^{4}	动词	嚼	pjo:p^{7}pjo:p^{7}	ABB	《壮汉》

续表

序号	壮语词	整体释义	词根	词性	词根释义	后缀	类型	来源
329	ke:u^{4}mu:m^{1}mu:m^1	[方]缺齿的人咀嚼食物的样子	ke:u^4	动词	嚼	mu:m^{1}mu:m^1	ABB	《壮汉》
330	kik^{7}kjaŋ^{1}kjaŋ^1	[方]懒洋洋的	kik^7	形容词	懒;懒惰	kjaŋ^{1}kjaŋ^1	ABB	《壮汉》
331	kik^{7}kja:k^{7}kja:k^7	[方]懒洋洋的	kik^7	形容词	懒;懒惰	kja:k^{7}kja:k^7	ABB	《壮汉》
332	kik^{7}kja:ŋ^{1}kja:ŋ^1	[方]懒洋洋	kik^7	形容词	懒;懒惰	kja:ŋ^{1}kja:ŋ^1	ABB	《壮汉》
333	kiŋ^{3}lon^{1}lon^1	[方]翻滚的样子	kiŋ^3	动词	滚;滚动	lon^{1}lon^1	ABB	《壮汉》
334	kiŋ^{3}lu^{1}lu^1	[方](大物体)不停地滚动	kiŋ^3	动词	滚;滚动	lu^{1}lu^1	ABB	《壮汉》
335	kit^{7}ŋa:u^{1}ŋa:u^1	[方]形容障碍重重	kit^7	动词	阻碍;卡住;障碍	ŋa:u^{1}ŋa:u^1	ABB	《壮汉》
336	ko^{2}ke:m^{1}ke:m^1	(腰)弯弯的	ko^2	形容词	曲;弯曲	ke:m^{1}ke:m^1	ABB	《壮汉》
337	kok^{8}kɯt^8	魁伟	kok^8	形容词	壮大;魁梧;高大	kɯt^8	AB	《汉壮》
338	kon^{3}pi^{1}pi^1	(见 pjou^2)沸腾(慢慢地)	kon^3	动词	(水)沸;(水)滚;煮开	pi^{1}pi^1	ABB	《壮汉》
339	kon^{3}pjɯt^{8}pjɯt^8	沸腾	kon^3	动词	(水)沸;(水)滚;煮开	pjɯt^{8}pjɯt^8	ABB	《汉壮》
340	kon^{3}fot^{8}fot^8	激流奔腾;奔腾汹涌;场面沸腾	kon^3	动词	(水)沸;(水)滚;煮开	fot^{8}fot^8	ABB	《壮汉》
341	kon^{5}pjɯt^{7}pjɯt^7	连续地断	kon^5	动词	断	pjɯt^{7}pjɯt^7	ABB	《壮汉》
342	ko:k^{7}hu^{1}hu^1	轰轰响	ko:k^7	形容词	响亮;洪亮,嘹亮	hu^{1}hu^1	ABB	《汉壮》
343	ko:k^{7}θa^{1}θa^1	嘹亮	ko:k^7	形容词	响亮;洪亮,嘹亮	θa^{1}θa^1	ABB	《汉壮》
344	ko:k^{7}θa:t^{8}θa:t^8	[方]θe:k^{7}θa:k^7 清脆而响亮的叫声	ko:k^7	形容词	响亮;洪亮,嘹亮	θa:t^{8}θa:t^8	ABB	《壮汉》
345	ku^{6}lon^{1}lon^1	聚精会神迅速地工作着	ku^6	动词	做	lon^{1}lon^1	ABB	《壮汉》
346	ku^{6}nɯt^{8}nɯt^8	慢吞吞地做	ku^6	动词	做	nɯt^{8}nɯt^8	ABB	《壮汉》
347	ku^{6}ŋɯt^{8}ŋɯt^8	一声不响地做	ku^6	动词	做	ŋɯt^{8}ŋɯt^8	ABB	《壮汉》

续表

序号	壮语词	整体释义	词根	词性	词根释义	后缀	类型	来源
348	ku:i^{2}ŋe:u^{1}ŋe:u^{1}	[方]弯弯曲曲的	ku:i^{2}	形容词	(稍)弯	ŋe:u^{1}ŋe:u^{1}	ABB	《壮汉》
349	kum^{2}ka:m^{4}	坎坷不平;崎岖	kum^{2}	形容词	低洼;凹下;坑洼;凹凸不平	ka:m^{4}	AB	《壮汉》
350	kum^{2}ke:m^{4}	凹凸不平(比kum^{2}ka:m^{4}程度轻一些)	kum^{2}	形容词	低洼;凹下;坑洼;凹凸不平	ke:m^{4}	AB	《壮汉》
351	kum^{2}kum^{2}ka:m^{4}ka:m^{4}	坑坑洼洼	kum^{2}	形容词	低洼;凹下;坑洼;凹凸不平	ka:m^{4}ka:m^{4}	AABB	《汉壮》
352	kun^{3}ɕo^{1}ɕo^{1}	水急流的声音	kun^{3}	动词	吵闹,喧哗	ɕo^{1}ɕo^{1}	ABB	《壮汉》
353	kun^{3}ho^{1}ho^{1}	水滚滚地流;嘈杂声	kun^{3}	动词	吵闹,喧哗	ho^{1}ho^{1}	ABB	《壮汉》
354	kun^{4}ŋɯt^{8}ŋɯt^{8}	猪用嘴撬土的动作	kun^{4}	动词	猪用嘴掀泥土或推东西的动作	ŋɯt^{8}ŋɯt^{8}	ABB	《壮汉》
355	kuŋ^{3}ŋa:u^{1}ŋa:u^{1}	弯弯的(人为的)	kuŋ^{3}	动词	弓形;拱;弯	ŋa:u^{1}ŋa:u^{1}	ABB	《壮汉》
356	kut^{7}ke:u^{1}ke:u^{1}	[方]弯弯曲曲	kut^{7}	形容词	卷;卷曲的	ke:u^{1}ke:u^{1}	ABB	《壮汉》
357	kɯk^{8}ˀbot^{8}ˀbot^{8}	[方]稠稠的	kɯk^{8}	形容词	(见kɯt^{8})稠(液体的)	ˀbot^{8}ˀbot^{8}	ABB	《壮汉》
358	kɯk^{8}ŋɯt^{7}ŋɯt^{7}	[方]稠稠的	kɯk^{8}	形容词	(见kɯt^{8})稠(液体的)	ŋɯt^{7}ŋɯt^{7}	ABB	《壮汉》
359	kɯn^{1}ŋop^{8}ŋop^{8}	[方]一大口一大口地吃	kɯn^{1}	动词	吃;喝;饮食;(植物)吸收(养料)	ŋop^{8}ŋop^{8}	ABB	《壮汉》
360	kɯn^{1}pjok^{7}pjok^{7}	乱纷纷地抢着吃	kɯn^{1}	动词	吃;喝;饮食;(植物)吸收(养料)	pjok^{7}pjok^{7}	ABB	《壮汉》
361	kwa^{4}lon^{1}lon^{1}	(见ɕu:n^{6}wa:ŋ^{1}wa:ŋ^{1})盘旋貌	kwa^{4}	动词	盘旋	lon^{1}lon^{1}	ABB	《壮汉》
362	kwa:i^{1}kwe:t^{7}kwe:t^{7}	天真,活泼;聪明伶俐	kwa:i^{1}	形容词	乖;聪明;活泼(指小孩)	kwe:t^{7}kwe:t^{7}	ABB	《壮汉》
363	kwa:ŋ^{5}tum^{1}	面积很宽广(多指房屋、河流、布面等)	kwa:ŋ^{5}	形容词	宽大;广阔	tum^{1}	AB	《壮汉》
364	kwa:ŋ^{5}kum^{1}kum^{1}	宽宽的	kwa:ŋ^{5}	形容词	宽大;广阔	kum^{1}kum^{1}	ABB	《壮汉》
365	kwa:ŋ^{5}lu:m^{4}	[方]宽宽的	kwa:ŋ^{5}	形容词	宽大;广阔	lu:m^{4}	AB	《壮汉》
366	kwa:ŋ^{5}ma:ŋ^{1}ma:ŋ^{1}	广袤	kwa:ŋ^{5}	形容词	宽大;广阔	ma:ŋ^{1}ma:ŋ^{1}	ABB	《汉壮》

续表

序号	壮语词	整体释义	词根	词性	词根释义	后缀	类型	来源
367	kwa:ŋ^{5}mja:ŋ^{1}mja:ŋ^1	面积很宽广（多指房屋、河流、布面等）	kwa:ŋ^5	形容词	宽大;广阔	mja:ŋ^{1}mja:ŋ^1	ABB	《壮汉》
368	kwa:ŋ^{5}nom^{1}nom^1	[方]宽宽的	kwa:ŋ^5	形容词	宽大;广阔	nom^{1}nom^1	ABB	《壮汉》
369	kwa:ŋ^{5}wit^{8}wit^8	广阔	kwa:ŋ^5	形容词	宽大;广阔	wit^{8}wit^8	ABB	《汉壮》
370	kwa:ŋ^{5}jup^{8}jup^8	广阔	kwa:ŋ^5	形容词	宽大;广阔	jup^{8}jup^8	ABB	《汉壮》
371	kwe:ŋ^{5}ɕa:k^{8}ɕa:k^8	晴空万里	kwe:ŋ^5	形容词	晴朗	ɕa:k^{8}ɕa:k^8	ABB	《汉壮》
372	kwe:ŋ^{5}la:u^{1}la:u^1	晴空万里	kwe:ŋ^5	形容词	晴朗	la:u^{1}la:u^1	ABB	《汉壮》
373	kwe:ŋ^{5}ja:u^{1}ja:u^1	晴朗	kwe:ŋ^5	形容词	晴朗	ja:u^{1}ja:u^1	ABB	《壮汉》
374	kwe:u^{1}la:t^{7}la:t^7	[方]缠手缠脚	kwe:u^1	动词	缠;绕(绳子)	la:t^{7}la:t^7	ABB	《壮汉》
375	kja^{4}ke:t^{8}ke:t^8	孤零零	kja^4	动词	失;失去(父母)	ke:t^{8}ke:t^8	ABB	《汉壮》
376	kjai^{1}ki^{1}ki^1	[方]遥远;极远	kjai^1	形容词	远	ki^{1}ki^1	ABB	《壮汉》
377	kjai^{1}kja:ŋ^1	悠悠	kjai^1	形容词	远	kja:ŋ^1	AB	《汉壮》
378	kjai^{1}kja:ŋ^{1}kja:ŋ^1	遥远，极远	kjai^1	形容词	远	kja:ŋ^{1}kja:ŋ^1	ABB	《壮汉》
379	kjai^{1}kji^{1}kji^1	辽远	kjai^1	形容词	远	kji^{1}kji^1	ABB	《汉壮》
380	kjai^{2}ki^{1}ki^1	[方]很挂念;很想念	kjai^2	动词	想念;挂念;悬念;思念	ki^{1}ki^1	ABB	《壮汉》
381	kjai^{2}kjɯt^{8}kjɯt^8	[方]很想念	kjai^2	动词	想念;挂念;悬念;思念	kjɯt^{8}kjɯt^8	ABB	《壮汉》
382	kjam^{1}kjɯk^{7}kjɯk^7	口音完全听不懂	kjam^1	形容词	侉(口音不同)	kjɯk^{7}kjɯk^7	ABB	《壮汉》
383	kjan^{5}θaŋ^{1}θaŋ^1	[方]野兽或尿的臊气很重	kjan^5	形容词	膻气;臊臭	θaŋ^{1}θaŋ^1	ABB	《壮汉》
384	kjo^{1}piŋ^3	(见θa:u^{3}ɣaŋ^{1}ɣaŋ^1)晒得或炒得干干的	kjo^1	形容词	(见θa:u^3)干(指泥土、柴草)	piŋ^3	AB	《壮汉》
385	kjoŋ^{1}kja:ŋ^{1}kja:ŋ^1	很空(比kjoŋ^{1}kja:t^{7}kja:t^{7}程度轻)	kjoŋ^1	形容词	空心;通心;枵 ;有孔	kja:ŋ^1	ABB	《壮汉》

续表

序号	壮语词	整体释义	词根	词性	词根释义	后缀	类型	来源
386	kjoŋ^{1}kja:t^{7}kja:t^{7}	[方]空空的	kjoŋ^{1}	形容词	空心;通心;㮇;有孔	kja:t^{7}kja:t^{7}	ABB	《壮汉》
387	kjoŋ^{1}kju^{1}kju^{1}	[方]缺口很大的样子	kjoŋ^{1}	形容词	空心;通心;㮇;有孔	kju^{1}kju^{1}	ABB	《壮汉》
388	kjoŋ^{1}ɣou^{1}ɣou^{1}	畅通无阻	kjoŋ^{1}	形容词	空心;通心;㮇;有孔	ɣou^{1}ɣou^{1}	ABB	《壮汉》
389	kjot^{7}ɕa:t^{7}ɕa:t^{7}	冷冰冰	kjot^{7}	形容词	(水)冰冷	ɕa:t^{7}ɕa:t^{7}	ABB	《汉壮》
390	kju^{3}ka:t^{7}ka:t^{7}	[方]酸不可吃	kju^{3}	形容词	(见 θom^{3})酸	ka:t^{7}ka:t^{7}	ABB	《壮汉》
391	kju^{6}ke:t^{7}	[方]光秃秃	kju^{6}	形容词	(见$^{?}$do^{5})秃	ke:t^{7}	AB	《壮汉》
392	kjuk^{7}hu^{1}hu^{1}	轰轰烈烈	kjuk^{7}	形容词	(见 ɕa:u^{2})嘈;嘈杂;喧哗;吵闹	hu^{1}hu^{1}	ABB	《壮汉》
393	kjuk^{7}o^{4}o^{4}	(母鸡)喔喔叫	kjuk^{7}	动词	(母鸡)叫(仔)	o^{4}o^{4}	ABB	《汉壮》
394	ham^{2}ŋa:m^{5}ŋa:m^{5}	[方]苦苦的(指味道)	ham^{2}	形容词	苦	ŋa:m^{5}ŋa:m^{5}	ABB	《汉壮》
395	ham^{2}ɣa:ŋ^{5}ɣa:ŋ^{5}	[方]苦苦的(指味道)	ham^{2}	形容词	苦	ɣa:ŋ^{5}ɣa:ŋ^{5}	ABB	《汉壮》
396	han^{1}nɯk^{7}nɯk^{7}	紧绷绷	han^{1}	形容词	绑紧;紧	nɯk^{7}nɯk^{7}	ABB	《汉壮》
397	hau^{1}kja^{5}θa:t^{7}θa:t^{7}	[方](野兽或尿的)臊气很重	hau^{1}kja^{5}	名词	尿臊气	θa:t^{7}θa:t^{7}	ABB	《壮汉》
398	hau^{1}ŋa:u^{5}	很臭	hau^{1}	形容词	臭	ŋa:u^{5}	AB	《壮汉》
399	hau^{1}ŋa:u^{5}ŋa:u^{5}	臭烘烘	hau^{1}	形容词	臭	ŋa:u^{5}ŋa:u^{5}	ABB	《汉壮》
400	hau^{1}θaŋ^{1}θaŋ^{1}	臭烘烘	hau^{1}	形容词	臭	θaŋ^{1}θaŋ^{1}	ABB	《汉壮》
401	ha:i^{1}θɯt^{8}θɯt^{8}	盛开	ha:i^{1}	动词	开	θɯt^{8}θɯt^{8}	ABB	《汉壮》
402	ha:u^{1}ɕa:k^{7}ɕa:k^{7}	白花花	ha:u^{1}	形容词	白;白色	ɕa:k^{7}ɕa:k^{7}	ABB	《汉壮》
403	ha:u^{1}kja:t^{7}	(见 ha:u^{1}ŋat^{7})难看的白色(较大的面积或范围)	ha:u^{1}	形容词	白;白色	kja:t^{7}	AB	《壮汉》

续表

序号	壮语词	整体释义	词根	词性	词根释义	后缀	类型	来源
404	ha:u^{1}mja:n^{1}mja:n^{1}	[方]明晃晃	ha:u^{1}	形容词	白;白色	mja:n^{1}mja:n^{1}	ABB	《壮汉》
405	ha:u^{1}ŋa:t^{7}	[方] ha:u^{1}kja:t^{7}难看的白色(较大的面积或范围)	ha:u^{1}	形容词	白;白色	ŋa:t^{7}	AB	《壮汉》
406	ha:u^{1}ŋe:t^{7}	难看的白色(小面积或小范围)	ha:u^{1}	形容词	白;白色	ŋe:t^{7}	AB	《壮汉》
407	ha:u^{1}ȵo^{1}	[方]pi:k^{8}ne:u^{1}皓白	ha:u^{1}	形容词	白;白色	ȵo^{1}	AB	《壮汉》
408	ha:u^{1}θa:k^{7}	雪白(面积或范围较大)	ha:u^{1}	形容词	白;白色	θa:k^{7}	AB	《壮汉》
409	ha:u^{1}θa:k^{7}θa:k^{7}	白茫茫;白亮的;雪白的(面积或范围较大)	ha:u^{1}	形容词	白;白色	θa:k^{7}θa:k^{7}	ABB	《汉壮》
410	ha:u^{1}θe:k^{7}	雪白(面积或范围较小)	ha:u^{1}	形容词	白;白色	θe:k^{7}	AB	《壮汉》
411	ha:u^{1}θe:k^{7}θe:k^{7}	白茫茫;白亮的;雪白的(面积或范围较小)	ha:u^{1}	形容词	白;白色	θe:k^{7}θe:k^{7}	ABB	《汉壮》
412	ha:u^{1}θi^{1}θi^{1}	白净	ha:u^{1}	形容词	白;白色	θi^{1}θi^{1}	ABB	《汉壮》
413	ha:u^{1}θup^{7}θup^{7}	白花花	ha:u^{1}	形容词	白;白色	θup^{7}θup^{7}	ABB	《汉壮》
414	haɯ^{5}ɕa:k^{8}ɕa:k^{8}	干巴巴	haɯ^{5}	形容词	干	ɕa:k^{8}ɕa:k^{8}	ABB	《汉壮》
415	hei^{5}hɯn^{3}fo^{1}fo^{1}	气呼呼	hei^{5}hɯn^{3}	动词	发气;生气	fo^{1}fo^{1}	ABB	《汉壮》
416	he:p^{8}ȵe:p^{7}ȵe:p^{7}	[方]很狭窄	he:p^{8}	形容词	(见 nak^{8})窄(指面窄)	ȵe:p^{7}ȵe:p^{7}	ABB	《壮汉》
417	he:m^{5}ȵu^{1}ȵu^{1}	叫哇哇	he:m^{5}	动词	喊;呼;叫喊;喊叫;呼喊	ȵu^{1}ȵu^{1}	ABB	《壮汉》
418	he:m^{5}on^{1}on^{1}	叫呼呼	he:m^{5}	动词	喊;呼;叫喊;喊叫;呼喊	on^{1}on^{1}	ABB	《壮汉》
419	he:m^{5}ɕeu^{4}ɕeu^{4}	叫连连;叫喳喳(多指小孩等)	he:m^{5}	动词	喊;呼;叫喊;喊叫;呼喊	ɕeu^{4}ɕeu^{4}	ABB	《壮汉》
420	he:n^{3}ɣe:ŋ^{1}ɣe:ŋ^{1}	黄灿灿	he:n^{3}	形容词	黄色	ɣe:ŋ^{1}ɣe:ŋ^{1}	ABB	《汉壮》

续表

序号	壮语词	整体释义	词根	词性	词根释义	后缀	类型	来源
421	he:n^{3}ɣi^{1}ɣi^{1}	黄灿灿	he:n^{3}	形容词	黄色	ɣi^{1}ɣi^{1}	ABB	《汉壮》
422	he:n^{3}ɣɯk^{8}ɣɯk^{8}	[方]黄澄澄	he:n^{3}	形容词	黄色	ɣɯk^{8}ɣɯk^{8}	ABB	《壮汉》
423	he:n^{3}ɣɯk^{7}ɣɯk^{7}	[方]黄灿灿	he:n^{3}	形容词	黄色	ɣɯk^{7}ɣɯk^{7}	ABB	《壮汉》
424	he:u^{1}pje:m^{1}pje:m^{1}	淡绿	he:u^{1}	形容词	绿；青	pje:m^{1}pje:m^{1}	ABB	《汉壮》
425	he:u^{1}na:u^{1}na:u^{1}	[方]碧蓝	he:u^{1}	形容词	绿；青	na:u^{1}na:u^{1}	ABB	《壮汉》
426	he:u^{1}ɣa:u^{1}ɣa:u^{1}	绿油油	he:u^{1}	形容词	绿；青	ɣa:u^{1}ɣa:u^{1}	ABB	《汉壮》
427	he:u^{1}θa:u^{1}θa:u^{1}	[方]碧绿；苍翠	he:u^{1}	形容词	绿；青	θa:u^{1}θa:u^{1}	ABB	《壮汉》
428	he:u^{1}θɯt^{8}	翠绿	he:u^{1}	形容词	绿；青	θɯt^{8}	AB	《汉壮》
429	he:u^{1}θɯt^{8}θɯt^{8}	[方]青青的	he:u^{1}	形容词	绿；青	θɯt^{8}θɯt^{8}	ABB	《壮汉》
430	he:u^{1}ja:u^{1}ja:u^{1}	翠绿	he:u^{1}	形容词	绿；青	ja:u^{1}ja:u^{1}	ABB	《汉壮》
431	he:u^{5}ŋa:ŋ^{5}	(见 pjo:m^{1}pja:ŋ^{5})很瘦	he:u^{5}	形容词	(见 pjo:m^{1})瘦	ŋa:ŋ^{5}	AB	《壮汉》
432	he:u^{6}ɕa^{1}ɕa^{1}	叫喳喳	he:u^{6}	动词	叫；喊；唤	ɕa^{1}ɕa^{1}	ABB	《汉壮》
433	he:u^{6}ɕe:t^{7}ɕe:t^{7}	叫喳喳	he:u^{6}	动词	叫；喊；唤	ɕe:t^{7}ɕe:t^{7}	ABB	《汉壮》
434	ho^{1}ha:ŋ^{1}ha:ŋ^{1}	干巴巴	ho^{1}	形容词	干涩	ha:ŋ^{1}ha:ŋ^{1}	ABB	《汉壮》
435	ho^{2}hɯn^{3}fok^{8}fok^{8}	气冲冲	ho^{2}hɯn^{3}	动词	生气	fok^{8}fok^{8}	ABB	《汉壮》
436	hot^{8}taɯ^{1}taɯ^{1}	[方]唠唠叨叨(表示不满)	hot^{8}	动词	胡说；诌；发(牢骚)	taɯ^{1}taɯ^{1}	ABB	《壮汉》
437	hot^{8}θup^{8}θup^{8}	[方]唠唠叨叨	hot^{8}	动词	胡说；诌；发(牢骚)	θup^{8}θup^{8}	ABB	《壮汉》
438	hom^{2}nop^{7}nop^{7}	[方]浑浊的样子	hom^{2}	形容词	(水)浊	nop^{7}nop^{7}	ABB	《壮汉》
439	hon^{2}fɯt^{8}fɯt^{8}	烟雾腾腾	hon^{2}	名词	火烟；烟雾	fɯt^{8}fɯt^{8}	ABB	《汉壮》

续表

序号	壮语词	整体释义	词根	词性	词根释义	后缀	类型	来源
440	hon^{2}lot^{8}lot^{8}	烟雾腾腾	hon^{2}	名词	火烟;烟雾	lot^{8}lot^{8}	ABB	《汉壮》
441	hon^{2}ɲe:u^{1}ɲe:u^{1}	[方]炊烟缭绕	hon^{2}	名词	火烟;烟雾	ɲe:u^{1}ɲe:u^{1}	ABB	《壮汉》
442	hoŋ^{2}fɯt^{8}	深红色	hoŋ^{2}	形容词	(同ˀdiŋ^{1})红;赤	fɯt^{8}	AB	《汉壮》
443	hoŋ^{2}fɯt^{8}fɯt^{8}	红艳艳	hoŋ^{2}	形容词	(同ˀdiŋ^{1})红;赤	fɯt^{8}fɯt^{8}	ABB	《汉壮》
444	hoŋ^{2}fɯk^{8}fɯk^{8}	红通通	hoŋ^{2}	形容词	(同ˀdiŋ^{1})红;赤	fɯk^{8}fɯk^{8}	ABB	《汉壮》
445	hoŋ^{2}kjoŋ^{5}	[方]红通通的	hoŋ^{2}	形容词	(同ˀdiŋ^{1})红;赤	kjoŋ^{5}	AB	《壮汉》
446	hoŋ^{2}θɯk^{8}θɯk^{8}	红扑扑	hoŋ^{2}	形容词	(同ˀdiŋ^{1})红;赤	θɯk^{8}θɯk^{8}	ABB	《汉壮》
447	hoŋ^{2}u^{1}u^{1}	红通通	hoŋ^{2}	形容词	(同ˀdiŋ^{1})红;赤	u^{1}u^{1}	ABB	《汉壮》
448	hoŋ^{2}ja:n^{1}ja:n^{1}	血红	hoŋ^{2}	形容词	(同ˀdiŋ^{1})红;赤	ja:n^{1}ja:n^{1}	ABB	《汉壮》
449	hoŋ^{5}ha:ŋ^{1}ha:ŋ^{1}	空荡荡	hoŋ^{5}	形容词	空;空闲	ha:ŋ^{1}ha:ŋ^{1}	ABB	《汉壮》
450	hoŋ^{5}la:u^{1}la:u^{1}	空落落	hoŋ^{5}	形容词	空;空闲	la:u^{1}la:u^{1}	ABB	《汉壮》
451	hoŋ^{5}wa:ŋ^{1}wa:ŋ^{1}	[方]空旷	hoŋ^{5}	形容词	空;空闲	wa:ŋ^{1}wa:ŋ^{1}	ABB	《壮汉》
452	hoŋ^{5}wa:t^{7}wa:t^{7}	空荡荡	hoŋ^{5}	形容词	空;空闲	wa:t^{7}wa:t^{7}	ABB	《汉壮》
453	hoŋ^{5}ja:u^{1}ja:u^{1}	空荡荡	hoŋ^{5}	形容词	空;空闲	ja:u^{1}ja:u^{1}	ABB	《汉壮》
454	hoŋ^{6}hɯt^{8}	蓬勃	hoŋ^{6}	形容词	旺盛;隆重;繁荣	hɯt^{8}	AB	《壮汉》
455	hoŋ^{6}hɯt^{8}hɯt^{8}	很兴旺;很蓬勃	hoŋ^{6}	形容词	旺盛;隆重;繁荣	hɯt^{8}hɯt^{8}	ABB	《汉壮》
456	hoŋ^{6}fɯt^{8}fɯt^{8}	生机勃勃	hoŋ^{6}	形容词	旺盛;隆重;繁荣	fɯt^{8}fɯt^{8}	ABB	《汉壮》
457	ho:m^{1}fɯt^{8}fɯt^{8}	芬芳	ho:m^{1}	形容词	香(味)	fɯt^{8}fɯt^{8}	ABB	《汉壮》
458	ho:m^{1}fɯŋ^{1}fɯŋ^{1}	香喷喷	ho:m^{1}	形容词	香(味)	fɯŋ^{1}fɯŋ^{1}	ABB	《汉壮》

续表

序号	壮语词	整体释义	词根	词性	词根释义	后缀	类型	来源
459	hu^{3}te:ŋ^{1}te:ŋ^{1}	[方]暴跳如雷；气势汹汹；怒冲冲	hu^{3}	动词	[方]恼怒；愤怒	te:ŋ^{1}te:ŋ^{1}	ABB	《壮汉》
460	hɯŋ^{1}fot^{8}fot^{8}	欣欣向荣	hɯŋ^{1}	形容词	兴；盛行	fot^{8}fot^{8}	ABB	《汉壮》
461	hɯŋ^{1}fɯt^{8}fɯt^{8}	[方]欣欣向荣	hɯŋ^{1}	形容词	兴；盛行	fɯt^{8}fɯt^{8}	ABB	《壮汉》
462	hɯŋ^{1}fa:t^{7}fɯt^{8}fɯt^{8}	生机勃勃	ɫɯŋ^{1}fa:t^{7}	形容词	旺盛	fɯt^{8}fɯt^{8}	ABB	《汉壮》
463	hɯŋ^{5}fɯt^{8}fɯt^{8}	酷热	hɯŋ^{5}	形容词	热；炎热	fɯt^{8}fɯt^{8}	ABB	《汉壮》
464	i^{5}e:t^{7}	微微	i^{5}	形容词	小；细小；年幼，幼小	e:t^{7}	AB	《汉壮》
465	i^{5}e:t^{7}e:t^{7}	[方]微乎其微	i^{5}	形容词	小；细小；年幼，幼小	e:t^{7}e:t^{7}	ABB	《壮汉》
466	i^{5}ɣa:i^{1}ɣa:i^{1}	[方]微不足道	i^{5}	形容词	小；细小；年幼，幼小	ɣa:i^{1}ɣa:i^{1}	ABB	《壮汉》
467	lap^{7}ɕup^{7}	黝暗	lap^{7}	形容词	黑，黑暗；昏暗	ɕup^{7}	AB	《汉壮》
468	lap^{7}ɕup^{7}ɕup^{7}	黑沉沉	lap^{7}	形容词	黑，黑暗；昏暗	ɕup^{7}ɕup^{7}	ABB	《汉壮》
469	lap^{7}lɯ^{1}lɯ^{1}	[方]形容一无所知	lap^{7}	形容词	黑，黑暗；昏暗	lɯ^{1}lɯ^{1}	ABB	《壮汉》
470	lap^{7}ŋa:u^{1}ŋa:u^{1}	黑洞洞	lap^{7}	形容词	黑，黑暗；昏暗	ŋa:u^{1}ŋa:u^{1}	ABB	《汉壮》
471	lap^{7}ŋup^{7}ŋup^{7}	黑糊糊	lap^{7}	形容词	黑，黑暗；昏暗	ŋup^{7}ŋup^{7}	ABB	《汉壮》
472	lap^{7}θaŋ^{6}θaŋ^{6}	[方]黑咕隆咚	lap^{7}	形容词	黑，黑暗；昏暗	θaŋ^{6}θaŋ^{6}	ABB	《壮汉》
473	lap^{7}jam^{1}jam^{1}	黑漆漆	lap^{7}	形容词	黑，黑暗；昏暗	jam^{1}jam^{1}	ABB	《汉壮》
474	lam^{2}θum^{1}θum^{1}	蓝盈盈	lam^{2}	形容词	蓝	θum^{1}θum^{1}	ABB	《汉壮》
475	la:ŋ^{6}lup^{7}	苍茫	la:ŋ^{6}	形容词	横的距离大(指面幅)；宽	lup^{7}	AB	《汉壮》
476	la:u^{1}li^{1}li^{1}	惶惶	la:u^{1}	动词	怕；害怕	li^{1}li^{1}	ABB	《汉壮》
477	la:u^{1}ɣi^{1}ɣi^{1}	惶惶	la:u^{1}	动词	怕；害怕	ɣi^{1}ɣi^{1}	ABB	《汉壮》

续表

序号	壮语词	整体释义	词根	词性	词根释义	后缀	类型	来源
478	la:u^{1}θum^{1}θum^1	战战兢兢	la:u^1	动词	怕;害怕	θum^{1}θum^1	ABB	《汉壮》
479	le:n^{6}hu^{1}hu^1	[方]一呼啦奔跑;四散而逃	le:n^6	动词	奔跑;狂跑。奔逃。	hu^{1}hu^1	ABB	《壮汉》
480	li:m^{1}lu^{1}lu^1	(见θom^{1}θu^5)尖尖的	li:m^1	形容词	(见θom^1)尖	lu^{1}lu^1	ABB	《壮汉》
481	li:n^{3}ɯt^{7}ɯt^7	[方]滑滑的(没有涂过油的物体)	li:n^3	形容词	滑;滑溜(指没有涂过油漆的物体)	ɯt^{7}ɯt^7	ABB	《壮汉》
482	li:ŋ^{2}θe:u^{1}θe:u^1	凉丝丝	li:ŋ^2	形容词	凉	θe:u^{1}θe:u^1	ABB	《汉壮》
483	liŋ^{5}la:ŋ^5	很陡	liŋ^5	形容词	陡;倾斜	la:ŋ^5	AB	《壮汉》
484	liŋ^{5}la:ŋ^{1}la:ŋ^1	[方]险峻	liŋ^5	形容词	陡;倾斜	la:ŋ^{1}la:ŋ^1	ABB	《壮汉》
485	liŋ^{5}la:u^{1}la:u^1	陡峻	liŋ^5	形容词	陡;倾斜	la:u^{1}la:u^1	ABB	《汉壮》
486	lo^{6}la:ŋ^{1}la:ŋ^1	[方]一丝不挂	lo^6	动词	露(出来)	la:ŋ^{1}la:ŋ^1	ABB	《壮汉》
487	lon^{5}θo^{1}θo^1	[方](树叶、果子)纷纷地落下	lon^5	动词	落;脱落	θo^{2}θo^2	ABB	《壮汉》
488	lu:n^{2}lu^{1}lu^1	圆滚滚	lu:n^2	形容词	圆;圆状的	lu^{1}lu^1	ABB	《汉壮》
489	lu:n^{2}lum^{1}lum^1	圆滚滚	lu:n^2	形容词	圆;圆状的	lum^{1}lum^1	ABB	《汉壮》
490	lu:n^{6}pjup^{8}pjup^8	[方]乱纷纷	lu:n^6	形容词	乱;零乱	pjup^{8}pjup^8	ABB	《壮汉》
491	lu:n^{6}ɕaŋ^{1}ɕaŋ^1	[方]议论纷纷	lu:n^6	形容词	乱;零乱	ɕaŋ^{1}ɕaŋ^1	ABB	《壮汉》
492	lu:n^{6}hu^{1}hu^1	乱哄哄	lu:n^6	形容词	乱;零乱	hu^{1}hu^1	ABB	《汉壮》
493	lu:n^{6}la:p^8	零乱	lu:n^6	形容词	乱;零乱	la:p^8	AB	《汉壮》
494	lu:n^{6}la:p^{8}la:p^8	[方]乌烟瘴气;乱七八糟	lu:n^6	形容词	乱;零乱	la:p^{8}la:p^8	ABB	《壮汉》
495	lu:n^{6}ɲaŋ^{1}ɲaŋ^1	[方]乱糟糟	lu:n^6	形容词	乱;零乱	ɲaŋ^{1}ɲaŋ^1	ABB	《壮汉》
496	lu:n^{6}ɲa:k^{8}ɲa:k^8	[方]乱糟糟	lu:n^6	形容词	乱;零乱	ɲa:k^{8}ɲa:k^8	ABB	《壮汉》

续表

序号	壮语词	整体释义	词根	词性	词根释义	后缀	类型	来源
497	lu:n^{6}θa:p^{8}θa:p^{8}	乱哄哄	lu:n^{6}	形容词	乱；零乱	θa:p^{8}θa:p^{8}	ABB	《汉壮》
498	lu:n^{6}ja:p^{8}ja:p^{8}	乱纷纷	lu:n^{6}	形容词	乱；零乱	ja:p^{8}ja:p^{8}	ABB	《汉壮》
499	lu:n^{6}jaŋ^{1}jaŋ^{1}	乱糟糟	lu:n^{6}	形容词	乱；零乱	jaŋ^{1}jaŋ^{1}	ABB	《汉壮》
500	lum^{3}li^{1}li^{1}	栩栩如生	lum^{3}	动词	象；似；仿佛	li^{1}li^{1}	ABB	《汉壮》
501	lum^{3}li:u^{4}li:u^{4}	[方]惟妙惟肖	lum^{3}	动词	象；似；仿佛	li:u^{4}li:u^{4}	ABB	《壮汉》
502	lum^{6}le^{6}	[方]慢吞吞	lum^{6}	形容词	(见 num^{5})缓慢；迟慢	le^{6}	AB	《壮汉》
503	lɯ:t^{8}ja:ŋ^{1}ja:ŋ^{1}	[方]血淋淋	lɯ:t^{8}	名词	血；血迹	ja:ŋ^{1}ja:ŋ^{1}	ABB	《壮汉》
504	lɯ:n^{5}tɯk^{7}tɯk^{7}	[方]滑滑的(没有涂过油的物体)	lɯ:n^{5}	形容词	光滑	tɯk^{7}tɯk^{7}	ABB	《壮汉》
505	mai^{5}θi^{1}θi^{1}	粉嫩	mai^{5}	形容词	粉红色	θi^{1}θi^{1}	ABB	《汉壮》
506	mai^{6}mɯt^{8}	(见 fɯi^{4})朦胧欲睡	mai^{6}	动词	(见 nam^{3})考虑；思考；思索，寻思	mɯt^{8}	AB	《壮汉》
507	mai^{6}mɯt^{8}mɯt^{8}	[方]入神	mai^{6}	动词	(见 nam^{3})考虑；思考；思索，寻思	mɯt^{8}mɯt^{8}	ABB	《壮汉》
508	man^{3}hum^{1}hum^{1}	咆哮	man^{3}	动词	威吓；老虎、猫等高声怒吼；咆哮	hum^{1}hum^{1}	ABB	《汉壮》
509	man^{3}kjɯt^{8}kjɯt^{8}	[方]恐吓别人时的凶恶样子	man^{3}	动词	威吓；老虎、猫等高声怒吼；咆哮	kjɯt^{8}kjɯt^{8}	ABB	《壮汉》
510	man^{3}ɣum^{1}ɣum^{1}	野兽的吼声；雷声隆隆响	man^{3}	动词	威吓；老虎、猫等高声怒吼；咆哮	ɣum^{1}ɣum^{1}	ABB	《壮汉》
511	man^{6}tɯt^{7}tɯt^{7}	[方]牢不可破	man^{6}	形容词	坚固；稳固	tɯt^{7}tɯt^{7}	ABB	《壮汉》
512	ma:n^{6}θak^{8}θak^{8}	[方]辣呼呼	ma:n^{6}	形容词	辣	θak^{8}θak^{8}	ABB	《壮汉》
513	ma:n^{6}θaŋ^{1}θaŋ^{1}	[方]很辣；辣辣的	ma:n^{6}	形容词	辣	θaŋ^{1}θaŋ^{1}	ABB	《壮汉》
514	ma:n^{6}θɯ:n^{6}	很辣	ma:n^{6}	形容词	辣	θɯ:n^{6}	AB	《壮汉》
515	me:n^{6}ȵe:t^{8}ȵe:t^{8}	慢腾腾	me:n^{6}	形容词	(与 jaŋ^{1}同)慢；再	ȵe:t^{8}ȵe:t^{8}	ABB	《壮汉》

续表

序号	壮语词	整体释义	词根	词性	词根释义	后缀	类型	来源
516	mi:n^{2}mɯt^{8}mɯt^{8}	[方]细细的(粉末)	mi:n^{2}	形容词	粉状的;细末的;碎的	mɯt^{8}mɯt^{8}	ABB	《壮汉》
517	mo^{3}mɯt^{7}mɯt^{7}	[方]满满的	mo^{3}	形容词	装物品高过容器口	mɯt^{7}mɯt^{7}	ABB	《壮汉》
518	mo^{5}θa:k^{7}	焕然一新	mo^{5}	形容词	新	θa:k^{7}	AB	《汉壮》
519	mo^{5}θa:k^{7}θa:k^{7}	[方]崭新;很新	mo^{5}	形容词	新	θa:k^{7}θa:k^{7}	ABB	《壮汉》
520	mo^{5}θup^{7}θup^{7}	[方]崭新;很新	mo^{5}	形容词	新	θup^{7}θup^{7}	ABB	《壮汉》
521	mop^{8}pa:t^{7}pa:t^{7}	[方]打的声音	mop^{8}	动词	(与hon^{4}同)打	pa:t^{7}pa:t^{7}	ABB	《壮汉》
522	moŋ^{3}ma:ŋ^{3}ma:ŋ^{3}	长很多霉菌的	moŋ^{3}	名词	霉菌	ma:ŋ^{3}ma:ŋ^{3}	ABB	《壮汉》
523	moŋ^{3}me:ŋ^{3}me:ŋ^{3}	长有一些霉菌的	moŋ^{3}	名词	霉菌	me:ŋ^{3}me:ŋ^{3}	ABB	《壮汉》
524	moŋ^{3}mɯt^{7}mɯt^{7}	长满霉菌的	moŋ^{3}	名词	霉菌	mɯt^{7}mɯt^{7}	ABB	《壮汉》
525	mo:k^{7}me:k^{7}	朦朦胧胧	mo:k^{7}	形容词	(见mu:k^{8})模糊(眼睛看不清);翳	me:k^{7}	AB	《壮汉》
526	mo:k^{7}mu^{1}mu^{1}	[方]飘渺	mo:k^{7}	形容词	(见mu:k^{8})模糊(眼睛看不清);翳	mu^{1}mu^{1}	ABB	《壮汉》
527	mo:ŋ^{1}mu^{1}mu^{1}	灰溜溜	mo:ŋ^{1}	形容词	灰色的;灰	mu^{1}mu^{1}	ABB	《汉壮》
528	mu^{2}kjo:t^{8}kjo:t^{8}	懒洋洋	mu^{2}	动词	磨;拖延	kjo:t^{8}kjo:t^{8}	ABB	《汉壮》
529	mu^{6}θa^{1}θa^{1}	[方]磨谷声	mu^{6}	动词	磨	θa^{1}θa^{1}	ABB	《壮汉》
530	mu:n^{6}fɯt^{8}fɯt^{8}	[方]头昏眼花	mu:n^{6}	动词	[方]晕(较ŋun^{6}害)	fɯt^{8}fɯt^{8}	ABB	《壮汉》
531	mum^{6}ja^{1}	络腮胡子(又叫串脸须)	mum^{6}	名词	胡须	ja^{1}	AB	《壮汉》
532	mum^{6}je^{1}je^{1}	[方]胡须稀稀疏疏的	mum^{6}	名词	胡须	je^{1}je^{1}	ABB	《壮汉》
533	mɯn^{1}ɕum^{1}ɕum^{1}	[方]茂茂密密的	mɯn^{1}	形容词	茂盛	ɕum^{1}ɕum^{1}	ABB	《壮汉》
534	mɯn^{1}ɕup^{7}	茂密	mɯn^{1}	形容词	茂盛	ɕup^{7}	AB	《汉壮》

续表

序号	壮语词	整体释义	词根	词性	词根释义	后缀	类型	来源
535	mɯn^{1}ɕup^{7}ɕup^{7}	[方]茂茂密密的	mɯn^{1}	形容词	茂盛	ɕup^{7}ɕup^{7}	ABB	《壮汉》
536	mɯn^{2}lu^{1}lu^{1}	圆鼓鼓	mɯn^{2}	形容词	圆形的	lu^{1}lu^{1}	ABB	《汉壮》
537	mɯn^{6}tɯt^{8}tɯt^{8}	麻木不仁	mɯn^{6}	动词	(见 ma^{2})(发)麻,麻木	tɯt^{8}tɯt^{8}	ABB	《壮汉》
538	mɯn^{6}θaŋ^{1}θaŋ^{1}	呆头呆脑	mɯn^{6}	形容词	痴呆	θaŋ^{1}θaŋ^{1}	ABB	《汉壮》
539	mɯt^{7}ma:ŋ^{1}ma:ŋ^{1}	[方]霉霉的	mɯt^{7}	名词	霉	ma:ŋ^{1}ma:ŋ^{1}	ABB	《壮汉》
540	mɯt^{7}ma:t^{7}	潮湿的;半干半湿的(指东西)	mɯt^{7}	名词	霉	ma:t^{7}	AB	《壮汉》
541	mɯt^{7}ma:t^{7}ma:t^{7}	[方]霉霉的	mɯt^{7}	名词	霉	ma:t^{7}ma:t^{7}	ABB	《壮汉》
542	mɯt^{7}mi^{5}mi^{5}	霉霉的	mɯt^{7}	名词	霉	mi^{5}mi^{5}	ABB	《壮汉》
543	ˀbai^{5}ˀba:t^{7}ˀba:t^{7}	[方]湿漉漉	ˀbai^{5}	形容词	湿	ˀba:t^{7}ˀba:t^{7}	ABB	《壮汉》
544	ˀbau^{1}ˀbe:ŋ^{1}	很轻	ˀbau^{1}	形容词	轻	ˀbe:ŋ^{1}	AB	《壮汉》
545	ˀbau^{1}ˀbe:ŋ^{1}ˀbe:ŋ^{1}	[方]轻轻的	ˀbau^{1}	形容词	轻	ˀbe:ŋ^{1}ˀbe:ŋ^{1}	ABB	《壮汉》
546	ˀbau^{1}ˀbi:ŋ^{1}ˀbi:ŋ^{1}	轻飘飘	ˀbau^{1}	形容词	轻	ˀbi:ŋ^{1}ˀbi:ŋ^{1}	ABB	《汉壮》
547	ˀba:ŋ^{1}pja:k^{8}pja:k^{8}	疏落	ˀba:ŋ^{1}	形容词	薄;浅薄 ;薄弱 ;淡薄 ;单薄	pja:k^{8}pja:k^{8}	ABB	《汉壮》
548	ˀba:ŋ^{1}ˀbe:ŋ^{1}ˀbe:ŋ^{1}	[方]薄薄的(指纸张、布类等)	ˀba:ŋ^{1}	形容词	薄;浅薄 ;薄弱 ;淡薄 ;单薄	ˀbe:ŋ^{1}ˀbe:ŋ^{1}	ABB	《壮汉》
549	ˀba:ŋ^{1}ˀbe:t^{7}ˀbe:t^{7}	[方]薄薄的(指被子和衣服)	ˀba:ŋ^{1}	形容词	薄;浅薄 ;薄弱 ;淡薄 ;单薄	ˀbe:t^{7}ˀbe:t^{7}	ABB	《壮汉》
550	ˀba:ŋ^{1}ˀbi^{1}ˀbi^{1}	[方]薄薄的(像薄膜一样薄)	ˀba:ŋ^{1}	形容词	薄;浅薄 ;薄弱 ;淡薄 ;单薄	ˀbi^{1}ˀbi^{1}	ABB	《壮汉》
551	ˀba:ŋ^{1}ˀbiŋ^{5}ˀbiŋ^{5}	[方]薄薄的	ˀba:ŋ^{1}	形容词	薄;浅薄 ;薄弱 ;淡薄 ;单薄	ˀbiŋ^{5}ˀbiŋ^{5}	ABB	《壮汉》
552	ˀba:t^{7}ˀba:ŋ^{5}	很斜	ˀba:t^{7}	形容词	斜;斜削	ˀba:ŋ^{5}	AB	《壮汉》
553	ˀbe:n^{1}ˀbe:t^{7}ˀbe:t^{7}	[方]又扁又平	ˀbe:n^{1}	形容词	(容器)扁;浅;扁而平	ˀbe:t^{7}ˀbe:t^{7}	ABB	《壮汉》

续表

序号	壮语词	整体释义	词根	词性	词根释义	后缀	类型	来源
554	^{ʔ}be:u^{3ʔ}be:t^{7ʔ}be:t^{7}	[方]歪歪斜斜的	^{ʔ}be:u^{3}	形容词	歪翘	^{ʔ}be:t^{7ʔ}be:t^{7}	ABB	《壮汉》
555	^{ʔ}bi:ŋ^{1ʔ}be:t^{7ʔ}be:t^{7}	[方]歪歪斜斜的	^{ʔ}bi:ŋ^{1}	形容词	(见^{ʔ}be:u^{3})歪	^{ʔ}be:t^{7ʔ}be:t^{7}	ABB	《壮汉》
556	^{ʔ}bi:ŋ^{1ʔ}be:u^{1ʔ}be:u^{1}	歪歪斜斜的	^{ʔ}bi:ŋ^{1}	形容词	(见^{ʔ}be:u^{3})歪	^{ʔ}be:u^{1ʔ}be:u^{1}	ABB	《壮汉》
557	^{ʔ}bin^{1}fe^{1}fe^{1}	飘飞	^{ʔ}bin^{1}	动词	飞	fe^{1}fe^{1}	ABB	《汉壮》
558	^{ʔ}bin^{1}ja:k^{8}ja:k^{8}	飞扬;招展	^{ʔ}bin^{1}	动词	飞	ja:k^{8}ja:k^{8}	ABB	《汉壮》
559	^{ʔ}bin^{1}je:p^{8}je:p^{8}	飞扬	^{ʔ}bin^{1}	动词	飞	je:p^{8}je:p^{8}	ABB	《汉壮》
560	^{ʔ}bo^{1ʔ}bo:t^{7}	(泥土)松松的	^{ʔ}bo^{1}	形容词	(见^{ʔ}boŋ^{1})松(一般指土、棉花和煮熟的红薯、芋头等)	^{ʔ}bo:t^{7}	AB	《壮汉》
561	^{ʔ}boŋ^{1ʔ}bup^{7ʔ}bup^{7}	东西松而软	^{ʔ}boŋ^{1}	形容词	松(一般指土、棉花和煮熟的红薯、芋头等)	^{ʔ}bup^{7ʔ}bup^{7}	ABB	《壮汉》
562	^{ʔ}bɯn^{3ʔ}ba:t^{7ʔ}ba:t^{7}	[方]嘴巴翘翘的	^{ʔ}bɯn^{3}	动词	翘(向上翻起)	^{ʔ}ba:t^{7ʔ}ba:t^{7}	ABB	《壮汉》
563	^{ʔ}bɯŋ^{1}jaŋ^{1}jaŋ^{1}	[方]满面愁容	^{ʔ}bɯŋ^{1}	形容词	愁容;想哭的样子	jaŋ^{1}jaŋ^{1}	ABB	《壮汉》
564	^{ʔ}bɯŋ^{1}ja:u^{1}ja:u^{1}	满面愁容	^{ʔ}bɯŋ^{1}	形容词	愁容;想哭的样子	ja:u^{1}ja:u^{1}	ABB	《汉壮》
565	^{ʔ}bɯŋ^{1}je:u^{1}je:u^{1}	[方]满面愁容(一般指小孩)	^{ʔ}bɯŋ^{1}	形容词	愁容;想哭的样子	je:u^{1}je:u^{1}	ABB	《壮汉》
566	mjo^{4}mjot^{7}	模糊	mjo^{4}	形容词	模糊	mjot^{7}	AB	《汉壮》
567	na^{1}na:t^{7}na:t^{7}	[方](植物长得)密密的	na^{1}	形容词	厚。厚重。厚实。密(指植物间隔小)。	nat^{7}nat^{7}	ABB	《壮汉》
568	na^{1}nok^{7}nok^{7}	[方]厚厚的	na^{1}	形容词	厚。厚重。厚实。密(指植物间隔小)。	nok^{7}nok^{7}	ABB	《壮汉》
569	na^{1}nɯt^{7}nɯt^{7}	[方]厚厚的	na^{1}	形容词	厚。厚重。厚实。密(指植物间隔小)。	nɯt^{7}nɯt^{7}	ABB	《壮汉》

续表

序号	壮语词	整体释义	词根	词性	词根释义	后缀	类型	来源
570	nak^{7}ne:ŋ^{1}	沉沉	nak^{7}	形容词	重，繁重	ne:ŋ^{1}	AB	《汉壮》
571	nak^{7}num^{1}	沉沉	nak^{7}	形容词	重，繁重	num^{1}	AB	《汉壮》
572	nak^{7}num^{1}num^{1}	沉甸甸	nak^{7}	形容词	重，繁重	num^{1}num^{1}	ABB	《汉壮》
573	nak^{7}kjɯk^{8}	[方] nak^{7}ɣe:k^{8}很深重	nak^{7}	形容词	重，繁重	kjɯk^{8}	AB	《壮汉》
574	nak^{7}kjɯk^{8}kjɯk^{8}	[方]很沉重	nak^{7}	形容词	重，繁重	kjɯk^{8}kjɯk^{8}	ABB	《壮汉》
575	nak^{7}nup^{7}	[方]很沉重	nak^{7}	形容词	重，繁重	nup^{7}	AB	《壮汉》
576	nak^{7}ɣa:n^{1}ɣa:n^{1}	[方]很沉重	nak^{7}	形容词	重，繁重	ɣa:n^{1}ɣa:n^{1}	ABB	《壮汉》
577	nak^{7}ɣe:k^{8}	(见 nak^{7}kjɯk^{8})很沉重	nak^{7}	形容词	重，繁重	ɣe:k^{8}	AB	《壮汉》
578	nak^{7}ɣi^{1}ɣi^{1}	[方]很沉重	nak^{7}	形容词	重，繁重	ɣi^{1}ɣi^{1}	ABB	《壮汉》
579	naŋ^{6}pa^{4}pu:p^{8}	[方]呆坐	naŋ^{6}	动词	坐；乘坐	pa^{4}pu:p^{8}	ABC	《壮汉》
580	naŋ^{6}ɕa:ŋ^{1}to:t^{7}	[方]呆坐	naŋ^{6}	动词	坐；乘坐	ɕa:ŋ^{1}to:t^{7}	ABC	《壮汉》
581	naŋ^{6}taŋ^{3}tot^{8}	[方]呆坐	naŋ^{6}	动词	坐；乘坐	taŋ^{3}tot^{8}	ABC	《壮汉》
582	naŋ^{6}ta^{3}te:k^{7}	[方]整天孤坐	naŋ^{6}	动词	坐；乘坐	ta^{3}te:k^{7}	ABC	《壮汉》
583	naŋ^{6}ka^{1}ŋok^{8}	[方]呆坐	naŋ^{6}	动词	坐；乘坐	ka^{1}ŋok^{8}	ABC	《壮汉》
584	naŋ^{6}joŋ^{1}joŋ^{1}	[方]呆坐	naŋ^{6}	动词	坐；乘坐	joŋ^{1}joŋ^{1}	ABB	《壮汉》
585	nau^{2}θa:t^{8}θa:t^{8}	[方]议论纷纷	nau^{2}	动词	告诉，说	θa:t^{8}θa:t^{8}	ABB	《壮汉》
586	nau^{6}pjot^{8}pjot^{8}	[方]在水中腐烂	nau^{6}	形容词	腐烂	θa:t^{8}θa:t^{8}	ABB	《壮汉》
587	nau^{6}na:t^{8}na:t^{8}	[方]烂得很	nau^{6}	形容词	腐烂	na:t^{8}na:t^{8}	ABB	《壮汉》
588	nau^{6}ne:t^{8}ne:t^{8}	[方]有点腐烂	nau^{6}	形容词	腐烂	ne:t^{8}ne:t^{8}	ABB	《壮汉》

续表

序号	壮语词	整体释义	词根	词性	词根释义	后缀	类型	来源
589	nau^{6}no:t^{8}no:t^{8}	[方]颜色不鲜明	nau^{6}	形容词	[方]蔫;颜色不鲜明	no:t^{8}no:t^{8}	ABB	《壮汉》
590	nau^{6}nɯt^{8}	糜烂	nau^{6}	形容词	腐烂	nɯt^{8}	AB	《壮汉》
591	na:i^{5}ni:k^{7}ni:k^{7}	[方]无精打采	na:i^{5}	形容词	(身体)虚弱;精神委靡;疲倦	ni:k^{7}ni:k^{7}	ABB	《壮汉》
592	na:i^{5}nu:k^{7}nu:k^{7}	[方]软弱无力;无精打采	na:i^{5}	形容词	(身体)虚弱;精神委靡;疲倦	nu:k^{7}nu:k^{7}	ABB	《壮汉》
593	na:i^{5}θi^{1}θi^{1}	[方]软弱无力	na:i^{5}	形容词	(身体)虚弱;精神委靡;疲倦	θi^{1}θi^{1}	ABB	《壮汉》
594	na:i^{6}nup^{7}	(办事)不干脆;不爽快;拖泥带水	na:i^{5}	形容词	(身体)虚弱;精神委靡;疲倦	nup^{7}	AB	《壮汉》
595	na:i^{6}nup^{7}nup^{7}	[方]慢吞吞地做	na:i^{5}	形容词	(身体)虚弱;精神委靡;疲倦	nup^{7}nup^{7}	ABB	《壮汉》
596	na:n^{2}ne^{1}ne^{1}	[方]久久的	na:n^{2}	形容词	久	ne^{1}ne^{1}	ABB	《壮汉》
597	na:n^{2}ni^{1}ni^{1}	[方]时间长久	na:n^{2}	形容词	久	ni^{1}ni^{1}	ABB	《壮汉》
598	na:u^{6}on^{1}on^{1}	[方]闹哄哄的	na:u^{6}	形容词	闹;吵闹	on^{1}on^{1}	ABB	《壮汉》
599	ne:m^{1}pja:t^{8}pja:t^{8}	[方]粘粘的	ne:m^{1}	形容词	黏附;附着	pja:t^{8}pja:t^{8}	ABB	《壮汉》
600	ne:t^{7}nɯt^{7}nɯt^{7}	[方](泥土或棉被)结实	ne:t^{7}	形容词	实;压实	nɯt^{7}nɯt^{7}	ABB	《壮汉》
601	ne:u^{2}na:t^{8}na:t^{8}	[方]条状物体,上下弹动貌(比ne:u^{2}ne:t^{8}ne:t^{8}较重)	ne:u^{2}	形容词	颤;弹颤(物体负重后曲挠而上下弹动)	na:t^{8}na:t^{8}	ABB	《壮汉》
602	ne:u^{2}ne:t^{8}ne:t^{8}	[方]晃动(扁担由于负担过重而上下弹动的样子)	ne:u^{2}	形容词	颤;弹颤(物体负重后曲挠而上下弹动)	ne:t^{8}ne:t^{8}	ABB	《壮汉》
603	nit^{7}ɣi^{1}ɣi^{1}	冷冷的	nit^{7}	形容词	(天气)冷;寒冷	ɣi^{1}ɣi^{1}	ABB	《汉壮》
604	nit^{7}θi^{2}θi^{2}	[方](天气)很冷	nit^{7}	形容词	(天气)冷;寒冷	θi^{2}θi^{2}	ABB	《壮汉》
605	ni:u^{1}na:ŋ^{5}	很粘(比ni:u^{1}ne:k^{7}粘的程度要大)	ni:u^{1}	形容词	粘	na:ŋ^{5}	AB	《壮汉》

续表

序号	壮语词	整体释义	词根	词性	词根释义	后缀	类型	来源
606	ni:u^{1}ne:k^{7}	[方]很粘(比ni:u^{1}na:ŋ^{5}粘的程度要小)	ni:u^{1}	形容词	粘	ne:k^{7}	AB	《壮汉》
607	ni:u^{1}nok^{7}	[方]粘帖的	ni:u^{1}	形容词	粘	nok^{7}	AB	《壮汉》
608	ni:u^{1}nɯk^{7}	很粘	ni:u^{1}	形容词	粘	nɯk^{7}	AB	《壮汉》
609	ni:u^{1}nɯk^{7}nɯk^{7}	[方]黏黏的	ni:u^{1}	形容词	粘	nɯk^{7}nɯk^{7}	ABB	《壮汉》
610	ni:u^{3}non^{1}non^{1}	[方]伤痕累累	ni:u^{3}	名词	疤(指不平滑的疤)	non^{1}non^{1}	ABB	《壮汉》
611	noŋ^{2}nɯt^{7}nɯt^{7}	[方]浑浊貌	noŋ^{2}	形容词	浊;浑浊	nɯt^{7}nɯt^{7}	ABB	《壮汉》
612	nu:ŋ^{5}ɣom^{3}ɣom^{3}	[方]树枝由于结果过多而下垂	nu:ŋ^{5}	形容词	树枝由于结果过多而下垂	ɣom^{3}ɣom^{3}	ABB	《壮汉》
613	nuk^{7}na:k^{7}	聋聋的	nuk^{7}	形容词	聋	na:k^{7}	AB	《壮汉》
614	num^{5}na:t^{7}	缓慢	num^{5}	形容词	缓慢;迟缓	na:t^{7}	AB	《汉壮》
615	num^{5}na:t^{7}na:t^{7}	[方]慢吞吞	num^{5}	形容词	缓慢;迟缓	na:t^{7}na:t^{7}	ABB	《壮汉》
616	num^{5}nɯt^{7}nɯt^{7}	[方]慢吞吞	num^{5}	形容词	缓慢;迟缓	nɯt^{7}nɯt^{7}	ABB	《壮汉》
617	nuŋ^{3}no:t^{7}no:t^{7}	[方]慢吞吞	nuŋ^{3}	形容词	(见num^{5})缓慢;迟缓	no:t^{7}no:t^{7}	ABB	《壮汉》
618	nɯk^{7}na:u^{1}na:u^{1}	脏兮兮	nɯk^{7}	形容词	污腻;污秽;油污。脏;涩,不滑润	na:u^{1}na:u^{1}	ABB	《汉壮》
619	nɯk^{7}na:t^{7}na:t^{7}	[方]不滑润	nɯk^{7}	形容词	污腻;污秽;油污。脏;涩,不滑润	na:t^{7}na:t^{7}	ABB	《壮汉》
620	nɯn^{3}na:n^{1}na:r^{1}	[方]皮肤起很多的红疙瘩	nwn^{3}	名词	被虫咬或被鞭打后皮肤所起的红疙瘩或血痕	na:n^{1}na:n^{1}	ABB	《壮汉》
621	nɯn^{3}ɣot^{8}ɣot^{8}	[方]皮肤起很多的红疙瘩	nwn^{3}	名词	被虫咬或被鞭打后皮肤所起的红疙瘩或血痕	ɣot^{8}ɣot^{8}	ABB	《壮汉》
622	ˀda:ŋ^{3}ˀda:t^{7}ˀdɛ:t^{7}	硬邦邦	ˀda:ŋ^{3}	形容词	干涸	ˀda:t^{7}ˀda:t^{7}	ABB	《汉壮》

续表

序号	壮语词	整体释义	词根	词性	词根释义	后缀	类型	来源
623	^{ʔ}dak^{7}θop^{8}θop^{8}	[方]湿漉漉的	^{ʔ}dak^{7}	形容词	[方]湿	θop^{8}θop^{8}	ABB	《壮汉》
624	^{ʔ}dam^{1ʔ}da:t^{7ʔ}da:t^{7}	黑乎乎;黑黝黝;黑不溜秋	^{ʔ}dam^{1}	形容词	黑(色)	^{ʔ}da:t^{7ʔ}da:t^{7}	ABB	《汉壮》
625	^{ʔ}dam^{1ʔ}de:t^{7ʔ}de:t^{7}	乌溜溜	^{ʔ}dam^{1}	形容词	黑(色)	^{ʔ}de:t^{7ʔ}de:t^{7}	ABB	《汉壮》
626	^{ʔ}dam^{1ʔ}di^{1ʔ}di^{1}	[方]小的黑点	^{ʔ}dam^{1}	形容词	黑(色)	^{ʔ}di^{1ʔ}di^{1}	ABB	《壮汉》
627	^{ʔ}dam^{1ʔ}do:t^{7ʔ}do:t^{7}	黑漆漆	^{ʔ}dam^{1}	形容词	黑(色)	^{ʔ}do:t^{7ʔ}do:t^{7}	ABB	《壮汉》
628	^{ʔ}dam^{1ʔ}dut^{7ʔ}dut^{7}	[方]黑油油	^{ʔ}dam^{1}	形容词	黑(色)	^{ʔ}dut^{7ʔ}dut^{7}	ABB	《壮汉》
629	^{ʔ}dam^{1ʔ}dɯt^{7}	黝黑	^{ʔ}dam^{1}	形容词	黑(色)	^{ʔ}dɯt^{7}	AB	《汉壮》
630	^{ʔ}dam^{1ʔ}dɯt^{7ʔ}dɯt^{7}	黑油油	^{ʔ}dam^{1}	形容词	黑(色)	^{ʔ}dɯt^{7ʔ}dɯt^{7}	ABB	《汉壮》
631	^{ʔ}daŋ^{1}ŋon^{1}wa:u^{1}wa:u^{1}	洋洋得意	^{ʔ}daŋ^{1}ŋon^{1}	动词	受到称赞而得意洋洋	wa:u^{1}wa:u^{1}	ABB	《汉壮》
632	^{ʔ}daŋ^{5ʔ}da:t^{7ʔ}da:t^{7}	咸了吧唧	^{ʔ}daŋ^{5}	形容词	咸(含盐分多)	^{ʔ}da:t^{7ʔ}da:t^{7}	ABB	《汉壮》
633	^{ʔ}daŋ^{5ʔ}de:t^{7ʔ}de:t^{7}	咸咸的	^{ʔ}daŋ^{5}	形容词	咸(含盐分多)	^{ʔ}de:t^{7ʔ}de:t^{7}	ABB	《汉壮》
634	^{ʔ}da:t^{7}fot^{8}fot^{8}	热乎乎	^{ʔ}da:t^{7}	形容词	热	fot^{8}fot^{8}	ABB	《汉壮》
635	^{ʔ}da:t^{7}fɯt^{8}	炙热	^{ʔ}da:t^{7}	形容词	热	fɯt^{8}	AB	《汉壮》
636	^{ʔ}da:t^{7}fɯt^{8}fɯt^{8}	[方]热腾腾	^{ʔ}da:t^{7}	形容词	热	fɯt^{8}fɯt^{8}	ABB	《壮汉》
637	^{ʔ}da:t^{7}ja:n^{1}ja:n^{1}	酷热	^{ʔ}da:t^{7}	形容词	热	ja:n^{1}ja:n^{1}	ABB	《汉壮》
638	^{ʔ}dat^{7}fɯt^{8}fɯt^{8}	水泄不通	^{ʔ}dat^{7}	形容词	紧。挤;拥挤	fɯt^{8}fɯt^{8}	ABB	《汉壮》
639	^{ʔ}dat^{7ʔ}da:ŋ^{1ʔ}da:ŋ^{1}	紧绷绷	^{ʔ}dat^{7}	形容词	紧。挤;拥挤	^{ʔ}da:ŋ^{1ʔ}da:ŋ^{1}	ABB	《汉壮》
640	^{ʔ}dat^{7}jɯt^{8}jɯt^{8}	密密匝匝	^{ʔ}dat^{7}	形容词	紧。挤;拥挤	jɯt^{8}jɯt^{8}	ABB	《汉壮》
641	^{ʔ}dei^{1ʔ}di^{1ʔ}di^{1}	好端端	^{ʔ}dei^{1}	形容词	好,良好;善;美好;精采	^{ʔ}di^{1ʔ}di^{1}	ABB	《汉壮》

续表

序号	壮语词	整体释义	词根	词性	词根释义	后缀	类型	来源
642	ˀdei^{1}ˀdup^{7}ˀdup^{7}	十全十美；极好	ˀdei^{1}	形容词	好，良好；善；美好；精采	ˀdup^{7}ˀdup^{7}	ABB	《壮汉》
643	ˀdi:ŋ^{5}ˀdɯk^{8}ˀdɯk^{8}	［方］东西放不稳，摇动的样子	ˀdi:ŋ^{5}	形容词	物体放置不平而摇晃	ˀdɯk^{8}ˀdɯk^{8}	ABB	《壮汉》
644	ˀdiŋ^{1}hɯt^{8}hɯt^{8}	血红	ˀdiŋ^{1}	形容词	红；赤	hɯt^{8}hɯt^{8}	ABB	《汉壮》
645	ˀdiŋ^{1}ja:n^{1}ja:n^{1}	血红	ˀdiŋ^{1}	形容词	红；赤	ja:n^{1}ja:n^{1}	ABB	《汉壮》
646	ˀdit^{7}la:p^{7}la:p^{7}	［方］湿漉漉的	ˀdit^{7}	形容词	（见 tum^{2}）湿	la:p^{7}la:p^{7}	ABB	《壮汉》
647	ˀdo^{5}ta:t^{7}ta:t^{7}	光秃秃	ˀdo^{5}	形容词	秃	ta:t^{7}ta:t^{7}	ABB	《汉壮》
648	ˀdo^{5}ˀda:m^{1}ˀda:m^{1}	光秃秃	ˀdo^{5}	形容词	秃	ˀda:m^{1}ˀda:m^{1}	ABB	《汉壮》
649	ˀdo^{5}ˀda:ŋ^{5}ˀda:ŋ^{5}	［方］光秃秃的	ˀdo^{5}	形容词	秃	ˀda:ŋ^{5}ˀda:ŋ^{5}	ABB	《壮汉》
650	ˀdot^{7}ke:t^{7}ke:t^{7}	［方］小口啧啧地嘬	ˀdot^{7}	动词	物体被旋涡吸下去	ke:t^{7}ke:t^{7}	ABB	《壮汉》
651	ˀdot^{7}kja:t^{7}kja:t^{7}	［方］大口咕嘟咕嘟地喝	ˀdot^{7}	动词	物体被旋涡吸下去	kja:t^{7}kja:t^{7}	ABB	《壮汉》
652	ˀdo:m^{5}ŋɯt^{8}ŋɯt^{8}	［方］鬼鬼祟祟地看；窥探；窥视	ˀdo:m^{5}	动词	窥视	ŋɯt^{8}ŋɯt^{8}	ABB	《壮汉》
653	ˀdo:n^{3}ɣe:t^{7}ɣe:t^{7}	［方］形容老鼠窜来窜去	ˀdo:n^{3}	动词	窜	ɣe:t^{7}ɣe:t^{7}	ABB	《壮汉》
654	ˀdo:ŋ^{3}ˀda:t^{7}ˀda:t^{7}	硬邦邦	ˀdo:ŋ^{3}	形容词	坚硬；硬	ˀda:t^{7}ˀda:t^{7}	ABB	《汉壮》
655	ˀdo:ŋ^{5}pja:m^{3}pja:m^{3}	金煌煌	ˀdo:ŋ^{5}	形容词	炫（目）；炫耀；闪耀	pja:m^{3}pja:m^{3}	ABB	《汉壮》
656	ˀdo:ŋ^{5}mja:n^{1}mja:n^{1}	金煌煌	ˀdo:ŋ^{5}	形容词	炫（目）；炫耀；闪耀	mja:n^{1}mja:n^{1}	ABB	《汉壮》
657	ˀdo:ŋ^{5}ˀdik^{7}ˀdik^{7}	亮晶晶	ˀdo:ŋ^{5}	形容词	炫（目）；炫耀；闪耀	ˀdik^{7}ˀdik^{7}	ABB	《汉壮》
658	ˀdu:n^{1}ˀdu^{5}ˀdu^{5}	圆滚滚	ˀdu:n^{1}	形容词	圆；圆满	ˀdu^{5}ˀdu^{5}	ABB	《汉壮》
659	ˀduk^{7}ˀda:t^{7}ˀda t^{7}	朽烂不堪	ˀduk^{7}	形容词	朽；腐朽	ˀda:t^{7}ˀda:t^{7}	ABB	《汉壮》
660	ˀdɯn^{3}na:t^{7}	［方］物体表面凹凸不平	ˀdɯn^{3}	形容词	（见 ɕi:k^{8}）破裂；碎	na:t^{7}	AB	《壮汉》

续表

序号	壮语词	整体释义	词根	词性	词根释义	后缀	类型	来源
661	ŋa^{6}ŋup^{8}ŋup^{8}	很馋的样子	ŋa^{6}	形容词	(见θi:u^{3}kwi^{3})(嘴)馋	ŋup^{8}ŋup^{8}	ABB	《壮汉》
662	ŋa:t^{8}kju^{1}kju^{1}	动物擦墙的声音	ŋa:t^{8}	动词	擦;摩擦(如牛倚物擦痒)	kju^{1}kju^{1}	ABB	《壮汉》
663	ŋau^{1}ŋu:m^{1}ŋu:m^{1}	[方]钩钩的	ŋau^{1}	动词	钩子;钩	ŋu:m^{1}ŋu:m^{1}	ABB	《壮汉》
664	ŋau^{2}ŋup^{8}ŋup^{8}	[方]滑滑的(没有涂过油的物体)	ŋau^{2}	形容词	平滑	ŋup^{8}ŋup^{8}	ABB	《壮汉》
665	ŋau^{2}ŋɯt^{7}	(见ŋau^{2}ɯ:n^{5})滑得发光	ŋau^{2}	形容词	平滑	ŋɯt^{7}	AB	《壮汉》
666	ŋau^{2}ŋɯt^{8}ŋɯt^{8}	光滑	ŋau^{2}	形容词	平滑	ŋɯt^{8}ŋɯt^{8}	ABB	《汉壮》
667	ŋau^{5}θe:t^{8}θe:t^{8}	苦苦哀求	ŋau^{5}	动词	哀求	θe:t^{8}θe:t^{8}	ABB	《汉壮》
668	ŋa:i^{6}ŋa:t^{8}ŋa:t^{8}	[方]脏脏的(指物体)	ŋa:i^{6}	形容词	[方]脏;肮脏	ŋa:t^{8}ŋa:t^{8}	ABB	《壮汉》
669	ŋa:i^{6}ŋɯt^{8}ŋɯt^{8}	[方]脏脏的(指身体)	ŋa:i^{6}	形容词	[方]脏;肮脏	ŋɯt^{8}ŋɯt^{8}	ABB	《壮汉》
670	ŋa:u^{2}ŋɯt^{8}ŋɯt^{8}	[方]东西放不稳摇动(比ŋa:u^{2}ȵe:k^{8}ȵe:k^{8}摇动得要利害些)	ŋa:u^{2}	动词	摇;动摇	ŋɯt^{8}ŋɯt^{8}	ABB	《壮汉》
671	ŋa:u^{2}ȵe:k^{8}ȵe:k^{8}	[方]东西放不稳左右摇动	ŋa:u^{2}	动词	摇;动摇	ȵe:k^{8}ȵe:k^{8}	ABB	《壮汉》
672	ŋei^{4}lok^{7}lok^{7}	[方]沉思	ŋei^{4}	动词	(见nam^{3})思考;考虑;思索;寻思	lok^{7}lok^{7}	ABB	《壮汉》
673	ŋei^{4}ne:m^{2}ne:m^{2}	热切希望;很盼望。	ŋei^{4}	动词	(见nam^{3})思考;考虑;思索;寻思	ne:m^{2}ne:m^{2}	ABB	《壮汉》
674	ŋei^{4}ni^{1}ni^{1}	[方]想得入神	ŋei^{4}	动词	(见nam^{3})思考;考虑;思索;寻思	ni^{1}ni^{1}	ABB	《壮汉》
675	ŋe:ŋ^{1}ŋa:u^{1}ŋa:u^{1}	[方]歪歪斜斜的(指体积较大的东西)	ŋe:ŋ^{1}	形容词	歪;侧	ŋa:u^{1}ŋa:u^{1}	ABB	《壮汉》
676	ŋe:ŋ^{1}ȵe:u^{1}ȵe:u^{1}	[方]歪歪斜斜的(指体积较小的东西)	ŋe:ŋ^{1}	形容词	歪;侧	ȵe:u^{1}ȵe:u^{1}	ABB	《壮汉》
677	ŋi:ŋ^{4}ŋɯt^{8}	[方]昂然	ŋi:ŋ^{4}	动词	仰望;伸(头);昂(首)	ŋɯt^{8}	AB	《壮汉》
678	ŋoŋ^{5}ŋɯt^{7}ŋɯt^{7}	疯疯癫癫	ŋoŋ^{5}	形容词	白痴;傻子	ŋɯt^{7}ŋɯt^{7}	ABB	《汉壮》

续表

序号	壮语词	整体释义	词根	词性	词根释义	后缀	类型	来源
679	ŋu^{6}ŋe:t^{8}ŋe:t^{8}	［方］慢吞吞	ŋu^{6}	动词	耽误；耽搁	ŋe:t^{8}ŋe:t^{8}	ABB	《壮汉》
680	ŋu^{6}ȵe:t^{8}ȵe:t^{8}	［方］慢吞吞	ŋu^{6}	动词	耽误；耽搁	ȵe:t^{8}ȵe:t^{8}	ABB	《壮汉》
681	ŋun^{6}θaŋ^{1}θaŋ^{1}	［方］无精打采	ŋun^{6}	动词	（头）晕；昏	θaŋ^{1}θaŋ^{1}	ABB	《壮汉》
682	ŋun^{6}θum^{1}θum^{1}	［方］无精打采	ŋun^{6}	动词	（头）晕；昏	θum^{1}θum^{1}	ABB	《壮汉》
683	ŋut^{7}ŋe:u^{3}	弯曲；曲折。	ŋut^{7}	形容词	弯；弯曲	ŋe:u^{3}	AB	《汉壮》
684	ŋut^{7}ŋe:u^{3}ŋe:u^{3}	［方］弯弯曲曲	ŋut^{7}	形容词	弯；弯曲	ŋe:u^{3}ŋe:u^{3}	ABB	《壮汉》
685	ŋut^{7}ŋut^{7}ŋe:u^{3}ŋe:u^{3}	［方］弯弯曲曲	ŋut^{7}	形容词	弯；弯曲	ŋe:u^{3}ŋe:u^{3}	AABB	《壮汉》
686	ŋut^{7}ɣa:u^{1}ɣa:u^{1}	［方］弯弯曲曲的	ŋut^{7}	形容词	弯；弯曲	ɣa:u^{1}ɣa:u^{1}	ABB	《壮汉》
687	ȵa^{5}ȵa:t^{7}ȵa:t^{7}	［方］渣滓很多	ȵa^{5}	名词	渣滓；渣	ȵa:t^{7}ȵa:t^{7}	ABB	《壮汉》
688	ȵat^{8}ȵup^{8}ȵup^{8}	密麻麻	ȵat^{8}	形容词	（见ʔdat^{7}）挤；拥挤	ȵup^{8}ȵup^{8}	ABB	《汉壮》
689	ȵat^{8}jup^{8}jup^{8}	［方］很密；密密麻麻	ȵat^{8}	形容词	（见ʔdat^{7}）挤；拥挤	jup^{8}jup^{8}	ABB	《壮汉》
690	ȵak^{8}ʔde:k^{8}ʔde:k^{8}	［方］轻轻地砍	ȵak^{8}	动词	砍（轻轻地砍）	ʔde:k^{8}ʔde:k^{8}	ABB	《壮汉》
691	ȵan^{3}ȵat^{7}	［方］动物长不大，老是那么矮小	ȵan^{3}	形容词	（见ȵat^{7}）（动物）发育不全；长得很慢	ȵat^{7}	AB	《壮汉》
692	ȵan^{5}ȵe:k^{7}ȵe:k^{7}	［方］动物长不大，老是那么矮小	ȵan^{5}	形容词	（见ȵat^{7}）（动物）发育不全；长得很慢	ȵe:k^{7}ȵe:k^{7}	ABB	《壮汉》
693	ȵan^{5}ʔde:m^{1}ʔde:m^{1}	羞答答	ȵan^{5}	形容词	羞；羞耻；臊	ʔde:m^{1}ʔde:m^{1}	ABB	《汉壮》
694	ȵan^{5}ȵu:m^{1}ȵu:m^{1}	［方］害臊貌	ȵan^{5}	形容词	羞；羞耻；臊	ȵu:m^{1}ȵu:m^{1}	ABB	《壮汉》
695	ȵaŋ^{5}fot^{8}	［方］忙忙碌碌	ȵaŋ^{5}	形容词	忙；忙碌；（工作）紧张	fot^{8}	AB	《壮汉》

续表

序号	壮语词	整体释义	词根	词性	词根释义	后缀	类型	来源
696	ȵaŋ^{5}fot^{8}fot^{8}	忙忙碌碌	ȵaŋ^{5}	形容词	忙;忙碌;(工作)紧张	fot^{8}fot^{8}	ABB	《汉壮》
697	ȵaŋ^{5}ȵa:t^{7}ȵa:t^{7}	[方]忙忙碌碌	ȵaŋ^{5}	形容词	忙;忙碌;(工作)紧张	ȵa:t^{7}ȵa:t^{7}	ABB	《壮汉》
698	ȵaŋ^{5}ȵɯt^{7}	忙碌	ȵaŋ^{5}	形容词	忙;忙碌;(工作)紧张	ȵɯt^{7}	AB	《汉壮》
699	ȵaŋ^{5}ȵa:t^{7}ȵa:t^{7}	杂草丛生的	ȵaŋ^{5}	名词	(见 ɣum^{1})杂草	ȵa:t^{7}ȵa:t^{7}	ABB	《汉壮》
700	ȵaŋ^{5}θaŋ^{1}θaŋ^{1}	[方](杂草)蓬乱	ȵaŋ^{5}	名词	(见 ɣum^{1})杂草	θaŋ^{1}θaŋ^{1}	ABB	《汉壮》
701	ȵat^{7}ȵe:ŋ^{1}ȵe:ŋ^{1}	[方]动物长不大,老是那么矮小	ȵat^{7}	形容词	(动物)发育不全,长得很慢	ȵe:ŋ^{1}ȵe:ŋ^{1}	ABB	《壮汉》
702	ȵau^{5}ȵa:t^{7}ȵa:t^{7}	[方]皱巴巴的	ȵau^{5}	形容词	皱	ȵa:t^{7}ȵa:t^{7}	ABB	《壮汉》
703	ȵau^{5}ȵe:t^{7}ȵe:t^{7}	[方]多皱纹的	ȵau^{5}	形容词	皱	ȵe:t^{7}ȵe:t^{7}	ABB	《壮汉》
704	ȵau^{5}ȵi:m^{1}ȵi:m^{1}	小皱纹多多的	ȵau^{5}	形容词	皱	ȵi:m^{1}ȵi:m^{1}	ABB	《壮汉》
705	ȵau^{5}ȵu:m^{1}ȵu:m^{1}	[方]皱皱的	ȵau^{5}	形容词	皱	ȵu:m^{1}ȵu:m^{1}	ABB	《壮汉》
706	ȵau^{5}ȵɯt^{7}ȵɯt^{7}	[方]皱皱的	ȵau^{5}	形容词	皱	ȵɯt^{7}ȵɯt^{7}	ABB	《壮汉》
707	ȵa:i^{3}pjup^{8}pjup^{8}	[方]嚼脆东西的声音	ȵa:i^{3}	动词	嚼,嘴嚼	pjup^{8}pjup^{8}	ABB	《壮汉》
708	ȵa:i^{3}kjɯt^{8}kjɯt^{8}	[方]嚼较硬的东西的声音	ȵa:i^{3}	动词	嚼,嘴嚼	kjɯt^{8}kjɯt^{8}	ABB	《壮汉》
709	ȵa:i^{3}wum^{1}wum^{1}	[方]缺齿的人嘴嚼食物的样子	ȵa:i^{3}	动词	嚼,嘴嚼	wum^{1}wum^{1}	ABB	《壮汉》
710	ȵan^{1}ȵok^{7}ȵok^{7}	[方](食物)太干硬(指米面食品)	ȵan^{1}	形容词	(食品)干;干硬(指米、面之类的食品)	ȵok^{7}ȵok^{7}	ABB	《壮汉》
711	ȵa:ŋ^{5}ȵa:t^{7}	韧韧的	ȵa:ŋ^{5}	形容词	韧;坚韧	ȵa:t^{7}	AB	《壮汉》
712	ȵa:ŋ^{5}ȵe:t^{7}ȵe:t^{7}	[方]很韧(指较小的东西)	ȵa:ŋ^{5}	形容词	韧;坚韧	ȵe:t^{7}ȵe:t^{7}	ABB	《壮汉》
713	ȵa:ŋ^{5}ȵɯt^{7}ȵɯt^{7}	[方]很坚韧的(指较大的东西)	ȵa:ŋ^{5}	形容词	韧;坚韧	ȵɯt^{7}ȵɯt^{7}	ABB	《壮汉》

续表

序号	壮语词	整体释义	词根	词性	词根释义	后缀	类型	来源
714	ȵa:p^{7}ȵa:t^{7}ȵa:t^7	[方]很粗糙；很毛糙。很刺痒。	ȵa:p^7	形容词	粗糙；毛糙（物体表面不光滑）。刺痒。	ȵa:t^{7}ȵa:t^7	ABB	《壮汉》
715	ȵa:p^{7}ȵo:t^{7}ȵo:t^7	[方]粗糙；不平滑。刺痒。	ȵa:p^7	形容词	粗糙；毛糙（物体表面不光滑）。刺痒。	ȵo:t^{7}ȵo:t^7	ABB	《壮汉》
716	ȵa:p^{7}ȵuk^7	[方]气恼；恼火；恼怒；混乱	ȵa:p^7	形容词	愁闷；苦闷；烦闷	ȵuk^7	AB	《壮汉》
717	ȵa:p^{7}θap^{8}θap^8	闷闷不乐	ȵa:p^7	形容词	愁闷；苦闷；烦闷	θap^{8}θap^8	ABB	《壮汉》
718	ȵoŋ^{5}ȵɯt^{7}ȵɯt^7	[方]蓬蓬松松	ȵoŋ^5	形容词	蓬松	ȵɯt^{7}ȵɯt^7	ABB	《壮汉》
719	ȵuŋ^{5}ȵa^{1}ȵa^1	[方]（头发和草类）长得很乱	ȵuŋ^5	形容词	蓬乱（一般指线、纱、麻、丝、头发等）	ȵa^{1}ȵa^1	ABB	《壮汉》
720	ȵuŋ^{5}ȵa:ŋ^5	蓬乱	ȵuŋ^5	形容词	蓬乱（一般指线、纱、麻、丝、头发等）	ȵa:ŋ^5	AB	《壮汉》
721	ȵuŋ^{5}ȵa:t^7	乱蓬蓬的	ȵuŋ^5	形容词	蓬乱（一般指线、纱、麻、丝、头发等）	ȵa:t^7	AB	《壮汉》
722	ȵuŋ^{5}ȵa:t^{7}ȵa:t^7	[方]很蓬乱；乱蓬蓬的	ȵuŋ^5	形容词	蓬乱（一般指线、纱、麻、丝、头发等）	ȵa:t^{7}ȵa:t^7	ABB	《壮汉》
723	o^{1}a:t^{7}a:t^7	[方]（衣服）蓝蓝的	o^1	形容词	（见 la:m^2）蓝	a:t^{7}a:t^7	ABB	《壮汉》
724	o^{1}ŋwa:u^{1}ŋwa:u^1	蓝盈盈	o^1	形容词	（见 la:m^2）蓝	ŋwa:u^{1}ŋwa:u^1	ABB	《汉壮》
725	o^{1}θa:u^{4}θa:u^4	蓝靛	o^1	形容词	（见 la:m^2）蓝	θa:u^{4}θa:u^4	ABB	《壮汉》
726	o^{1}θom^{1}θom^1	蓝盈盈	o^1	形容词	（见 la:m^2）蓝	θom^{1}θom^1	ABB	《汉壮》
727	om^{1}a:m^1	[方]om^{1}ke:k^{7}ke:k^7;om^{1}mo:p^{8}mo:p^8;om^{1}e:m^1 很闷热	om^1	形容词	（见 aŋ^1）闷热	a:m^1	AB	《壮汉》

续表

序号	壮语词	整体释义	词根	词性	词根释义	后缀	类型	来源
728	om^{1}ke:k^{7}ke:k^{7}	（见 om^{1}a:m^{1}）很闷热	om^{1}	形容词	（见 aŋ^{1}）闷热	ke:k^{7}ke:k^{7}	ABB	《壮汉》
729	om^{1}mo:p^{8}mo:p^{8}	（见 om^{1}a:m^{1}）很闷热	om^{1}	形容词	（见 aŋ^{1}）闷热	mo:p^{8}mo:p^{8}	ABB	《壮汉》
730	o:i^{5}e:m^{5}	嫩嫩的（指植物比 o:i^{5}ɯt^{7}ɯt^{7}更嫩）	o:i^{5}	形容词	嫩；年轻；幼小	e:m^{5}	AB	《壮汉》
731	o:i^{5}e:m^{1}e:m^{1}	很嫩的	o:i^{5}	形容词	嫩；年轻；幼小	e:m^{1}e:m^{1}	ABB	《汉壮》
732	o:i^{5}up^{7}up^{7}	［方］嫩嫩的	o:i^{5}	形容词	嫩；年轻；幼小	up^{7}up^{7}	ABB	《壮汉》
733	o:i^{5}ɯt^{7}ɯt^{7}	［方］嫩嫩的（指植物）	o:i^{5}	形容词	嫩；年轻；幼小	ɯt^{7}ɯt^{7}	ABB	《壮汉》
734	o:n^{3}ta^{1}ta^{1}	［方］很有把握	o:n^{3}	形容词	稳，安稳	ta^{1}ta^{1}	ABB	《壮汉》
735	o:n^{3}tup^{7}tup^{7}	［方］安稳得很	o:n^{3}	形容词	稳，安稳	tup^{7}tup^{7}	ABB	《壮汉》
736	ɣai^{2}ɣa:ŋ^{1}ɣa:ŋ^{1}	［方］长长的	ɣai^{2}	形容词	长	ɣa:ŋ^{1}ɣa:ŋ^{1}	ABB	《壮汉》
737	ɣai^{2}ɣe:ŋ^{1}ɣe:ŋ^{1}	［方］长长的（指面积狭长的物体）	ɣai^{2}	形容词	长	ɣe:ŋ^{1}ɣe:ŋ^{1}	ABB	《壮汉》
738	ɣai^{2}ɣum^{1}ɣum^{1}	［方］雷声隆隆	ɣai^{2}	动词	（雷）鸣	ɣum^{1}ɣum^{1}	ABB	《壮汉》
739	ɣai^{6}ɣɯt^{8}	锋利	ɣai^{6}	形容词	锐利；利	ɣɯt^{8}	AB	《壮汉》
740	ɣat^{8}ke:t^{7}ke:t^{7}	［方］剪东西的声音（比 ɣat^{8}kja:k^{7}kja:k^{7}程度轻）	ɣat^{8}	动词	（与 tat^{7}同）剪（断）	ke:t^{7}ke:t^{7}	ABB	《壮汉》
741	ɣat^{8}kja:k^{7}kja:k^{7}	［方］使劲剪的声音	ɣat^{8}	动词	（与 tat^{7}同）剪（断）	kja:k^{7}kja:k^{7}	ABB	《壮汉》
742	ɣam^{5}ɣa:t^{7}	［方］稍冷	ɣam^{5}	形容词	［方］稍冷	ɣa:t^{7}	AB	《壮汉》
743	ɣam^{6}fup^{8}fup^{8}	阴沉沉	ɣam^{6}	形容词	阴	fup^{8}fup^{8}	ABB	《汉壮》
744	ɣau^{2}ɣa:t^{8}	滑溜	ɣau^{2}	形容词	滑；滑溜	ɣa:t^{8}	AB	《壮汉》
745	ɣau^{2}ɣa:t^{7}ɣa:t^{7}	［方］滑滑的	ɣau^{2}	形容词	滑；滑溜	ɣa:t^{7}ɣa:t^{7}	ABB	《壮汉》

续表

序号	壮语词	整体释义	词根	词性	词根释义	后缀	类型	来源
746	ɣau^{2}ɣe:t^{8}	滑溜	ɣau^{2}	形容词	滑;滑溜	ɣe:t^{8}	AB	《汉壮》
747	ɣau^{3}ɣe:m^{1}ɣe:m^{1}	暖烘烘	ɣau^{3}	形容词	暖;温暖;(水)温	ɣe:m^{1}ɣe:m^{1}	ABB	《汉壮》
748	ɣau^{3}ɣup^{8}	暖和	ɣau^{3}	形容词	暖;温暖;(水)温	ɣup^{8}	AB	《壮汉》
749	ɣau^{3}ɣup^{8}ɣup^{8}	[方]暖烘烘的	ɣau^{3}	形容词	暖;温暖;(水)温	ɣup^{8}ɣup^{8}	ABB	《壮汉》
750	ɣau^{3}ɣum^{1}ɣum^{1}	暖烘烘	ɣau^{3}	形容词	暖;温暖;(水)温	ɣum^{1}ɣum^{1}	ABB	《汉壮》
751	ɣa:k^{8}fu^{1}fu^{1}	[方]拖着东西跑时发出的摩擦的声音	ɣa:k^{8}	动词	拖;拉	fu^{1}fu^{1}	ABB	《壮汉》
752	ɣa:ŋ^{1}fɯt^{8}fɯt^{8}	香馥馥	ɣa:ŋ^{1}	形容词	(与ho:m^{1}同)香;芳香	fɯt^{8}fɯt^{8}	ABB	《汉壮》
753	ɣa:ŋ^{1}fɯŋ^{1}fɯŋ^{1}	香喷喷	ɣa:ŋ^{1}	形容词	(与ho:m^{1}同)香;芳香	fɯŋ^{1}fɯŋ^{1}	ABB	《汉壮》
754	ɣa:ŋ^{1}ɣɯt^{7}ɣɯt^{7}	芳香	ɣa:ŋ^{1}	形容词	(与ho:m^{1}同)香;芳香	ɣɯt^{7}ɣɯt^{7}	ABB	《汉壮》
755	ɣe:ŋ^{2}te:ŋ^{1}te:ŋ^{1}	[方]雄赳赳	ɣe:ŋ^{2}	形容词	力;力气;力量;能力;魄力	te:ŋ^{1}te:ŋ^{1}	ABB	《壮汉》
756	ɣe:ŋ^{2}ɣɯt^{8}ɣɯt^{8}	[方]力气很大的样子	ɣe:ŋ^{2}	形容词	力;力气;力量;能力;魄力	ɣɯt^{8}ɣɯt^{8}	ABB	《壮汉》
757	ɣe:u^{4}ɣe:t^{8}	苗条	ɣe:u^{4}	形容词	瘦削;(人)高瘦;(手脚)瘦长;(植物)细长	ɣe:t^{8}	AB	《汉壮》
758	ɣe:u^{5}ɣa:t^{7}	(见 ɣo^{2}ɣɯk^{8})干枯枯的	ɣe:u^{5}	动词	枯萎,蔫;萎谢;憔悴	ɣa:t^{7}	AB	《壮汉》
759	ɣe:u^{5}ɣa:t^{7}ɣa:t^{7}	[方](植物)很干枯	ɣe:u^{5}	动词	枯萎,蔫;萎谢;憔悴	ɣa:t^{7}ɣa:t^{7}	ABB	《壮汉》
760	ɣi^{6}na:ŋ^{1}na:ŋ^{1}	[方](眼泪)涔涔地流	ɣi^{6}	动词	挂流(液体沿着垂直面缓慢往下流)	na:ŋ^{1}na:ŋ^{1}	ABB	《壮汉》
761	ɣi^{6}ɣon^{1}ɣon^{1}	不断流下	ɣi^{6}	动词	挂流(液体沿着垂直面缓慢往下流)	ɣon^{1}ɣon^{1}	ABB	《汉壮》
762	ɣi:ŋ^{3}ɣe:t^{7}	轻快;动作不费力	ɣi:ŋ^{3}	形容词	敏捷;迅速	ɣe:t^{7}	AB	《壮汉》

续表

序号	壮语词	整体释义	词根	词性	词根释义	后缀	类型	来源
763	ɣi:ŋ^{3}ɣe:t^{7}ɣe:t^{7}	［方］高速	ɣi:ŋ^{3}	形容词	敏捷；迅速	ɣe:t^{7}ɣe:t^{7}	ABB	《壮汉》
764	ɣim^{1}pɯt^{7}pɯt^{7}	满当当	ɣim^{1}	形容词	满	pɯt^{7}pɯt^{7}	ABB	《汉壮》
765	ɣim^{1}ɣa:t^{8}	很满	ɣim^{1}	形容词	满	ɣa:t^{8}	AB	《壮汉》
766	ɣim^{1}ɣa:t^{8}ɣa:t^{8}	［方］满满的	ɣim^{1}	形容词	满	ɣa:t^{8}ɣa:t^{8}	ABB	《壮汉》
767	ɣiŋ^{42}di$^{1?}$di^{1}	［方］不停地滚动(指小的物体)	ɣiŋ^{4}	动词	(方：kiŋ^{3})滚；滚动	$^{?}$di$^{1?}$di^{1}	ABB	《壮汉》
768	ɣi:u^{1}ha^{1}ha^{1}	［方］笑哈哈	ɣi:u^{1}	动词	笑；讥笑；嘲笑	ha^{1}ha^{1}	ABB	《壮汉》
769	ɣi:u^{1}he^{1}he^{1}	［方］笑嘻嘻	ɣi:u^{1}	动词	笑；讥笑；嘲笑	he^{1}he^{1}	ABB	《壮汉》
770	ɣi:u^{1}ȵum^{3}	微笑；含笑	ɣi:u^{1}	动词	笑；讥笑；嘲笑	ȵum^{3}	AB	《壮汉》
771	ɣi:u^{1}ȵum^{1}ȵum^{1}	［方］笑眯眯	ɣi:u^{1}	动词	笑；讥笑；嘲笑	ȵum^{1}ȵum^{1}	ABB	《壮汉》
772	ɣi:u^{2}noŋ^{1}noŋ^{1}	［方］水流很急	ɣi:u^{2}	动词	(见 lai^{1})流，流行	noŋ^{1}noŋ^{1}	ABB	《壮汉》
773	ɣi:u^{3}na:ŋ^{1}na:ŋ^{1}	［方］手上提着大的物件随身摆动	ɣi:u^{3}	动词	提，拾	na:ŋ^{1}na:ŋ^{1}	ABB	《壮汉》
774	ɣo^{2}kep^{8}	(见 pjo:m^{1}pja:ŋ^{5})很瘦	ɣo^{2}	形容词	(与 pjo:m^{1}同)瘦	kep^{8}	AB	《壮汉》
775	ɣo^{2}ɣa:ŋ^{3}	(见 pjo:m^{1}pja:ŋ^{5})很瘦	ɣo^{2}	形容词	(与 pjo:m^{1}同)瘦	ɣa:ŋ^{3}	AB	《壮汉》
776	ɣo^{2}ɣɯk^{8}	［方］θe:u^{5}ɣat^{7}(植物)干枯枯的	ɣo^{2}	形容词	(与 pjo:m^{1}同)瘦	ɣɯk^{8}	AB	《壮汉》
777	ɣo^{5}pa:ŋ^{1}pa:ŋ^{1}	［方］敲锣声	ɣo^{5}	动词	打；敲(锣；鼓)	pa:ŋ^{1}pa:ŋ^{1}	ABB	《壮汉》
778	ɣo^{5}tum^{1}tum^{1}	［方］敲鼓声	ɣo^{5}	动词	打；敲(锣；鼓)	tum^{1}tum^{1}	ABB	《壮汉》
779	ɣon^{4}fɯt^{8}fɯt^{8}	喷涌	ɣon^{4}	动词	充满而流出：溢	fɯt^{8}fɯt^{8}	ABB	《汉壮》
780	ɣo:ŋ^{6}kjɯk^{8}	光芒；亮堂	ɣo:ŋ^{6}	形容词	亮；光亮；明亮；光明	kjɯk^{8}	AB	《壮汉》
781	ɣo:ŋ^{6}i^{1}i^{1}	亮晶晶	ɣo:ŋ^{6}	形容词	亮；光亮；明亮；光明	i^{1}i^{1}	ABB	《汉壮》

续表

序号	壮语词	整体释义	词根	词性	词根释义	后缀	类型	来源
782	ɣo:ŋ^{6}mja:p^{8}mja:p^{8}	[方]荧荧(形容星光或灯烛光)	ɣo:ŋ^{6}	形容词	亮;光亮;明亮;光明	mja:p^{8}mja:p^{8}	ABB	《壮汉》
783	ɣo:ŋ^{6}ɣik^{7}ɣik^{7}	亮晶晶	ɣo:ŋ^{6}	形容词	亮;光亮;明亮;光明	ɣik^{7}ɣik^{7}	ABB	《汉壮》
784	ɣo:ŋ^{6}θa:t^{8}θa:t^{8}	亮光光	ɣo:ŋ^{6}	形容词	亮;光亮;明亮;光明	θa:t^{8}θa:t^{8}	ABB	《汉壮》
785	ɣo:ŋ^{6}θa:k^{8}	灿烂;辉煌	ɣo:ŋ^{6}	形容词	亮;光亮;明亮;光明	θa:k^{8}	AB	《壮汉》
786	ɣo:ŋ^{6}θa:k^{8}θa:k^{8}	[方]皎皎;皎洁;亮光光的	ɣo:ŋ^{6}	形容词	亮;光亮;明亮;光明	θa:k^{8}θa:k^{8}	ABB	《壮汉》
787	ɣo:ŋ^{6}θɯk^{8}θɯk^{8}	光彩夺目	ɣo:ŋ^{6}	形容词	亮;光亮;明亮;光明	θɯk^{8}θɯk^{8}	ABB	《汉壮》
788	ɣo:ŋ^{6}ja:i^{1}ja:i^{1}	[方]黎明时的景象	ɣo:ŋ^{6}	形容词	亮;光亮;明亮;光明	ja:i^{1}ja:i^{1}	ABB	《壮汉》
789	ɣo:ŋ^{6}jup^{8}jup^{8}	闪亮	ɣo:ŋ^{6}	形容词	亮;光亮;明亮;光明	jup^{8}jup^{8}	ABB	《汉壮》
790	ɣu:n^{2}kop^{8}kop^{8}	慢慢地爬	ɣu:n^{2}	动词	(人)爬行	kop^{8}kop^{8}	ABB	《壮汉》
791	ɣu:n^{2}kja:n^{6}kja:ɹ^{6}	小孩满地爬	ɣu:n^{2}	动词	(人)爬行	kja:n^{6}kja:n^{6}	ABB	《壮汉》
792	ɣɯ:i^{4}ɣa:t^{8}ɣa:t^{8}	劣等	ɣɯ:i^{4}	形容词	坏;不好;丑陋	pja^{1}pja^{1}	ABB	《汉壮》
793	ɣɯ:i^{4}ɣa:n^{1}ɣa:n^{1}	[方]褴褛,(东西)破烂不堪	ɣɯ:i^{4}	形容词	坏;不好;丑陋	ɣa:n^{1}ɣa:n^{1}	ABB	《壮汉》
794	θai^{1}ɣa:t^{7}ɣa:t^{7}	(马)嘶鸣	θai^{1}	动词	嘶鸣	ɣa:t^{7}ɣa:t^{7}	ABB	《汉壮》
795	θan^{2}ti:ŋ^{1}ti:ŋ^{1}	[方]发抖不停	θan^{2}	动词	颤;发抖	ti:ŋ^{1}ti:ŋ^{1}	ABB	《壮汉》
796	θan^{2}tɯt^{8}tɯt^{8}	[方]冷得发抖;怕得发抖	θan^{2}	动词	颤;发抖	tɯt^{8}tɯt^{8}	ABB	《壮汉》
797	θan^{2}kok^{7}kok^{7}	[方]冷得牙齿打颤	θan^{2}	动词	颤;发抖	kok^{7}kok^{7}	ABB	《壮汉》
798	θan^{2}kjɯk^{8}kjɯk^{8}	[方]怕得发抖	θan^{2}	动词	颤;发抖	kjɯk^{8}kjɯk^{8}	ABB	《壮汉》
799	θan^{2}ɣi:ŋ^{1}ɣi:ŋ^{1}	[方]发抖不停	θan^{2}	动词	颤;发抖	ɣi:ŋ^{1}ɣi:ŋ^{1}	ABB	《壮汉》
800	θan^{5}ɣi^{1}ɣi^{1}	[方]深信	θan^{5}	动词	信;相信;信任;信赖	ɣi^{1}ɣi^{1}	ABB	《壮汉》

续表

序号	壮语词	整体释义	词根	词性	词根释义	后缀	类型	来源
801	θan^{5}te:t^{8}te:t^{8}	[方]微微抖动貌(指物体)	θan^{5}	动词	抖动(拿住口袋抖出东西来,或把口袋里的东西抖匀)	te:t^{8}te:t^{8}	ABB	《壮汉》
802	θap^{7}θa:ŋ^{5}θa:ŋ^{5}	[方]涩不能食	θap^{7}	形容词	涩	θa:ŋ^{5}θa:ŋ^{5}	ABB	《壮汉》
803	θap^{7}θa:t^{7}θa:t^{7}	[方]涩到不能食	θap^{7}	形容词	涩	θa:t^{7}θa:t^{7}	ABB	《壮汉》
804	θat^{7}noŋ^{1}noŋ^{1}	[方]奔驰的样子	θat^{7}	动词	(见 ti:u^{5})跳	noŋ^{1}noŋ^{1}	ABB	《壮汉》
805	θat^{7}je:k^{7}je:k^{7}	[方]跳蹦蹦(指小孩)	θat^{7}	动词	(见 ti:u^{5})跳	je:k^{7}je:k^{7}	ABB	《壮汉》
806	θa:n^{5}pja^{1}pja^{1}	零零散散	θa:n^{5}	形容词	散;分散	pja^{1}pja^{1}	ABB	《汉壮》
807	θa:n^{5}pju^{1}pju^{1}	四散	θa:n^{5}	形容词	散;分散	pju^{1}pju^{1}	ABB	《汉壮》
808	θa:n^{5}ɲaŋ^{1}ɲaŋ^{1}	[方]人群四散的样子	θa:n^{5}	形容词	散;分散	ɲaŋ^{1}ɲaŋ^{1}	ABB	《壮汉》
809	θa:n^{5}θa:k^{7}θa:k^{7}	[方]很分散的;很零乱	θa:n^{5}	形容词	散;分散	θa:k^{7}θa:k^{7}	ABB	《壮汉》
810	θa:n^{5}kwa:ŋ^{1}kwa:ŋ^{1}	[方]高高的(形容动物)	θa:ŋ^{1}	形容词	高	kwa:ŋ^{1}kwa:ŋ^{1}	ABB	《壮汉》
811	θa:ŋ^{1}ne:ŋ^{1}ne:ŋ^{1}	[方]巍然(形容山或建筑物的高大)	θa:ŋ^{1}	形容词	高	ne:ŋ^{1}ne:ŋ^{1}	ABB	《壮汉》
812	θa:ŋ^{1}ni:u^{1}ni:u^{1}	巍然	θa:ŋ^{1}	形容词	高	ni:u^{1}ni:u^{1}	ABB	《汉壮》
813	θa:ŋ^{1}ŋa:u^{2}ŋa:u^{2}	[方]巍巍	θa:ŋ^{1}	形容词	高	ŋa:u^{2}ŋa:u^{2}	ABB	《壮汉》
814	θa:ŋ^{1}ɣa:t^{8}	挺拔	θa:ŋ^{1}	形容词	高	ɣa:t^{8}	AB	《汉壮》
815	θa:ŋ^{1}θa:t^{7}θa:t^{7}	[方](声音)很高	θa:ŋ^{1}	形容词	高	θa:t^{7}θa:t^{7}	ABB	《壮汉》
816	θa:ŋ^{1}θup^{7}	巍巍	θa:ŋ^{1}	形容词	高	θup^{7}	AB	《汉壮》
817	θa:ŋ^{1}wit^{8}wit^{8}	[方]高高的(形容山)	θa:ŋ^{1}	形容词	高	wit^{8}wit^{8}	ABB	《壮汉》
818	θa:ŋ^{3}θɯt^{7}θɯt^{7}	[方]极爽快	θa:ŋ^{3}	形容词	凉爽;爽快;痛快	θɯt^{7}θɯt^{7}	ABB	《壮汉》

续表

序号	壮语词	整体释义	词根	词性	词根释义	后缀	类型	来源
819	θa:u^{3}ɣa:ŋ^{1}ɣa:ŋ^{1}	[方]kjo^{1}piŋ^{3}；θa:u^{3}θa:k^{7}（晒得或炒得）干干的	θa:u^{3}	形容词	干(指泥土、柴草)	ɣa:ŋ^{1}ɣa:ŋ^{1}	ABB	《壮汉》
820	θa:u^{3}θa:k^{7}	(见 θa:u^{3}ɣa:ŋ^{1}ɣa:ŋ^{1})(晒得或炒得)干干的	θa:u^{3}	形容词	干(指泥土、柴草)	θa:k^{7}	AB	《壮汉》
821	θa:u^{3}θa:t^{7}θa:t^{7}	[方]干干的	θa:u^{3}	形容词	干(指泥土、柴草)	θa:t^{7}θa:t^{7}	ABB	《壮汉》
822	θaɯ^{1}tik^{7}tik^{7}	[方]清清的	θaɯ^{1}	形容词	稀；清澈；洁净(尤指透明的东西)	tik^{7}tik^{7}	ABB	《壮汉》
823	θaɯ^{1}θu:m^{3}	[方]清清的	θaɯ^{1}	形容词	稀；清澈；洁净(尤指透明的东西)	θu:m^{3}	AB	《壮汉》
824	θaɯ^{1}ja:u^{1}ja:u^{1}	清清的	θaɯ^{1}	形容词	稀；清澈；洁净(尤指透明的东西)	ja:u^{1}ja:u^{1}	ABB	《壮汉》
825	θaɯ^{1}θa:ŋ^{1}θa:ŋ^{1}	稀溜溜	θaɯ^{1}	形容词	稀；清澈；洁净(尤指透明的东西)	θa:ŋ^{1}θa:ŋ^{1}	ABB	《汉壮》
826	θaɯ^{5}jup^{7}jup^{7}	[方]试了又试	θaɯ^{5}	动词	试；尝试	jup^{7}jup^{7}	ABB	《壮汉》
827	θe:k^{7}θa:k^{7}	(见 ko:k^{7}θa:t^{8}θa:t^{8})清脆而响亮的叫声	θe:k^{7}	动词	大声吆喝	θa:k^{7}	AB	《壮汉》
828	θe:ŋ^{1}θɯt^{7}	陌生	θe:ŋ^{1}	形容词	不熟悉；陌生；生疏	θɯt^{7}	AB	《汉壮》
829	θe:ŋ^{4}θa:t^{8}θa:t^{8}	破烂	θe:ŋ^{4}	形容词	褴褛，破烂(专指衣服，旗帜和编织物等)	θa:t^{8}θa:t^{8}	ABB	《汉壮》
830	θe:p^{7}pjaɯ^{5}pjaɯ^{5}	[方]很辣痛	θe:p^{7}	形容词	辣痛；灼痛(如伤口被盐水、酒精等刺激的感觉)	pjaɯ^{5}pjaɯ^{5}	ABB	《壮汉》
831	θe:p^{7}ja:n^{2}ja:n^{2}	[方]很辣痛	θe:p^{7}	形容词	辣痛；灼痛(如伤口被盐水、酒精等刺激的感觉)	ja:n^{2}ja:n^{2}	ABB	《壮汉》
832	θe:u^{5}θa:k^{7}	干净	θe:u^{5}	形容词	干净；清洁；光(没有剩余)；晴朗；鲜艳；清楚。	θa:k^{7}	AB	《汉壮》

续表

序号	壮语词	整体释义	词根	词性	词根释义	后缀	类型	来源
833	θe:u^{5}θa:k^{8}	(见 ɕiŋ^{4}tik^{7}tik^{7})皎洁	θe:u^{5}	形容词	干净;清洁;光(没有剩余);晴朗;鲜艳;清楚。	θa:k^{8}	AB	《壮汉》
834	θe:u^{5}θa:t^{7}	精光	θe:u^{5}	形容词	干净;清洁;光(没有剩余);晴朗;鲜艳;清楚。	θa:t^{7}	AB	《壮汉》
835	θe:u^{5}θe:t^{7}	利落	θe:u^{5}	形容词	干净;清洁;光(没有剩余);晴朗;鲜艳;清楚。	θe:t^{7}	AB	《壮汉》
836	θi^{1}li:ŋ^{2}we:t^{7}we:t^{7}	凄切	θi^{1}li:ŋ^{2}	形容词	凄凉;可悲;哀痛	we:t^{7}we:t^{7}	ABB	《汉壮》
837	θi:n^{4}θup^{8}θup^{8}	[方]很驯服	θi:n^{4}	形容词	(见 kun^{4})驯服	θup^{8}θup^{8}	ABB	《壮汉》
838	θi:ŋ^{3}mjup^{8}mjup^{8}	思索	θi:ŋ^{3}	动词	想;思考。想念;思念	mjup^{8}mjup^{8}	ABB	《汉壮》
839	θi:ŋ^{3}num^{1}num^{1}	[方]很挂念;很想念	θi:ŋ^{3}	动词	想;思考。想念;思念	num^{1}num^{1}	ABB	《壮汉》
840	θim^{1}lu:n^{6}θap^{8}θap^{8}	心乱如麻	θim^{1}lu:n^{6}	形容词	心乱	θap^{8}θap^{8}	ABB	《壮汉》
841	θin^{2}pja^{1}pja^{1}	四散飞溅	θin^{2}	动词	溅;飞溅;迸发;迸溅。	pja^{1}pja^{1}	ABB	《汉壮》
842	θiŋ^{3}θa:k^{8}	机警	θiŋ^{3}	形容词	敏感;机警	θa:k^{8}	AB	《壮汉》
843	θiŋ^{3}θa:k^{8}θa:k^{8}	很机警	θiŋ^{3}	形容词	敏感;机警	θa:k^{8}θa:k^{8}	ABB	《壮汉》
844	θiŋ^{3}θa:t^{8}	[方]动作轻快;敏捷	θiŋ^{3}	形容词	敏感;机警	θa:t^{8}	AB	《壮汉》
845	θi:u^{3}θim^{1}ɣi^{1}ɣi^{1}	谨小慎微	θi:u^{3}θim^{1}	形容词	小心,当心	ɣi^{1}ɣi^{1}	ABB	《汉壮》
846	θi:u^{3}θim^{1}θi^{1}θi^{1}	拘谨	θi:u^{3}θim^{1}	形容词	小心,当心	θi^{1}θi^{1}	ABB	《壮汉》
847	θi:u^{3}θim^{1}jup^{7}jup^{7}	小心翼翼	θi:u^{3}θim^{1}	形容词	小心,当心	jup^{7}jup^{7}	ABB	《汉壮》
848	θo^{6}noŋ^{6}	[方](物体)长而直	θo^{6}	形容词	直。耿直;直爽。诚实;老实。	noŋ^{6}	AB	《壮汉》
849	θo^{6}noŋ^{1}noŋ^{1}	[方]直直的	θo^{6}	形容词	直。耿直;直爽。诚实;老实。	noŋ^{1}noŋ^{1}	ABB	《壮汉》

续表

序号	壮语词	整体释义	词根	词性	词根释义	后缀	类型	来源
850	θo^{6}nup^{7}nup^{7}	[方]很和善	θo^{6}	形容词	直。耿直；直爽。诚实；老实。	nup^{7}nup^{7}	ABB	《壮汉》
851	θo^{6}ɣa:t^{8}ɣa:t^{8}	笔直	θo^{6}	形容词	直。耿直；直爽。诚实；老实。	ɣa:t^{8}ɣa:t^{8}	ABB	《汉壮》
852	θo^{6}ɣa:ŋ^{1}ɣa:ŋ^{1}	[方]（物体）长而直	θo^{6}	形容词	直。耿直；直爽。诚实；老实。	ɣa:ŋ^{1}ɣa:ŋ^{1}	ABB	《壮汉》
853	θo^{6}ɣe:ŋ^{1}ɣe:ŋ^{1}	[方]长而直的（指较小的物体）	θo^{6}	形容词	直。耿直；直爽。诚实；老实。	ɣe:ŋ^{1}ɣe:ŋ^{1}	ABB	《壮汉》
854	θo^{6}ɣɯt^{8}ɣɯt^{8}	[方]直直的	θo^{6}	形容词	直。耿直；直爽。诚实；老实。	ɣɯt^{8}ɣɯt^{8}	ABB	《壮汉》
855	θom^{1}θe:ŋ^{5}θe:ŋ^{5}	[方]尖尖的（指较小的东西）	θom^{1}	形容词	尖	θe:ŋ^{5}θe:ŋ^{5}	ABB	《壮汉》
856	θom^{1}θe:t^{7}θe:t^{7}	[方]尖尖的（指较小的东西）	θom^{1}	形容词	尖	θe:t^{7}θe:t^{7}	ABB	《壮汉》
857	θom^{1}θu^{5}	[方]li:m^{1}lu^{1}lu^{1}尖尖的	θom^{1}	形容词	尖	θu^{5}	AB	《壮汉》
858	θom^{3}ka:t^{8}	[方]酸溜溜	θom^{3}	形容词	酸	ka:t^{8}	AB	《壮汉》
859	θom^{3}ke:t^{7}	[方] θom^{3}θa:t^{7}极酸	θom^{3}	形容词	酸	ke:t^{7}	AB	《壮汉》
860	θom^{3}θa:t^{7}	（见θom^{3}ke:t^{7}）极酸	θom^{3}	形容词	酸	θa:t^{7}	AB	《壮汉》
861	θom^{3}θa:t^{7}θa:t^{7}	[方]酸不可吃	θom^{3}	形容词	酸	θa:t^{7}θa:t^{7}	ABB	《壮汉》
862	θom^{3}θe:t^{7}	酸酸的	θom^{3}	形容词	酸	θe:t^{7}	AB	《汉壮》
863	θom^{3}θe:t^{7}θe:t^{7}	酸溜溜	θom^{3}	形容词	酸	θe:t^{7}θe:t^{7}	ABB	《汉壮》
864	θoŋ^{1}θa^{1}	（见θoŋ^{1}θe^{1}）逍遥自在	θoŋ^{1}	形容词	轻松；爽快；舒服	θa^{1}	AB	《壮汉》
865	θoŋ^{1}θa:ŋ^{5}	（见θoŋ^{1}θe^{1}）逍遥自在	θoŋ^{1}	形容词	轻松；爽快；舒服	θa:ŋ^{5}	AB	《壮汉》
866	θoŋ^{1}θe^{1}	（与θoŋ^{1}θup^{7}同）[方]θoŋ^{1}θa^{1}；θoŋ^{1}θa:ŋ^{5}逍遥自在	θoŋ^{1}	形容词	轻松；爽快；舒服	θe^{1}	AB	《壮汉》
867	θoŋ^{1}θe:t^{7}θe:t^{7}	[方]很轻松	θoŋ^{1}	形容词	轻松；爽快；舒服	θe:t^{7}θe:t^{7}	ABB	《壮汉》

续表

序号	壮语词	整体释义	词根	词性	词根释义	后缀	类型	来源
868	θoŋ^{1}θup^7	(与θoŋ^{1}θe^{1}同)逍遥自在	θoŋ^1	形容词	轻松;爽快;舒服	θup^7	AB	《壮汉》
869	θoŋ^{1}θup^{7}θup^7	松松的	θoŋ^1	形容词	轻松;爽快;舒服	θup^{7}θup^7	ABB	《壮汉》
870	θoŋ^{1}θɯt^7	舒畅	θoŋ^1	形容词	轻松;爽快;舒服	θɯt^7	AB	《汉壮》
871	θoŋ^{1}θɯt^{7}θɯt^7	十分轻松	θoŋ^1	形容词	轻松;爽快;舒服	θɯt^{7}θɯt^7	ABB	《壮汉》
872	θɯ:n^{3}on^{1}on^1	[方]连哭带叫	θɯ:n^3	动词	高声叫喊	on^{1}on^1	ABB	《壮汉》
873	θɯ:n^{3}ja:t^{7}ja:t^7	[方]惊叫声	θɯ:n^3	动词	高声叫喊	ja:t^{7}ja:t^7	ABB	《壮汉》
874	θɯ:n^{3}ja:u^{1}ja:u^1	[方]大声叫喊	θɯ:n^3	动词	高声叫喊	ja:u^{1}ja:u^1	ABB	《壮汉》
875	θɯn^{4}θa:p^{8}θa:p^8	[方]熟芋头,肉质不松	θɯn^4	形容词	芋头或红薯煮熟后,肉质不松	θa:p^{8}θa:p^8	ABB	《壮汉》
876	u^{5}a:t^{7}a:t^7	脏兮兮	u^5	形容词	脏;肮脏	a:t^{7}a:t^7	ABB	《汉壮》
877	un^{3}ne:m^{1}ne:m^1	[方]指人娇嫩	un^3	形容词	(见un^5)软;软弱;温柔	ne:m^{1}ne:m^1	ABB	《壮汉》
878	un^{5}na:m^{1}na:m^1	[方]软绵绵的(指较大的物体)	un^5	形容词	软;软弱;温柔	na:m^{1}na:m^1	ABB	《壮汉》
879	un^{5}ne:m^{1}ne:m^1	[方]软绵绵的(指较小物体)	un^5	形容词	软;软弱;温柔	ne:m^{1}ne:m^1	ABB	《壮汉》
880	un^{5}ni:k^{7}ni:k^7	[方]软弱无力	un^5	形容词	软;软弱;温柔	ni:k^{7}ni:k^7	ABB	《壮汉》
881	un^{5}nup^{7}nup^7	[方]软软的	un^5	形容词	软;软弱;温柔	nup^{7}nup^7	ABB	《壮汉》
882	un^{5}ɣi:k^{8}ɣi:k^8	[方]全身无力	un^5	形容词	软;软弱;温柔	ɣi:k^{8}ɣi:k^8	ABB	《壮汉》
883	uŋ^{3}θaŋ^{1}θaŋ^1	[方]东西在水中浸久了,发出的极浓的臭气	uŋ^3	形容词	东西在水中浸久了,发出的臭气	θaŋ^{1}θaŋ^1	ABB	《壮汉》
884	wa^{1}lok^{7}lok^7	[方]花花绿绿	wa^1	名词	花	lok^{7}lok^7	ABB	《壮汉》
885	wa:t^{8}lon^{1}lon^1	[方]密密的挥动	wa:t^8	动词	挥动;招(手)	lon^{1}lon^1	ABB	《壮汉》

续表

序号	壮语词	整体释义	词根	词性	词根释义	后缀	类型	来源
886	wa:t^{8}wa:t^{7}wa:t^{7}	[方]慢慢的扇	wa:t^{8}	动词	挥动;招(手)	wa:t^{7}wa:t^{7}	ABB	《壮汉》
887	wa:t^{8}je:k^{8}je:k^{8}	[方]密密的挥动	wa:t^{8}	动词	挥动;招(手)	je:k^{8}je:k^{8}	ABB	《壮汉》
888	wa:i^{5}wit^{7}	快速	wa:i^{5}	形容词	快	wit^{7}	AB	《汉壮》
889	wa:i^{6}wa:t^{8}	破烂	wa:i^{6}	形容词	烂;破;坏;损坏	wa:t^{8}	AB	《汉壮》
890	wa:i^{6}wa:t^{8}wa:t^{8}	[方]破烂不堪	wa:i^{6}	形容词	烂;破;坏;损坏	wa:t^{8}wa:t^{8}	ABB	《壮汉》
891	wa:n^{1}kak^{7}	(见ti:m^{2}ɯk^{7})很甜;甜味浓	wa:n^{1}	形容词	(与ti:m^{2}同)甜。香甜;甜美(比喻舒适、愉快)	kak^{7}	AB	《壮汉》
892	wa:n^{1}nak^{7}	(见ti:m^{2}ɯk^{7})很甜;甜味很浓	wa:n^{1}	形容词	(与ti:m^{2}同)甜。香甜;甜美(比喻舒适、愉快)	nak^{7}	AB	《壮汉》
893	wa:n^{1}ne:k^{7}	[方]ti:m^{2}je:m^{3}微甜(指食品或果类)	wa:n^{1}	形容词	(与ti:m^{2}同)甜。香甜;甜美(比喻舒适、愉快)	ne:k^{7}	AB	《壮汉》
894	wa:n^{1}nup^{7}nup^{7}	[方]甜甜的	wa:n^{1}	形容词	(与ti:m^{2}同)甜。香甜;甜美(比喻舒适、愉快)	nup^{7}nup^{7}	ABB	《壮汉》
895	wa:n^{1}ȵum^{1}ȵum^{1}	[方]甜甜的	wa:n^{1}	形容词	(与ti:m^{2}同)甜。香甜;甜美(比喻舒适、愉快)	ȵum^{1}ȵum^{1}	ABB	《壮汉》
896	wa:n^{1}ŋɯt^{7}ŋe:u^{3}	[方]弯弯曲曲的(弯的程度比kau^{2}ȵe:u^{1}ȵe:u^{1}大)	wa:n^{1}	形容词	弯;弯曲(指路、河)	ŋɯt^{7}ŋe:u^{3}	ABC	《壮汉》
897	wa:ŋ^{6}θaŋ^{1}θaŋ^{1}	疯疯癫癫	wa:ŋ^{6}	形容词	疯;癫	θaŋ^{1}θaŋ^{1}	ABB	《汉壮》
898	wa:u^{5}wa:t^{7}wa:t^{7}	[方]缺口很大的样子	wa:u^{5}	形容词	(见wa:u^{5})缺	wa:t^{7}wa:t^{7}	ABB	《壮汉》
899	we:n^{3}ɕik^{7}ɕik^{7}	[方]死气沉沉,冷冷清清	we:n^{3}	动词	挂	ɕik^{7}ɕik^{7}	ABB	《壮汉》

续表

序号	壮语词	整体释义	词根	词性	词根释义	后缀	类型	来源
900	we:n^{3}na:ŋ^{5}na:ŋ^{5}	[方]悬挂物来回摆动	we:n^{3}	动词	挂	na:ŋ^{5}na:ŋ^{5}	ABB	《壮汉》
901	we:n^{3}we^{1}we^{1}	[方]一串串地挂着	we:n^{3}	动词	挂	we^{1}we^{1}	ABB	《壮汉》
902	we:ŋ^{5}we:t^{7}we:t^{7}	[方]形容小小的缺口	we:ŋ^{5}	形容词	缺(缺的程度比 wa:u^{5}较小些)	we:t^{7}we:t^{7}	ABB	《壮汉》
903	wi^{1}fuŋ^{1}fuɯt^{8}fuɯt^{8}	威风凛凛	wi^{1}fuŋ^{1}	形容词	威风	fuɯt^{8}fuɯt^{8}	ABB	《汉壮》
904	ɯ:n^{3}jup^{7}jup^{7}	[方]光滑滑的	ɯ:n^{3}	形容词	光滑(指涂过油的)	jup^{7}jup^{7}	ABB	《壮汉》
905	jak^{7}ta:i^{1}θa:t^{8}θa:t^{8}	奄奄一息	jak^{7}ta:i^{1}	动词	将死	θa:t^{8}θa:t^{8}	ABB	《汉壮》
906	jak^{7}tom^{5}θa:t^{8}θa:t^{8}	摇摇欲坠	jak^{7}tom^{5}	动词	将要坍塌	θa:t^{8}θa:t^{8}	ABB	《汉壮》
907	jam^{2}ɣuɯk^{8}	肃静	jam^{2}	形容词	肃静	ɣuɯk^{8}	AB	《汉壮》
908	jam^{2}ɣuɯk^{8}ɣuɯk^{8}	肃静	jam^{2}	形容词	肃静	ɣuɯk^{8}ɣuɯk^{8}	ABB	《汉壮》
909	ja:k^{7}ɣi^{1}ɣi^{1}	[方]恶狠狠	ja:k^{7}	形容词	恶;凶;恶毒;凶恶	ɣi^{1}ɣi^{1}	ABB	《壮汉》
910	ja:u^{2}ŋe:ŋ^{1}ŋe:ŋ^{1}	[方]东西放不稳,左右摇摆动	ja:u^{2}	动词	摇;摇(动)	ŋe:ŋ^{1}ŋe:ŋ^{1}	ABB	《壮汉》
911	jauɯ^{3}tu:p^{7}tu:p^{7}	眼巴巴	jauɯ^{3}	动词	看;视;阅;瞅	tu:p^{7}tu:p^{7}	ABB	《汉壮》
912	jauɯ^{3}ŋoŋ^{1}ŋoŋ^{1}	[方]眼睁睁	jauɯ^{3}	动词	看;视;阅;瞅	ŋoŋ^{1}ŋoŋ^{1}	ABB	《壮汉》
913	jauɯ^{3}mjok^{8}mjok^{8}	眼巴巴	jauɯ^{3}	动词	看;视;阅;瞅	mjok^{8}mjok^{8}	ABB	《汉壮》
914	je:n^{3}ja:k^{7}ja:k^{7}	[方]灰溜溜	je:n^{3}	形容词	害羞;怕羞	ja:k^{7}ja:k^{7}	ABB	《壮汉》
915	ji:n^{5}tik^{7}tik^{7}	[方]被刺伤或疮口化脓时的剧痛感	ji:n^{5}	形容词	痛;疼	tik^{7}tik^{7}	ABB	《壮汉》
916	jin^{2}je:t^{7}je:t^{7}	[方]很韧(指较小的东西)	jin^{2}	形容词	韧	je:t^{7}je:t^{7}	ABB	《壮汉》
917	jou^{2}jup^{8}jup^{8}	[方]油汪汪	jou^{2}	名词	(植物和矿物的)油	jup^{8}jup^{8}	ABB	《壮汉》
918	jou^{2}juɯt^{8}juɯt^{8}	[方]油腻	jou^{2}	名词	(植物和矿物的)油	juɯt^{8}juɯt^{8}	ABB	《壮汉》

续表

序号	壮语词	整体释义	词根	词性	词根释义	后缀	类型	来源
919	juŋ^{2}kwak^{7}kwak^{7}	阔气	juŋ^{2}	形容词	纵容;放纵;宽容	kwak^{7}kwak^{7}	ABB	《壮汉》
920	juŋ^{2}ʔbum^{1}ʔbum^{1}	毛茸茸	juŋ^{2}	名词	绒	ʔbum^{1}ʔbum^{1}	ABB	《汉壮》
921	juŋ^{3}fot^{8}fot^{8}	忙忙碌碌	juŋ^{3}	形容词	(见 ɲaŋ^{5})忙;忙碌	fot^{8}fot^{8}	ABB	《汉壮》
922	juŋ^{3}ɲa:t^{7}ɲa:t^{7}	忙忙碌碌	juŋ^{3}	形容词	(见 ɲaŋ^{5})忙;忙碌	ɲa:t^{7}ɲa:t^{7}	ABB	《汉壮》

二、状貌后缀频次表

下表按状貌后缀的出现频次排序,第一行为序号,第二行为后缀,第三行为出现频次,第四行为百分比。如排序第一的 fɯt^{8}/fɯt^{8}fɯt^{8},在 922 个词中出现了 22 次,占 2.4%。其余依次类推。

1	2	3	4	5	6	7	8	9	10	11
fɯt^{8}/fɯt^{8}fɯt^{8}	θa:t^{7}/θa:t^{7}θa:t^{7}/θa:t^{8}/θa:t^{8}θa:t^{8}	θa:k^{7}/θa:k^{8}/θa:k^{7}θa:k^{7}/θa:k^{8}θa:k^{8}	fot^{8}/fot^{8}fot^{8}	ɣa:t^{7}/ɣa:t^{8}/ɣa:t^{-}ɣa:t^{7}/ɣa:t^{8}ɣa:t^{8}	ŋɯt^{7}/ŋɯt^{7}ŋɯt^{7}/ŋɯt^{8}/ŋɯt^{8}ŋɯt^{8}	ɣi^{1}ɣi^{1}	na:ŋ^{5}/na:ŋ^{5}na:ŋ^{5}/na:ŋ^{1}na:ŋ^{1}	ɲa:t^{7}/ɲa:t^{7}ɲa:t^{7}	ɣɯt^{8}/ɣɯt^{8}ɣɯt^{8}/ɣɯt^{7}ɣɯt^{7}	jup^{7}jup^{7}/jup^{8}jup^{8}
22	19	13	12	12	12	11	11	11	10	10
2.4	2.1	1.4	1.3	1.3	1.3	1.2	1.2	1.2	1.1	1.1
12	13	14	15	16	17	18	19	20	21	22
θaŋ^{1}θaŋ^{1}/θaŋ^{6}θaŋ^{6}	ɣɯk^{8}/ɣɯk^{8}ɣɯk^{8}/ɣɯk^{7}ɣɯk^{7}	ke:t^{7}/ke:t^{7}ke:t^{7}/ke:t^{8}ke:t^{8}	θɯt^{7}/θɯt^{8}/θɯt^{7}θɯt^{7}/θɯt^{8}θɯt^{8}	ɣe:t^{7}/ɣe:t^{8}/ɣe:t^{7}ɣe:t^{7}	nɯt^{8}/nɯt^{8}nɯt^{8}/nɯt^{7}nɯt^{7}	ŋa:u^{5}/ŋa:u^{5}ŋa:u^{5}/ŋa:u^{1}ŋa:u^{1}/ŋa:u^{2}ŋa:u^{2}	θi^{1}θi^{1}/θi^{2}θi^{2}	θup^{7}/θup^{7}θup^{7}/θup^{8}θup^{8}	ɕa:t^{7}/ɕa:t^{7}ɕa:t^{7}/ɕa:t^{8}ɕa:t^{8}	ɕup^{7}/ɕup^{7}ɕup^{7}
10	9	9	9	8	8	8	8	8	7	7

续表

1.1	1.0	1.0	1.0	0.9	0.9	0.9	0.9	0.9	0.8	0.8
23	24	25	26	27	28	29	30	31	32	33
ja:u^{1}ja:u^{1}	lu^{1}lu^{1}	tɯt^{7}tɯt^{7}/tɯt^{8} tɯt^{8}	ˀda:t^{7}ˀda:t^{7}	hu^{1}hu^{1}/hu^{2}hu^{2}	nup^{7}/nup^{7}nup^{7}	ȵe:t^{7}ȵe:t^{7}/ȵe:t^{8} ȵe:t^{8}	ȵɯt^{7}/ȵɯt^{7}ȵɯt^{7}/ ȵɯt^{8}ȵɯt^{8}	θe:t^{7}/θe:t^{7}θe:t^{7}/ θe:t^{8}θe:t^{8}	ɕɯt^{7}/ɕɯt^{7}ɕɯt^{7}/ ɕɯt^{8}ɕɯt^{8}	ɣa:ŋ^{3}/ɣa:ŋ^{5}ɣa:ŋ^{5}/ ɣa:ŋ^{1}ɣa:ŋ^{1}
7	7	7	6	6	6	6	6	6	5	5
0.8	0.8	0.8	0.7	0.7	0.7	0.7	0.7	0.7	0.5	0.5
34	35	36	37	38	39	40	41	42	43	44
ja:k^{7}ja:k^{7}/ja:k^{8} ja:k^{8}	je:k^{7}je:k^{7}/je:k^{8} je:k^{8}	kjɯk^{8}/kjɯk^{8} kjɯk^{8}/kjɯk^{7} kjɯk^{7}	mɯt^{8}/mɯt^{8} mɯt^{8}/mɯt^{7} mɯt^{7}	ŋe:u^{3}/ŋe:u^{3}ŋe:u^{3}/ ŋe:u^{1}ŋe:u^{1}	pa:t^{7}pa:t^{7}/pa:t^{8} pa:t^{8}	pɯt^{8}/pɯt^{8} pɯt^{8}	po:t^{8}/po:t^{8}po:t^{8}	te:ŋ^{1}/te:ŋ^{1}te:ŋ^{1}/ te:ŋ^{2}te:ŋ^{2}	wa:t^{8}/wa:t^{8}wa:t^{8}/ wa:t^{7}wa:t^{7}	ˀbe:t^{7}ˀbe:t^{7}
5	5	5	5	5	5	5	5	5	5	4
0.5	0.5	0.5	0.5	0.5	0.5	0.5	0.5	0.5	0.5	0.4
45	46	47	48	49	50	51	52	53	54	55
ɕa:k^{7}ɕa:k^{7}/ ɕa:k^{8}ɕa:k^{8}	fuŋ^{1}fuŋ^{1}/fuŋ^{6} fuŋ^{6}	ɣe:ŋ^{1}ɣe:ŋ^{1}	ɣik^{7}ɣik^{7}	ja:n^{1}ja:n^{1}/ ja:n^{2}ja:n^{2}	kja:ŋ^{1}/kja:ŋ^{1} kja:ŋ^{1}	kja:t^{7}/kja:t^{7} kja:t^{7}	la:u^{1}la:u^{1}	lok^{7}lok^{7}	lon^{1}lon^{1}	na:t^{7}/na:t^{7}na:t^{7}
4	4	4	4	4	4	4	4	4	4	4
0.4	0.4	0.4	0.4	0.4	0.4	0.4	0.4	0.4	0.4	0.4
56	57	58	59	60	61	62	63	64	65	66
ni^{1}ni^{1}	noŋ^{6}/noŋ^{1}noŋ^{1}	ȵe:u^{1}ȵe:u^{1}	ȵum^{3}/ ȵum^{1}ȵum^{1}	ŋup^{8}ŋup^{8}	on^{1}on^{1}	pjɯt^{7}pjɯt^{7}/ pjɯt^{8}pjɯt^{8}	te:t^{7}/te:t^{7}te:t^{7}/ te:t^{8}te:t^{8}	wa:ŋ^{1}/wa:ŋ^{1} wa:ŋ^{1}	wa:u^{1}wa:u^{1}	a:t^{7}a:t^{7}
4	4	4	4	4	4	4	4	4	4	3

续表

0.4	0.4	0.4	0.4	0.4	0.4	0.4	0.4	0.4	0.4	0.3
67	68	69	70	71	72	73	74	75	76	77
ˀbe:ŋ^{1}/ˀbe:ŋ^{1}ˀbe:ŋ^{1}	ɕa:ŋ^{1}ɕa:ŋ^{1}/ɕa:ŋ^{6}ɕa:ŋ^{6}	ɕe:t^{7}ɕe:t^{7}	ˀdi^{1}ˀdi^{1}	fe:t^{7}fe:t^{7}/fe:t^{8}fe:t^{8}	fo^{1}fo^{1}	ɣa:u^{1}ɣa:u^{1}	ɣum^{1}ɣum^{1}	hɯt^{8}/hɯt^{8}hɯt^{8}	ja:t^{7}ja:t^{7}	jaŋ^{1}jaŋ^{1}
3	3	3	3	3	3	3	3	3	3	3
0.3	0.3	0.3	0.3	0.3	0.3	0.3	0.3	0.3	0.3	0.3
78	79	80	81	82	83	84	85	86	87	88
je:p^{8}je:p^{8}	jɯt^{8}jɯt^{8}	ka:t^{8}/ka:t^{7}ka:t^{7}	ki^{1}ki^{1}/ki^{5}ki^{5}	kjɯt^{8}kjɯt^{8}	la:ŋ^{5}/la:ŋ^{1}la:ŋ^{1}	la:p^{8}/la:p^{8}la:p^{8}/la:p^{7}la:p^{7}	li^{1}li^{1}	ma:ŋ^{1}ma:ŋ^{1}/ma:ŋ^{3}ma:ŋ^{3}	mjok^{8}mjok^{8}	ne:m^{1}ne:m^{1}/ne:m^{2}ne:m^{2}
3	3	3	3	3	3	3	3	3	3	3
0.3	0.3	0.3	0.3	0.3	0.3	0.3	0.3	0.3	0.3	0.3
89	90	91	92	93	94	95	96	97	98	99
nɯk^{7}/nɯk^{7}nɯk^{7}	nok^{7}/nok^{7}nok^{7}	num^{1}/num^{1}num^{1}	ȵaŋ^{1}ȵaŋ^{1}	ȵu:m^{1}ȵu:m^{1}	ŋoŋ^{1}ŋoŋ^{1}	pa:ŋ^{5}/pa:ŋ^{5}pa:ŋ^{5}/pa:ŋ^{1}pa:ŋ^{1}	pja:m^{5}/pja:m^{1}pja:m^{1}/pja:m^{3}pja:m^{3}	pja^{1}pja^{1}	pɯt^{7}pɯt^{7}	ta:t^{7}/ta:t^{7}ta:t^{7}
3	3	3	3	3	3	3	3	3	3	3
0.3	0.3	0.3	0.3	0.3	0.3	0.3	0.3	0.3	0.3	0.3
100	101	102	103	104	105	106	107	108	109	110
tik^{7}tik^{7}	wit^{7}/wit^{8}wit^{8}	θa:ŋ^{5}/θa:ŋ^{5}θa:ŋ^{5}/θa:ŋ^{1}θa:ŋ^{1}	θa:p^{8}θa:p^{8}	θa^{1}/θa^{1}θa^{1}	θop^{8}θop^{8}	θum^{1}θum^{1}	ˀba:t^{7}ˀba:t^{7}	ˀbup^{7}ˀbup^{7}	ɕe^{1}ɕe^{1}	ˀda:ŋ^{1}ˀda:ŋ^{1}/ˀda:ŋ^{5}ˀda:ŋ^{5}
3	3	3	3	3	3	3	2	2	2	2

续表

0.3	0.3	0.3	0.3	0.3	0.3	0.3	0.2	0.2	0.2	0.2
111	112	113	114	115	116	117	118	119	120	121
^{ʔ}de:k^{8ʔ}de:k^{8}	^{ʔ}de:t^{7ʔ}de:t^{7}	^{ʔ}dɯt^{7}/ ^{ʔ}dɯt^{7ʔ}dɯt^{7}	e:m^{5}/e:m^{1}e:m^{1}	e:t^{7}/e:t^{7}e:t^{7}	fe^{1}fe^{1}/fe^{2}fe^{2}	fɯ^{1}fɯ^{1}	fum^{1}fum^{1}/fum^{4}fum^{4}	ɣa:i^{1}ɣa:i^{1}	ɣa:n^{1}ɣa:n^{1}	ɣe:k^{8}/ɣe:k^{8} ɣe:k^{8}
2	2	2	2	2	2	2	2	2	2	2
0.2	0.2	0.2	0.2	0.2	0.2	0.2	0.2	0.2	0.2	0.2
122	123	124	125	126	127	128	129	130	131	132
ɣi:n^{1}ɣi:n^{1}	ɣon^{1}ɣon^{1}	ɣup^{8}/ɣup^{8}ɣup^{8}	ha:ŋ^{1}ha:ŋ^{1}	ho^{1}ho^{1}	ja:i^{1}ja:i^{1}	ja^{1}ja^{1}	jam^{1}jam^{1}	je:m^{3}/je:m^{1} je:m^{1}	jum^{1}jum^{1}/ jum^{3}jum^{3}	ka:m^{4}/ka:m^{4} ka:m^{4}
2	2	2	2	2	2	2	2	2	2	2
0.2	0.2	0.2	0.2	0.2	0.2	0.2	0.2	0.2	0.2	0.2
133	134	135	136	137	138	139	140	141	142	143
ke:m^{4}/ke:m^{1} ke:m^{1}	kja:k^{7}kja:k^{7}	kjaŋ^{1}kjaŋ^{1}	kju^{1}kju^{1}	kwak^{7}kwak^{7}	le^{6}/le^{1}le^{1}	lot^{8}lot^{3}	ma:t^{7}/ma:t^{7} ma:t^{7}	mja:n^{1}mja:n^{1}	mja:u^{1}mja:u^{1}	ɯt^{7}ɯt^{7}
2	2	2	2	2	2	2	2	2	2	2
0.2	0.2	0.2	0.2	0.2	0.2	0.2	0.2	0.2	0.2	0.2
144	145	146	147	148	149	150	151	152	153	154
mu^{1}mu^{1}	na:t^{8}na:t^{8}	na:u^{1}na:u^{1}	ne:k^{7}	ne:ŋ^{1}/ne:ŋ^{1}ne:ŋ^{1}	ne:t^{8}ne:t^{8}	ni:k^{7}ni:k^{7}	no:t^{7}no:t^{7}/ no:t^{8}no:t^{8}	ȵe:k^{7}ȵe:k^{7}/ ȵe:k^{8}ȵe:k^{8}	ȵo:t^{7}ȵo:t^{7}	ȵup^{8}ȵup^{8}
2	2	2	2	2	2	2	2	2	2	2
0.2	0.2	0.2	0.2	0.2	0.2	0.2	0.2	0.2	0.2	0.2

续表

155	156	157	158	159	160	161	162	163	164	165
ŋa:t^{7}/ŋa:t^{8}ŋa:t^{8}	ŋa^{1}ŋa^{1}	ŋai^{1}ŋai^{1}	ŋe:t^{7}/ŋe:t^{8}ŋe:t^{8}	ŋwa:p^{8}ŋwa:p^{8}	pe:t^{7}pe:t^{7}	pja:ŋ^{5}/pja:ŋ^{5}pja:ŋ^{5}	pja:t^{7}pja:t^{7}/pja:t^{8}pja:t^{8}	pjok^{7}pjok^{7}/pjok^{8}pjok^{8}	pjoŋ^{1}pjoŋ^{1}	pjot^{8}pjot^{8}
2	2	2	2	2	2	2	2	2	2	2
0.2	0.2	0.2	0.2	0.2	0.2	0.2	0.2	0.2	0.2	0.2
166	167	168	169	170	171	172	173	174	175	176
pjup^{8}pjup^{8}	pu:t^{7}pu:t^{7}	pum^{1}pum^{1}	pup^{7}pup^{7}/pup^{8}pup^{8}	taɯ^{1}taɯ^{1}	tum^{1}/tum^{1}tum^{1}	we:t^{7}we:t^{7}	θa:u^{1}θa:u^{1}/θa:u^{4}θa:u^{4}	θap^{8}θap^{8}	θe:k^{7}/θe:k^{7}θe:k^{7}	θe:p^{8}θe:p^{8}
2	2	2	2	2	2	2	2	2	2	2
0.2	0.2	0.2	0.2	0.2	0.2	0.2	0.2	0.2	0.2	0.2
177	178	179	180	181	182	183	184	185	186	187
θɯk^{8}θɯk^{8}	a:m^{1}	a^{1}a^{1}	ˀba:ŋ^{5}	ˀbe:u^{1}ˀbe:u^{1}	ˀbi:ŋ^{1}ˀbi:ŋ^{1}	ˀbi^{1}ˀbi^{1}	ˀbiŋ^{5}ˀbiŋ^{5}	ˀbo:t^{7}	ˀbot^{8}ˀbot^{8}	ˀbum^{1}ˀbum^{1}
2	1	1	1	1	1	1	1	1	1	1
0.2	0.1	0.1	0.1	0.1	0.1	0.1	0.1	0.1	0.1	0.1
188	189	190	191	192	193	194	195	196	197	198
ɕa:ŋ^{1}to:t^{7}	ɕa^{1}ɕa^{1}	ɕak^{8}ɕak^{8}	ɕaŋ^{1}ɕaŋ^{1}	ɕe:ŋ^{1}ɕe:ŋ^{1}	ɕeu^{4}ɕeu^{4}	ɕik^{7}ɕik^{7}	ɕɯ^{1}ɕɯ^{1}	ɕo^{1}ɕo^{1}	ɕu:m^{1}ɕu:m^{1}	ɕum^{1}ɕum^{1}
1	1	1	1	1	1	1	1	1	1	1
0.1	0.1	0.1	0.1	0.1	0.1	0.1	0.1	0.1	0.1	0.1

续表

199	200	201	202	203	204	205	206	207	208	209
^{ʔ}da:m^{1ʔ}da:m^{1}	^{ʔ}dam^{3ʔ}dak^{7}	^{ʔ}de:m^{1ʔ}de:m^{1}	^{ʔ}di:k^{7ʔ}di:k^{7}	^{ʔ}di:ŋ^{1ʔ}di:ŋ^{1}	^{ʔ}dik^{7ʔ}dik^{7}	^{ʔ}dɯk^{8ʔ}dɯk^{8}	^{ʔ}do:t^{7ʔ}do:t^{7}	^{ʔ}du^{5ʔ}du^{5}	^{ʔ}duŋ^{1ʔ}duŋ^{1}	^{ʔ}dup^{7ʔ}dup^{7}
1	1	1	1	1	1	1	1	1	1	1
0.1	0.1	0.1	0.1	0.1	0.1	0.1	0.1	0.1	0.1	0.1
210	211	212	213	214	215	216	217	218	219	220
^{ʔ}dut^{7ʔ}dut^{7}	e:ŋ^{1}e:ŋ^{1}	e:p^{8}e:p^{8}	fa:i^{1}fa:i^{1}	fa:ŋ^{1}fa:ŋ^{1}	fa:t^{8}	fa^{1}fa^{1}	faŋ^{1}faŋ^{1}	fe:p^{8}fe:p^{8}	fi:ŋ^{1}fi:ŋ^{1}	fi^{1}fi^{1}
1	1	1	1	1	1	1	1	1	1	1
0.1	0.1	0.1	0.1	0.1	0.1	0.1	0.1	0.1	0.1	0.1
221	222	223	224	225	226	227	228	229	230	231
fɯ:n^{1}fɯ:n^{1}	fɯk^{8}fɯk^{8}	fok^{8}fok^{8}	foŋ^{1}foŋ^{1}	fu^{1}fu^{1}	fup^{8}fup^{8}	ɣe:m^{1}ɣe:m^{1}	ɣe^{1}ɣe^{1}	ɣi:k^{8}ɣi:k^{8}	ɣi:ŋ^{1}ɣi:ŋ^{1}	ɣo:ŋ^{1}ɣo:ŋ^{1}
1	1	1	1	1	1	1	1	1	1	1
0.1	0.1	0.1	0.1	0.1	0.1	0.1	0.1	0.1	0.1	0.1
232	233	234	235	236	237	238	239	240	241	242
ɣo:p^{8}ɣo:p^{8}	ɣom^{3}ɣom^{3}	ɣop^{8}ɣop^{8}	ɣot^{8}ɣot^{8}	ɣou^{1}ɣou^{1}	ɣu:m^{3}ɣu:m^{3}	ɣu^{1}ɣu^{1}	ha^{1}ha^{1}	he^{1}he^{1}	hum^{1}hum^{1}	i:k^{7}i:k^{7}
1	1	1	1	1	1	1	1	1	1	1
0.1	0.1	0.1	0.1	0.1	0.1	0.1	0.1	0.1	0.1	0.1
243	244	245	246	247	248	249	250	251	252	253
i^{1}i^{1}	it^{7}it^{7}	ja:m^{1}ja:m^{1}	ja:ŋ^{1}ja:ŋ^{1}	ja:p^{8}ja:p^{8}	jai^{1}jai^{1}	jan^{1}jan^{1}	je:t^{7}je:t^{7}	je:u^{1}je:u^{1}	je^{1}je^{1}	jo:t^{7}jo:t^{7}
1	1	1	1	1	1	1	1	1	1	1
0.1	0.1	0.1	0.1	0.1	0.1	0.1	0.1	0.1	0.1	0.1

续表

254	255	256	257	258	259	260	261	262	263	264
jo^{4}jo^4	jok^{7}jok^7	joŋ^{1}joŋ^1	ju:k^{7}ju:k^7	juk^{7}juk^7	ka^{1}ŋok^8	kak^7	ke:k^{7}ke:k^7	ke:p^8	ke:u^{1}ke:u^1	kep^8
1	1	1	1	1	1	1	1	1	1	1
0.1	0.1	0.1	0.1	0.1	0.1	0.1	0.1	0.1	0.1	0.1
265	266	267	268	269	270	271	272	273	274	275
kja:n^{6}kja:n^6	kje:k^{8}kje:k^8	kji^{1}kji^1	kjo:t^{8}kjo:t^8	kjo^{1}kjo^1	kjoŋ^5	kɯt^8	kok^{7}kok^7	kom^{1}kom^1	kop^{8}kop^8	ku:ŋ^{5}θa:i^3
1	1	1	1	1	1	1	1	1	1	1
0.1	0.1	0.1	0.1	0.1	0.1	0.1	0.1	0.1	0.1	0.1
276	277	278	279	280	281	282	283	284	285	286
kum^{1}kum^1	kwa:ŋ^{1}kwa:ŋ^1	kwe:t^{7}kwe:t^7	kwe^{1}kwe^1	la:t^{7}la:t^7	lat^7~lan^1	le:t^{7}le:t^7	le:u^{1}le:u^1	li:u^{4}li:u^4	lin^{1}lin^1	lɯ^{1}lɯ^1
1	1	1	1	1	1	1	1	1	1	1
0.1	0.1	0.1	0.1	0.1	0.1	0.1	0.1	0.1	0.1	0.1
287	288	289	290	291	292	293	294	295	296	297
lɯk^{7}lɯk^7	lo^{1}lo^1	lu:m^4	lu:t^{7}lu:t^7	lum^{1}lum^1	lup^7	ɯ^{1}ɯ^1	ma:p^{7}ma:p^7	me:k^7	me:ŋ^{3}me:ŋ^3	mi^{5}mi^5
1	1	1	1	1	1	1	1	1	1	1
0.1	0.1	0.1	0.1	0.1	0.1	0.1	0.1	0.1	0.1	0.1
298	299	300	301	302	303	304	305	306	307	308
mja:ŋ^{1}mja:ŋ^1	mja:p^{8}mja:p^8	mjot^7	mjup^{8}mjup^8	ɯk^7	mo:p^{8}mo:p^8	mu:m^{1}mu:m^1	na:k^7	na:m^{1}na:m^1	na:n^{1}na:n^1	nak^7
1	1	1	1	1	1	1	1	1	1	1
0.1	0.1	0.1	0.1	0.1	0.1	0.1	0.1	0.1	0.1	0.1

续表

309	310	311	312	313	314	315	316	317	318	319
nat^{7}nat^7	ne:u^1	ne^{1}ne^1	ni:ŋ^{1}na:ŋ^1	ni:u^{1}ni:u^1	nom^{1}nom^1	non^{1}non^1	nop^{7}nop^7	nu:k^{7}nu:k^7	ȵa:k^{8}ȵa:k^8	ȵa:m^{1}ȵa:m^1
1	1	1	1	1	1	1	1	1	1	1
0.1	0.1	0.1	0.1	0.1	0.1	0.1	0.1	0.1	0.1	0.1
320	321	322	323	324	325	326	327	328	329	330
ȵa:ŋ^5	ȵa^{1}ȵa^1	ȵat^7	ȵe:ŋ^{1}ȵe:ŋ^1	ȵe:p^{7}ȵe:p^7	ȵe^{1}ȵe^1	ȵi:m^{1}ȵi:m^1	ȵim^{2}ȵim^2	ȵo^1	ȵok^{7}ȵok^7	ȵot^{8}ȵot^8
1	1	1	1	1	1	1	1	1	1	1
0.1	0.1	0.1	0.1	0.1	0.1	0.1	0.1	0.1	0.1	0.1
331	332	333	334	335	336	337	338	339	340	341
ȵu^{1}ȵu^1	ȵuk^7	ŋa:m^{5}ŋa:m^5	ŋa:ŋ^5	ŋa:p^{8}ŋa:p^8	ŋe:ŋ^{1}ŋe:ŋ^1	ŋit^{7}ŋit^7	ŋɯŋ^{1}ŋɯŋ^1	ŋɯt^{7}ŋe:u^3	ŋok^{7}ŋok^7	ŋop^{8}ŋop^8
1	1	1	1	1	1	1	1	1	1	1
0.1	0.1	0.1	0.1	0.1	0.1	0.1	0.1	0.1	0.1	0.1
342	343	344	345	346	347	348	349	350	351	352
ŋot^{7}ŋot^7	ŋu:m^{1}ŋu:m^1	ŋu^{1}ŋu^1	ŋup^{7}ŋup^7	ŋwa:u^{1}ŋwa:u^1	o^{4}o^4	pa:p^{8}pa:p^8	pa^{4}pu:p^8	pak^{8}pak^8	pe^5	pi^{1}pi^1
1	1	1	1	1	1	1	1	1	1	1
0.1	0.1	0.1	0.1	0.1	0.1	0.1	0.1	0.1	0.1	0.1
353	354	355	356	357	358	359	360	361	362	363
piŋ^3	pja:k^{8}pja:k^8	pjaɯ^{5}pjaɯ^5	pje:m^{1}pje:m^1	pje:ŋ^{1}pje:ŋ^1	pje:t^{7}pje:t^7	pjɯŋ^{1}pjɯŋ^1	pjo:p^{7}pjo:p^7	pjon^{1}pjon^1	pju:t^{8}pju:t^8	pju^{1}pju^1
1	1	1	1	1	1	1	1	1	1	1
0.1	0.1	0.1	0.1	0.1	0.1	0.1	0.1	0.1	0.1	0.1

续表

364	365	366	367	368	369	370	371	372	373	374
pu:p^{7}pu:p^{7}	ta^{1}ta^{1}	ta^{3}te:k^{7}	tam^{1}tam^{1}	taŋ^{3}tot^{8}	te:k^{8}te:k^{8}	te:m^{1}te:m^{1}	ti:ŋ^{1}ti:ŋ^{1}	tɯ^{4}	tɯk^{7}tɯk^{7}	tom^{1}tom^{1}
1	1	1	1	1	1	1	1	1	1	1
0.1	0.1	0.1	0.1	0.1	0.1	0.1	0.1	0.1	0.1	0.1
375	376	377	378	379	380	381	382	383	384	385
tu:k^{8}tu:k^{8}	tu:p^{7}tu:p^{7}	tup^{7}tup^{7}	tut^{7}tut^{7}	u^{1}u^{1}	up^{7}up^{7}	we^{1}we^{1}	wum^{1}wum^{1}	θa^{4}θok^{8}	θai^{2}θai^{2}	θak^{8}θak^{8}
1	1	1	1	1	1	1	1	1	1	1
0.1	0.1	0.1	0.1	0.1	0.1	0.1	0.1	0.1	0.1	0.1
386	387	388	389	390	391	392	393	394	395	
θe:ŋ^{5}θe:ŋ^{5}	θe:u^{1}θe:u^{1}	θe^{1}	θip^{7}θip^{7}	θɯ:n^{6}	θo^{2}θo^{2}	θom^{1}θom^{1}	θu:i^{1}θu:i^{1}	θu:m^{3}	θu^{5}	
1	1	1	1	1	1	1	1	1	1	
0.1	0.1	0.1	0.1	0.1	0.1	0.1	0.1	0.1	0.1	

三、词根频次表

下表按词根的出现频次排列，第一行为序号，第二行为词根，第三行为释义，第四行为词性，第五行为出现频次，第六行为百分比。如排序第一的ha:u^{1}（白；白色），为形容词，在922个词中出现了12次，占1.3%。其余依次类推。

1	2	3	4	5	6	7	8	9	10	11
ha:u^{1}	pja:i^{3}	tai^{3}	pi^{2}	lu:n^{6}	ɣo:ŋ^{6}	toŋ^{1}	nak^{7}	ti:m^{2}	ka:ŋ^{3}	kwa:ŋ^{5}
白；白色	走	哭	肥胖	乱；零乱	亮；光亮；明亮；光明	懂；畅通	重，繁重	甜	讲；说；谈；议论	宽大；广阔

形容词	动词	动词	形容词	形容词	形容词	形容词	形容词	形容词	动词	形容词
12	11	11	10	10	10	9	9	8	8	8
1.3	1.2	1.2	1.1	1.1	1.1	1.0	1.0	0.9	0.9	0.9
12	13	14	15	16	17	18	19	20	21	22
θa:ŋ^{1}	θoŋ^{1}	pan^{5}	tiŋ^{6}	fou^{2}	he:u^{1}	hoŋ^{2}	lap^{7}	$^{?}$dam^{1}	θo^{6}	po:ŋ^{2}
高	轻松；爽快；舒服	转；转动	（见ɕam^{1}）静；沉静；寂静；沉寂；镇定	飘浮；轻浮	绿；青	（同$^{?}$diŋ^{1}）红；赤	黑，黑暗；昏暗	黑（色）	直。耿直。诚实。	臌胀；鼓胀；突出
形容词	形容词	动词	形容词	动词	形容词	形容词	形容词	形容词	形容词	动词
8	8	7	7	7	7	7	7	7	7	6
0.9	0.9	0.8	0.8	0.8	0.8	0.8	0.8	0.8	0.8	0.7
23	24	25	26	27	28	29	30	31	32	33
pjo:m^{1}	ɕam^{1}	taɯ^{2}	ti:u^{5}	tu:ŋ^{6}	fɯ^{2}	naŋ^{6}	θom^{3}	a:ŋ^{5}	pu:t^{7}	ɕa^{4}
瘦	静；寂静；清静；沉静；沉寂	［方］着（火）	跳；蹦	拉（下）；扯（下）；拖（下）	荒；荒凉；荒芜；寂寞；冷落	坐；乘坐	酸	快乐，高兴；欢喜；兴奋	跑	稀疏；间隔久
形容词	形容词	动词	动词	动词	形容词	动词	形容词	动词	动词	形容词
6	6	6	6	6	6	6	6	5	5	5
0.7	0.7	0.7	0.7	0.7	0.7	0.7	0.7	0.5	0.5	0.5
34	35	36	37	38	39	40	41	42	43	44
hoŋ^{5}	$^{?}$ba:ŋ^{1}	na:i^{5}	ni:u^{1}	ɲau^{5}	θan^{2}	un^{5}	wa:n^{1}	pi^{1}	piŋ^{2}	pɯn^{1}
空；空闲	薄；浅薄；薄弱；淡薄；单薄	（身体）虚弱；精神委靡；疲倦	粘	皱	颤；发抖	软；软弱；温柔	（与ti:m^{2}同）甜。香甜；甜美（比喻舒适、愉快）	摆；摆动；甩动；荡（秋千）	平；平坦	毛；羽毛；毛发

形容词	形容词	形容词	形容词	形容词	动词	形容词	形容词	动词	形容词	名词
5	5	5	5	5	5	5	5	4	4	4
0.5	0.5	0.5	0.5	0.5	0.5	0.5	0.5	0.4	0.4	0.4
45	46	47	48	49	50	51	52	53	54	55
çaŋ^{2}	taŋ^{3}	ta:m^{2}	tei^{6}	toŋ^{6}	tu:ŋ^{5}	ke:u^{3}	kjai^{1}	kjoŋ^{1}	he:n^{3}	mɯt^{7}
(见 taŋ^{4})瞪;怒目而视	竖;竖起;竖立;屹立	唠叨;喃喃;嘀咕	密	动	垂坠;下坠	缠;绕;缠绕;往来多	远	空心;通心;枵;有孔	黄色	霉
动词	形容词	动词	形容词	动词	动词	动词	形容词	形容词	形容词	名词
4	4	4	4	4	4	4	4	4	4	4
0.4	0.4	0.4	0.4	0.4	0.4	0.4	0.4	0.4	0.4	0.4
56	57	58	59	60	61	62	63	64	65	66
nau^{6}	ˀda:t^{7}	ŋut^{7}	n̥aŋ^{5}	n̥uŋ^{5}	o^{1}	o:i^{5}	ɣau^{3}	ɣi:u^{1}	θa:n^{5}	θaɯ^{1}
腐烂	热	弯;弯曲	忙;忙碌;(工作)紧张	蓬乱(一般指线、纱、麻、丝、头发等)	(见 la:m^{2})蓝	嫩;年轻;幼小	暖;温暖;(水)温	笑;讥笑;嘲笑	散;分散	稀;清澈;洁净(尤指透明的东西)
形容词	形容词	形容词	形容词	形容词	形容词	形容词	形容词	动词	形容词	形容词
4	4	4	4	4	4	4	4	4	4	4
0.4	0.4	0.4	0.4	0.4	0.4	0.4	0.4	0.4	0.4	0.4
67	68	69	70	71	72	73	74	75	76	77
θe:u^{5}	ɐ^{3}	pe:n^{3}	pi:k^{8}	ça:u^{2}	çi:n^{5}	çim^{1}	çu:n^{6}	tam^{1}	tum^{2}	fa:n^{1}

干净;清洁;光(没有剩余);晴朗;鲜艳;清楚。	张开	扁(形)	(见ha:u^{1})白;白色	嘈;嘈杂;喧哗;吵闹	转	仔细看;凝视	旋转	舂(米)	湿;潮湿	翻
形容词	动词	形容词	形容词	动词	动词	动词	动词	动词	形容词	动词
4	3	3	3	3	3	3	3	3	3	3
0.4	0.3	0.3	0.3	0.3	0.3	0.3	0.3	0.3	0.3	0.3
78	79	80	81	82	83	84	85	86	87	88
fei^{5}	fe:u^{2}	kau^{1}	kau^{2}	kik^{7}	kon^{3}	ko:k^{7}	ku^{6}	kum^{2}	kwe:ŋ^{5}	hau^{1}
簸	浅	抓(痒);搔(痒)	(见ko^{2})弯;弯曲	懒;懒惰	(水)沸;(水)滚;煮开	响亮;洪亮,嘹亮	做	低洼;凹下;坑洼;凹凸不平	晴朗	臭
动词	形容词	动词	形容词	形容词	动词	形容词	动词	形容词	形容词	形容词
3	3	3	3	3	3	3	3	3	3	3
0.3	0.3	0.3	0.3	0.3	0.3	0.3	0.3	0.3	0.3	0.3
89	90	91	92	93	94	95	96	97	98	99
he:m^{5}	hon^{2}	hoŋ^{6}	i^{5}	la:u^{1}	liŋ^{5}	man^{3}	ma:n^{6}	mo^{5}	moŋ^{3}	mɯn^{1}
喊;呼;叫喊;喊叫;呼喊	火烟;烟雾	旺盛;隆重;繁荣	小;细小;年幼,幼小	怕;害怕	陡;倾斜	威吓;老虎、猫等高声怒吼;咆哮	辣	新	霉菌	茂盛
动词	名词	形容词	形容词	动词	形容词	动词	形容词	形容词	名词	形容词
3	3	3	3	3	3	3	3	3	3	3
0.3	0.3	0.3	0.3	0.3	0.3	0.3	0.3	0.3	0.3	0.3

100	101	102	103	104	105	106	107	108	109	110
ˀbau^{1}	ˀbiːr^{1}	ˀbɯŋ^{1}	na^{1}	num^{5}	ˀdat^{7}	ˀdo^{5}	ˀdo:ŋ^{5}	ŋau^{2}	ŋei^{4}	ɳa:i^{3}
轻	飞	愁容;想哭的样子	厚。厚重。厚实。密(指植物间隔小)。	缓慢;迟缓	紧。挤;拥挤	秃	炫(目);炫耀;闪耀	平滑	(见 nam^{3})思考;考虑;思索;寻思	嚼,嘴嚼
形容词	动词	形容词	形容词	形容词	形容词	形容词	形容词	形容词	动词	动词
3	3	3	3	3	3	3	3	3	3	3
0.3	0.3	0.3	0.3	0.3	0.3	0.3	0.3	0.3	0.3	0.3

111	112	113	114	115	116	117	118	119	120	121
ɳa:ŋ^{5}	om^{1}	ɣau^{2}	ɣa:ŋ^{1}	ɣim^{1}	ɣo^{2}	θa:u^{3}	θiŋ^{3}	θi:u^{3}θim^{1}	θom^{1}	θɯ:n^{3}
韧;坚韧	(见 aŋ^{1})闷热	滑;滑溜	(与 ho:m^{1}同)香;芳香	满	(与 pjo:m^{1}同)瘦	干(指泥土、柴草)	敏感;机警	小心,当心	尖	高声叫喊
形容词	形容词	形容词	形容词	形容词	形容词	形容词	形容词	形容词	形容词	动词
3	3	3	3	3	3	3	3	3	3	3
0.3	0.3	0.3	0.3	0.3	0.3	0.3	0.3	0.3	0.3	0.3

122	123	124	125	126	127	128	129	130	131	132
wa:t^{8}	we:n^{3}	jaɯ^{3}	a^{5}	ai^{1}	pak^{8}	pa:i^{2}	pa:i^{5}	pi^{5}	pi:u^{1}	po:ŋ^{6}
挥动;招(手)	挂	看;视;阅;瞅	裂;裂开;爆开	咳嗽	喘气	排列	拜;叩头	烂熟(食物煮得十分熟软);软	射;弹(液体因受到压力而往外冒或往上弹射出来);冒	猛冲;往前冲;蹿向上跳
动词	动词	动词	动词	动词	动词	动词	动词	形容词	动词	动词
3	3	3	2	2	2	2	2	2	2	2
0.3	0.3	0.3	0.2	0.2	0.2	0.2	0.2	0.2	0.2	0.2

133	134	135	136	137	138	139	140	141	142	143
ɕai^2	ɕap^7	ɕa:n^5	ɕa:ŋ^5	ɕa:ŋ^6	ɕi:ŋ^5	ɕit^7	ɕuk^7	tak^{7}ei^5	tam^5	tin^3
齐;齐全;齐备	冷(指物体)	形容很多蛆虫在一起上下蠕动	(身体)健康;强壮	挣	唱(戏);唱(歌);吟(诗)	[方](味)淡	稀;稀溜	得意	矮,低	短;短促
形容词	形容词	动词	形容词	动词	动词	形容词	形容词	形容词	形容词	形容词
2	2	2	2	2	2	2	2	2	2	2
0.2	0.2	0.2	0.2	0.2	0.2	0.2	0.2	0.2	0.2	0.2
144	145	146	147	148	149	150	151	152	153	154
tiŋ^5	to:t^7	tu:i^5	e:n^3	kap^8	kat^7	ke^5	ke:ŋ^1	ke:u^4	kiŋ^3	kun^3
听	(方:ti:u^1)痛;阵痛	下垂;垂下;低垂	挺(胸);腆(肚)	窄	啮;啃;咬	老	硬;干硬。僵;僵硬。	嚼	滚;滚动	吵闹;喧哗
动词	动词	动词	动词	形容词	动词	形容词	形容词	动词	动词	动词
2	2	2	2	2	2	2	2	2	2	2
0.2	0.2	0.2	0.2	0.2	0.2	0.2	0.2	0.2	0.2	0.2
155	156	157	158	159	160	161	162	163	164	165
kɯk^8	kɯn^1	kjai^2	ham^2	he:u^6	hot^8	ho:m^1	huŋ^1	lu:n^2	lum^3	mai^6
(见kɯt^8)稠(液体的)	吃;喝;饮食;(植物)吸收(养料)	想念;挂念;悬念;思念	苦	叫;喊;唤	胡说;诌;发(牢骚)	香(味)	兴;盛行	圆;圆状的	象;似;仿佛	(见nam^3)考虑;思考;思索,寻思
形容词	动词	动词	形容词	动词	动词	形容词	形容词	形容词	动词	动词
2	2	2	2	2	2	2	2	2	2	2
0.2	0.2	0.2	0.2	0.2	0.2	0.2	0.2	0.2	0.2	0.2

166	167	168	169	170	171	172	173	174	175	176
mo:k^{7}	mum^{6}	$^{?}$bi:ŋ^{1}	na:n^{2}	ne:u^{2}	nit^{7}	nɯk^{7}	nwn^{3}	$^{?}$daŋ^{5}	$^{?}$dei^{1}	$^{?}$diŋ^{1}
(见mu:k^{8})模糊(眼睛看不清);翳	胡须	(见$^{?}$be:u^{3})歪	久	颤;弹颤(物体负重后曲挠而上下弹动)	(天气)冷;寒冷	污腻;污秽;油污。脏;涩,不滑润	被虫咬或被鞭打后皮肤所起的红疙瘩或血痕	咸(含盐分多)	好,良好;善;美好;精采	红;赤
形容词	名词	形容词	形容词	形容词	形容词	形容词	名词	形容词	形容词	形容词
2	2	2	2	2	2	2	2	2	2	2
0.2	0.2	0.2	0.2	0.2	0.2	0.2	0.2	0.2	0.2	0.2
177	178	179	180	181	182	183	184	185	186	187
$^{?}$dot^{7}	ŋa:i^{6}	ŋa:u^{2}	ŋe:ŋ^{1}	ŋu^{6}	ŋun^{6}	ɲat^{8}	ɲan^{3}/ɲan^{5}	ɲan^{5}	ɲaŋ^{5}	ɲa:p^{7}
物体被旋涡吸下去	[方]脏;肮脏	摇;动摇	歪;侧	耽误;耽搁	(头)晕;昏	(见$^{?}$dat^{7})挤;拥挤	(见ɲat^{7})(动物)发育不全;长得很慢	羞;羞耻;臊	(见ɣum^{1})杂草	粗糙;毛糙(物体表面不光滑)。刺痒。
动词	形容词	动词	形容词	动词	动词	形容词	形容词	形容词	名词	形容词
2	2	2	2	2	2	2	2	2	2	2
0.2	0.2	0.2	0.2	0.2	0.2	0.2	0.2	0.2	0.2	0.2
188	189	190	191	192	193	194	195	196	197	198
ɲa:p^{7}	o:n^{3}	ɣai^{2}	ɣat^{8}	ɣe:ŋ^{2}	ɣe:u^{5}	ɣi^{6}	ɣi:ŋ^{3}	ɣo^{5}	ɣu:n^{2}	ɣɯ:i^{4}
愁闷;苦闷;烦闷	稳,安稳	长	(与tat^{7}同)剪(断)	力;力气;力量;能力;魄力	枯萎,蔫;萎谢;憔悴	挂流(液体沿着垂直面缓慢往下流)	敏捷;迅速	打;敲(锣;鼓)	(人)爬行	坏;不好;丑陋

形容词	形容词	形容词	动词	形容词	动词	动词	形容词	动词	动词	形容词
2	2	2	2	2	2	2	2	2	2	2
0.2	0.2	0.2	0.2	0.2	0.2	0.2	0.2	0.2	0.2	0.2
199	200	201	202	203	204	205	206	207	208	209
θap^{7}	θat^{7}	θe:p^{7}	θi:ŋ^{3}	wa:i^{6}	jam^{2}	jou^{2}	juŋ^{3}	pon^{5}	aŋ^{1}	pa^{1}
涩	（见 ti:u^{5}）跳	辣痛；灼痛（如伤口被盐水、酒精等刺激的感觉）	想；思考。想念；思念	烂；破；坏；损坏	肃静	（植物和矿物的）油	（见 ȵaŋ^{5}）忙；忙碌	撵；追；追赶；驱逐	闷热	（见 ni:u^{1}）黏
形容词	动词	形容词	动词	形容词	形容词	名词	形容词	动词	形容词	形容词
2	2	2	2	2	2	2	2	2	1	1
0.2	0.2	0.2	0.2	0.2	0.2	0.2	0.2	0.2	0.1	0.1
210	211	212	213	214	215	216	217	218	219	220
pai^{1}	pat^{7}	pa:i^{3}	pa:i^{6}	pa:n^{6}	pa:u^{2}	pi^{4}	pi:u^{3}	pou^{1}	pou^{3}	pum^{2}
去；赴	（见 pi^{1}）摆；摆动；甩动	摆；摆设	败；失败	爬（许多虫到处爬行）	（五谷）不饱满；瘪；秕	闭塞	疤痕	［方］无能；泡；空心（虚而松软，不坚硬，不结实）	补；补养；滋补	阴（指天象）
动词	动词	动词	动词	动词	动词	形容词	名词	形容词	形容词	形容词
1	1	1	1	1	1	1	1	1	1	1
0.1	0.1	0.1	0.1	0.1	0.1	0.1	0.1	0.1	0.1	0.1

221	pum³	钝（指尖的物体）	形容词	1	0.1
222	pum⁶	（头发）蓬松	形容词	1	0.1
223	puɯ⁴	［方］闭塞；被遮挡（一般指网状物）	形容词	1	0.1
224	pjau²	烧（泛指）；焚烧	动词	1	0.1
225	pja:ŋ³	辣痛	动词	1	0.1
226	pjou²	［方］沸腾（慢慢的）	动词	1	0.1
227	ɕam⁵	（见 nak⁷ɕam¹）（物体）沉重	形容词	1	0.1
228	ɕan⁴	拥挤	形容词	1	0.1
229	ɕat⁷	［方］快而密地跳	动词	1	0.1
230	ɕe³	吹嘘；扯谈；扯谎；闲扯；胡扯	动词	1	0.1
231	ɕi:ŋ³tau³	争先恐后地来到	动词	1	0.1
232	ɕi:ŋ⁵	胀	形容词	1	0.1
233	ɕiŋ¹θan²	精神	形容词	1	0.1
234	ɕiŋ⁴	清楚；清晰。清澈	形容词	1	0.1
235	ɕiŋ⁵	正	形容词	1	0.1
236	ɕo²	年青；年轻	形容词	1	0.1
237	ɕo:m²	堆积；集拢；围拢	形容词	1	0.1
238	ɕum⁴	潮湿	形容词	1	0.1
239	taŋ³	（见 ɕa³）等；等侯	形容词	1	0.1
240	ta:m¹	套人；套接；连接	动词	1	0.1
241	te:u²	逃；逃跑；逃亡；逃走；逃窜	动词	1	0.1
242	tit⁷	翘（指牙齿）	形容词	1	0.1
243	ti:u¹	（见 to:t⁷）剧痛（如疮化脓时的剧痛）	动词	1	
244	to³	土	形容词	1	
245	tok⁷	遗失；失掉；落下；落；掉；失，坠落	动词	1	
246	toŋ⁵	（见 noŋ²）浊；浑（水不清）	形容词	1	
247	tu¹	［方］凹凸不平（指物体）；疙瘩	名词	1	
248	tu:i⁴	颓丧；颓唐；心灰意懒	形容词	1	
249	fa:t⁸	（用鞭子）抽打；打（谷子）	动词	1	
250	fe:n²	摇摆	动词	1	
251	fi²	醉	形容词	1	
252	fok⁸	肿	形容词	1	
253	fo:k⁷	［方］唾骂；发气时乱叫喊	动词	1	

0.1	0.1	0.1	0.1	0.1	0.1	0.1	0.1	0.1	0.1	0.1
254	255	256	257	258	259	260	261	262	263	264
fu:m^{4}	kak^{7}	kan^{1}	kan^{3}	kan^{4}	kan^{6}	ka:t^{7}	kaɯ^{6}	kit^{7}	ko^{2}	kok^{8}
（天色）暗淡；黄昏	（性）急；焦急	跟；跟随；随；随从	紧；紧急；紧张	勤；勤快；勤劳；勤勉	近	（用绳）割切（软东西，如粽子、糍粑等）	（见 fa:k^{8}）饱满（一般指农作物的果粒）	阻碍；卡住；障碍	曲；弯曲	壮大；魁梧；高大
形容词	形容词	动词	形容词	形容词	形容词	动词	形容词	动词	形容词	形容词
1	1	1	1	1	1	1	1	1	1	1
0.1	0.1	0.1	0.1	0.1	0.1	0.1	0.1	0.1	0.1	0.1
265	266	267	268	269	270	271	272	273	274	275
kon^{5}	ku:i^{2}	kun^{4}	kuŋ^{3}	kut^{7}	kwa^{4}	kwa:i^{1}	kwe:u^{1}	kja^{4}	kjam^{1}	kjan^{5}
断	（稍）弯	猪用嘴掀泥土或推东西的动作	弓形；拱；弯	卷；卷曲的	盘旋	乖；聪明；活泼（指小孩）	缠；绕（绳子）	失；失去（父母）	侉（口音不同）	膻气；臊臭
动词	形容词	动词	动词	形容词	动词	形容词	动词	动词	形容词	形容词
1	1	1	1	1	1	1	1	1	1	1
0.1	0.1	0.1	0.1	0.1	0.1	0.1	0.1	0.1	0.1	0.1
276	277	278	279	280	281	282	283	284	285	286
kjo^{1}	kjot^{7}	kju^{3}	kju^{6}	kjuk^{7}	kjuk^{7}	han^{1}	hau^{1}kja^{5}	ha:i^{1}	haɯ^{5}	hei^{5}hɯn^{3}
（见 θa:u^{3}）干（指泥土、柴草）	（水）冰冷	（见 θom^{3}）酸	（见$^{?}$do^{5}）秃	（见 ça:u^{2}）嘈；嘈杂；喧哗；吵闹	（母鸡）叫（仔）	绑紧；紧	尿臊气	开	干	发气；生气
形容词	形容词	形容词	形容词	形容词	动词	形容词	名词	动词	形容词	动词

1	1	1	1	1	1	1	1	1	1	1
0.1	0.1	0.1	0.1	0.1	0.1	0.1	0.1	0.1	0.1	0.1
287	288	289	290	291	292	293	294	295	296	297
he:p^{8}	heɹu^{5}	ho^{1}	ho^{2}hɯn^{3}	hom^{2}	hu^{3}	hɯŋ^{1}fa:t^{7}	hɯŋ^{5}	lam^{2}	la:ŋ^{6}	le:n^{6}
(见 nak^{8})窄(指面窄)	(见 pjo m^{1})瘦	干涩	生气	(水)浊	[方]恼怒;愤怒	旺盛	热;炎热	蓝	横的距离大(指面幅);宽	奔跑;狂跑;奔逃
形容词	形容词	形容词	动词	形容词	动词	形容词	形容词	形容词	形容词	动词
1	1	1	1	1	1	1	1	1	1	1
0.1	0.1	0.1	0.1	0.1	0.1	0.1	0.1	0.1	0.1	0.1
298	299	300	301	302	303	304	305	306	307	308
li:m^{1}	li:ɹ^{3}	li:ŋ^{2}	lo^{6}	lon^{5}	lum^{6}	lɯ:t^{8}	lɯ:n^{5}	mai^{5}	man^{6}	me:n^{6}
(见 θom^{1})尖	滑;滑溜(指没有涂过油漆的物体)	凉	露(出来)	落;脱落	(见 num^{5})缓慢;迟慢	血;血迹	光滑	粉红色	坚固;稳固	(与 jaŋ^{1}同)慢;再
形容词	形容词	形容词	动词	动词	形容词	名词	形容词	形容词	形容词	形容词
1	1	1	1	1	1	1	1	1	1	1
0.1	0.1	0.1	0.1	0.1	0.1	0.1	0.1	0.1	0.1	0.1
309	310	311	312	313	314	315	316	317	318	319
mi:n^{2}	mɔ^{3}	mop^{8}	mo:ŋ^{1}	mu^{2}	mu^{6}	mu:n^{6}	mɯn^{2}	mɯn^{6}	mɯn^{6}	$^{?}$bai^{5}
粉状的;细末的;碎的	装物品高过容器口	(与 hon^{4}同)打	灰色的;灰	磨;拖延	磨	[方]晕(较 ŋun^{6}害)	圆形的	(见 ma^{2})(发)麻,麻木	痴呆	湿
形容词	形容词	动词	形容词	动词	动词	动词	形容词	动词	形容词	形容词

1	1	1	1	1	1	1	1	1	1	1
0.1	0.1	0.1	0.1	0.1	0.1	0.1	0.1	0.1	0.1	0.1
320	321	322	323	324	325	326	327	328	329	330
$^{?}$ba:t^{7}	$^{?}$be:n^{1}	$^{?}$be:u^{3}	$^{?}$bo^{1}	$^{?}$boŋ^{1}	$^{?}$bɯn^{3}	mjo^{4}	nau^{2}	nau^{6}	na:u^{6}	ne:m^{1}
斜;斜削	(容器)扁;浅;扁而平	歪翘	(见$^{?}$boŋ^{1})松(一般指土、棉花和煮熟的红薯、芋头等)	松(一般指土、棉花和煮熟的红薯、芋头等)	翘(向上翻起)	模糊	告诉,说	[方]蔫;颜色不鲜明	闹;吵闹	黏附;附着
形容词	形容词	形容词	形容词	形容词	动词	形容词	动词	形容词	形容词	形容词
1	1	1	1	1	1	1	1	1	1	1
0.1	0.1	0.1	0.1	0.1	0.1	0.1	0.1	0.1	0.1	0.1
331	332	333	334	335	336	337	338	339	340	341
ne:t^{7}	ni:u^{3}	noŋ^{2}	nu:ŋ^{5}	nuk^{7}	nuŋ^{3}	$^{?}$da:ŋ^{3}	$^{?}$dak^{7}	$^{?}$daŋ^{1}ŋon^{1}	$^{?}$di:ŋ^{5}	$^{?}$dit^{7}
实;压实	疤(指不平滑的疤)	浊;浑浊	树枝由于结果过多而下垂	聋	(见num^{5})缓慢;迟缓	干涸	[方]湿	受到称赞而得意洋洋	物体放置不平而摇晃	(见tum^{2})湿
形容词	名词	形容词	形容词	形容词	形容词	形容词	形容词	动词	形容词	形容词
1	1	1	1	1	1	1	1	1	1	1
0.1	0.1	0.1	0.1	0.1	0.1	0.1	0.1	0.1	0.1	0.1
342	343	344	345	346	347	348	349	350	351	352
$^{?}$do:m^{5}	$^{?}$do:n^{3}	$^{?}$do:ŋ^{3}	$^{?}$du:n^{1}	$^{?}$duk^{7}	$^{?}$dɯn^{3}	ŋa^{6}	ŋa:t^{8}	ŋau^{1}	ŋau^{5}	ŋi:ŋ^{4}
窥视	窜	坚硬;硬	圆;圆满	朽;腐朽	(见çi:k^{8})破裂;碎	馋	擦;摩擦(如牛倚物擦痒)	钩子;钩	哀求	仰望;伸(头);昂(首)

动词	动词	形容词	形容词	形容词	形容词	形容词	动词	动词	动词	动词
1	1	1	1	1	1	1	1	1	1	1
0.1	0.1	0.1	0.1	0.1	0.1	0.1	0.1	0.1	0.1	0.1
353	354	355	356	357	358	359	360	361	362	363
ŋoŋ^5	ȵa^5	ȵak^8	ȵat^7	ȵan^1	ȵoŋ^5	ɣai^2	ɣai^6	ɣam^5	ɣam^6	ɣa:k^8
白痴;傻子	渣滓;渣	砍(轻轻地砍)	(动物)发育不全,长得很慢	(食品)干;干硬(指米、面之类的食品)	蓬松	(雷)鸣	锐利;利	[方]稍冷	阴	拖;拉
形容词	名词	动词	形容词	形容词	形容词	动词	形容词	形容词	形容词	动词
1	1	1	1	1	1	1	1	1	1	1
0.1	0.1	0.1	0.1	0.1	0.1	0.1	0.1	0.1	0.1	0.1
364	365	366	367	368	369	370	371	372	373	374
ɣe:u^4	ɣiŋ^4	ɣi:u^2	ɣi:u^3	ɣon^4	θai^1	θan^5	θan^5	θa:ŋ^3	θaɯ^5	θe:k^7
瘦削;(人)高瘦;(手脚)瘦长;(植物)细长	(方:kiŋ^3)滚;滚动	(见lai^1)流,流行	提,拾	充满而流出:溢	嘶鸣	信;相信;信任;信赖	抖动(拿住口袋抖出东西来,或把口袋里的东西抖匀)	凉爽;爽快;痛快	试;尝试	大声吆喝
形容词	动词	动词	动词	动词	动词	动词	动词	形容词	动词	动词
1	1	1	1	1	1	1	1	1	1	1
0.1	0.1	0.1	0.1	0.1	0.1	0.1	0.1	0.1	0.1	0.1
375	376	377	378	379	380	381	382	383	384	385
θe:ŋ^1	θe:ŋ^4	θi^{1}li:ŋ^2	θi:n^4	θim^{1}lu:n^6	θin^2	θɯn^4	u^5	un^3	uŋ^3	wa^1

不熟悉;陌生;生疏	褴褛,破烂(专指衣服,旗帜和编织物等)	凄凉;可悲;哀痛	(见kun^4)驯服	心乱	溅;飞溅;迸发;迸溅。	芋头或红薯煮熟后,肉质不松	脏;肮脏	(见un^5)软;软弱;温柔	东西在水中浸久了,发出的臭气	花
形容词	形容词	形容词	形容词	形容词	动词	形容词	形容词	形容词	形容词	名词
1	1	1	1	1	1	1	1	1	1	1
0.1	0.1	0.1	0.1	0.1	0.1	0.1	0.1	0.1	0.1	0.1
386	387	388	389	390	391	392	393	394	395	396
wa:i^5	wa:n^1	wa:ŋ^6	wa:u^5	we:ŋ^5	wi^{1}fuŋ^1	ɯ:n^3	jak^{7}ta:i^1	jak^{7}tom^5	ja:k^7	ja:u^2
快	弯;弯曲(指路、河)	疯;癫	(见wa:u^5)缺	缺(缺的程度比wa:u^{5}较小些)	威风	光滑(指涂过油的)	将死	将要坍塌	恶;凶;恶毒;凶恶	摇;摇(动)
形容词	形容词	形容词	形容词	形容词	形容词	形容词	动词	动词	形容词	动词
1	1	1	1	1	1	1	1	1	1	1
0.1	0.1	0.1	0.1	0.1	0.1	0.1	0.1	0.1	0.1	0.1%
397	398	399	400	401						
je:n^3	ji:n^5	jin^2	juŋ^2	juŋ^2						
害羞;怕羞	痛;疼	韧	纵容;放纵;宽容	绒						
形容词	形容词	形容词	形容词	名词						
1	1	1	1	1						
0.1	0.1	0.1	0.1	0.1						

后　记

做学问总提倡“十年磨一剑”“板凳要坐十年冷”。从2015年开始构思这个题目到今时今日，我不敢自诩为“十年磨一剑”，而更愿意称之为“丑媳妇总要见公婆”。这本书源自我的博士学位论文，当年教育部盲审结果为总体良好。毋庸讳言，在高度内卷化，普遍追求“短平快”的当今社会，这本书既然“要见公婆”，就要修饰好了打扮好了再见，否则不如不见。于是，毕业后的几年间，书稿数次修订，经历了起初小修小补，到整体框架调整，再到具体内容增删的一个过程，其中某些内容已先后发表于不同的刊物。

如今，书稿改完了，有幸列入“壮文献语言研究丛书”出版，也有幸得到黄南津、李旭练两位老师拨冗赐序。照理说，后记应该是全书情绪最感性、文字最轻松的地方。然而，面对眼前这份开关了无数次的文档，一时百感交集。年少时读席慕蓉，她在《诗的价值》中这样写道：“我如金匠，日夜锤击敲打，只为把痛苦延展成薄如蝉翼的金饰。不知道这样努力地把忧伤的来源转化成光泽细柔的词句，是不是也有一种美丽的价值？”我想，这段话也符合我当下对这本书的心态。

先说说研究缘起吧，这部书的最初构思源自一次偶然。本科时读《文心雕龙》，里头有一段话：“故灼灼状桃花之鲜，依依尽杨柳之貌，杲杲为出日之容，瀌瀌拟雨雪之状，喈喈逐黄鸟之声，喓喓学草虫之韵。”读研之后参与导师课题的关系，接触了壮语。偶然发觉，这种描声摹状的用法在壮语中俯拾皆是、活灵活现。比如壮族经诗，“Sam ngued ca **haubyanz**, mauhdan gaiq yoengh gaeuj. 三月花白芬芬，牡丹莫用望。（引自《壮族麽经布洛陀影印译注》）”。又如壮族民间故事，“Duz yahvaiz naengh roengz camjgaeq bae le, diuz rieng de youq ndaw de **baetndaujndauj**, gij gaeq ndaw de **lekoxox**. 人猩猩在鸡罩上坐好了，把它那条长尾巴放到鸡罩里，它那条在鸡罩里的长尾巴不断摆动，鸡罩的鸡被搅得‘咯咯咯’地叫了起来。（引自《武鸣壮族民间故事》）”。再如壮文散文，“Rumzbaek **cihuhu**, mbwn **nitsausau**, hoeng ndaw sim Yauz Gangh dauq **ndatvauvau**, ndaw mbanj **caemrwgrwg**, vunz ndaw mbanj gaenq okhong lo. 北风呼啸，天寒地冻，可姚刚心里暖洋洋的，村里静悄悄，人都外出干活了。（引自《风雨飘过大明山》，译文出自笔者）”。硕士毕业之后，读到覃国生、王辅世、孙天心、郭必之等先生的文章，了解到同类现象也见于广西诸多壮、汉语方言与其他民族语言，但是，我所熟悉的北海白话中，这类现象似乎并不突出。那么,能否就壮语这类描声摹状的ABB式作研究呢？尤其是比较研究,先将壮语口语与文献作比较,再与广西汉语方言作比较。

带着这个最初构思,我有幸来到中央民族大学深造,以历史语言学作为主攻方向。入学伊始,我便开始了国图、校图、教室、宿舍四点一线的生活,查找文献,做笔记,听课,购入大量相关的专业书籍,同时向相关的学者专家请教。一个月左右,我向导师汇报了自己对这个题目的大致构思,第一学期结束时便定下了现在这个题目。

一路走来,给我最多感动的莫过于师友们的热切关怀与无私帮助。

感谢我的硕士生导师黄南津教授、梁金荣研究员,博士生导师罗自群教授、关辛秋教授,博士后合作导师李子荣教授！几位老师的引领与肯定、信任与关爱,使我有机会继续深造,有机会领略语言学的美妙。

感谢中央民族大学的戴庆厦、李锦芳、韦景云、周国炎、王远新、胡素华、刘岩等老师,原中国民族语文翻译局的李旭练老师,诸位老师无私的言传身教,使我能在民族语言学的殿堂里接受专业、严谨和规范的学术训练！

本书篇幅较长,图表众多,又包含方块壮字、国际音标等特殊字符,编校工作有一定难度,感谢西南大学出版社诸位编辑老师的认真负责！

感谢家人在我求学路上的理解与关爱！感谢所有在求学路上遇见的可爱的人！

最后,状貌后缀是整个语法体系中一个很小的点,然而其涉及面宽广,本书“小题大做”地研究了一番,限于时间、精力、个人学养,不足之处恳请各位专家、读者批评指正。不管叫“状貌后缀”或是“后附音节”又或是别的术语,倘若本书能引起学界对这类语言现象的多一分关注,能引起一些思考与共鸣,则吾愿足矣。

李金阳

2024年6月于重庆北碚